Wilfried Gruhn
Geschichte der Musikerziehung

Musikunterricht in einer Dorfschule in Mitteleuropa um 1880. Gemälde von L. Wid-hinka, 1887.

Wilfried Gruhn

Geschichte der Musikerziehung

Eine Kultur- und Sozialgeschichte vom Gesangunterricht der
Aufklärungspädagogik zu ästhetisch-kultureller Bildung

wolke verlag

© Wilfried Gruhn, 1993
Alle Rechte vorbehalten, Wolke Verlag, Hofheim 1993
Erstausgabe
Gesetzt in Garamond Antiqua
Satz und Layout: Wolke Verlag, Hofheim
Druck: Fuldaer Verlagsanstalt
Umschlaggestaltung: Friedwald Donner, Alonissos
ISBN 3-923997-55-8

Inhaltsverzeichnis

> »Die Musik weckt die Zeit, sie weckt uns zum feinsten Genusse der Zeit, sie weckt [...] insofern ist sie sittlich.« Dies äußert Settembrini, der kritische Humanist und philosophische Herausforderer in Thomas Manns Roman »Der Zauberberg«, in einem Gespräch mit den Vettern Hans Castorp und Joachim Ziemßen. Und er fährt fort: »Die Kunst ist sittlich, sofern sie weckt. Aber wie, wenn sie das Gegenteil tut? Wenn sie betäubt, einschläfert, der Aktivität und dem Fortschritt entgegenarbeitet? Auch das kann die Musik, auch auf die Wirkung der Opiate versteht sie sich aus dem Grunde. Eine teuflische Wirkung, meine Herren! Das Opiat ist vom Teufel, denn es schafft Dumpfsinn, Beharrung, Untätigkeit, knechtischen Stillstand [...] Es ist etwas Bedenkliches um die Musik, meine Herren. Ich bleibe dabei, daß sie zweideutigen Wesens ist«.[1]

Sehr treffend hat Hans Christian Schmidt diese Szene in seinem Vorwort dem ersten Band des *Handbuchs der Musikpädagogik*[2] vorangestellt. Denn *das Sittliche* und *das Bedenkliche* der Musik bezeichnen die beiden Pole, zwischen die jedes Nachdenken über Musik und Musikerziehung eingespannt ist. Die ethische Wirkung und humane Bedeutung der Musik wird immer dann beschworen, wenn es darum geht, irgendwelchen schädlichen Einflüssen (z. B. der Technik, der Verwissenschaftlichung, der Säkularisierung u. ä.) entgegenzuwirken; vor der Macht und Gewalt der Musik, die uns emotional überwältigen kann, wird andererseits immer dort gewarnt, wo Musik allzusehr von fremden (politischen, kirchlichen, ökonomischen) Interessen vereinnahmt zu werden droht (z. B. in der Werbung, in der politischen Agitation etc.), um unsere affektive Befindlichkeit in ihrem Sinne zu beeinflussen. Weist die Betonung des Sittlichen der Musik, des Ethos musikalischer Ordnung (Plato) der Musikerziehung ihren Rang in einem Bildungskonzept zu, bei dem Musik nur das Mittel ist, um Erziehung im Sinne von Besserung und Veredelung zu bewirken (Erziehung *durch* Musik), so fordert das Bedenkliche gerade umgekehrt die Aufklärung über solche Wirkungsmechanismen heraus.

Das ganze 19. Jahrhundert ist erfüllt von dem Gedanken der Veredelung des Menschen durch Musik. Dabei verfolgte im Laufe der Zeit solche Veredelung immer mehr staatspolitische Zwecke: die Erziehung des gehorsamen

---

1 Th. Mann: *Der Zauberberg*, Bd.1, Berlin 1926, S. 193.

2 H. Chr. Schmidt (Hrsg.): *Geschichte der Musikpädagogik*, Kassel 1986, S. 151 (*Handbuch der Musikpädagogik*, Bd.1,).

Untertans, des patriotisch gesinnten Staatsbürgers und schließlich des gesunden Soldaten. Unter der Oberfläche solcher Erziehungsideologie wurde der fachinterne Streit lediglich um die rechte Methode zum Singenlernen ausgetragen. Daß es damit nicht zum besten bestellt war, berichteten ausländische Besucher: so etwa die Engländer John Hullah[3] (1879) und John Spencer Curwen[4] (1883, 1889 und 1898), während der Amerikaner Lowell Mason[5] (1837 und 1852/3) fasziniert war vom hohen Stand des öffentlichen Musiklebens, der Chorpflege und des Konzertwesens.

Erst im Rahmen der großen pädagogischen Erneuerungsbewegungen und Reformbestrebungen seit der Jahrhundertwende traten die fachlichen und konzeptionellen Aspekte des Schulfaches Musik wieder stärker in den Vordergrund. Und in dem Maße, wie sich Musikerziehung von einer übergeordneten politischen Bildungsideologie löste und sich allmählich fachimmanenten didaktischen Fragen im engeren Sinne zuwandte, konnte sich auch eine eigene wissenschaftliche Disziplin »Musikpädagogik« etablieren, die verschiedene Konzeptionen und Theorien entwickelt, in zeittypischen Entwicklungsschüben gesellschaftliche Trends widerspiegelt und auf inhaltliche wie strukturelle Fragen Einfluß nimmt. Ein Wandel im Selbstverständnis und in der Begründung des Faches nach außen wird so evident, das dennoch fest in eine historische Tradition eingebunden bleibt.

Auch die Geschichte der Musikerziehung im 20. Jahrhundert kennt – je nach den politischen Bedingungen – beide Orientierungspole: das sittlich Prägende *der* Musik und die bedenkliche Verführung, Manipulation *durch* Musik. Aber cum grano salis läßt sich doch tendenziell feststellen, daß die Vorstellung der erzieherischen Beeinflussung (»Veredelung«) durch Musik das Erbe des 19. Jahrhunderts darstellt, das der Neuhumanismus von der Ethoslehre der Antike übernommen hatte, auf die sich wiederum die musi-

---

3 Komponist, Pädagoge und Musikschriftsteller (1812–1884), der 1878 im Auftrag der englischen Regierung verschiedene europäische Länder besuchte und seine Erfahrungen in einem Parlamentsbericht niederlegte. Vgl. Kap. 6.3.

4 Musikverleger und Musiker (1847–1916), Sohn des bekannten Musikpädagogen John Curwen. J. Spencer Curwen besuchte zwischen 1882 und 1901 die meisten europäischen Länder und Nordamerika, um den Stand der Verbreitung der Tonic Sol-fa Methode zu überprüfen. Sein Bericht *School Music Abroad* erschien 1901 (dt. Übers. 1989). Vgl. Kap. 6.3.

5 L. Mason (1792–1872) gilt als einer der Väter amerikanischer Schulmusik, der den Gesangunterricht in Schulen förderte und methodisch in Anlehnung an die deutschen Gesangbildungslehren ordnete. Sein 1834 erschienenes *Manual [...] for Instruction in the Elements of Vocal Music, on the System of Pestalozzi* stellt weitgehend eine Übersetzung von Küblers Anleitung dar. Über seine beiden Europareisen berichtete er ausführlich in seinen Tagebüchern (1837; publ. 1990) und den *Musical Letters from Abroad* (1853).

sche Erziehungsideologie des Nationalsozialismus berief. Demgegenüber ist es eher ein Merkmal des 20. Jahrhunderts, den Gedanken der Aufklärung z. B. über die Wirkungsmechanismen der Musik als Schutz gegen Manipulation und zur Stärkung von Autonomie und Selbstbestimmung als obersten Erziehungszielen erneut aufgegriffen und in die fachdidaktische Zielbestimmung eingebracht zu haben.

Die Idee einer »musischen Erziehung« zu Anfang dieses Jahrhunderts ging von dem Gedanken der Erneuerung der Menschenbildung aus. »Nicht die nationale, nicht die logische, auch nicht die demokratische, sondern die musische Erziehung ist das Kernstück der Menschenbildung. Sie garantiert zwar nicht, aber sie ermöglicht die Wiedergeburt der Gesittung.«[6] So hatte zuvor auch schon Fritz Jöde (1887–1970) das Wesen musischer Erziehung beschrieben: »Dem ist nicht näher zu kommen allein durch musikalisch fachliche Maßnahmen«, vielmehr sollten wir »fühlen, daß Musikerziehung von Menschenerziehung im ganzen gar nicht zu trennen ist. [...] Musik ist für uns keine Stimmungsangelegenheit mehr, [...] sondern Gesinnungsangelegenheit.«[7]

Von da aus war es dann nicht mehr weit bis zur machtpolitischen Vereinnahmung der Musikerziehung als Gesinnungserziehung im Dritten Reich. »Nicht um der Musik willen – also aus fachlicher Einseitigkeit heraus –, sondern aus der Kenntnis deutscher Eigenart, aus Kulturbewußtsein ist zu fordern, daß bei dem seelischen Aufbau der Volksgemeinschaft deutscher Menschen [...] die Musik herangezogen werden muß.«[8] Die gemeinschafts- und gemütsbildende Kraft der musischen Erziehung konnte so leicht umgebogen werden zum zentralen Mittel des politischen Aufbaus der Volksgemeinschaft.

Es ist einleuchtend und wird daher immer wieder zur Legitimation des Schulmusikunterrichts herangezogen, daß das Sittliche der Musik sie zur Menschenbildung geradezu prädestiniere. Aber es wird ebenso klar, wie gefährlich ein solch medialer Einsatz von Musik (was für einer Musik?) zum Zwecke der Erziehung ist bzw. wie er mißbraucht werden kann, wenn nicht zuvor das Menschenbild offengelegt wird, auf das hin erzogen werden soll (der Untertan, der gehorsame Bürger, der mündige Hörer, der kritische Demokrat etc.). Und problematisch ist es auch, wenn Musik nur als Mittel zu

---

6 Otto Haase: *Musisches Leben*, 1951, zit. in: U. Günther: *Musikerziehung im Dritten Reich*, in: H. Ch. Schmidt (Hrsg.): *Geschichte der Musikpädagogik*, Kassel 1986, S. 151 (Handbuch der Musikpädagogik, Bd. 1).

7 Fritz Jöde: *Musik und Erziehung*, Wolfenbüttel 1919, S. 14/19.

8 Walter Kühn: *Führung zur Musik*, Lahr 1939, zit. in: U. Günther: *Musikerziehung im Dritten Reich*, a.a.O., S. 107.

einem anderen Zweck benutzt wird, so daß die fachautonome Eigenständigkeit, das je Besondere und Eigene der Musik und musikalischer Werke unberücksichtigt bleiben.

Die Erfahrung der gewaltigen Beeinflussungsmöglichkeiten durch Musik von der Werbung bis zum Marsch, vom fröhlich machenden Schlager bis zum psychedelischen Rock hat dann geradezu eine kritische Musikerziehung heraufbeschworen, die sich von dem Verinnerlichungskult musischen Erlebens abwendet und der es eher um Distanz, Aufklärung und kritisches Bewußtsein geht. So heißt es im Vorwort zum ersten Schulbuch nach der Curriculumreform: »Durch kritische Reflexion ändert sich unsere Beziehung zur Musik in der Vielfalt ihrer Funktionen und Erscheinungsformen. Das einmal durchschaute Kunsterleben wird von anderer Qualität sein, als die ausschließlich individualitätsbezogene Verinnerlichung reiner Kunst. [...] Musik und Musikunterricht als Instrumente der ›Bewußtseinserhellung‹ (Alfred Weber) und ›Entzauberung der Welt‹ (Max Weber) bilden ein Gegengewicht zur ästhetischen Verklärung der Welt.«[9]

Die Distanz gegenüber dem naiven Pathos von Emotionen und Gefühlen hat Bazon Brock gerade als ein Merkmal für Bildung bezeichnet: »Ich kann mich noch deutlich entsinnen, daß ich in meiner Schulzeit am Kaiser-Karl-Gymnasium in Itzehoe während des Singens von ›Ein feste Burg ist unser Gott‹ oder der Nationalhymne – das war damals noch obligatorisch – immer gedacht habe: Moment, wie war das mit diesen physikalischen Aufgaben oder wie hieß die Latte der Vokabeln in Latein – nur um mich nicht von der Musik überwältigen zu lassen. Die Demonstration dieser Überwältigung habe ich eben im Militärwesen in besonderem Maße erlebt.«[10]

Das Sittliche und das Bedenkliche also stecken das Feld der Argumente und Reflexionen ab, in dem Musikerziehung immer schon und auch im 20. Jahrhundert legitimiert und kritisiert wurde. Daß Musik überhaupt in der allgemeinen Pflichtschule verankert ist, verdankt sie ihrer festen Anbindung an die Kirche im 19. Jahrhundert. Diese Bindung ist längst aufgegeben. Die bildungspolitische Diskussion der Gegenwart kreist um ganz andere Fragen, um

- die Folgen der technologischen Innovationen auf die Musikproduktion und Musikrezeption im Alltag,
- die Herausforderung einer immer größer werdenden Freizeit,

---

9 *Musik aktuell.* Ein Musikbuch für die Sekundar- und Studienstufe von W. Breckoff, G. Kleinen u. a., Kassel ¹1971, S. 10 f.

10 In: *Was ist musikalische Bildung?* W. Klüppelholz im Gespräch mit B. Brock u. a., Kassel 1984, S. 15 (Musikalische Zeitfragen 14).

- die Bewahrung oder Findung kultureller Identität in einer multi-kulturellen Welt,
- die Förderung von (Hoch-)Begabungen in einer auf Chancengleichheit bedachten Schule,
- die Verwirklichung kooperativen, sozialen Lernens in einer leistungsorientierten Gesellschaft.

Aber solche Fragen der Standortbestimmung sind immer wieder nur aus einer historischen Perspektive anzugehen, weil schon die Fragen ihren jeweils historischen Ort haben und nur aus ihren historischen Prämissen verstanden werden können. So müßte sich aus der Beschäftigung mit der Geschichte der Musikerziehung auch die Frage nach der Legitimation des Musikunterrichts in der heutigen Schule und Gesellschaft neu stellen. Im letzten Kapitel soll daher Musikerziehung im Diskurs der achtziger Jahre befragt werden, um erkennen zu können, was denn heute zur Legitimation und Begründung vorgebracht wird. Sind es neue Erkenntnisse des Lernens oder handelt es sich bloß um einen Austausch längst vertrauter Muster, wenn wir Musik als emotionalen Ausgleich gegenüber den kognitiven Fächern werten oder als ästhetische Erziehung zur Sensibilisierung im Umgang mit Kunst verstehen oder als pragmatische Einübung in gemeinsames Musizieren zur Freizeit-Erfüllung benutzen oder als anthropologische Verpflichtung anerkennen, vorhandene Fähigkeiten (Begabungen) zu entwickeln und zu fördern, oder als Möglichkeit deutender Interpretation von Kunst zum besseren Selbst- und Weltverständnis anbieten oder bloß als Orientierungshilfe (kritisch oder pragmatisch) im populären und kommerziellen Musikangebot unterrichten oder mit Musik als Artikulationshilfe für das eigene Ausdrucksbedürfnis umgehen?

Der Blick auf die verschiedenen Entwicklungsstränge und Wendepunkte im Laufe der Geschichte kann dabei deutlich machen, wie und warum es zu bestimmten Entwicklungen kam, welche Implikationen sie enthielten, worauf sie reagierten, unter welchen Umständen sie verständlich, ja vielleicht nötig waren. Der Blick zurück in die Geschichte ist dann aber zugleich auch der, der wieder auf die Gegenwart zurückfällt, sie neu beleuchtet und dabei vielleicht etwas zutage fördert, was sonst unbeachtet geblieben wäre. Das Sittliche und das Bedenkliche, die der Musik eigen sind, liefern nicht das Passepartout zum Verständnis der ganzen Geschichte des Faches, aber sie verdeutlichen einen Aspekt, der immer wieder Musikerziehung in ihrem Anspruch zwischen Gemütsbildung und Aufklärung bestimmt hat.

Die Fülle des Geschehens, das sich in den letzten beiden Jahrhunderten in Musik und musikalischer Erziehung zugetragen hat, ist verwirrend und faszinierend zugleich. Da mag es vermessen erscheinen, im Zeitalter des Spezialistentums als einzelner noch eine Gesamtdarstellung zu wagen. Sie kann nur mit Einschränkungen gelingen. Denn die Geschichte der Schulmusik ist nicht ganz zu trennen vom instrumentalen Musikunterricht außerhalb der Schule. Ebenso schließt eine Gesichte der Schulmusik immer auch Aspekte einer allgemeinen Schulgeschichte ein, weil sich Musik- oder Gesangunterricht immer nur in einer bestimmten schulischen und gesellschaftlichen Situation ereignet. Dennoch soll hier der Fokus des Interesses auf die Stellung der Musik in der Schule fallen. Und mit Bedacht setzen wir erst im 19. Jahrhundert ein, weil hier mit den preußischen Reformen unter Humboldt und Süvern Schul- und Unterrichtsstrukturen entstanden sind, die bis heute nachwirken und in mehrfacher Hinsicht unser Denken über Schule und Bildung geprägt haben. Gleichzeitig damit begann sich aber auch eine institutionelle Musikerziehung außerhalb der Schule zu etablieren, die den kulturellen Aufschwung des bürgerlichen Musiklebens begleitete oder erst ermöglichte. Dem Gang durch die Jahrhunderte von der Antike bis zur Aufklärung käme demgegenüber in viel höherem Maße nur historisches Interesse entgegen.

So erscheint die Darstellung eingeschränkt auf das 19. und 20. Jahrhundert. Und auch hier muß noch eine weitere Einschränkung eingestanden werden, denn es geht im wesentlichen immer wieder nur um die Geschichte der Schulmusik in Preußen als dem einflußreichsten Staatsgebilde auch und gerade nach der nationalen Einigung im Deutschen Reich 1871 wie im Dritten Reich 1933. Auch wenn die kulturelle Entscheidungskompetenz bei den einzelnen Ländern lag, blieb Preußen dominant und zentral. Dennoch wäre es interessant, die lokalen Besonderheiten im liberalen Baden oder im konservativen Württemberg und Bayern, in Sachsen oder Oldenburg zu untersuchen. Doch zunächst sollte es um allgemeine Strömungen und musikpädagogische Aspekte und weniger um lokale Sonderentwicklungen gehen.

Während der Arbeit an diesem Buch vollzog sich die deutsche Einheit. Was hätte also nähergelegen, als die Schulmusikgeschichte der DDR mit einzubeziehen als einen Strang, der sich 1945 aus gemeinsamen Wurzeln mit Münnich, Martens, Reuter u. a. verzweigte und seine eigenen Äste und Triebe hervorbrachte. Aber schnell zeigte sich, daß eine solche Aufarbeitung unter gerechter Würdigung aller Quellen und Dokumente jetzt noch gar nicht zu leisten ist. Dies wird also einer späteren Auflage vorbehalten bleiben müssen.

So erscheint die Darstellung eingeschränkt auf das 19. und 20. Jahrhundert. Und auch hier muß noch eine weitere Einschränkung eingestanden werden, denn es geht im wesentlichen immer wieder nur um die Geschichte der Schulmusik in Preußen als dem einflußreichsten Staatsgebilde auch und gerade nach der nationalen Einigung im Deutschen Reich 1871 wie im Dritten Reich 1933. Auch wenn die kulturelle Entscheidungskompetenz bei den einzelnen Ländern lag, blieb Preußen dominant und zentral. Dennoch wäre es interessant, die lokalen Besonderheiten im liberalen Baden oder im konservativen Württemberg und Bayern, in Sachsen oder Oldenburg zu untersuchen. Doch zunächst sollte es um allgemeine Strömungen und musikpädagogische Aspekte und weniger um lokale Sonderentwicklungen gehen.

Im Bewußtsein dieser Unvollständigkeiten legen wir die Geschichte der Musikerziehung vor, weil eine größere zusammenfassende Darstellung nach

Schünemanns grundlegendem Versuch (1928) abgesehen von einzelnen Handbuchdarstellungen (Kühn 1931; Rehberg 1954; Moser 1962; Hopf 1984; H. Ch. Schmidt 1986) noch aussteht. Dabei ist das Interesse an historischen Fragen wieder gewachsen, wie zahlreiche Spezialuntersuchungen und Monographien insbesondere zum frühen 20. Jahrhundert (Martin 1982; Hammel 1990; Pfeffer 1992) erkennen lassen. Schlechter sieht es mit Darstellungen zum 19. Jahrhundert aus, wo außer Kramer (1990) immer noch Löbmann (1908) und Schipke (1913) die wichtigsten Referenzen darstellen,die sich ausführlich mit der Entwicklung der Gesangbildungslehren beschäftigen. Hier wollen wir Lücken schließen und Zusammenhänge auch über größere Zeiträume deutlich machen. Dabei besteht auch hier die Schwierigkeit der Selektion. Vollständigkeit im Detail hätte die Darstellung nicht nur unübersichtlich, sondern auch unlesbar gemacht. Der geschichtliche Überblick kann Untersuchungen zu Spezialproblemen nicht ersetzen.

Vielmehr versucht diese Darstellung einen Mittelweg zwischen Struktur- und Ereignisgeschichte einzuschlagen. Der Terminus Strukturgeschichte besagt, daß die einzelnen Ereignisse und Handlungen, die die Geschichte prägen, einem übergeordneten Bezugssystem unterworfen sind, das es deutlich zu machen gilt, um darin die Bedeutung der einzelnen Ereignisse verstehen und würdigen zu können. Auf die Präparierung solcher Strukturen, nicht auf die lückenlose Aufzählung aller Einzelereignisse soll es hier ankommen. Walter Wiora hat für die Musikgeschichtsschreibung das Bild der Partitur als Anschauungsmodell eingeführt: immer gibt es in einem geschichtlichen Prozeß Haupt- und Nebenstimmen, die aber gleichzeitig oder kanonisch versetzt verlaufen. Und es ist Sache des interpretierenden Betrachters, was als Haupt- und was als Nebenlinie erscheint – ein Bild, das sicher in vollem Umfang auch auf die Geschichte der Schulmusik zutrifft, weswegen die ideale Leseform die einer Partitur wäre. So wurde die strenge Chronologie immer dann aufgegeben, wenn es auf übergeordnete Zusammenhänge ankam; so wird man sich mit vielen Quer- und Rückverweisen durch die Lektüre bewegen müssen, können Verdopplungen nicht immer ausgeschlossen werden.

Die Beschäftigung mit der Geschichte bedarf keiner besonderen Rechtfertigung, doch vielleicht einer Positionsbestimmung. Betrachtet man die Geschichte des Musikunterrichts, ist man immer in Gefahr, sie bloß als Kette von Ereignissen zu sehen, wie sie sich nach den Quellen darstellt: den amtlichen Erlassen und Verordnungen, den offiziellen Berichten in Akten und Journalen. Aber dies ist nur die eine Seite der Geschichte. Was sich tatsächlich im Schulalltag abspielte, was die einzelnen Pädagogen taten und dachten und warum sie so dachten, läßt sich daraus kaum rekonstruieren. Dies wäre als eine »Geschichte von unten« aus der Summe der überlieferten Schulerfahrungen, Unterrichtsberichte und Schriften der Beteiligten herauszupräparieren. Dieses Dilemmas eingedenk, soll dennoch beides versucht werden: die Praxis, wie sie war, auf die Bedingungen, die sie hervorriefen, zu beziehen.

So richtig die These der Historik ist, »daß wir das, was ist, erst ganz verstehen, wenn wir erkennen und uns klarmachen, wie es geworden ist« (Droysen), so wenig verfolgt die Darstellung das historische Postulat, Geschichte erst dann verstehen zu können, wenn wir die historischen Fakten nur aus sich selbst erklären. Vielmehr wendet sich der Blick in die Geschichte immer wieder zurück in die Gegenwart. »Das, was war, interessiert uns nicht darum, weil es war, sondern weil es in gewissem Sinn noch ist, indem es noch wirkt« (Droysen). Das Bewußtsein von der Geschichte unseres Faches und seiner Entwicklung soll letztlich der eigenen Positionsbestimmung, der Findung eines eigenen Standorts dienen, damit musikerzieherische Tätigkeit nicht unreflektiert erfahrene und überlieferte Leitbilder fortsetzt, sondern damit man weiß und entscheiden kann, was und warum man es tut. Doch entstand dieser Aufriß nicht primär unter dem Anspruch, aus der Geschichte zu lernen. Das wird ein Buch nur sehr bedingt leisten können. Es kann und will nicht normativ vorführen, was geschieht, wenn... . Es liefert auch kein objektives Geschichtsbild dessen, was sich im Musik- oder Gesangunterricht in den vergangenen beiden Jahrhunderten ereignet hat. Es bleibt notwendig angewiesen auf den subjektiv gefärbten Versuch, die Zeitstrukturen, politischen Ereignisse und fachlichen Entwicklungen in ihren vielfältigen Zusammenhängen und Verstrickungen zu erkennen und zu verstehen. Es will dabei allgemeine Strukturzusammenhänge aufzeigen, aber auch Einzelheiten festhalten, die wichtig und charakteristisch oder doch wenigstens interessant erscheinen. Es möchte ein Lehr- und Lesebuch sein, dessen Beschreiben aber immer zugleich ein Deuten ist.

Bleibt zum Schluß ein Wort des herzlichen Dankes an alle die, die das Entstehen des Buches mit Rat und Kritik begleitet haben, insbesondere Frau Dr. Heide Hammel und Herrn Prof. Dr. Ulrich Günther, die einzelne Kapitel gelesen und mit kritischen Anmerkungen versehen haben, Herrn Helmut Großmann und Thomas Julich für zahlreiche Hinweise zu Richard Münnich, die Bibliotheken und Archive, die diese Arbeit mit Auskünften und der Bereitstellung der Quellen unterstützten, insbesondere das Deutsche Volksliedarchiv in Freiburg, das immer mit Rat und Auskünften zur Verfügung stand, und schließlich Susanne Falk und Jonas Herrmann, die das Manuskript Korrektur gelesen haben, sowie Roman Babler, der die Schlußredaktion betreute und die Register erstellte.

Freiburg, im März 1993

1. Kapitel

Aufklärungsanspruch und Schulwirklichkeit
Ein Überblick über die Musikerziehung im 18. und 19. Jahrhundert

Was uns heute selbstverständlich erscheint, nämlich die Tatsache, daß Kinder vom sechsten Lebensjahr an öffentliche Schulen besuchen, die ihnen eine allgemeine Bildung vermitteln sollen, war bis ins 19. Jahrhundert hinein keineswegs selbstverständlich. Wenn man bedenkt, daß der neuhumanistische Gelehrte und preußische Schulreformer Wilhelm von Humboldt (1767–1835) oder Johann Wolfgang von Goethe (1749–1832) ihr Universitätsstudium antraten, ohne zuvor eine Schule besucht zu haben, dann spiegelt das noch die ständischen Unterschiede im Bildungswesen des 18. Jahrhunderts. Obwohl Friedrich der Große bereits 1763 im Generallandschulreglement eine allgemeine Schulpflicht angeordnet hatte, wurde diese jedoch keineswegs unter staatlicher Aufsicht auch durchgeführt. Denn die ländliche Bevölkerung widersetzte sich diesen Bestrebungen, weil die Unterhaltung der Schulen, und das heißt insbesondere die Besoldung der Lehrer, von den Eltern getragen werden mußte, diese aber oft die wenigen Pfennige für das Schulgeld nicht aufbringen konnten; und ebenso wollte das städtische Handwerkertum aus wirtschaftlichen Gründen nicht auf die Mitarbeit der Kinder verzichten. Nur das gehobene Bürgertum und der Adel konnten sich Haushofmeister oder Privatlehrer leisten, die für die notwendige Bildung der Kinder zur Vorbereitung auf ein Universitätsstudium sorgten.

So ist es zu erklären, daß Ende des 18. Jahrhunderts noch nicht einmal die Hälfte der heranwachsenden Jugendlichen eine Schule besuchen konnte. Und für deren größten Teil war es die einklassige Dorfschule, die ihnen die elementaren Anfangsgründe des Lesens, Schreibens und Rechnens beizubringen versuchte. In den Landschulen war die entwürdigende Abhängigkeit der Lehrer von den Schulpatronen bzw. der zahlenden Elternschaft verantwortlich für die gesellschaftliche Ächtung des Lehrerstandes. Vor allem auf dem Lande waren die Lehrer zur Sicherung ihres Lebensunterhalts auf zusätzliche Tätigkeiten angewiesen. Zur Unterweisung der Landjugend im Lesen und Schreiben schienen daher ausgediente Soldaten gerade recht zu sein; so hatte Friedrich der Große noch 1779 verfügt, bevorzugt invalide Sol-

J. Nussbiegels Karikatur Antikes Schulwesen *(1825) überspitzt die Schulsituation zu Jahrhundertbeginn durch Übertreibung und Häufung. Dabei trifft sein Spott die Mißstände in der Schulstube, in der das Familienleben des Schulmeisters, der zusätzlich das Handwerk des Schuhmachers ausüben muß, und der Unterricht nicht getrennt sind, während doch alles unter den strengen Augen der geistlichen Obrigkeit geschieht.*

daten auf Schulmeisterstellen unterzubringen.[1] Unter solchen Umständen wurde die Lehrerschaft zu einem Warteplatz stellenloser Prediger und zu einem »Sammelbecken gescheiterter Existenzen, die vielfach selber kaum des Lesens, Schreibens und Rechnens mächtig [...] waren«.[2] So nimmt es nicht wunder, in einem Protokoll über die Lehrerwahl in einem pommerschen Dorf aus dem Jahre 1729 zu lesen:

> »Jakob Maehl, Weber, hat die Fünfzig hinter sich, hat gesungen: a) O Mensch, bewein', b) Zeuch ein zu Deinen Thoren, c) Wer nur den lieben Gott läßt walten. Melodie ging in viele andere Lieder, Stimme sollte stärker sein, quiekte mehrmals, so nicht sein muß. Gelesen Josua 19, 1-7 mit 10 Lesefehlern, buchstabieren Jos. 18, 23-26 ohne Fehler. Dreierlei Handschriften gelesen, schwach und mit Stocken, drei Fragen aus dem Verstant, hierin gab er Satisfaction. Diktando 3 Zeilen geschrieben, fünf Fehler. Des Rechnens auch nicht kündig.«[3]

---

1 R. Bölling: *Sozialgeschichte der deutschen Lehrer*, Göttingen 1983, S. 54.

2 F. Baumgart: *Zwischen Reform und Reaktion. Preußische Schulpolitik 1806 –1859*, Darmstadt 1990, S. 62.

3 In: H. Lewin: *Geschichte der Entwicklung der preußischen Volksschule ...*, Leipzig 1910, S. 47.

Dennoch erschien Maehl unter den übrigen Bewerbern noch als der geeignetste Kandidat und wurde eingestellt. Von einem methodisch geleiteten Unterricht konnte da nicht die Rede sein, auch wenn er der Schulaufsicht durch die geistliche Obrigkeit unterlag. Vielmehr verbreiteten die regelmäßigen Schulvisitationen eher Angst und erhöhten noch den gesellschaftlichen Druck.

Die so vollkommen unzureichend vorgebildeten und materiell nur notdürftig versorgten Landschullehrer hatten ihre Zöglinge in allen Gegenständen, natürlich auch im Choralsingen, zu unterweisen. Den erzieherischen Wert, den man obrigkeitlich dem Gesang zur Veredelung des Menschen und zur Verschönerung des Gottesdienstes beimaß, spiegelt die Rang- und Reihenfolge der Prüfungsteile bei der Lehrerwahl. So verzeichnen die Ratsprotokolle die Abfolge »gesungen – gelesen – geschrieben – Antworten aus dem Verstande – Rechnen«. Aber im Schulalltag herrschte mehr der Rohrstock als pädagogische Einsicht. Der Gesang wurde, wo möglich vom Harmonium, das in manchem Schulhaus für die Andachten zur Verfügung stand, meistens aber von der Violine begleitet, die der Dorfschullehrer eher schlecht als recht zu traktieren verstand.

Anders war es in den Latein- und Gelehrtenschulen in der Stadt. Hier gab es zwar auch weder eine methodische Ausbildung noch einen Qualifikationsnachweis zum Unterrichten. Doch Ende des Jahrhunderts kam es zu der ersten Gründung eines philologischen Seminars an der Universität Halle, womit sich die Lehrerausbildung von der der Theologen abzusondern begann. Und in Berlin wurde ein »Seminar für Gelehrte Schulen« eröffnet, das die Funktion eines Seminars für Lehramtskandidaten erfüllte, in dem Universitätsabsolventen eine praktische Vorbereitungszeit mit Hospitationen und eigenem Unterricht absolvierten und die Ausbildung mit einer unterrichtsbezogenen Prüfung abschlossen.[4] 1788 wurde dann auch das erste Abiturreglement erlassen, das den Zugang zur Universität von einer Entlassungsprüfung abhängig machte, die aber nicht an einer Schule erfolgen mußte. Für die musikalische Unterweisung war in der Regel der Kantor zuständig, der die Schüler in den Unterklassen im Gesang unterrichtete und mit den Alumnenchören und Kurrenden zugleich die Kirchenmusik bediente. Die musikalische Unterweisung beschränkte sich daher auf mechanisches Auswendiglernen der Choralverse und -melodien und in besonderen Schulen wie der Kreuz- oder Thomasschule für einzelne Chorsänger auch auf die Einstudierung von Cantionalsätzen, Motetten und Figuralmusik.

Die Wurzeln der im 19. Jahrhundert einsetzenden Schulreformen reichen

---

4 Vgl. Baumgart, a.a.O., S. 21.

zurück in die Aufklärungspädagogik, die das 18. Jahrhundert eigentlich zu einem »pädagogischen Jahrhundert« gemacht hatte. Dem ideellen Programm der Aufklärung gemäß sollte planmäßige Erziehung zur Verwirklichung der individuellen Freiheit führen und dem Recht zur uneingeschränkten Wirkung verhelfen, sich seines eigenen Verstandes zu bedienen und »von seiner Vernunft in allen Stücken öffentlich Gebrauch zu machen« (Kant). Das Bildungsideal der Aufklärung wollte den Menschen aus seinem alleinigen Angewiesensein auf Glaube und Tradition befreien und ersetzte sie durch rationale Argumentation und praktische Vernunft. Dennoch blieb Bildung am Kriterium der gesellschaftlichen Nützlichkeit orientiert. Von der Steigerung der Volksbildung erhoffte man sich auch ökonomische Vorteile.[5] Solch utilitaristische Aufklärungspädagogik (Baumgart) sah sich dabei nicht im Widerspruch zur Forderung nach individuellem Glück, weil dieses eben in der Nützlichkeit für das Gemeinwohl zum Ausdruck kommen sollte. Zwar ging die Aufklärungsphilosophie vom Recht auf Bildung aller aus, aber Erziehung und Bildung sollten sich innerhalb der gesellschaftlichen, d. h. einer nach Ständen und ihren praktischen Aufgaben gegliederten Ordnung entfalten. So zielte die Aufklärungspädagogik noch keineswegs auf Selbstverwirklichung und Selbstbestimmung im heutigen Sinne, sondern legitimierte lediglich das System sozialer Ungleichheit anders. »Die metaphysische Rechtfertigung ständischer Ungleichheit als gottgewollt und deshalb unabänderlich verschob sich zugunsten einer funktionalen Begründung, die die ständische Gliederung aus ökonomischen und sozialen Notwendigkeiten herleitete.«[6] In diesem Denken machte sich die Aufklärungspädagogik den absolutistischen Staat als einzigen Garanten des Fortschritts zum Bündnispartner. Von ihm erwartete sie eine durchgreifende Schulreform, wie sie dann zu Beginn des 19. Jahrhunderts – allerdings in einer durch die Napoleonischen Kriege völlig veränderten politischen Lage – durch Humboldt, Süvern und Nicolovius eingeleitet wurde.

Doch zunächst blieb die Schulwirklichkeit auch im 19. Jahrhundert für die meisten Schüler auf dem Lande und in den infolge der Industrialisierung wachsenden Städten noch weit hinter den erstrebten Reformzielen zurück. Vor allem waren die Volks- und Bürgerschulen oft in einem beklagenswerten Zustand, der erst um die Mitte des 19. Jahrhunderts seinen Tiefstand erreichte. Dabei sind allerdings deutliche Unterschiede zwischen den einzelnen Ländern und zwischen der Situation an den Volks- und Mittelschulen und an den höheren Schulen (Gymnasien) festzustellen. Generelle Aussagen sind

---

5 Vgl. Baumgart, a.a.O., S. 14.
6 Ebd.

	Elementarschulen	Lehrer	Schulpflichtige	Unterrichtete
1816	20 345	21 766	2,2 Mio.	1,167 Mio. 53% der Schulpflichtigen
1846	24 044	27 770	3,0 Mio.	2,433 Mio. 81% der Schulpflichtigen

Schulbesuch in Preußen 1816 und 1846 (Landesdurchschnitt), aus: E. Nolte: Sozialgeschichtliche Aspekte des Gesangunterrichts, in: Sozialgeschichtliche Aspekte einer wissenschaftlichen Disziplin. 5. Sitzungsbericht 1989 der Musikpädagogischen Sozietät, Mainz 1993, S.11.

daher nur in sehr allgemeinem Umfang möglich. Doch da die Zahl der Schüler, die eine höhere Schule besuchten, im 19. Jahrhundert noch äußerst gering war[7], prägt die Volksschule das Bild der Schulsituation.

Trotz der allgemeinen Schulpflicht in Preußen konnten 1816 erst 53 Prozent der Schulpflichtigen eine Schule besuchen. Und um die Jahrhundertmitte (1846) wurde immer noch fast ein Fünftel aller schulpflichtigen Kinder nicht vom Unterricht erreicht (Schulbesuch 81 Prozent).[8] Die Gründe hierfür lagen zum einen im Schulgeldzwang, der für die Unterschicht durchaus eine soziale Härte darstellte.[9] Schlimmer noch wirkte sich die zunehmende Fabrikarbeit von Kindern in den Industriestädten aus, deren Eltern aus wirtschaftlicher Not auf den Zusatzverdienst ihrer Kinder angewiesen waren, auch wenn dieser noch so gering war. Denn in einer Fabrik erhielt ein Kind beispielsweise für die gleiche Tätigkeit, für die ein Erwachsener zehn Groschen bekam, nur zwei Groschen und drei Pfennige.[10] Die aus Not erzwungene Fabrikarbeit führte dazu, daß in Aachen 1814 etwa 70 Prozent der 4800 schulpflichtigen Kinder keinen Schulunterricht erhielten.[11] Und im

7 Zu Beginn des 20. Jh. besuchten noch 90% eines Jahrgangs die Volksschule, während etwa 3% die Mittelschule und 7% ein Gymnasium besuchten. Vgl. Rainer Bölling: *Sozialgeschichte der deutschen Lehrer,* Göttingen 1983, S. 13.

8 Vgl. E. Nolte: *Sozialgeschichtliche Aspekte des Gesangunterrichts in der preußischen Elementarschule des 19. Jahrhunderts,* in: *Sozialgeschichtliche Aspekte einer wissenschaftlichen Disziplin.* 5. Sitzungsbericht 1989 der Wissenschaftlichen Sozietät Musikpädagogik, Mainz 1993, S. 11.

9 Um 1800 bestand etwa ein Drittel der Landbevölkerung aus landlosen Tagelöhnern mit erbärmlichen Einkommensverhältnissen. Vgl. Nolte, a.a.O., S. 12.

10 Vgl. G. K. Anton: *Geschichte der preußischen Fabrikgesetzgebung,* Leipzig 1891, zit. nach: K. Rutschky: *Deutsche Schul-Chronik. Lernen und Erziehen in vier Jahrhunderten,* München 1991, S. 120.

11 Nolte, a.a.O., S. 12.

Jahr	Schulen	Vollbeschäftigte Lehrer			Schüler	Schüler
		insgesamt	darunter weiblich[a]			pro Lehrer
			abs.	in %		
1822	20 440	20 999	454	2,2	1 427 045	68,0
1831	21 786	22 905	694	3,0	1 917 934	83,7
1840	23 323	25 887	1 559	6,0	2 224 239	85,9
1852	24 637	28 826	1 992	6,9	2 583 565	89,6
1861	25 156	32 185	2 652	8,2	2 778 208	86,3
1871	33 120	52 059[b]	3 848	7,4	3 900 655	(74,9)
1882	33 040	59 917	?		4 339 729	72,4
1891	34 742	71 731	8 494	11,8	4 916 476	68,5
1901	36 756	90 208	13 866	15,4	5 670 870	62,9
1911	38 684	117 162	24 756	21,1	6 572 140	56,1
1921	33 391	116 765	30 091	25,8	5 470 405	46,8
1931	33 479	115 263	30 064	26,1	4 681 130	40,6

a Bis 1871 einschließlich nicht vollbeschäftigter Hilfslehrerinnen.
b Einschließlich nicht vollbeschäftigter männlicher Hilfslehrer, schätzungsweise 2 000.
  Ohne sie ca. 78 Schüler pro Lehrer.

Lehrer und Schüler an preußischen Volksschulen 1822–1931, aus: R. Bölling: Sozialgeschichte der deutschen Lehrer, *Göttingen 1983, S. 14.*

Jahre 1846 ergab eine Zählung für Preußen, »daß zu diesem Zeitpunkt 17 375 Jungen und 13 689 Mädchen, insgesamt also 31 064 Kinder, Fabrikarbeit leisteten. Das waren 10 Prozent der gesamten Fabrikarbeiterschaft«.[12] Aus einem vom preußischen Kultusminister wiederholt angemahnten Bericht der Düsseldorfer Regierung vom 21. Februar 1823 erfahren wir, daß dort in zwei Spinnereien »sowohl zu Tages- als zu Nachtarbeit Kinder vom sechsten Jahre an aufgenommen wurden. In der einen arbeiteten am Tage 96, bei Nacht 65 Kinder, in der andern bei Tage 95, bei Nacht 80 Kinder. Die Arbeitszeit währte im Sommer von 7 Uhr früh bis 8 Uhr abends, im Winter von 8 Uhr früh bis 9 Uhr abends. Die Nachtarbeit begann mit dem Schlusse der Tagesarbeit und dauerte bis zu deren Wiederbeginn. Die am Tage arbeitenden Kinder waren in fünf Klassen eingeteilt, von denen jede täglich eine Stunde Unterricht erhielt; die einzelnen Klassen lösten sich ab. Die Nachtarbeiter wurden zusammen nach beendeter Arbeit zwei Stunden unterrichtet.«[13] Daß unter diesen Umständen und solch psychischer und physischer Belastung der Kinder ein effektiver Unterricht gar nicht möglich war, versteht sich von selbst. Die gutgemeinten, strengen Erziehungsabsichten von Staat und Kirche scheiterten an der sozialen Wirklichkeit. Die Kluft zwischen höfischer Kultur, gehobenem städtischem Bürgertum und verarmender

---

12 Ebd., S. 12 f.

13 G. K. Anton, in: Rutschky, a.a.O., S. 118 f.

Landbevölkerung wurde immer größer. Erschwerend kamen die extrem ungünstigen Arbeitsbedingungen der Lehrer hinzu. In den meist einklassigen Dorfschulen verschärfte sich zunehmend das Problem überfüllter Klassen. 1822 kamen in Preußen auf einen Lehrer durchschnittlich 68 Schüler; um die Jahrhundertmitte waren es annähernd 90![14] Die soziale Stellung und finanzielle Situation eines Lehrers war entsprechend schlecht, die Abhängigkeit von der Obrigkeit groß. Noch zu Beginn des 19. Jahrhunderts war der »Laufschulmeister« im progressiven Brandenburg-Preußen keineswegs eine Ausnahme, wie den Annalen des Preußischen Schul- und Kirchenwesens 1800 zu entnehmen ist:

> »In vielen Dörfern wird zwar Schule gehalten, aber nicht von einem vorbereiteten, geprüften, förmlich eingesetzten und besoldeten Lehrer, sondern die Gemeinde mietet sich, für drei oder vier Wintermonate, irgend einen leicht zu befriedigenden Schneidergesellen, der dann mit seiner Schule wöchentlich von einem Hause zum andern wandert, und eben so in der Reihe von den Hauswirthen gespeiset wird. In der Altmark und in Pommern pflegt man diese wandernden Lehrer [...] Gang- oder Laufschulmeister zu nennen.«[15]

Aber auch in den späteren Jahren blieb der Lehrer auf Nebentätigkeiten angewiesen. So gehörten auch musikalische Dienstleistungen als Organist, Vorsänger, Dorfmusikant zum Tätigkeitsbereich des Lehrers. Meist war ohnehin das Schulamt mit einem niederen kirchlichen Amt (Organist, Küster) verknüpft. Noch 1886 war in Preußen jede vierte Stelle mit solchen Nebenämtern verbunden.[16] Und auch in Sachsen lieferte der Typus des Lehrer-Kantors ein erfolgreiches Modell. In allen Schul- und Kirchenangelegenheiten unterstand der Lehrer dem örtlichen Prediger.

Ging die schulische Ausbildung zu Beginn des 19. Jahrhunderts im wesentlichen immer noch von verschiedenartigen Berufs- und Standesschulen aus, wurde diese Bildungsbeschränkung mit zunehmender Industrialisierung in der zweiten Hälfte des Jahrhunderts immer problematischer. Um den komplizierter werdenden Produktionsbedingungen gerecht werden zu können, mußten auch die Ansprüche an die Volksschule den neuen Bedürfnissen angepaßt werden. Dies führte zu einer Umorientierung der Schulpolitik. Der preußische Kultusminister Falk erklärte in einer Rede am 15.1.1879 vor dem Abgeordnetenhaus:

> »Die Lebensbedürfnisse unseres Volks, die Entwicklung der Industrie, die starke Bewegung in der Bevölkerung, welche ja in ganzen weiten Distrikten den Unterschied zwischen Dorf

---

14 Vgl. Bölling, a.a.O., S. 65.

15 Zit. nach: G. Petrat: *Schulunterricht. Seine Sozialgeschichte in Deutschland 1750–1850*, München 1979, S. 202.

16 Vgl. Bölling, a.a.O., S. 64.

und Stadt vollständig verwischt hat, haben es meiner Meinung nach dem Staate zur Pflicht gemacht, für ausreichend gebildete Lehrer der Volksschule zu sorgen.«[17]

Dies führte dann zu einer Verstärkung der Realien und gleichzeitig zu einer Schwächung des Gesang- und Religionsunterrichts in der Volksschule.[18]

Ganz anders stellt sich die Situation im höheren Schulbereich dar. Hier hatten die Humboldtschen Reformen eine Professionalisierung eingeleitet und einen akademischen Berufsstand etabliert. Die preußische Form der Ausbildung diente dann in der zweiten Hälfte des 19. Jahrhunderts auch Baden, Hessen, Sachsen und kleineren norddeutschen Staaten zum Vorbild. In Württemberg bestand die traditionelle Verbindung von höherem Lehramt und Pfarramt am längsten. Ein Theologiestudium wurde als die beste Vorbildung für das Lehramt angesehen.[19] Aber für den Gesanglehrer gab es insgesamt noch keine institutionalisierte Ausbildung. Häufig versahen wissenschaftliche Lehrer, Gesangspädagogen und freie Musiker oder Kantoren neben ihrem Dienst auch den schulischen Gesangunterricht.

Einen Einblick in den Unterrichtsalltag des schulischen Gesangunterrichts an städtischen Elementarschulen, renommierten höheren Lehranstalten und einzelnen Seminarschulen vermitteln uns die Reiseberichte ausländischer Besucher. Liest man ihre Schulberichte, muß man aber bedenken, daß sie nur in die kulturellen Zentren der großen Städte kamen und einzelne ausgesuchte Institute sahen. Die Visitationsprotokolle der Landschulen zeigen demgegenüber ein viel trostloseres Bild.

Vom 25. April bis 1. November 1837 unternahm der amerikanische Musikpädagoge Lowell Mason (1792–1872) eine Europareise, um die auf Pestalozzis Grundsätzen beruhende Musikerziehung und das hiesige Musikleben kennenzulernen.[20] Hier begegnete er vielen bedeutenden Pädagogen und Musikern, besuchte auch den Schulunterricht und verschaffte sich so einen allgemeinen Einblick in das musikalische Geschehen.[21] Um die Methode

---

17 In: H.-G. Herrlitz/W. Hopf/H. Titze: *Deutsche Schulgeschichte von 1800 bis zur Gegenwart*, Königstein 1981, S. 93.

18 Vgl. E. Nolte, a.a.O., S. 22.

19 Vgl. Bölling, a.a.O., S. 29.

20 Seine Eindrücke hat er in Tagebüchern festgehalten (*Lowell Mason in Europe: The 1837 Journals*, ed. by Michael Broyles, UMI Research Press, Ann Arbor 1990). Siehe dazu auch Carol A. Pemberton: *Lowell Mason. His Life and Work*. UMI Research Press, Studies in Musicology, Ann Arbor 1985, sowie Wilfried Gruhn: *Lowell Masons Briefe einer musikalischen Reise. Eine Studie zum Chor- und Schulgesang im 19. Jahrhundert*, in: R.-D. Kraemer (Hrsg.): Musikpädagogik. Unterricht Forschung Ausbildung, Mainz 1991, S. 319-333.

21 Mason traf u. a. A. W. Bach in Berlin, der Lehrer am Kgl. akadem. Institut für Kirchenmu-

24

Pestalozzis näher kennenzulernen, die in Europa wie Amerika als Inbegriff moderner Pädagogik galt, suchte er dessen Schüler Philipp Emanuel von Fellenberg auf, der in Gut Hofwyl bei Bern eine Erziehungsanstalt leitete[22], nachdem Hans Georg Nägeli (1773–1836), einer der Herausgeber der Pestalozzischen Gesangbildungslehre, kurz vor seiner Ankunft gestorben war. Noch ausgedehnter hielt Mason sich ein zweites Mal von Januar 1852 bis April 1853 in Europa auf. Über seine Reisen durch England, Frankreich, Preußen, Sachsen, Württemberg, Bayern, die Schweiz und die Niederlande berichtete er ausführlich in seinen *Musical Letters from Abroad* (New York 1854).[23] Das Bild, das er darin seinen gelehrten Lesern in Boston entwarf, war diktiert von einer grenzenlosen Bewunderung und Achtung der europäischen Musikpflege, aber merkwürdig blind für den pädagogischen Alltag. Immer wieder rühmte er die Chöre und Orchester und stellte die methodische musikalische Unterweisung der Kinder in der Schule als vorbildlich hin.

>»Es liegt an der beständigen Übung und daran, daß europäische Kinder von klein auf unterwiesen werden, daß sie solche Geschicklichkeit in der Musik erlangen.« (Tagebuch-Eintragung vom 24. Juli 1837)[24]

Entzückt äußerte er sich über die hohe Qualität der sängerischen Leistung anläßlich eines Konzerts zur Einweihung des renovierten Musiksaals in der Thomasschule zu Leipzig:

>»Es sang der Chor der [Thomas-]Schule und der [Thomas-]Kirche, der aus ungefähr 50 Sängern besteht; Sopran und Alt sind Knabenstimmen. Sie sangen ohne Instrumentalbegleitung. [...] Das Singen solch schwieriger Chormusik ohne Begleitung ist etwas vollkommen Unbekanntes bei uns in Amerika. [...] Ich glaube, ich war nie zuvor Zeuge einer solchen Hingabe an das Werk wie bei diesen Sängern. [...] Jeder setzt all seine physischen und geistigen Kräfte zur Aufführung der Musik ein. [...]
>Die Sänger verfügen ganz offensichtlich über eine vollkommene Beherrschung ihrer Stimme und erzielen ein ebenso sicheres Ergebnis wie ein Pianist auf den Tasten oder ein Geiger mit dem Bogen. Jede Art von Trägheit, Lässigkeit, Unaufmerksamkeit oder dummen Leichtsinns [...] fehlt hier vollständig. Kein Herumgucken, Schwätzen, Lachen oder

---

sik in Berlin war und Nachfolger Zelters wurde, oder G. F. Kübler in Stuttgart, dessen Gesangbildungslehre nach Pestalozzischen Grundsätzen er seinem »Manual« zugrundegelegt hatte.

22 Fellenbergs Institut diente Goethe zum Vorbild für die »Pädagogische Provinz« in seinem Roman *Wilhelm Meister*.

23 Mit diesen Bildungsreisen stellt sich Mason ganz bewußt in die europäische Tradition und ruft den Vergleich mit dem englischen Komponisten und Musikwissenschaftler Charles Burney (1726–1814) wach, der 1770 und 1772 die europäischen Musikzentren aufsuchte, um sich über die neuesten musikalischen Entwicklungen auf dem Kontinent zu informieren und darüber in den *Tagebüchern seiner musikalischen Reise* (1773) zu berichten.

24 Zit. nach Pemberton, a.a.O., S. 97.

Albereien, sondern nur gespannte Aufmerksamkeit kann man immer feststellen. Ich wünschte, ich fände Worte, diese Hingabe an das Werk deutlich zu machen, dieses tiefe, aufrichtige Interesse, das alle Chormitglieder offenbar besitzen, damit unsere amerikanischen Sänger sich auch darum bemühen können. Aber wir können das nicht erreichen, solange wir nicht auch die entsprechenden Mittel einsetzen; nur richtiger Unterricht kann das bewirken, musikalische Übung, von der wir nur eine blasse Ahnung haben, muß vorausgehen. [...] Soweit ich Gelegenheit hatte, dies zu beobachten, besteht der Unterricht hier zum größten Teil aus Übung. Und es ist nicht übertrieben, wenn ich sage, daß ich nie zuvor einen Chor so genau, kraftvoll, so vollkommen sauber habe singen hören wie bei dieser Gelegenheit.« (17. Brief vom 26.3.1852)[25]

Ganz andere Eindrücke über die Situation des Schulgesangs vermitteln demgegenüber Bemerkungen und Berichte aus dem Schulalltag. Als der Komponist Carl Loewe 1821 Lehrer am Gymnasium in Stettin war, soll er einmal »im Gespräch mit seinem Direktor auf dem Korridore in der Nähe seiner Gesangklasse auf und ab [gegangen sein], während die liebe Jugend sich durch intensives Lärmen vergnügte. Auf die Aufforderung seines Vorgesetzten, in die Klasse zu gehen und die Knaben zur Ruhe zu bringen, erfolgte die resignierte Antwort: *Das nützt nichts, Herr Direktor, wenn ich hineingehe, wirds noch schlimmer!*«[26] Die Klagen über den desolaten Zustand des Gesangunterrichts, über das unsaubere Singen und Schreien der Schüler, über das Allotria, das sie mit den Gesanglehrern trieben, reißen das ganze Jahrhundert hindurch nicht ab und durchziehen mit drastischen Schilderungen die Romanliteratur. So stellte Johann Gottfried Hientzsch 1829 in seiner Zeitschrift *Eutonia* vielsagend fest: »Wie der Gesang=Unterricht sonst beschaffen war und jetzt in vielen Schulen noch ist, wird den meisten Lesern wohl bekannt sein. In vielen Schulen nämlich bestand oder besteht das Ganze noch darin, daß zu Anfang und auch wohl am Schlusse der Lehrstunden ein Vers oder einige Verse aus dem Gesangbuche nach einer Choralmelodie gesungen werden, versteht sich nach dem bloßen Gehör. [...] Was daraus endlich hervorgegangen ist, wissen wir leider Alle zur Genüge.«[27]

Wie der Unterrichtsalltag in der Schule aussah, schildert John Spencer Curwen (1847–1916) in einem Bericht über Deutschland am Ende des Jahrhunderts.

»In deutschen Ländern gibt es keine den Staatsschulen zugeordneten Vorschulabteilungen. [...] Erst mit sechs Jahren gehen die Kinder in öffentliche Schulen. Ich traf auf einige ge-

---

25 L. Mason: *Letters from Abroad*, Boston 1854, S. 82 f.

26 Berichtet von einem ehemaligen Schüler des Stettiner Gymnasiums, zit. nach Max Schipke: *Der deutsche Schulgesang von J. A. Hiller bis zu den Falkschen Bestimmungen (1775–1875)*, Berlin 1913, S. 240.

27 J. G. Hientzsch: *Der Gesang=Unterricht in Schulen*, in: *Eutonia* 1, 1829, H. 1, S. 45.

mischte Schulen, aber in der Regel sind Jungen und Mädchen getrennt [...] Der volle Schultag geht von 8 bis 4 [Uhr] mit einer zweistündigen Pause (12–2). Aber die jüngsten Kinder (sechs bis sieben [Jahre alt]) beenden ihre Morgenschule um 10, und die Nächst-jüngeren (sieben bis neun) gehen um 11 Uhr. Alle Altersgruppen nehmen von 2 bis 4 [Uhr] teil. Die Lektionen dauern fast immer eine Stunde. Ein bis zwei Stunden werden wöchentlich der Musik gewidmet. In keinem Fall traf ich auf besondere Musikinspektoren, und das Fach wurde stets vom normalen Kollegium unterrichtet. In großen Schulen gab es jedoch eine Tendenz zur Spezialisierung, wobei alle Musik in die Hände eines Lehrers ge-legt wurde, der dafür besser als die übrigen geeignet war.«[28]

Doch der Eindruck, daß die Geschichte des Gesangunterrichts im 19. Jahrhundert eine Verfallsgeschichte sei, wäre zu einseitig und beträfe nur die organisatorische und disziplinäre Seite. Nicht zu leugnen sind die großen An-strengungen im methodischen Bereich. Dennoch haftete dem Gesangunter-richt trotz der verschiedenen Reformanstrengungen, die zunächst Preußen und dann auch die anderen Länder im Bildungswesen insgesamt unternah-men, immer noch die gesellschaftliche Bedeutungslosigkeit an, die dem Schulgesang im 18. Jahrhundert widerfahren war. Seine ganze Hoffnung hatte das 19. Jahrhundert daher gerade in die Entscheidung über die »rich-tige« Methode gesetzt, sei es die Elementarmethode Pestalozzis oder die der Formalstufen Herbarts. Die Debatte um die rechte Gesangunterrichtsme-thode wurde dann in zahllosen Gesangbildungslehren ausgetragen. Im Brennpunkt stand dabei die *methodologische* Entscheidung, ob die Kenntnis der Elementarlehre und der Notenschrift vor dem Singen erworben werden müsse oder ob die elementhaften Grundlagen vielmehr erst aus dem imitato-risch gelernten Gesang abgeleitet und systematisiert werden können – diese Debatte, die das gesamte Schrifttum über den Gesangunterricht im 19. Jahr-hundert beherrscht, wird verbunden mit den *entwicklungspsychologischen* Grundlagen der Erziehungslehre Pestalozzis, der die Pädagogik in der ersten Hälfte des 19. Jahrhunderts maßgeblich beeinflußt hat.

Neben der überragenden Persönlichkeit Pestalozzis, der im Zentrum der Methodenfrage stand, obwohl er sich viel maßgeblicher von lernpsychologi-schen Erkenntnissen leiten ließ, was seine Zeitgenossen aber noch nicht sahen oder sehen konnten, weshalb sie seinen lernpsychologischen Ansatz zur Methode verkürzten, waren es vor allem Humboldts Schulreformen, die noch bis in unser Jahrhundert nachwirken. Humboldt begründete das Gymnasium aus der neuhumanistischen Bildungsidee. Mit der Konsolidie-rung des Gymnasiums neben Realgymnasium und Oberrealschule ging aber auch eine Absonderung der Lehrerbildung für die höheren und niederen

---

28 *School Music Abroad*, London 1901; dt. Ausgabe von W. Heise, Frankfurt 1989, S. 1 f. (MPZ Quellenschriften, Bd. 13).

Schulen einher, die nun ihre je eigene Standestradition entwickelte und institutionell verankerte. Damit erweist sich das 19. Jahrhundert für die Schulwie die Schulmusikgeschichte als Exposition zur Durchführung der Reformen und Bewegungen, die dann das frühe 20. Jahrhundert bestimmt haben.

2. Kapitel

Säkularisierte Musikerziehung 1809–1830

1. Die Preußische Schulreform

Politisch war der Übergang ins 19. Jahrhundert von den kontinentalen Aus-einandersetzungen mit dem napoleonischen Frankreich beherrscht, in deren Folge das *Hl. Römische Reich Deutscher Nation* 1806 zerbrach und sich die einzelnen Nationalstaaten emanzipierten. Hier war es vor allem Preußen, das mit der bald nach seinen schweren Niederlagen einsetzenden Bildungsreform zum Vorreiter der schul- und bildungspolitischen Entwicklung wurde, so daß man sich angewöhnt hat, meist nur von Preußen zu sprechen, wenn man die Situation schulischer Bildung in Deutschland meint. Nachdem Preußen 1806, von den Napoleonischen Revolutionsheeren vernichtend geschlagen, zusammengebrochen war, hatte auch die alte feudale Herrschafts- und Gesellschaftsordnung ihr Fundament verloren. Im Zuge der nun einset-zenden Selbstbesinnung und Wiederaufrichtung eines neuen Nationalgefühls wurde das Zeitalter der Napoleonischen Herrschaft in Deutschland zum Zeitalter großer Reformen.[1] So unterstrich der Philosoph Johann Gottlieb Fichte (1762–1814) in seinen *Reden an die deutsche Nation* im Winter 1807/08 die Notwendigkeit einer einheitlichen Nationalerziehung für die ge-sellschaftliche Erneuerung. Auf das enge Verhältnis von Pädagogik und Poli-tik hatte auch Johann Wilhelm Süvern (1775–1829) in einer Vorlesung im Wintersemester 1806/07 an der Königsberger Universität hingewiesen:

»Eine bedächtige und planmäßige Befreiung der Menschheit von den moralischen und po-litischen Übeln, die sie so schwer drücken, beruht aber hauptsächlich auf einer totalen Re-formation zweier Künste, [...] der Politik und der Pädagogik, der Staats- und der Erzie-hungskunst [...] Sie haben beide denselben erhabenen Gegenstand, den Menschen. Ihn wollen sie bilden, die Erziehungskunst den Einzelnen zu einer sich selbst immer voll-kommener entwickelnden lebendigen Darstellung der Idee des Menschen, die Staatskunst Vereine von Menschen zu einer Darstellung der Vernunftidee von einer vollkommen organisierten Gesellschaft [...] Beide sind hülfreich für einander, und stehen in Wechselwir-

---

1 Zum geschichtlichen Hintergrund der Reformära siehe die Gesamtdarstellungen von Tho-mas Nipperdey: *Deutsche Geschichte 1800–1866*, München ⁵1991; Hajo Holborn: *Deutsche Geschichte in der Neuzeit*, Bd. 2, Reform und Restauration, Liberalismus und Nationalismus (1790–1871), München 1970; Reinhart Koselleck: *Bildungsbürgertum im 19. Jahrhundert*, Stuttgart 1990.

kung, die Erziehungskunst, indem sie die Menschen so bildet, daß sie als Glieder in das große Kunstwerck der Staats-Organisation eingreifen können [...], die Staatskunst, indem sie der Pädagogik nicht subjective eigensüchtige Zwecke aufdringt, sondern ihr alle Hülfsmittel und Erleichterungen verschafft, ihr Geschäft als freye Kunst zu üben und in der Kunst-Vollkommenheit fortzuschreiten.«[2]

Dabei gelangten die Preußischen Reformen im Schul- und Bildungswesen unter den prägenden Einfluß der neuhumanistischen Philosophie. Diese wandte sich deutlich von der Erziehungsmaxime gesellschaftlicher Nützlichkeit ab, wie sie vor allem in der Aufklärungspädagogik vorherrschend gewesen war. An deren Stelle trat nun das Programm einer allgemeinen Menschenbildung, die der freien Entfaltung der individuellen Kräfte und Fähigkeiten dienen sollte. In diesem Zusammenhang gewann dann für die Elementarbildung die Erziehungslehre Pestalozzis große Bedeutung.

Eine entscheidende bildungspolitische Maßnahme, die Friedrich Wilhelm III. in dieser Situation ergriff, stellte die Berufung Wilhelm von Humboldts (1767–1835) zum Direktor der Sektion für Kultus und öffentlichen Unterricht im Ministerium des Inneren 1809 dar. Von hier aus leitete dieser zusammen mit Süvern eine allgemeine Schulreform in Preußen ein. Schon in einem frühen bildungstheoretischen Entwurf hatte er seine Bildungsvorstellung, die auf die freie Entfaltung der im Individuum beschlossenen Möglichkeiten und die Entwicklung seiner geistigen Kräfte zielte (Theorie der formalen Bildung), programmatisch vorgestellt. »Der wahre Zwek des Menschen [...] ist die höchste und proportionirlichste Bildung seiner Kräfte zu einem Ganzen.«[3] Und im Litauischen Schulplan unterstrich er den Vorrang allgemeiner Menschenbildung vor spezieller Berufsvorbereitung. »Alle Schulen aber, deren sich nicht ein einzelner Stand, sondern die ganze Nation, oder der Staat für diese annimmt, müssen nur allgemeine Menschenbildung bezwecken. – Was das Bedürfniss des Lebens oder eines einzelnen seiner Gewerbe erheischt, muss abgesondert, und nach vollendetem allgemeinen Unterricht erworben werden.«[4]

Mit der Berufung Humboldts als Leiter der Sektion für Kultus und Unterricht wurde diese Behörde zur Zentrale der Bildungsreform. Ihr wurde als wissenschaftliches Beratungsgremium eine »Wissenschaftliche Deputation« zugeordnet, die auf Betreiben Humboldts 1810 eingerichtet wurde. Hier

---

2 Zit. nach: F. Baumgart: *Zwischen Reform und Reaktion*, Darmstadt 1990, S. 36 f.

3 W. v. Humboldt: *Ideen zu einem Versuch, die Gränzen der Wirksamkeit des Staats zu bestimmen* (1791), in: Werke, Bd. 1, Darmstadt 1964, S. 57.

4 W. v. Humboldt: *Unmassgebliche Gedanken über den Plan zur Einrichtung des Litthauischen Stadtschulwesens*, in: Werke, Bd. 4, Darmstadt 1964, S. 188.

sollten im Kreis unabhängiger Gelehrter (u. a. Schleiermacher, Nicolovius, Süvern) alle strukturellen und inhaltlichen Fragen der Schulreform (die Entwicklung neuer Lehrpläne, die Prüfung neuer Unterrichtsmethoden und Erziehungssysteme, die Auswahl von Lehrbüchern sowie Vorschläge zur Stellenbesetzung)[5] kollegial beraten werden. Neben der Zentrale in Berlin wurden Provinzialdeputationen auch in Königsberg und Breslau eingerichtet und auf unterer Ebene Schuldeputationen bei den Regierungsbezirken als Kontrollorgane der Schulaufsicht verfügt. Doch die Wissenschaftlichen Deputationen konnten ihre Planungsaufgaben nur bis 1816 erfüllen und wurden dann durch reine Prüfungskommissionen ersetzt.[6]

Nach dem endgültigen Sieg der Verbündeten über Napoleon in der Völkerschlacht bei Leipzig 1813 wurde das Staatsgebiet Preußens in zehn Provinzen mit einem Oberpräsidenten an ihrer Spitze aufgeteilt. Darin unterstanden seit 1817 Kultus und Unterricht speziellen Konsistorien. So entstanden auf der mittleren Verwaltungsebene zwei miteinander konkurrierende Schulbehörden: die Schuldeputationen bei den Regierungen und die Konsistorien bei den Oberpräsidenten. Allmählich entwickelte sich daraus aber eine neue Kompetenzverteilung, wonach den Konsistorien (aus denen 1825 dann die Provinzialschulkollegien hervorgingen) die Aufsicht über die Gymnasien übertragen wurde, während den Schuldeputationen das niedere Schulwesen unterstand. Damit war auch auf der Verwaltungsebene die Trennung zwischen höherem und niederem Schulwesen vollzogen, die inhaltlich und strukturell bereits von Humboldt eingeleitet worden war und die dann die Schulgeschichte bis in die Gegenwart geprägt hat.

In der nur 16monatigen Dienstzeit Humboldts als Sektionschef[7] hat er maßgeblich die Richtung der Schulreform in Preußen bestimmt. Diese betraf vor allem den Ausbau der alten Latein- und Gelehrtenschulen zu Gymnasien, wie er dann auch nach Humboldts Ausscheiden von Nicolovius und Süvern weitergeführt wurde. Obwohl grundsätzlich Einigkeit über die neu-

---

5 W. v. Humboldt: *Ideen zu einer Instruktion für die Wissenschaftliche Deputation bei der Sektion des Öffentlichen Unterrichts*, in: Werke, Bd. 4, Darmstadt 1964, S. 204, 206.

6 Vgl. Baumgart, a.a.O., S. 58.

7 Die Sektion für Kultus und Unterricht war dem Innenministerium unterstellt. Bei seiner Berufung 1809 war Humboldt dann neben dem Minister ein gleichberechtigter Kabinettsrang zugesichert worden. Als aber der interimistisch eingesetzte Staatsrat durch die Kabinettsordre des Königs vom 31. 3. 1810 nur noch eine beratende Stimme erhielt, fürchtete Humboldt, als bloß noch administratives Organ eines Ministers und nicht mehr stimmberechtigtes Mitglied im Staatsrat das nötige politische Gewicht zur Durchsetzung seiner Reformen zu verlieren. Am 29. April 1810 reichte er daher sein Entlassungsgesuch ein (vgl. W. v. Humboldt: Werke, Bd. 4, Darmstadt 1964, S. 247-254).

humanistische Orientierung an den alten Sprachen und an Geschichte bestand, gab es im Kreis der Wissenschaftlichen Deputation doch unterschiedliche Ansichten über die Fortführung der mittleren Bürgerschulen, die
entweder den Übergang von den Elementarschulen zum Gymnasium ausmachen sollten oder eine eigene Schulform bildeten für solche Schüler aus der
Schicht des Bürgertums und handeltreibenden Gewerbes, die auf eine klassische höhere Bildung verzichteten, weil sie kein Universitätsstudium an-
strebten. Die Abtrennung der Bürgerklassen, die zuweilen an den Gelehrtenschulen eingerichtet waren, und ihre Überführung in eine eigenständige
Schulform lehnte Humboldt entschieden ab, weil er dadurch die Einheit des
Unterrichts gefährdet sah. Im *Königsberger und Litauischen Schulplan* (1809)
hatte er einen umfassenden Bildungsplan ausgearbeitet, der von drei aufeinan-
ander aufbauenden Stufen ausging: 1. der Elementarbildung, 2. dem Schulunterricht und 3. dem Universitätsstudium. »So wie es nun bloss diese drei
Stadien des Unterrichts giebt, jedes derselben aber unzertrennbar ein Ganzes
macht, so kann es auch nur drei Gattungen auf einander folgender Anstalten
geben, und ihre Gränzen müssen mit den Gränzen dieser Stadien zusammen-
fallen, nicht dieselben in der Mitte zerschneiden.«[8] Das Gymnasium sollte
die einzige Schulform bleiben, die eine auf den Elementarunterricht aufbauende höhere Bildung vermittelte und den Zugang zum Universitätsstudium
ermöglichte. Auf das praktische Leben vorbereitende Bürgerschulen hielt er
schon deswegen für überflüssig, weil nach seinem Verständnis Schule nur
»die Übung der Kräfte [...] vollständig und ohne einen Mangel« zu leisten
habe, praktische Kenntnisse aber »vom Schulunterricht auszuschliessen, und
dem Leben die speciellen Schulen vorzubehalten«.[9] Daher sah er es auch
nicht für einen Nachteil an, wenn viele Bürger nur die Elementarschule und
nie eine andere besuchen könnten. Andererseits huldigte er der humanistischen Bildungsutopie, wonach »der gemeinste Tagelöhner und der am fein-
sten Ausgebildete [...] in seinem Gemüth ursprünglich gleich gestimmt werden (müßten), [...]. Auch Griechisch gelernt zu haben könnte auf diese
Weise dem Tischler ebenso wenig unnütz seyn, als Tische zu machen dem
Gelehrten.«[10]

Demgegenüber vertrat der Berliner Schuldirektor Bernhardi die Meinung, daß die Schule die Verpflichtung habe, »Stände zu bilden, welche in
das bürgerliche Leben übergehen«.[11] Für das aufstrebende städtische Bürger-

---

8 W. v. Humboldt: *Königsberger Schulplan* (1809), in: Werke, Bd. 4, Darmstadt 1964, S. 171.

9 Ebd., S. 172.

10 Ebd., S. 189.

11 August Ferdinand Bernhardi: *Über Zahl, Bedeutung und Verhältnis der Lehrobjekte eines*

tum sollte daher eine mittlere Schulbildung hinzutreten, die an die Elementarschule anschloß. Demnach sollten die beiden unteren Klassen des Gymnasiums die Bürgerschule ausmachen, die zwei mittleren eine Art Realgymnasium abgeben und nur die beiden oberen Klassen die eigentliche Gelehrtenschule bilden. Damit war das Modell einer horizontal gestuften Schule mit unterschiedlichen Abschlüssen entworfen.

Eine andere Variante verfolgte Schleiermacher, der ebenfalls eine eigenständige Bürgerschule forderte, diese aber von den Gelehrtenschulen absondern und den kleinbürgerlichen Schichten als eigenständigen Schultyp vorbehalten wollte, damit »nicht die unteren Klassen der Gymnasien von solchen überfüllt würden, die gleich von ihnen in die Gewerbe übergehen«.[12] Solche Vorstellungen entfernten sich deutlich von der humanistischen Idee einheitlicher Schulbildung, wie sie Humboldt gedanklich entwarf, die dann in der Praxis aber zur schichtenspezifischen Trennung von Volksschule und Gymnasium führte. So wurde die Vereinheitlichung des höheren Schulwesens zum Kernstück der Humboldtschen Reformen. Das Gymnasium, das von der Bildungsidee des Neuhumanismus getragen wurde und den klassischen Stoffen und formaler Bildung Vorrang einräumte, entwickelte sich dann im 19. Jahrhundert zur Regelschule höherer Bildung und wurde zum alleinigen Bindeglied zwischen Elementarschule und Universität.[13] Das Abituredikt von 1812 sollte dabei den Zugang zum Studium von einer Abschlußprüfung abhängig machen. Dabei war es zunächst nicht nötig, diese Prüfung zu bestehen, sondern man mußte sich lediglich der Abschlußprüfung unterzogen haben, um sich in einer Universität immatrikulieren zu können. Um einen qualifizierten Nachwuchs an Lehrern für die Gymnasien sicherzustellen, war schon mit Edikt vom 12. Juli 1810 ein »examen pro facultate docendi« eingeführt worden. Damit war der Weg zur Professionalisierung des Gymnasiallehrers beschritten. Die Verstaatlichung und Verwissenschaftlichung des Gymnasiallehrerstands brachte zugleich eine finanzielle, rechtliche und vor allem auch soziale Aufwertung mit sich.

Gymnasiums (1809), zit. nach Baumgart, a.a.O., S. 72.

12 F. D. E. Schleiermacher: *Votum vom 10. Juli 1814 zu Süverns Gesamtinstruktion*, in: Baumgart, a.a.O., S. 74.

13 Vgl. dazu Baumgart, a.a.O., S. 56 ff., 66 ff.

2. Stellung der Musik im Bildungswesen

Die Preußenkönige waren zwar kunstliebend und hatten sich mit namhaften Musikern umgeben, aber die Kunstpflege im bürgerlichen Alltag, in Schule und Kirche verkam mehr und mehr. Die politische Entwicklung während der napoleonischen Koalitionskriege unter der Regentschaft Friedrich Wilhelms III. (1797–1840) band natürlich die politischen Energien auf militärischem Gebiet. So sind Klagen über den Verfall der Kunst nicht verwunderlich, obwohl gerade die Bürger im ausgehenden 18. Jahrhundert ganz im Geiste der Aufklärung und der Emanzipation des Bürgertums tätigen Anteil an der Kunstpflege zu nehmen begonnen hatten. So war es zur Errichtung der Akademie der Künste gekommen, in der jedoch die Musik nicht vertreten war. Zur Pflege des Chorgesangs hatte 1789 Carl Friedrich Fasch die Berliner Singakademie gegründet, in deren Leitung ihn Carl Friedrich Zelter (1758– 1832) unterstützte, der nach Faschs Tod 1800 dann die Direktion übernahm. Als Minister Hardenberg 1803 Vorschläge zur Reformierung des Akademiegedankens anforderte, antwortete unaufgefordert auch Zelter, weil er hier die Chance sah, etwas zur Hebung des Musiklebens für die breiten Bevölkerungsschichten bewirken zu können. Seine Eingabe vom 28.9.1803, mit der er gnädiges Gehör fand, eröffnete einen umfangreichen Schriftwechsel mit den preußischen Kultusbehörden[14], worin er den Verfall der Kurrenden und Stadtpfeifereien beklagte und auf den Einfluß der Tonkunst auf Sittlichkeit und Moral wie insbesondere auf »die Ausbildung der deutschen Nation«[15] hinwies. Seine Singakademie empfahl er als musikalische Behörde der Königlichen Akademie zu unterstellen und dafür eine Professur einzurichten.[16] Die in verschiedenen Denkschriften im Winter 1803/04 ausgearbeiteten Vorschläge schickte Zelter im Sommer 1804 auch an Goethe, der seinen »Aufsatz« an Schiller weitergab. Daraus entspann sich ein Gedankenaustausch, der die weitere Strategie, nämlich die Bindung der Musik an die Religion, festlegte, die dann tatsächlich den Fortgang der Musikerziehung im 19. Jahrhundert in wesentlichen Zügen vorzeichnete.

Goethe stimmte mit Zelter darin überein, »daß der Musik zuerst und allein durch den Kirchengesang zu helfen sey«. Aber er riet aus praktischen Gründen, nicht die Kritik an den Zuständen, sondern die Vorteile einer verbesserten musikalischen Bildung an den Anfang zu stellen.

---

14 Vgl. dazu die Dokumentation in: Cornelia Schröder (Hrsg.): *Carl Friedrich Zelter und die Akademie,* Berlin 1959.

15 Zelter in seiner 1. Denkschrift vom 28.9.1803, in: Schröder, a.a.O., S. 75, 79.

16 Zelter in der 5. Denkschrift vom 24.8.1804, in: Schröder, a.a.O., S. 114.

Karl Friedrich Zelter (1758–1832). Ölgemälde von Karl Begas.

»Nun wollen wir aber um der Wirkung willen, Ihnen ans Herz legen daß Sie wo möglich die Opposition, in der Sie mit der Zeit stehen, verbärgen, auch überhaupt mehr von den Vortheilen welche Religion und Sitten aus einer solchen Anstalt ziehen, als von denjenigen sprächen welche die Kunst zu erwarten hat.«[17]

In die gleiche Richtung zielte auch Schillers Antwort:

»Ihren Aufsatz, den Sie an Goethe geschickt, habe ich mit einer rechten Freude gelesen. [...] Aber eben weil er den kranken Theil so gut trifft, und der Kunstpfuscherey so offen und ehrlich den Krieg ankündigt, so möchte er, so wie er ist nicht ganz dazu geeignet seyn die Gunst derjenigen zu gewinnen, die doch zur Ausführung die Hände bieten sollen. Was Ihnen Goethe über diesen Punct schreibt, ist auch meine Überzeugung. Sie werden Ihre herrlichsten Argumente in petto behalten und auf diejenigen ein Gewicht legen müssen, die von dem politischen Zeitbedürfniß hergenommen sind. [...]
Es wird alles darauf ankommen, wie die Sache gestellt wird. Daß es hohe Zeit ist, etwas für die Kunst zu thun, fühlen Wenige, aber daß es mit der Religion so nicht bleiben kann, wie es ist, läßt sich Allen begreiflich machen. [...] so muß man sehr froh seyn, der Religion von der Kunst aus zu Hülfe kommen zu können. [...]
Alles dieses und ähnliche Argumente könnten den Stoff zu einer Deduction hergeben, durch welche man diese Sache dem Staat nahe legte. Nur, ich wiederhole es noch einmal, müßte der Vortheil welcher der musikalischern Seite dadurch zuwächst, nicht als Hauptsache, nur als ein Accessorium erscheinen.«[18]

Und er schlug Friedrich Schleiermacher als die akademische Persönlichkeit vor, die sich der Sache annehmen könnte. Doch nicht an Schleiermacher, sondern an Wilhelm von Humboldt wandte sich Zelter fünf Jahre später nach dessen Berufung zum Staatsrat und bat Goethe um vermittelnde Unterstützung. Und Humboldt machte sich Zelters Vorschläge bis ins Detail zu eigen. Die auf Vernunft gegründete allgemeine Bildung suchte Humboldt

---

17 Goethe an Zelter vom 13.7.1804, in: *Briefwechsel zwischen Goethe und Zelter*, Bd. 1, Berlin 1833, S. 117.

18 Schiller an Zelter vom 16.7.1804, in: *Briefwechsel*, a.a.O., S. 119-122.

auf den Grundfesten der alten Sprachen, von Geschichte und Mathematik zu errichten. Musikalische Erziehung dagegen sollte mehr einer einheitlichen »Gemüthsbildung« dienen und zur sittlichen und religiösen Veredelung des Menschen beitragen. So lag es nicht fern, die Musik kraft ihrer emotionalen Wirkung auch für die Nationalbildung zu instrumentalisieren. In seiner Immediateingabe an den König vom 14. 5. 1809 wies er der Musikpflege und -ausbildung eine programmatische Richtung.

> »Man hat oft und mit Recht geklagt, dass der Einfluss zu wenig benutzt würde, welchen die Musik auf den Charakter und die Bildung einer Nation ausüben kann [...] Es ist sogar auffallend, dass die Tonkunst allein von dem Wirkungskreis der Akademie der Künste ausgeschlossen war und doch ist es unleugbar, dass sie schon darum mehr als jede andere auf die Gemüther selbst der niedern Volksklassen einzuwürken fähig ist, weil sie einen wesentlichen Theil des öffentlichen Gottes-Dienstes ausmacht.
> Auch hat von der Vernachlässigung der musikalischen Institute der Gottes-Dienst am meisten gelitten. [...]
> Ich glaube daher in dem mir anvertrauten Wirkungskreis einen doppelten Beruf zu finden, einen Vorschlag zu machen, wie die Wirksamkeit der Musik auf den öffentlichen Gottesdienst und die National-Bildung erhöht, und dadurch auch sie selbst mit der Zeit noch mehr veredelt werden könnte.
> Da hier nicht von theoretischen Verbeßerungen, sondern recht eigentlich von der Veredlung derjenigen Musik die Rede ist, die man, weil sie vor Versammlungen aus allen Ständen und unter der Autorität des Staates ausgeübt wird, die öffentliche nennen kann; so kommt alles allein auf die Bildung einer richtigen Schule an, damit der Grund gelegt werde, dass das Volk, wo es jetzt bereits Musik hört, häufiger gute [gut] ausgeführt vernehme [...]«[19]
> »Eine dritte überaus wichtige Sache endlich ist die Behandlung der Musik auf den Schulen. Einige der grössern haben zwar öffentlichen Musik-Unterricht; allein er ist weder zweckmäßig noch hinlänglich. [...] Die Missbräuche der Singchöre aber lassen sich abstellen, und dass vorzüglich die öffentliche Erziehung der Musik nicht entbehren kann, ist unleugbar.«[20]

Zur Hebung der Musikpflege in Schule und Gottesdienst empfahl er die Schaffung einer »ordentlichen musikalischen Behörde« sowie die Stiftung einer Professur zur »Aufsicht über die gesammte öffentliche Musik«. Diesem Antrag wurde mit Königlicher Ordre vom 17. Mai 1811 stattgegeben. Darin verfügte Friedrich Wilhelm:

> »Bey dem unverkennbaren Einflusse der öffentlichen Musick auf Nationalbildung, genehmige Ich auf den Antrag des Geheimen Staatsraths von Humboldt [...], daß zu ihrer Veredlung eine besondere Musikbehörde, und zwar in Berlin bey der dortigen Akademie der Künste eine Professur der Musik errichtet, und solche dem Zelter übertragen werden. Besonders wichtig ist eine herzerhebende Kirchenmusik. Ich setze aber dabey ausdrücklich voraus, daß der Plan dazu mit den würdigsten Geistlichen regulirt, diese Musik besonders

---

19 W. v. Humboldt: *Über geistliche Musik*, in: Werke, Bd. 4, S. 38.
20 Ebd. S. 40.

auf Gesang und Orgel gerichtet, und deshalb für Gesang in den Schulen und für Prüfung der Cantoren und Organisten gesorgt werde.«[21]

Damit war Zelters langgehegter Wunsch und Plan mit Humboldts Unterstützung in Erfüllung gegangen. Und es wird zugleich verständlich, warum Zelter und Humboldt die öffentliche Musik im Zeitalter der Säkularisation wieder so stark an die Kirche banden. Dies geschah zunächst aus dem taktischen Kalkül, nicht von der Kunst aus, sondern von der Religion her zu argumentieren, entsprach zugleich aber auch einem allgemeinen Grundkonsens über das Verhältnis von Religion und Musik. Doch an ihr, insbesondere an der Verbesserung und Belebung der Chorpflege, war Zelter vor allem interessiert; allein darum ging es ihm in allen seinen Denkschriften. Daher war er auch so sehr darum bemüht, seine Singakademie in der Akademie der Künste zu etablieren. Aber dieser Taktik stand Zelters Einstellung auch nicht grundsätzlich entgegen. Denn den erzieherischen Wert der Kunst erkannte er darin, durch sie »den moralischen Menschen [zu] bilden«. Daher eröffnete er seine Denkschrift vom 11. März 1809 mit den Worten:

> »Das nächste Bedürfniß, wenn von Seiten des Staats etwas Ernsthaftes für die Musik geschehen soll, scheint mir darin zu bestehen, diese Kunst wieder mit einem würdigen Cultus zu vereinigen, dem sie angehört. Ob, von Seiten des Cultus nicht das Nehmliche erforderlich wäre, laße ich dahin gestellt.«[22]

Damit war die Verbindung von Musik und Altar, von Erziehung und Kultus bis in unsere Tage (man denke nur an die entsprechende Titulatur der für Schulangelegenheiten zuständigen Kultusministerien) vorgezeichnet. Zu spekulieren, welchen Verlauf die Musikerziehung in Preußen genommen hätte, wenn Zelter, dem Rat Schillers folgend, Schleiermacher für seine Pläne gewonnen hätte, ist müßig; doch ist unschwer auszudenken, daß sie eine völlig andere Richtung hätte nehmen können. Die bildungspolitisch motivierte Rückbindung der Musik an die Kirche unter Humboldt überlebte dann das ganze 19. Jahrhundert in Form von säkularisierter Kunstreligion vom Bühnenweihspiel bis zu den im Matrosenanzug vor dem Orgelprospekt aufgestellten Schulchören.[23] So bot die Kirche den rettenden Anker für eine Hebung der allgemeinen Musikpflege, deren Grundlagen in der Schule gelegt wurden. Dort, insbesondere in der höheren Schule, sollte Gesang jedoch

---

21 Ordre Friedrich Wilhelms III. an Graf zu Dohna, in: Schröder, a.a.O., S. 124 f.

22 6. Denkschrift, in: Schröder, a.a.O., S. 117.

23 Vgl. dazu K. H. Ehrenforth: *Zur Neugewichtung der historischen und anthropologischen Perspektiven der Musikerziehung*, in: H. Chr. Schmidt (Hrsg.): *Geschichte der Musikpädagogik*, Kassel 1986, S. 279 (Handbuch der Musikpädagogik, Bd. 1).

über die ausschließliche Orientierung am Dienst für die Kirche hinausgehen. So entwarf Zelter 1809 den Plan:

> »Zuerst müssen nun die Vortheile der Chorschüler wieder ausgemittelt und hergestellt werden. In den Schulen müßen, wie ehemals ordentliche Singklassen Statt finden. Die Cantores, welche sämtlich Schule halten sollen, müßen die Knaben von Jugend auf im Singen unterrichten; dadurch wird sich jeder Cantor für seine Kirche einen kleinen Chor bilden; die Cantoren werden mit einander eifern und die jungen Leute werden schon etwas singen können, wenn sie die höhern Schulen antreten. [...]
> In den höhern Schulen könnte dann die Sache bald weiter gelangen: zur Abwechslung können anstatt geistlicher Lieder Chöre alter Sprachen z. E. der lateinischen und griechischen Dichter mit Nutzen gesungen werden und das Singen in den Straßen würde sich von selbst verlieren und an die Stelle zugleich etwas Beßeres treten.«[24]

Nachdem Zelter die Musikprofessur übertragen worden war, schlug er seinerseits die Errichtung eines Seminars für »Cantores, Präfecti und Singlehrer« vor. Diesem Plan stimmte der König 1811 grundsätzlich zu, auch wenn die Einsetzung eines Seminars von der Bereitstellung der dazu notwendigen Mittel abhängig gemacht wurde. Dennoch begann Zelter bereits mit dem Unterricht einzelner Schüler. Seit 1819 stand ihm dabei Bernhard Klein und ab 1820 August Wilhelm Bach[25] für den Unterricht im Fach Orgel zur Seite. So begann 1820 die Ausbildung der ersten Kantoren und Gesanglehrer. »Der Unterricht wurde so erteilt, daß sich die Lektionen Kleins und Bachs ergänzten.«[26] Ersterer unterrichtete Generalbaß, Kontrapunkt und Gesang und versah auch an der Universität die Bibliothek, letzterer erteilte den Unterricht im Orgelspiel.

Erst 1822 kam es dank der Unterstützung des Regierungsrats Schulz zur offiziellen Gründung des »Königlich Akademischen Instituts für Kirchenmusik« (das dann 100 Jahre später unter Kestenberg zur »Akademie für Kirchen- und Schulmusik« ausgebaut wurde). Schulz trieb die Sorge um den Bestand der Singchöre. Denn während der Kriegsjahre, als viele junge Sänger eingezogen wurden, drohten die Chöre ganz zu erliegen, und es war ein Mangel an Kantoren zu befürchten, die gewöhnlich aus deren Reihen hervorgingen.[27]

Die enge Verbindung zwischen Kirche und Schule, die organisatorisch in der Errichtung des Königlich Akademischen Instituts zum Ausdruck kam, spiegelte sich ebenso in den Verordnungen zum Schulgesang. So klagte Bern-

---

24 6. Denkschrift, in: Schröder, a.a.O., S. 119.

25 A. W. Bach war Schüler Zelters und ist nicht verwandt mit der thüringischen Musikerfamilie Bach.

26 M. Schipke: *Der deutsche Schulgesang von J. A. Hiller bis zu den Falckschen Bestimmungen (1775–1875)*, Berlin 1913, S. 197.

27 Bericht über das Königl. Musik=Institut zu Berlin, in *Eutonia*, Bd. 2, Breslau 1829, S. 181.

hard Christoph Ludwig Natorp (1774–1846) in einer Verfügung des Königlichen Konsistoriums zu Münster: »Der für die Veredelung des Kirchengesangs und für die Bildung der Jugend gleich wichtige Unterricht im Singen ist in den Schulen unseres Konsistorialbezirks bisher noch nicht mit der gehörigen Sorgfalt beachtet und betrieben worden.«[28] Er verfügte daher, daß die musikalische Unterweisung in der Schule zuerst eine Verbesserung des Kirchengesangs bewirken solle.[29] Denn der schulische Gesangbildungsunterricht sei nicht nur für die Verschönerung des schulischen und häuslichen Lebens von großer Wichtigkeit, sondern auch »für die Veredlung der Volksfeste und vornehmlich für die Verherrlichung des öffentlichen Gottesdienstes und für die Belebung der häuslichen und kirchlichen Andachten«.[30] Damit war eine Funktionalisierung des Gesangunterrichts zur moralischen Nationalerziehung wie religiösen Erbauung eindeutig festgelegt.

3. Reform der Lehrerausbildung

Nach der Reform der Schulaufsicht und Schulorganisation war die Lehrerausbildung die zweite wesentliche Maßnahme der preußischen Reformer, die dann von den übrigen Ländern im wesentlichen übernommen wurde. Die Ausbildung der gymnasialen Gesanglehrer erfolgte am »Königlich Akademischen Institut für Kirchenmusik« in Berlin, wo auch die Lehrer an den Volksschullehrerseminaren vorbereitet wurden. Zum Leiter dieses Instituts wurde Carl Friedrich Zelter bestellt, der von dieser Zeit an als graue Eminenz und »unbeschränkter Herrscher im Reiche der Musik in Preußen« waltete.[31] Doch zunächst stand die Ausbildung der künftigen Kantoren und Gesanglehrer, die insgesamt nur ein Jahr dauerte, auf sehr schmaler Basis und beschränkte sich – noch ganz im Blick auf die Kirche – im wesentlichen auf Orgelspiel und Musiktheorie. Bereits einige Jahre zuvor (1815) war es zur Gründung eines Provinzialinstituts für Kirchenmusik in Breslau gekommen, das dann die gleichen Aufgaben übernahm.

---

28 In: E. Nolte: *Lehrpläne und Richtlinien für den schulischen Musikunterricht in Deutschland vom Beginn des 19. Jh. bis in die Gegenwart* (Musikpädagogik. Forschung und Lehre, Bd. 3), Mainz 1975, S. 34.

29 Zirkular des Kgl. Konsistoriums zu Münster vom 1.10.1822, in: Nolte, a.a.O., S. 37.

30 Ebd., S. 36.

31 Schipke, a.a.O., S. 198.

Neben den Gymnasien konsolidierten sich im 19. Jahrhundert die Elementarschulen als die eigentlichen Volksschulen. Nachdem im Laufe des Jahrhunderts mehr und mehr die Schulpflicht durchgesetzt wurde, bildeten sich aber gravierende Unterschiede in dieser Schulform heraus. Während die städtischen Volksschulen, die seit den fünfziger Jahren schließlich aus kommunalen Steuern unterstützt wurden und die Funktion mittlerer Bürgerschulen übernahmen, nun aufhörten, Armenschulen zu sein, herrschte auf dem Land noch die einklassige Dorfschule mit schlechten sozialen Bedingungen für die Lehrer vor.[32] Neu war, daß nun die Lehrer für die Elementarschulen zwei bis drei Jahre an Seminaren ausgebildet werden sollten. Seit Ende 1830 bestand in Preußen »Seminarzwang«, d. h., es durften nur noch solche Musiklehrer, Organisten und Elementarschullehrer angestellt werden, »welche die Prüfung bei einem Seminario bestanden« hatten.[33] Zu diesem Zweck wurden in der ersten Hälfte des 19. Jahrhunderts 35 Lehrerseminare gegründet, die meist in kleineren Städten in Form von Internaten errichtet wurden.

Pädagogisch orientierte sich die Zeit überwiegend an der Unterrichtslehre Heinrich Pestalozzis, von deren Einführung man sich entscheidende Verbesserungen versprach. Seine methodisch straff gegliederte Elementarlehre, die sich auf das Prinzip der Selbsttätigkeit und Anschauung stützte, anstatt abstraktes Wissen zu vermitteln, sowie sein stark philanthropisch bestimmtes Interesse an einer allgemeinen Volkserziehung machten ihn zum Vorbild für die Bildungsreformer. So war bereits 1791 Nicolovius mit Pestalozzi bekannt geworden, und die pädagogisch fortschrittlichen Humanisten begannen, den großen Pädagogen in der Schweiz aufzusuchen, um sich mit seiner Unterrichtslehre vertraut zu machen. Denn angesichts der miserablen Situation der Volksschullehrer im 18. Jahrhundert bestand nun ein verständliches Bedürfnis nach einem rationellen, methodisch gesicherten Unterricht. Daher herrschte ein geradezu naives Vertrauen in die Wirksamkeit allein dieser Methode und in das Innovationspotential der danach ausgebildeten Lehrer. So kam es zur Errichtung von Musterschulen (»Normalinstituten«), deren Lehramtskandidaten als Multiplikatoren zu Pestalozzi in die Schweiz geschickt wurden.[34] »Erwärmen sollen Sie sich an dem heiligen Feuer, das in dem Busen glüht des Mannes der Kraft und der Liebe«, hieß es in der ihnen mitgegebenen Instruktion.[35]

---

32 Zur Entwicklung des Schulwesens siehe Th. Nipperdey: *Deutsche Geschichte 1800–1866*, München 1983, S. 463 f.

33 Reskript vom 10. Nov. 1830, in: Schipke, S. 211.

34 Baumgart, a.a.O., S. 64.

Unter dem Konsistorialrat Busold wurde bereits 1809 in Königsberg das erste »Normalinstitut« eröffnet, zu dessen Leiter der aus Württemberg stammende Pestalozzianer Carl August Zeller (1774–1840) berufen wurde. Das Normalinstitut umfaßte die mit einem Waisenhaus verbundene Normalschule (deren Zöglinge dann später Lehrer werden sollten), ein Seminar für Elementarlehrer und eine Fortbildungsanstalt. Ebenso euphorisch wie unrealistisch glaubte Zeller, daß durch die multiplikative Weitergabe der Methode durch die geistliche Schulaufsicht innerhalb eines Jahres 600 bis 1000 Schulmeister zur Verfügung stehen könnten, »die zwar nothwendig sehr ungleich an Fähigkeiten sein werden, allein eine Methode inne haben werden, die, an sich gut und zweckmäßig, auch noch den Vorteil gewährt, das selbst der Mittelmässige weniger darin irren kann«.[36] Humboldt, der dem Erziehungskonzept Pestalozzis eher fremd gegenüberstand, ließ sich jedoch von dem formalen Gerüst der Methode überzeugen, die einen sicheren strukturellen Rahmen für die Lehrerbildung abgeben sollte. In einem *Bericht der Sektion des Kultus und Unterrichts* vom Dezember 1809 bestimmte Humboldt die einzelnen Disziplinen im Sinne der Pestalozzischen Maxime vom Lernen mit Kopf, Herz und Hand. »Der Körper wird durch Leibesübungen gestärkt und entwickelt, Auge und Ohr durch Zeichnen und Musik zur Richtigkeit und Freiheit gewöhnt, der Kopf durch die Zahlenverhältnisse [...], durch eine richtige Kenntniss der Muttersprache [...], Kopf und Herz endlich durch Religionsunterricht und die Entwickelung der natürlichsten sittlichen Gefühle gebildet.«[37]

Zelter stand den modernen pädagogischen Gedanken skeptisch gegenüber. 1818 war er zwar mehrere Wochen bei Hans Georg Nägeli in Zürich zu Gast gewesen, um dort dessen Gesangbildungsmethode nach Pestalozzischen Grundsätzen kennenzulernen, hatte sich aber mit Pestalozzis »Methode« nicht recht anfreunden können.[38] In seinem Institut für Kirchenmusik wurden die neuen Methoden der Gesanglehre, von denen er wenig hielt, weil er sie nicht kannte und verstand, offenbar weitgehend vernachlässigt. Bezeichnend für Zelters Einstellung ist eine amüsante Episode, bei der er selbstbewußt die Rolle des Methodikers spielte, der schon lange vor Pestalozzi dessen »Methode« – nur eben leichter verständlich – angewendet habe. Als er am 22. Juli 1809 anläßlich einer Inspektionsreise in Königsberg ein-

---

35 Schipke, a.a.O., S. 205.

36 Zeller, zit. nach Baumgart, a.a.O., S. 65.

37 W. v. Humboldt, Werke, Bd. 4, Darmstadt 1964, S. 224.

38 Vgl. K. Rehberg: *Von Zelter bis Kestenberg*, Vortrag Berlin 1972, S. 17 (MPZ-Dokument 23).

traf, wurde er – wohl in erster Linie wegen der Namensähnlichkeit – mit Carl August Zeller verwechselt. Er berichtet darüber:

> »Er [Busold] sprach unaufhörlich von Pestalozzi, bis ich ihm zuletzt sagte, er werde sich wohl in der Person irren. [...] Das Schnurrigste bei der Sache ist dieses: Gleich nach meiner Ankunft in seinem Hause fragte er mich nach meiner Lehrmethode, die ich ihm in der Kürze so gut als möglich mittheilte. Er begriff alles sehr schnell, indem er sagte: ›Dies sei noch zehnmal leichter, als er sich die Pestalozzische Methode, worauf er Tag und Nacht sinne, zu eigen gemacht habe‹, bis sich dann zeigte, dass die neue Pestalozzische Methode (welche ich nur dem Namen nach kenne) von mir seit 30 Jahren ausgeübt worden ist, denn Pestalozzis Buch ist noch gar nicht heraus.«[39]

So ist vor allem die Volksschule von der Elementarmethodik der Gesangbildungslehren nach Pestalozzi geprägt worden. In der Seminarausbildung spielte die musikalische Unterweisung aller Volksschullehrer wegen der zentralen Bedeutung, die man dem Gesang zur Gemüts- und Charakterbildung, vor allem aber zur Verschönerung des Gottesdienstes beimaß, eine wichtige Rolle. »Der Unterricht in der Musik mußte sich von Anfang an nach dem doppelten Ziele – Unterweisung im Orgelspiel, Ausbildung zum Sänger, Gesanglehrer und Chorleiter – teilen. Das alte Vermächtnis der Schule, in erster Linie der Kirche dienstbar zu sein, belastete den Seminarunterricht [für *alle* Seminaristen!] mit Harmonielehre, Klavier- und Orgelspiel.«[40] So sollten alle Volksschullehrer zur Erteilung eines methodischen Gesangunterrichts befähigt werden, wozu im Laufe der Jahre zahllose Gesangbildungslehren von Schulpraktikern und Seminarlehrern erschienen sind. Die in zwei Jahreskursen erfolgende Ausbildung im Singen verwendete dazu die Lied- und Chorsammlungen von Nägeli, Klein, Hentschel, Hientzsch, Erk u. a. Hinzu kam eine elementare Instrumentalausbildung, weil beim Schulgesang die Hinzuziehung eines Instruments unerläßlich schien. Dazu diente vorzugsweise die Violine. Wo sich aber eine Orgel in der Schule befand, konnte sie auch die Violine ersetzen. Dennoch gab es zwischen den einzelnen Ländern beträchtliche Unterschiede in der Intensität und Qualität der Seminarausbildung. Während in der preußischen Ausbildung meist die kirchenmusikalische Ausrichtung und damit die Orgel dominierte, erstreckte sich die Seminarausbildung in Süddeutschland auf Gesang, Klavier, Orgel, Violine und Ensemblespiel.

Trotz der Einrichtung der Seminare war die musikalische Ausbildung der Lehrer aber insgesamt doch recht unbefriedigend. Dies hing in der ersten Zeit ganz offensichtlich mit der mangelhaften Vorbildung der Aspiranten zu-

---

39 Schipke, a.a.O., S. 199.
40 Ebd. S. 206.

sammen, die ja von den Elementarschulen kamen, in denen es ja noch keine musikalische Unterweisung und noch nicht einmal einen methodischen Gesangunterricht gab. Daher sind Klagen, die noch 1844 am Seminar in Breslau erhoben wurden, sicher nicht untypisch: »In den Elementen der Musiklehre war die Mehrzahl ganz unbewandert. Im Singen waren mehrere nicht im Stande, ein ganz leichtes Stück zu treffen. Die meisten waren im Violinspiel schwach«.[41] Aus diesem Grunde wurden ab 1830 Präparandenanstalten eingerichtet. Hier sollten die Bewerber zum Eintritt in die Seminare vorbereitet werden, an denen nun auch Aufnahmeprüfungen durchgeführt wurden. Im wesentlichen ging es darin um das Treffen von Intervallen, die Fähigkeit, Tonleitern »ohne Anstoß auf- und abwärts« zu singen und einfache Choräle nach Noten oder Ziffern »gehörig vorzutragen«.[42] Über die Anforderungen im Fach Gesang des Lehrerexamens gibt ein Bericht aus Baden aus dem Jahr 1827 Auskunft:

> »Bei der Musik kommt zur Beurteilung:
> 1. Reinheit, Wohlklang, Umfang und Stärke der Stimme,
> 2. Richtigkeit und Deutlichkeit der Aussprache beim Gesang,
> 3. die Beschaffenheit und der Grad der Ausbildung des Gehörs. Melodische Sätze und die gewöhnlichsten Accorde werden vorgesungen oder vorgespielt. Der Candidat soll sie nach dem Gehör notiren und notirte Sätze absingen.
> 4. Die erworbene Fertigkeit im Rhythmus. Rhythmische Sätze in den üblichen Tactarten werden in Noten vorgelegt und vom Candidaten abgesungen oder gespielt; vorgesungene oder vorgespielte rhythmische Sätze werden von ihm notirt.«[43]

Die Schulpraxis aber sah in allen Schulen beschämend aus. Von wenigen Ausnahmen abgesehen, bot der Gesangunterricht, wie er sich in zahllosen Berichten und Schilderungen darstellt, ein trostloses Bild. So erfährt man aus den amtlichen Berichten und Jahrbüchern immer wieder Klagen über lautes Schreien, unreines Singen und Schleppen. Recht drastisch schildert ein Musikfreund in der Zeitschrift *Euterpe* seine Erfahrungen: »In Ostfriesland wird in der Schule nichts für den Gesang gethan; wenn die Kinder recht schreien, so ist der Lehrer zufrieden. Dies Geschrei hört man nun auch in der Kirche so gewaltig, daß ich zuweilen, ungeachtet sehr starker Nerven, wie betäubt war und Kopfschmerzen davon trug.«[44] Und über die tatsächlichen Leistungen der Schulen in Baden und Württemberg berichtete Oberschulrat Schwarz aus Baden:

---

41 Bericht über das am 28.9.1844 abgehaltene Examen von 25 Aspiranten, in: Schipke, S. 209.

42 Schipke, a.a.O., S. 208.

43 Ebd., S. 210.

44 *Euterpe* 1847, S. 56.

»Referent ist mit mehreren Hundert Schulen sehr genau bekannt, und darunter sind nur etwa ein Dutzend, in welchen ihn der Gesangunterricht befriedigte; in dem grösseren Theile ist er sogar recht schlecht bestellt. In den meisten Schulen wissen die Kinder keine Kirchen-Melodie nach Noten oder nach Ziffern zu lesen; was sie können, haben sie mechanisch gelernt; schreien oft dabei, dass einem Hören und Sehen vergeht; verzerren die Gesichter auf eine empörende Weise, und vermögen nicht einmal von den ersten Anfangsgründen des Gesanges Rechenschaft zu geben.«[45]

Daß aber auch in den Gymnasien die Situation nicht besser gewesen ist, zeigt der Bericht des Merseburger Domorganisten Engel über seine Schulzeit:

»Der Gesangunterricht des Gymnasiums meiner Vaterstadt wurde in einer Weise ertheilt, die mich abstiess. Ich erinnere mich z.B., dass ein nüchternes Te Deum, für Schulfeierlichkeiten bestimmt, immer und immer wieder gesungen wurde. Das bewirkte, dass ich auf den Gedanken geriet, mich vom Gesange dispensieren zu lassen [....]. Daraus entlassen zu werden war mit keinerlei Schwierigkeiten verbunden; man konnte gehen und kommen, ganz nach Belieben.«[46]

Und dies dürfte kein Sonderfall, sondern eher die Regel gewesen sein. Die Behörden hatten beim gymnasialen Gesanglehrer den Fehler gemacht, wegen seiner Verbindung mit dem Kantorendienst auf eine wissenschaftlich-akademische Bildung zu verzichten. Das hatte zur Folge, daß der Bereich der Musikpädagogik, der in Kreisen der Volksschullehrerausbildung in den Seminaren unter dem Aspekt der Gesangmethodik erörtert und unterrichtet wurde, im Lehrplan des Berliner Instituts gar nicht vorhanden war und sich bis zum Beginn des 20. Jahrhunderts auch nicht etablieren konnte. Der Gesang geriet im Gymnasium so unter die rein technischen Fächer wie Lesen und Schreiben und wurde nicht als Kunst, sondern als Fertigkeit wie Turnen und Schönschreiben angesehen. Dies führte zu den aus der Literatur und zahllosen Karikaturen allbekannten Disziplinproblemen schrulliger Chordirektoren. Hinzu kam, daß die Zahl der Absolventen des Berliner Instituts für Kirchenmusik viel zu gering und die Ausbildung viel zu kurz und konservativ war, um einen befriedigenden Gesangunterricht an den Gymnasien zu ermöglichen. Der desolate Zustand der Schulmusik, den die ausländischen Besucher von Curwen bis Hullah noch bis zum Ende des Jahrhunderts beklagten, findet hier seine Ursache.

---

45 *Freimüthige Jahrbücher* 1826, zit. nach Schipke, S. 223.
46 Schipke, a.a.O., S. 238.

3. KAPITEL

Neue Wege im Gesangunterricht
Gesangbildungslehren

Sofern man im 19. Jahrhundert überhaupt von musikalischer Erziehung in der Schule sprechen kann, bestand diese allein im Gesang. Für die Volksschullehrer gehörte Singen zu den Unterrichtspflichten, weshalb alle Seminaristen mit mehr oder weniger Erfolg eine musikalische Grundausbildung erhielten, deren Ansprüche in den einzelnen Ländern durchaus verschieden waren. In den Gymnasien wurden erst im Laufe des Jahrhunderts eigene Stellen für »Musikdirectoren« eingerichtet, die die Kantoren ablösten, die bis dahin den Gesangunterricht neben ihrem Kirchendienst geleitet hatten.[1] Der Unterricht in Musik und Gesang oder Singen bestand darin, die Schüler in den Singklassen zu unterweisen, aus denen dann der Schul- und Kirchenchor hervorging, »welcher beim Gottesdienste die Gesänge zur Liturgie und bei Schulfestlichkeiten und Abendunterhaltungen die Gesangspartien« ausführte.[2]

Die enge Anbindung der Musikerziehung in der Schule an die Kirche war von Zelter und Humboldt ganz bewußt aus pragmatischen und ideologischen Gründen in die Wege geleitet worden. Denn Musik sollte in erster Linie der Veredelung des Menschen, seiner sittlichen Stärkung und religiösen Erbauung dienen. Indem der Schule die Aufgabe zufiel, die kirchlichen Gesänge zu lehren, konnte sie ihre Doppelfunktion als Dienerin des Gottesdienstes und als Mittel zur Gemütsbildung erfüllen. Damit wurde Musik in der Schule aber zum reinen Gesangunterricht, und dies in einer Zeit, als sich Musik im Musikleben zur autonomen Kunst erhob und vom Primat der Vo-

---

1 Das Schulprogramm der Schule in Schulpforta vermerkt im Jahr 1843: »Es sind in Pforta vier Lehrer der Künste auf Lebenszeit mit sehr anständigen Besoldungen und eigenen Familienwohnungen angestellt, nämlich a) ein Musikdirector als Gesang- und Musiklehrer. Die Stelle ist erst 1816 von der K. Preuss. Regierung neu gegründet, da früher der vierte College als Cantor die Verpflichtung hatte, den Gesangunterricht zu leiten.« Die übrigen waren ein Lehrer der Tanzkunst, der Zeichenkunst und der Gymnastik. Der Unterricht in Kalligraphie (was hier mit zu den Künsten zählte) wurde vom Kirchenschreiber übernommen.

2 *Unterricht in den Künsten*, in: Schulprogramm der Schule Schulpforta, Schulpforta 1900, S. V.

kalmusik emanzipierte. Die Herzensergießungen und innigen Versenkungen des romantischen Kunstfreunds galten ja gerade der zu sich selbst gefundenen, autonomen Instrumentalmusik. Daß sich die schulische Musikerziehung in dem Moment, da sich die Schulformen im Gefolge der Preußischen Schulreform zu konsolidieren begannen, ganz auf den Gesang beschränkte, hat seinen geschichtlichen Grund zum einen im Versuch der Rettung der Kirchenmusik aus dem Strudel der Säkularisation und zum anderen in der Orientierung der Reformer an den Erziehungsidealen Pestalozzis, wodurch die schweizerische Tradition der Gesangbildung großen Einfluß bekam, stellt aber zu dieser Zeit bereits einen Anachronismus dar. »Die Anbindung der öffentlichen, staatlichen Musikerziehung an eine sterbende Kirchenmusik führte zur Misere fehlgeleiteter Bildungspolitik, die erst Leo Kestenberg nach 1920 zu korrigieren begann. [...] Im Zeitalter der musikalischen Autonomie hätten andere Wege gesucht werden müssen.«[3]

Die Wege, die tatsächlich beschritten wurden, kreisten alle um die beste Methode in der Gesangbildung. So wurde in Fachzeitschriften wie Hientzschs *Eutonia* oder Hentschels *Euterpe*, in zahllosen Publikationen und Gesangschulen darüber gestritten, ob mit Liedern oder mit isolierten musikalischen Elementen, ob mit dem Singen nach Gehör oder nach Noten begonnen werden solle, ob dabei eher Ziffern oder Silben nützlich seien und wie die Cursus der elementarisierten Inhalte anzuordnen seien, ob sie aufeinander folgen müßten oder miteinander verbunden werden könnten. Die Erörterung solch ganz pragmatischer Fragen, die die pädagogischen Gemüter erhitzten, gründete letztlich aber in der irrationalen Utopie einer durch den Gesang veredelten Menschheit. Eine der herausragenden Musiker- und Erzieherpersönlichkeiten des beginnenden 19. Jahrhunderts, der Musikverleger, Kunstwissenschaftler und Komponist Hans Georg Nägeli (1773–1836), erkannte im Singen ein anthropologisches Grundbedürfnis, das er in den Dienst einer allgemeinen Volksbildung stellen wollte. In seiner kunstwissenschaftlichen Betrachtung der Pestalozzischen Gesangbildungslehre (1809) entwarf er in enthusiastischem Überschwang die Idee von der »Pflege der Jugend durch Kunstbildung«, an deren Ende die Utopie eines »Zeitalters der Musik« stehe, das eine Wiedererweckung hellenischer Kultur aus dem Geiste pietistischer Innerlichkeit beschwört.

»Das Zeitalter der Musik wird zuerst in der Kinderwelt Wurzel fassen, von der Kinderwelt muß so die Menschheitsveredlung ausgehen. [...] Bald wird dann in Städten und Dörfern,

3 K. H. Ehrenforth: *Zur Neugewichtung der historischen und anthropologischen Perspektiven der Musikerziehung*, in: H. Chr. Schmidt (Hrsg.): *Geschichte der Musikpädagogik*, Kassel 1986, S. 277 (Handbuch der Musikpädagogik, Bd. 1).

vom Thron herab bis zur Hütte die Tonkunst allgemein ihren höchsten Triumph feyern. [...] Dann kommen wir endlich dahin, zu dem veredelten häuslichen Leben frommer Christen das öffentliche Leben der Griechen wieder zu gewinnen, und so die Blüthe der Kunst mit der Blüthe der Religion in einen unverwelklichen Kranz zu flechten.«[4]

Die Säkularisierung der Religion zur Kunstreligion, deren Kirchen zu Tempeln der Kunst geweiht und deren Schulen zu Stätten sittlicher Erbauung emporgehoben werden sollten, bildete den ideologischen Überbau, der die Präambeln der Zirkulare und Edikte in der ersten Hälfte des Jahrhunderts schmückte; die Praxis des Schulalltags mühte sich dagegen in den Niederungen der Disziplinierung und Motivierung der Schüler zum Gesang, von dem sie sich nichts lieber als dispensieren ließen. Und die Fachdiskussion erging sich in immer neuen Anleitungen zur Perfektionierung einer Methode zum Treffen von Intervallen und Erlernen von Melodien. In diesem Zwiespalt von Anspruch und Wirklichkeit müssen die Gesangbildungslehren gesehen werden, die einen Einblick in die Theorie des Unterrichts geben, aus der aber nur bedingt Rückschlüsse auf die Praxis der gängigen methodischen Vermittlungsformen gezogen werden können.

1. Gesangbildungslehre nach Pestalozzischen Grundsätzen

In der ganzen ersten Hälfte des 19. Jahrhunderts war – insbesondere in Preußen – die zentrale pädagogische Orientierung auf die Erziehungslehre Johann Heinrich Pestalozzis (1746–1827) gerichtet. Auch für die musikalische Unterweisung in Schulen erhielt daher die Elementarmethode, die mit seinem Namen verknüpft wurde, entscheidende Bedeutung. 1810 erschien in Zürich die

Gesangbildungslehre / nach Pestalozzischen Grundsätzen /
pädagogisch begründet / von / Michael Traugott Pfeiffer /
methodisch bearbeitet / von / Hans Georg Nägeli [5],

die trotz z. T. heftiger Kritik von unübersehbarem Einfluß auf die Methodik des Gesangunterrichts in Schulen, insbesondere in den Volksschulen, wurde.

---

4 *Die Pestalozzische Gesangbildungslehre nach Pfeiffers Erfindung kunstwissenschaftlich dargestellt [...] von H. G. Nägeli*, Zürich 1809, S. 68 f. (Repr. Frankfurt 1986, MPZ Quellenschriften Bd. 5.1).

5 Reprint Frankfurt 1986 (MPZ Quellenschriften Bd. 5).

Michael Traugott Pfeiffer, Hans Georg Nägeli: Gesangbildungslehre nach Pestalozzischen Grundsätzen, *Zürich 1810, Erste Abteilung. In detailierter Form wird der Unterricht in Form einer Musterlektion vorgestellt, die dem Lehrer alle Anweisungen und Fragen genau vorgibt.*

Sie sollte nur den ersten Teil einer »vollständigen und ausführlichen Gesang-schule« bilden, die durch eine *Chorgesangschule*, eine *Sologesanglehre* und eine *Anleitung zum contrapunktischen Gesang* ergänzt werden sollte. Aber nur noch die Chorgesangschule[6] ist 1821 als »Zweite Hauptabtheilung« des Gesamt-

---

6 Ausführlich besprochen in *Eutonia*, Bd. 2, Breslau 1829, S. 76-91.

werks erschienen. Wegen des großen Umfangs und der notwendigen Unterrichtszeit, die der Gesamtkurs der »Gesangbildungslehre« beanspruchte, kündigte Nägeli einen kurzgefaßten Auszug an, der bereits 1812 erschien.

Die Konzeption dieser Gesangschule fußt auf der Pestalozzischen Forderung nach Entfaltung aller menschlichen Kräfte, zu denen auch und gerade die Kunstkraft zählt. Wie Nägeli in seiner kunstwissenschaftlichen Darstellung (1809) betont, kam es im Geiste Pestalozzis darauf an, »lückenlos fortzuschreiten« und »die Kunstkraft des Individuums in steter Bethätigung der Organisation bis an ein Ziel hinzuführen, wo dasselbe eine hohe Freyheit, eine reichere Lebensansicht, eine edlere Existenz gewinnt«.[7] Und dieses formale Bildungsziel, das deutlich im Denken der neuhumanistischen Philosophie verwurzelt ist, sollte durch die »Zurückführung des eigentlichen Musikunterrichts auf die wahren, puren Elemente«[8] erreicht werden, die alle Kinder – auch die, die nicht zum Musiker gebildet werden – in einer »pädagogisch=stuffenweisen Entwicklung« als Vorbedingung einer künftigen Kunstbildung erwerben können. So stützen Pfeiffer und Nägeli ihre »Gesangbildungslehre« im wesentlichen auf die »Allgemeine Tonlehre«, die die eigentliche musikalische Elementarlehre enthält. Die anschließende, viel kürzere »Besondere Tonlehre« enthält Anweisungen zum Singen von Liedern und Chorsätzen und entwirft eine »Elementaranleitung zur Ausführung musikalischer Kunstwerke«.

Im ersten Teil der Gesangbildungslehre (Allgemeine Tonlehre) werden daher die Hauptelemente der Musik: Tondauer (»Elementarlehre der Rhythmik«), Tonhöhe (»Elementarlehre der Melodik«) und Tonstärke (»Elementarlehre der Dynamik«) strikt getrennt voneinander behandelt. Dabei gehen Pfeiffer/Nägeli vom Rhythmus, genauer gesagt von den Tondauern aus, weil diese am ehesten das rationale Prinzip von Zahl und Form repräsentieren, die Pestalozzi als die ursprünglichen Elementarmittel des Unterrichts ansah. Zunächst werden drei Dauern unterschieden: »langsam«, »mittelzeitig« und »geschwind«. Diesen werden sodann die Notenzeichen Viertel, Achtel und Sechzehntel samt ihren Pausenzeichen zugeordnet. Die zahlreichen Übungsreihen werden in Abschnitte eingeteilt, die zur Einführung des Takts dienen. Nach der Ergänzung der Dauern um Halbe, Ganze und punktierte Noten werden die Takte auch mit gemischten Werten gefüllt. Das Verhältnis der einzelnen Werte zueinander muß aber rein mathematisch gelernt werden.

> »Hierauf frägt er [der Lehrer]: ›Wie verhält sich die Viertel, der Zeit nach, zur Ganzen?‹ – ›Wie eins zu vier.‹ – ›Wie verhält sie sich zur Halben?‹ – ›Wie eins zu zwey.‹« (§ 62, S. 24)

---

7 H. G. Nägeli: *Die Pestalozzische Gesangbildungslehre* ..., a.a.O., S. 25.

8 Ebd., S. 14.

Von hier aus wird verständlich, daß die Autoren darauf verweisen, daß der schulische Gesangunterricht am besten im Alter von zehn Jahren einsetzen solle[9], wenn die Fähigkeiten im Rechnen, Lesen und Schreiben bereits ausgebildet sind.

Nachdem die ersten 16 Kapitel nur der Erarbeitung der Tondauern galten, folgt nun mit gleicher Ausführlichkeit die Einführung der Tonhöhen. Auch hier wird von der allgemeinen Kategorie »höher« oder »tiefer« bei Tonpaaren ausgegangen. Bei den Tonreihen gehen Pfeiffer/Nägeli von Tetrachorden (zwei Ganztonschritte und ein Halbtonschritt) als den leichtfaßlichsten Einheiten aus, die zunächst auf zwei Linien notiert und mit Ziffern versehen werden.

Die Ziffernnotation wird dann in den Übungen zunächst beibehalten,

1.2.3.1.3..2.3.4.2.4. | 4.3.2.4.2..3.2.1.3.1

bis aus der Verbindung mehrerer Notate aus zwei Linien das Fünf-Linien-System entsteht.

Ist die Einführung der diastematischen Notenschrift auf diesem Wege pädagogisch durchaus einsichtig und sinnvoll, wird bei der Einführung der Tonleiter aus der Verbindung zweier Tetrachorde ungemein umständlich und verwirrend vorgegangen. Pfeiffer/Nägeli beginnen dabei mit einem Tetrachord, auf dessen Schlußton das nächstfolgende Tetrachord aufgebaut werden soll (»verbundenes Tetrachord«): g-a-h-c; c-d-e-f. Nun muß das zweite Tetrachord eine Oktave nach unten versetzt werden, um die C-Dur Tonleiter zu erhalten. Fügt man jedoch an das erste Tetrachord g-a-h-c ein weiteres an (»unverbundenes Tetrachord«), muß man den vorletzten Ton (VII. Stufe) erhöhen: d-e-fis-g. Ergeben zwei verbundene Tetrachorde sieben verschiedene Töne mit einer Verdopplung in der Mitte, so resultieren aus zwei unverbundenen Tetrachorden acht Töne, von denen der erste noch einmal am Schluß eine Oktave höher vorkommt. Solch formale Bestimmungen konnten aber den Schülern kaum verständlich werden und mußten ebenso wie die Darstellung des Verhältnisses der diatonischen Skala zur chromatischen Tonleiter (S. 66 f.), das schematische Einüben des vollständigen Quintenzirkels (S. 139) oder die komplizierte Unterscheidung zwischen »flachen« (diatonischen) und verschiedenen Arten von »gedrängten« (chromatischen) Tonreihen (S. 106 f.)

---

9 Vgl. die Hinweise im Abschnitt »Voreinrichtung der Schule«, 1. Teil, S. 8.

für sie vollkommen abstrakt bleiben. Hier läßt die Gesangbildungslehre gerade das vermissen, was Pestalozzi – nach Comenius – als das oberste Prinzip des Lernens ansah: von der sinnlichen Anschauung auszugehen.

Erst nachdem – wiederum getrennt von den anderen Eigenschaften – fünf Lautstärkestufen eingeführt wurden, geht die Elementarlehre in der »vierten Abtheilung« dazu über, die einzelnen Elemente miteinander zu verbinden. So ergibt sich die Akzentabstufung im Takt aus der Verbindung von Dauer (Tonwert) und Druck (Dynamik). In ausführlichen Übungsreihen werden schließlich Rhythmen melodisiert und Melodien rhythmisiert und beides dann mit verschiedener Dynamik verbunden. Und im letzten Abschnitt (»Die Notirungskunst«) beginnen nun die Schüler, die bisher nur die Töne und Dauern nach Anweisung des Lehrers ausgeführt hatten, diese auch aufzuschreiben. »Bey Vorführung der Elemente (Elementarverhältnisse) der Töne schrieb der Lehrer, die Kinder sangen. Nun tritt das umgekehrte Verhältniß ein; der Lehrer übernimmt dieses Geschäft, überträgt den Kindern jenes: er singt, sie schreiben.« (Fünfte Abtheilung, S. 120) Ganz im Sinne moderner Lernpsychologie heißt es zu Beginn des ersten Kapitels: »Wenn man sich die Musik, die man anhört, recht deutlich vorstellt, so muß man sie auch niederschreiben können.« (S. 124) Doch zur Vorstellungsbildung kann der Lehrgang kaum etwas beitragen. Theoretische Einsicht und praktische Umsetzung klaffen hier weit auseinander.

An den Schluß der »besonderen Tonlehre« haben Pfeiffer/Nägeli zur Verdeutlichung des elementhaft synthetischen Stufengangs eine Musterlektion[10] gesetzt und diesen Typus in die didaktische Literatur eingeführt, der dann als Handlungsanweisung im wörtlichen Sinne Schule gemacht und zur Verbreitung der »Methode« beigetragen hat. In dieser Lektion geht es um die Einübung einer kleinen viertaktigen Melodie, die zunächst in ihre rhythmischen, tonlichen, dynamischen und textlichen Bestandteile aufgelöst wird, die dann nacheinander erarbeitet und wieder schrittweise zusammengesetzt werden. Merkwürdig ist dabei, daß das Singen solch kleiner Melodien erst ganz am Ende des gesamten Kursus steht. Nachdrücklich wird sogar davor gewarnt, »daß die Kinder nicht, ehe sie tonfest sind, außer der Schule durch Singen ihre Stimme verderben. Rhythmische Privatübungen wären zwar unschädlich. Hingegen macht das frühzeitige Melodiesingen [...] die Stimme des Kindes schwankend und unrein. Der Lehrer hat daher bestimmt auch dies zu verhüten, daß die Kinder vor der Hand, ehe sie hinlänglich tonfest sind, um ein Lied von mehrern Zeilen oder Strophen ohne Instrument durchaus rein und ohne merkliches Sinken zu singen, nicht zu Hause singend zeigen sollen,

---

10 Besondere Tonlehre, Dritte Abtheilung, 3. Kapitel, §§ 7-12, S. 204-207.

was sie in der Schule gelernt haben.«[11] Eine Gesangbildungslehre aber, die nicht das Singen in den Mittelpunkt stellt, sondern davor warnt, stellt eine Merkwürdigkeit dar, bei der man fragen muß, ob dies tatsächlich dem Geist Pestalozzis entsprochen haben kann.

Der Charakter des Musterhaften, den die Probelektion auszeichnet, haftet auch den katechisierenden Lehrgesprächen an (»Der Lehrer spricht: …«), die den Gang der Darstellung in diesem Schulwerk von Anfang an bestimmen. »Nach der Form der Pestalozzischen Lehrbücher wird der Lehrer redend, und zwar so viel als möglich *fragend* eingeführt. Diese bewährte Lehrart befolgen wir auch hier, und es ist uns wichtig, daß der Lehrer besonders von Anfang an zweckmäßig spreche und seine Fragen richtig stelle.« (Vorerinnerung, S. 7) Das Neue der Pestalozzischen Methode bezieht sich in erster Linie auf das Elementarisieren des an sich komplexen Stoffs, dann auch auf den stufenweisen Aufbau und die getrennte Durcharbeitung der Elemente. Das Lehrverfahren selber folgt dem traditionellen Modell des katechisierenden Lehrgesprächs, wie es Jahrhunderte zuvor gepflegt wurde.

Im wesentlichen dürfte die Methode der Gesangbildungslehre auf Michael Traugott Pfeiffer[12] (1771–1849) zurückgehen, der Pestalozzi und seine Erziehungslehre in einem Lehramtskurs in Burgdorf kennengelernt hatte und als außerordentlich tüchtiger Schulmann beschrieben wird.[13] Als er 1805 in Lenzburg ein Erziehungsinstitut gründete, fand er dort Gelegenheit, die Pestalozzischen Grundsätze, wie er sie verstand, auf den Gesangunterricht anzuwenden. Hier lernte auch Carl August Zeller die neue Methode kennen, als er 1807/08 bei ihm in Lenzburg war. Es dürfte also zutreffend sein, daß Pfeiffer als eigentlicher Erfinder der Gesangbildungsmethode anzusehen ist. Auf ihn dürfte die methodische Anlage des Lehrkurses zurückgehen, er hat offenkundig die unterrichtspraktische Seite vertreten. An ihn wandte sich Pestalozzi daher auch, als es um die Abfassung einer Gesangbildungslehre ging. Außerdem zog Pestalozzi aber noch den Zürcher Musiker, Musikalienhändler

---

11 Pfeiffer/Nägeli: *Gesangbildungslehre...* Allgemeine Regeln für den Lehrer, § 29, S. 5.

12 Sohn eines Lehrers und Kantors, ging nach einem Lehramtskurs bei Pestalozzi zunächst (1800–1804) in die Kantonalverwaltung nach Aarau, errichtete dann 1805 in Lenzburg ein Erziehungsinstitut und unterrichtete seit 1822 an der Kantonsschule in Aarau alte Sprachen und gab am Lehrerinstitut Musikunterricht.

13 Vgl. H. Löbmann: *Die Gesangbildungslehre nach Pestalozzischen Grundsätzen von M. T. Pfeiffer und H. G. Nägeli in ihrem Zusammenhange mit der Ästhetik, der Geschichte der Pädagogik und der Musik,* Berlin 1908, S. 57; W. Kramer: *Formen und Funktionen exemplarischer Darstellung von Musikunterrricht im 19. und 20. Jahrhundert,* Wolfenbüttel 1990, S. 16.

und Verleger Hans Georg Nägeli[14] (1773–1836) hinzu, einen hochgebildeten, kunstverständigen Mann, der bereits mit Liedausgaben, Chorsätzen und Kompositionen hervorgetreten war. 1809 hatte in Iferten (Yverdon) ein Gespräch zwischen Pestalozzi und den beiden Autoren stattgefunden, in dem die Abfassung einer ausführlichen Gesangschule erörtert wurde. Pfeiffers Biograph Ott-Usteri hat wie folgt darüber berichtet:

>In einer Zusammenkunft zu Ifferten mit Pestalozzi und seinen Freunden Krüsi, Niederer und Muralt wurde die Angelegenheit näher besprochen. Hier lernte Nägeli den berühmten Pädagogen und seine Freunde, ihre Grundsätze, ihr Wirken und ihre Bestrebungen erst recht kennen. Voll Hochachtung und Bewunderung für diese Männer kehrte er nach Zürich zurück. [...] Die gemeinschaftliche Arbeit forderte öftere Zusammenkünfte mit Pfeiffer; sie fanden gewöhnlich des Sonntags in einem Dorfe zwischen Zürich und Lenzburg statt. Als das Werk im Manuskript vollendet war, verschaffte sich Nägeli von der Behörde die Bewilligung, den Kindern der Waisenanstalt einen Lehrkurs nach der neuen, auf die Trennung der Elemente gegründeten Methode zu geben.«[15]

Nägeli dürfte die Aufgabe der Formulierung und kunstwissenschaftlichen Begründung zugefallen sein. Der Anhang der Gesangbildungslehre wird, nicht nur, was die verschiedenen Beilagen an Liedern und Chorsätzen angeht, wohl allein ihm zuzuschreiben sein. Hier versucht er den Bogen von der Gesanglehre zur Kunstbildung zu schlagen. »Eine Gesanglehre ist eine Anleitung zur Kunstbildung vermittels der Kunstausübung« (S. 225). Bleibt die Schule in ihren *realen* Möglichkeiten auf die Vermittlung bloßer Elementarlehre beschränkt, weil die Kinder dort nicht ohne Vernachlässigung anderer Bereiche tiefer in die musikalische Wissenschaft eindringen können, liegt für ihn die *ideale* Bestimmung letztlich doch in der »Pflege der Jugend durch Kunstbildung«.[16] Dennoch wird der schulische Gesangbildungs-Lehrgang deutlich von der eigentlichen Kunstausübung abgehoben.

---

14 Sohn eines Pfarrers, der sich schon früh zur Musik hingezogen fühlte. Er eröffnete 1791 eine Musikalienhandlung, die er 1794 zum Verlag erweiterte, den er aus finanziellen Schwierigkeiten 1807 an den Pfarrer Christoph Hug abtrat (späterer Musikverlag Hug). Gründete 1805 in Zürich ein Singinstitut. Reiche Tätigkeit als Pianist, Komponist und Musikschriftsteller, gehörte dem Freundeskreis um Pestalozzi an. Besondere Pflege der Musik Bachs, gab 1833 erstmals Kyrie und Gloria der h-Moll-Messe von J. S. Bach im Druck heraus.

15 Ott-Usteri im 26. Neujahrsstück der Allgem. Musikges. Zürich 1838, zit. nach Schipke, S. 99. Ob die sonntäglichen Arbeitssitzungen von Pfeiffer und Nägeli wirklich zu »Sternstunden der Fachgeschichte« (Antholz) zu zählen sind, möchte man angesichts des orthodoxen Formalismus der in der Nachfolge dieser Gesangbildungslehre entstandenen Schulwerke der Pestalozzianer doch eher in Zweifel ziehen.

16 Nägeli in seiner kunstwissenschaftlichen Darstellung der Gesangbildungslehre von 1809, a.a.O., S. 59.

»So lange die Kinder singen, um an demjenigen, was sie zu singen haben, etwas zu lernen; so lange überhaupt immer alle mit einander zu gleicher Zeit durch die gleichen speciellen Mittel gebildet (unterrichtet und geübt) werden, mithin das *Können* jedesmal Endzweck ist, so ist die Schule unmittelbar auch nichts weiter als Schule. So wie aber einzelne unter ihnen zu besondern künstlerischen Leistungen ausgehoben [...] [und] zum Behuf der Kunstausübung verschiedentlich classifizirt werden; so wie sie verschiedene Singrollen erhalten [...] und vollends in die Schule ein Instrument eingeführt wird [...]; überhaupt aber die jedesmalige Singaufgabe keineswegs als beseitigt betrachtet wird, so bald man sie *kann*, mithin das Können nicht Endzweck ist, sondern Mittel, um eben zur freyen Ausübung der Aufgabe als derjenigen eines Kunstwerks zu gelangen, und sich so gemeinsam bildend zu ergötzen: so ist die Schule nicht mehr bloß Schule, sie ist eine kleine in sich geschlossene Welt, eine Kunstakademie im Kleinen. Hierzu muß es mit der Schulbildung kommen, die wahre Kunstbildung seyn soll, und der Lehrer muß sich mit dieser Ansicht der Gesangmethode, als Cultursache, durchaus vertraut machen; er muß erkennen lernen, daß eben dies ihr Endzweck ist, die Lernschule zur freyen Kunstschule zu erheben.«[17]

Diese Ausrichtung aller schulischen Übung auf die Kunst, zu der das idealische Ziel der Gesangbildungslehre tendiert, trägt eindeutig die Handschrift Nägelis, während Pfeiffer für die methodische Systematik verantwortlich ist. In ihrem Stufenaufbau versucht er Pestalozzis Prinzip der Natürlichkeit zu verwirklichen, wonach mit dem einzelnen, Einfachen, Elementaren zu beginnen und nicht eher anderes einzuführen ist, bis alle Elemente vollständig erworben sind. Daher sollten die Schüler auch nicht eher Lieder singen, als sie alle Elemente der Musik sicher beherrschten, also zur Ausführung des Komplexen befähigt waren. Dieses der »herkömmlichen Verfahrungsart« gegenübergestellte organische Vorgehen nannte Nägeli das »Entwicklungs-System« oder »pädagogisch-evolutives Verfahren«[18], worin er das eigentlich Neue der Pestalozzischen »Methode« erblickte.

Weil nur der Kunstverständige an der »elementaren Geistigkeit« der Tonkunst teilhaben kann, dazu aber eine elementare Grundbildung die Vorbedingung ist, sollte sich Schule mit der Bildung ebendieser als natürlich angesehenen Voraussetzung begnügen. Dies hatte dann jenen auf Vollständigkeit und Lückenlosigkeit bedachten, aber ganz und gar trockenen, abstrakten Lehrgang der *Gesangbildungslehre* zur Folge, der als Muster Pestalozzischer Methode mißverstanden wurde und doch einer ganzen Reihe nachfolgender Gesangbildungslehren zum Vorbild diente. Doch die Mängel wurden schon bald erkannt und kritisiert. Wegen der starren Stufenfolge, der penetranten Vollständigkeitssucht und rigiden Ausklammerung des Liedersingens wurde die pädagogische Praktikabilität der Gesangbildungslehre, obwohl mit großer Spannung erwartet, bald schon angezweifelt.[19]

---

17 Pfeiffer/Nägeli: *Gesangbildungslehre*, Besondere Tonlehre, Vierte Abtheilung, S. 209.
18 Ebd., S. 245.

Diese Mängel dürfte Nägeli selber erkannt haben. Schon 1812 brachte er einen *Auszug aus der Gesangbildungslehre* mit 15 neuen Übungsliedern im Anhang heraus, der drei starke Auflagen erlebte[20], was dem vollständigen ersten Teil der Gesangbildungslehre nicht vergönnt war. Erstaunlicherweise fanden Pfeiffer und Nägeli für ihre musikpädagogischen Bestrebungen in der Schweiz – ganz im Gegensatz zu Preußen – bei den Schulbehörden wenig Verständnis. Als Nägeli 1816 zum Kantor an der Bürgerschule Zürich gewählt war, wurde ihm sogar untersagt, nach seiner Gesangbildungslehre zu unterrichten. Paul Natorp hat schon zu Beginn dieses Jahrhunderts darauf hingewiesen, daß die von mathematischen Elementen ausgehende Methode Pestalozzis für die frei schaffende Phantasie der Kunst keinen Raum lasse. Der Pfeiffer/Nägelischen Gesangbildungslehre attestierte er daher insgesamt, »daß sie in ihrem abstrakt synthetischen Aufbau, in der starren Nebeneinanderstellung von Rhythmik, Melodik und Dynamik [die Harmonik fiel ganz aus] und der Vernachlässigung des eigentlichen Liedersingens geradezu unpestalozzisch war«.[21] Tatsächlich müssen wir uns heute fragen, ob diese Gesangbildungslehre wirklich der pädagogischen Intention Pestalozzis entsprochen haben kann oder ob das, was man für seine »Methode« hielt, von seinen Apologeten gründlich mißverstanden wurde.

Johann Heinrich Pestalozzi (1746–1827) entstammte einer angesehenen Zürcher Chirurgenfamilie. Er besuchte das Collegium Carolinum, wo er Jakob Bodmer als Lehrer hatte. Nach anfänglichen juristischen und philosophischen Studien (Bekanntschaft und Freundschaft mit Herbart) wandte er sich dann 1769 doch der Landwirtschaft zu. Er erwarb das Gut Neuhof, wo er sich zunächst in aufgeklärter Denkungsart der Reform der landwirtschaftlichen Produktion widmete. Doch geriet er schon bald in wirtschaftliche Schwierigkeiten. 1775 bis 1779 errichtete er auf dem Neuhof ein Erziehungsheim für arme, d.h. verwaiste und verwahrloste Kinder, die er buchstäblich von der Gasse holte, um sie nach der Idee rousseauscher Erziehung und den philanthropischen Prinzipien Lavaters zu erziehen. In der aphoristisch poetischen Schrift *Die Abendstunde eines Einsiedlers* (1780) reflektiert er die dortigen Erfahrungen und entwirft seine Erziehungsphilosophie. Ab 1781 folgen die vier Bände seines großen Erziehungsromans

---

19 Vgl. die Rezension in der AMZ Leipzig 1811, Nr. 28, in der lapidar festgestellt wurde: »Für den pädagogischen Zweck ist das Werk unbrauchbar.«

20 Vgl. M. Schipke: *Der deutsche Schulgesang von J. A. Hiller bis zu den Falkschen Bestimmungen (1775–1875)*, Berlin 1913, S. 112.

21 Paul Natorp: *J.H. Pestalozzi*, Langensalza 1910, S. 327 (Greßlers Klassiker der Pädagogik, Bd. 23).

Johann Heinrich Pestalozzi (1746–1827). Anonyme Lithographie, signiert von Pestalozzi 1823, Frankfurt Musterschule.

Lienhard und Gertrud, in dem er das Thema naturgemäßer Erziehung behandelt.

1798 drangen die französischen Revolutionsheere mit Mord und Schrecken in die Schweiz ein. Für die notleidenden Waisenkinder entwickelte Pestalozzi den Plan einer Armen- und Industrieschule, die er im Dezember 1798 in den Räumen des Klosters in Stans (Vierwaldstättersee) als Waisenhaus für ca. 80 Kinder realisieren konnte. Doch dieses Unternehmen endete schon bald wieder, als österreichische Truppen das Kloster als Lazarett benötigten. Pestalozzis Brief an einen Freund über seinen Aufenthalt in Stans (1799) kann als pädagogische Programmschrift dieser Zeit gelten, in der er die Theorie seiner Erziehungsmethode entwickelt. Aber Pestalozzis Tätigkeit in Stans spiegelt auch den Widerstreit zwischen seinen menschlichen Qualitäten und organisatorischen Unfähigkeiten.

> »Pestalozzi war undiszipliniert in seinem Äußeren, in seiner Kleidung, in der Organisation, im Ökonomischen. Der erste Eindruck seiner Wirkungsstätte war verwirrend. Andererseits herrschte seine Persönlichkeit so überragend im Innern der Sache selbst und hatte sein Ideenreich etwas derart Faszinierendes, seine herzliche Wärme und opfernde Liebe eine solch entwaffnende Kraft, daß die rein sachliche Kritik an seinem Beginnen bei ihm nicht durchdringen und die Schäden seiner Unternehmungen nicht abstellen konnte.«[22]

Diesen Eindruck bestätigt auch der Bericht eines ehemaligen Iferterner Schülers, der ihn als einen »häßlichen Mann« schildert,

> »mit gesträubtem Haar, das Gesicht stark blatternarbig und rotgefleckt, den Bart stechig und wirr, ohne Halsbinde, die Hosen schlecht geknöpft und auf Strümpfen herunterfallend, die ihrerseits in groben Schuhen verschwinden; mit abgehackt schlürfendem Gang; mit Augen, die Blitze schleudern und ein Gebet ausdrücken können; mit Zügen, aus denen eine tiefe Trauer, ein andermal dagegen wahre Glückseligkeit redet; mit einer Sprache, die

---

22 In: *Pestalozzis Leben,* Anhang zu den Ausgewählten Schriften, hg. von W. Flitner, Frankfurt 1983, S. 299.

bald zögert, bald sich überstürzt ..., so war der Mann, den wir benannten: Vater Pestalozzi. Wie ich ihn euch beschrieb, also liebten wir ihn, wie er uns alle liebte; so sehr liebten wir ihn, daß seine Abwesenheit uns eigentlich betrübte, sein Wiederkommen uns aber so erfüllte, daß wir die Augen nicht von ihm wandten.« Von ihm ging eine mitreißende Kraft aus, durch ihn herrschte »wohlwollende Herzlichkeit im ganzen Hause [...]«[23]

Nach dem Verlassen des Erziehungsinstituts in Stans arbeitete Pestalozzi in den Schulen in Burgdorf in der Nachbarschaft seines Freundes Herbart, der als Hauslehrer in Bern lebte. Hier entstand die Schrift *Wie Gertrud ihre Kinder lehrt* (1801). Darin entwickelt er seine Lehrart in 14 Briefen.

»Der alte Gedanke bleibt bestimmend, daß es auf die Entwicklung derjenigen Kräfte ankomme, durch die der Mensch unter seinesgleichen sich selbst zu erhalten und in allen Lebenslagen bei der Liebe zu bleiben vermag. Aber diese selbständigen Kräfte werden nun genauer aufgegliedert in drei Richtungen, die recht handfest mit den Ausdrücken ›Herz, Hand und Kopf‹ bezeichnet werden. Das Buch schildert vor allem die Ausbildung des ›Verstandes‹, die intellektuelle Bildung durch den Unterricht. Auch diese Aufgabe teilt sich wieder in drei Zweige, deren jeder seine Elementarmittel hat. Pestalozzi nennt sie ›Zahl, Form und Sprache‹. Er benutzt also die alten Fundamente der höheren Geistesbildung, die in den sieben freien Künsten ja auch Sprachlehre und Mathematik zum Hauptinhalt hatten. Ehemals war vor diese eigentlichen Fundamente der Geistesbildung der Unterricht im Lesen, Schreiben und Rechnen geschaltet worden, als bloße Einweisung in die drei Techniken, welche das Studium der freien Künste rein äußerlich ermöglichen; die Volksschule begnügte sich damit [...] Jetzt nahm Pestalozzi diese inhaltlichen Grundlagen aller Studien in den Elementarunterricht hinein und entwickelte jene drei Techniken kräftebildend im Zusammenhang mit dieser höheren Geistestätigkeit.«[24]

1803 bis 1805 wurde sein Institut nach Münchenbuchsee in unmittelbare Nachbarschaft zum Gut Hofwyl verlegt, wo Phil. Em. von Fellenberg sein Erziehungsinstitut leitete. Entscheidend für Pestalozzis pädagogische Arbeit waren die Jahre in der Anstalt im Schloß Iferten (Yverdon) 1804 bis 1825. Hier hatte er mit 70 Kindern begonnen, deren Zahl aber rasch auf 150 Kinder anwuchs. Doch mit der Armenschule aus Pestalozzis Frühzeit hatte dieses Institut nichts mehr zu tun, vielmehr handelte es sich um ein teures Knabeninternat mit anspruchsvollem Lehrplan, in das Patrizier ihre Söhne samt Hauslehrern schickten. Auf diese Weise wirkte der Pädagoge Friedrich Fröbel hier eine Zeitlang als Erzieher und erwarb Pestalozzis Freund Nicolovius Einblick in dessen Erziehungsphilosophie, deren Grundgedanken er dann in die preußische Schulpolitik einführte. Die 1818 in Clindy gegründete Armenanstalt und das Lehrerseminar mußten auch bald nach Iferten verlegt werden, blieben aber organisatorisch selbständig. Hier nahm schnell der Anteil der englischen Schüler und Lehrer zu, was seine große Ausstrah-

---

23 Erinnerungen Vulliémins zit. in: *Pestalozzis Leben*, ebd., S. 308.
24 In: *Pestalozzis Leben*, ebd., S. 303.

lung auch nach England belegt. Wegen ökonomischer Schwierigkeiten, aber auch aus Verbitterung über persönliche Verleumdungen eines entlassenen Lehrers mußte Pestalozzi 1825 seine Anstalt in Iferten schließen. Bald darauf, zu Beginn des Jahres 1827, ist er gestorben. Auf dem Gedenkstein an seinem Grab auf dem Kirchhof zu Birr ist als kurze Würdigung sein Wirken zusammengefaßt:

> RETTER DER ARMEN AUF DEM NEUHOF,
> PREDIGER DES VOLKES IN
> LIENHARD UND GERTRUD,
> ZU STANS VATER DER WAISEN,
> ZU BURGDORF UND MÜNCHENBUCHSEE
> GRÜNDER DER NEUEN VOLKSSCHULE.
> IN IFERTEN ERZIEHER DER MENSCHHEIT,
> MENSCH, CHRIST, BÜRGER.
> ALLES FÜR ANDERE, FÜR SICH NICHTS!
> SEGEN SEINEM NAMEN!

Obwohl Pestalozzi wenig von Musik verstand, spielt Musik in seiner Erziehungslehre doch eine wichtige Rolle. Unter den wenigen direkten Zeugnissen zur musikalischen Erziehung ragt eine kurze Stellungnahme aus seinen Briefen über die Vorschul-Erziehung heraus, die Pestalozzi an den englischen Kaufmann, Philanthropen und Theosophen James Pierrepoint Greaves (1777–1842) gerichtet hat.[25] Hierin betont er die Notwendigkeit, schon früh Auge und Ohr zu entwickeln, wobei jedoch alles in größter Freiheit und mit einer gewissen Fröhlichkeit ohne alle Pedanterie ausgeführt werden müsse (S. 91). Er verweist auf seinen »vortrefflichen Freund« Nägeli (ohne Pfeiffer zu erwähnen!), der »die höchsten Prinzipien seiner Kunst auf die einfachsten Elemente zurückgeführt« habe (S. 92), aber spricht, wenn er Musik meint, nie von diesen Elementen, sondern immer nur von der sittlichen Wirkung der einfachen Volksweisen, vom »schlichten und natürlichen Zauber der Melodie« der eigenen »Nationalweisen« (S. 93). »Das Bedeutsame an der Musik besteht in ihrem ausgesprochen wohltätigen Einfluß auf die Gefühle. Sie bereitet die Seele für die edelsten Eindrücke vor und bringt sie gleichsam mit ihnen in Einklang« (S.92 f.).

---

25 Die ursprüngliche Fassung der in deutscher Sprache verfaßten Briefe ist verloren. Eine englische Übersetzung erschien 1827 in London unter dem Titel »Letters on early Education«. Diese wurden wieder ins Deutsche rückübersetzt und 1935/36 als Beilage zum Bericht der thurgauischen Kantonsschule veröffentlicht. Die englische Textversion findet sich im 26. Band der Sämtl. Werke Pestalozzis, Schriften 1818–1820, Zürich 1975; eine deutsche Version ist unter dem Titel *Mutter und Kind. Eine Abhandlung in Briefen über die Erziehung kleiner Kinder*, Zürich und Leipzig 1924, erschienen. Die Seitenangaben der Zitate folgen dieser Ausgabe.

Die besondere Stellung des Gesangs in der Erziehung hatte Pestalozzi schon in *Lienhard und Gertrud* betont, während er auf das Anliegen der Erziehung zu sprechen kommt.

> »Um aber dieses Ziel, seine Schulkinder sich in den Schranken ihres Standes so glücklich fühlen zu machen, [...] zu erreichen, suchte er [der Schulmeister Glülphi] ihnen die Bildung zu ihrem Stand [...] so leicht und so angenehm zu machen als möglich; und benutzte hiefür vorzüglich die allgemeine Neigung des Menschen zum Gesang.
> Therese und die Frau Pfarrerin bothen ihm hierin die Hand, und gaben alle Wochen zweymal den Kindern im Singen Unterricht. Auch trachtete er durch den Gesang auf jedes, die menschliche Natur belebendes und erhebendes, Gefühl bildend einzuwirken. Sie lernten Sonntagslieder, Lieder zu ihrer Morgen- und Abendandacht, Lieder zur Ehre Gottes, zum Dank für den Erlöser, zum Lob der Bibel, aber denn auch Freudenlieder, Erndtelieder, Feyerabendlieder und lachende Darstellungen vielerley Thorheiten und Irrthümer des Lebens.«[26]

Man kann also wohl davon ausgehen, daß die »pulverisierte« Ästhetik und das Singverbot Pfeiffers nicht dem Geist Pestalozzis entsprachen, ihm sogar zuwiderliefen. Was unter dem Begriff der »Methode« die Pädagogik des 19. Jahrhunderts prägte, war vielmehr der formalisierte Schematismus eines Ansatzes, der bei Pestalozzi eher lernpsychologisch begründet war. Als Leitbild galt ihm das Lernen im natürlichen Umfeld der Familie, in der Wohnstube, befördert durch die ungezwungene Natürlichkeit mütterlicher Anleitung, das immer von der unmittelbaren sinnlichen Anschauung und praktischen Arbeit ausging. So sollten die menschlichen Kräfte gebildet werden nach den Fähigkeiten jedes einzelnen. Demgegenüber hielt er die bis dahin favorisierte Art bloßen Drills und Wortlernens für verfehlt, weil sie die Schüler nicht aktiv am Lern- und Verstehensprozeß beteiligte. Dieser sollte so geschehen, daß die Lerngegenstände erst sinnlich zur Erscheinung und so in die Vorstellung der Kinder gebracht würden. Dem stand aber die Schulpraxis entgegen. »Die Kunst und Schul bringt dem Menschen das Urteil in den Kopf, ehe er die Sach sieht und kennt«, hatte er 1782 in einem Brief geklagt.[27] Daher forderte er in *Wie Gertrud ihre Kinder lehrt* (1801): »Der *erste* Unterricht des Kindes sei nie die Sache *des Kopfes*, er sei nie die Sache *der Vernunft* – er sei ewig die Sache *der Sinne*, er sei ewig die Sache *des Herzens*, die Sache *der Mutter*.«[28]
Über seine pädagogischen Erfahrungen im Waisenhaus zu Stans (1798)[29]

---

26 *Lienhard und Gertrud*, 3. Fassung 1820, in: Sämtliche Werke, Bd. 6, Berlin 1960, S. 479.

27 Brief an P. Petersen, in: J. H. Pestalozzi, *Sämtliche Briefe*, Bd. 3, S. 130.

28 In: *Auswahl aus seinen Schriften* Bd. 3, hg. von A. Brühlmeier, Bern und Stuttgart 1979, S. 51.

29 Vgl. Pestalozzis Brief an einen Freund über seinen Aufenthalt in Stans (1799), in: *Ausge-*

berichtet er in seinem Briefroman *Wie Gertrud ihre Kinder lehrt*:

>»Kinder lehrten Kinder. Sie versuchten, ins Werk zu setzen, was ich sagte, das sie tun soll-
ten, und kamen so den Mitteln der Ausführung vielseitig selber auf die Spur, und diese sich
vielseitig entfaltende Selbsttätigkeit in den Anfängen des Lernens wirkte mit großer Kraft
auf die Belebung und Stärkung der Überzeugung, daß aller wahre, aller bildende Unterricht aus den Kindern selbst hervorgelockt und in ihnen selbst erzeugt werden mußte. [...]
Ich lernte bei ihnen [...] das Naturverhältnis kennen, in welchem Realkenntnisse gegen
Buchstabenkenntnisse stehen müssen; ich lernte bei ihnen, was die einseitige Buchsta-
benkenntnis und das ohne einen Hintergrund gelassene Vertrauen auf Worte, die nur
Schall und Laut sind, der wirklichen Kraft der Anschauung und dem festen Bewußtsein
der uns umschwebenden Gegenstände für einen Nachteil gewähren könne.«[30]

Diese philanthropisch geprägte, psychologisch mehr erspürte als begrün-
dete Grundeinstellung ist dann in der Pestalozzischen Formel vom Lernen
mit Kopf, Herz und Hand geronnen. Pestalozzi war überzeugt, daß sich der
Geist des Menschen von Natur aus in einer bestimmten Folge innerer Stadien entwickele. »Die Natur enthüllet alle Kräfte der Menschheit durch
Übung, und ihr Wachstum gründet sich auf Gebrauch.«[31] Die Aufgabe der
Pädagogik und des Pädagogen mußte demnach darin liegen, die natürliche
Entwicklung der Anlagen und Kräfte durch eine klare Ordnung der elementaren Schritte zu unterstützen und zu steigern.[32] In der Beachtung der
gesetzmäßigen Reihenfolge der Entwicklungsstadien liegt das begründet, was
dann im Begriff der Methode (den Pestalozzi selbst verwendet) verfestigt
wurde. Eine geradezu pedantische Elementarisierung der formalen Schritte –
etwa beim Lesenlernen – ist auch in seinen eigenen methodischen Schriften
nicht zu übersehen. Gegen die Verfestigung der elementaren Entwicklungs-
schritte zu einem starren Schematismus richtete sich dann die Kritik, die später Diesterweg an den After-Pestalozzianern übte.

Auch Pfeiffer und Nägeli waren an den lernpsychologischen Grundlagen
der Methode wenig interessiert – oder sie haben sie ganz einfach, wie viele
Zeitgenossen, nicht verstanden. Ihr unsinnlicher – fast möchte man sagen:
unsinniger – anschauungsferner, die Eigentätigkeit gänzlich ausklammernder
Kursus widerspricht dem Geist der Pestalozzischen Psychologie vollständig.
Lediglich die Idee der Elementarbildung und des synthetischen Aufbaus, also
die äußerlich objektivierbaren Merkmale werden aufgegriffen. Die lernpsy-

---

wählte Schriften, hg. von W. Flitner, Frankfurt 1983, S. 223-246.

30 J. H. Pestalozzi: *Wie Gertrud ihre Kinder lehrt*, Bad Heilbrunn 1964, S. 16 f.

31 J. H. Pestalozzi: *Die Abendstunde eines Einsiedlers* (1780), in: Pestalozzi, *Ausgewählte Schriften*, hg. von W. Flitner, Frankfurt 1983, S. 31.

32 In der amerikanischen Psychologie wird diese Richtung treffend als »faculty psychology«
bezeichnet, wofür es keine deutsche Entsprechung gibt.

chologisch ungemein modernen Einsichten in die Vorstellungsbildung und kognitive Repräsentanz der Phänomene, die der Begriffsbildung vorangehen muß, kommen in der Gesangbildungslehre überhaupt nicht zur Geltung. Ja, man möchte im Gegenteil die Verhinderung der Vorstellungsbildung durch das Zurückdrängen musikalischer Gestalten zugunsten isolierter Parameter recht eigentlich anti-pestalozzisch nennen.

2. Gesangbildungslehren in der Nachfolge Pestalozzis

Der Einfluß, der von der Persönlichkeit Pestalozzis und seiner Erziehungslehre ausging, war ungeheuer groß. Vielleicht hing seine Wirkung auch damit zusammen, daß hier ein Lehrer in der Abgeschiedenheit der Landschule für die Ärmsten mit persönlichem Einsatz eine Pädagogik verwirklichte, die dem Neuhumanismus in seinen Idealen entsprach. Das Ziel aller Erziehung hatte Humboldt ja in der »proportionirlichsten Bildung der Kräfte zu einem Ganzen« gesehen, die nur durch die Beachtung der natürlichen Voraussetzungen zu erreichen sei. »Lehren heiße nichts Anderes, als die im Schüler liegenden Fähigkeiten entwickeln«[33] – solche Forderungen sind ganz der neuhumanistischen Philosophie verpflichtet und zugleich echt pestalozzisch. In Pestalozzis Bildungsinstituten konnte man also eine Alternative zu dem desolaten Zustand in den Landschulen erblicken. Daher wurden die preußischen Eleven zu ihm in die Schweiz geschickt. Was sie hier erfuhren, war der Eindruck einer überragenden Pädagogenpersönlichkeit; doch was sie weitergeben konnten, wurde zur »Methode« verkürzt, einem formalen Prinzip, das in der Anwendung des »richtigen« Stufenaufbaus und der funktionalen Elementarisierung der Inhalte bestand. Für den Gesangunterricht in den Volksschulen bedeutete dies, daß nun im Gefolge der Pfeiffer/Nägelischen Elementarmethode eine kaum noch zu überschauende Fülle von Gesangbildungslehren entstand, die alle in irgendeiner Weise auf Pestalozzi Bezug nahmen. Denn angesichts der partikularen Aufsplitterung Deutschlands in eine Vielzahl von Kleinstaaten ohne massenkommunikative Vernetzung war es nur zu verständlich, daß sich Seminarlehrer wie Schulmeister allerorts Pfeiffers Elementarmethode nach ihren eigenen Bedürfnissen und Bedingungen einrichteten und in praktischen Anleitungen für den

---

33 Carl Gottfried Wehner: *Über den Standpunkt unseres jetztigen Musikunterrichts und unserer Methoden*, in: *Eutonia*, Bd. 1, H. 1, Breslau 1829, S. 34.

Schulgebrauch herausgaben. Zugleich beförderte der biedermeierliche Rückzug ins Kleine und Private während der Restaurationspolitik nach 1815 solche Bestrebungen. Die Jahrgänge der *Eutonia* (1829–1837), einer »hauptsächlich pädagogischen Musik-Zeitschrift« des Seminarlehrers Johann Gottfried Hientzsch »für Alle, welche die Musik in Schulen zu lehren und in Kirchen zu leiten haben, oder sich auf ein solches Amt vorbereiten«, vermitteln mit ihren umfangreichen Anzeigen und kritischen Besprechungen ein lebendiges Bild von der Vielfalt an neuen Gesangbildungslehren, die sich aufeinander beziehen und Anregungen aufgreifen, woraus sehr unterschiedliche Vermittlungswege erkennbar werden. Gemeinsam ist allen die methodische Elementarisierung des Stoffs, der sich in Anlehnung an Pfeiffer/Nägeli, jedoch in unterschiedlicher Reihenfolge meist auf die Bereiche Rhythmik, Melodik und Dynamik beschränkt. Aufschlußreich ist dabei aber, ob man – echt pestalozzisch – von den Sachen oder – methodologisch verkürzt – von den Zeichen ausgeht, ob man also auf Tonbildung und Tonvorstellung hinwirkt oder eine Systematik der Notenwerte, Tonhöhenunterscheidungen und Lautstärkegrade verfolgt. Und obwohl den Gesangbildungslehren sehr oft im Anhang eine Sammlung von Liedern und mehrstimmigen Gesängen angefügt ist, betrifft die Elementarisierung immer nur das einstimmige Singen; der Aspekt der Harmonik, des akkordischen Zusammenklangs fehlt fast durchgängig.

Didaktisch orientieren sich die meisten Gesangbildungslehren mehr oder weniger an einem katechisierenden Verfahren.[34] Und ebenso einhellig ist die Bevorzugung von Klavier (oder Orgel) und Violine als Unterrichtsinstrumente, die aber nicht obligat, »sondern blos zur momentanen Hülfleistung für die Sänger und zum Zusammenhalten« herangezogen werden sollen (Pfeiffer/Nägeli 1810, S. 211). Dagegen gehen die Meinungen weit auseinander, ob und wann mit dem Liedersingen zu beginnen sei. Der Warnung Pfeiffers, mit dem Singen auf keinen Fall eher zu beginnen, als bis der gesamte Elementarkurs durchlaufen sei, also das Singen das eigentliche Ziel der Elementarbildungsmethode darstellt und erst nach vielen Jahren Gesangunterricht eintritt (Pfeiffer/Nägeli, Zeller), steht die Einsicht gegenüber, mit dem Singen so früh wie möglich gleich bei Schulantritt zu beginnen (Natorp, Kübler, Hientzsch, Hohmann). Dementsprechend unterschiedlich sind Funktion und Auswahl der meist beigegebenen Lieder und Gesänge. Ganz unkonventionell ist hier die *Methodisch-practische Anleitung zum Notensingen für Lehrer und Schüler in Bürger- und Landschulen* (Erfurt 1821) des thüringi-

---

34 Vgl. Pfeiffer/Nägeli im Vorwort ihrer *Gesangbildungslehre* 1810, a.a.O., S. 7.

schen Kantors J. E. Vater, der die einzelnen Elemente (z. B. Töne und Aufbau der Tonleiter) aus Choralmelodien ableitet, also im modernen Sinne ganzheitlich vorgeht und damit auf völliges Unverständnis stößt.[35]

Noch stärker aber entflammte der Streit um die Frage, ob Ziffern oder Noten das bessere Mittel zur Veranschaulichung der Tonverhältnisse darstellen. Die Ziffer als Tonzeichen war bereits im 17. Jahrhundert von dem Franziskanermönch J. J. Souhaitty (1665) zur einfacheren Wiedergabe von Melodien verwendet und dann von J.-J. Rousseau aufgegriffen worden.[36] Im 19. Jahrhundert wurde dieses Notationsverfahren nunmehr pädagogisch wieder aktualisiert. Pfeiffer/Nägeli und Hientzsch gaben der zeitweiligen Verwendung von Ziffern insbesondere im Anfangsunterricht durchaus statt, räumten der Notation aber doch den Vorzug ein. Danach setzten sich die einen (z. B. Kübler, Heinroth, Hohmann) ganz entschieden für die Einführung und Verwendung der Notenschrift ein, während andere, vornehmlich im Gefolge Natorps, Ziffern als methodisches Hilfsmittel für geeigneter ansahen. So entstand im Methodenstreit des frühen 19. Jahrhunderts »das große Schisma« zwischen den »Zifferisten« und ihren Gegnern. Nach Hientzschs Meinung war die Ziffernmethode »im Grunde gut gemeint, [habe] im Ganzen aber zu vielem Unheil geführt«.[37] Und manche der verwirrenden Zeichen- und Ziffernsysteme scheinen dem recht zu geben. Doch bis zur Jahrhundertmitte war dieser Streit zu ungunsten der Ziffern entschieden. Anläßlich der Besprechung der *Gesanglehre für Volksschulen* von Joseph Waldmann (Freiburg 1841) klagte Ernst Hentschel:

> »Mit einer Art Wehmut betrachte ich diese Gesanglehre. Sie ist eine der letzten, aber der edelsten Erscheinungen auf dem Gebiete – der Tonziffer. – – – Der letzte Mohikaner! – Die Sache der Tonziffer ist rettungslos verloren, nach wenigen Jahren wird sie vergessen sein und nur die Geschichte der Pädagogik wird ihrer als eines höchst dankenswerthen, aber nicht mit dem gehofften Erfolge belohnten Versuches gedenken, dem Volksgesange abzuhelfen.«[38]

---

35 Vgl. dazu Hientzschs vollständige Ablehnung. »Aber eine Choralmelodie gleich zum allerersten Anfang zu nehmen und an ihr die Töne der Scala herauszufragen, sie so zu zerpflücken und zu zerstückeln, das ist ihm ein Mißgriff erster Größe, eine Versündigung am Heiligen.« (*Eutonia*, Bd. 1, H. 3, 1829, S. 265).

36 Vgl. den Hinweis in Natorps *Anleitung zur Unterweisung im Singen* (1813), Essen [5]1837, Anm. S. 7; ferner auch die Schrift von J. A. P. Schulz: *Entwurf einer neuen und leicht verständlichen Musiktabulatur, deren man sich in Ermangelung der Notentypen in kritischen und theoretischen Schriften bedienen kann und deren Zeichen in allen Buchdruckereyen vorräthig sind*, Berlin 1778.

37 Hientzsch in seiner Besprechung von Natorps *Briefwechsel einiger Schullehrer und Schulfreunde*, in: *Eutonia*, Bd. 1, 1829, S. 240.

38 In: *Euterpe* 3, 1843, S. 147.

Um die unterschiedlichen Grade der Abhängigkeit der vielen neuen Gesangbildungslehren von der Elementarbildungslehre nach Pestalozzischen
Grundsätzen erkennen zu können, seien im folgenden wenigstens einige der
bedeutsamsten kurz vorgestellt.

Friedrich Wilhelm Lindners Lehrplan

Blickt man auf die offenkundigen Verbindungen, die zwischen den verschiedenen Gesangbildungslehren bestehen, werden ganz unterschiedliche Vermittlungswege deutlich, je nachdem ob ein unmittelbarer Einfluß von Pestalozzi wie bei Abs, Zeller und Pfeiffer vorliegt oder die Vermittlung der
Pestalozzischen Methode nur mittelbar über Pfeiffer/Nägelis Gesangbildungslehre lief. Unabhängig von Pfeiffers Elementarisierung, aber doch recht
einflußreich ist das pädagogische Wirken Friedrich Wilhelm Lindners in
Leipzig gewesen, der als musikalischer Laie an der 1804 gegründeten höheren Bürgerschule Gesang unterrichtete. Wir wissen nicht, ob er dort mit Pestalozzis Ideen in Berührung gekommen ist, doch hatte er ein eigenständiges
Prinzip für die Gesangübungen entwickelt, wonach er wirkliches Singen
lehrte. Aus der Literatur wird uns folgender Aufbau seines Kurses berichtet:

> »1. Tonleitersingen steht allen Übungen voran. Ihr Zweck: Erweiterung des Stimmum-
> fangs und Festigung der Kehlkopfmuskel zum Festhalten des Singtones.
> 2. Fleißiges Akkordsingen leitet zum mehrstimmigen Gesange an und erzeugt das Gefühl
> für harmonische Reinheit.
> 3. Solfeggierübungen führen zum Treffen. Die Kinder nehmen Veränderungen der Übun-
> gen vor in selbständiger Weise.
> 4. Eingestreute, anfangs nach dem Gehör geübte Lieder schützen vor Langeweile.
> 5. Durch die Lust an der Selbsttätigkeit entsteht das Tondiktat.
> 6. Im Sommer haben die Kinder zwei Stunden Singunterricht, im Winter nur eine.
> 7. Es werden – selbst von Knaben – Gesänge mit italienischem Text bewältigt.
> 8. Auf absolutes Notentreffen ist hinzustreben. Die Kinder singen bankweise und auch ein-
> zeln. Vorsänger geben Musterbeispiele zur Nachahmung ab.«[39]

Hier ist das unterrichtsmethodische Verhalten noch ganz dem alten
Schulmeistertum des 18. Jahrhunderts verpflichtet. Und in der prominenten
Rolle, die das Singen ein- und mehrstimmiger, sogar italienischer Lieder und
Gesänge einnimmt, zeigt Lindner eine völlige Unabhängigkeit von Pfeiffers
Lehrmethode, wobei er jedoch Pestalozzischen Grundgedanken in der Art

---

39 Nach H. Löbmann: *Die Gesangbildungslehre nach Pestalozzischen Grundsätzen von Michael
Traugott Pfeiffer und Hans Georg Nägeli ...*, Leipzig 1908, S. 46.

der methodischen Übung, nicht aber in der Elementarisierung nahegekommen sein dürfte.

Theodosius Abs' Bildungsmethode

1811 veröffentlichte der Franziskanermönch Theodosius Abs[40] eine

*Darstellung / meiner Anwendung / der / Pestalozzischen /
Bildungsmethode* (Halberstadt 1811),

die – wie der Titel sagt – unmittelbar von Pestalozzi und nicht von Pfeiffer/Nägelis Übertragung ausgegangen ist. In der Einleitung zu diesem Werk, in der er seine »Ansicht über Erziehung und Unterricht im Allgemeinen« darlegt, offenbart er seine neuhumanistische Bildungsmaxime. Jeder Unterricht müsse danach »vom Kinde selbst, von dem Ewigen und Wesentlichen seiner Natur ausgehen«, damit »das Kind sich selbst entfalte und ausbilde aus sich selbst heraus«.[41] Ganz im Sinne der Abtrennung berufsqualifizierender von allgemeiner Bildung forderte er, »die inwohnende Kraft sollte erst geweckt und geübt werden, ehe ich mich um ihre Anwendung auf das bürgerliche Leben kümmern wollte«.[42] Auf der Grundlage dieser allgemeinen Bildungsphilosophie entdeckte Abs die Schriften Pestalozzis und fand seine Haltung darin bestätigt.[43] So suchte er dieses Prinzip der Menschenbildung auch auf den Gesangunterricht zu übertragen. »Gesang ist Bedürfniß für jeden Menschen. [...] Er ist das wohlfeilste Schöne. [...] Ich fand ihn als ein in der Menschennatur tief begründetes Mittel, das Gemüth des Kindes zu bilden, und den Sinn für das Höhere in ihm zu wecken und zu beleben.«[44] So entwickelte Abs sein Verfahren der Gesanglehre, das als eine individuelle Aneignung der Erziehungsprinzipien verstanden werden kann, die in der Zeit verwurzelt waren und durch Pestalozzi bekräftigt wurden.

Die Gesanglehre unterteilt er in die Hauptteile »Tonfolge« und »Ton-

---

40 Theodosius Abs, nach Fétis um 1775 im Herzogtum Berg geboren, war Vorsteher eine Elementarschule in Halberstadt, später Leiter eines Waisenhauses in Königsberg und schrieb eine große Zahl von Liedern und Gesängen.

41 Th. Abs: *Darstellung meiner Anwendung der Pestalozzischen Bildungsmethode*, Halberstadt 1811, S. 12.

42 Ebd., S. 14.

43 Vgl. ebd., S. 20.

44 Ebd., S. 72 f.

dauer«. Er verwendet Ziffern, mit deren Hilfe er zunächst die Haupttöne einer Tonleiter (1 – 8 – 3 – 5) einführt, die den Grundakkord bilden, und dann zu den »Zwischentönen« (2 – 4 – 6 – 7) gelangt, die die Tonleiter vervollständigen. Auch für die Tondauern verwendet er Zeichen (»Stellzeichen« 0 für gehaltene Töne, Gedankenstrich – für Pausen, Bögen für Achtelnoten), die er mit den Tonhöhenziffern verbindet. Auf diese Weise kann er schnell zu einer leicht lesbaren Notation selbst mehrstimmiger Gesänge voranschreiten. Im Unterschied zum Gesangunterricht in Schulen schlägt er für den instrumentalen Musikunterricht außerhalb der Schule statt der Ziffern die Buchstabennamen und deren Notenzeichen vor. Auch hier entwickelte er eine formale Elementarisierung, wie sie analog Pfeiffer für den Gesangunterricht aufgestellt hatte: Der Geschichte über die Entstehung der Noten folgen die Erklärung der Teile des Instruments, die Regeln über den Fingersatz und die Übung der verschiedensten Tonarten, bevor er zu den ersten Musikstücken übergeht.[45]

Carl August Zellers Gesanglehre

Der aus Württemberg stammende Carl August Zeller (1774–1840) repräsentiert die in seiner Zeit typische Verbindung von Prediger und Lehrer. Er war in Burgdorf Pestalozzi begegnet und hatte 1807 Pfeiffers »Methode« in unmittelbarer Anschauung an dessen Erziehungsinstitut in Lenzburg kennengelernt. »Von ihm lernte ich: 1. Die Elemente müssen auch in diesem Lehrfach gesondert; 2. das Gesonderte, zur Einsicht und Fertigkeit gebracht, muß zu neuen Übungen verbunden, und 3. auch in dieser Aufgabe soll von der Sache, nicht von den Zeichen ausgegangen werden.«[46] So entwickelte er seine eigene Methode, die er in Lehrkursen 1808 in Hofwyl (Kanton Bern) und 1809 in Heilbronn in der von ihm eingesetzten »Schulmeisterschule« weitergab. Ausführlich berichtet er, wie die methodische Schulung der Lehrer darin vor sich ging.

> »Die Schulmeister wählten nämlich zehn Mitschüler, ältere und jüngere – sie mochten nun Haupt- oder Filialschulen sein – welche sich durch höhere Kraft und ausgezeichnete Anlagen hervorgetan hatten. Diese wurden zu Repetenten ernannt, welche beauftragt wurden, mit drei andern, von ihnen gewählten Mitschülern, einem guten, einem mittelmäßigen

---

45 Vgl. ebd., S. 91.

46 C. A. Zeller in der *Rheinisch-Westfälischen Monatsschrift für Erziehung und Unterricht* 1827, zit. in: *Eutonia*, Bd. 1, 1829, S. 152.

und einem schwachen, wiederholende Übungen anzustellen, und die von nun an wetteifernd zeigen wollten, welcher unter ihnen seinen Schwachen am weitesten bringen könnte.
[...]
Mit Anfang der fünften Woche begannen die Lehrübungen. Jede der zehn Abteilungen, jede von vier Personen, wählte sich ein schattiges Plätzchen, wo sie laut sprechen konnte, ohne daß eine die andere störte. Jeder Repetent machte jede einzelne Übung vor, indem er sich unter seinen drei Schülern seine Schule dachte. Darauf folgte der bessere Schüler, dann der mittlere, endlich der schwache, der nun leichter lernte, was er dreimal gesehen und gehört hatte. Der Lehrer ging ab und zu und half, wo Hilfe Not tat. Eine Glocke rief alle Unterlehrer in das Bosket des Lehrers, sobald er es nötig fand, damit er es nochmals mit ihnen übte, was etwa einige von ihnen noch nicht ganz wußten oder konnten; und er erfuhr dadurch, ob die Schüler, und welche unter ihnen jeder einzelnen Übung, in jedem einzelnen Lehrfache, vollkommen oder noch nicht ganz mächtig seien.«[47]

Aber bereits 1809 wurde Zeller als Preußischer Regierungsrat und Direktor der Kgl. Normalinstitute nach Königsberg berufen. Dort erschienen dann noch vor Pfeiffers Gesangbildungslehre seine *Elemente der Musik* (1810) in den *Beiträgen zur Beförderung der Preußischen Nationalerziehung*. Zellers Anweisung geht also direkt auf Anregungen zurück, die er bei Pestalozzi und Pfeiffer empfing. Er gliedert seine Unterweisung in Rhythmik und Melodik, die er so systematisch und ausführlich zergliedert, daß es ihm den Vorwurf [48] einbrachte, die Darstellung sei viel zu umständlich und weitläufig (»Der zehnte Teil davon könnte schon vollkommen genügen«), vor allem aber viel zu abstrakt (»wie wahre Rechen-Exempel«). Wie Abs unterscheidet er in der Melodik, für deren Notierung er Ziffern verwendet, »Haupt-« und »Nebentöne«, die er als Punkte zunächst auf eine, dann auf mehrere Linien schreiben läßt.

Insgesamt huldigte Zeller dem Streben nach umfassender Vollständigkeit, was seine Anleitung instruktiv, aber zuweilen wie Pfeiffers Gesangbildungslehre unpraktikabel machte. Hientzsch resümierte daher: »Herr Zeller hat aber zu sehr und fast nur ausschließlich die Verstandesseite des Gegenstandes [...] behandelt, und den andern, welcher eigentlich doch am Ende die Hauptsache ausmacht, sehr vernachlässigt. [...] Auf diese Weise lernt man nur über den Gesangunterricht reden.«[49] Dennoch ist diese Gesanglehre in ihrer direkten Ableitung vom Unterricht Pfeiffers bemerkenswert und wirksam gewesen, weil sie durch die rege Lehrtätigkeit Zellers wesentlich zur Ver-

---

47 Diese früheste Form des »Microteaching« in kleinen Übungsgruppen beschreibt C. A. Zeller in: *Das Ziel der Elementarschule durch überzeugende und erhebende Tatsachen beleuchtet*, Königsberg 1809, S. 10, 12. Zit. nach W. Kramer: *Formen und Funktionen exemplarischer Darstellung von Musikunterricht im 19. und 20. Jahrhundert*, Wolfenbüttel 1990, S. 149 f.

48 Vgl. Hientzschs vernichtende Kritik in: *Eutonia*, Bd. 1, 1829, S. 152 ff.

49 Ebd., S. 156.

breitung der sog. Pestalozzischen Methode beigetragen hat. So wissen wir, daß auch mehrere märkische Lehrer und Geistliche seine Kurse besuchten, darunter der Verfasser des *Leitfaden bey der Gesanglehre nach der Elementarmethode* (Leipzig 1816), der Kantor und Seminarlehrer Karl Schulz, und zwei Geistliche aus dem Regierungsbezirk Ludwig Natorps, der auf diese Weise nähere Kenntnis von Zellers Methode erhalten haben dürfte.

Rottweiler Gesanglehre

Unter den Geistlichen in Zellers Heilbronner Schulmeisterschule befand sich auch ein Pfarrer Maier, der der Verfasser des *Versuchs einer elementarischen Gesanglehre für Volksschulen. Nach Pestalozzi* (Rottweil 1810) ist. Schipke hält dieses Buch für eine beachtenswerte Durchführung Pestalozzischer Grundsätze vor dem Erscheinen des Werks von Pfeiffer und Nägeli.[50] Wie in deren Arbeit gibt Maier Übungen zur Länge und Kürze, Höhe und Tiefe und Stärke und Schwäche der Töne; doch stehen Rhythmik und Melodik im Zentrum. Wie Pfeiffer geht Maier vom Tetrachord aus, das er jedoch – Zellers Idee aufgreifend – zunächst auf einer schrägen Linie mit numerierten Notenköpfen notiert (»eine Art Figuren, ähnlich den Hühnerleitern auf dem Lande«[51]). Völlig eigenständig und neu – und daher besonders erwähnenswert – ist aber die Tatsache, daß hier erstmals die Forderung nach dem vollständigen Getrennthalten der Elemente, die Pfeiffers Gesanglehre charakterisiert, aufgegeben ist. »Als Karakter dieses Gesanges merke man sich, daß der erste Theil (Rhitmik) nicht ganz durchgemacht werden dürfe, ehe man den zweyten (Melodik) anfängt, oder, was noch besser ist, daß man jedesmal die eine Hälfte der Unterrichtsstunde der Rhitmik, die andere der Melodik widme.«[52] Damit begründet diese Gesanglehre eine methodische Richtung, die dann von Natorp, Kübler u. a. aufgegriffen und weitergeführt wurde. Gänzlich ohne Vorbild und Nachwirkung blieb dagegen die Aufforderung, daß die Kinder selber Übungsbeispiele bilden sollten.[53]

---

50 Max Schipke: *Der deutsche Schulgesang von Adam Hiller bis zu den Falkschen Allgemeinen Bestimmungen*, Berlin 1913, S. 129.

51 Hientzsch in seiner Besprechung in: *Eutonia*, Bd. 1, 1829, S. 164.

52 *Rottweiler Gesanglehre*, Rottweil 1810, S. 4 (zit. nach Schipke, S. 129).

53 Ebd., S. 48 (nach Schipke, a.a.O., S. 130).

In Johann Gottfried Hientzsch (1787–1856)[54] begegnen wir einem herausragenden Schulmann und unermüdlichen Schriftsteller aus der ersten Hälfte des 19. Jahrhunderts. Seine

Methodische Anleitung / zu / einem möglichst natur- und kunstgemässen / Unterrichte im Singen / zunächst für Lehrer in Schulen, dann auch für Eltern und andre / erziehende Personen (Breslau 1836)

gehört einer zweiten Generation von Gesangbildungslehren an, die zwar noch deutlich in der Nachfolge der Pestalozzischen Elementarbildung stehen, sich aber durch manch abweichende Position von ihr abzulösen beginnen.

Hientzsch war Absolvent der Thomasschule in Leipzig und hatte 1808 ein Theologiestudium als damals übliche Voraussetzung für den Lehrberuf begonnen, mußte aber aus finanziellen Gründen gleichzeitig eine Hauslehrerstelle übernehmen. Seit 1811 schlossen sich mehrjährige Wander- und Lehrjahre an. Zunächst reiste er zu Pestalozzi nach Iferten, wo er in direkten Kontakt mit den neuen Erziehungsidealen kam, als ihm der Gesangunterricht einer Klasse übertragen wurde. 1815 ging er über Zürich, wo er Nägelis Unterrichtsart kennenlernte, nach München. Mit Hilfe eines einjährigen Reisestipendiums konnte er weitere Erfahrungen an verschiedenen Orten sammeln und gelangte so 1817 auch nach Berlin, wo er bei Zelter studierte. 1818 bekam er dann seine erste Anstellung als Lehrer für Sprache, Geschichte, Geographie, Rechnen etc. am neu errichteten Seminar in Neuzelle (Brandenburg). Mit Musik hatte er, wie er sich erinnert, »von Amts wegen gar nichts zu thun«, bis er sich erbot, »im Fall, daß kein geeigneter Musiklehrer zu finden sei, den Unterricht im Gesange, in der Harmonielehre und im Orgelspiel vorläufig, gegen Abnahme einiger andern Fächer, mit zu übernehmen«.[55] Bereits 1822 wurde ihm eine Oberlehrerstelle am evangelischen Schullehrer-Seminar in Breslau übertragen, wo er die Eingangsklasse der Seminaristen in der elementaren Gesangbildung unterrichtete, sonst aber wiederum nur für wissenschaftliche Fächer (Sprache, Anthropologie, Psychologie, Erziehungslehre) zuständig war.[56] Doch er begann alsbald, nach allen Seiten des Musiklebens tätig zu werden. Hier gab er zahlreiche Lieder- und Motetten-Sammlungen heraus und begründete die Musikzeitschrift *Eutonia* (1829–1837). Darin veröffentlichte er auch zuerst seine methodischen Vor-

---

54 Vgl. dazu Hans Pezold: *J. G. Hientzsch. Sein Wirken für die Musik*, Diss.phil. Leipzig 1957.

55 Hientzsch über das Schullehrer-Seminar in Neuzelle, in: *Eutonia*, Bd. 2, 1829, S. 166.

56 Nach seiner Beschreibung des Musikwesens in Breslau, in: *Eutonia*, Bd. 2, 1829, S. 171 f.

Johann Gottfried Hientzsch (1787–1865).

schläge über den Gesangunterricht in Schulen (1829/30), die er dann mit der *Methodischen Anleitung* überarbeitet 1836 neu herausgab, nachdem er 1833 die Nachfolge von Ludwig Striez als Direktor des Lehrerseminars in Potsdam übernommen hatte, der Hientzsch aus Neuzelle kannte.

Seine Gesanglehre, die unverkennbar in der Tradition der Pfeifferschen Elementarbildung steht, widmete er dem Oberkonsistorialrat Natorp und dem Leipziger Lehrer Friedrich Wilhelm Lindner[57], zwei herausragenden Persönlichkeiten, die aber in deutlicher Opposition zu Pfeiffers Methode standen.

Die Einleitung zur *Methodischen Anleitung* liest sich zunächst wie ein einziger Euphemismus, wenn er den Lehrern geradezu beschwörend vor Augen führt, daß der Gesang doch »eine reiche Quelle der schönsten und edelsten Freuden für alle Menschen ist« (S. 3), während jedermann wisse, wie der Gesangunterricht tatsächlich in den meisten Schulen beschaffen sei (S. 5). So bestätigt er zwar den allgemeinen Auftrag des Gesangs für den öffentlichen Gottesdienst »zur Beförderung der gemeinsamen Andacht« (S. 4), setzt zugleich aber das Singen in sein eigentliches Recht, es nämlich als eine natürlich gegebene Anlage zu wecken und auszubilden (S. 4). Damit bekräftigt er sogleich seine Gegenposition zu Pfeiffer/Nägeli, mit dem Unterricht im Singen gleich bei den kleinen Kindern zu beginnen, sobald sie die Schule besuchen, wenn auch – wie er einschränkend hinzufügt – nicht gerade als Hauptunterrichtsgegenstand, sondern eher als »nützliche Nebensache« (S. 6).[58] Diesem Zweck diente ja auch die Herausgabe vieler Hefte von Schulliedern zum praktischen Gebrauch.

---

57 Hientzsch betonte daher, daß Lindner, dem er so viel verdanke, doch einen »mehr oder weniger eigenen Weg« eingeschlagen habe (*Methodische Anleitung*, Breslau 1836, S. 5).

58 Bemerkenswert ist hier die damals typische Rollenzuweisung: Das Singen sei vorzüglich für Haus und Familie und in allen Schulanstalten für Mädchen geeignet, denn dieser Unter-

Der methodische Lehrgang folgt der üblichen Dreiteilung Pfeiffers (»Melodische Übungen; Von der Länge und Kürze der Töne; Von der Stärke und Schwäche der Töne«). Auch das stupide wirkende Elementarisieren und endlose Verharren auf einzelnen Übungen entspricht genau der penetranten Gründlichkeit Pfeiffer/Nägelis. So beginnt er mit dem Nachsingen des g' durch einige Wochen. »Der Verfasser glaubte alles dran setzen zu müssen, daß von vorn herein nichts versehen, nichts verfehlt, nichts Falsches gewöhnt werde. Die Erzielung eines natürlichen, gesunden, freien, schönen, angenehmen Tons ist und bleibt beim Gesangunterricht mit eine Hauptsache.« (S. 9) So baut er systematisch in Stufen den ersten Cursus auf, der eine gewisse Vorstufe darstellt und der Bildung des Gehörs und Weckung des Tonsinns dienen soll (S. 6). Hierzu verwendet er Ziffern, während er die Notenschrift dem eigentlichen Gesangunterricht im zweiten Cursus vorbehalten wollte, der aber nicht mehr erschienen ist. Darin sollte die die Ausbildung des Kunstsinns angebahnt werden.

In gewissem Widerspruch zur programmatischen Erklärung über die Bedeutung des Singens in der Einleitung steht die Tatsache, daß in dem systematischen Aufbau der Elementarlehre das »Singen kleiner Lieder« doch erst am Schluß steht. Deutlich bricht hier wieder die Pfeiffersche Warnung vor zu frühem Singen durch. Denn nun heißt es: »Durch solches frühzeitiges Liedersingen, wenn kein Stufengang einzelner dahin führender Übungen vorhergegangen, werden die Kinder nur verwöhnt; es ist nur ein Naschen, ein Genießen, wo man nichts gethan hat. Von einer methodischen Bildung der Kunstkraft oder Kunstkräfte ist und kann dabei gar nicht die Rede sein.« (S. 28) Doch darin schlägt auch ein allgemeiner Zug des biedermeierlichen Ethos durch: Pietistische Frömmelei und asketische Versagung (Genuß, wo man nichts getan hat) bilden die Grundlage der Erziehung.

3. Der Methodenstreit

Schon früh regten sich Zweifel an der Praktikabilität und schulischen Verwendbarkeit der Pfeifferschen Gesangbildungslehre. Dabei spielte die Frage des Anfangs mit dem Singen und der rechten Art der Anleitung dazu, also die Frage, ob Singen *nach Gehör* oder *nach Noten* zu lehren sei, eine entschei-

richt lasse sich »sehr leicht mit den weiblichen Handarbeiten, mit dem Stricken und so weiter« verbinden (*Methodische Anleitung*, S. 6).

dende Rolle. Hier war es vor allem der Konsistorialrat Natorp, dem – wie wenige Jahre zuvor auch schon Zelter – die Verbesserung des Kirchengesangs angelegen war. Aber er ging dieses Problem nicht direkt politisch an (wie Zelter mit seinen Denkschriften 1803–1809), sondern gleichsam literarisch, indem er 1811 seine Vorstellungen und Vorschläge in die Form eines Briefwechsels unter Mitgliedern einer aufgeklärten Schullehrer-Gesellschaft kleidete, den er während seiner Amtszeit als Schul- und Regierungsrat in Potsdam in drei Bänden herausgab.[59] Er verfolgte damit aber nicht nur ein taktisches Ziel, nämlich der Kunst zu dienen, sondern ihm war es in erster Linie wirklich darum zu tun, mit Hilfe der Schuljugend eine gründlichere Verbesserung des Kirchengesangs zu erreichen (13. Brief: *Die Veredlung der kirchlichen Andachten durch einen bessern Kirchengesang*). Mit Verwunderung und Rührung schildert er, wie anläßlich einer Beerdigung ein Schullehrer mit der Schuljugend einen Choral vierstimmig gesungen habe. Was ihm daher vorschwebte, war eine »ordentliche Singeschule für die Kirche« (17. Brief: *Der Sangmeister*), die dem eigentlichen Gegenstand des Methodenstreits abhelfen sollte: wie dem schlechten Singen bloß nach Gehör durch ein besseres harmonisches, mehrstimmiges Singen abgeholfen werden könnte, wozu natürlich ein Singen nach Noten Voraussetzung war. So entwickelte er seine Methode, die Schuljugend nach Noten singen zu lehren (22. Brief: *Die Elementargesangbildungslehre*, sog. Milo-Skizze). Damit reihte sich Natorp durchaus in die im Zeichen der Pestalozzi-Reform stehenden Gesangbildungslehren ein, blieb aber – was ihre Bedeutung angeht – lange im Schatten der Pfeiffer/Nägelischen, die mit der Pestalozzischen Methode gleichgesetzt wurde; doch in ihrer Verbreitung ist Natorps Anleitung vielleicht sogar, wie die verschiedenen Auflagen zeigen, viel größer gewesen.

Natorps Bemühungen um die Verbesserung des Schul- und Kirchengesangs

Bernhard Christoph Ludwig Natorp (1774–1846) war neben Pfeiffer und Nägeli die Persönlichkeit, die am meisten dazu beigetragen hat, daß die Musik (als Gesangunterricht oder Singen) in allen Volksschulen unter die verbindlichen Gegenstände des Unterrichts aufgenommen wurde. Er war zutiefst durchdrungen vom ethischen Bildungswert der Musik. Seiner Unter-

---

59 *Briefwechsel einiger Schullehrer und Schulfreunde*, hg. von B. Ch. L. Natorp, Bd. 1 (1.-14. Brief), Duisburg und Essen 1811; Bd. 2 (15.-22. Brief), ebd. 1813; Bd. 3 (23.-33. Brief), ebd. 1816.

weisung im Singen[60] (1813) stellte er daher zwei Mottos voran, die die Bedeutung des Gesangs in der Antike betreffen und damit seine humanistisch verankerte Bildungsidee deutlich machen:

»Nachdem die Mitylener die Oberherrschaft erlangt hatten, so legten sie den von ihnen abgefallenen Bundesgenossen die Strafe auf, daß ihre Kinder nicht mehr im Lesen und nicht mehr in der Musik unterrichtet werden durften; denn das Leben in Unwissenheit und Rohheit zubringen zu müssen, das hielten sie für die härteste Züchtigung, welche einem Volke widerfahren könne. (Aelian)

Pythagoras war der Meinung, die Bildung des Menschen müsse mit der Bildung seiner Sinne beginnen, und man müsse der Jugend insbesondere ›schöne Formen‹ anzuschauen und ›edle Gesänge‹ zu hören geben. Mit der Unterweisung in der Musik machte er den Anfang. Er glaubte, daß durch Melodie und Rhythmus das Gemüth gebessert, alle Geisteskräfte in Harmonie gebracht, und Krankheiten, sowohl des Leibes als der Seele, geheilet werden. (Jamblich)«

Daher versuchte Natorp, der Musik einen neuen Stellenwert in der Schule zu sichern und ihre methodische Vermittlung zu verbessern. Im Geiste Pestalozzis verfolgte er dabei eine allgemeine *Volks*bildungsidee. Sofern Musik aber »nur als Kunst ausgebildet und als Kunstfertigkeit geübt« werde, diene sie nur den »gebildeteren und vornehmeren Ständen« und nehme dem Volk eine Möglichkeit »zur Erhebung des Gemüths«. Dem Rückzug auf die reine *Kunst*pflege der Kenner und Liebhaber – also der »Dilettanten« nach dem Sprachgebrauch der Zeit – stand er pädagogisch eher ablehnend gegenüber. Sein Ziel war vielmehr eine allgemeine Volkserziehung, die der Veredlung kirchlicher Feiern und der Verschönerung des gesamten Volkslebens zugute kommen sollte.[61] Dem dienten alle seine pädagogischen Schriften:

– *Briefwechsel einiger Schullehrer und Schulfreunde.* 3 Bde. Essen 1811, 1813 und 1816
– *Anleitung zur Unterweisung im Singen für Lehrer in Volksschulen.* 1. Teil Essen 1813 (²1816, ³1818, ⁴1824, ⁵1837); 2. Teil 1820 (²1834)
– *Lehrbüchlein der Singekunst. Für die Jugend in Volksschulen,* 1. Cursus Essen 1816 (⁷1832), 2. Cursus Essen 1820 (²1827)

Ausgehend von den lernpsychologischen Grundsätzen Pestalozzis, auf die er sich ausdrücklich bezogen und die er vermutlich besser verstanden hat als Pfeiffer und Nägeli, stellte er seine eigene Anleitung bewußt *neben* die Pfeiffer/Nägelische Gesangbildungslehre. Beide Methodenlehren bilden so das Fundament für die Didaktik des Gesangunterrichts in Volksschulen im ganzen 19. Jahrhundert.

---

60 B. C. L. Natorp: *Anleitung zur Unterweisung im Singen für Lehrer in Volksschulen. Erster und zweiter Cursus,* Essen 1813 und 1820. Reprint Frankfurt 1989, hg. von R. Schmitt-Thomas (MPZ Quellenschriften, Bd. 16).
61 Vgl. Vorbericht zur 4. Auflage, ebd., S. V ff.

Oberkonsistorialrat Bernhard Christoph Natorp (1774–1846).

Bernhard Christoph Ludwig Natorp[62], 1774 in Werden/Ruhr geboren, entstammte einer Theologen- und Juristenfamilie. Er selber studierte 1792 in Halle Theologie. Auf Reisen durch Thüringen lernte er den Pädagogen Salzmann kennen. Nach vorübergehender Tätigkeit als Lehrer in Elberfeld und Prediger in Hückeswagen übernahm er 1798 ein Pfarramt in Essen, wo er sich erneut mit Schulfragen beschäftigte. 1804 wurde ihm das Schulkommissariat über den Bochumer Schulkreis übertragen. Nachdem Wilhelm von Humboldt durch seine Schriften auf ihn aufmerksam geworden war, veranlaßte dieser Natorps Berufung als Geistlicher Rat und Schulrat in die kurmärkische Regierung nach Potsdam (1809–1816), um »die Schulen der Kurmark zu einem solchen Grade der Güte und Vollkommenheit zu bringen, daß sie denen der anderen Provinzen zum Muster und zur Nachbildung dienen«.[63] Von 1816 bis zu seinem Tode 1846 wirkte er dann als Oberkonsistorialrat und Schulrat in Münster (Westfalen).

»Es ist unsern neuesten Zeiten vorbehalten gewesen, dem Gesange auch in unsern Volksschulen die ihm gebührende Stelle wieder anzuweisen und für den Unterricht im Singen einen bessern Weg vorzuzeichnen.« Mit diesem Satz eröffnet Natorp seine *Anleitung zur Unterweisung im Singen.* Erstmals hatte er diesen besseren Weg im 22. Brief seines *Briefwechsels einiger Schullehrer und Schulfreunde* skizziert. Er hatte darin den neuen, aus der Pestalozzischen Schule hervorgegangenen Entwurf einer Anwendung der Idee der Ele-

---

62 Zu Leben und Wirkung siehe: Paul Natorp: *B. Ch. L. Natorp. Ein Beitrag zur Geschichte der Einführung pestalozzischer Grundsätze,* Berlin 1895; Hans Knab: *B. Ch. L. Natorp. Ein Beitrag zur Geschichte der deutschen Schulmusik,* Kassel 1933.

63 Zit. in der Einleitung von R. Schmitt-Thomas, a.a.O., S. 1.

mentarbildungsmethode auf den Gesang dem Schullehrer Milo in den Mund gelegt.[64] Mittels dieses literarischen Kunstgriffs konnte er bei aller Verpflichtung der Elementarbildungsmethode Pestalozzis gegenüber dennoch zur Gesangbildungslehre Pfeiffers und Nägelis auf kritische Distanz gehen. Indem er auf Pestalozzi aufbaut, aber die Pfeiffersche Gesangbildungslehre ablehnt, dürfte er die Diskrepanz, die zwischen ihnen besteht, als einer der ersten erkannt haben. So weist Milo/Natorp auf »die zum Theil äußerst weitschweifigen und langweiligen Methodenbücher«(S. 226) hin, kritisiert die »mechanische Dressur« des gewöhnlichen Unterrichts, die jede Selbsttätigkeit verhindere (S. 234) und beklagt, daß die ersten Kurse der Elementarbildungslehre mit zu viel Belehrung überladen seien (S. 236). Richtig erkennt er im Fehlen von Liedern einen der Hauptmängel der Gesangbildungslehre. »Man scheint davon ausgegangen zu sey[n], daß man den Anfängern nicht genug sangbare gute Stücke würde darzubieten haben, wenn man in den ersten Cursus zu wenige Elementarübungen aufnähme« (S. 236). Dem hält er sein »Ich bin nicht dieser Meinung« (S. 236) entgegen und stellt fest, daß er daher von dem »System, welches nach Pestalozzis Idee die beyden Schweizer Nägeli und Pfeiffer in ihrem Werke aufgestellt und entwickelt haben« (S. 229 f.), abgewichen sei. Diplomatisch fährt Milo dann fort: »Ueber die Gründe, warum ich dies that und hie und da einen andern Gang wählte, bin ich erböthig, euch mündlich [!] Rechenschaft abzulegen« (S. 230). So kritisch Natorp sich unter Milos Namen zu Pfeiffer/Nägelis Gesangbildungslehre äußert, so vorsichtig führt er seine Anleitung als methodologischen Versuch ein, die »aus der Pestalozzischen Theorie hervorgegangene Elementargesangbildungsmethode« leicht verständlich und übersichtlich für »die Praxis der Lehrer in Volksschulen« einzurichten, ohne den Anspruch zu erheben, »die Theorie der Gesangbildungslehre erweitert, berichtigt oder genauer entwickelt zu haben«.[65]

Natorp gliedert seine *Anleitung* nicht mehr nur formal nach den musikalischen Elementen, sondern didaktisch in vier Lehreinheiten *(Cursus)*, von

---

64 »Der Schullehrer Milo zu Bornfeld an seine Amtsgenossen in der Bergenschen Gesellschaft.« *Briefwechsel* ..., 22. Brief, Essen 1813, S. 224-284. Die z. T. wörtlichen Übereinstimmungen dieser Milo-Skizze mit der *Anleitung* haben dann zu Beginn des 20. Jahrhunderts (Schipke, Schünemann) zu dem Vorwurf des Plagiats geführt. Erst in neueren Forschungen (Kramer, vgl. W. Heise im *Handbuch der Musikpädagogik,* Bd. 1, Kassel 1986, S.56 f.) wurde die Identität der Autorschaft Natorps für beide Entwürfe aufgeklärt. Bei dem Schullehrer Milo (Anagramm: olim = einstmals) handelt es sich nämlich um eine fiktive Gestalt. Insgesamt hat Natorp in seinem *Briefwechsel* tatsächliche Geschehnisse und Erlebnisse sowie spekulative Entwürfe und Gedanken verarbeitet.

65 B. C. L. Natorp im II. Kapitel seiner *Anleitung zur Unterweisung im Singen,* 5. Aufl. Essen 1837, S. 12.

denen die ersten beiden für die allgemeine Erziehung in der Volksschule gedacht sind und die letzten beiden den oberen Klassen der höheren Schulen
und besonderen Gesangschulen vorbehalten sein sollen, »welche nach meinem Dafürhalten theils zur höhern Veredlung des Volksgesangs und zur Verbreitung ächter Volkspoesien, theils zur höhern Veredlung des öffentlichen
Gottesdienstes durch Einführung einer bessern Kirchenmusik überall [...] errichtet [...] werden sollte[n]«.[66] Die Kurse sind dann in drei Abteilungen
(Rhythmik, Melodik, Dynamik) aufgebaut, die der Systematik der Gesangbildungslehre Pfeiffers und Nägelis folgen. Aber innerhalb der verschiedenen
Kurse werden sie nicht mehr strikt nacheinander behandelt, sondern so, daß
einiges davon gemäß dem Wissen und Können der Schüler auf jeder Stufe
erscheint. Indem Natorp also die starre Abgrenzung der Elementarbereiche
Rhythmik, Melodik und Dynamik aufgibt, weicht er bewußt von Pfeiffer
und Nägeli ab. In der Elementarisierung und dem stufenweisen Aufbau folgt
er allerdings Pestalozzischen Grundsätzen. Daher überschreibt er in harmlo-
ser Pikanterie seinen II. Abschnitt auch mit »Verbesserung der Lehrart durch
die Anwendung der Pestalozzi'schen Grundsätze des Elementarbildungs-
unterrichts«.

Den Stoff der einzelnen Abteilungen ordnet er dann in »Lectionen« an.
Diesen stehen – ganz modern – jeweils allgemeine *Lernziele* voran (»In diesem Cursus sollen die Schüler ...«). Die systematisch aufgebauten »Lectionen« verzichten ferner auf detaillierte Lehrdialoge und enthalten statt dessen
knappe Belehrungen, denen umfangreiche Übungen folgen. Zur stärkeren
Förderung der Eigentätigkeit werden praktische Übungen (lautes Zählen,
Taktschlagen, Intonieren auf Silben, Singen etc.) und von Anfang an auch
kleinere Melodien als Übungsexempel eingeführt. Ausdrücklich zielt die Unterweisung vom ersten Cursus an darauf, auch »Sätze und Gesänge singen
[zu] lernen«.[67] Dazu bevorzugt er eine einfache Ziffernnotation, mit deren
Hilfe es leichter gelingen sollte, zu einem *Singen nach Noten* vorzudringen,
weil die Ziffern das Strukturgerüst einer Tonleiter wiedergeben. Die Ziffernnotation erlaubt ihm, auch mehrstimmige Sätze so darzustellen, daß sie von
Schülern gesungen werden können. Der besondere Wert, den Natorp gerade
auch auf das mehrstimmige Singen legt, ergibt sich aus seinem Bemühen um
die »Bildung kirchlicher Sängerchöre«.[68]

Während die im Vergleich zu Pfeiffer/Nägeli viel stärker didaktisch ausgerichtete und mit methodischen Kommentaren und Erklärungen versehene

---

66 *Anleitung*, a.a.O., S. 16.

67 Ebd., 1. Cursus, 5. Aufl. Essen 1837, S. 27.

68 Ebd., 2. Cursus, S. 126.

B. Ch. L. Natorp: Anleitung zur Unterweisung im Singen, *2. Cursus, Essen* ²*1834, S. 54.*

Anleitung eigentlich für Lehrer bestimmt war, ließ Natorp 1816 ein kurzgefaßtes *Lehrbüchlein der Singekunst* für den Gebrauch der Schüler folgen, in dem nur die wichtigsten Erklärungen und praktischen Übungen enthalten waren.

Hinter der Pfeiffer/Nägelischen Gesangbildungslehre stand Pestalozzi als unangreifbare Autorität; dagegen erfuhr Natorp schon sehr früh eine erste kritische Auseinandersetzung durch eine Schrift von Moritz Salomon (1819).[69] Doch zeugen die vielen Auflagen, die die Natorpsche *Anleitung* in kurzen Abständen erfuhr, von ihrer Beliebtheit und großen Verbreitung. Solch ein praktischer Erfolg ist der Pfeiffer/Nägelischen Gesangbildungslehre aber trotz ihres großen Einflusses auf die folgenden Methodenlehren versagt geblieben.

1916 hatte der Seminaroberlehrer M. Ritter eine recht treffende Gegenüberstellung der beiden Lehrwerke vorgenommen:

»Pfeiffer-Nägeli:
Ziel: Man wollte die im Kinde liegende Tonkraft durch Tonanschauung zum klaren Bewußtsein heben und zur selbständigen Handhabung führen. Wie jeder im Volke lesen,

---

69 *Über des Herrn Ober-Consistorialraths Natorp Anleitung zur Unterweisung im Singen*, Quedlinburg-Leipzig 1819.

schreiben, rechnen und zeichnen solle, so solle auch jeder sein Notenblatt absingen können. Dadurch sollte ein nationaler Gesang hergestellt werden. *Vorteile:* Anpassung an die
Kindsnatur, Einklang zwischen Bewußtsein und Vermögen, zwischen Verstehen und Können. Höchste Anschaulichkeit, klarste Begriffe, schärfste Vorstellung des sinnlich Ange-
schauten und Gehörten, Wiedergabe der geistigen Vorstellung durch sinnliche Zeichen,
streng logischer Aufbau des Ganzen. Vielseitige Reproduktionshilfen im Erfassen und Vorstellen der Töne durch gleichmäßige Berücksichtigung der Melodik, Rhythmik, Dynamik,
Harmonik. *Nachteile:* Rhythmik, Dynamik, Harmonik, Melodik nicht nebeneinander,
sondern nacheinander. Theoretische Anweisungen zu breiten Raum. Erst jahrelanges Lernen und Üben der Elementarbestandteile, dann Liedgesang. Zu pedantisch, unerträglich
langweilig. *Erfolg:* Für Volksschule viel zu breit und hoch angelegt. Für Gesanglehrer
außerordentlich interessant.

Natorp:
Vorzüge: Melodik, Rhythmik, Dynamik nicht in verschiedenen Kursen nacheinander, son-
dern für jede Stufe das Leichteste und Faßlichste ausgewählt. Das Geübte zu kleinen
Musiksätzen mit Text. Führt die von Rousseau angewandten Ziffern als Tonzeichen ein.
Zur Einübung empfiehlt er noch ein Fortepiano, eine Harfe oder Orgel. *Nachteile:* Prinzip
der Lückenlosigkeit noch zu sehr beachtet. Manche kindische Lieder. *Erfolg:* Alle Ge-
sangschulen 1820–1830 schlossen sich bald an Nägeli (Löhle, Gersbach, Fischer), bald an
Natorp (Wolff, Hientzsch, Karow) an.«[70]

So erfüllte Natorps *Anleitung* für seine Zeitgenossen durchaus die Funktion einer praktikablen Variante zu der *Gesangbildungslehre* von Pfeiffer und
Nägeli.

Küblers Anleitung

Eine andere Gesanglehre ist zu nennen, die bei aller grundsätzlichen Verpflichtung doch in Opposition zur Pfeifferschen Methode stand, G. F. Küblers *Anleitung* (1826). Obwohl sie in ihrer regionalen Bedeutung nicht mit
Pfeiffer oder Natorp konkurrieren konnte, zählte sie in ihrer Zeit doch zu
den bekannteren und beachteten Werken.[71] Überregionale Bedeutung er-
langte sie dagegen in Amerika, wo Lowell Mason schon früh mit Pestalozzi-
schem Gedankengut in Berührung gekommen war. Dabei hatte er auch
Küblers Schrift kennengelernt, von der er eine Übersetzung in Auftrag gab.
Diese Übersetzung legte er dann – in z. T. wörtlicher Übereinstimmung –
seinem *Manual* (1834)[72] zugrunde, das zu einer grundlegenden Methodik für
die amerikanische Musikerziehung werden sollte.[73] Als Mason 1837 zum er-

---

70 M. Ritter: *Methodik des Gesangunterrichts*, Leipzig 1916, S. 2 f.

71 Die Zeitschrift *Eutonia* widmet seiner *Anleitung* eine mehrseitige Rezension (Bd. 3, 1830,
S. 249-253).

72 L. Mason: *Manual of the Boston Academy of Music for Instruction in the Elements of Vocal
Music on the System of Pestalozzi*, Boston 1834.

sten Mal nach Europa kam, suchte er daher den Stuttgarter Schulmeister auf, dessen Unterricht ihn stark beeindruckte.

Über Kübler selbst wissen wir sonst fast nichts. Lediglich Fétis' *Biographie Universelle des Musiciens* (Paris 1875) nennt ihn als Autor ebendieser

> *Anleitung / zum / Gesang=Unterrichte / in / Schulen / von / G.F. Kübler, / Präceptor am Königlichen Waisenhause zu Stuttgart. / Nebst / einem Anhange / von 55 zwei= und dreistimmigen Gesängen.*

Darin bezieht Kübler sich ausdrücklich auf Pfeiffer/Nägelis *Gesangbildungslehre*, der er in besonderem Maße verpflichtet sei, und erklärt in aller Bescheidenheit, »daß er die Vorzüge der ihm bekannten, bisher erschienenen, Gesangbildungslehren, von welchen die von Nägeli, Natorp und Stephani oben anstehen, mit voller Überzeugung anerkenne« (Vorrede, S. V). Sein Ziel sei es daher, eine praktikable, »kurze, und doch das Ganze umfassende, für Volksschulen anwendbare Singlehre« zur »Einführung und Verbesserung des Gesanges in unsern vaterländischen Schulen und Kirchen« (Vorrede, S. III) vorzulegen. Der Lehrer solle dabei lernen, »den Gesang-Unterricht als Mittel zur Bildung und Veredlung des Gemüths« zu betrachten, und »gründliche musikalische Kenntniß und Fertigkeit« erwerben.

Formal übernimmt Kübler den Aufbau der Pfeiffer/Nägelischen Gesangbildungslehre. Auch sein systematisch aufbauender, elementhaft synthetischer Lehrgang gliedert sich in drei Teile: die »Lehre von dem Zeitmaaß und der Tondauer (Rhythmik)«, die »Lehre vom Tonumfange und der Tonfolge (Melodik)« und die »Lehre vom richtigen Ausdruck im Gesange (Dynamik, Deklamation)«. Wie bei Pfeiffer und Nägeli werden also die einzelnen Elemente (Parameter) isoliert voneinander abgehandelt. Im Unterschied zu ihnen wird aber immer sogleich die Notation mit eingeführt. Den Ausgangspunkt der Elementarlehre bei der Rhythmik übernimmt er ebenso von Pfeiffer/Nägeli wie die Einführung der ersten »Gesänge« am Schluß im Anhang. Ebenso folgt Kübler der Pfeifferschen Gesangbildungslehre in der methodischen Art des fragend-entwickelnden Lehrgesprächs, die er mit zahlreichen didaktischen Kommentaren versieht.

Abweichend von Pfeiffer/Nägeli fordert er aber eine methodische Verknüpfung der lediglich aus systematischen Gründen nacheinander dargestellten Abschnitte Rhythmik, Melodik und Dynamik, ferner den Einbezug der Harmonik (die in der Gesangbildungslehre ganz fehlt) und bietet eine klare Verteilung des Stoffs auf drei Kurse in vier Klassen.

---

73 Vgl. dazu W. Gruhn: *Is Lowell Mason's Manual based on Pestalozzian Priciples?* in: *The Bulletin of Historical Research in Music Education*, Univ. of Kansas, Lawrence KS, 1993. H. 2, S. 92-101.

Sechzehntes Capitel.

Auffinden der C Tonart. Uebung derselben.

§. 1. „Bisher haben wir bei Uebung der Tonstücke den Grundton auf der ersten Linie oder mit der Note c angenommen; es kann aber jeder andere Ton als Grundton einer neuen Leiter angenommen werden. Dadurch wird dann die Tonleiter verschoben, d. h. der erste, zweite, dritte ec. Ton kommt jedesmal auf eine andere Stufe. Es können daher so viel Tonarten, als Töne in der Tonleiter sind, entstehen. Wir üben übrigens nur die gebräuchlichsten."

„Jede Tonart wird, wie die Akkorde, von ihrem Grundton benamt, d. h. von demjenigen, der als eins angenommen ist."

„Bisher habt ihr nur aus der C Tonart gesungen, oder, wie man sich gewöhnlich kürzer ausdrückt, aus C."

„Wird aber in einem Tonstück D als Grundton angenommen, so sagt man, das Tonstück gehe aus der D Tonart, oder aus D) u. s. w."

„Wenn der Grundton auf den ersten Zwischenraum des Notensystems, auf die zweite, dritte ec. Linie fällt, auf welche Stufe fällt alsdann zwei, drei, vier, fünf ec.?"

„Der wie vielte Ton fällt, wenn d, e, f ec. als eins angenommen wird, auf die dritte, vierte ec. Linie, — auf den zweiten, dritten ec. Zwischenraum? u. s. w."

§. 2. Nachdem der Lehrer sich die halben Tonstufen der C Leiter in Ziffern und Buchstaben nochmals hat angeben lassen, zeichne er die Versinnlichungslinie folgendermaßen an die Tafel:

	1	2	3	4	5	6	7	8
	c	d	e	f	g	a	h	c

Er bemerke den Schülern, daß sie, um zu sehen, welcher Tonumfang von einem Ton der Leiter auf den andern seyn müße, denselben nach den Ziffern suchen, um aber zu wissen, welcher Umfang von einem Ton der C Leiter auf den andern sey, die Leiter nach den Buchstaben ansehen müßen.

„Wir wollen nun den bisherigen fünften Ton als Grundton einer Leiter annehmen."
„Wie heißt dieser Ton?"
Antw. G.
„G ist also eins."
Der Lehrer schreibt die Note auf die Tafel.
„Welche Tonstufe muß es von eins bis zwei seyn?"
Auf die Zahlen der Versinnlichungslinie zeigend.
Antw. Von 1 — 2 muß eine ganze Tonstufe seyn.
„Welche Tonstufe ist es (nach der C Leiter) von g—a?"
Auf die Buchstaben der Versinnlichungsleiter zeigend.
Antw. Von g—a ist es eine ganze Tonstufe.
„Also wird a zwei."
Der Lehrer schreibt die Note an.
„Welche Tonstufe muß (nach den Ziffern) von zwei bis drei seyn?"
Antw. Von 2—3 muß es eine ganze Tonstufe seyn.
„Welche Tonstufe (nach den Buchstaben) ist es von a—h?"
Antw. Von a—h ist eine ganze Tonstufe.
„Also wird h drei."
Der Lehrer schreibt die Note an.
„Welche Tonstufe muß (nach den Ziffern) von drei bis vier seyn?"
Antw. Eine halbe Tonstufe.
„Welche Tonstufe ist (nach den Buchstaben) von h—c?"
Antw. Eine halbe Tonstufe.
„Also wird c vier."
Der Lehrer schreibt an.
„Welche Tonstufe muß von 4—5 seyn?"
Antw. Eine ganze Tonstufe.
„Welche Tonstufe ist von c—d?"
Antw. Eine ganze Tonstufe.
„Folglich wird d fünf."
„Welche Tonstufe muß von fünf bis sechs seyn?"
Antw. Eine ganze Tonstufe.
„Welche Tonstufe ist von d—e?"
Antw. Eine ganze Tonstufe.

7

Katechisierender Lehrdialog aus G. F. Küblers Anleitung zum Gesang-Unterrichte in Schulen, Stuttgart 1826, S. 96/97.

»Die erste (unterste) Classe, Kinder vor 7-9 Jahren enthaltend, beginnt mit den Vorübungen, welche blos Bildung des musikalischen Gehörs und vorläufige Uebung der Stimme bezwecken sollen. [...]

Mit der zweiten Classe, Kinder von 9-11 Jahren enthaltend, beginnt nun der förmliche Gesangs-Unterricht in 2-3 Stunden in der Woche. Der Lehrer wiedmet das erste Sechstheil der Lehrstunde den Stimmübungen, die zwei folgenden der Rhythmik und die übrigen drei Sechstheile der Melodik. Die Lehrstunde seye weder zu früh Morgens, noch zu spät Abends, weder unmittelbar vor, noch unmittelbar nach dem Essen. [...]

Für die zweite Classe nun ist der erste Cursus dieser Anleitung bestimmt. Dieser umfaßt in der Rhythmik die acht ersten Capitel [...] In der Melodik wird das [...] mit gewöhnlicher Schrift Gedruckte in den Capiteln 1-9, und in der Dynamik [...] das erste Capitel diesem Cursus zugewiesen. [...]

Die dritte Classe, aus Schülern von 11-13 Jahren bestehend, recapitulirt in den ersten Unterrichtsstunden den ersten Cursus der Rhythmik und Melodik, und fügt, wo möglich auch das, was mit kleiner Schrift gedruckt ist, hinzu. Hierauf beginnt der zweite Cursus. Dieser umfaßt in der Rhythmik die vier letzten Capitel. [...] In der Melodik werden die Cap. 10-24 durchgemacht. Die Cap. 13-15 [Alterationen und Akkordlehre], welche einem der Sache gewachsenen und geübten Lehrer und beharrliche, an das Denken gewöhnte Schüler erfordern, können nach Umständen überschlagen und später nachgeholt werden. [...] In der Dynamik können Cap. 2-3, und mit ihnen das Ganze (was für den Figural-Ge-

sang hinreichend seyn mag,) absolvirt werden. [...]
Der dritte Cursus ist für Kinder der Altersclasse von 12-14 Jahren bestimmt. [...] Diesem
Cursus bleibt dann noch, nach Cap. 25 der Melodik die Moll-Tonarten vorzuführen und
zu üben übrig. [...]
Somit wäre es in einer Zeit von 5-6 Jahren, nämlich in der gewöhnlichen Schulzeit vom 8.-
14. Jahre der Schüler, wohl möglich, diese drei Curse zu absolviren, und man hätte sodann
nur noch die Veranstaltung zu treffen, daß nach dem 14. Jahre die ausgetretenen Schüler
sich in Chorschulen versammelten und fortübten.« (Vorrede, S. XV-XVIII)

Damit war die pedantische Methode Pfeiffers in einem zentralen Bereich
bereits aufgehoben. Die drei Kurse vereinigen rhythmische, melodische und
harmonische Aspekte. Gleich ist lediglich der streng progressive Aufbau geblieben. Neu kommt ferner hinzu, daß die im Anhang beigefügten Lieder
tatsächlich als »Singmaterialien« dienen, zu deren Erweiterung Kübler zusätzlich noch auf bekannte Sammlungen wie Nägelis zweistimmige Lieder und
die vierstimmigen Gesänge der evangelischen Kirche verweist.

Hohmanns praktischer Lehrgang

In deutlichem Gegensatz zu Pfeiffers starrer Methode verfaßte auch der
Schwabacher Seminarlehrer Christian Heinrich Hohmann (1811–1861) seinen

Praktischen Lehrgang / für den / Gesang-Unterricht / in / Volksschulen,

dessen drei Kurse seit 1838 erschienen sind. Hohmann[74] hatte die pädagogischen Mängel der vermeintlich Pestalozzischen Methode durchaus erkannt.

»Wir wollen nicht undankbar die Verdienste derer verkennen, welche das Prinzip der Pestalozzischen Schule auf den Gesang-Unterricht übertrugen; aber offenbar haben die vielen
Treffübungen, die anzustellen waren, dem gedeihlichen Fortgange des Gesangwesens in
den Schulen geschadet, und es mag dieß der Grund sein, warum man sich in neurer Zeit
von den Gesanglehren so ziemlich lossagte.« (Vorwort zum 2. Cursus)

Ihm ging es vielmehr darum, in der Unterklasse der Volksschule »Lust
und Liebe zum Singen zu erregen« (Vorwort zum 1. Cursus). Dies geschah
bislang – wenn überhaupt – dadurch, Lieder einfach nach dem Gehör zu lernen. Hohmann möchte nun umgekehrt »die Noten als Unterstützungsmittel
für das Gehörsingen« benutzen, um so allmählich das »Gehörsingen« in ein
»Notensingen« überzuführen. Dies geschieht dadurch, daß die kleineren

---

74 Hohmann verfaßte eine viel beachtete Violinschule, die in der Bearbeitung von Heim noch
bis in die Mitte des 20. Jh. verbreitet war.

Schüler, die zunächst nur nach dem Gehör singen, bereits miterleben, wie die größeren Schüler nach Noten singen, »und so werden beide Schülerabtheilungen gleichmäßig im Singen weitergeführt«. Als Hilfsmittel dazu wird neben der traditionellen Notation auch zusätzlich eine Ziffernnotation verwendet.

Besonders ist hier die starke Ausrichtung der gesamten Elementarlehre am heiteren, weltlichen Lied hervorzuheben, das absolut im Vordergrund steht. So beginnt er gleich den ersten Kursus mit Übungen und Liedern. Und bereits auf der zweiten Seite werden mit den ersten drei Tönen der Tonleiter kleine Melodien gelernt. Neu ist später dann auch die Hinwendung auf die harmonischen Verhältnisse in der Oberklasse.

> »Der Schüler soll nämlich angeleitet werden, den einzelnen Ton auch als ein Glied einer harmonischen Masse aufzufassen. Zu diesem Zwecke werden ihm die wichtigsten Harmonien in jeder Tonart vorgeführt und gezeigt, wie durch Verbindung von je zwei solcher Töne der zweistimmige Gesang sich entwickelt.« (Vorwort zum 3. Cursus)

Lediglich beim Choral, dem »in der Oberklasse eine vorzügliche Berücksichtigung zu Theil werden muß« (Vorwort zum 3. Cursus), bleibt die Unterweisung auf das einstimmige Singen beschränkt.

> »Was haben auch unsere Schüler an einer Mittel- oder Unterstimme, wenn sie die Schule verlassen? Die Einübung derselben erfordert viel Zeit und bringt keinen Gewinn für das kirchliche Leben. Zudem ist der mehrstimmige Choralgesang ein künstlicher Gesang [...] Ein solcher Gesang erbaut aber mehr den Zuhörer, als den Sänger. Bei letzterem nimmt gewöhnlich die Erbauung in dem Grade ab, als seine Aufmerksamkeit sich von dem Texte weg- und dem Tone zuwenden muß. Eine singende Kirchengemeinde rechnet aber auf keine Zuhörer; sie will nicht Andere, sondern sich selbst erbauen.« (Vorwort zum 3. Cursus)

Eine solche Begründung läßt aber eher pietistisches als pädagogisches Gedankengut erkennen, das die Stellung des mehrstimmigen Choralsingens im Unterricht bestimmt. Lediglich in der Aufteilung des Lehrgangs in aufeinander aufbauende Kurse, die den drei Klassenstufen der Volksschule entsprechen, ist noch eine gewisse Nähe zu den bestehenden Gesangbildungslehren zu erkennen. Ansonsten wirkt die pädagogische Anlage dieses Lehrgangs viel »moderner« und offener als die starren Methodiken der Pestalozzianer.

* * *

Blickt man auf die Entwicklung der Gesangbildungslehren in der ersten Hälfte des 19. Jahrhunderts zurück, so lassen sich folgende Tendenzen feststellen:

– die formalistisch starre Systematik Pfeiffers und Nägelis war von unerhörtem Einfluß, aber auch deutlicher Kritik ausgesetzt;

– Singen melodischer Übungszeilen und kleiner Lieder trat im Unterricht immer häufiger in den Vordergrund und machte die Melodik zum wichtigen Lernbereich;

– obwohl alle Gesangbildungslehren sich darum bemühten, die beste Methode zum Singen nach Noten bereitzustellen, zählte Singen nach dem Gehör – zumindest in den Unterklassen – nach den Lehrplänen und Richtlinien immer noch zu der verbreitetsten Umgangsweise;

– Nägelis Idee einer Kunstbildung für alle wurde inhaltlich vollständig aufgegeben. Statt dessen verselbständigte sich die Methode bzw. der Streit um die rechte Methode. Entsprechend steril und weitgehend erfolglos blieb daher das, was sich trotz aller pädagogischen und didaktischen Anstrengungen im Gesangunterricht ereignete.

Hinsichtlich der verschiedenen Vermittlungswege der Pestalozzischen Elementarmethode ergeben sich zwei Hauptstränge, die auf Pfeiffer/Nägeli einerseits und Natorp andererseits zurückgehen. Dabei muß man aber immer sehr deutlich unterscheiden, ob sich die Autoren der vielen Gesangbildungslehren auf die pädagogischen Grundsätze Pestalozzis oder die elementare Gesanglehre nach Pfeiffer/Nägeli berufen. Gerade die frühesten Gesangbildungslehren um 1810 vermitteln Pestalozzisches Gedankengut teils aus direkter Anschauung (Abs, Zeller), teils aber auch erst unter dem Einfluß der Vermittlung durch Pfeiffers Gesangbildungslehre (Zeller, Hientzsch u. a.). Daraus ergibt sich folgende schematische Übersicht der Vermittlungswege in den ersten Jahren des 19. Jahrhunderts.

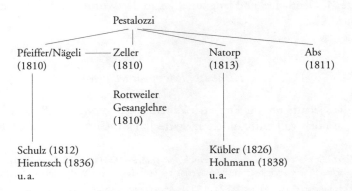

83

4. Gesangunterricht an Gymnasien

Loewes Gesanglehre

Unabhängig vom Methodenstreit und weitgehend unbeeinflußt von den vorherrschenden Gesangbildungslehren hatte 1826 Carl Loewe, der zu dieser
Zeit als Kantor und Musikdirektor am Stadtgymnasium in Stettin wirkte,
eine Gesanglehre für Gymnasien, Seminare und Bürgerschulen geschrieben.[75] Damit wollte er ein Lehrbuch schaffen, das die Grundlagen der Musiktheorie (Töne, Dauern, Tonarten, Quintenzirkel, Schlüssel etc.) unmittelbar mit Liedern und Gesängen verband. Daher ordnete er die Lieder und
Choräle systematisch nach Tonarten (C, a, G, e, F, d etc. bis Ges, es). Bemerkenswert ist, daß er bei den Tonbezeichnungen als einer der ganz wenigen
Autoren die italienische Solmisation (ut, re, mi, fa, sol, la, si, ut) erwähnt (S.
5) und ihr Hillers deutsche Abänderung (da, me, ni, po, tu, la, be, da)[76]
gegenüberstellt (S. 6).

   Die Anlage der Gesanglehre ist ganz von praktischen Erfordernissen geleitet. Die strenge Elementarisierung der Gesangbildungslehren für die Volksschule eignete sich nicht für Gymnasien und Seminare. Daher stellte er im
wesentlichen eine Liedersammlung mit hinzugefügten theoretischen Hinweisen zusammen. Zum Unterricht in den regulären Schulstunden schlug er
ausschließlich einstimmige Lieder (»melodiösen Gesang«) vor und wollte
mehrstimmiges Singen (»harmonischen Gesang«) den Chorstunden vorbehalten. Methodisch empfahl er eine Stufenfolge, die sich an Pfeiffers synthetischen Aufbau der Musterlektion anlehnt: »1. Theoretische Vorbemerkungen. 2. Lesen der Noten im Takte. 3. Singen der Noten bei deren Namen im
Takte. 4. Deutliches und langsames Lesen der Worte [...]. 5. Gesang des Ge-
dichts [...].«[77]

Hientzschs Reformvorstellungen

Als die Debatte um die Frage der Ziffernnotation oder des Beginns mit dem
Singen noch voll entbrannt war, hatte Johann Gottfried Hientzsch auf die

---

75 Carl Loewe: *Gesang=Lehre, theoretisch und praktisch für Gymnasien, Seminarien und Bür-
    gerschulen entworfen,* Stettin (beim Verfasser) und Berlin (bei W. Logier) 1826.

76 Vgl. Johann Adam Hiller (1728–1804): *Anweisung zur Singekunst in der deutschen und ita-
    lienischen Sprache,* Leipzig 1773.

77 C. Loewe: *Gesang-Lehre,* a.a.O., Vorwort, S. III.

Zustände des Gesangunterrichts an Gymnasien aufmerksam gemacht. Er hatte das Glück gehabt, nach seinem Theologiestudium an der Leipziger Universität von 1815 bis 1822 mehrere ausgedehnte Reisen – so etwa zu Pestalozzi in die Schweiz und durch Deutschland – unternehmen zu können und auf diese Weise einen trefflichen Ein- und Überblick zu erhalten, wie es um die Gesangbildung in den Schulen in dieser Zeit bestellt war. In seiner eigenen Schulzeit hatte er die Aufgaben der Sänger der Thomasschule bei der Ausgestaltung der Gottesdienste und vor allem bei den verschiedenen »Singumgängen«, vornehmlich beim Leichensingen, den Gregorius- und Martini-Umzügen und beim Kurrende-Singen, kennengelernt. Demgegenüber befand sich der Gesangunterricht in den normalen höheren Bürgerschulen offenbar in einem beklagenswerten Zustand. Aufgrund seiner großen Erfahrung wurde Hientzsch daher von der Unterrichtsbehörde aufgefordert, seine Ansichten über den Zustand des Gesangunterrichts und seine Verbesserung niederzuschreiben. Anläßlich der Herausgabe von zwei- bis vierstimmigen Gesängen und Liedern für Gymnasien (1825/26) sah er sich erneut veranlaßt, zum Gesangunterricht an Gymnasien Stellung zu nehmen. So entstand 1827 seine Schrift *Über den Musik-Unterricht, besonders im Gesange, auf Gymnasien und Universitäten*[78], die so bemerkenswert ist, weil sie einen ungewöhnlich richtungweisenden Reformplan enthält, der seiner Zeit völlig utopisch erscheinen mußte und daher auch zunächst ohne Wirkung blieb.

Den Zustand des Gesangunterrichts im Gymnasium schildert er darin als ziemlich »erbärmlich«. Entweder zählte er gar nicht zu den verbindlichen Lehrfächern, oder er wurde nur in den Unterklassen erteilt und mußte in den Oberklassen wissenschaftlichen Fächern weichen. Eine Ausnahme bildeten nur die Schulen, in denen Gesangunterricht zu den Hauptgegenständen zählte. Die bedeutendsten unter ihnen waren die Kreuzschule in Dresden und die Thomasschule in Leipzig. Hier wurden die Schüler aber nur bei entsprechenden Vorkenntnissen aufgenommen, und die musikalische Ausbildung stand ganz im Dienst der Kirche. Im Unterricht beschränkte man sich auf die Einübung der im Gottesdienst aufzuführenden Stücke.

Den Grund für den schlechten Zustand des Gesangunterrichts in den Gymnasien erkannte Hientzsch in der mangelhaften Befähigung der Gesanglehrer, für die es – im Unterschied zu den Seminaren für die Volksschullehrer – auch gar keine speziellen Vorbereitungsanstalten gab. Die schlechte Vorbil-

---

78 Johann Gottfried Hientzsch: *Über den Musik-Unterricht, besonders im Gesange, auf Gymnasien und Universitäten, nebst Vorschlägen zu einer zeitgemäßen Einrichtung derselben … für alle die, welche lehrend oder leitend das Musikwesen in den genannten Anstalten oder Instituten zu fördern haben*, Breslau 1827.

dung der Lehrer mußte sich natürlich unmittelbar auf die Disziplin der Schüler wie auf das Ansehen des Faches in der Schule auswirken. »Die Art, wie dieser Unterricht, wenn er ja Statt findet und so genannt werden kann, ertheilt wird, ist nicht selten so erbärmlich, als das Betragen der Schüler gegen den Lehrer empörend.«[79] Denn mit berechtigter Sorge mußte Hientzsch feststellen, daß »die Cantoren- und Organisten-Stellen in den Städten, sowie die Lehrer-Stellen an den höheren Bürgerschulen mit wenigen Ausnahmen verhältnismäßig mit den meisten schlechten Subjekten besetzt sind«, nämlich »mit dem Abfall und Abraum der Theologen und Philologen«.[80] Seine Reformvorschläge sind daher konzeptioneller Art und betreffen im Grunde eine Reform der Gymnasien und der Lehrerausbildung, insbesondere dabei auch die inhaltliche Seite des Gesangunterrichts.

So wollte er die Gymnasien, in denen die Musik einen besonderen Stellenwert hatte, weil ihnen die Kirchenmusik eines Ortes oblag (wie die Thomas- und die Kreuzschule), zu musikalischen Seminaren machen, an denen die künftigen Kantoren und Musiklehrer an höheren Bürgerschulen vorbereitet werden sollten. Dazu entwarf er einen Ausbildungsplan, der ganz modern anmutet. Neben das Latein sollten unter Verzicht auf das Griechische neuere Sprachen (er nennt »z. B. das Französische, Italienische, vielleicht auch das Englische«, S. 20) und vor allem die deutsche Sprache und Naturwissenschaften treten. Insbesondere Musik sollte viel umfassender gelehrt werden und sich nicht nur auf den üblichen »höchst dürftigen Gesangunterrichte« beschränken. Seine diesbezüglichen Vorstellungen gingen tatsächlich so weit, daß man erstmals von »Musikunterricht« sprechen könnte, wie er es im Titel ja bereits tat. Dem Brauch der Zeit folgend, bezeichnete »Musikunterricht« damals aber den reinen Instrumentalunterricht. Hientzsch hob hier also deutlich auf eine Erweiterung des Gesangunterrichts zu einer musikalischen Fachausbildung ab. Dazu waren dann die Grundlagen in Harmonielehre, Generalbaß und Kontrapunkt zu legen, ein Abriß der Musikgeschichte zu vermitteln und ästhetische Fragen zu behandeln. Außerdem sollten auch die in Schule und Kirche gebräuchlichsten Instrumente (Orgel, Klavier und Geige) in ihren Anfangsgründen praktisch durch Hilfslehrer nach Logiers Methode[81] unterrichtet werden. Dadurch würde es auch möglich sein, musi-

---

79 Ebd. S. 4.

80 Ebd. S. 19.

81 Joh. Bernhard Logier (1777–1846) war ein in den zwanziger Jahren in Preußen geschätzter Pädagoge aus London, dessen Klaviermethode in den Lehrerseminaren und eigenen Logier-Akademien, die im ganzen Land verbreitet waren, gelehrt wurde. Siehe dazu auch Kapitel 4.1.

kalische Werke der Instrumental- und Vokalmusik in den Bildungsplan einzubeziehen. »Der Schluß und Prüfstein dieser Schulen müßte sein, daß ihre
Zöglinge, ein vollständiges Orchester bildend für Vokal- und Instrumental-
Musik, täglich eine oder zwei Stunden Symphonien, Cantaten, Oratorien
etc. aufführten mit Verstand, Präcision und Kraft.«[82] Zur Entlastung sollten
die Schüler dafür von einer allzu starken Verpflichtung zur Kirchenmusik,
also von dem üblichen »Leichensingen«, den Wochengottesdiensten und
Meßumgängen, befreit werden, ohne den »musikalischen Verband mit der
Kirche« aber ganz aufzugeben.[83]

Daneben wollte Hientzsch in den übrigen Gymnasien den Gesangunterricht durchgehend von der untersten bis zur obersten Klasse zu einem verbindlichen Unterrichtsgegenstand machen, dessen Ziel »die mehrere Befähigung im Allgemeinen für das Verstehen und den veredelnden Genuß der
Musik« sein sollte[84] – eine Bestimmung, die zur damaligen Zeit ganz ungewöhnlich war, wo allenfalls Treffsingen und Notenlesen geübt wurden, es
aber nicht um Verstehen ging. Und er stellte für den Gesangunterricht erstmals – also noch vor seinen Aufsätzen zum »Gesangunterricht in Schulen«[85]
– einen methodischen Kursus zusammen.

In der fachlichen Umgestaltung einzelner Gymnasien zu musikalischen
Seminaren sah Hientzsch die beste Möglichkeit, eine Vorbereitungsstätte für
Lehrer an höheren Stadt- und Bürgerschulen zu schaffen, die den Volksschul-
lehrer-Seminaren etwas Vergleichbares an die Seite stellen könnten. Die eigentliche Ausbildung konnte dann auf dieser Vorbereitung aufbauen. Doch
die künftigen Lehrer an den höheren Schulen sollten nicht nur eine gute musikalische, sondern ebenso auch eine breite wissenschaftliche Ausbildung
erfahren. Sie sollten daher »auch auf der Universität über alle Fächer gehört
und sie selber für sich tüchtig durchgearbeitet« haben, deren Kenntnis man
von einem Gymnasiallehrer verlangen muß. Denn ein Gesanglehrer, der nur
halb gebildet sei, könne auch nicht als gymnasialer Fachlehrer ernst genommen werden, weshalb er oft zur »Zielscheibe des Witzes einer ganzen Anstalt«
werde. So sei es schon möglich, daß ein Gesanglehrer in seinem Fach zwar
tüchtig sei; »ist ein solcher aber auch weiter nichts als Musikus, versteht er
nichts von den übrigen Schulfächern, interessirt er sich nicht für sie, nimmt
er keine Notiz von den Fortschritten der Methode in denselben, von den veränderten Ansichten, nach denen sie jetzt betrieben werden; kann er nicht in

---

82 Hientzsch, a.a.O., S. 23.
83 Vgl. dazu ebd., S. 17.
84 Ebd., S. 49 f.
85 Erschienen in mehreren Abteilungen in: *Eutonia*, Bd. 1, Breslau 1829 bis Bd. 9, 1835.

dem einen oder dem andern Fache als tüchtiger Lehrer mit auftreten: so bleibt sein Treiben doch etwas Einseitiges, ein Halbwesen, das zu keinem tüchtigen Ziele führt«.[86] Im Anschluß an das Universitätsstudium empfahl Hientzsch ein ein- bis zweijähriges Studium an Zelters Musikinstitut in Berlin, das dann durch eine anschließende Bildungsreise zu den bedeutendsten Musikern und Pädagogen[87], wie er sie selber unternommen hatte, abgeschlossen werden sollte.

Was Hientzsch hier also vorschwebte, war das Bild eines künstlerisch und wissenschaftlich umfassend gebildeten Lehrers, der nach gründlicher Schulausbildung an einem musikalischen Seminar sowohl eine Universität als auch eine musikalische Akademie (Berlin) besucht und danach eine praktische Lehrzeit bei verschiedenen Pädagogen absolviert haben sollte. Seine Vorstellung zielte also auf den allgemein gebildeten Lehrer, der sich zu allen Kenntnissen und Fertigkeiten in der praktischen Musik auch »in das Literärische der Musik, in die Geschichte, vorzüglich in das neuere Methodenwesen derselben hinein arbeitete«.[88] Dies stellt eine erstaunlich moderne Vorstellung vom gymnasialen Musiklehrer dar, die Hientzsch bereits 1827 vertrat und die mit ihrer Forderung nach musikalischer und wissenschaftlicher Bildung und der Einbeziehung der Instrumentalmusik bereits recht nahe an das heranreichte, was dann erst 100 Jahre später Leo Kestenberg tatsächlich verwirklichen konnte.

---

86 Hientzsch, a.a.O., S. 7.

87 Hier nennt er u. a. A. B. Marx in Halle, Rochlitz und Lindner in Leipzig, Heinroth in Göttingen, Schnyder von Wartensee in Frankfurt, Hoforganist Rinck in Darmstadt, Nägeli in Zürich, Pfeiffer in Lenzburg, Silcher in Tübingen, Kocher und Kübler in Stuttgart, Loewe in Stettin, sowie des weiteren auch Horstig und Nina d'Aubigny von Engelbrunner, ebd., S. 42-44.

88 Hientzsch, a.a.O., S. 41.

4. Kapitel

Musikalische Bildung im außerschulischen Bereich

1. Der Aufbau institutioneller Musikerziehung

Im Gefolge der Französischen Revolution mit ihrer Forderung nach Freiheit und Gleichheit vollzog sich, eingebettet in die gesamteuropäische Geistesbewegung der Aufklärung, auch ein Wandel in den Bildungsvorstellungen, zu deren Ziel nun die freie, individuelle Entfaltung des Menschen erhoben wurde. Die bald nach den militärischen Niederlagen einsetzende große Bildungsreform in Preußen muß in diesem Zusammenhang gesehen werden. Denn nachdem durch den Reichsdeputationshauptschluß von 1803 viele geistliche und weltliche Fürstentümer aufgehoben worden waren, stagnierte auch das Kultur- und Geistesleben. Hier sollte der aufgeklärte Staat die Rolle der absolutistischen Fürsten übernehmen und als Garant für eine allgemeine Bildung und freie Entfaltung der Kräfte eintreten. Mit der politischen Neuordnung auf dem Wiener Kongreß 1815 trat dann für die musikalisch kulturelle Entwicklung eine Phase der Beruhigung und Konsolidierung ein. Die Karlsbader Beschlüsse von 1819 wirkten sich mit ihrer Demagogenverfolgung eher restriktiv auf die Volksschullehrerschaft aus, berührten aber weniger die Entwicklung außerschulischer institutioneller Musikerziehung. Hier setzte zu Beginn des 19. Jahrhunderts eine fruchtbare Entwicklung ein, die sowohl die Unterweisung des musikalisch interessierten Laien wie auch die Ausbildung der Berufsmusiker betraf. In einem Zeitraum von 40 Jahren wurden etwa 70 öffentliche, halböffentliche oder private Institute gegründet[1], die alle das Ziel verfolgten, eine allumfassende (d. h. meist auf Laien bezogene) oder spezielle Musikerziehung zu institutionalisieren. Mit »Musikerziehung« war dabei im ganzen 19. Jahrhundert und auch noch zu Beginn des 20. Jahrhunderts ausschließlich die instrumentale und vokale außerschulische Ausbildung gemeint, während bei der schulischen Erziehung von Gesangbildung, Gesangunterricht oder Gesanglehre gesprochen wurde.

Das Musikleben in den einzelnen Städten war zunächst von der Welle der kriegerischen Erschütterungen der Napoleonischen Feldzüge und den damit verbundenen wirtschaftlichen Problemen stark getroffen. So rissen die Kla-

---

1 Vgl. G. Sowa: *Anfänge institutioneller Musikerziehung in Deutschland 1800–1843*, Regensburg 1973, S. 11.

gen nicht ab über den Mangel an geeigneten Räumen für Theater- und Konzertaufführungen, über den schlechten Ausbildungsstand der Musiker oder die Einstellung von Konzertveranstaltungen infolge drückender Steuerlasten.[2] Hinzu kam, daß eine starke Bevölkerungszunahme zusammen mit ökonomischer Stagnation zu einer weiten Verelendung der Bevölkerung (Problem des »Pauperismus«) führte und – wenn auch nur am Rande – auch das Musikleben betraf. Mit der Tendenz zur Verbürgerlichung der Gesellschaft wurde die Schicht derer, die Zugang zu Musik bekamen, immer größer; Musik blieb nicht mehr nur Kennern und Liebhabern vorbehalten. Vielmehr wuchs die Zahl der Dilettanten, die zunächst überall dort, wo sich Orchestervereine bildeten, in Konkurrenz zu den Berufsmusikern traten, dann aber immer mehr auch eine wechselseitige Beziehung mit ihnen eingingen. Damit stellte sich aber auch zunehmend die Aufgabe, Ausbildungsmöglichkeiten für die zu schaffen, die sich nicht hauptberuflich mit Musik beschäftigen wollten. Diese Entwicklung gewann für die institutionelle Musikerziehung zunehmend an Bedeutung. Andererseits führte das Bevölkerungswachstum in den vorindustriell wachsenden Städten zu einer Verelendung weiter Teile der Bevölkerung. Auch die immer zahlreicher ausgebildeten Musiker gerieten in wirtschaftliche Schwierigkeiten. So tauchte um 1850 das Schreckgespenst eines »musikalischen Proletariats« auf.[3]

Zu Beginn dieser gesellschaftspolitischen Entwicklung sollte die in den Seminaren verbesserte Ausbildung der Lehrer und Kantoren über die Schule eine Besserung auf dem Lande bringen.[4] In den Städten fand man eine neue Aufgabe mit dem Erstarken des Bürgertums, wo vor allem die Töchter aus gehobenen Bürgerschichten aus Ermangelung anderer Bildungschancen verstärkt musikalischer Bildung zustrebten. Andererseits bedurfte die Ausbildung der Berufsmusiker, der Sänger und des Orchesternachwuchses, intensiver Beachtung. Denn die Befähigung der vielen Privatlehrer, die sich als Schulmeister, Kantoren, Organisten, Kapellmusiker, Dilettanten, Stadtpfeifer und Spielleute durch privaten Instrumentalunterricht ein Almosen hinzuverdienten, scheint oft recht mäßig gewesen zu sein, wie der verächtlichen Brandmarkung als »ekles Musikgethier« zu entnehmen ist.[5] Dies alles führte

---

2 So etwa in Hannover. Vgl. dazu die Berichte in der *Allgemeinen musikalischen Zeitung* seit 1800, auch: Sowa, a.a.O., S. 18.

3 Vgl. Sowa, a.a.O., S. 13.

4 In der *Allgemeinen musikalischen Zeitung* 1804/05, S. 665 ff. findet sich ein Artikel unter der Überschrift »Ueber die Benutzung der Musik zur Veredelung der Landleute als Sache des Staates«.

5 So in der Leipziger NZfM 1853; zit. nach Sowa, a.a.O., S. 15.

zu verstärkten Anstrengungen, »die musikalische Kunst zu erhalten und weiter zu fördern« und eine »Anstalt zu errichten, die das Ganze der musikalischen Kunst, d. h. Vocal- und Instrumentalmusik, und zwar ihrem theoretischen und practischen Theile nach, umfasst und dieselbe von den ersten Anfängen bis zur höchsten Stufe der Vollendung führt«.[6] Nach dem Vorbild solcher Institutionen in Paris und Italien (Neapel, Mailand) wurden derartige Anstalten *Conservatorium* oder *Musikschule* genannt, in denen es ganz im Geiste der Restauration vordringlich um Bewahrung musikalischer Tradition ging.

Aber auch aus den Singakademien entwickelten sich Anstalten dieser Art, indem nämlich den Gesanginstituten eine Instrumentalschule angegliedert wurde und sie so zu einem »wirklichen Conservatorio« aufstiegen.[7] Auch Zelters Berliner Singakademie war ursprünglich als reine Chorschule angelegt gewesen. Doch seit 1807 versammelte er Dilettanten und Schüler und hielt Übungsstunden zu rein instrumentalem Musizieren. Daraus entstand eine Art »Ripien-Schule«, mit der er sich in kurzer Zeit einen zuverlässigen Orchesterstamm heranbildete.[8]

Ein zweigleisiges Programm, das die Reform der bestehenden Kurrende- und Choristenschulen mit der zusätzlichen Gründung von Musterinstituten außerhalb der Schule verknüpfte, hatte 1798 der Theologe, Musikschriftsteller und Pädagoge Karl Gottlob Horstig (1763–1835) vorgelegt. Im Unterschied zum Studium der (alten) Sprachen, die mit der Grammatik beginnen, sollte der Musikunterricht mit dem Singen einsetzen und aus dem praktischen Versuch die Erfahrungen gewinnen lassen, »über die Natur und Beschaffenheit des Gesanges zu reden«.[9] Erst aus der Erfahrung sollten dann die Regeln für den Gesang und die Musiklehre gewonnen werden. Singunterricht sollte demnach nicht nur Stimmbildung, sondern zugleich ästhetische Bildung sein. Mit dieser Anschauung eines ganzheitlichen Vorgehens stand Horstig natürlich der durch die Pestalozzianer favorisierten Elementarmethode mit ihrer Unterdrückung des Singens völlig entgegen. Es erstaunt daher nicht, daß Horstigs progressive Ansichten nicht von den

---

6 Plan über die Einrichtung musikalischer Conservatorien in Deutschland, in: *Allgemeine musikalische Zeitung* 1809/10; zit. nach Sowa, a.a.O., S. 278 f.

7 So bildete Johann Adam Hiller in seinem Leipziger Gesanginstitut schon Ende des 18. Jh. auch Instrumentalisten aus.

8 Vgl. Sowa, a.a.O., S. 92.

9 Horstigs Plan *Vorschläge zu besserer Einrichtung der Singschulen in Deutschland* erschien in der *Allgemeinen musikalischen Zeitung* 1798/99, S. 166 ff., 183 ff., 197 ff. und 214 ff. Siehe auch Sowa, a.a.O., S. 55-57.

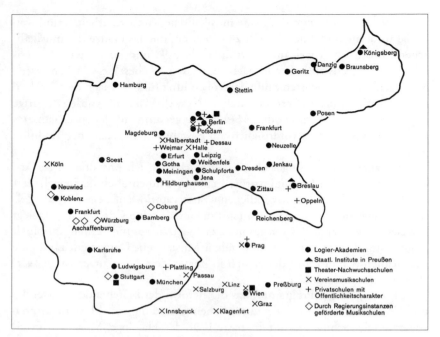

Die Verbreitung von Musikinstituten, Akademien und Musikschulen in Deutschland in der ersten Hälfte des 19. Jahrhunderts (aus: G. Sowa: Anfänge institutioneller Musikerziehung in Deutschland 1800–1843, Regensburg 1973, S. 203).

Schulmeistern aufgegriffen wurden, sondern – wenn überhaupt – die Bildungseinrichtungen im außerschulischen Bereich beeinflußten.

Musikinstitute und Musikschulen wurden seit Beginn des Jahrhunderts in vielen Städten geplant oder errichtet und teils von gemeinnützigen Musikgesellschaften unterhalten, teils von Regierungsinstanzen gefördert und teils als Privatschulen mit Öffentlichkeitscharakter geführt: so u. a. das Musikinstitut in Koblenz 1804; ein Musikkonservatorium in Köln 1811, das auch seinen Unterricht aufnahm, bald aber wieder verschwand; das Musikinstitut am Waisenhaus in Stuttgart 1812; Musikschulen der Musikvereine in Passau 1812, Halberstadt 1831 und Halle 1834; Normal-Musikschule Berlin 1825; Musikschulen in Hamburg 1827, Dessau 1829, Bamberg 1830; eine Klavierschule in Berlin 1836; eine Kompositionsschule in Weimar 1840.[10] Hinzu kamen die Musik-Akademien des Pädagogen Johann Bernhard Logier (1777–1846), die sich dank der Tatsache, daß seine Methode in den preußi-

---

10 Vgl. dazu die Übersicht und Zusammenstellung bei Sowa, a.a.O., Kap.VI, S. 89 ff.

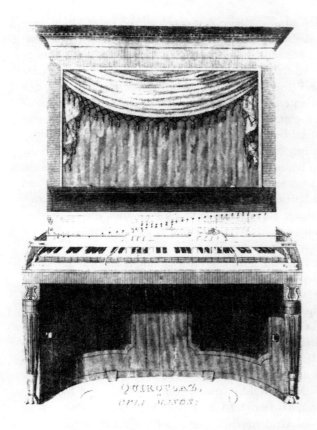

Johann Bernhard Logiers Chiroplast (1819) stellt eine Vorrichtung dar, bei der Finger und Handgelenke von einer Führungsleiste aus bewegt werden, die zwischen Tasten und zugeordnetem Notenbild verläuft.

schen Lehrerseminaren gelehrt wurde, »explosionsartig« (Sowa) über das Land verbreiteten.

Logier war in Kassel geboren, lebte aber seit 1791 in England, wo er als Flötist in einer Regimentskapelle tätig war und sich mit Klavierunterricht seinen Lohn aufbesserte. Hierbei hatte er ein neues Unterrichtsverfahren entwickelt, das eine sicherere Ausbildung im Klavierspiel gewährleisten sollte. Im Anfangsunterricht verwendete er eine mechanische Einrichtung zur Fingerführung und besseren Handhaltung, den »Chiroplast«, den er sich 1814 patentieren ließ. Um seinen Wirkungskreis zu erhöhen, war er zunächst nach Dublin, dann nach London übergesiedelt. Dort begründete er den Ruf seiner erfolgreichen Methode. 1821 war er auf Veranlassung Zelters von der preußischen Regierung nach Berlin eingeladen worden. Hier lebte er von 1822 bis 1826, um die Musiklehrer an Seminaren und Präparandenanstalten mit seinem System vertraut zu machen, die es dann in der Provinz weitervermitteln sollten[11]. Man kann in dieser Zeit geradezu von einer Mode sprechen, sich auf Logiers Methode zu berufen. Kaum ein Verfahren wird so ausführlich in der Literatur behandelt wie das Logiers.[12] Dabei stieß der Londoner Pädagoge ebenso auf deutliche Skepsis und Mißtrauen wie auf begeisterte Zustimmung, weil die Erfolge seiner Arbeit offenkundig waren. Zu den Befürwortern zählten immerhin Louis Spohr, Carl Loewe und Ernst Hentschel. »Durch den Chiroplasten erreicht Logier Dasjenige ohne Mühe, was Ander[e] ohne diese Maschine mittelst alles Vormachens und der sorgfältigsten mündlichen Belehrung oft nicht bewirken konnten. Es war eine Freude, seine Schüler spielen zu hören. Da war kein plumpes Dreschen und Pauken, kein mattes Wischen und Schaben: es war Fülle und Anmuth, Kraft und Lieblichkeit in diesem Spiele und gerade dies mußten die entschiedensten Gegner Logier's einstimmig zugestehen.«[13] Doch so schnell die Logier-Begeisterung aufgeschäumt war, so schnell war sein Ruhm versunken; »um 1850 war Logier so gut wie vergessen«.[14]

Eine herausragende Bedeutung für die Entwicklung einer professionellen außerschulischen Musikerziehung erhielten die Versuche zur Errichtung einer Musikhochschule in Berlin seit 1840 und die Gründung des Musikkonservatoriums in Leipzig 1843. In Berlin war 1809 eine allgemeine Musikbehörde unter Zelters Leitung errichtet worden. Für die außerschulische musikalische Ausbildung hatte sich damit aber nichts geändert. Erst nach seinem Tode 1832 sollte bei der Akademie eine Schule für musikalische Komposition eingerichtet werden. Daher wurden angesehene Musikerpersönlichkeiten zu Akademiemitgliedern gewählt, darunter Felix Mendelssohn-Bartholdy und Giacomo Meyerbeer, der Berliner Generalmusikdirektor Gasparo Spontini und der Direktor des Akademischen Instituts für Kirchenmusik August Wilhelm Bach. Nach dem Regierungswechsel 1840 bat die Musiksektion den König, auch die praktische Ausbildung von Orchestermusikern neben der Kompositionslehre übernehmen zu dürfen. Als Leiter dieser Institution war Mendelssohn vorgesehen, mit dem der Geheimrat Massow nun in Verhandlungen trat.[15] Der neue Leiter der Musiksektion sollte die Aufsicht über die

---

11 Über die Durchführung seines Unterrichts gibt seine *Anweisung zum Clavierspiel und der musikalischen Composition* [...] *ein Handbuch für Lehrer und Ältern* (Berlin 1829) Auskunft.

12 Vgl. dazu u. a. E. J. Hentschel: *Die Logier'sche Methode beim musikalischen Unterrichte*, in: *Der Volksschullehrer*, Bd. 1, Halle 1824, S. 72 ff.; E. Kähler: *Über Logier's System des musikalischen Unterrichts*, in: *Eutonia*, Bd. 3, 1830, S. 49-59.

13 E. Hentschel: *Vom richtigen Anschlage ...*, in: *Euterpe* 1, 1841, H. 8, S. 119.

14 Sowa, a.a.O., S. 151.

15 Vgl. dazu die Dokumentation Mendelssohns und Massows im Anhang (Nr. 10 und Nr. 11) von Sowa, a.a.O., S. 297-300.

gesamte geistliche und weltliche Musik übernehmen. Doch Mendelssohn, der dieselben Pläne in Leipzig verfolgte, lavierte herum, blieb unentschlossen und hielt die Verhandlungen lange in der Schwebe. Er wandte ein, daß ihn eine solche Aufsichtsfunktion zu sehr in seiner künstlerischen Tätigkeit einschränken würde. Dennoch suchte man ihn an Berlin zu binden und bot ihm das Amt eines Generalmusikdirektors an. Doch Mendelssohn blieb unschlüssig, und die Verhandlungen, in die sich auch der neue Kultusminister Eichhorn einschaltete, zogen sich bis zum Frühjahr 1843 hin. Zu dem Zeitpunkt hatte sich Mendelssohn aber bereits für Leipzig entschieden.

Als Handelsstadt war Leipzig eigentlich für eine höhere Musikinstitution nicht gerade prädestiniert, obwohl andererseits die Stadt mit der Universität als geistigem Zentrum und dem Gewandhaus als erlesenem Musikforum die erforderliche Infrastruktur zur Errichtung eines Konservatoriums bot. Und infolge einer Stiftung war die Existenzbasis für ein Musikinstitut seit 1839 gesichert. Auf Drängen Mendelssohns, der den Gedanken an die Errichtung eines Konservatoriums schon länger gehegt hatte, stimmte der sächsische König Friedrich August II. dem Vorhaben zu und genehmigte 1842 die Statuten des neuen Musikkonservatoriums, das bereits am 2. April 1843 feierlich eröffnet werden konnte. Das Regelstudium sollte drei Jahre dauern. »Das Angebot war umfassend wie nirgendwo: Harmonielehre und Stimmführung (1. Jahr), Kontrapunkt (2. Jahr), doppelter Kontrapunkt und Fuge (3. Jahr), Formen- und Kompositionslehre (einschließlich Analyse klassischer Musikwerke), Instrumentallehre, Akustik, Geschichte und Ästhetik der Musik, Partiturspiel und Dirigieren, dazu für Gesangschüler italienische Sprache. Der praktische Unterricht umfaßte Solo- und Chorgesang sowie Instrumentalspiel. Gefördert wurde insbesondere die Ausbildung auf dem Klavier, der Orgel und auf der Violine [...]. Die Unterweisung auf allen übrigen Orchesterinstrumenten übernahmen Mitglieder des Gewandhausorchesters.«[16] Mit der starken Betonung der wissenschaftlich-theoretischen Disziplinen, die ein deutliches Gegengewicht zu dem aufkommenden Virtuosentum setzten, gewann das Leipziger Konservatorium als erste Musikhochschule in Deutschland sein Profil. »Es war das geistige Engagement in künstlerischer Praxis, wodurch sich das Leipziger Konservatorium auszeichnete und zum Markstein in der Geschichte des deutschen musikalischen Erziehungswesens werden konnte.«[17]

Nach den politischen Wirren der März-Revolution machte sich der neue Minister von Ladenberg 1848 daran, »den Betrieb der Kunstangelegenheiten

---

16 Sowa, a.a.O., S. 193 f.
17 Ebd., S. 195.

Konzertsaal des Leipziger Konservatoriums, erbaut von Hugo Licht 1887, zerstört 1944 (Reibetantz 1924).

einer Reorganisation zu unterwerfen«. Eine Kommission der in Leipzig gegründeten »Allgemeinen deutschen Tonkünstler-Versammlung« unter C. F. Becker, Fr. Brendel, E. Hentschel, A. F. Riccius und A. G. Ritter richtete im August 1848 eine Eingabe an das Ministerium, die von der unverkennbaren Hoffnung getragen war, daß der Staat nun zum Garanten und Förderer einer freien Entwicklung der Künste und einer allgemeinen Volksbildung werde. Die Ausführungen, die alle Bereiche der Musik betreffen, sind in vier Abteilungen gegliedert:

»1. Die Sphäre, wo die Kunst mit den – bisher so genannten – niederen Schichten des Volkes zu thun hat, und zum Theil praktischen Zwecken dient.
2. Die Sphäre, wo die höhere Kunst der Gesammtheit des Volkes gegenübertritt.
3. Die Kunst an und für sich.
4. Die Sphäre des Unterrichts.«[18]

Obwohl die reorganisatorischen Vorschläge hier naturgemäß allgemein blieben und eher proklamatorischen Charakter hatten, wurde doch ein Grundanliegen deutlich: den Staat in die Pflicht zur Gewährleistung einer allgemeinen Volksbildung zu nehmen. Dies sollte ebenso durch den Schutz des »alten, bewährten Instituts der Stadtmusiker« wie durch die Einrichtung

---

18 Abgedruckt in: *Euterpe* 8, 1848, H. 8, S. 141-146 und H. 9, S. 157-162.

von alljährlichen Gratis-Konzerten gewährleistet werden, »zu denen das Volk uneingeschränkten Zutritt hätte«, sowie die »Errichtung von Volksgesang-schulen«, in denen Musik »das beste Bildungsmittel für das Volk« böte.[19] Das Theater dagegen sollte nicht länger eine Anstalt »für den Luxus der Höfe« sein, sondern habe »die Bestimmung, die Thätigkeit der vaterländischen Künstler zu fördern«.[20] Und zu den Fördermaßnahmen des Staates müsse es auch gehören, junge Talente durch Geldmittel zu unterstützen und ausge-zeichnete Kompositionen zu belohnen.[21]

Tendenziell zielte auch Adolf Bernhard Marx[22] (1795–1866) mit seiner Denkschrift[23] aus demselben Jahr in die gleiche Richtung. Seine Vorschläge betrafen die einzelnen Organe der Musikausbildung und -verwaltung. Auch er forderte für alle Bereiche eine Verbesserung der Ausbildung an Staatsinsti-tuten, weil nur der Staat einen »gleichmäßigen und gleichgerechten Zutritt« zur allgemeinen Bildung garantieren könne, dieses aber auch müsse. Den-noch warnte er vor einer zu zentralistischen Vorrangstellung der Musik-Sek-tion bei der Berliner Akademie der Künste, die »nicht irgend eine entschei-dende oder amtlich vorwiegende Autorität bei der Organisation oder deren Vorberathung«[24] erhalten dürfe. Vielmehr setzte er sich entschieden für die Stiftung einer Hochschule für Musik ein, die der Einseitigkeit bestehender Institute eine befruchtende Vielseitigkeit des Geistes entgegensetzen könnte; denn »nicht das *Miteinanderwirken* abweichender Lehrrichtungen, sondern das *Gegeneinanderwirken* kann Besorgniß erregen«.[25] Die Idee einer auto-nomen künstlerischen Bildungseinrichtung konnte er 1850 zusammen mit

19 Ebd., S. 144, 145, 146.

20 Ebd., S. 158, 159.

21 Vgl. ebd., S. 160.

22 A. B. Marx, Komponist, Musiktheoretiker und Musikschriftsteller, hatte während seines Jurastudiums in Halle bereits Musikunterricht bei D. G. Türk genommen, wo er auch Carl Loewe kennenlernte. Den Kompositionsunterricht bei Zelter brach er aus Enttäuschung bald ab. 1824–1830 gab er die Berliner *Allgemeine musikalische Zeitung* heraus. Auf Emp-fehlung Mendelssohns, mit dem er zunächst freundschaftlich verbunden war, erhielt er eine Professur an der Berliner Universität. Nach dem Tode Zelters 1832 ernannte ihn die Uni-versität zum Musikdirektor. Marx hatte sich schon 1832 bildungspolitisch zur Organisation des Musikwesens im preußischen Staat geäußert, damals aber noch eine straff organisierte, zentralisierte Organisationsform befürwortet. (Vgl. Sowa, a.a.O., S. 74 f.)

23 A. B. Marx: *Die Organisation des Musikwesens im preußischen Staate. Eine Denkschrift*, Ber-lin und Breslau 1848; hier zitiert nach dem zusammenfassenden Bericht Hentschels in: *Eu-terpe* 9, 1849, H. 1, S. 6-11.

24 Ebd., S. 7.

25 Ebd., S. 9.

Theodor Kullak und Julius Stern bei der Gründung der Berliner Musikschule (später: Sternsches Konservatorium) verwirklichen. Der Anfang einer institutionellen Musikerziehung war gemacht. Die neuen Musik-Konservatorien in den Großstädten boten fortan gute Voraussetzungen für eine solide musikalische Ausbildung von Berufsmusikern und Musikdilettanten.

2. Bildung des Dilettanten

Kulturgeschichtlich ist das 19. Jahrhundert die Zeit aufblühender bürgerlicher Kultur. Die Rolle der höfischen Kunst- und Musikpflege des 18. Jahrhunderts übernahmen nun die literarischen, philosophischen, musikalischen Salons, in denen sich das geistig-kulturelle Leben der höheren Gesellschaftsschichten abspielte. Ob Chopin in den Salons der George Sand oder die Brüder Humboldt, Schlegel, Schleiermacher, Brentano, Tieck, Jean Paul und später Heine in den philosophisch-literarischen Soireen der Rahel Varnhagen von Ense eingeführt wurden, es waren dies die Zentren, in denen das geistig-kulturelle Leben pulsierte. Und es waren zunehmend intellektuelle Frauen (Rahel Varnhagen, Caroline Schlegel, Bettina von Arnim, Nina d'Aubigny), die im Zuge des emanzipatorischen Aufbruchs der Zeit Philosophen, Literaten, Wissenschaftler und Künstler um sich versammelten. In ihren Salons fand der philosophische Diskurs romantischer Kunstästhetik statt, wurden neue Werke aufgeführt und kunstkritisch diskutiert. Sie repräsentierten die gehobene – und eigentliche – Form des neuen, nach-absolutistischen Bildungsbürgertums, dessen allgemeine Bildung Wilhelm von Humboldt im Blick gehabt haben dürfte, als er die Idee formaler Bildung für das Gymnasium entwarf.

Inbegriff des diesen Kulturbegriff prägenden Standes war der Dilettant in seines Wortes bester (und wörtlicher) Bedeutung: der Kenner und Liebhaber, der feinsinnig Gebildete und Kunstverständige, der sich mit Kunst und Kultur zu seinem geistigen Vergnügen (diletto) und nicht aus anderen Interessen beschäftigt. In Kochs *Musikalischem Lexikon* (1802) wird der Dilettant daher so gekennzeichnet:

> »Darunter verstehet man eine Person, die eine Singstimme oder ein Instrument zu ihrem Vergnügen ausübt, ohne die Musik zu ihrer Hauptbeschäftigung zu machen oder sich durch dieselbe Unterhalt zu verschaffen.« (S. 431)

Hier liegt die Wurzel für die klavierspielenden höheren Töchter, die, weil ihnen eine berufliche Ausbildung versagt war, sich mit Musik zerstreuten und

Hans Georg Nägeli (1773–1836), zeitgenössischer Stich.

und unterhielten. Hier erkennt man noch den Zusammenhang von Muße (scholé) und Kunst, die der pflegen konnte, dessen Zeit nicht mit körperlicher Arbeit zum Broterwerb ausgefüllt war, der sich durch Kunst und Literatur über die Notwendigkeiten und Nöte des Alltags erheben konnte. Kunst und Musik werden so zu Bildungsmitteln eines harmonischen Gemüts und zu Elementen der Verschönerung des alltäglichen Lebens. Und da die musikalische Ausbildung der Knaben (Gymnasiasten) in den Händen oft nur mittelmäßiger Kantoren lag und die Mädchen gar keine Ausbildung genossen, verlagerte sich kulturelle Bildung eben mehr und mehr in die Salons und wurde so zu einem Privileg des gehobenen Bürgertums, in dem sich der »Dilettant« – eine Bezeichnung ohne jeden abwertenden Beigeschmack, sondern im Gegenteil Auszeichnung wahrer Kennerschaft – bildete.

Als in der ersten Hälfte des Jahres 1824 Hans Georg Nägeli in Karlsruhe, Darmstadt, Frankfurt, Mainz, Stuttgart und Tübingen eine Reihe von Vorlesungen hielt, in denen er seine »geistige Figur« einer Kunstwissenschaft »in festen, charakteristischen Zügen«[26] vor einem Laienpublikum darstellte, wandte er sich ausdrücklich an den Dilettanten und machte dies auch im Titel der Druckfassung seiner *Vorlesungen* (1826) durch den Hinweis »mit Berücksichtigung der Dilettanten« deutlich. Ihm ist die erste der insgesamt zehn Vorlesungen vollständig gewidmet. Nägeli stellt ihn darin dem »Manne vom Fach« gegenüber und kennzeichnet ihn als »einerseits empfangend, betrachtend, genießend; andererseits gebend, ausübend, mittheilend«.[27] In seinem Hang zur Systematik unterscheidet er vier Arten des Dilettantismus. Auf der untersten Stufe steht der Dilettant, der nur Zerstreuung sucht. Aber

---

26 A. L. Follen in seiner Rezension der *Vorlesungen* in Cottas Literaturblatt 1827; zit. im Vorwort zu Nägelis *Vorlesungen*, Reprint Darmstadt 1983, S. V.

27 H. G. Nägeli: *Vorlesungen über Musik mit Berücksichtigung der Dilettanten* (1826), Repr. Darmstadt 1983, S. 5.

diese Zerstreuung in Kunstdingen wird nicht negativ bewertet, sondern in derselben Funktion gesehen wie der Traum, in dem sich die Schwungkräfte der Phantasie regenerieren. Musik dient damit den »Gemüthskräften zur Restauration«.

Dem Zerstreuung Suchenden stellt Nägeli die Dilettanten gegenüber, die »bey unserer Kunst ihren *Zeitvertreib* suchen« (S. 7). Dies sind in erster Linie solche, die genügend Muße für ästhetisches Spiel aufbringen. »Wer seine Zeit mit Berufsgeschäften nicht auszufüllen [weiß], wer keinen eigentlichen Beruf, oder eigentlich gar keinen hat, der verräth doch einigermaaßen einen edeln Sinn, wenn er einen Theil seiner Zeit im Gebiete der Kunst zubringen will. [...] Der Müssige treibt gern mit irgend etwas sein Spiel. [...] Einem solchen können wir unsere Achtung noch weniger dann versagen, wenn er, nicht selbst mit ausübendem Kunsttalent begabt, dem Einflusse unsers Tonspiels sich hingiebt, und so eine edlere Passivität einer unedlern Aktivität vorzieht« (S. 7 f.).

Eine dritte Klasse bilden die, welche aus vielseitigem geistigem Interesse für verschiedene Kunstformen aufgeschlossen sind und sich am schönen Wechsel der Künste erfreuen. »Von diesen wissen wir, daß sie heute ein Gedicht lesen, morgen in's Schauspiel gehen, vormittags die Gemälde-Galerie, nachmittags das Concert besuchen. Diese haben, wo nicht den Vorzug der Vielseitigkeit, doch Neigung und Regung zu vielseitiger Bildsamkeit« (S. 8).

Die höchste Stufe bilden schließlich die »Neugierigen«, die im Wortsinne begierig Neues aufnehmen. »Die Neugierde ist in Kunsthinsicht eine merkwürdige [d. h. bemerkenswerte], glückliche Gemüthslage. Sie ist zugleich Keim und Frucht einer mehr als sinnlichen Lebenslust« (S. 8).

Diese Typologie des Dilettanten erweitert Nägeli noch, indem er nach der Richtung des Interesses fragt, die der Dilettant im Umgang mit Kunst einschlägt. Dabei unterscheidet er, ob jener sich mehr *Gefühlen, Anschauungen* oder *Ideen* zuwendet. Ist seiner Ansicht nach die Musik schon von Natur aus primär eine Domäne der Gefühle, so ist hier insbesondere das weibliche Geschlecht der Gefühlsseite der Musik zugetan. »Sie [die Frauen] schätzen die Kunst eben als Herzenssache, ihre Liebhaberey ist Liebe, und so sind sie, einmahl in die Tonkunst eingelebt und eingeliebt, die standhaftesten und bewährtesten Liebhaberinnen« (S.10).

Die Verbindung mit Anschauungen erlebt der dilettierende Kunstfreund am stärksten in der »musikalischen Malerey«, bei der er die Gehörserscheinungen auf sichtbare Gegenstände bezieht. Erhöhte Geistestätigkeit erfordert es schließlich, sich dem Ideenreichtum der Musik zuzuwenden und auf Konstruktion und Zusammenhang zu achten. Schließlich werden noch zwei weitere Richtungen des Dilettantismus beschrieben, je nachdem, ob er mehr »nach der *realen*« oder mehr »nach der *idealen* Seite des Kunstgebietes« tendiert (S. 17). Was Nägeli hier also als »Dilettant« bestimmt, ist der kunstinteressierte und kunstverständige Laie, der in den folgenden neun Vorlesungen dann mit dem gesamten System der – damals noch nicht so genannten – Musikwissenschaft, also mit Theorie und Geschichte, Pädagogik und Ästhetik, vertraut gemacht wird.

Einen lebendigen Einblick in die Probleme und Schwierigkeiten, die sich der Vermittlung und Verbreitung der Singekunst insbesondere für Mädchen im 19. Jahrhundert stellten, geben uns die *Briefe an Natalie* der Nina d'Aubigny von Engelbrunner[28], die 1803 in Leipzig erschienen sind. Die natürlich von Anfang an für die Öffentlichkeit bestimmten *Briefe* geben Zeugnis von der selbstbewußt emanzipierten Persönlichkeit Nina d'Aubignys, die hier ihre häuslich-private Erziehungslehre einer methodischen Singunterweisung für Mütter und Erzieherinnen darlegt, die wir heute als entwicklungspsychologisch motivierte Früherziehung bezeichnen würden. »Ich will«, schreibt sie im zehnten Brief, »daß künftig jede Mutter eine natürlich gute Sängerin sey; daß sie mit dem Unterrichte schon bei dem Säugling anfange« (S. 56).

Nina Engelbrunner (1770–1848) war die Tochter eines angesehenen Legationsrates, der 1800 als d'Aubigny von Engelbrunner geadelt wurde. Sie selber hatte eine breite Ausbildung erfahren und soll über ein halbes Dutzend Sprachen beherrscht haben. Sie komponierte, betätigte sich literarisch u. a. durch Aufsätze für die *Allgemeine Musikalische Zeitung*, unterrichtete und machte sich auch als Sängerin einen Namen. Musikalisch vielseitig begabt, wurde sie Schülerin von Johann Adam Hiller und Pompeo Sales. Ihre pädagogischen Erfahrungen und Ambitionen hatte sie im Umgang mit ihrem Neffen Eduard Horstig gewonnen. Gestützt auf die Ideen Jean-Jaques Rousseaus und die Errungenschaften der Philanthropen, setzte sie sich engagiert für die gegenüber den Knaben benachteiligte Mädchenerziehung ein. Ihre methodisch klaren und stilistisch geschliffenen Ausführungen sind unübersehbar »getragen vom Elan eines pädagogischen Aufbruchs von epochaler Tragweite«.[29] Stolz vermerkt sie daher gleich im ersten Brief, »daß die weibliche Erziehung unendlich gewonnen habe«; und dennoch schwingt noch die harsche Kritik an den sicher noch nicht gänzlich überwundenen Zuständen mit, wenn sie schonungslos und offen fortfährt:

---

28 *Briefe an Natalie über den Gesang, als Beförderung der häuslichen Glückseligkeit und des geselligen Vergnügens*, Leipzig 1803, Reprint Frankfurt 1982 (MPZ Quellenschriften Bd. 1).

29 Albert Palm: *Einleitung zu den »Briefen an Natalie«*, S. 7 (MPZ Spezialdokumentation 8).

»Nicht als Sklavinnen roher Menschen, nicht als Modepuppen leerer Köpfe, oder Zeitvertreib des Flachsinns, betrachtet man uns im deutschen Vaterlande, und vernichtet durch widrige Behandlung die vielfältigen Mittel zur fernern Entfaltung, wie dies das traurige Loos unsers Geschlechts in so manchen Ländern ist: vielmehr scheint man ganz überzeugt, daß in dem Maaße, wie dem Menschen viel Kraft, Güte, und Edelmuth zugetraut wird, er diese Eigenschaften zu entfalten im Stande sey.« (S. 1 f.)

So machte sie es sich zur Aufgabe, in diesen Briefen nur den »Punkt des Gesanges, als eingreifend in die physische und moralische Erziehung für das weibliche Geschlecht zu behandeln« (S. 21). Dabei sah sie musikalische Erziehung aber immer noch im Dienst harmonischer Gemütsbildung (S. 23). Aber sie erkannte die ungeheure Bedeutung einer musikalischen Umgebung für das heranwachsende Kind. Dies hatte sie unmittelbar an ihrem Neffen Eduard beobachten können.

»Die Folge der musikalischen Umgebung dieses Kindes, das sehr oft den Proben der Konzerte beiwohnte, und die verschiedenen Instrumente, wie die Hausgeräthe kennen lernte, war, daß der Knabe im dritten Jahre oft seine kleinen Nachbarn mit lauter Stimme anführte, das bekannte Lied: Freut euch des Lebens, zu singen, und oft im größten Entzücken den ersten besten Stock ergriff, um irgend ein Instrument damit vorzustellen, und zwar hielt er immer den Stock so, daß man sehr leicht erkennen konnte, ob es eine Flöte, eine Geige, oder ein Baß seyn sollte.
Glauben Sie nicht etwa, Natalie, daß Eduard eine besondere Erscheinung in der Kinderwelt sey; seine Brüder, und mehrere von den Kindern, könnten Ihnen beweisen, daß es nur darauf ankommt, ihnen musikalische Menschen in die Nähe zu bringen, um die angeborne Liebe für die Tonkunst bei ihnen zu entwickeln.« (S. 24)

Und schwärmerisch fährt sie fort:

»Mit welcher Lust werden die jüngern Mädchen nicht dem tändelnden Spiel der Puppe entsagen, um an dem kleinen Klavier das nachzuahmen, was sie von der Mutter hörten und sahen; wie weit lieber werden sie als herangewachsene Jungfrauen die Zirkel ihrer Gespielinnen mit einem muntern Lied erfreuen, als zu den zeittödtenden Karten zu greifen, oder die Zeit durch hirnlose Spiele zu verjagen.« (S. 25)

Die Hindernisse, die sich der Ausbildung des Gesangs durch unzureichende Kantoren entgegenstellten, die das Plärren und Schreien der Knaben schon für Singen nahmen, wollte sie dadurch beseitigen, daß die Mütter die Bildung der Stimmen als den ihnen zufallenden Teil der Erziehung annehmen, so wie sie ihre Kinder ja auch das Sprechen lehren (S. 50). Dies müsse bereits beim kleinen Kind beginnen, das vom ersten Tag seines Lebens an für harmonische Töne empfänglich gemacht werden soll (S. 22 f.).
Mechanischen Drill, langweilige und stumpfsinnige Wiederholung ein und desselben Spiel- oder Singstücks lehnte sie ab (S. 44). Vielmehr wollte sie eine *bewußte Tonvorstellung* beim Kinde entwickeln. Hierzu verwendete sie ihre Methode des Fingerklaviers.

»Stelle Dir vor, um die Sache zu erleichtern, da Du selbst noch kein Instrument spielst, deine Hand sei ein Instrument, und die fünf Finger das Liniensystem, das man gebraucht um die Noten darauf zu setzen. Du findest, wenn wir den Ton C der ersten Linie auf den Daumen setzen, alle acht Töne der Scala neben einander liegen, wie auf dem Notenplan. Der kleine Finger wird die fünfte Linie, auf der die neue Oktav wieder weiter geht, weil jeder Zwischenraum Deiner Finger, jenem der Linien ähnlich ist.« (S. 127)

Auf diese Weise sollte das Kind lernen, größere Tonsprünge nicht mechanisch zu treffen, sondern in die Lage versetzt werden, sich den Stufengang zwischen zwei Tönen eines Intervalls vorstellen zu können. Das Verfahren der Solmisation, mit dem »die Italiäner ihre Zöglinge quälen« (S. 130), verwirft sie wohl in erster Linie deshalb, weil sie die Unterrichtsmethode, die sich der Solmisationssilben bedient, ablehnt.

> »Doch von jener Solmisirmethode, wo oft ein Zögling mehrere Jahre hindurch das ut, re, mi, fa, sol, la, welches Guido Aretino im Anfange des eilften Jahrhunderts erfand, in dem sonderbarsten Tonzirkel herum treiben muß, braucht unserm Schüler nichts auferlegt zu werden, da wir ihm nur das wirklich Nutzenbringende vorbehalten wollen.« (S. 131)

Bemerkenswert ist hierbei, daß die Solmisationsmethode in einer Schrift erörtert wird, die der Verbesserung des Gesangs zur »Beförderung der häuslichen Glückseligkeit« und für das »gesellige Vergnügen« gilt, sich also ausschließlich an den Dilettanten wendet, während die Gesangbildungslehren der Pädagogen sie in der Regel gar nicht zur Kenntnis nehmen.[30]
Vergleicht man das umfassende System einer stufenweisen Gesangbildung und das Kompendium musikalischer Gelehrsamkeit, das bis zu Fragen der Geschmacksbildung bei der Wahl der Musikstücke reicht (31. Brief), mit den trockenen Methodenlehren für die Schule, wird die Kluft deutlich, die sich im 19. Jahrhundert zwischen schulischem Gesangunterricht und der Bildung des Dilettanten auftut. Doch man darf dabei nicht übersehen, daß die Schule den Auftrag hatte, *allen* Schülern eine grundlegende Elementarbildung zu geben. Dies war eine Folge der allgemeinen Schulpflicht, die dann im Laufe des 19. Jahrhunderts auch tatsächlich realisiert wurde. Demgegenüber handelte es sich bei den Dilettanten wie bei den Virtuosen um eine kleine Gruppe einer privilegierten Schicht, die aber für das kulturelle Leben in viel größerem Maße eine führende Rolle übernahm, als es die Schule zu jener Zeit konnte.

---

30 Nur Natorp erwähnt einmal im 1. Cursus seiner *Anleitung zur Unterweisung im Singen* zu Beginn der »Lehre vom Treffen der Töne« die Tonsilben Ut, Re, Mi, Fa etc. als eine Möglichkeit unter vielen, von denen er die Ziffern bevorzugt. Vgl. *Anleitung zur Unterweisung im Singen, 1. Cursus*, Essen ⁵1837, S. 35. Auch C. Loewe erwähnt die »Solmisation der südlichen Völker Europas« in seiner *Gesang-Lehre* (1826). Vgl. dazu Kap. 3.

Euterpe.

Ein

musikalisches Monatsblatt

für

Deutschlands Volksschullehrer,

herausgegeben

in Gemeinschaft mit **Bogenhardt**, Seminarlehrer in Hildburghausen, **Erk**, Seminarlehrer in Berlin, und **Jacob**, Cantor zu Conradsdorf in Schlesien,

von

Ernst Hentschel,

Königl. Musikdirector und Seminarlehrer in Weißenfels.

1841.
Erster Jahrgang.

Erfurt,
Verlag der Wilhelm Körner'schen Kunst-, Musikalien-, Antiquar- und Instrumentenhandlung

5. KAPITEL

Reform und Restauration
Musikerziehung im Vormärz und in der Reaktionszeit
1830–1866

Das Zeitalter der Restauration, also die Zeit zwischen dem Deutschen Bund 1815 und der März-Revolution 1848, ist bildungspolitisch durch antagonistische Tendenzen gekennzeichnet. Die liberalen Bildungsvorstellungen Süverns waren von der konservativ-patriarchalischen Fürsorge Beckedorffs ideologisch weit entfernt, zeigten in ihren praktischen Auswirkungen aber dennoch manche Gemeinsamkeiten. So ist in dieser Zeit weniger von einer radikalen konservativen Wende als von wechselnden Akzentuierungen, von Reform und Restauration, von der »Gleichzeitigkeit von Ausbau und Restriktion« (Nipperdey) zu sprechen. Entscheidend ging es dabei um die Haltung zu der Frage, ob Schule und Erziehung kirchlicher Obhut zu überlassen oder unter staatliche Aufsicht zu stellen seien. Dabei tendierten die Konservativen eher dazu, den eigenständigen Erziehungsauftrag der Kirche und des Elternrechts aufrechtzuerhalten, während liberale Schulpolitik versuchte, die Staatstätigkeit als Gegengewicht gegen den zu starken Einfluß der Kirche zu stärken. Aber sie wollte die Bürokratie unter parlamentarische Kontrolle stellen und damit Schule und Erziehung im eigentlichen Sinne verbürgerlichen. So steht die Zeit der Restauration insgesamt unter dem Signum des aufsteigenden Bürgertums mit dem Aufkommen einer eigenständigen bürgerlichen Kultur, die sich in Konzertgesellschaften und Musikvereinen, mit Singakademien und Konservatorien, in denen die gehobenen bürgerlichen Schichten eine instrumentale Ausbildung erhalten konnten, ihr eigenes Musikleben aufbaute. Die musikalische Bildung in der Schule bildete in dieser Entwicklung nur das unscheinbare Schlußlicht. Denn solange Schule und Erziehung der kirchlichen Aufsicht unterstanden, blieb Singen bloß ein Mittel religiöser Erbauung und diente zur Beförderung kirchlicher Andacht.

1. Schulpolitik in Preußen von den Humboldtschen Reformen bis zu den Stiehlschen Regulativen (1854)

Unter dem Kultusminister Freiherr von Altenstein, der selber ein moderater Liberaler war, entbrannte zu Beginn der zwanziger Jahre ein erbitterter Machtkampf zwischen liberalen Reformbeamten und ihren konservativen Gegnern. Die Ermordung Kotzebues durch den radikalen Burschenschaftler Sand hatte das Signal zur Unterdrückung der liberalen Bewegung gegeben. Die Karlsbader Beschlüsse 1819 eröffneten die »Demagogenverfolgung« unter den liberalen, progressiven Pädagogen. So wurden 1824 die letzten Repräsentanten der Humboldtschen Reformen aus ihren Ämtern gedrängt, Nicolovius aus der Verwaltung der Unterrichtsabteilung entfernt und Süvern auf einen niederen Posten degradiert. Doch die in der Reformära erlassenen Gesetze und Verordnungen blieben vorerst in Kraft.

Mit dem Regierungsantritt Friedrich Wilhelms IV. 1840 verknüpfte sich die Hoffnung einer liberalen Öffnung. Er galt als phantasievoll und aufgeschlossen, und seine Haltung war auf Ausgleich und Versöhnung gerichtet. So rehabilitierte der König auch prominente Opfer der Demagogenverfolgung. Doch in seinem romantischen Konservatismus war er vom Gottesgnadentum des Königs und eines christlichen Staates überzeugt und stand den bürgerlichen Bestrebungen eher fremd gegenüber. Unter seinem neuen Kultusminister Eichhorn wurden daher kirchliche Gesinnung und antirevolutionärer Konservatismus entscheidend für personalpolitische Entscheidungen in Schule und Universität. Die stärkere Anbindung der Schule an die Kirche, repressive Maßnahmen und erhöhter Druck drängten die Lehrer aber um so mehr in die Opposition.

Seit 1819 hatte die Volksschule und ihre Lehrerschaft eine kritische und zum Teil sicher auch vorrevolutionäre Gesinnung entwickelt. Sie drängte nach Selbständigkeit und Unabhängigkeit. In der *Allgemeinen Schulzeitung*, die seit 1835 viermal wöchentlich ohne Eingriffe der Zensur erscheinen konnte, hatte sie ein Publikationsorgan, das der Volkserziehung einen tatsächlichen Freiraum schuf. So kam es in den vierziger Jahren zu regionalen Zusammenkünften und Treffen der Volksschullehrer, und zwar zunächst in Form der nun aufblühenden Sängerfeste. Ob den Gesangvereinen, in denen sich die Lehrer versammelten und die die Feste durchführten, tatsächlich ein subversives politisches Moment innewohnte, bleibt in den zeitgenössischen Berichten in der Schwebe.[1] Jedenfalls stellen die Gesangvereine mit ihren

---

1 Vgl. dazu G. Petrat: *Schulunterricht*, München 1979, S. 316.

Sängerfesten den Beginn einer organisierten Verbandspolitik dar. Und das gemeinsame Lied schuf – wie später noch einmal in der Singbewegung – die Illusion brüderlicher Einigung, wo man eher »Ursache zum Weinen« habe.[2] So erfüllten die Sängerfeste, die einen enormen Zulauf hatten[3] und Jahr für Jahr stattfanden, eine Kompensationsfunktion und gaben der Lehrerschaft durch die kommunikative Kraft des gemeinsamen Gesangs ein Gemeinschafts- und neues Identitätsgefühl, das dann in der bürgerlichen Aufbruchsbewegung der achtundvierziger Revolution virulent wurde.

Adolph Diesterweg

Wichtigster Repräsentant des liberalen Lehrerwiderstands war der Pädagoge Adolf Diesterweg (1790–1866). Nach dem Studium der Naturwissenschaften und Philosophie und dem gescheiterten Wunsch, Vermessungsingenieur zu werden, begann er seine berufliche Laufbahn als Haus- und Gymnasiallehrer. 1813 bis 1817 war er Lehrer in Frankfurt, wo er mit Pestalozzianern zusammentraf. 1818 ging er als zweiter Rektor an die Lateinschule in Elberfeld und wurde 1820 an das neu errichtete Lehrerseminar in Moers berufen. Ungewöhnlich war, daß er als Gymnasialpädagoge und nicht ein Kirchenmann 1823 zum Seminardirektor berufen wurde. Hier gründete er 1827 die *Rheinischen Blätter für Erziehung und Unterricht,* die seinen Namen in ganz Deutschland als engagierten, fortschrittlichen Pädagogen insbesondere für den Bereich der Volksschulen bekannt machten. Seiner unzweifelhaft überragenden Fachkompetenz war es daher zuzuschreiben, daß er 1832 vom preußischen Kultusminister v. Altenstein zum Direktor des Berliner »Seminars für Stadtschulen« berufen wurde und damit eines der wichtigsten Ämter innehatte, obwohl seine pädagogischen Überzeugungen und liberalen politischen Ansichten durchaus im Widerspruch zur restaurativen Schulpolitik Preußens standen und er schon als Seminardirektor in Moers den Wünschen des Ministeriums hinsichtlich der Lehrerbildung mehrfach zuwidergehandelt hatte. In den *Rheinischen Blättern für Erziehung und Unterricht* setzte er sich immer wieder für die Bildung freier, d.h. kirchlicher und staatlicher Bevor-

---

2 So kritisch äußert sich ein anonymer Autor in der *Allgemeinen Schulzeitung* 1844 (zit. bei Petrat, a.a.O., S. 316).

3 So berichtet Jakob in der *Euterpe,* daß am 9. Schlesischen Musikfest im August 1841 rund 500 Sängerinnen und Sänger teilgenommen hätten, von denen der bei weitem größte Teil dem Lehrerstande angehört habe (*Euterpe* 1, 1841, S. 171). Und die *Allgemeine Schulzeitung* (1844, Sp. 1605 ff.) spricht von 1000 Sängern beim Gesangfest in Meißen 1844.

Adolph Diesterweg (1790–1866), Ölgemälde um 1840/50, München.

mundung enthobener, überregional verbundener Lehrervereine und die Verbesserung des Schulwesens ein und wurde so zum unerschrockenen Vorkämpfer für soziale Verbesserungen und pädagogische Reformen. Den ersten Lehrerverband auf preußischem Boden hatte Diesterweg dabei noch als »Gesangverein« deklariert.[4] 1835 erschien erstmals – und dann in vielen weiteren Auflagen – als didaktisches Hauptwerk und pädagogisches Credo sein *Wegweiser zur Bildung für deutsche Lehrer*.[5] Das Ziel der Erziehung sah er im humanistisch-idealistischen Sinne ganz »im Dienste des Wahren, Guten und Schönen«. Nach dem Regierungsantritt Friedrich Wilhelms IV. 1840 wurden schwere Zusammenstöße mit dem Ministerium unausweichlich und führten 1847 unmittelbar vor der bürgerlichen Revolution zu seiner Amtsenthebung. Doch dies bedeutete keineswegs das Ende seiner bildungspolitischen Aktivitäten.

Nach der März-Revolution 1848 erhielt die bildungspolitische Auseinandersetzung eine neue Qualität[6], indem die liberale Lehrerbewegung nun ungehindert durch die Zensur über die Aufgaben der Schule öffentlich diskutieren konnte. So kam es bereits im Juli 1848 zur ersten freien deutschen Lehrerversammlung in Berlin, der die Gründung des »Allgemeinen Deutschen Lehrervereins« in Eisenach folgte. In den vom neuen Kultusminister Schwerin eingesetzten Lehrer- und Schulkonferenzen sollte die Reform des niederen und höheren Schulwesens vorbereitet werden. Die fundamentale Frage betraf dabei die Rolle von Kirche und Staat für das öffentliche Schul-

---

4 Petrat, a.a.O., S. 317.

5 A. Diesterweg: *Wegweiser zur Bildung für deutsche Lehrer*, Essen 1835, 2. Aufl. Essen 1838, 6. Aufl. Frankfurt 1890.

6 Vgl. dazu die Darstellung bei Franzjörg Baumgart: *Zwischen Reform und Reaktion*, Darmstadt 1990, S. 158 ff.

wesen, damit also die Organisation der Schulaufsicht und die Finanzierung. Diesterweg wurde in den Ausschuß der Preußischen Nationalversammlung zur Beratung eines Unterrichtsgesetzes gewählt. Doch die Verfassungsberatungen entsprachen gar nicht den liberalen Vorstellungen vom individuellen Bildungsrecht unter staatlicher Fürsorge. Daher wandte sich eine Gruppe von 23 Parlamentariern zusammen mit Diesterweg mit einer Petition an die Preußische Nationalversammlung, in der die Schule zur Staatsschule und von der Kirche unabhängig erklärt wurde. Doch die Mehrheit der Preußischen Nationalversammlung war nicht bereit, den weitreichenden Forderungen zu folgen, und scheute vor allem einen Konfrontationskurs mit den Kirchen.

In dieser Haltung entsprach die preußische Situation der Beschlußlage der Deutschen Nationalversammlung in Frankfurt, wo ein Kompromiß gefunden wurde und schließlich »der säkulare Trend zur Institutionalisierung eines öffentlichen, staatlich kontrollierten Bildungssystems seinen neuen, verfassungsrechtlichen Ausdruck fand«.[7] So wurden die geistliche Schulaufsicht (§ 23) und der Schulgeldzwang aufgehoben (§ 27). Doch die Auflösung der Berliner Nationalversammlung nach dem Staatsstreich vom 5. Dezember und die Oktroyierung einer neuen Verfassung durch den preußischen König änderten diesen Prozeß gewaltsam. Auch wenn die wesentlichen Punkte der liberalen Frankfurter Reichsverfassung in die neue Verfassung übernommen wurden, standen sie doch unter dem Rechtsvorbehalt der Zustimmung durch eine neue Volksvertretung, und das hieß durch eine vom konservativen Adel dominierte erste Kammer. »Die liberalen Verheißungen der oktroyierten Verfassung und die Fortschrittlichkeit ihrer das Schulwesen betreffenden Regelungen waren deshalb das Papier nicht wert, auf dem sie gedruckt waren.«[8] Die Schulfrage war damit keineswegs gelöst, die Auseinandersetzungen gingen weiter, in deren Folge sich dann die konservativen Kräfte auf der ganzen Linie durchsetzten.

Infolge dieser Entwicklung und als Ergebnis seiner bildungspolitischen Erfahrungen setzte sich Diesterweg nun immer deutlicher für die Unabhängigkeit der Schule von Kirche und Staat ein und verfocht seine Idee einer allgemeinen Volksbildung durch die Verbesserung der Lehrerbildung. Als Pensionär vertrat er seit 1858 die Fortschrittspartei im Preußischen Abgeordnetenhaus. Hier nahm er vor allem seinen entschiedenen Kampf gegen die Preußischen Regulative von 1854 auf.[9]

---

7 Baumgart, a.a.O., S. 181.

8 Ebd., S. 183.

9 *Die / drei Preußischen Regulative / vom 1., 2. und 3. October 1854 / über / Einrichtung / des evangelischen Seminar-, Präparanden- und Elementarschul-Unterrichts. / Im amtlichen Auftrag zusammengestellt / und zum Drucke befördert / von / F. Stiehl,* Berlin 1854.

Nach der Niederwerfung der Revolution betrachteten die reaktionären Kräfte Schule und Bildung als hauptverantwortlich für den aufständischen Geist. In einer Rede, die Friedrich Wilhelm IV. 1849 vor einer Konferenz von Seminardirektoren und Seminarlehrern gehalten haben soll, erhob der Monarch schwere Vorwürfe gegen Schule und Lehrerschaft:

> »All das Elend, das im verflossenen Jahr über Preußen hereingebrochen ist, ist ihre, einzig ihre Schuld, die Schuld der Afterbildung, der irreligiösen Massenweisheit, die Sie [angesprochen sind die Lehrer] als echte Weisheit verbreiten, mit der Sie den Glauben und die Treue in dem Gemüt meiner Untertanen ausgerottet und deren Herzen von mir abgewandt haben. Diese pfauenhaft aufgestutzte Scheinbildung habe ich schon als Kronprinz aus innerster Seele gehaßt und als Regent alles aufgeboten, um sie zu unterdrücken. Ich werde auf dem betretenen Wege fortgehen, ohne mich irren zu lassen. Keine Macht der Erde soll mich davon abwendig machen. Zunächst müssen die Seminarien sämtlich aus den großen Städten nach kleinen Orten verlegt werden, um den unheilvollen Einflüssen eines vergifteten Zeitgeistes entzogen zu werden. Sodann muß das ganze Treiben in diesen Anstalten unter die strengste Aufsicht kommen. Nicht den Pöbel fürchte ich, aber die unheiligen Lehren einer modernen, frivolen Weltweisheit vergiften und untergraben mir eine Bürokratie, auf die ich bisher stolz zu sein glauben konnte.«[10]

Die Disziplinierung der Seminarausbildung und der Lehrer wurde somit zur Hauptaufgabe der Kulturpolitik. Der Mann, der die restriktive Schulpolitik formulierte und realisierte, war der Theologe und vormalige Seminardirektor Ferdinand Stiehl (1812–1878), der als hochgebildete, tief religiös verwurzelte Persönlichkeit beschrieben wird. Er arbeitete seit 1844 im Preußischen Kultusministerium und war von 1850–1872 Leiter der Abteilung Volksschulen und Lehrerseminare. Mit den drei *Regulativen* (Ministerial-Erlassen) vom Oktober 1854, die immerhin bis 1872 in Kraft blieben, war er für die Weichenstellung künftiger Bildungspolitik, insbesondere für die Neugestaltung der Volksschule, verantwortlich. Danach wurde die formale Bildungsidee Humboldts aufgegeben zugunsten rein materialer Bildung für das praktische Leben als staatstreuer Untertan.

> »Der Gedanke einer allgemein-menschlichen Bildung durch formelle Entwicklung des Geistesvermögens an abstraktem Inhalt hat sich durch die Erfahrung als wirkungslos oder schädlich erwiesen. Das Leben des Volkes verlangt seine Neugestaltung auf der Grundlage und dem Ausbau seiner ursprünglich gegebenen und evidenten Realitäten und auf dem Fundament des Christentums [...] Demgemäß hat die Elementarschule nicht einem abstrakten System oder einem Gedanken der Wissenschaft, sondern dem praktischen

---

10 Ansprache Friedrich Wilhelms IV. 1849, zit. in: H. Blankertz: *Die Geschichte der Pädagogik von der Aufklärung bis zur Gegenwart*, Wetzlar 1982, S. 162 f. Nach B. Krueger (*Die Rede Friedrich Wilhelms IV. vor den Teilnehmern der Seminarlehrerkonferenz 1849*, in: *Päd. Rundschau* 24, 1970, S. 845 ff.) soll es sich bei dieser Rede allerdings um eine gezielte Fälschung handeln.

Leben in Kirche, Familie, Beruf, Gemeinde und Staat zu dienen und für dieses Leben vorzubereiten.«[11]

Ziel der Volksschulerziehung wurde eine emotional getönte religiöse Bindung der Schüler an Kirche und Landesherrn.[12] So lautet ein warnender Passus im Erlaß der Kgl. Regierung zu Posen:

>Es ist unbestrittene Aufgabe der Schule, [...] in letzteren [den Schülern] die Gesinnung der Anhänglichkeit, der Treue und des Gehorsams gegen den Landesherrn und gegen den Staat zu erwecken und zu befestigen. Wenn nun aber im Widerspruch mit dieser unabweisbaren Forderung in den Schulen Lieder gesungen werden, durch welche politischen Parteibestrebungen Nahrung gegeben und der Gehorsam gegen die Landesobrigkeit untergraben wird, so werden wir solchen strafbaren Ausschreitungen mit der größten Strenge entgegentreten.«[13]

Die Ansätze einer wissenschaftlich orientierten Seminarausbildung, wie sie Diesterweg und andere Reformpädagogen verwirklichten, wurden drastisch eingeschränkt. Aus den Seminaren wurden die Fächer Pädagogik, Didaktik, Methodik, Anthropologie und Psychologie verbannt und zu einem Fach »Schulkunde« zusammengezogen. Beim Schulunterricht rückten der Religions- und der ebenfalls kirchlichen Zwecken dienende Gesangunterricht ins Zentrum. Doch die Fächer erstickten unter einer gewaltigen religiösen Stoffmenge, die die Kinder zu bewältigen hatten: So sollten sie 170 biblische Geschichten »mit dem Bibelwort« (also auswendig) erzählen können, mußten mindestens 50 Kirchenlieder auswendig lernen; dazu sollten Bibelsprüche und Gebete mit einem Umfang von ca. 1300 Versen »zum Verständnis und zum Besitz der Kinder« gebracht werden.[14] Entsprechend wurde der Deutschunterricht auf Lesen und Schreiben mit ausdrücklichem Verbot des Grammatikunterrichts beschränkt und der Gesangunterricht auf das Einüben von Kirchen-, Volks- und Vaterlandsliedern reduziert, deren Auswahl z. T. sehr genau vorgeschrieben war. Insgesamt lassen sich die *Stiehlschen Regulative* durch

- die Revision der formalen Bildung,
- die starre Bindung an die Kirche,
- die Reduktion des Unterrichts auf den Erwerb praktischer Kenntnisse,

---

11 F. Stiehl: *Aktenstücke* (1855), zit. in H. Blankertz, a.a.O., S. 163.

12 Vgl. dazu Bernhard Krueger: *Der konservative Stiehl und der liberale Diesterweg*, in: *Adolph Diesterweg. Wissen im Aufbruch, Katalog zur Ausstellung zum 200. Geburtstag*, Weinheim 1990, S. 362-369.

13 Zirkularreskript vom 19.1.1854, zit. in E. Nolte: *Lehrpläne und Richtlinien für den schulischen Musikunterricht in Deutschland vom Beginn des 19. Jh. bis in die Gegenwart*, Mainz 1975, S. 59.

14 Vgl. Krueger, a.a.O., S. 366.

– die Dominanz der katechisierenden Lehrmethode und
– die Rücknahme einer wissenschaftlichen Seminar-Ausbildung
kennzeichnen. Dennoch hat sie Franzjörg Baumgart im Hinblick auf die
reale Situation sehr milde beurteilt. »Wie offenkundig die restriktiven Absichten der Regulative auch waren, wie entschieden sie den liberalen Forderungen der Revolutionszeit auch widersprachen, im Blick auf die realen
Schulverhältnisse lassen sie sich nicht umstandslos und ohne Einschränkungen als rückschrittlich bezeichnen.«[15] Denn man müsse bedenken, daß die
Reformen in den niederen ländlichen Schulen nie verwirklicht worden seien,
so daß hier nur der bestehende Zustand sanktioniert wurde. Dennoch
stießen die Regulative auf die einhellige Ablehnung der Lehrer, eben weil der
Staat – im krassen Gegensatz zu den Vorstellungen Humboldts – hier unverhohlen und konsequent den Versuch unternahm, öffentliche Schulerziehung
zur Disziplinierung und ideologischen Indoktrinierung zu mißbrauchen.

2. Der Gesangunterricht in Schulen

Man wird sicher annehmen können, daß sich der Gesang in einzelnen Schulen, insbesondere in bestimmten höheren Bürger- und Stadtschulen, als
Folge der systematischen Erschließung und methodischen Vermittlung der
Elementarlehre in den verschiedenen Gesangbildungslehren, die in den ersten drei Jahrzehnten des Jahrhunderts weit verbreitet waren, merklich verbessert hatte. Nur so ist zu verstehen, daß Lowell Mason bei seinen Europareisen die Chöre und einzelne Singklassen mit Lob überschüttete. Vorbildlich
erschien ihm dabei vor allem, daß der Gesangunterricht zum regulären
Gegenstand in den Schulen gehörte. So kann man in einer Schrift aus dem
Jahre 1843 lesen: »Wir kommen in Schulen und müssen gestehen, die Kinder singen gut; sie singen nicht eben leichte Sachen drei- und vierstimmig,
und zwar durchaus exact.«[16] Jedoch wurde dieser Fortschritt mit mechanischem Drill und sturem Pauken, nicht mit wirklicher Unterweisung erkauft.
So äußerte sich auch heftige Kritik am mechanischen Gehörsingen und an
reinen Treffübungen. »Heißt das nicht die Kinder erbärmlich dressieren und

---

15 F. Baumgart: *Zwischen Reform und Reaktion. Preußische Schulpolitik 1806–1859*, Darmstadt
   1990, S. 195.
16 Georg Schneider: *Über die Ausbildung des Schönheitssinnes bei der Jugend*, Münster 1843
   (zit. nach E. Hentschels Bericht in: *Euterpe* 4, 1844, S. 118).

mechanisch bearbeiten« – klagt ein Seminarlehrer in der *Eutonia*.[17] Aber so sah der Unterricht tatsächlich aus. Von einer Ausbildung des ästhetischen Schönheitssinns, von Ansätzen musikalischen Verstehens konnte noch keine Rede sein.

Ganz anders war dagegen die Situation in den städtischen »Armenschulen« und privaten »Winkelschulen«, die die große Zahl der schulpflichtigen »Armenkinder« aufnahmen, deren Eltern nicht einmal das minimale Schulgeld aufbringen konnten. Deren Niveau lag weit unter dem der sonstigen Elementarschulen. Völlig von schulischer Bildung ausgeschlossen waren die vielen »Fabrikkinder« in den wachsenden Industriestädten. Rückständig war schließlich auch die gesangliche Unterweisung in den Landschulen, die ja der weitaus größte Teil der Schüler besuchte. Bis hierher waren die Segnungen der neuen Gesangmethode gewiß noch nicht gedrungen. So häufen sich die Klagen, daß das Singen hier eher als Geschrei zu bezeichnen sei. Die rege Publikationstätigkeit über gesangmethodische und pädagogische Fragen in den Fachzeitschriften[18] darf also nicht darüber hinwegtäuschen, daß die Quellen hier nicht die Realität des Schulalltags wiedergeben. Dieser entsprach vielmehr der Stoßseufzer, der Ernst Hentschel seinem Jugendfreund A. Jakob gegenüber entfuhr: »Hältst Du den Zustand unserer Dorfschulen mit dem Stande der Litteratur zusammen, so wird Dir grau und blau vor den Augen.«[19]

Ernst Julius Hentschel

Eine der herausragenden pädagogischen Persönlichkeiten dieser Epoche war Ernst Julius Hentschel (1804–1875), der 50 Jahre als Lehrer am Seminar in Weißenfels (1822–1872) wirkte.[20] Während seiner Ausbildung am Seminar in Bunzlau kam er mit Pestalozzianern in Berührung, von denen ihn der Seminarlehrer Carl Karow[21] besonders beeindruckte. 1823 verbrachte Hent-

---

17 G. Lätsch: *Welches ist der Zweck des Gesangunterrichts in Volksschulen?* in: *Eutonia* 4, 1830, S. 138.

18 Vgl. hier die Zeitschriften *Eutonia* Bd. 1, 1829 - Bd. 10, 1837, hg. von J. G. Hientzsch, und *Euterpe* 1, 1841 - 43, 1884, hg. von E. J. Hentschel.

19 In einem Brief vom Juni 1830, in: A. Jakob: *Mitteilungen aus dem Leben Ernst Hentschels*, Leipzig 1882, S. 67.

20 Vgl. Werner Felix: *E. J. Hentschel. Leben und Werk. Seine Bedeutung für die Musikerziehung in unserer deutschen demokratischen Schule*, 2 Bde., Diss. phil. Berlin (Ost), 1956.

21 Karow war der Verfasser einer *Methodischen Anleitung zum Unterricht im Singen in Volks-*

Ernst Julius Hentschel (1804–1875), Portrait aus dem Jahr 1842.

schel drei Monate in Berlin, um Logiers Methode kennenzulernen. Hier traf er auch mit Zelter zusammen, der den Neunzehnjährigen dann in Weißenfels besuchte und ihn als tüchtigen Musiklehrer empfahl.[22] Auf zwei pädagogischen Bildungsreisen 1830 und 1844 hatte Hentschel die wichtigsten Seminare und Ausbildungsstätten gesehen und seine Erfahrungen in einem Bericht[23] niedergelegt.

Schon gleich zu Beginn seiner Unterrichtstätigkeit hatte er einen Leitfaden für den Gesangunterricht[24] verfaßt und 1825 publiziert. Vermutlich durch seinen Freund Ludwig Erk[25] (1807–1883), einen Vetter Diesterwegs, kam er mit diesem in Kontakt, der ihn zur Mitarbeit an seinem *Wegweiser* gewann, für den Hentschel den VI. Abschnitt »Der Unterricht im Singen«[26] schrieb. 1841 gründete er das musikalische Monatsblatt *Euterpe*, das er zusammen mit seinem Jugendfreund A. Jakob und Ludwig Erk herausgab und das 43 Jahr-

schulen, die Hentschel als viel gelesen erwähnt (erschienen in den *Rheinischen Blättern für Erziehung und Unterricht,* 10, 1836, H. 3). Vgl. auch die Rezension in: *Eutonia* 10, 1837, S. 41-44.

22 Vgl. Zelters Brief an Goethe vom 27.12.1823: »Hier habe ich einen 19jährigen tüchtigen Musiklehrer, der mit seinem Chore die artigsten Evolutionen machte. Gesund, munter, kräftig, fertig, willig, treuherzig. Er heißt Hentschel und soll empfohlen werden.« (in: Briefwechsel zwischen Goethe und Zelter 1799–1832, Bd. 2, Frankfurt 1987, S. 277 f.)

23 Erschienen in: *Der Schulbote,* 3. Bd., Neiße 1832.

24 E. Hentschel: *Ein Beitrag zur Methodik des Gesangunterrichts,* in: *Der Volksschullehrer,* 1824; als *Kurzer Leitfaden bei dem Gesangunterricht in Volksschulen,* Halle 1825.

25 Erk war 1826–1835 Seminarlehrer bei Diesterweg in Moers, anschließend am Seminar für Stadtschulen in Berlin. Am bekanntesten geworden ist er als Volkslied-Sammler, dessen klassisch gewordene Sammlung *Deutscher Liederhort* 1856 erschienen ist.

26 Hentschels Text ist nur enthalten in der 1. Auflage von A. Diesterweg: *Wegweiser zur Bildung für deutsche Lehrer,* Essen 1835 und überarbeitet in der 2. Auflage, Essen 1838. Im folgenden beziehen sich die Seitenangaben auf die 2. Auflage, Essen 1838, S. 407-478.

gänge bis 1884 bestand. Diese Zeitschrift wurde so zu einer der wichtigsten Quellen über die Musikerziehung im 19. Jahrhundert.

Hentschel war ein progressiver, erfolgreicher und geachteter Erzieher[27], der ganz im Geiste Pestalozzis für eine wirkliche musikalische Volksbildung eintrat. Seine im Grunde konservative Gesinnung machte ihn später zu einem Anhänger der restaurativen Stiehlschen Regulative. Aber er unterstützte nie dessen materialen Bildungsgedanken, sondern war immer um einen Ausgleich zwischen dem formalen und dem materialen Prinzip bedacht. Auch im Streit der Zifferisten nahm er eine gemäßigte Position ein, indem er zwar grundsätzlich die Notenschrift favorisierte, aber doch auch in bestimmten Fällen den methodischen Vorteil der Ziffernschrift zur Vorstellungsbildung anerkannte. Entschieden wehrte er aber jeden mechanischen Drill und die stupide Separierung der Elemente der Pestalozzianer ab. »So viel es möglich ist, setze man die Elemente von Stufe zu Stufe in Verbindung. Keine starre, Jahre lang dauernde Trennung! Sie scheint weder dem Wesen der Musik, noch der Natur des Kindes angemessen.«[28] Gesang war für ihn sowohl »Übung des Schönen« als auch formale Geistesbildung. Darauf gründete seine pädagogische Überzeugung, die Diesterweg erkannte, als er ihn zur Mitarbeit an dem *Wegweiser* bewog.

Denn ganz im Diesterwegschen Sinn sollte Gesang »durchs Schöne zum Guten« (S. 411) führen. Aber das Gute sollte nicht ein religiöser oder erbaulicher Text bewirken, sondern »das Schöne [...], durch welches der Gesang auf menschliches Fühlen und Empfinden wirkt« (S. 408). Daher war ihm die Auswahl musikalisch wertvollen Liedguts so wichtig, an dem der Ton-Sinn und die Ton-Anschauung ausgebildet werden sollten. Ist es schon bemerkenswert, daß hier erstmals eine ästhetische Kategorie des Schönen ins pädagogische Spiel kommt, so wirkt Hentschels lernpsychologische Hervorhebung der inneren Vorstellungsbildung, die er das »Tonanschauungsvermögen« nennt, geradezu modern. Auf der untersten Stufe, also am Anfang schulischen Lernens, äußere sich die Tonkraft im »Tongedächtnis« (S. 415). Hier seien schriftliche Zeichen noch ganz unnütz, weshalb er das Singen nach dem Gehör fordert und so das Hören wie das Tongedächtnis schulen will. Die nächste Stufe, auf der noch keine klare Anschauung der Tonverhältnisse besteht, stellt eine Übergangsform dar, die durch einen »Ton-Tastsinn« ge-

---

27 Im Nekrolog seiner Zeitschrift wird berichtet, daß sein Sarg von etwa 10 000 Menschen begleitet wurde. »Neben dem Sarge gingen 8 Marschälle mit Palmenzweigen, vor dem Sarge die Seminarschule.« In: Einleitung zum Reprint des 1. Jahrgangs der *Euterpe*, Frankfurt 1989 (MPZ Quellenschriften, Bd. 15).

28 E. J. Hentschel: *Der Unterricht im Singen*, in: A. Diesterweg: *Wegweiser*, a.a.O., S. 431.

kennzeichnet sei. Schließlich aber müsse Gesangbildung dazu führen, daß »das Tonreich selbst unverhüllt vor dem inneren Auge liegt« (S. 415). Hier äußere sich dann die Tonkraft als »Tonanschauung«. Und diese Vorstellungsbildung sei das eigentliche Ziel der formalen Kräftebildung. Bei der Ausbildung dieses Vermögens sollte es nur darauf ankommen, »die Erscheinungen des Tonreichs an sich aufzufassen, ohne Bezug auf das Gemüthsleben« (S. 430).

In einem Rückblick auf die Entwicklung des Gesangunterrichts beklagte er dessen Verfall. »In den Büchern ist Einheit, in den Schulen finden wir Zwiespalt, Zerwürfnisse aller Art, hundertfaches Abweichen von der früheren gemeinsamen Bahn« (S. 427). Sein Ziel war es, wieder Ordnung und System in den Unterricht zu bringen. Daher trug er sich zeitweise mit dem Gedanken einer pragmatischen Unterrichtslehre. An seinen Freund A. Jakob, der ihm mit verschiedener Literatur behilflich war, schrieb er:

> »Was ich mit den Büchern will?... Nun, siehst Du, das ist eine eigene Sache. Ich will ein neues daraus machen. Hör' Dir das mal ruhig an. Ich habe die wichtigsten Gründe, eine Schrift zu verfassen, in der ich zeige, wie ein (bisheriger) Dorfschullehrer, der kein Buch hat und keins kaufen kann, seinen Unterricht mit den Forderungen der Zeit in Einklang bringen könne. Solch ein Buch fehlt; trotz alles Vorhandenen, fehlts besonders für unsere Provinz. Es kommt nicht darauf an, Neues aufzustellen, sondern das, was seit dreißig Jahren zu Tage gefördert ist, dem Schullehrer zugänglich zu machen, oder besser, es so darzustellen, daß derselbe sieht, was er davon brauchen könne. [...] Es kommt darauf an, endlich Maß in den Unterricht der Dorfschulen zu bringen; endlich zu zeigen, wie der Unterricht Jahr aus, Jahr ein beschaffen sein müsse, damit die Bildung aller Klassen eine durchweg organische sei.«[29]

In dem Bestreben einer pragmatischen Stabilisierung des Gesangunterrichts arbeitete er für den *Wegweiser* einen vollständigen Schulplan für Volksschulen aus, dem er das Modell einer zeitlich gegliederten Musterlektion beifügte (S. 446). Darin ordnete er *Anschauungskurs* und *Liederübung* zwei parallel verlaufenden Kursen zu und ging mit dieser Trennung über solche Autoren hinaus, die die einzelnen Elemente untereinander und mit Liedern verbinden wollten.

Mit der hervorgehobenen Liederübung räumte er zugleich dem Lied als Unterrichtsgegenstand einen zentralen Platz ein. Der »Normal-Liederstoff« der Volksschule sollte nach folgenden Prinzipien vermittelt werden[30]:

> »1. Man übt eine Reihe mustergültiger Gesänge im Laufe der Schulzeit mit den Kindern ein.[31]

---

29 A. Jakob, a.a.O., S. 66 f.

30 E. J. Hentschel: *Ein Normal-Lehrstoff für den Gesangunterricht in der Volksschule*, in: *Euterpe* 6, 1846, S. 33-39.

31 Dazu hielt er allerdings »eine gewisse Fülle des Materials« für unerläßlich, ebd., S. 33.

1. Unterklasse.

Vier halbe Stunden,

in jeder:

Anschauungsübungen.	Lieberübung.
15 Minuten.	45 Minuten.

2. Mittelklasse.

Zwei ganze Stunden,

zuerst:

Das Allernothwendigste vom Notenwesen, zur Unterstützung der Lieberübung;
vier bis sechs Wochen ausschließlich.

Alsdann in jeder Stunde:

Anschauungen.	Lieder.	Stimmübungen.
Mit Anwendung der Noten, 20 Minuten.	Mit Anwendung der Noten, 30 Minuten.	10 Minuten.

3. Oberklasse.

Zwei ganze Stunden,

zuerst:

Fortsetzung des Nothwendigsten vom Notenwesen,
drei bis vier Wochen ausschließlich.

Alsdann in jeder Stunde:

Anschauungen.	Lieder.	Stimmübungen.
20 Minuten,	30 Minuten.	10 Minuten.

Hentschels Schulplan für dreiklassige Volksschulen, aus: Der Unterricht im Singen, *in: A. Diesterweg:* Wegweiser zur Bildung für deutsche Lehrer, *Essen 1838, S. 446.*

2. Es werden die eingeübten Gesänge dem Gedächtnis anvertraut.

3. Die feste Einprägung der Gesänge geschieht entweder unmittelbar durch die Einübung, oder durch planmäßige Wiederholung.

4. Das dem Gedächtnis Anvertraute ist demselben zu erhalten.

5. Dabei findet jedoch die Beschränkung statt, daß das in dem zarten Kindesalter Einge-
prägte nur für dieses, das in der reiferen Jugendzeit Gelernte für das Leben erhalten
wird.

6. Die eingeübten und einzuübenden Gesänge werden zu rhythmischen, melodischen
und andern Übungen verwendet.

7. Neben den dem Gedächtnisse anzuvertrauenden Gesängen, dem Normalstoffe, werden nach Umständen auch andere zur Einübung gebracht, ohne daß ihre feste und
dauernde Einprägung erstrebt wird. Dies werden besonders Gelegenheitsstücke sein.
[...]

[...] je mehr wir durch diese Concentration an Zeit gewinnen, desto mehr können wir
dahin wirken, den Gesang unserer Schüler in Hinsicht auf Reinheit, Aussprache und sau-

bern, textgemäßen Vortrag in dem Maaße zur *Kunstleistung* zu machen, als es überhaupt innerhalb der Grenzen der Volksschule möglich ist.«

So suchte Hentschel den Gesangunterricht in der Schule, soweit das immer ging, auf eine ästhetische Kunstleistung zu richten. Bemerkenswert war dabei ein Versuch, den Lesern der *Euterpe* einige von Mendelssohns »Liedern ohne Worte« in ihrem ästhetischen Gehalt zu erschließen. Weil er die einzelnen Stücke als »Lebensbilder« deutete, fand er stimmungshafte, aber immer auf die musikalischen Mittel Bezug nehmende Umschreibungen und schuf damit aus pädagogischen Gründen einen hermeneutischen Verstehenszugriff, wie ihn 70 Jahre später Kretzschmar und Schering aufgreifen sollten. Zu seiner Zeit war das aber völlig verschieden vom dem, was in der Schule im Gesangunterricht an Drill und technischer Übung geschah. Zu einem »Andante espressivo« in a-Moll schrieb er:

> »Das ist Schmerz, herber, bitterer Schmerz einer zerrissenen und ermatteten Seele, die sich nur einen Augenblick über das Leid erhebt, um desto tiefer in seine Wogen hinab zu sinken. Daher das Seufzen im Nonenaccorde, daher die Wehklage in den gehäuften Vorhalten und Wechselnoten, daher die düstere Färbung des Ganzen durch die fast ausschließlich herrschende Moll-Tonart, die nirgends Raum läßt für eine tröstliche, volle Cadenz in Dur. Es ist eine Leidensnacht ohne Hoffnungsstern, deutlich sagt dies der Schluß. Das thränenschwere Auge richtet einen langen Blick mit der stummen Frage nach oben, ob hienieden kein Friede sei. Doch es ist eine Frage ohne Vertrauen, und der Himmel hat keine Antwort darauf, nur die schauerlichen Nachtgestalten, welche das glaubensleere Herz umlagern, rufen ein dumpfes, trostloses Nein! – – ›Aber ist die Deutung ästhetisch?‹ so frug ich mich selbst, nach dem Niederschreiben des Vorstehenden. Ich glaube man kann die Frage bejahen.«[32]

Dieser hermeneutische Deutungsversuch, den er selber für so »gewagt« hielt, daß er ihm eine einschränkende Nachbemerkung folgen ließ[33], macht deutlich, daß er eine Hilfe zum ästhetischen Verstehen von Musik suchte. Ein solches Anliegen aber war dem Gesangunterricht in Schulen noch ganz fremd.

Denn in der Schule blieb nach wie vor das Singen eng an die religiöse Erziehung gebunden und war mit kirchlichen Pflichten verbunden. »Zunächst ist es der Kirchengesang, dessen Verbesserung bei den musikalischen Unterweisungen und Übungen in der Schule fortwährend vorbereitet und bewirkt werden muß« – heißt es in einem Zirkular des Kgl. Konsistoriums in Münster vom 1.10.1822.[34] Außer dem Kirchengesang gab es noch die verschie-

---

32 E. J. Hentschel: *Mendelssohn's »Lieder ohne Worte«. Keine Recension*, in: *Euterpe* 1, 1841, S. 183 f.

33 Ebd., S. 185.

34 In: E. Nolte: *Lehrpläne und Richtlinien für den schulischen Musikunterricht in Deutschland vom Beginn des 19. Jh. bis in die Gegenwart*, Mainz 1975, S. 37 (MFL Bd. 3).

densten Anlässe für »Singumgänge« (z. B. die Martini- und Gregorius-Umgänge), das Kurrendesingen der Lateinschüler sowie für alle, gerade auch die Landschüler, das »Leichensingen«. Hier berichten die Quellen über viele Klagen der betroffenen Landschulen darüber, daß die z. T. sehr ausgedehnten Leichenbegängnisse zu erheblichen Unterrichtsversäumnissen führten und bei kalter und nasser Witterung auch noch gesundheitliche Schäden verursachten.[35]

Dem Geist der Epoche entsprach die Vorstellung, daß der Gesang vorzüglich dazu geeignet sei, religiöse Empfindungen zu wecken und die Gefühlsbildung zu befördern. »Die Einwirkung auf das Gemüth ist beim Gesange die Hauptsache.«[36] Daher stand ja der gemeinsame Choral häufig am Beginn und Schluß eines Schultags. In dieser Funktion wurde Gesang dann gar nicht mehr als Unterrichtsgegenstand angesehen, sondern diente nur zur Gemütserhebung. Verständlich also, daß Schulmänner wie Lindner, Karow, Kübler, Hientzsch, Hentschel u. a. demgegenüber die methodische Erziehung in der Gesangbildung verfochten. Dennoch wurde zuweilen die Forderung erhoben, überhaupt alles schulmäßige Lernen vom Gesang fernzuhalten. »Hinweg also mit allem Taktschlagen und Tonprobiren, mit der Violine und Skala, kurz mit Allem, was in den Kindern auch nur im entferntesten dem Gedanken Raum geben könnte, als komme hier etwas Unterrichtliches vor, oder als sei es auf etwas Kunstmäßiges abgesehen; hier ist das kindliche Herz die einzige Seite, die zu berühren ist.«[37] Dazu bedurfte es dann der Auswahl »guter« Lieder.

Aber daran bestand kein Mangel. Denn längst hatte eine neue Epoche des Schul- und Volksgesangs begonnen, deren Merkmal die bewußte Lösung des Gesangs vom Instrumentalbaß war. Hieran knüpften die mehrstimmigen unbegleiteten Lieder der Sammlungen von Erk[38] (1807–1883) und Silcher[39] (1789–1860) an. Als Universitäts-Musikdirektor und Lehrer am evangelischen Stift in Tübingen gründete Silcher 1829 die »Akademische Liedertafel« und begründete damit eine intensive Liedpflege, deren Ziel eine musikalische Volkserziehung im Sinne Pestalozzis war. Für das Volkslied suchte er eine

35 Vgl. J. G. Böhmer: *Über den Gesang bei Leichenbegängnissen (besonders in Hinsicht der Gesundheit und der Schulversäumnisse)*, in: *Eutonia* 7, 1832, S. 1-15.

36 E. Hentschel, in: *Euterpe* 4, 1844, S. 120.

37 *Über Gesang beim Anfange und Schlusse des Schulunterrichts*, in: *Euterpe* 2, 1842, S. 69.

38 Hier ist unter seinen zahlreichen Liederbüchern insbesondere auf den *Deutschen Liederhort* (Berlin 1856) hinzuweisen.

39 Vgl. etwa *Stimmen der Völker in Liedern und Weisen* (2 H., 1846–1855); *Kinderlieder für Schule und Haus* (6 H., 1841–1860).

neue Grundlage in Chor- und Hausmusik. Auch die zahlreichen ein- und mehrstimmigen Liedersammlungen für Schulen von Hientzsch und Hentschel sind in diesem Zusammenhang zu nennen.

In der amtlichen Einschätzung des Liedsingens sind jedoch deutliche Unterschiede festzustellen, je nachdem ob es sich um Choräle und geistliche Gesänge handelte oder um »Figuralmusik«, worunter die weltlichen Lieder verstanden wurden. Weil die geistliche Schulrevision in der Regel nur das Choralsingen betraf, setzte sich Hentschel aus pädagogischen und sozialen Gründen für eine ausgewogene Berücksichtigung von Choralübung und Figuralgesang ein.

> »Ich halte solches [den Ausschluß nicht-religiöser Lieder] für eine große Einseitigkeit, welche keiner pädagogischen Rechtfertigung fähig ist und die thatsächliche ausgesprochene Ansicht aller namhaften, unter zweifellos einsichtsvoller Leitung stehenden Schulanstalten gegen sich hat. Auch bei kürzest zugemessener Zeit, wie z. B. in Hirten- und Fabrikschulen, würde ich die Kinder neben der Choralübung durch Lieder der Heiterkeit und des Frohsinns erquicken, ja ich würde dies bei *Fabrikschülern* sogar für eine doppelt bindende Pflicht halten. Halbiren wir die Zeit! eine Hälfte reicht für die Choräle aus; lassen wir die andere den andern Liedern.«[40]

Einig war man sich dagegen in der Abwehr derber Spott- und Gassenlieder. Doch damit nicht genug, zog man auch gegen alle andere sinnenfrohe Musik zu Felde, »Opernsachen« sowie »Liebes, Wein-, Punsch- und andre nicht selten gemeine Lieder«, die die Jugend auf der Straße bevorzugte.[41] Es gab außerhalb der Schule auch damals das usuelle Singen von Genres, die dem offiziellen Bildungsanspruch der Kirche natürlich nicht entsprachen und Schule und Alltag in Opposition brachten. Ziel der Schule sollte es aber sein, das Sittlich-Geistige über das bloß Sinnliche zu erheben.[42]

Dabei läßt sich aber ein Zug pietistischer Entsagungsethik nicht übersehen, die jedes sinnliche Genießen als verwerflich brandmarkte.[43] Anläßlich der Amtseinführung Moritz Hauptmanns als Thomaskantor und Musikdirektor der Thomasschule 1842 stellte dessen Rektor, Gottfried Stallbaum, einige grundsätzliche Überlegungen zum Stellenwert musikalischer Bildung im Rahmen des Gymnasiums an. Darin führte er aus, daß »die Tonkunst auch

---

40 E. Hentschel: *Der Choralgesang als Unterrichtsgegenstand der Volksschule*, in: *Euterpe* 1, 1841, S. 20.

41 Vgl. J. G. Hientzsch: *Über den Musikunterricht besonders im Gesange*, Breslau 1827, S. 17.

42 In diesem Sinne äußerte sich A. B. Marx in seiner Denkschrift zur Organisation des Musikwesens im preußischen Staate, Berlin und Breslau 1848.

43 So warnt J. G. Hientzsch im Schlußkapitel seiner *Methodischen Anleitung*, Breslau 1836, S. 28, davor, daß Kinder durch frühzeitiges Singen nur verwöhnt würden; »es ist nur ein Naschen, ein Genießen, wo man noch nichts gethan hat«.

nicht in jeder Gestalt im Gymnasium erscheinen« dürfe, sondern nur, wo sie »dem edelen Zwecke edeler Menschenbildung dienstbar« sei. »Deshalb [...] darf sie sich nicht blos an die niedern Vermögen des Menschen richten wollen, um die gemeine Lust angenehmer Empfindungen hervorzuzaubern; darf nicht zu gefallen streben durch eine des Ernstes entbehrende Künstlichkeit und die Sinne kitzelnde Weichlichkeit und Süßlichkeit; darf sich endlich nicht als gefällige Dienerin der Sinnlichkeit und ihrer Begierden misbrauchen und durch den Gebrauch für gemeine Zwecke des Lebens entweihen lassen.«[44]

Die hier zum Vorschein kommende sinnenfeindliche Erziehungsethik beherrschte aber nicht nur die Bildungsvorstellungen der Schule, sondern führte auch bei den Gesangvereinen auf dem Lande zu Konflikten. In der *Euterpe* äußerte sich in einem fiktiven Gespräch ein »Cantor« zur Frage der Trennung der Geschlechter in Gesangvereinen:

> »Ich stimme unbedingt für Trennung der Geschlechter; denn es ist dabei zu bedenken, daß Sie – dem Gebote der Nothwendigkeit folgend – die Übungsstunden meist des Abends halten müssen. Es ist sehr wohl der Fall möglich, daß gerade der Gesangverein zum Rendez-vous benutzt würde, und daß dies Folgen nach sich ziehen könnte, die der Lehrer doch – wie vorhin bei Besprechung der Liedertexte erwähnt wurde – um jeden Preis verhüten möchte. Im Vereine selbst würde wohl die Gegenwart des Lehrers das mögliche Böse verhüten; aber wie steht's mit Dem, was auf dem Nachhausewege geschehen kann? [...] Darum wiederhole ich nochmals: soll auf dem Lande ein Gesangverein errichtet werden, so möge man aus Gründen der Moralität die Geschlechter getrennt halten. [...]
> Wie aber, wenn trotz dessen dennoch Fälle eintreten, die Sie verhüten wollen, und welche auf Rechnung des Vereins geschrieben werden könnten?«
> Adjuvant: »In diesem Falle hätte der Lehrer allerdings nur ein Mittel, nämlich: sofortige Ausweisung der Schuldigen mit unnachsichtlicher Strenge! Zweideutige oder gar unmoralische Subjecte müßte der Lehrer gar nicht aufnehmen [...]«[45]

Die Klagen über den Verfall der Gesangbildung seitens einzelner Pädagogen betreffen die Tatsache, daß eine methodische, zielgerichtete Gesangbildung vom praktischen Singen mehr und mehr verdrängt wurde. Waren es zu Beginn des Jahrhunderts die Gesangbildungslehren, die Pestalozzis Elementarmethode verbreiteten, so kamen nun »von Messe zu Messe« immer neue Liedersammlungen ohne Anleitung zum Gesangunterricht heraus. Denn das Singen wurde ja als Mittel der Gemütsbildung selber angesehen. So beklagt Hentschel den Verzicht auf eine methodisch begründete Ordnung der Lieder in den Sammlungen wie das Verschwinden der Ziffern. Denn viele der Lie-

---

44 Gottfried Stallbaum: *Über den innern Zusammenhang musikalischer Bildung der Jugend mit dem Gesammtzwecke des Gymnasiums. Eine Inauguralrede,* Leipzig 12. September 1842, S. 14 f. (MPZ, Dokument zur Musikpädagogik 9).

45 G. Herz: *Über Einrichtung von Gesangvereinen auf dem Lande,* in: *Euterpe* 11, 1851, S. 25 f.

dersammlungen waren bisher sowohl in Noten als auch in Ziffern erschienen.[46] Obwohl er eigentlich ein Gegner der Ziffernmethode war, sah er darin doch einen »ächt pädagogischen Geist«, dem Schüler Melodieverläufe anschaulich zu machen.[47] Ebenso war der Gebrauch des Diskantschlüssels mehr und mehr aus der Mode gekommen, obwohl er aus methodischen Gründen besonders geeignet schien, mit dem ersten Ton der C-Dur-Tonleiter auf der ersten Linie beginnen zu können.[48] Die Verdrängung des C-Schüssels in der Musizierpraxis erschien daher als ein Verlust »vokaler Souveränität«.[49]

Wegen seines Einflusses auf die Gemütsbildung rückte der Gesangunterricht neben Religion zu den Hauptgegenständen in der Schule auf. So hieß es in der Verordnung der Kgl. Regierung zu Köln vom 11.1.1828:

> »Unter die wesentlichsten Unterrichtsgegenstände, welche in keiner Schule fehlen dürfen, und worauf ein jeder Lehrer bei Übernehmung einer solchen Schule zu verpflichten ist, gehört der Unterricht im Singen. Sein Hauptzweck innerhalb der Gränzen ist die Bildung des Gefühls [...]. Er ist daher eins der wesentlichsten Mittel des erziehenden Unterrichts, durch dessen richtige und ununterbrochen fortgesetzte Anwendung auch das roheste Gemüth für sanftere Gefühle zugänglich gemacht, ihrem Einflusse hingegeben und an eine Unterordnung unter allgemeine Gesetze bei gemeinsamer Tätigkeit mit andern gewöhnt werden kann.«[50]

Als erziehender Unterricht war der Gesangunterricht in der Schule somit funktional eingebunden. Gegen die politische Restriktion der Restaurationszeit formierte sich, wie wir im vorigen Abschnitt gezeigt haben, immer stärker eine deutliche Opposition besonders in der Volksschullehrerschaft, die sich in Lehrervereinen, meist in Lehrer-Gesangvereinen, versammelte und dabei oft die Schulkonferenz mit Gesangübung verband. Über die Verquickung fachlicher, politischer und gesellig-musikalischer Anliegen geben die *Rathschläge, betreffend die Übungen der Schullehrer-Gesangvereine* von Ernst Hentschel Auskunft.[51] Hier riet er, die Proben zur Einstudierung eines

---

46 In Hientzschs 2. Heft der *Neuen Sammlung 72 zwei-, drei- und vierstimmiger Schul-Lieder* (Breslau 1829) heißt es bereits: »Eine Ausgabe in Ziffern ist von diesem zweiten Hefte nicht gemacht worden, weil sich aus dem Verkauf der beiden Auflagen des ersten Heftes ergeben hat, daß eine solche nicht die Kosten wiederbringt. Es scheint also der Gebrauch der Ziffern zur Bezeichnung der Töne in Abnahme zu sein.« (Vorw.)

47 E. Hentschel im Eröffnungsartikel des 1. Hefts der *Euterpe* (*Der Gesangunterricht und das formale Princip*), 1841, S. 4 f.

48 Hientzschs *Neue Sammlung von 72 ... Schul-Liedern* (1829) war daher noch in zwei Ausgaben, eine im Violin- und eine im Diskant-Schlüssel, erschienen.

49 Vgl. M. Schipke: *Der deutsche Schulgesang*, Berlin 1913, S. 136.

50 Mitgeteilt in: *Eutonia* 6, 1831, S. 108.

51 In: *Euterpe* 1, 1841, S. 133.

Werks erst *nach* den pädagogischen Vorträgen, Lehrproben, Beratungen und Diskussionen anzusetzen. So könne dann auch nach dem Pädagogischen »die Zusammenkunft nach alter, guter Sitte mit Sang und Klang beendigt« werden. Die damit verbundenen Aktivitäten führten dann aber auch zu Verbiegungen im Selbstverständnis der Lehrer, auf die zeitgenössische Berichte hinweisen.

> »Sie erkaufen den Ruhm, leidliche Musiker zu sein, mit dem ungleich schätzenswertheren Fortschritte im Lehrerberufe, singen in Concerten, besuchen Gesangvereine, geben Musikstunden und werden täglich schlechtere Lehrer. Kommt nun noch der Umstand hinzu, daß der junge Lehrer in einer Stadt wohnt, wo mit Musikunterricht ein Ansehnliches zu verdienen ist, so wird er dieß bald benutzen und so in Stundengeberei, in Concerten, damit verknüpften Bällen und bei Liedertafeln seine Zeit verbringen, wogegen ihm die Schule täglich nüchterner, undankbarer und ermüdender erscheint. [...] Je mehr unsere Zeit sich unläugbar durch die stets allgemeiner werdende Vergnügungssucht charakterisiert, welche bereits alle Stände angesteckt hat, desto mehr ist darauf hinzuwirken, daß der Lehrer in seiner Sphäre bleibe und nicht etwa den schlechten Lehrer durch den guten Sänger oder Musiker entschuldige.«[52]

Von den politischen Ereignissen im Vormärz und während der Revolution scheint der Gesangunterricht in den Schulen sonst wenig betroffen gewesen zu sein. Aber vielleicht entspricht dieser Rückzug der Lehrer in die eigene musikalische Betätigung bei den Lehrer-Gesangvereinen auch dem biedermeierlichen Geist der Zeit. Jedenfalls spiegeln die Fachzeitschriften nichts von den politischen Bewegungen und bildungspolitischen Kämpfen. Hier ging es nach wie vor um den Kirchengesang und Liedersammlungen, Konzert- und Literaturberichte. Aber man versuchte, die Kräfte des Musiklebens zu einigen. So kam es 1847 zur ersten allgemeinen deutschen Tonkünstler-Versammlung in Leipzig. Auf der zweiten Versammlung im folgenden Jahr wurde dann eine Kommission gewählt, die Vorschläge zur Reorganisation der Kunstangelegenheiten ausarbeitete, die der neue Kultusminister von Ladenberg in Angriff nehmen wollte. Die diesbezügliche Eingabe von Becker, Brendel, Hentschel, Riccius und Ritter macht zu allen Bildungsinstitutionen Aussagen.[53] Dabei ist es kennzeichnend, daß über den Volksschulgesang ganze drei Zeilen stehen, die die Stoffauswahl betreffen. Da als entscheidende Schaltstelle für Veränderungen die Lehrerausbildung angesehen wurde, betreffen die ausführlichsten Vorschläge die Seminare. Weil die musikalische Volksbildung in den Händen der Volksschullehrer liege, müsse hier die musikalische Ausbildung intensiviert werden. Gemäß der herausgehobe-

---

52 *Skizzen aus dem Notizbuche eines Volksschullehrers*, in: Allgem. Schulzeitung 1844, Sp. 651 (zit. bei Petrat, a.a.O., S. 316).

53 Erschienen in: *Euterpe* 8, 1848, S. 141-146 und 157-162.

nen Stellung der Musik in der Erziehung wurde dann die Gleichstellung der Musiklehrer an Seminaren wie an Gymnasien und anderen Unterrichtsanstalten mit den übrigen Lehrern gefordert – ein fortan immer wieder erhobener Anspruch, der dann erst im 20. Jahrhundert unter Kestenberg realisiert wurde. Zur Hebung der Lehrerbildung sollte beitragen, daß schon bei der Aufnahme der Kandidaten in die Seminare auf ausreichende musikalische Kenntnisse geachtet werden sollte. Zum Lehrplan sollte auch die Berücksichtigung der Musikgeschichte gehören, damit nicht nur die notwendigsten methodischen Kenntnisse erworben würden, sondern die Seminaristen auch »zu einer wirklichen Anschauung der Kunst« vordringen könnten. Für die Gymnasien hielt die Kommission ebenfalls die Aufnahme der Kunstgeschichte neben den obligatorischen Gesangübungen für höchst erforderlich und schlug vor, »daß dafür eher anderes, in neuerer Zeit Eingeführte wegfallen könne«.

Das Problem der Stoffülle beherrschte dann insbesondere infolge der Stiehlschen Regulative den Unterricht. Denn wie bereits gezeigt wurde, bestimmte nun eine immense Menge an Memorierstoff das schulische Lernen. Damit war die formale Bildungsidee Humboldts durch eine bloß materiale endgültig abgelöst. Aber dieses Dilemma hatte sich schon lange angekündigt, als ein Kanon von Liedern die systematische Schulung der Elementarlehre immer mehr zurückdrängte. Die Zirkularverfügung des Kgl. Schulkollegiums in der Provinz Brandenburg vom 20. Juni 1851 hatte im Anhang ein Verzeichnis der einzuübenden Choräle und Lieder angelegt, das für die Unterklasse 12 Choräle und 17 Volkslieder, für die Mittelklasse 15 Choräle und 20 Lieder sowie für die Oberklasse 20 Choräle und 19 ein- und mehrstimmige Lieder vorschrieb.[54] Gegen die Gefahr, »daß unser jetziger Gesangunterricht das formale Princip verletze«, also die Ausbildung der geistigen Kräfte der Schüler in der Fülle des Stoffs untergehe, hatte sich besonders Hentschel gewandt und versucht, die notwendige Liederübung mit der Bildung der Tonanschauung zu verbinden.[55] Das sollte sein Stundenmodell in Diesterwegs *Wegweiser* verdeutlichen. Damit kündigte sich aber, wie Kramer gezeigt hat, ein grundlegender Wandel in der Unterrichtsliteratur der folgenden Jahre an. Während die Gesangbildungslehren in der Nachfolge Pfeiffer/Nägelis einen systematisch angelegten Lehrgang entwickelten, traten in der Nachfolge Hentschels nun stundenbezogene Hilfen in den Vordergrund, die den Unterrichtsablauf methodisch strukturieren sollten. Sie »bauen mit wenigen Varianten in der Gliederung des Unterrichtsablaufs die Lektion aus

---

54 Vgl. Nolte, a.a.O., S. 54-58.
55 In: *Der Gesangunterricht und das formale Princip*, in: *Euterpe* 1, 1841, S. 3-10.

einer Reihe von Versatzstücken auf, die spezifischen didaktischen Schritten der Liedvermittlung entsprechen«.[56]

3. Ausbildung am Lehrerseminar: Beispiel Potsdam

Trotz der eingeleiteten Schulreformen unter Humboldt und der Einrichtung von Schullehrer-Seminaren ließ die Lehrerbildung in der ersten Hälfte des Jahrhunderts immer noch viel zu wünschen übrig, wie wir den nicht endenden Klagen über die unzureichende Vorbildung entnehmen können. Vor allem war die Zahl der zur Verfügung stehenden Seminare anfänglich viel zu gering; 1806 gab es in Preußen nur 11 Seminare, deren Zahl sich dann aber schnell erhöhte, so daß 1826 schon 28 Seminare für die Lehrerausbildung zur Verfügung standen.[57] Über die Lage, wie sie nach 1800 noch allerorten anzutreffen war, informiert ein zeitgenössischer Bericht.

> »Überall entweihten verdorbene Schneider, Garnweber, Tischler und abgedankte Soldaten das heilige Geschäft der Erziehung, die Bildung des Volks war in den Händen unwissender, roher, kraftloser, unsittlicher, halbverhungerter Menschen, die Schulen waren zum Teil wirkliche Kerker und Zuchthäuser. Überall herrschte Unordnung und Willkür, Sklavensinn und Widerwille, Buchstaben- und Formelwesen, Geistlosigkeit und Schlendrian, Unwissenheit und Stumpfsinn, Erbitterung und Feindschaft unter Lehrern, Eltern und Kindern.«[58]

So kam es in den ersten Jahrzehnten des 19. Jahrhunderts zu zahlreichen Gründungen von Lehrerseminaren. Hier soll an einem Beispiel verdeutlicht werden, wie die Ausbildung der Volksschullehrer in der politisch unruhigen Phase des Vormärz aussah, wie die Restauration auch auf die Lehrerbildung durchschlug.

Mit Verfügung vom 1. 8. 1816 und mit der Unterschrift Natorps wurde der Beschluß bekanntgemacht, in Potsdam ein »Kgl. Land-Schullehrer-Seminarium« zu errichten, das 1817 von Natorps Nachfolger, dem Regierungs- und Schulrat Wilhelm von Türk (1774–1846), eröffnet wurde, der als Pesta-

---

56 W. Kramer: *Formen und Funktionen exemplarischer Darstellung von Musikunterricht im 19. und 20. Jahrhundert*, Wolfenbüttel 1990, S. 67.

57 Vgl. Rainer Bölling: *Sozialgeschichte der deutschen Lehrer*, Göttingen 1983, S. 54, und Georg Sowa: *Anfänge institutioneller Musikerziehung in Deutschland 1800–1843*, Regensburg 1973, S. 155.

58 K. H. Neumann: *Über die jetzt eingeleitete Verbesserung des Elementarunterrichts in der Preußischen Monarchie*, Potsdam 1811.

lozzianer galt und Pestalozzi 1804 in Münchbuchsee aufgesucht hatte. Als ersten Direktor hatte er Karl Friedrich Klöden (1786–1856) berufen, so daß die Geschicke des Seminars in fortschrittlich-liberalen Händen lagen. Die Dauer der Ausbildung betrug zunächst zwei Jahre, wurde aber bald auf drei Jahre ausgedehnt. Aufgenommen konnte werden, wer »in Hinsicht der Kenntnisse« nachwies, daß er »in der Bibel gehörig bewandert« sei, »ohne Anstoß und mit gehörigem Ausdrucke vorlesen« könne, eine »deutliche Handschrift« habe, »ohne grobe orthographische Fehler« nach Diktat schreiben könne, einige Kenntnisse im Rechnen und in der Formenlehre habe sowie »senkrechte und waagerechte Linien aus freier Hand an die Tafel zeichnen« könne. Schließlich mußten die Bewerber »einige Vorkenntnisse in der Musik haben und im Gesang wenigstens so weit vorgeschritten sein, als der erste Cursus der vom Ober-Konsistorialrat Natorp herausgegebenen Anleitung zur Gesang-Bildungs-Lehre reicht; auch ist zu wünschen, daß sie auf dem Klavier einige einfache Melodien mit richtiger Beobachtung des Takts spielen können«.[59]

Bedenkt man die vielen Klagen über die mangelhafte Vorbildung, kann man vermuten, daß es mit der Feststellung all dieser Fähigkeiten doch nicht so genau genommen wurde. Ebenso war zunächst auch keine förmliche Abschlußprüfung vorgesehen. Vielmehr regelten sich die Abgänge entsprechend den Anforderungen freier Lehrerstellen. Eine Überprüfung der Lehrbefähigung nach dem dreijährigen Kursus geschah formlos durch den Regierungsschulrat in dessen Wohnung. Eine Entlassungsprüfung für eine ganze Klasse fand in Potsdam erstmals 1824 statt, eine Prüfungsordnung trat erst 1826 in Kraft.

Wegen des großen Lehrerbedarfs wurden in Potsdam seit 1829 auch zusätzlich Einjahreskurse eingerichtet, die für die Besetzung der notleidenden Landschulen bestimmt waren. Bemerkenswert ist, daß diesen Kandidaten musikalische Fertigkeiten, soweit sie über den bloßen Gesang hinausgingen, also das Orgel- und Klavierspiel, erlassen wurden.[60] In den anderen Seminaren dürften ähnliche Regelungen bestanden haben, so daß es nicht weiter verwunderlich ist, daß die Situation in den Landschulen so erbärmlich war und Hentschel mit seinen praktischen Schriften gerade hier Abhilfe schaffen wollte.

Der Seminardirektor Klöden war ein außerordentlich vielseitiger Mann,

---

59 F. Buchholz: *Geschichte des Kgl. Schullehrer-Seminars zu Potsdam*, in: F. Buchholz/G.Buchwald: *Die Brandenburgischen Lehrerseminare und die ihnen angegliederten Präparandenanstalten*, Berlin 1961, S. 25 f.

60 Vgl. Buchholz, a.a.O., S. 27.

der sich besonders der Musik annahm und seine Seminarlehrer und Semina-risten in den örtlichen Lehrer-Gesangverein brachte. Der Lehrplan des Semi-nars war von aufgeklärter Vielseitigkeit und räumte neben den üblichen Fächern auch naturwissenschaftlichen (Naturlehre, Naturgeschichte, Alge-bra, Geometrie), politischen (Welt- und Staatenkunde) und pädagogischen Fächern (Pädagogik und Methodik) einen gebührenden Platz ein. Das ein-zige Fach aber, das durch alle sechs Semester verbindlich blieb, war Gesang. Die musikalische Ausbildung[61] gliederte sich demnach in

1. Sem.	Gesang	
2. Sem.	Gesang, Harmonielehre	
3. Sem.	Gesang, Harmonielehre	
4. Sem.	Gesang, Harmonielehre + Pädagogik, Methodik	
5. Sem.	Gesang, Harmonielehre + Methodik	
6. Sem.	Gesang, Orgel.	

Außerdem sollte der Seminarist in seinem letzten Halbjahr drei Tage mit eigener Unterrichtspraxis in einer Seminarschule verbringen. 1825 wurde sogar eine eigene Schule für 150 bis 160 »gesunde, reinlich gehaltene Armen-kinder« dem Seminar als Ausbildungsschule (Seminarschule) angeschlossen.

Nach den Karlsbader Beschlüssen 1819 setzte auch unter den fort-schrittlich, z. T. revolutionär gesinnten Lehrern die berüchtigte »Demagogen-verfolgung« ein. Im preußischen Kultusministerium gewannen reaktionäre Positionen konservativer Beamter immer mehr die Oberhand. So wurde der Ministerialbeamte Ludolph von Beckedorff mit der Aufgabe betraut, den demagogischen Umtrieben an den Seminaren Einhalt zu gebieten. Becke-dorff vertrat eine klar konservative Position und wollte die Schule aus dem li-beralen Fahrwasser heraus wieder stärker an die Kirche binden. Dabei wurde aus konservativen Kreisen geäußert, »Naturkunde sei für Schulen wertlos, Mathematik auf Schulen sei nur Futter für stumpfe Köpfe, die Jugend würde viel zu weit geführt«.[62] Statt wissenschaftlicher Schulung und aufgeklärter Philosophie sollte nun wieder treue und andächtige Gesinnung vermittelt werden. Nach Beckedorffs Inspektion des Potsdamer Seminars wurde Klöden daher aufgefordert, seinen Ausbildungsplan zu revidieren. Es ging darum, die Naturwissenschaften zurückzudrängen, dagegen Religion und Gesang aber zu verstärken. So mußte der liberale Klöden 1824 schließlich dem Druck weichen und verließ das Lehrerseminar.

---

61 Ebd., S. 28.
62 Ebd., S. 32.

Sein Nachfolger wurde Friedrich Ludwig Striez, der vom Seminar in Neuzelle kam, das wegen seiner strengen, straffen Ordnung Beckedorffs Zustimmung gefunden hatte. Er setzte eine strenge Disziplin durch und formte das Seminar im Sinne preußischer Zucht und Ordnung. Im Zusammenhang der Personalkämpfe zwischen liberalen und konservativen Positionen im Kultusministerium signalisierte die Berufung von Striez zum Stellvertreter und späteren Nachfolger v. Türks im Ministerium die konservative Wende.

Als Striez 1833 ausschied, übernahm der Pädagoge Johann Gottfried Hientzsch die Leitung des Seminars, den Striez aus Neuzelle kannte. In seine Amtszeit fiel der Regierungswechsel 1840, der mit dem Kultusminister Eichhorn eine weitere Verschärfung rigider Restriktionsmaßnahmen brachte. Die Seminare, die »anfangs im Charakter von Schulmeisteruniversitäten angelegt« waren und die Seminaristen nicht »abrichten«, sondern »selbst denken, selbst versuchen, selbst lesen, wählen, kombinieren« lehrten[63], sollten nun wieder zu Lern- und Drillanstalten werden. Dennoch versuchte Hientzsch, den pädagogischen Reformkurs im Seminar aufrechtzuerhalten. Allerdings wurde 1844 die Ausbildung im Gegensatz zu anderen Seminaren wieder auf zwei Jahre verkürzt, was durchaus als Rückschritt verstanden wurde.

Besondere Förderung erhielt die Musik, bei der Hientzsch sich um gute Bedingungen für die Ausbildung kümmerte. Verstärkt wurde diese Bemühung durch eine Stiftung des Provinzial-Schulkollegiums, das dem Seminar eine musikalische Bibliothek zur Verfügung gestellt hatte, zu der auch Musikinstrumente gehörten. Dies gab der Musikerziehung im Seminar, in dem jeder Seminarist in der Regel seine eigene Violine hatte, zusätzlichen Auftrieb. Hinzu kam ein nicht unbeträchtlicher Bestand an Instrumenten aus dem Besitz des Seminars: eine Orgel, ein Positiv, zwei Flügel, vier Pianoforte, acht Klaviere[64], zwei Kontrabässe, zwei Celli, zwei Bratschen, ein Paar Hörner sowie drei Klarinetten.[65]

In der politisch immer restriktiver werdenden Bildungssituation war Hientzsch um die Aufrechterhaltung einer pädagogisch verbesserten Ausbildung bemüht. So richtete er zur besseren Vorbereitung der Seminaranwärter 1836 eine Präparandenklasse ein, die aber – wohl aus finanziellen Gründen – 1840 wieder eingestellt wurde. Deutlich bekannte sich Hientzsch zur Pädagogik Pestalozzis, zu dessen 100. Geburtstag 1846 er demonstrativ eine Feier in seinem Seminar veranstaltete. Auch der Lehrerbewegung stand er

---

63 J. Tews: Ein *Jahrhundert preußischer Schulgeschichte*, Leipzig 1914, S. 98.

64 Mit den Klavieren sind vermutlich Clavicembali gemeint.

65 Nach Buchholz, a.a.O., S. 37.

positiv gegenüber. Trotz der restaurativen Repressionspolitik[66] hatte er Wanders »Aufruf an Deutschlands Lehrer« vom August 1848 mit unterzeichnet, mit dem die Lehrer zur Einheit im Bestreben um eine »deutsche Volkserziehung« aufgerufen wurden. Auf der Grundlage dieses Manifests kam es dann zur Gründung des »Allgemeinen Deutschen Lehrervereins«. 1849 verließ Hientzsch das Potsdamer Seminar, um die Leitung einer Blindenanstalt in Berlin zu übernehmen.

Im Zuge der Verlagerung der Seminare wurde 1851 das Potsdamer Seminar nach Köpenick verlegt. Den Stand der Musikausbildung dieser letzten Jahre spiegeln die Vorschläge des Lehrerkollegiums, das diese dem neuen Minister v. Ladenberg zur Vorbereitung gesetzgeberischer Maßnahmen 1849 zustellte. Darin werden zum Stand der musikalischen Ausbildung folgende Ausführungen gemacht:

»Bisher hat jeder Seminarist der hiesigen Anstalt in allen musikalischen Disziplinen, welche von der Behörde vorgeschrieben sind, Unterricht erhalten. Es wurde dabei nie die Frage aufgeworfen, ob der Seminarist bei seiner Aufnahme den Grad der Vorbildung und des Talents habe, welcher zu der Hoffnung berechtigt, daß derselbe nach Absolvierung des Seminarkurses bei gehörigem Fleiße die für das Amt nötige musikalische Reife erlangen werde. Die Folgen davon sind:
1. daß die musikalische Bildung bei der so überaus mangelhaften Vorbereitung im allgemeinen sich nie zu einer erfreulichen Höhe entwickeln kann;
2. daß den Seminaristen, wenn sie den Forderungen der Musiklehrer nachkommen wollen, besonders durch Besiegung der Technik ein großer Teil ihrer Zeit und Kraft für die übrigen Lehrfächer entzogen wird;
3. daß denjenigen, welche sich durch Vorbildung und Talent auszeichnen, nicht diejenige Aufmerksamkeit gewidmet werden kann, welche imstande wäre, sie auf eine höhere Kunststufe, wie das Organisten- und Kantoramt sie fordert, zu erheben.
Hiernach ist es wünschenswert:
1. daß die musikalische Vorbereitung für das Seminar eine bessere werde;
2. daß diejenigen, welche durch ihre Tüchtigkeit in allen nicht musikalischen Fächern den Eintritt ins Seminar wohl verdienen, aber nicht diejenige musikalische Vorbildung besitzen, welche zur gedeihlichen Benutzung des Musikunterrichts im Seminar befähigt, von den Musikstunden, vielleicht sogar von den Gesangstunden, ausgeschlossen werden. Die Ausschließung der mangelhaft Vorbereiteten vom Unterricht im Generalbaß und Orgelspiel erscheint um so mehr gerechtfertigt, als das Bedürfnis der hiesigen Provinz nach Organisten zur Zeit ein so geringes ist, daß von den halbjährlich abgehenden 25 Seminaristen höchstens drei bis vier Organistenämter erhalten.«[67]

Die Dispensation unqualifizierter Seminaristen von der musikalischen Ausbildung war gewiß nicht im Sinne Hientzschs, entsprach aber der konser-

---

66 Auf dem Höhepunkt der Auseinandersetzung 1847 war der fortschrittliche Diesterweg, dessen Pädagogik einen Frontalangriff auf das konservative Erziehungsverständnis bedeutete, vom Minister Eichhorn seines Amtes enthoben worden.

67 Vorlage des Lehrerkollegiums des Seminars zu Potsdam vom 10. Januar 1849, in: Buchholz, a.a.O., S. 41 f.

vativen Tendenz, an die Stelle musikalischer Volksbildung Singen nur noch funktional zur Gemütspflege einzusetzen, womit dann aber der Schulgesang neben Religion wieder ins Zentrum der Volksschule rückte.

6. Kapitel

Erziehung in der nationalen Schule 1866–1890

1. Schulentwicklung nach 1866

Der sozialen und politischen Revolution von 1848 folgte eine Phase der Reaktion, die in den süddeutschen Staaten zögernder einsetzte als in Preußen, wo das reaktionäre Schulregiment am ungehemmtesten in der Volksschule wirkte, während das Ministerium mit dem höheren Schulwesen und den Universitäten zurückhaltender verfuhr. Eine »befreiende Wendung« konstatierte der Pädagoge und Philosoph Friedrich Paulsen[1] erst mit Beginn der nationalen Einigung 1866, auch wenn damit keineswegs schon die reaktionäre Schulpolitik zu Ende ging, sondern sich die Bildungspolitik unter Bismarck, der 1862 zum Ministerpräsidenten berufen worden war, im Kulturkampf zwischen Staat und Kirche aufrieb, bei dem es äußerlich um die Unterstellung der Schulaufsicht, letztlich aber um die Durchsetzung der Idee der Einheit von Nation und Religion ging. Und im Verlauf dieser Auseinandersetzung gewannen konservative Züge deutlich die Oberhand, wobei sich im Laufe der Jahre die religiöse Orientierung von Schule und Erziehung immer mehr von der Kirche loslöste und dem Nationalgedanken unterordnete. Die Säkularisierung der Bildung erhob dann die Schulreform zur nationalen Frage, und diese gehörte in der zweiten Hälfte des 19. Jahrhunderts durchaus zum »Normalbestand der Politik« (Nipperdey). Je stärker Politik und Gesellschaft vom Gefühl der nationalen Identität bestimmt wurden, desto wichtiger wurde auch eine Nationalerziehung, zu deren Verwirklichung die Schule entscheidend beitragen sollte. Damit wurde aber zugleich auch die neuhumanistische Bildungsidee, die noch vom Aufklärungsimpuls getragen war und auf eine allgemeine Elementarbildung zielte, abgelöst von einer zweckbestimmten, funktionalisierten Nationalerziehung.

Die Methodensuche der ersten Jahrzehnte konnte nun keine Lösung der neuen Aufgaben mehr bieten; es war daher die Schule selber, in der sich tiefgreifende Wandlungen vollziehen mußten. Dies geschah in der Auseinandersetzung um die Simultanschule und im Kampf um das Gymnasialmonopol beim Zugang zum Universitätsstudium und führte am Ende des Jahrhunderts zur festen Ausprägung der drei ständisch gegliederten Schulformen

---

1 F. Paulsen: *Geschichte des gelehrten Unterrichts*, Bd. 2, Berlin/Leipzig 1921, S. 577.

(Volksschule – mittlere Schulen – höhere Schulen) mit unterschiedlichen Bildungschancen und Selektionsmechanismen für höhere berufliche und damit soziale Aufstiegsmöglichkeiten.

Der Gesangunterricht war von den bildungspolitischen Veränderungen natürlich in seiner inhaltlichen Orientierung betroffen, wo nun neben den Choral das vaterländische Lied trat; doch blieb die Fachdiskussion selber weitgehend unberührt von den aktuellen Ereignissen. So heftig der Methodenstreit in den ersten Jahrzehnten des Jahrhunderts geführt worden war, so ruhig war es nun um die pädagogischen Fragen des Gesangunterrichts geworden. Eine Stagnation schulischen Gesangunterrichts ist unverkennbar; das Fach Singen war in den Stundentafeln der höheren Schulen auch gar nicht mehr als Pflichtfach vertreten. Aus dieser Lethargie wurde die Öffentlichkeit erst durch äußerst kritische Berichte über den schulischen Gesangunterricht aus dem Ausland aufgeschreckt. Zu einer tatsächlichen Reformbewegung in der Pädagogik kam es dann erst nach der Jahrhundertwende.

Die Volksschule im Kulturkampf

Die Volksschule war insoweit Staatsschule, als der Staat die Rahmenbedingungen für Ziele, Inhalte und die Lehrerbildung stellte. Sie war aber auch Gemeindeschule, deren Lasten für Schulhäuser und Lehrer zu einem großen Teil von der Gemeinde getragen werden mußten, und kirchliche Schule insofern, als sie der geistlichen Schulaufsicht unterstand.[2] Die reaktionäre Schulpolitik hatte der religiösen Erziehung eine starke Position zugewiesen. Mit dem Rigorismus voller Stoffpläne und eines starren Lernpensums hatten die Stiehlschen Regulative von 1854 den von der Kirche emanzipierten Geist der Volksschule wieder zurechtbiegen wollen.

So wurde in der Schulpolitik nach 1866 noch am konservativen Kurs festgehalten, der Schule und Lehrerbildung auf einen klar eingegrenzten Wissensstoff, auf Gemütsbildung und strenge Disziplin festlegte. Eine Lockerung trat erst ein, als Bismarck sich von dem konservativen Kultusminister von Mühler trennte und den liberaleren Adalbert Falk (1827 –1900) zum Minister berief. Dadurch wurde aber die Volksschule in den Kampf mit der katholischen Kirche hineingezogen. Falk setzte zunächst die verhaßten

---

2 Vgl. zum Bildungswesen die Darstellung bei Th. Nipperdey: *Deutsche Geschichte 1866–1918*, Bd. 1: Arbeitswelt und Bürgergeist, München 1990, S. 531 ff.

Stiehlschen Regulative (1854) und ihre ergänzenden Verordnungen (1859) außer Kraft. An ihre Stelle traten 1872 die »Allgemeinen Bestimmungen«.[3] Ihnen sah die Lehrerschaft mit großer Erwartung entgegen. In den *Rheinischen Blättern* hieß es 1873:

> »[...] Die Uhr der unheilvollen Reaction ist abgelaufen. Begrüßen wir die neue Aera freudig und hoffen wir auf eine weitere gesunde und energische Entwicklung der Dinge [...] Dieser 25. October [sic!] ist [...] ein Tag des Herren [...]«[4]

Bemerkenswert an den Falkschen Bestimmungen war zunächst, daß sie ideologisch völlig neutral blieben. Sie trugen vielmehr der industriellen Entwicklung Rechnung und führten die »Realien« (Raumlehre, Naturkunde) wieder ein, weil die Qualifikation industrieller Arbeitskräfte nicht mehr allein auf der Basis der bisherigen Fächer (Religion, Lesen, Schreiben, Rechnen, Singen) zu gewährleisten war. Der Überfrachtung mit Lernstoff trat die Betonung größerer Selbsttätigkeit gegenüber. Statt der einklassigen Dorfschule wurde nun die dreiklassige, differenzierte Volksschule zur Norm erhoben. Ebenso sollte auch das Niveau der Lehrerausbildung gehoben werden. Dazu wurden bis 1878 31 neue Lehrerseminare gegründet. Angesichts des wachsenden Einflusses der Sozialdemokratie glaubte Falk, die Lehrer nur durch liberale Verbesserungen gewinnen und in eine nationale Schulreform integrieren zu können.

Bereits am 11.3.1872 hatte der Kaiser den kirchlichen Behörden das Aufsichtsrecht über die Schulen entzogen. Die Erziehung der Nation wurde zur primären Aufgabe des Staates gemacht. Dies mußte in der Konfessionsfrage zu neuen Konflikten führen. Denn in gemischt-konfessionellen Gebieten sollte nun an die Stelle der einklassigen Konfessionsschule die dreiklassige Regelschule treten, die aber nur als Simultanschule möglich war, wogegen sich entschieden eine konservativ-klerikale Opposition formierte. Als sich Bismarck anschickte, den Kulturkampf zu beenden, mußte Falk 1879 gehen. Damit war auch das Ende der Simultanschulen gekommen und wurden die »Allgemeinen Bestimmungen« restriktiv konservativ ausgelegt. Demgegenüber endete die Reaktionszeit in den liberaler orientierten Ländern früher; in Baden wurde bereits 1876 die Simultanschule obligatorisch, in Hessen fakultativ eingeführt; Württemberg und Bayern blieben am längsten kirchlich bestimmt.

Trotz der insgesamt restriktiv konservativen Schulpolitik war aber die

---

3 Allgemeine Bestimmungen des Königlich-Preußischen Ministers der geistlichen, Unterrichts- und Medicinal-Angelegenheiten vom 15.10.1872, betreffend das Volksschul-, Präparanden- und Seminarwesen.

4 Zit. in: H. Lemmermann: *Kriegserziehung im Kaiserreich*, Bd. 1, Lilienthal 1984, S. 63.

Volksschule moderner geworden. Die einklassige Schule hielt sich noch am längsten auf dem Land. Aber der kirchliche Einfluß ging zurück. »Kein Seminar, keine Aufsicht, keine Pläne konnten verhindern, daß der Strom der Entkirchlichung oder doch der Abschwächung religiöser Bindungen über die Mauern der Schule hinweg ging, die Lehrer ergriff.«[5] Andererseits bestand die alte Wertordnung fort, galten die preußischen Tugenden der Pflicht und Zucht. Und alle, die fortschrittlichen wie die konservativen Kräfte, waren sich einig in einem nationalen Ton, der in allem mitschwang und das, worum es in der Schule ging, zur »deutschen« Sache erhob.

Der Kampf ums Gymnasialmonopol

Auch das Gymnasium zur Zeit der Reaktion drohte am Pensum der vorgegebenen Stoffülle zu ersticken. So klagt ein Gymnasiallehrer 1852:

> »Das Pensum ist aus einem schützenden Grenzgott unvermerkt ein böser Dämon geworden, welcher die Ruhe des Kindes, das sonst in ungestörter Heiterkeit um denselben spielte, geraubt und in Furcht und Angst verwandelt hat; das Pensum ist es, welches den Lehrer, der sich seiner beklemmenden Einwirkung gern entziehen oder das nebelhafte Gespenst packen möchte, fort und fort höhnt und ihn zu rastloser Eile treibt; das Pensum endlich ist es, welches in der Hand der beaufsichtigenden Behörden nur zu leicht ohne ihr Wissen und Wollen zu einem Medusenhaupt wird, vor dessen drohendem Anblick alles Lebende erstarrt.«[6]

Der stofflichen »Überbürdung« galt es also Einhalt zu gebieten. Um den christlichen Charakter der Schule zu sichern, wurden vor allem die Fächer reduziert, gegen die sich die reaktionäre Schulpolitik richtete: die Realien und das Griechische. Die neuen Lehrpläne vom 7. Januar 1856 verkürzten den naturwissenschaftlichen Unterricht, verbanden die philosophische Propädeutik mit dem Deutschen und den Deutsch- mit dem Lateinunterricht. Die Stoßrichtung der reaktionären Schulpolitik betraf damit Kernbereiche des Humboldtschen Gymnasiums. Noch 1837 hatte eine ministerielle Verfügung festgestellt:

> »Die Lehrgegenstände in den Gymnasien, namentlich die deutsche, lateinische und griechische Sprache, die Religionslehre, die philosophische Propädeutik, die Mathematik nebst Physik und Naturbeschreibung, die Geschichte und Geographie sowie die technischen Fertigkeiten des Schreibens, Zeichnens und Singens [...] machen die Grundlage jeder höheren Bildung aus.«[7]

---

5 Nipperdey, a.a.O., S. 541.

6 M. Seyffert: *Das Privatstudium*, Berlin 1852; zit. in: Paulsen, a.a.O., Bd. 2, S. 504.

7 Zirkularreskript des Ministers der geistlichen etc. Angelegenheiten vom 24. 10. 1837, zit. in: Nolte, a.a.O., S. 81.

Das klassische Griechisch wurde nun wegen seiner Vermittlung hellenisch-republikanischer Gesinnung wie wegen seiner Nähe zum antiken Heidentum abgelehnt und sollte durch die Stärkung des staatstragenden Latein ersetzt werden. Der Einfluß naturwissenschaftlichen Denkens erschien dagegen als bedenklich, weil es die metaphysische Basis der Religion gefährden und dadurch zu Materialismus und Atheismus verführen könnte.[8] So bewirkte das nachrevolutionäre Mißtrauen gegenüber dem klassischen (humanistischen) Gymnasium eine allmähliche Verfestigung der Volksschule als niederer, religiös verwurzelter Armenschule und des Gymnasiums als konfessionell gebundener Lateinschule.

Andererseits begünstigten die technologisch-ökonomischen Entwicklungen seit der Jahrhundertmitte den Gedanken an eine Schulform, die gleichberechtigt neben dem klassischen Gymnasium höhere Schulbildung auf der Grundlage der Realien, also der naturwissenschaftlichen Fächer und der neuen Sprachen, vermitteln sollte. So entstanden die lateinlosen Real- und Bürgerschulen. 1859 kam es dann im Zuge der Neuordnung der Unterrichts- und Prüfungsordnungen zu einer durchgreifenden Neugliederung des vielgestaltigen Schulwesens. Neben das klassische Gymnasium traten nun als volle neunjährige Anstalt die Realschule erster Ordnung mit Latein als Pflichtsprache sowie die verkürzte Realschule zweiter Ordnung ohne Latein. Die Verordnung, die die Gymnasien in den Naturwissenschaften beschnitt, hatte den Realschulen erster Ordnung Latein als Pflichtfach auferlegt und sie damit zu »Realgymnasien« gemacht. Was offensichtlich als restriktive Maßnahme gemeint war, wirkte sich als attraktive Förderung einer Schulart aus, die nun in Konkurrenz zu den klassischen Gymnasien beim Universitätszugang trat und sich dabei zunehmender Beliebtheit erfreute. Als dritte höhere Schulform ging schließlich aus der lateinlosen Realschule zweiter Ordnung die neunklassige »Oberrealschule« ohne Latein hervor. Damit verschärfte sich der Machtkampf um das Monopol der Gymnasien.

Bald nach der Reichsgründung 1871 setzte eine schwere Konjunkturkrise ein. Während die Bevölkerungszahlen anstiegen, stagnierten die wirtschaftlichen Zuwachsraten. In dieser Situation wurden Beamtenstellen ungeheuer attraktiv, was zu einem verstärkten Zustrom zu den Universitäten führte und den Staat nur wieder zu Abschreckungsmanövern durch Verknappung der Beamtenstellen (Lehrerstellen) veranlaßte. Bildung wurde zum Eigentumsrecht, das von der privilegierten Schicht vehement verteidigt wurde. Der Konflikt spitzte sich durch das Berechtigungswesen zu, weil das Gymnasialmonopol für die Zulassung zum Studium und das Einjährigenprivileg be-

---

8 Vgl. Blankertz, a.a.O., S. 168.

stimmte soziale Aufstiegsschancen einschlossen. Dem sollte mit politischen Maßnahmen gegengesteuert werden. Der Reichskanzler Bismarck warnte daher vor einer »Überbildung« der nach höheren Karrieren strebenden Jugend, für die es keine Stellen gab. Die Gefahr eines zunehmenden »Abiturientenproletariats« wuchs.

1872 hatte eine Reichsschulkonferenz im Streit um das Gymnasialmonopol keine Klärung bringen können. Später stellte sich der junge Kaiser Wilhelm II., der sich als »Schulkaiser« profilieren wollte, dann in der Frage des Gymnasialstreits eindeutig auf die Seite der Gymnasialpartei. Er wollte die Schule im Kampf gegen die Sozialdemokratie benutzen und unterstützte den Gedanken an nur noch zwei höhere Schultypen: das traditionelle klassische (humanistische) Gymnasium und die technisch orientierte, lateinlose Oberrealschule, die er auf religiöse und patriotische Gesinnung verpflichten wollte. In der 1890 erneut einberufenen Schulkonferenz trat er persönlich für diese Lösung ein und stellte in seiner Eröffnungsansprache fest:

> »Ich halte dafür, daß die Sache ganz einfach dadurch zu erledigen ist, daß man mit einem radikalen Schnitt die bisherigen Anschauungen zur Klärung bringt, daß man sagt: Klassische Gymnasien mit klassischer Bildung, eine zweite Gattung Schulen mit Realbildung, aber keine Realgymnasien. Die Realgymnasien sind eine Halbheit, man erreicht mit ihnen nur Halbheit der Bildung, und das ganze gibt Halbheit für das Leben nachher.«[9]

Doch die Entwicklung war nicht mehr zurückzuschrauben. Die Realgymnasien waren viel zu fest im Bewußtsein verankert und gesellschaftlich etabliert, als daß sie wieder hätten beseitigt werden können. Zwischen 1890 und 1900 wuchs in Preußen die Zahl der Real- und Oberrealschulen von 61 auf 278.[10] In Baden und Württemberg war der Anteil der Realschulen schon um 1900 höher als im übrigen Reich.[11] Die Oberrealschule ging somit aus dem Kampf ums Gymnasium, der mit deutlicher Bevorteilung jener Schulform ausgetragen wurde, so gestärkt hervor, daß sie schließlich erreichte, was sogar dem Realgymnasium verweigert werden sollte, die gleichwertige Anerkennung des Abiturs. 1900 wurde der Streit durch die Gleichberechtigung aller drei höheren Schulformen entschieden und die Gleichwertigkeit der Abiturzeugnisse verfügt.

Man darf aber nicht übersehen, daß das Gymnasium eine Schule für das gehobene Bürgertum war, die den akademischen Eliten vorbehalten blieb. Wie stark die soziale Selektion das Denken beherrschte, zeigt die Äußerung

---

9 Zit. in: H. Blankertz, a.a.O., S. 170.
10 Nipperdey 1991, a.a.O., S. 552.
11 Ebd., S. 554.

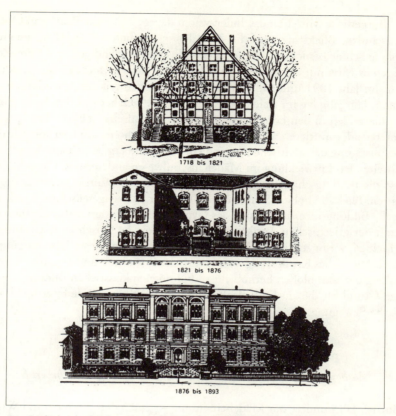

1718 bis 1821

1821 bis 1876

1876 bis 1893

Die Geschichte des Schulwesens spiegelt sich auch in der Architektur. Das Dorfschulhaus des 18. Jahrhunderts verbindet noch das Familienleben des Schulmeisters mit dem Unterricht, zu dem sich die Kinder des Dorfes in einem Raum versammelten. Mit der strafferen Schulreform zu Beginn des 19. Jahrhunderts ändert sich auch der Zuschnitt der Gebäude, die nun nüchtern-funktional werden und kasernenartig wirken, bis am Ende des Jahrhunderts ein klassizistischer Bau die neuhumanistische Tradition des Gymnasiums ausdrückt.

eines Gymnasialdirektors während der Schulkonferenz von 1890, der betonte, daß er »der Unsitte entgegentreten [möchte], daß fort und fort Handwerker und Unterbeamte aus törichter Eitelkeit ihre Kinder in die vornehmen Schulen bringen«, während es – einer anderen Aussage zufolge – der Oberschicht nicht gleichgültig sein könne, »wenn ein Glied so aus der Art schlägt, daß es die soziale Stufenleiter hinabsteigt«.[12]

12 Zit. in: H. Blankertz: *Die Geschichte der Pädagogik von der Aufklärung bis zur Gegenwart,* Wetzlar 1982, S. 200.

Bürgerliche Mittelstandsschulen waren dagegen eher die Real- und Oberrealschulen. Blickt man auf die Zahl der schulpflichtigen Kinder, die eine höhere Schule besuchten, bleibt ihr Anteil verschwindend gering. In Preußen waren es 1864 nur 3,6 Prozent. Die Zahl stieg dann geringfügig auf 4,1 Prozent im Jahr 1891 und auf 5 Prozent 1911. Der Anteil der Abiturienten an einem Jahrgang lag im Reich bei ca. 2 Prozent.[13] Dabei war der Anstieg der Schülerzahlen in den höheren Schulen weniger auf eine stärkere Beteiligung unterer oder mittlerer Sozialschichten zurückzuführen, sondern spiegelt die Begünstigung der städtischen Jugend einerseits und ergibt sich aus der voranschreitenden Entwicklung im Mädchenschulwesen andererseits. Obwohl sich also die Bildungschancen zum Ende des Jahrhunderts hin insgesamt erhöht hatten, blieb die höhere Schule doch Teil einer Klassengesellschaft. Die klassische Bildungsidee, an der sich das Gymnasium orientierte, also die formale Kraft der griechischen Antike und die Fähigkeit, lateinisch zu lesen und zu schreiben, verlor seit Mitte des Jahrhunderts immer mehr an Überzeugungskraft. Nietzsches Kritik an der »antiquarischen« Bildung und Lagardes Verurteilung der zum bloßen Lernobjekt verkommenen klassischen Bildung legten den Grund für die am Ende des Jahrhunderts aufkommende reformpädagogische Bewegung.

Ausbau des Mädchenschulwesens und Feminisierung des Lehrberufs

»Im 19. Jahrhundert war Mädchenbildung – gemäß den Normen und Wirklichkeiten der Geschlechterrollen – etwas Spezifisches, sie war zwar auch ›allgemein‹, aber nicht gelehrt, und natürlich nicht altsprachlich, mehr praktisch, ästhetisch-literarisch und aufs ›Gemüt‹ bezogen.«[14] Die Volksschulbildung war im 19. Jahrhundert für Jungen und Mädchen grundsätzlich gleich, aber nach Geschlechtern getrennt. Koedukation gab es nur in der einklassigen Dorfschule. Höhere Schulbildung, wie sie in den Gymnasien und Realschulen vermittelt wurde, war dagegen ausschließlich ein Privileg der männlichen Jugend. Für eine höhere weibliche Bildung standen meist private höhere Töchterschulen mit kürzerer Schulzeit zur Verfügung, an die sich das »Pensionat« anschloß, in dem dann eher haushaltsbezogene, aber auch musische Inhalte, vor allem aber gutes Betragen und Anstandsregeln vermittelt wurden.

---

13 Ebd., S. 555.
14 Ebd., S. 561.

Schon in den siebziger Jahren gerieten solche traditionellen Bildungsvorstellungen in eine Krise. Eine 1872 in Weimar tagende »Versammlung von
Dirigenten, Lehrern und Lehrerinnen deutscher höherer Töchterschulen«
forderte daher, »dem Weibe eine der Geistesbildung des Mannes [...] eben-
bürtige Bildung zu ermöglichen«.[15] Mit der aufkommenden bürgerlichen
Frauenbewegung schloß sich 1890 ein »Allgemeiner Deutscher Lehrerinnen
Verein« (ADLV) zusammen, der eine Reform des Mädchenschulwesens vor-
antrieb und sich für eine qualifizierte Berufsausbildung einsetzte. Bereits
1887 hatte Helene Lange eine Petition an das Preußische Abgeordnetenhaus
gerichtet, staatliche Anstalten zur Ausbildung wissenschaftlicher Lehrerinnen
für die Oberklassen an den höheren Mädchenschulen zu errichten. Denn
gegen Ende des Jahrhunderts hatte – zunächst nur im Volksschulbereich –
eine Entwicklung eingesetzt, die man heute mit »Feminisierung« des Lehrberufs bezeichnet. Um 1900 war der Anteil der Lehrerinnen an Preußens
Volksschulen bereits auf 15 Prozent angewachsen.[16]

Preußen und Bayern standen der Forderung nach Gleichberechtigung
eher reserviert gegenüber. Das erste Mädchengymnasium kam 1893 in Karlsruhe (Baden) zustande. 1896 bestanden die ersten Mädchen extern das Abitur an normalen Gymnasien. Erst 1908 ordnete Preußen das Mädchenschulwesen neu. Mädchen wurden nun nach dem Vorbild Badens (1900)
zum Abitur und zum Studium zugelassen. Das höhere Mädchenschulwesen
gabelte sich nach sieben gemeinsamen Jahren in ein dreijähriges Lyzeum, an
das sich eine zweijährige Frauenoberschule (Oberlyzeum) praktischer Art anschloß, und eine sechsjährige gymnasiale »Studienanstalt«, die zum Abitur
führte.

2. Bürgerliches Musikleben

Völlig abgekoppelt von den bildungspolitischen Entwicklungen im Schulwesen stellt sich die zweite Hälfte des 19. Jahrhunderts als eine Zeit gewaltiger
Kunstleistungen dar, eine Epoche, in der die Sinfonische Dichtung und das
Musikdrama entstanden, aber auch noch Sinfonien, Kirchen- und Kammer-
musik geschrieben wurden, in der die Auseinandersetzung der Formalästhe-

---

15 Zit. nach R. Bölling: *Sozialgeschichte der deutschen Lehrer*, Göttingen 1983, S. 97.
16 Vgl. dazu die Übersicht bei Bölling, a.a.O., S. 10.

tik mit der Ausdrucksästhetik auf dem Höhepunkt stand und die Fortschrittspartei der »Neudeutschen« unter Führung Liszts publizistisch und kompositorisch in Opposition zu den Klassizisten und Traditionalisten trat. Es ist die Spanne, die vom Spätwerk Schumanns bis zu Gustav Mahlers gewaltigen Sinfonien und Richard Strauss' Tondichtungen und ersten Opern reicht. Der überreiche Strom romantischen Kunstschaffens, der hohe Stand der bürgerlichen und professionellen Musikpflege sowie das Niveau und die hohe Wertschätzung, die der Kunst von gebildeten Dilettanten wie Kunstverständigen in literarischen Zirkeln, musikalischen Salons und öffentlichen Konzertsälen entgegengebracht wurde, zeichnen das kulturelle Leben dieser Epoche aus.

Insbesondere das bürgerliche Musikleben erhielt darin einen starken Auftrieb. Liedertafeln und Musikvereine, Sing-Akademien und Konzertgesellschaften veranstalteten vielfältige Abonnements- und Armenkonzerte. Die zahlreichen Musik- und Gesangvereine führten zusammen mit Dilettanten- oder Berufsorchestern große Oratorien auf, an denen das Bildungsbürgertum regen Anteil nahm. Es war die Zeit, in der renommierte Virtuosen im Gefolge Paganinis, Chopins, Liszts die Konzertsäle eroberten und große Interpretenpersönlichkeiten wie die Sänger Jenny Lind und Julius Stockhausen oder der Geiger Joseph Joachim die Aufmerksamkeit des Bildungsbürgertums auf sich zogen. Die Leipziger *Allgemeine Musikalische Zeitung* berichtete in ihren wöchentlich erscheinenden Heften ausführlich über solche Veranstaltungen aus deutschen Großstädten und kleineren Residenzen, aber ebenso auch aus den europäischen Hauptstädten, so daß der gebildete Musiklaie trotz eingeschränkter Mobilität am musikalischen Geschehen teilhaben konnte.

Das Aufkommen eines bürgerlichen Musiklebens brachte zugleich eine Wiederbelebung der Kunst der Vergangenheit mit sich. In den Konzerten wurden neben den zeitgenössischen Kompositionen natürlich die großen Werke der Vergangenheit aufgeführt und oft erstmals wieder neu entdeckt: Mozarts Opern und Händels Oratorien bis hin zur Renaissance des Palestrina-Stils. Den Jahrgang 1870 der *Allgemeinen Musikalischen Zeitung* eröffnete Friedrich Chrysander daher mit einer kritischen Rückschau. »Befinden wir uns nun wirklich in einem solchen Zustande der Unproductivität? in Kunstverhältnissen, wo nicht nur die Erzeugnisse früherer Zeiten als das weithin Ueberragende vor uns stehen, sondern selbst die gegenwärtige Production im letzten Grunde wesentlich als eine Reproduction des bereits Vorhandenen erscheint?«[17] Tatsächlich bewegte sich auch das künstlerische Le-

---

17 AmZ 1870, Nr. 2, S. 9.

ben im Zirkel der Restauration und beförderte einen neu aufblühenden Historismus, dem wir die Konservatorien zur Bewahrung der musikalischen Tradition ebenso verdanken wie den Anfang der Ausgabe älterer Musik in Gesamtausgaben und Denkmälern.

Daneben beförderte das 19. Jahrhundert natürlich auch eine Überflutung mit seichter Salonmusik, gefälligen Virtuosenstücken und trivialer Gebrauchsmusik, in denen sich die romantische Seele verströmen konnte, die aber auch Mittel zur Verbreitung einer Musikkultur waren, in der musikalische Unterhaltung nicht nur passiv genossen, sondern – und sei es im abgesunkenen Schlager und Salonstück – auch praktisch ausgeführt wurde. Dies erforderte für die bürgerliche Schicht eine musikalische Bildung, die die Schule nicht geben konnte. Die instrumentale und vokale Ausbildung, also das, was damals im Unterschied zum Schulgesang Musikunterricht hieß, fand daher in den immer zahlreicher sich ausbreitenden privaten und öffentlichen Musikinstituten, Musikschulen und Konservatorien statt, von denen die in Leipzig, Berlin und Stuttgart eine herausragende Rolle einnahmen. Ende des Jahrhunderts gab es in Deutschland bereits insgesamt ungefähr 230 Konservatorien und Musikschulen. Hier lag dann auch – den Bildungsvorstellungen der damaligen Zeit entsprechend – ein wesentliches Moment in der musikalischen Ausbildung der höheren Töchter vornehmlich im Gesang und Klavierspiel.

Die ersten Ausbildungsstätten für Mädchen gab es seit 1812 in Leipzig. Bis zum Ende des Jahrhunderts wurden in den Konservatorien und Musikschulen jährlich etwa eintausend junge Damen unterrichtet.[18] Nicht eingerechnet ist darin die große Zahl der privat unterrichteten Mädchen. Und es waren immer mehr auch Frauen, die als private Musiklehrerinnen arbeiteten und – in einzelnen Fällen – Musikschulen eröffneten.[19] An solche Leser, insbesondere an »musikalisch gebildete Mütter«, die, »entweder auf dem Lande oder in kleinen Städten lebend, beim Mangel eines tüchtigen Clavierlehrers genöthigt sind, den Unterricht ihrer Kinder in diesem Fach selbst zu leiten oder zu überwachen«, wandten sich Publikationen wie die *Acht Briefe an eine Freundin über Clavier-Unterricht* von Johanna Kinkel[20], worin diese Autorin einen Leitfaden für den Unterricht vom ersten Anfang bis zur Ausführung Chopinscher und Beethovenscher Kompositionen gab. Wenige Jahre später

---

18 Vgl. Heinrich Ehrlich: *Die musikalische Ausbildung der Frau*, in: *Die Frau*, 1894, H. 6, S. 400.

19 1836 eröffnete Fanny Schindelmeisser in Berlin eine private Klavierschule, 1858 Lina Ramann in Glückstadt und 1866 zusammen mit Ida Volckmann in Nürnberg eine Musikschule für Schüler und Schülerinnen.

20 Stuttgart und Tübingen 1852; MPZ Dokument Nr. 7.

versuchte Lina Ramann eine allgemeine musikalische Pädagogik für den Instrumentalunterricht zu entwickeln[21], weil sie erkannte, daß die Volksschule nicht in der Lage war, den musikalischen Sinn zu bilden. Musikerziehung mußte, wenn dies ihr Anliegen war, außerhalb der Schule im Privatunterricht erfolgen. Aber in kritischer Einschätzung der herrschenden Pädagogik stellte sie fest: »Die Vorbereitung und Ausbildung der [Instrumental-]Lehrer ist speziell die Aufgabe der Musikschulen. Freilich dürfen sie diese nicht lösen wollen durch die preußischen Schulregulative, oder durch einen bayerischen Schullehrer-Seminargeist. Denn da, wo Beschränkung, Mechanismus und Zuchtruthe das Scepter führen, entflieht der sich frei gestalten wollende Geist der Kunst.«[22] Was in der Volksschule im musikalischen Unterricht geschah, hielt sie schlicht für unpädagogisch, weil der Unterricht dort weder ein künstlerisches Bewußtsein noch ein musikalisches Verständnis befördere; »er steht in keinem Verhältnisse zur pädagogischen und in keinem zur künstlerischen Idee [...] und zeigt sich somit nach seinen verschiedenen Richtungen hin die Pädagogik und die Kunst negirend«.[23] Die Verknüpfung von Kunst und Pädagogik war aber ein Thema, das im 19. Jahrhundert nur ganz vereinzelt anklang.

3. Gesangunterricht im Dienst politischer Interessen Musikerziehung im Kaiserreich

Betrachtet man die pädagogische Entwicklung im ausgehenden 19. Jahrhundert aus einer gesamtkulturellen Perspektive, dann wird man einer merkwürdigen Diskrepanz gewahr. Einerseits handelte es sich um eine Zeit großer kultureller Leistungen, zu der aber die schulische Musikerziehung in krassem Gegensatz stand. Nichts von der musikalischen Entwicklung außerhalb der Schule wirkte auf sie ein. In den Jahrzehnten der Reaktion nach der achtundvierziger Revolution beschränkte sich der Gesangunterricht in der Volksschule und in den beiden Unterklassen der höheren Schule allein auf die Einübung von Kirchen-, Volks- und Vaterlandsliedern.

---

21 L. Ramann: *Die Musik als Gegenstand des Unterrichts und der Erziehung. Vorträge zur Begründung einer allgemein-musikalischen Pädagogik für Künstler, Pädagogen und Musikfreunde,* Leipzig 1868; Reprint Frankfurt 1986 (MPZ Quellenschriften, Bd. 8).

22 Ramann, a.a.O., S. 25.

23 Ramann, a,a,O., S. 35.

In den Falkschen Allgemeinen Bestimmungen von 1872 hieß es zu den Aufgaben des Gesangunterrichts in der Volksschule nur:

> »In dem Gesangunterrichte wechseln Choräle und Volkslieder ab. Ziel ist, daß jeder Schüler nicht nur im Chor, sondern auch einzeln richtig und sicher singen könne und bei seinem Abgange eine genügende Anzahl von Chorälen und Volksliedern, letztere möglichst unter sicherer Einprägung der ganzen Texte, als festes Eigentum inne habe.«[24]

Die Verbindung des Volksschullehrers mit einem Kirchenamt blieb unangetastet. Als Ziel der Seminarbildung galt immer noch die »Ausbildung der Seminaristen zu guten Gesanglehrern, zu Cantoren und Organisten«.[25] Folgerichtig umfaßte sie den Unterricht im Orgelspiel, in Harmonielehre, Violine und Gesang. Letzterer sollte sowohl in der Volksschule als auch in der höheren Schule zunehmend der Festigung einer patriotischen Gesinnung dienen. Daher legten die Lehrpläne und Verfügungen für die verschiedenen Schulbezirke besonderen Wert darauf, daß gerade auch die Texte der Lieder sicher beherrscht wurden. In der Zirkularverfügung des preußischen Ministers vom 31. 12. 1885 hieß es daher:

> »Wenn bei der Verwendung derselben im Gesangunterricht jedenfalls die musikalische Seite in erster Linie zu stehen hat, so braucht doch daraus nicht gefolgert zu werden, daß [...] von Vaterlands- und Volksliedern, auch wenn sie nur eine mäßige Strophenzahl haben, häufig nur die erste Strophe, höchstens die zwei ersten Strophen, aber nicht das ganze Lied gesungen wird. Es hat einen unzweifelhaften Wert, wenn die Schüler der höheren Schulen [...] ohne ausdrückliches Erfordernis eines Memorierens der Texte, welches vom Gesangunterrichte jedenfalls fernzuhalten ist, durch die bloßen Gesangübungen einen Schatz von Vaterlands- und Volksliedern dauernd und nach ihrem ganzen Umfange im Gedächtnis bewahren.«[26]

Je mehr die Schule zur nationalen Gesinnung erziehen sollte, desto stärkeres Gewicht wurde auf die vaterländischen Lieder gelegt, die nun als zweite Säule des Schulgesangs neben die religiösen Lieder und Choräle traten, die in der Volksschule immer noch am Anfang und Schluß jedes Schultags standen. Überhaupt trat der Schulgesang allmählich immer mehr mit allgemeinen und patriotischen Schulfeiern in Verbindung[27], so wie er früher zur Verschönerung des Gottesdienstes in kirchlichem Dienst stand. Mit der Tendenz zur

---

24 Auszug aus den Allgemeinen Bestimmungen vom 15. 10. 1872, in: Eckhard Nolte: *Lehrpläne und Richtlinien für den schulischen Musikunterricht in Deutschland vom Beginn des 19. Jahrhunderts bis in die Gegenwart*, Mainz 1975, S. 68 (Musikpädagogik. Forschung und Lehre, Bd. 3).

25 Allgem. Bestimmungen, in: *Zentralblatt für die gesamte Unterrichts-Verwaltung in Preußen*, 1872, S. 632.

26 Nolte, a.a.O., S. 89.

27 Darauf verweist ausdrücklich der in vielen Auflagen seit 1868 erschienene Wegweiser von C. Kehr: *Die Praxis der Volksschule*, Gotha [10]1889, S. 380.

Entkirchlichung der Schule ging auch eine Säkularisierung des Schulgesangs Hand in Hand. Das Lied und die Kunst des Gesangs wurden dabei zu einer deutschen Angelegenheit gemacht. »Die poetische Gewalt des Gesanges der deutschen Stammesgenossen hat sich besonders im letzten französischen Kriege gezeigt, den das französische Volk liedlos geführt hat.«[28]

Singen wurde im wesentlichen verstanden als Mittel der Gefühlsbildung und des Gefühlsausdrucks. »Gesänge sind Reproduktionshilfen der Gefühle«, hatte der Dresdner Lehrer Stiehler 1890 geschrieben.[29] Daher wurde die richtige Auswahl der Lieder auch wichtiger als die theoretische Unterweisung. Es kam nicht mehr darauf an, Tonvorstellungen zu wecken und zum Lesen der Notenschrift zu führen. Vielmehr wurde wieder das traditionelle Gehörsingen propagiert, und die Feststellung Stiehlers, daß es »im ganzen deutschen Reich keine einzige Klasse einer Volksschule [gibt], deren Schüler mir ein einfaches Volkslied, das ihnen unbekannt ist, sofort ohne Hilfe des Lehrers vom Blatt singen können«[30], klingt keineswegs als Vorwurf eines Mangels, sondern vielmehr als selbstbewußter Hinweis auf die Nutzlosigkeit des Noten-Singens.

Mit der auf Gesinnung und Gefühlsbildung zielenden Funktionalisierung des Singens und einer entsprechenden Liedauswahl, die in einem Kanon verbindlicher Lieder bestimmt wurde[31], war der schulische Gesangunterricht im Kaiserreich festgelegt. Das neue Gymnasium wollte der Kaiser zu einem Bollwerk gegen die Sozialdemokratie machen. Damit erreichte er die endgültige Politisierung des Gymnasiums. Gesangunterricht war darin – wie in allen Schulen – allein unter politisch-patriotischen Gesichtspunkten vertreten. Es sollten vor allem Vaterlands-, Kriegs-, Turn- und solche Lieder gesungen werden, die Mut und eine edle Gesinnung zu wecken geeignet waren. Jeder Gedanke an Kunstbildung oder Erziehung zum musikalischen Verstehen war nun gänzlich verschwunden. Vielmehr diente der Gesangunterricht primär und ausschließlich ideologischen Zielen und bereitete durch die Texte der Lieder den Weg zu einer planvollen »Kriegserziehung« (Lemmermann). Anläßlich der Eröffnung der Schulkonferenz am 4. Dezember 1890 hatte Wilhelm II. in seiner Ansprache unmißverständlich betont: »Ich suche Soldaten; wir wollen eine kräftige Generation haben, die auch als geistige Führer und Beamte dem Vaterlande dienen.«[32] Solchem Diktum hatte sich auch das

---

28 Kehr, a.a.O., S. 375 f.

29 Arthur Oswald Stiehler: *Das Lied als Gefühlsausdruck zunächst im Volksschulgesange*, Altenburg 1890, S. 26.

30 Stiehler, a.a.O., S. 54.

31 Vgl. die Liederverzeichnisse bei Nolte, a.a.O., S. 64 f und 75-77.

schulische Singen zu fügen. Dagegen war die Bestimmung des Singens in den höheren Mädchenschulen gemäß der herrschenden Rollenvorstellung stärker auf das häusliche Singen ausgerichtet. Denn »Mädchen und Frauen sind von alters her die berufenen Hüterinnen des dichterischen Gutes, das im Volksliede ruht. Jede Mädchenschule hat die Pflicht, mit dafür zu sorgen, daß der gemeinsame Haus- und Familiengesang wieder zu Ehren komme.«[33]

Von einer musikalischen Erziehung konnte in den Schulen also nicht die Rede sein. Es wurde gesungen – in der Volksschule einstimmig, in den Oberklassen auch mehrstimmig, das war alles. Das Ansehen der Gesanglehrer wie des Unterrichts war auf dem Tiefpunkt angelangt. Die ganze Not des Faches spiegelt sich in der bitteren Klage über den trostlosen Zustand, der im Schulalltag herrschte.

»Es ist leider Thatsache, daß unter den Gesanglehrern an höheren Schulen sich solche vorfinden, die den bisherigen geringen Anforderungen kaum genügen, bei gesteigerten Anforderungen also absolut unfähig sein würden. Derartige Individuen sind durch zufällige Verbindungen und zweifelhafte Empfehlungen in solche Stellungen hineingebracht worden und mag ihre Unzulänglichkeit wohl mit dazu beigetragen haben, daß die Stellung der Gesanglehrer überhaupt in den meisten Fällen thatsächlich so untergeordneter und unwürdiger Art ist, daß man sich darüber wundern muß, wenn es überhaupt noch Männer gibt, die eine solche Stellung acceptiren. Bei der Wahl eines solchen Lehrers hat in der Regel der Direktor der Anstalt [...] das entscheidende Wort zu reden; ein Elementarlehrer mit einem leidlichen Zeugnis in der Musik genügt ihm, es kommt ja nichts darauf an, und deshalb werden Atteste über besondere Befähigung und Vorbildung in der Musik auch nicht verlangt. [...] Die Schüler werden in nicht seltenen Fällen durch das Urteil ihrer eigenen Lehrer zur Nichtachtung der sogenannten Nebenfächer geführt! Latein wird an Gymnasien in 10, an Realschulen in 8 wöchentlichen Stunden gelehrt. Gesang nur in einer Stunde, da muß doch das Latein 10mal so viel Wert für den Schüler haben. Dieses Urteil bildet sich der Schüler schon selbst ohne Beihülfe seiner Lehrer. Dazu ist der Gesanglehrer auch nicht ordentlicher Lehrer, wie andere, im günstigsten Fall ist er wohl ›wirklicher‹ Lehrer, der aber wegen seines unbedeutenden Faches sich gefallen lassen muß, von seinen Kollegen und Schülern thatsächlich – verachtet – zu werden. So stand es mit dem Gesange schon seit vielen Jahren und die Herren Direktoren und Kollegen, die ihre Bildung auf einem Gymnasium erhalten haben, urteilen über den Gesang in hergebrachter und gewohnter Weise und sind nach meiner eigenen Erfahrung nicht selten der Ansicht, daß das Musiziren für einen Knaben eitel Zeitverschwendung und höchstens den Mädchen zu gestatten sei, daß die Schule all' ihre Kraft auf die alten Sprachen konzentrieren müsse. Die oberste Schulbehörde denkt nun vom Gesange nicht so übel. [...] Trotzdem gibt es Beispiele genug, wo die Gesangstunde die allerverachtetste und unwerteste unter den Schulstunden ist und der Gesanglehrer nicht einmal dem Kollegium angehört. Die am ungünstigsten gelegenen Stunden werden dem Gesangunterricht zugewiesen, die anderen sind für die Hauptfächer; Revisionen des Gesangunterrichts finden niemals statt, die Zensur im Gesang ist so sehr Nebensache, daß es vielleicht besser wäre, wenn sie gar nicht erteilt würde.

---

32 Zit. nach H. Lemmermann: *Kriegserziehung im Kaiserreich*, Bd.1, Lilienthal 1984, S. 19.

33 Lehrplan für die höhere Mädchenschule vom 31.5.1894, in: Nolte, a.a.O., S. 90.

Der Lehrer hat wenig Antriebsmittel zur Verfügung, auch muß er in disciplinarischer Hinsicht, weil er größere Schaaren von Schülern zu übersehen hat, ungleich größere Schwierigkeiten überwinden als andere Lehrer. Handelt es sich um Anschaffung von Lehrmitteln für den Gesangunterricht, so sind selten Mittel disponibel. Nur wenige Schulen sind so glücklich, für den Gesangunterricht einen Flügel oder ein ausreichendes anderes Instrument zu besitzen. Bedarf ein Schüler in irgend einem Fache der Nachhülfe, so wird er [...] zu allererst vom Gesangunterricht dispensiert. Der freundliche Hausarzt ist gern bereit, aus Gesundheitsgründen, beispielsweise wegen schwacher Brust, den Schüler ›von den weniger wichtigen Lehrgegenständen, als da sind Gesang etc.‹ entbinden zu lassen. Wo sich dem Gedeihen eines Unterrichtsgegenstandes so zahlreiche Übelstände entgegenstellen, da ist nicht viel zu wollen.«[34]

Äußeres Zeichen dieses bedenklichen Zustands war die Tatsache, daß die Richtlinien für die höheren Schulen immer häufiger das Problem der »Dispensation« regeln mußten. Nur auf ausdrückliche Erklärung des Gesanglehrers und nur während der Zeit des Stimmwechsels sollte eine solche Befreiung vom Gesangunterricht ausgesprochen werden können, dem man sich offensichtlich, wie wir aus vielen literarischen Quellen wissen, lieber entzog, als sich den Anweisungen schrulliger Musikdirektoren und Gesanglehrer zu fügen.

Dieser klägliche Zustand der deutschen Schulmusik – sieht man einmal von wenigen Bildungsanstalten in den Großstädten ab – konnte nicht verborgen bleiben. Es waren zwei ausländische Besucher, die zuerst auf diese wenig schmeichelhafte Lage im »Land der Musik«, als welches Deutschland aufgrund seines hochstehenden Musiklebens angesehen wurde, aufmerksam machten. Vom 14. April bis 23. Juli 1879 hatte der englische Komponist und Musikpädagoge John Hullah (1812–1884) im Auftrag der englischen Regierung die Schweiz, Württemberg, Bayern, Österreich, Sachsen, Preußen, Holland und Belgien besucht und in jeder Landeshauptstadt das Schulwesen studiert, um irgendwelche Hinweise auf eine – wie man damals vermutete – natürliche Begabung einer Nation zu finden und Anregung zur Verbesserung des eigenen Schulsystems zu erhalten. Dabei galt sein besonderes Augenmerk der Praxis musikalischer Unterweisung in den Elementarschulen. Seinen abschließenden Bericht, in dem er dem deutschen Schulgesang die »denkbar ärmlichsten Ergebnisse« bescheinigte, legte er dem Parlament am 1. Oktober 1879 vor.[35]

---

34 R. Rademacher: *Einige Worte über die Pflege des Schulgesanges*, in: *Euterpe* 41, 1882, S. 163-165. Sein Fazit lautet daher, daß es der ganzen Kraft und Energie eines Mannes bedürfe und eine Frau auf die Dauer gar nicht in der Lage wäre, diesen »anerkannt disciplinell schwierigsten und anstrengendsten« Unterricht zu erteilen (S. 180).

35 *Report of John Hullah on Musical Instruction in Elementary Schools on the Continent*, London 1879; dt. Ausgabe von W. Heise, Frankfurt 1987 (MPZ Spezialdokumentation 33).

Aus seinen persönlichen Erfahrungen mit der englischen Singschulbewegung (s. Kap. 7) und der im anglo-amerikanischen Kulturraum allenthalben geführten Debatte um das »rote-« oder »note-learning« war das wichtigste Kriterium für sein Urteil der Gesichtspunkt, inwieweit die Schüler imstande seien, nach Noten zu singen. Äußerst verwundert war er daher, daß in den Volksschulen ausschließlich nach Gehör gesungen und das Blattlesen frühestens ab dem 10. Jahr unterrichtet wurde. In Berlin fand er »eine Klasse von ungefähr hundert Neunjährigen, die eben anfingen, Noten zu lernen [...] Eine andre, wo Elf- und Zwölfjährige saßen, führte dreistimmige Sachen ganz annehmbar aus. Eine andre, noch mehr fortgeschrittene sang noch besser Choräle, während die oberste [...] eine Anzahl Chorgesänge mit Unterstützung von vierzehn Lehrern ausführte [...]«.[36] Insgesamt konnte er in den Elementarschulen nur wenig musikalische Kenntnisse feststellen, während er in den Seminarschulen eine weitaus bessere musikalische Praxis vorfand. Die Art des Unterrichts beurteilte er ganz negativ, weil ihr ein durchgehendes Konzept fehlte, wie er es im Tonic Sol-fa kannte. Nach dem Besuch Stuttgarter Schulen notierte er: »Man sang nur ›nach dem Gehör‹, das theoretische Verständnis war von der magersten Sorte, und die Art des Unterrichts so unpädagogisch wie möglich. Die Lehrer waren alle nur mit ihrer Klasse beschäftigt, sie schienen keinen gemeinsamen Plan zu haben und kaum zu wissen, was in den andern Klassen getrieben und verlangt werde.«[37] Eine besondere Begabung kontinentaler Kinder konnte er also nicht feststellen.

Im Mai 1880 brachte die Leipziger *Allgemeine Musikalische Zeitung* einen Hinweis auf diesen musikpädagogisch so brisanten Bericht, indem sie die Übersetzung eines Leitartikels aus der englischen Zeitung *Standard* veröffentlichte[38], der Hullahs Bericht zusammenfaßte und dabei feststellte:

»Mr.Hullah fürchtet sich nicht im geringsten, *die sogenannte musikalische Macht der Deutschen zu verlachen und zu verspotten, und glaubt, dass die musikalische Fruchtbarkeit dieser Race nur neueren Datums ist und sich wahrscheinlich als vorübergehend erweisen wird!* Die Wahrheit ist die, dass vollständig falsche Ansichten unterhalten werden, sowohl was die musikalische Geschicklichkeit und Befähigung der Deutschen anbetrifft, als auch das Nichtvorhandensein von musikalischem Talent unter uns Engländern.« (Sp. 275)

Nun hätte man erwarten können, daß ein solcher Bericht die Lehrer wie die Schulpolitiker aufgerüttelt hätte. Aber zunächst geschah nichts. Nur eine Zuschrift in der *Allgemeinen Musikalischen Zeitung* räumte ein, »dass der Musikunterricht in deutschen Volksschulen sehr ungenügend und vieler Verbes-

---

36 Ebd., S. 26.
37 Ebd., S. 13.
38 *Musik in Deutschland*, in: AmZ 1880, Nr. 18, Sp. 273-276.

serungen fähig«[39] sei. Aber Hullahs Kritik wurde zunächst als das verstanden, was sie ja *auch* war: ein Versuch, das Vorurteil von der Minderwertigkeit musikalischer Bildung im »Land ohne Musik«[40] zurückzuweisen. Und in dem Maße, wie man Hullahs Kritik als Angriff auf die nationale Überlegenheit der Deutschen verstand, wurde sie arrogant zurückgewiesen. »Mag denn der Herr Verfasser des Artikels ›Musik in Deutschland‹ ohne Sorge sein. Die Mittel und Vorschläge des Mr. Hullah werden weder Deutschen, noch Böhmen, Russen oder Griechen Abbruch thun.«[41] Die musikpädagogische Frage, ob »denn das gute Lesen vom Blatte ein Beweis [ist], dass der Leser ein guter Musiker werden müsse«[42], und die notwendigen Konsequenzen wurden nicht einmal erörtert. Einzig Hermann Kretzschmar, damals Universitäts-Musikdirektor in Rostock, erkannte die Bedeutung dieses Aktenstücks, das er 1881 in einem Aufsatz in *Die Grenzboten* zitierte[43] und damit einen Anstoß gab für die Reform der Schulmusik, die dann erst nach der Jahrhundertwende einsetzte.

Zu demselben Ergebnis wie Hullah war wenig später auch der Musikverleger und Pädagoge John Spencer Curwen (1847–1916) gekommen. Er hatte zwischen 1882 und 1901 eine Reihe europäischer Länder (Preußen, Sachsen, Bayern, Österreich, die Schweiz, Frankreich, Belgien, Holland, Schweden, Norwegen, Dänemark, Italien) und Nordamerika bereist, um die dortige Musikerziehung und den Stand des Tonic Sol-fa zu erkunden und um herauszufinden, »ob die Schwierigkeiten, die unsere Lehrer beim Gesangunterricht haben, auch im Ausland bestehen«.[44] Leidenschaftslos und nüchtern stellte er sich ganz in den Dienst einer möglichst objektiven Beobachtung.

> »In England wird viel über die deutsche Musikkultur gesprochen. Deutschland hat seit Generationen die Nationen als Musikschöpfer angeführt, und wir haben uns an eine Sprachregelung gewöhnt, nach der Deutschland auch in der Musikpflege überlegen sei, als

---

39 *Der musikalische Schulunterricht in England und in Deutschland,* in: AmZ 1880, Nr. 43, Sp. 681.

40 Diese Bezeichnung ist erstmals in dieser Form im Titel eines 1914 erschienenen Buchs von Oscar A. H. Schmitz nachzuweisen.

41 *Der musikalische Schulunterricht in England und in Deutschland,* a.a.O., Sp. 682.

42 Ebd., Sp. 682.

43 H. Kretzschmar: *Ein englisches Aktenstück über den deutschen Schulgesang,* in: *Die Grenzboten,* Leipzig 1881, S. 175 f.; Nachdruck in: *Gesammelte Aufsätze über Musik und Anderes aus den Grenzboten,* Leipzig 1910; Teilnachdruck in: Heise, Hopf, Segler (Hrsg.): *Quellentexte zur Musikpädagogik,* Regensburg 1973, S. 123-136.

44 J. S. Curwen: *School Music Abroad,* London 1901; dt. Ausgabe von W. Heise, Frankfurt 1989 (MPZ Quellenschriften, Bd. 13), Vorw. S. III.

ob die volkstümliche Musikkultur so verbreitet und durchgehend sei, daß sie alle anderen Nationen weit hinter sich ließe! Es ist nicht meine Sache, diese Überlegenheit zu diskutieren. Es ist nicht das Geschäft des Berichterstatters, eine Voreinstellung [ein Vorurteil] zu haben: er hat nur zu beobachten und aufzuzeichnen.« (S. 1)

Dabei hatte auch er vom Standpunkt der Blatt-Sing-Technik viel Mittelmäßiges bis Dürftiges erlebt, konnte in Berlin aber auch schulmusikalische Verhältnisse antreffen, die weit über dem Normalen lagen. In Theodor Krause (1833–1910), Alexis Holländer (1840–1924) und J. Heinrich Bellermann (1832–1903) »waren noch einmal wesentliche schulmusikalische Entwicklungslinien des Jahrhunderts präsent: Lied, Choral, Gesangbildung (Stimmbildung), Chorpraxis [...] Zugleich aber verkörperten sie in ihrer jeweiligen Ausprägung Lehrertypen, die es in Ansätzen bis heute gibt: der erfolgreiche Methodiker und Kantor (Krause), der Instrumentalvirtuose, Komponist und Chordirektor (Holländer) und der Musikgelehrte und Humanist (Bellermann).«[45] Dennoch fiel auch sein Urteil sehr kritisch aus. Als entschiedener Verfechter der Solmisation bemerkte er natürlich zuerst den gänzlichen Verzicht auf Tonsilben:

»Man hört in deutschen Schulen kaum je die Sol-fa Silben. Die Stücke werden auf alphabetische Namen (C, H, A usw.) geübt. [...] Es besteht [aber] auch die allgemeine Gewohnheit, die Zahlen 1, 2, 3, usw. anstelle der Silben grundtonbezogen zu benutzen. Mithilfe dieser Ziffern wird die Tonleiter gelehrt. Die Namen *eins, zwei, drei* usw. sind nicht sehr stimmgerecht, aber sie helfen, die [Grund-]Tonbeziehung im Gedächtnis einzuprägen.« (S. 2)

Und er fügte eine weitere typische Sonderbarkeit des deutschen Musikunterrichts an, die zu seinem unrühmlichen Ruf nicht unwesentlich beigetragen hat:

»Der Gebrauch der Violine gehört zu den charakteristischen Eigenarten deutscher Schulmusik. Man begegnet ihr überall. Sie übernimmt die Rolle der Lehrerstimme bei der Anleitung der Kinder. Überall begleitet sie die Stimmen. Die Idee eines beispielhaften Vorspiels, während die Klasse zuhört, scheint bei keinem Lehrer aufgekommen zu sein. Es ist offensichtlich beabsichtigt, durch den Vergleich mit derjenigen der Violinstimme die Intonation der Kinder zu verbessern. Wenn alle Lehrer sauber spielten, ließe sich schließlich irgendetwas zugunsten dieser Praxis sagen. Aber nicht einer von zehn Lehrern, die ich hörte, spielte vollkommen sauber; und wenn deren Vorstellung von einer Tonleiter mit derjenigen der Kinder gleichzeitig zu hören war, war das Ergebnis manchmal qualvoll.« (S. 2)
»Eine andere Eigenart des deutschen Schulgesangs ist so einheitlich und bemerkenswert, daß sie gleich zu Anfang angemerkt werden soll. Verallgemeinernd gesagt, wird den Kindern die musikalische Notation gänzlich vorenthalten, bis sie zehn oder elf Jahre alt sind.« (S. 3)

---

45 W. Heise: *Musikunterricht im 19. Jahrhundert – Ideen und Realitäten*, in: H. Chr. Schmidt (Hrsg.): *Geschichte der Musikpädagogik*, Kassel 1986, S. 70 (Handbuch der Musikpädagogik, Bd. 1).

Der Herr Cantor *ist der Holzstich nach einem Gemälde genannt, das ein charakteristisches Bild des Gesanglehrers im 19. Jahrhundert aus der Sicht des malerischen Realismus zeigt. Silchers Melodie* Ich weiß nicht, was soll es bedeuten *an der Tafel, die Geige als unverzichtbares Hilfsmittel in der Hand, steht er versonnen und abgehärmt da, sein Blick geht über die Brillenränder hinweg ins Weite.*

Damit sprach er eine ganz zentrale methodische Frage der Musikpädagogik im 19. Jahrhundert an, nämlich den Streit darüber, ob man zunächst Lieder und Melodien nach dem Gehör lernen oder ob man mit der Einführung in die Elemente der Musik beginnen solle, damit sodann die Fähigkeit, eine Melodie vom Blatt zu singen, ausgebildet werden könne. Als Folge des bloßen Singens nach dem Gehör stellte Curwen erhebliche Mängel im Notenlesen und Blattsingen fest, das – wenn danach gefragt – meist als Buchstabieren mißverstanden wurde.

»Ich fragte, ob sie Noten könnten; darauf wurde ein Junge zum Aufsagen der alphabetischen Notennamen einer Melodie aus dem Liederbuch aufgerufen. [...] Das war einmal ›Blattlesen‹, aber nicht von der Art, die ich hören wollte.« (S. 6)
»Es wurde gut auf den Ausdruck geachtet, aber ich kam zu dem Schluß, daß die Fähigkeit des Blattsingens gering war.« (S. 18)

Im Vergleich fiel sein Gesamtresümee zwangsläufig negativ aus.

»Man vergleiche diese Schule [= Elementarschule in Berlin] mit einer unserer großstädtischen Elementarschulen, in denen das Tonic Sol-fa-System gebräuchlich ist. In der Beherrschung von Theorie und an wirklich musikalischer Intelligenz ist die Berliner Schule klar weit unterlegen. Die Kinder gehen ohne jede Möglichkeit in die Welt hinaus, sich ein neues Stück selbständig anzueignen. Sie werden sich ein Leben lang zufrieden mit dem gehörmäßigen Lernen ihrer Stimme abplacken, mit echt deutschem Langmut. Andererseits mag die deutsche Schule in der Geschmacksbildung und Tonreinheit überlegen sein.« (S. 14)

Richtig erkannte er das unheilvolle Vorherrschen einer national gestimmten Geschmacks- und Gesinnungsbildung als eine Wurzel des musikpädagogischen Niedergangs. Den im Ausland oft noch hoch eingeschätzten Rang deutscher Musikerziehung entlarvte er schonungslos als »Deutschen Mythos« (German myth).[46] Ein kleiner Zeitungsartikel, der Curwen auf seiner Reise nach Genf zufällig in die Hände gefallen war, zeigte ihm in exemplarischer Weise die Lage der vaterländischen Musikerziehung in Deutschland.

»Als ich von Paris aus nach Süden fuhr und über die heutzutage bei uns offensichtliche Tendenz nachdachte, den Schulgesang zu vernachlässigen, fiel mir an einem Zeitungsstand ein Exemplar von *Le Petit Journal* in die Hand. Der Leitartikel war eine Abhandlung über *Das vaterländische Lied in Deutschland*. – ›Wir sagen gewöhnlich‹, – begann der Verfasser –, ›und wir glauben in Frankreich fest daran, daß wir 1870 vom deutschen Schulmeister erobert wurden. An dieser Feststellung ist viel Wahres, aber die Jugenderzieher haben den teutonischen Geist weniger mit theoretischem und technischem Wissen angereichert, als durch Gemeinsinn und jene besondere Gesinnung, die das tägliche Singen in ganz Deutschland hervorgebracht hat. Bismarck erklärte einmal in Anlehnung an ein Wort Napoleons, daß derjenige über die Zukunft verfüge, der die Schulen in der Hand habe. Die

---

46 J. S. Curwen, a.a.O., S. V.

Aufgabe der Schule besteht in Deutschland jedoch nicht – wie bei uns – darin, den Schülern mehr oder weniger Geographie oder das metrische System einzudrillen. Vielmehr geht es vor allem um die Entwicklung einer religiösen und patriotischen Gemeinschaft. Dieses höchste Ideal wird durch die Gesangbildung wunderbar erreicht. Von den Vogesen bis zur russischen Grenze singen die Deutschen immer und überall, nicht nur in den Kirchspielschulen und Studentenversammlungen, sondern auch in Kindergärten, in Asylen für geistesschwache Kinder und auf Schulfahrten. All diese Lieder haben die Liebe zum Vaterland und zum Kaiser zum Gegenstand, denn diese beiden Bereiche sind für die getreuen Untertanen Wilhelms II. untrennbar.‹ – Und der Verfasser zeigt weiter, wie die Deutschen in Schulliedern ihre Helden des Krieges und der Staatskunst, ihre Schlachten und Staatskrisen feiern. Unter dem Einfluß der Musik, so sagt er, wird die nationale Idee aufgebaut und erhalten.«[47]

Gesangunterricht als einzige Form schulischer Musikerziehung blieb im ausgehenden 19. Jahrhundert allein auf die Wirkung der Lieder beschränkt, eine nationale Gesinnung zu stärken. Insofern mag der praktizierte Schulgesang durchaus effizient gewesen sein. Die Tatsache, daß oft und viel gesungen wurde, kann aber nicht die völlige Unerheblichkeit musikalischer Erziehung in der damaligen Schule verdecken. Hermann Kretzschmar, der die Mißstände erkannte, versuchte daher, eine organisatorische Verbesserung der Bedingungen des Schulgesangs einzuleiten.

---

47 Ebd., S. 154.

7. KAPITEL

Die Singschulbewegung in Frankreich und England

Bevor wir das 19. Jahrhundert verlassen und uns den musikpädagogischen Reformprozessen im 20. Jahrhundert zuwenden, müssen wir einen Blick auf die Entwicklung in Frankreich und England werfen[1], weil hier eine Tradition des Gesangunterrichts entstand, deren methodisches Verfahren – die Verwendung der Solmisation – im 19. Jahrhundert in deutschen Schulen fast vollständig ignoriert wurde[2] und erst nach der Jahrhundertwende auch auf Deutschland übergriff.

Zu Beginn des 19. Jahrhunderts wurde in England von Joseph Lancaster und Andrew Bell ein tutorielles Unterrichtssystem eingeführt, bei dem die Schüler unter der Aufsicht eines Lehrers in kleinen Gruppen von Tutoren betreut wurden (monitorial system). Im Zuge der napoleonischen Schulreform wurde dieses System auch in Frankreich übernommen. Ein junger Absolvent des Pariser Conservatoire – Guillaume Bocquillon (1781–1842), der sich als Pseudonym für seine Jugendkompositionen die (fehlerhaft) eingedeutschte Form seines Vornamens Wilhem zulegte, unter dem er dann bekannt wurde –, dieser Guillaume Wilhem wurde 1819 mit der Einführung des Gesangunterrichts an den französischen Elementarschulen beauftragt. Hierzu studierte er das tutorielle System und entwickelte seine Methode der Elementarisierung, die er von Pestalozzi übernahm. Dabei bediente er sich – einer Tradition romanischer Länder folgend – der absoluten Solmisationssilben. 1826 gründete er eine Männerchor-Vereinigung, um für die Gesangübungen Tenor- und Baßstimmen mit den jugendlichen Stimmen verbinden zu können. 1835 begann er mit wöchentlichen Singklassen für Erwachsene, die seinen Ruf als Pädagoge festigten. Noch im selben Jahr wurde er zum Generalinspekteur des Musikunterrichts an den Pariser Schulen berufen. Seine Methode (Wilhem-Methode) zum Blattsingen hatte er bereits 1821 im

---

1 Vgl. dazu die ausführlichen Darlegungen von B. Rainbow: *Music in Educational Thought and Practice*, Aberystwyth 1989.

2 J. S. Curwen berichtet von einem Besuch in einer Münchener Elementarschule, wo er das erste Mal auf seiner Reise die Verwendung der Tonsilben hörte. In: *Schulmusik im Ausland 1882–1901*, dt. Übersetzung von W. Heise, Frankfurt 1989, S. 36 (MPZ Quellenschriften, Bd. 13).

Joseph Mainzer (1801–1851) beim Unterricht einer Singklasse in London.

Guide de la méthode élémentaire et analytique de musique et de chant niederge-legt.

Als Wilhem 1835 mit den Singklassen begann, bot ein in Paris lebender deutscher Musikpädagoge seine Dienste an, der Abbé Joseph Mainzer (1801–1851). In Trier geboren, hatte Mainzer die dortige Domsingschule besucht, wo seine musikalische Begabung und Neigung offenkundig wurde. Doch auf Wunsch seines Vaters begann er eine Ausbildung als Bergbauingenieur, die er aber wegen seiner schwächlichen Gesundheit abbrechen mußte. Der Umgang mit den Arbeitern prägte sein lebenslanges soziales Engagement. Er wurde zum Priester geweiht und unterrichtete am Trierer Seminar als Gesanglehrer, wo er 1831 eine *Singschule*[3] herausgab. Seine sozialkritischen Vorstellungen und die offene Sympathie für den polnischen Befreiungskampf 1830 brachten ihn in politische Schwierigkeiten. Er trennte sich von der katholischen Kirche und floh 1833 über Brüssel nach Paris. Dort begründete er 1834 die ersten Massensingkurse für Arbeiter. Es wird berichtet, daß sich über 800 Personen jedes Alters in den Singklassen versammelten, in denen Mainzer ebenfalls die absolute Solmisation verwendete. Aber im Unterschied zu Wilhem übernahm er nicht das tutorielle System, sondern unterwies alle Schüler gleichzeitig in einer großen Singklasse nach deutschem Vorbild. Bald darauf verließ er Paris wieder und wandte sich nach London, wo er im Mai

---

3 J. Mainzer: *Singschule oder: Praktische Anweisung zum Gesang*, Trier 1831.

Pierre Galin (1786–1822) unterrichtete seine Schüler mit Hilfe des Meloplast, *d. h. einer Tafel, die ein leeres Notensystem enthielt, in dem er die Töne einer Melodie anzeigte. Dieses Verfahren hielt er für wirkunsvoller als die Ziffernnotation; denn es war sein Ziel, eine klangliche Vorstellung mit dem Notensystem zu verbinden.*

1841 ebenfalls derartige Singklassen eröffnete und seine Arbeit mit *Singing for the Million* (1841) fortsetzte.

Einen anderen Ansatz verfolgte der Mathematiker Pierre Galin (1786–1822), der das mechanische Lernen leerer Symbole kritisierte. Er hatte beobachtet, wie die meisten Instrumentalisten viele Jahre darauf verwendeten, ihr Instrument zu beherrschen, aber nicht in der Lage waren, eine Melodie nach Noten zu singen. Er suchte daher nach einem Weg, das Notensystem als akustisches Ordnungssystem verständlich zu machen. So verwendete er das Fünf-Linien-System als räumliches Diagramm (»Méloplast«), an dem er das Auf- und Absteigen der Töne zeigte und mit Hilfe der Ziffernnotation – also demselben Hilfsmittel, das auch Pfeiffer, Abs oder Zeller in ihren Gesangbildungslehren benutzten – verdeutlichte.[4] Nach seinem frühen Tod

---

4 Pierre Galin: *Exposition d'une nouvelle méthode pour l'enseignement de la musique,* Paris 1818.

Sarah Ann Glover (1786–1876) mit ihrer Tonic Sol-fa Ladder, deren Gliederung in zwei Tetrachorde von so bis do und von do bis fa durch Einrahmung angezeigt ist.

setzten seine Schüler Nanine (1800–1868) und Aimé Paris (1798–1866) und Emile Chevé (1804–1864) sein Werk fort. Ihre wesentlichsten Ergänzungen betrafen den Ausbau der Ziffern-Notation, die Galin nur als Hilfe, nicht als Ersatz der Notation einsetzen wollte, und die Entwicklung von Rhythmus-Silben (Rhythmus-Solfège): Viertel »ta«, Achtel »ta-té« und Sechzehntel »ta-fa té-fé«. Das als Galin-Paris-Chevé-Methode bekannt gewordene System fand in vielen Ländern Europas schnell eine weite Verbreitung.

In England war der Gesangunterricht ganz auf den Gemeindegesang bezogen. In Sonntagsschulen sollten die Kinder nach dem Gottesdienst Gemeindechoräle singen lernen. Die Armenschullehrerin Sarah Ann Glover (1786–1867) aus Norwich beobachtete bei solcher Gelegenheit, wie ihre Schwester 1812 einem Sonntagslehrer durch wiederholtes Vorspielen und Nachsingen die notwendigen Melodien beizubringen versuchte. Dies war der Anstoß, auf der Grundlage alter Solmisationsverfahren eine aktualisierte Solmisationsmethode zu entwickeln, die als Gedächtnisstütze und Orientierungshilfe dienen konnte. Dabei übernahm sie die Guidoschen Silben, aber in englischer Phonation und ordnete die Tonleiter so an, daß sie zwei um Do miteinander verschränkte Tetrachorde ergab.

Soh Lah Te Doh Ray Me Fah

Als vereinfachte Notationsweise trug sie aber nur die Anfangsbuchstaben der Solmisationssilben in die »Sol-fa Ladder« mit ihrer vertikalen Anordnung der Stufen ein. Die Oktavlage konnte mit Akzenten markiert, der Rhythmus durch Taktstriche und Punktierungen angegeben werden. Im Unterschied zu

156

John Pyke Hullah, Bleistiftzeichnung von Sir Blake Richmond (1859).

der romanischen Tradition ging sie jedoch von der relativen Solmisation aus, so daß »doh« den Grundton jeder Dur-Tonleiter bezeichnet. Nachdem sie in ihrer eigenen Schule in der Colegate Street ihr »Norwich Tonic Sol-fa« erprobt hatte, veröffentlichte sie 1835 ihr *Scheme for Rendering Psalmody Congregational* [System zur Wiedergabe des Gemeindegesangs] mit einem beigefügten *Sol-fa Tune Book*, das zahlreiche Melodien in der neuen Notation enthielt. Auf diese Weise war es möglich geworden, auch mehrstimmige

John Hullah (1812–1884) mit einer Singklasse in Exter Hall 1843. Hullah verwendete hier bereits Handzeichen, indem er die Ganz- und Halbtonschritte mit geöffneter oder geschlossener Hand anzeigen ließ.

Musik nach der Notation zu singen und im Druck auf einfache und billige Weise herzustellen.

In diesen Jahren begann sich auch der Komponist John Hullah (1812–1884) für die allgemeine Gesangbildung in Schulen zu interessieren. Weil er von den Singklassen des deutschen Pädagogen Mainzer in Paris gehört hatte, reiste er dorthin, um ihn zu sehen und seine Methode zu studieren. Doch dieser hatte seine Arbeit bereits eingestellt, so daß Hullah statt Mainzers Singklassen die mit ihm konkurrierende Methode Wilhems kennenlernte. 1840 wurde Hullah Musiklehrer am Musiklehrer-College in Battersea, wo er Wilhems Methode der absoluten Solmisation einführte und Singschulen für die Lehrer einrichtete. *Wilhem's Method of Teaching Singing adapted to English Use*, das auch als Hullahs *Manual* bekannt wurde, erschien 1842.

Dies brachte Hullah aber in Konkurrenz zur Unterrichtsmethode des Geistlichen John Curwen (1816–1880). Dieser hatte Kinder in der Sonntagsschule unterrichtet und dabei beobachten können, wie die absolute Solmisation es Kindern wie Erwachsenen erschwerte, nach Noten zu singen. Weil er offenbar mit der Pfeiffer/Nägelischen Methode der Gesangbildungslehre vertraut war, übernahm er deren Elementarisierung bis ins Detail des Lehrgesprächs. Aber er fügte Glovers Tonic Sol-fa hinzu und faßte seine Methode 1843 in *Singing for Schools and Congregations* zusammen.

Die große Popularität der Tonic Sol-fa Methode geht zweifellos auf Curwen zurück. Bei einem Konzert im Londoner Kristallpalast 1857 sangen zwi-

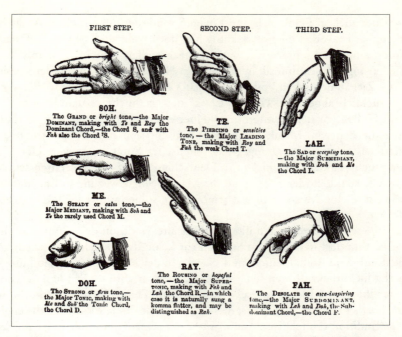

John Curwens (1816–1880) Handzeichen, die gestisch die Tonbeziehungen der einzelnen Stufen innerhalb der Tonleiter symbolisieren, nach dem Standard Course of Lessons and Exercises in the Tonic Sol-fa Method of Teaching Music, *London 1858.*

schen 2000 und 3000 Schüler mit, was den eindrucksvollen Erfolg seiner Methode belegte, die er zu seinem Lebenswerk gemacht hatte. Die Brauchbarkeit der Methode erwies sich für ihn als Laien allein in der Bewährung in den Singklassen. Hierfür hatte er als methodische Ergänzung nach 1870 dann noch Handzeichen hinzugefügt, welche die Stufencharakteristik und die Verwandtschaftsverhältnisse zwischen den Tonstufen gestisch darstellen sollten. Für die massenhafte Laien-Singschulbewegung in England und über England hinaus hat sich seine Methode, die später von seinem Sohn John Spencer Curwen (1847–1916), der Ende des Jahrhunderts Europa bereiste (vgl. Kap. 6), weitergeführt wurde, als ungemein erfolgreich erwiesen. Vor allem verbreitete sich in England auf der Grundlage des »Norwich Tonic Solfa« rasch eine auch im Buchdruck herstellbare Chor- und Singliteratur, die bis zur vollständigen Tonic-Sol-fa-Fassung z. B. von Mendelssohns »Elias« reichte. Hieraus ist aber auch ersichtlich, in wie hohem Maße diese Methode auch sozialpädagogisch motiviert war und ökonomisch bedeutsam wurde.

Obwohl der Einfluß Pestalozzis oder der sich auf ihn berufenden Pestalozzianer auch in Frankreich und England wenigstens in einzelnen Ansätzen erkennbar ist, verlief die Entwicklung hier doch völlig anders. Das Ziel, nach Noten singen zu lehren, war dabei zunächst allen gemein. Erst mit dem Niedergang der Schulmusik in der zweiten Hälfte des 19. Jahrhunderts geriet dieses Ziel an deutschen Volksschulen ganz aus den Augen, ja, es wurde sogar ausdrücklich abgelehnt. Und so ist es auch gar nicht verwunderlich, daß John Hullah vor dem Hintergrund seiner eigenen Erfahrungen in England über die deutsche Musikerziehung enttäuscht sein mußte, die genau das nicht leistete, was vorrangiges Ziel englischer Singklassen war. Der Widerspruch, daß das Musikleben in Deutschland trotz der schlechten schulischen Zustände florierte, während die Massen-Singbewegung in England gerade ein solches Musikleben erst ermöglichen sollte, mußte für ihn ungelöst bleiben.

Andererseits ist es erstaunlich, daß die alte Tradition der Solmisation im 19. Jahrhundert in deutschen Schulen gar keine Rolle spielte, was allein auf die dominante Rolle Pfeiffers und Nägelis in der Frage der Gesangbildungsmethodik zurückzuführen sein dürfte, die diese Tradition nicht kannten und daher ihr methodisches Interesse ganz auf die Elementarisierung im Sinne Pestalozzis richteten. So kam es, daß erst am Ende des Jahrhunderts die englische Tradition des relativen Tonic Sol-fa mit seinem »movable doh« auf den Kontinent zurückkehrte. Eine direkte Adaptation des Tonic Sol-fa brachte die Tonika-Do-Methode, die Agnes Hundoegger (1858–1927)[5] in die deutsche Musikerziehung einführte, nachdem sie bei der Suche nach gehörbildenden Verfahren für ihre Instrumentalschüler auf Curwens Methode aufmerksam geworden war. Mit Hilfe der Tonsilben versuchte sie, die mechanischen Instrumental- und Vokalübungen durch strukturelle Vorstellungshilfen zu überwinden. Und von hier gingen dann die weiteren Impulse aus, die einerseits das Tonika-Do zur zentralen Technik der Kodály-Methode machten und andererseits zu den verschiedenen miteinander konkurrierenden Tonwortmethoden im frühen 20. Jahrhundert führten. Der Streit um die rechte Solmisationsmethode wurde also aus England importiert, als er dort wie im übrigen anglo-amerikanischen und romanischen Sprachraum längst entschieden war, und trat in die deutsche Musikerziehung erst mit einiger Verzögerung ein. Blickt man jedoch auf das ganze 19. Jahrhundert zurück, so zeigt es sich insgesamt als ein Jahrhundert der Methoden-Suche – mit unterschiedlichen Richtungen und unterschiedlichen Lösungsvorschlägen.

---

5 Agnes Hundoegger wirkte als Musikerin und Privatmusiklehrerin in Hannover. Ihr *Leitfaden der Tonika-Do-Lehre* erschien erstmals in Berlin 1897 und erfuhr viele Neuauflagen ([10]1967).

8. KAPITEL

Jugendbewegung und Reformpädagogik 1890–1918
Die erste pädagogische Bewegung vom Wandervogel bis zum Ende des Ersten Weltkriegs

1. Fin de siècle und Anbruch einer neuen Epoche

Epochengliederungen nach Jahrhunderten folgen dem Bedürfnis nach ordnender Übersicht. Aber der säkulare Einschnitt der Jahrhundertwende war nicht der Einschnitt, als den eine runde Jahreszahl ihn erscheinen läßt. Einen solchen Einschnitt markierte erst der Erste Weltkrieg mit dem Ende des Kaiserreichs. Doch die Dynamik einer neuen Aufbruchsbewegung kündigte sich schon am Ende des 19. Jahrhunderts an. Dieses ging in einer letzten Steigerung des Sinnlichen, im taumelhaften Sinnenrausch der Décadence zu Ende, die den morbiden Glanz des Fin de sciècle widerspiegelt. Dabei war das ausgehende Jahrhundert deutlich vom Bewußtsein einer Kultur- und Bildungskrise geprägt. Nietzsche hatte in seinen *Unzeitgemäßen Betrachtungen* (1873–1876) den Erschöpfungszustand europäischer Kultur beklagt und Paul de Lagarde sich gegen einen museale Trümmer aufhäufenden Bildungsidealismus gewandt. »Ihr habt einen Kehricht von Idealen zusammengefegt, und ihr mutet der Jugend zu, wie ein Lumpensammler in diesem Kehricht nach dem zu suchen, was sie brauchen kann. [...] Unsere Jugend lehnt, ohne zu wissen warum, euer Ideal ab, weil es ihr zu buntscheckig ist.«[1] Und die pessimistisch kritischen Töne verstärkten sich noch im neuen Jahrhundert. In den Schriften Georg Simmels (*Begriff und Tragik der Kultur*, 1911), Walther Rathenaus (*Mechanik des Geistes*, 1913) und Oswald Spenglers (*Der Untergang des Abendlandes*, 1918) fand eine allgemeine Kulturkritik ihren Ausdruck. Es war die Zeit, deren Untergangsstimmung Robert Musil (1880–1942) im *Mann ohne Eigenschaften* (1931) eingefangen hat, in der Karl Kraus (1874–1936) die politischen und geistig kulturellen Zustände unter das Seziermesser seiner satirisch-kritischen Zeitschrift *Die Fackel* (seit 1899) nahm und Sigmund Freud (1856–1939) den Menschen tiefenpsychologisch als Triebwesen deutete.

---

1 P. de Lagarde: *Über die Klage, daß der deutschen Jugend der Idealismus fehle* (1885), in: W. Flitner/G. Kudritzki (Hrsg.): *Die deutsche Reformpädagogik*, Bd. 1, Düsseldorf 1967, S. 50 f.

Im Untergang der politischen, wirtschaftlichen und geistigen Grundlagen des 19. Jahrhunderts lag aber bereits der Keim zu einem neuen Aufbruch. Seismographisch kündigte sich eine radikale Veränderung zunächst in den Künsten an. Musik, Dichtung und Malerei standen nach der Jahrhundertwende im vollen Bewußtsein eines Aufbruchs zu neuen Ufern. Dem Materialismus der fortschreitenden Industrialisierung wurde emphatisch das neue Geistige der Kunst entgegengestellt.

> »Wir stehen in der Thür einer der größten Epochen, die die Menschheit bis jetzt erlebt hat, der Epoche des Großen Geistigen. Zu Zeiten des scheinbar intensivsten Erblühens, des ›großen Sieges‹ des Materiellen im eben abgeschlossenen XIX. Jahrhundert bildeten sich beinahe unmerklich die ersten ›neuen‹ Elemente der geistigen Atmosphäre. [...] Die Kunst, Literatur und selbst die ›positive‹ Wissenschaft stehen in verschiedenen Graden der Wendung zu dieser ›neuen‹ Zeit. Unterliegen ihr aber alle.«

Mit diesen Sätzen wollte 1911 Wassily Kandinsky (1866–1944) den Almanach *Der Blaue Reiter* eröffnen.[2] Ihr hochfliegendes Pathos läßt etwas von der ungeheueren Auf- und Umbruchstimmung ahnen, die die gesamte Erneuerungsbewegung einleitete und schließlich alle kulturellen Ausdrucksweisen und Lebensbereiche erfaßte: die Architektur (Jugendstil, Bauhaus), die Malerei (verschiedene Künstlervereinigungen wie die Münchner und Wiener »Sezession«, die »Brücke«, »Der Blaue Reiter« etc.), die Musik (Atonalität, Futurismus), die Literatur (Expressionismus, Dadaismus), den Ausdruckstanz (Mary Wigman), die Weltanschauung (Theosophie), die Pädagogik »vom Kinde aus« (Ellen Key, Maria Montessori) und schließlich auch die alltäglichen Lebensgewohnheiten (Ernährung, Körperbewußtsein, Gymnastik, Gesundheitspflege, Kleidung etc.). Dem Geist des allgemeinen Erneuerungsgedankens folgten auch die pädagogischen und sozialen Reformbewegungen (Reformschulen, Jugendpflege, Frauenbewegung, Arbeiterbewegung), in denen »Erneuerung« und »Jugend« fast kultisch beschworen wurden. Dabei stellt aber die pädagogische Reformbewegung ein internationales Phänomen dar. Ob Anton S. Makarenko in Rußland oder John Dewey in Amerika, ob Ellen Key in Schweden oder Maria Montessori in Italien, sie alle beschritten neue Wege der Erziehung, indem sie sich von der starren Lern- und Drillschule des 19. Jahrhunderts abwandten.

Die Revolte der Jugend aber, die gegen die Lebensformen und Wertvorstellungen der wilhelminischen Zeit, gegen die Folgen der Industrialisierung und Verstädterung, gegen Isolierung und Spezialisierung aufbegehrte und sich in verschiedenen Bünden und Vereinigungen organisierte, stellt eine spe-

---

2 Maschinenschriftlicher Entwurf der »Redaktion« zum Vorwort des »Blauen Reiter«, in: *Der Blaue Reiter*, Ausstellungskatalog Bern 1986, S. 198.

zifisch deutsche Entwicklung dar. Sie ging aus von der verbreiteten Kultur- und Zivilisationskritik. Aber nicht die Vision eines neuen Denkens wie in den Künsten, sondern die Sehnsucht nach der romantisch verklärten Vergangenheit wurde zur prägenden Kraft. So wuchs eine deutsche Jugendbewegung und in ihr die Jugendmusikbewegung heran, die ausgesprochen kunstfeindlich gesinnt und rückwärtsgewandt war. Sie bildete in ihrem Wollen und Wirken die immer dominanter werdende Gegenkraft zu dem geistigen Auf- und Umbruch in den Künsten. Der künstlerischen Avantgarde standen so Volksliedrestauration und laienmäßige Spielmusiken antithetisch gegenüber. Die soziale und kulturelle Entwicklung zu Beginn des Jahrhunderts vollzog sich insgesamt zwar unter dem Zeichen der Erneuerung und folgte dem Impuls einer umfassenden Bewegung; ihre einzelnen Stränge lassen sich aber zu keinem harmonischen Band verflechten. Ohne eigene Zukunftsvision verfiel die Jugendbewegung bedingungslos der Ideologie. Im Nationalsozialismus diskreditierte sie sich vollends. Auch die Musikpädagogik hatte sich zu schnell von populistischen Ideen musischer Ganzheit und singender Gemeinschaft unterwandern lassen. So war der idealistische Aufbruch der Jugendbewegung von Anbeginn zum Scheitern verurteilt, war der Weg in die politische Katastrophe bereits vorgezeichnet.

2. Aufbruch der Jugend: Wandervogel und Freideutsche Jugend

Es hatte in einer Deutschstunde des Jahres 1890 begonnen. In der Untersekunda eines Magdeburger Gymnasiums unterbrach der Deutschlehrer die gleichgültige Lektüre des Lesebuchstückes »Reise zu Fuß« mit einem Faustschlag auf das Pult: »Jungens! Was seid Ihr für Schlafmützen! Was Ihr da hört, ist Euch wohl ganz egal! Als wir Jungen waren, da sparten wir unsere Groschen zusammen, und zu Pfingsten oder in den großen Ferien, da ging das Wandern los. Aber Ihr? Ihr räkelt Euch lieber in den Ferien in irgendeiner Sommerfrische herum!«[3] Das zündete, zumindest bei einem Sekundaner: Hermann Hoffmann-Fölkersamb (1875–1955). In den nächsten Sommerferien wanderte er mit seinem Bruder und einem Mitschüler in den Harz. Als Sekundaner und Primaner folgten weitere kleinere und längere Wanderungen während der Ferien. Während seines Studiums in Berlin

---

3 H. Hoffmann-Fölkersamb: *Aus der Frühzeit des Wandervogels*, in: G. Ziemer/H. Wolf: *Wandervogel und Freideutsche Jugend*, Bad Godesberg 1961, S. 41.

(1895–1899) gab er, der auch ein begeisterter Stenograph war, im Steglitzer Gymnasium Stenographiekurse. Mit den Schülern dieser Kurse führte er seit 1896 Schülerwanderungen durch, an denen 1897 auch der Obersekundaner Karl Fischer (1881–1941) teilnahm. Begeistert von den Erzählungen Hoffmanns, organisierte er mit diesem zusammen auch für andere Schüler und schulentlassene Jugendliche gemeinsame Wanderungen. Was als jugendlicher Aufbruch aus der behüteten Welt der Erwachsenen in spartanischen Zeltnächten bei selbstgekochter, karger Kost begann, zeigte bald noch ein anderes Gesicht. Strenge Zucht der in »Horden« zusammengefaßten »Füchse« und »Burschen« und die unbedingte Gefolgschaft gegenüber den Anordnungen ihres Führers verwandelten das anfänglich bloß Wildromantische allmählich in eine straffe, hierarchisch auf eine zentrale Führerrolle ausgerichtete Jugendorganisation. Allerdings hatten sich die Jugendlichen zunächst aus eigener Entscheidung und zur Verwirklichung ihrer individuellen Freiheit unter die Führung Gleichaltriger begeben, die im Grunde noch ganz unpolitisch war. Das änderte sich erst nach dem Ersten Weltkrieg, als die Vorstellung von Führer und Gruppe immer mehr funktionalisiert und politisiert wurde.

Als Hoffmann-Fölkersamb 1900 in den auswärtigen Dienst trat, übernahm Karl Fischer offiziell das Vermächtnis, das Schülerwandern nach Steglitzer Vorbild über ganz Deutschland auszubreiten. Am 4. November 1901 fand in einem Hinterzimmer des Steglitzer Ratskellers die Gründungsversammlung des Vereins »Wandervogel, Ausschuß für Schülerfahrten« statt. Bei der Namensgebung hatte vermutlich ein Spruch auf dem Grabstein des Dahlemer Dorffriedhofs den entscheidenden Anstoß gegeben[4]:

> Wer hat euch Wandervögeln
> die Wissenschaft geschenkt,
> daß ihr auf Land und Meeren
> nie falsch den Flügel lenkt?

Karl Fischer wurde als Geschäftsführer mit weitreichenden Befugnissen eingesetzt. Maßgebend für die Gründungsphase der vereinsmäßigen Organisation war die Mitwirkung einiger Väter und »Alter Herren«, die die ideelle Konzeption des Wandervogels gegenüber Schule und Öffentlichkeit abstützten. Unter der Obhut dieses Vereins, der zunächst deutlich von der wandernden Jugend getrennt blieb, realisierte Fischer mit einer Mischung aus zielstrebigem Organisationstalent und schwärmerischer Romantik seine deutlich

---

4 Der Topos von »Wandervögeln« taucht in der Literatur aber auch schon früher auf, so etwa in einem Gedicht Otto Roquettes (1851) oder in Eichendorffs »Frühlingsnacht« (1814):
  Übern Garten durch die Lüfte
  Hört ich Wandervögel ziehn, ...

national gesinnte Idee des Wanderns und schuf eine den mittelalterlichen Vaganten nachempfundene Hierarachie von Scholaren, Bacchanten und Oberbacchanten. Sein autoritärer Führunganspruch führte aber bald zu Spannungen und Reibereien. So kam es 1903/04 zu einer ernsten Krise über die Verfassung des Wandervogels, die 1904 zur Abspaltung des Steglitzer Wandervogels e. V. vom Alt-Wandervogel führte.

In den neu entstehenden Gruppen und Bünden des Wandervogels sammelte sich die Jugend, die hier eine Alternative zu den bürgerlichen Wertvorstellungen und Lebensformen suchte. Ungestüm setzte man sich über alle Konventionen der Erziehung und des gesellschaftlichen Lebens hinweg und suchte so die eigene Freiheit zu verwirklichen. Statt Anzug und weißen Stehkragen (Vatermörder) trug man nun ostentativ legere Bundhosen mit Wollstrümpfen, Schlapphüte oder Stürmer, geknotete Halstücher, verbannte Nikotin und Alkohol, frönte gesunder Naturkost und abgehärteter Lebensweise. Das »wildromantische, aber kulturlose«[5] Erscheinungsbild der ersten Wandervögel mußte auf die etablierte Gesellschaft als eine unerhörte Provokation wirken. Doch zeigte sich in dieser Einstellung nicht nur eine neue Lebensform, sondern sie war schon früh mit ideologischen Vorstellungen im Sinne rassenhygienischer Gruppenbildung untermischt. Die Verklärung germanischer Tugenden findet sich ebenso wie die Ausgrenzung jüdischer Jugendlicher, die ihre eigenen Wandervogelbünde gründeten.

Die Erfahrung der neuen, natürlichen Lebensweise auf den gemeinsamen Wanderfahrten bei strenger Unterwerfung unter das Führerprinzip bildete die Grundlage eines neuen Gemeinschaftslebens. Während sich aber anfangs die Jugendlichen im Wandervogel noch freiwillig der Führung Gleichaltriger anvertrauten, um so ihre von gesellschaftlichen Normen abweichende Individualität zu verwirklichen, änderte sich das nach dem Krieg in der Weimarer Republik, wo der Gemeinschaftsgedanke der Jugendbewegung viel stärker ideologisiert und politisiert wurde und es vorrangig um die Unterordnung der Individualität unter die Gemeinschaft ging.[6]

Entscheidendes Bindemittel der neuen Gemeinschaft im Wandervogel war das Singen. Es stellte sich bei den langen Fußmärschen gleichsam von selber ein. »So wurde auch viel mehr im Marsch gesungen. Dazu gehörten derbere Lieder. Man sang auch mehr Possen und Moritaten, aber die konnte man auch singen, mit lautem Humor, aus dem Vollgefühl der marschieren-

---

5 H. Höckner: *Die Musik in der deutschen Jugendbewegung*, Wolfenbüttel 1927, S. 5.

6 Vgl. E. Rosenstock: *Lehrer oder Führer?* in: W. Picht/E. Rosenstock (Hrsg.): *Im Kampf um die Erwachsenenbildung*, Leipzig 1926, S. 219 ff.

den Kompanei.«[7] Wenn wir von den »wilden Gesängen« der Horden des Wandervogels hören, kann man sich die rein funktionale Bedeutung dieses Singens von sog. »Klotzliedern«, Moritaten, Turnerliedern u. ä. aus dem Überschwang gemeinsamen Erlebens leicht vorstellen. Überhaupt war die Singweise in der ersten Zeit noch stark durch die Kommersbücher der Studenten geprägt. Aber mit dem Erscheinen der ersten Wandervogel-Liederbücher[8] entstand auch eine neue Ideologie der Volksliedpflege. Der äußeren Flucht in die Wälder entsprach der innere Rückzug in eine wildromantisch verklärte Vergangenheit mit der Sehnsucht nach dem Echten, Wahren und Ursprünglichen, das man im Volkslied gefunden zu haben glaubte. Am erfolgreichsten wurde das 1909 von dem Medizinstudenten Hans Breuer (1883–1918) herausgegebene Liederbuch *Der Zupfgeigenhansl.* Das kleine Büchlein, das den »fahrenden Gesellen« begleiten sollte, fand sofort eine un-

---

7 Frank Fischer über den Steglitzer Wandervogel 1905 und 1906, in: Werner Kindt (Hrsg.): *Die Wandervogelzeit. Quellenschriften zur deutschen Jugendbewegung 1896–1919*, Bd. 2, Düsseldorf 1968, S. 86.

8 1905 erschien das erste Wandervogel-Liederbuch von Siegfried Copalle, einem der geistigen Führer des Alt-Wandervogels, unter Mitarbeit von Frank Fischer und Bruno Thiede.

Die ersten Wandervogel-Liederbücher:
H. Breuers Der Zupfgeigenhansl *(1909),*
F. Fischers Wandervogel-Liederbuch *(1912),*
F. v. Baußners Jenaer Liederblatt *(1917).*

geheuere Verbreitung.[9] Im Vorwort zur ersten Ausgabe beschwört Breuer die
»unverwüstliche Lebenskraft« und umreißt programmatisch die Ideologie des
neuen Volksliedgesangs.

»So geleite denn, kleines Büchlein, den fahrenden Gesellen hinaus auf seinen Weg. Die
Zupfgeige sei dein Genoß [...]
Du aber, sangesfroher Wandervogel, wenn du die Seiten blätterst, wirst manches missen,
was anderen ein Pläsier: Moritat und Schauerg'schichten, den Ruf wie Donnerhall, das
Lied vom braunen Cerevis. [...] Wir aber sagen: die Güte eines Liedes erprobt sich an sei-
ner Dauerhaftigkeit; was hier gebracht wird, hat seit Wandervogels Anbeginn eine unver-
wüstliche Lebenskraft bewiesen, nein viel mehr, das hat Jahrhundert um Jahrhundert im
Volke fortgelebt. Was der Zeit getrotzt, das muß einfach gut sein. [...]

Mit dem bloßen Wiedersingen des hier Gegebenen soll es aber nicht getan sein, das lehren
dich die leeren Seiten im Anhang. – Da schreibe hinein, was du auf sonniger Heide, in den
niedrigen Hütten dem Volke abgelauscht hast, wir müssen alle, alle mithelfen, aus dem
Niedergang der schaffenden Volkspoesie zu halten, was noch zu halten ist. Noch lebt das
alte Volkslied, noch wandelt frisch und lebensfroh in unserer Mitte, was unsere Väter ge-
liebt, geträumt und gelitten.«

---

9 Die ersten beiden Auflagen waren schnell vergriffen. Nach eineinhalb Jahren waren bereits
ca. 15000 Exemplare verkauft. Weihnachten 1910 wurde schon die 4. Auflage (8.-17.Tau-
send) und ein Jahr später die 7. Auflage vorbereitet. 1913 erschien bereits die 10. Auflage
(78.-101. Tausend). 1921 wurde in der 107. Auflage das 613. Tausend gedruckt.

Im Krieg, in dessen letztem Jahr Breuer gefallen ist, war das kleine Bändchen wohl in manchem Tornister ein ständiger Begleiter der Kriegskamera-
den. Denn von Anfang an entsprachen viele der alten und neu aufgenomme-
nen Lieder deutsch-nationaler Gesinnung. So zeigt ein Vergleich der
Ausgaben von 1910, 1912 und 1921 insgesamt eine Vermehrung der Lieder,
unter denen aber marschartige Soldatenlieder immer den ersten Rang vor
Balladen und Minneliedern behielten (1910: 20 Lieder = 12,4%; 1912: 39
Lieder = 16,6%; 1921: 44 Lieder = 16,8%), während der Anteil der eigentlichen Wanderlieder (»Auf der Landstraße«) zurückging (1910: 20 Lieder =
12,4%; 1912: 22 Lieder = 9,4%; 1921: 21 Lieder = 8,0%). Es war die Mischung aus Vergangenheitsverklärung, Natursehnsucht und patriotischer Gesinnung, die den ungeheuren Erfolg dieses Liederbuchs ausmachte. Ein
Nachruf auf Breuer rühmte daher diese Sammlung als eine nationale Tat:
»Das kleine graue Büchel wurde ein Wandervogelerzieher, ein Maßstab für
alles Echte, so ist es auch mehr als eine bloße Liedersammlung oder ein Ver-
lagsartikel, es ist eine nationale Tat.«[10]
    Die in der Folge sprunghaft ansteigende Zahl von Liederbüchern und
-blättern huldigte einem neuen, ganzheitlichen Menschenbild, das aus dem
»alten« Liedgut seine Nahrung zog und von dem Hans Breuer in der Zeitschrift *Wandervogel* schwärmte: »Im Volkslied, da hat der Wandervogel Umgang mit einem natürlichen Menschen, der sehnt sich und träumt noch ein
volles, ganzes Menschentum, das noch mit markigen Wurzeln aus dem
Boden seiner Allverwandtschaft Nahrung trinkt. [...] Was der Wandervogel
draußen sucht, das steht im Volkslied geschrieben! Man kann wohl sagen:
das Volkslied ist der vollendete musische Ausdruck unserer Wandervogelideale.«[11]
Hier werden bereits die ideologischen Wurzeln für die gesamte Jugendmusikbewegung erkennbar: der Gemeinschaftsgedanke, das volle, natürliche Menschentum, die musische Ganzheit. Dabei dürfte es sich hier auch um einen
der frühesten Belege für den Begriff des Musischen als idealer Erziehungsba-
sis handeln. Andererseits – und das darf man auf gar keinen Fall außer acht
lassen – stellten weder der Wandervogel noch die Jugendbewegung eine einheitliche Richtung dar; vielmehr setzten sie sich aus ganz heterogenen Strömungen und Bewegungen zusammen. Daher meldete sich auch schon früh
Kritik an dem verklärenden Volksliedideal an. Ebenfalls im *Wandervogel* hielt
Friedrich Wilhelm Rittinghaus dem längst vergangenen Volkslied die Forderung eines zeitgemäßen, neuen Liedes entgegen und verteidigte die »Neutö-

10 Dem Vorwort des *Zupfgeigenhansl* nach 1918 vorangestellt.

11 H. Breuer in der Monatsschrift *Wandervogel*, 4 (1910), zit. nach: W. Kindt: *Die Wander-
    vogelzeit*, a.a.O., S. 1012.

ner«, die auf modernste Lyrik von Strachwitz, Liliencron, W. Schulz zurückgriffen. Mit wörtlicher Anspielung auf Breuers vorangegangenen Artikel schrieb er: »Mir wird immer schwül, wenn ich lese: ›So ist das Volkslied der musische Ausdruck all unserer Wandervogel-Ideale.‹ Bewahre! [...] Nein, das Volkslied ist ein Ersatz, ein sehr, sehr hochstehender, aber nicht vollgültiger für etwas, was wir nicht haben, für das unserer Zeit entsprechende, ihre innersten Regungen wiedergebende und dabei alle Kreise packende Lied. Wo ist dies neue deutsche ›Volkslied‹?«[12] Breuer hat im Vorwort zur letzten von ihm überarbeiteten, zehnten Auflage (1913) zu Rittinghaus' Vorwurf Stellung genommen und noch einmal seinen musischen Volksliedbegriff, der auf das ganze, noch unverfälschte Menschsein zielt, bekräftigt.[13]

Unverzichtbar zum Volkslied hinzu gehörte die Gitarre oder Laute, die nicht genau unterschieden und als vermeintlich romantische Volksinstrumente (daher: Zupfgeige) neu belebt wurden. Über die damalige Spielpraxis vermerkte Hans Blüher lakonisch: »Und als unvermeidlicher Begleiter klang stets das eine mit: die Gitarre. Die Romantiker wußten recht gut, daß die ›Zupfgeigenmusik‹, wie man es nannte, der musikalische Ausdruck ihres ganzen Wesens sei, und es hat in der Tat wohl niemals eine Zeit gegeben, wo die Gitarre in der Jugend so allgemein wurde wie damals im Alt-Wandervogel. [...] Schließlich wurden auch die Jüngeren von den merkwürdigen Tönen ergriffen, und es schlug wie eine musikalische Pestilenz um sich. Auf den Massenausflügen des Alt-Wandervogels war es am Ende nicht mehr möglich, überhaupt noch etwas zustande zu bringen, was einer Toneinheit glich, weil bei der Unmenge von Gitarren doch immer die Hälfte nicht stimmte und den anderen jede Harmonie verdarb.«[14] Erst allmählich und vornehmlich als Folge der Singbewegung trat eine Kultivierung des Singens und Musizierens ein. Einstimmige Melodien wurden dabei zunehmend mit einer Gitarren- oder Lautenbegleitung versehen. Das erste *Wandervogel-Lautenbuch*[15] (1913) enthielt etwa 40 Liedsätze aus dem *Zupfgeigenhansl* und anderen Sammlungen mit ausgearbeiteter Lautenbegleitung.

Mit dem Älterwerden der Gymnasiasten, die anfänglich den Wandervogel

---

12 F. W. Rittinghaus: *Volkslied und Neutöner*, in: *Wandervogel*, H. 8, Aug. 1912; zit. nach W. Kindt: *Die Wandervogelzeit*, a.a.O., S. 1017.

13 »Unlängst hat Rittinghaus in der Monatsschrift ›Wandervogel‹ den Neutönern das Wort geredet. [...] Aber das Volkslied ist nun einmal da. [...] Was ist das alte, klassische Volkslied? Es ist das Lied des ganzen, in sich noch geschlossenen Menschen, jenes starken Menschen, der alle Entwicklungsformen und Möglichkeiten [...] noch in sich trug, der nur recht von Herzen zu singen brauchte, um dem ganzen Volke Herzenskünder zu werden.«

14 H. Blüher: *Wandervogel, Geschichte einer Jugendbewegung*, Bd. 2, Prien, ⁵1920, S. 76.

15 Hg. von Alfred Kurella, Magdeburg 1913.

Treffen des Alt-Wandervogels in der Lüneburger Heide 1909 mit Lauten und Gitarren (Zupfgeigen), die zum Modeinstrument und Erkennungszeichen der Wandervögel wurden.

trugen, verlagerte sich deren Aktivität in die Universitäten. Hier organisierte sich nun die akademische Jugend nach dem Erlebnis der Jugendgemeinschaften in den Wandervogelbünden in freien akademischen Studentenvereinigungen, die den lebensreformerischen Impuls weitertrugen (Gründung eines Vereins abstinenter Studenten 1902) und damit den traditionsverhafteten Studentenverbindungen und konservativen Burschenschaften konträr gegenübertraten. So bildeten sich freie akademische Studentengruppen (Akademische Freischar Göttingen 1907; Sera-Kreis, Jena 1909), die sich 1908 zum »Bund Akademischer Freischaren« zusammenschlossen und in Göttingen und Jena besonders aktiv das kulturell-gesellschaftliche Leben der Universität prägten. Der Pädagoge Wilhelm Flitner erinnert sich an seine Studentenzeit in Jena 1909:

»Ich suchte am Schwarzen Brett nicht nur den Vorlesungsbeginn, sondern Spuren einer geistigen Aktivität von studentischer Seite. Da las ich auf einem kleinen Anschlag, es gebe eine ›Freie Studentenschaft‹, die eine politische, eine literarische, eine naturwissenschaftliche Arbeitsgruppe einrichten wolle, und Interessierte sollten sich in der ›Quelle‹ melden.« Ein ehemaliger Mitschüler, den er dort wiedertrifft, führt ihn in die Arbeit ein. »Er stand vor seinem Doktorat, organisierte aber noch mit Feuereifer die Freie Studentenschaft. Er wies mir nun mit seinem wachen Geiste sogleich alle Trümpfe des Jenaer Studentenlebens auf. [...] Ein ganz junger, eben habilitierter Privatdozent [Hermann Nohl] sei der rechte Mann für uns; in seiner philosophischen Übung müsse ich mich unbedingt anmelden. In der literarischen Gruppe müsse ich mit einem anderen [...] den Vorsitz übernehmen. Dann werde er mich auch in einem geselligen Kreis anmelden, wo Tänze eingeübt würden, die man sommers im Freien tanzen wolle. Um die Farbenstudenten brauche man sich gar nicht zu kümmern, von denen sei geistig und gesellig überhaupt nichts zu erwarten, auch in den Universitätsseminaren spielten sie keine Rolle, sie seien völlig abgeschrieben. [...] So entstand ein geselliges Studentenleben im damaligen Jena, das sich nicht von der guten Gesellschaft der Stadt und der Nachbarstädte absonderte, ohne Alkohol und Tabak, erfüllt von geselliger Aktivität, Musik, Theater, poetischer Rezitation, Tanz, voll geistigen Gehalts und reicher Freundschaft, die schnell begründet lebenslang hielt.«[16]

In dieser Atmosphäre geistigen Lebens einer jungen, aus traditionellen Verkrustungen ausbrechenden Studentengeneration keimte die Haltung, aus der dann die spätere Jugend- und Schulmusikbewegung erwuchs.[17] Aber auch die freideutsche Studentenschaft bot die verschiedensten Facetten, die von einer stärker völkisch-national geprägten Ideologie bis zum idealistisch-freiheitlichen Aktivismus reichten. So einigten sich die unterschiedlichen Studentenvereinigungen und Jugendorganisationen schließlich nach recht kontroversen Diskussionen[18] darauf, zum Gedenken an die Völkerschlacht bei Leipzig 1913 einen gemeinsamen »Freideutschen Jugendtag« auf dem Hohen Meißner abzuhalten, um dem hohlen Pathos der Bekundung vaterländischer Gesinnung bei der Heldenverehrung zu entgehen und zu einer eigenen Lebensgestaltung aufzurufen. In dem gemeinsam von der Deutschen Akademischen Freischar, dem Bund deutscher Wanderer, den verschiedenen Wandervogel-Verbänden, der Freien Schulgemeinde Wickersdorf, dem Sera-Kreis Jena u. a. unterzeichneten Aufruf hieß es:

»Die deutsche Jugend steht an einem geschichtlichen Wendepunkt. Die Jugend, bisher aus dem öffentlichen Leben der Nation ausgeschaltet und angewiesen auf eine passive Rolle des Lernens, auf eine spielerisch-nichtige Geselligkeit und nur ein Anhängsel der älteren Generation, beginnt sich auf sich selbst zu besinnen. Sie versucht, unabhängig von den trägen Gewohnheiten der Alten und von den Geboten einer häßlichen Konvention sich selbst ihr Leben zu gestalten. Sie strebt nach einer Lebensführung, die jugendlichem Wesen entspricht, die es ihr aber zugleich auch ermöglicht, sich selbst und ihr Tun ernst zu nehmen und sich als einen besonderen Faktor in die allgemeine Kulturarbeit einzugliedern. [...] Sie wendet sich aber von jenem billigen Patriotismus ab, der sich die Heldentaten der Väter zu großen Worten aneignet, ohne sich zu eigenen Taten verpflichtet zu fühlen, dem vaterländische Gesinnung sich erschöpft in der Zustimmung zu bestimmten politischen Formeln, in der Bekundung des Willens zu äußerer Machterweiterung und in der Zerreißung der Nation durch die politische Verhetzung.«[19]

---

16 W. Flitner: *Die Jugendbewegung. Welt und Wirkung*. Festschrift zur 50. Wiederkehr des Freideutschen Jugendtages auf dem Hohen Meißner, Düsseldorf 1963, zit. nach W. Kindt, a.a.O., S. 477 ff.

17 Ebd., S. 479.

18 Vgl. dazu die Dokumentation bei W. Kindt, a.a.O., S.484 ff.

19 Vollständiger Wortlaut in: Ziemer/Wolf, a.a.O., S. 444 f.

Die deutsche Jugend steht an einem geschichtlichen Wendepunkt. Die Jugend, bisher aus dem öffentlichen Leben der Nation ausgeschaltet und angewiesen auf eine passive Rolle des Lernens, auf eine spielerisch-nichtige Geselligkeit und nur ein Anhängsel der älteren Generation, beginnt sich auf sich selbst zu besinnen. Sie versucht, unabhängig von den trägen Gewohnheiten der Alten und von den Geboten einer häßlichen Konvention sich selbst ihr Leben zu gestalten. Sie strebt nach einer Lebensführung, die jugendlichem Wesen entspricht, die es ihr aber zugleich auch ermöglicht, sich selbst und ihr Tun ernst zu nehmen und sich als einen besonderen Faktor in die allgemeine Kulturarbeit einzugliedern. Sie möchte das, was in ihr an reiner Begeisterung für höchste Menschheitsaufgaben, an ungebrochenem Glauben und Mut zu einem adligen Dasein lebt, als einen erfrischenden, verjüngenden Strom dem Geistesleben des Volkes zuführen, und sie glaubt, daß nichts heute unserm Volke nötiger ist, als solche Geistesverjüngung. Sie, die im Notfall jederzeit bereit ist, für die Rechte ihres Volkes mit dem Leben einzutreten, möchte auch in Kampf und Frieden des Werktags ihr frisches reines Blut dem Vaterlande weihen. ¶ Sie wendet sich aber von jenem billigen Patriotismus ab, der sich die Heldentaten der Väter in großen Worten aneignet, ohne sich zu eigenen Taten verpflichtet zu fühlen, dem vaterländische Gesinnung sich erschöpft in der Zustimmung zu bestimmten politischen Formeln, in der Bekundung des Willens zu äußerer Machterweiterung und in der Zerreißung der Nation durch die politische Verhetzung. ¶ Die unterzeichneten Verbände haben, jeder von seiner Seite her, den Versuch gemacht, den neuen Ernst der Jugend in Arbeit und Tat umzusetzen; sei es, daß sie den Befreiungskampf gegen den Alkohol aufnahmen, sei es, daß sie eine Veredlung der Geselligkeit oder eine Neugestaltung der akademischen Lebensformen versuchten, sei es, daß sie der städtischen Jugend das freie Wandern und damit ein inniges Verhältnis zu Natur und Volkstum wiedergaben und ihr einen eigenen Lebensstil schufen, sei es, daß sie den Typus einer neuen Schule als des Heims und Ursprungs einer neugearteten Jugend ausgestalteten. Aber sie alle empfinden ihre Einzelarbeit als den besonderen Ausdruck eines ihnen allen gemeinsamen Gefühls vom Wesen, Wert und Willen der Jugend, das sich wohl leichter in Taten umsetzen als auf Formeln bringen läßt. Diesen neuen, hier und da aufflammenden Jugendgeist haben sie als den ihnen allen gemeinsamen er-

Die Spaltung in eine deutschnationale und die freie akademische Jugend war vorgezeichnet, auch wenn man sich noch auf eine gemeinsame Formel verständigte: »Die Freideutsche Jugend will aus eigener Bestimmung, vor eigener Verantwortung, mit innerer Wahrhaftigkeit ihr Leben gestalten. Für diese innere Freiheit tritt sie unter allen Umständen geschlossen ein.«[20] Für dieses Eigenrecht der Jugend hatte sich Gustav Wyneken (1875–1964) vehement eingesetzt. In der Auseinandersetzung mit dem Wandervogel und der

20 Vollständiger Wortlaut in: Flitner/Kudritzki, a.a.O., Bd. 1, S. 279. Ob diese Einigungsformel »unter starkem Einfluß« Gustav Wynekens zustande kam (Nohl: *Die pädagogische Bewegung in Deutschland*, Frankfurt 1982, S. 16) oder ob er sich ihr »nachher etwas widerstrebend« angeschlossen hat (Bericht von K. Ahlborn, 1934; in: Ziemer/Wolf a.a.O., S. 443), ist nicht auszumachen. Offensichtlich ist aber der große Einfluß, den Wynekens Rede auf dem Hohen Meißner am 12. Oktober 1913 und seine Auseinandersetzung mit den Nationalgesinnten hatte.

kannt und den Beschluß gefaßt, aus Gesinnungsgenossen nunmehr auch Bundesgenossen zu werden. ¶ Uns allen schwebt als gemeinsames Ziel die Erarbeitung einer neuen, edlen deutschen Jugendkultur vor. Hieran wollen wir alle, jeder in seiner Eigenart, mitwirken. Wir wollen weiter getrennt marschieren, in dem Bewußtsein, daß uns ein Grundgefühl zusammenschließt, so daß wir Schulter an Schulter gegen die gemeinsamen Feinde kämpfen. Wir sprechen die Hoffnung und den Glauben aus, daß sich zu uns mehr und mehr die gesamte gleichgesinnte Jugend sammeln möge. ¶ Im gegenwärtigen Augenblick erleben wir das hohe Glück, uns im gemeinsamen Willen gefunden zu haben. Diesen Zusammenschluß, diese brüderliche Erkennung und Anerkennung wollen wir durch ein großes Fest der Jugend feiern. Und fürwahr, kein Zeitpunkt kann dazu geeigneter sein als das Jahr und der Monat, in dem Deutschland die vor hundert Jahren errungene Freiheit feiert. Noch fehlt das Fest der Jugend in der Reihe dieser Feiern. Und wir wollen es begehen in deutlichem Gegensatz zu jenem von uns verworfenen Patriotismus als eine Gedenk- und Auferstehungsfeier jenes Geistes der Freiheitskämpfe, zu dem wir uns bekennen. ¶ So laden wir denn die Jugend ein, mit uns am 11. und 12. Oktober auf dem Hohen Meißner bei Cassel den

Ersten Freideutschen Jugendtag

zu feiern. Möge von ihm eine neue Zeit deutschen Jugendlebens anheben, mit neuem Glauben an die eigene Kraft, mit neuem Willen zur eigenen Tat.

Deutsche Akademische Freischar
Deutscher Bund abstinenter Studenten
Deutscher Vortruppbund
Bund deutscher Wanderer
Wandervogel e.V. / Jungwandervogel
Österreichischer Wandervogel
Germania, Bund abstinenter Schüler
Freie Schulgemeinde Wickersdorf
Bund für freie Schulgemeinden
Landschulheim am Solling
Akademische Vereinigungen-Marburg und Jena
Serakreis-Jena / Burschenschaft Vandalia-Jena

Aufruf zum Freideutschen Jugendtag auf dem Hohen Meißner am 11. und 12. Oktober 1913.

Freideutschen Jugend war er immer wieder als zentrale Persönlichkeit hervorgetreten, die der Jugendbewegung eine geistig-kulturelle Richtung geben wollte.[21] In seiner großen Rede auf dem Hohen Meißner am 12. Oktober 1913[22] hatte er vor dem Mißbrauch der Jugend zu nationalen Zwecken gewarnt. In seinem erzieherischen Bestreben ging er von einem vertieften Kulturbegriff aus mit dem Ziel, die verschiedenen Kräfte der Jugend zu einem kulturellen Organismus zusammenwachsen zu lassen. Den Wandervogel erkannte er zwar als legitimen Ausdruck der freiheitlichen Bestrebungen der Jugend an[23], sah in ihm aber nur ein Durchgangsstadium, das schließlich

---

21 Vgl. die Sitzungsprotokolle in: W. Kindt: *Die Wandervogelzeit*, a.a.O., S. 533-550.

22 Ebd. S. 501-505.

23 Vgl. hierzu und auch im folgenden Wynekens Rede, die er kurz nach dem Treffen auf dem Hohen Meißner gehalten hatte, zu der Frage »Was ist Jugendkultur?« in: W. Kindt (Hrsg.):

zu einer eigenen Jugendkultur führen müsse. Das Denken der Wandervögel kreise nur um natürliche Lebensweise und Rassenhygiene, sei also in erster Linie biologisch und nicht kulturell bestimmt. Ihm kam es aber auf die Bildung einer kulturellen Einstellung durch Erziehung an. Eine Jugendbewegung, die Jugend als eigenständige Lebensphase erkannt habe, dürfe Schule nicht ausklammern. Und die pädagogische Lösung für diese Kulturarbeit schien ihm allein in in der Freien Schulgemeinde vorgegeben zu sein. So kam für ihn alles darauf an, »ob sich die vom Wandervogel ausgehende Bewegung treffen wird mit der von der Freien Schulgemeinde stammenden, ja, ob die Wandervogelbewegung in die der Freien Schulgemeinde einmünden wird«.[24] Sein Versuch, die Ziele des Wandervogels und der Freideutschen Jugend ganz in den Dienst der Freien Schulgemeinde zu stellen, scheiterte aber an dem damit verbundenen Führungsanspruch, den ihm deren Vertreter, denen er intellektuell weit überlegen war, streitig machten.

Die Grundlagen zu seinem Verständnis von Jugendkultur hatte er in der Schrift *Der Gedankenkreis der Freien Schulgemeinde* (1913) niedergelegt, die dem Wandervogel gewidmet ist und ursprünglich auf dem Freideutschen Jugendtag ausgelegt werden sollte.[25] Wiederholt hatte er darauf hingewiesen, daß man sich auf dem Jugendtag gar nicht bemüht habe, den eigentlichen Wesensbedürfnissen der Jugend gerecht zu werden.[26] Die daraus resultierenden starken Spannungen führten schließlich dazu, daß sich die Jugendverbände von ihm zurückzogen und er 1914 wieder aus dem Verbund der Freideutschen Jugend austrat. Die Abwehr des Führungsanspruchs dieses »allen Jugendführern an Intelligenz, Wissen und Leidenschaft überlegenen Mannes führte zu einem jahrelangen Konflikt, der aus der Geschichte der Freideutschen Jugend nicht wegzudenken ist«.[27] Dabei war es sein Verdienst, als einer der ersten in der Lebensphase der Jugend eine besondere Entwicklungsphase gesehen zu haben, die ihr Eigenrecht erfordere. Jugend bestimmte er dabei ganz modern als Moratorium zwischen Kindheit und Erwachsenenwelt. »Jugend aber nennen wir die Zeit, wo sich der Mensch losgerungen hat vom Naturgrunde und sich in der Geisteswelt frei zu bewegen beginnt. In dieser

Grundschriften der deutschen Jugendbewegung (Dokumentation der Jugendbewegung, Bd. 1), Düsseldorf 1963, S. 116-128, hier besonders S. 119 ff.

24 Ebd., S. 122 f.

25 Vgl. G. Wyneken: *Wandervogel und Freie Schulgemeinde* (1913), in: Ziemer, a.a.O., S. 427.

26 Vgl. G. Mittelstraß in der Einführung zum »Redeheft« zum Freideutschen Jugendtag, Hamburg 1919, in: W. Kindt: *Die Wandervogelzeit*, a.a.O., S. 495.

27 W. Kindt in seiner Kurzchronik zur Freideutschen Jugend, in: Kindt: *Die Wandervogelzeit*, a.a.O., S. 520.

Zeit der Wende eignet ihm noch der biologische Reiz des unberührt Naturhaften, während doch schon um seine Stirn der Adel geistiger Schönheit leuchtet.«[28] Der Erziehungsauftrag der Freien Schulgemeinde sollte nun darin liegen, dieses Potential der Jugend nicht politischer Beeinflussung zu überlassen, sondern die eigenen Kräfte durch Erziehung zu einer inneren Kultur zu führen.[29] »Und dadurch wird zum erstenmal in unserer Kultur eine eigentliche Jugend geschaffen; eine Kulturjugend und eine Jugendkultur.«[30] Diesen Begriff der »Jugendkultur« hat dann die Jugendmusikbewegung unter Fritz Jöde wieder aufgegriffen.[31]

3. Die geistigen Impulse der Reformpädagogik

»Hat Ihnen, verehrter Leser und verehrte Leserin, die Schule, die Sie besuchten, die Ausbildung gegeben, die Sie in Ihrem späteren Leben als die zweckmäßige fanden? Werden die von Ihnen geliebten Kinder so erzogen, daß sie dereinst als gesunde, charakterfeste Menschen etwas Tüchtiges leisten können? Oder vernehmen Sie oft Klagen Ihrer Jungen über die schweren lateinischen oder griechischen Extemporalien, über die vielen Schularbeiten, über langweilige Stunden, über zum Abschreiben zwingende Aufgaben, über Kopfschmerzen infolge der vielen geistigen Arbeit usw.? Mußte etwa heute Ihr Kleiner wieder einmal eine Stunde nachsitzen? Brachte er Ihnen wieder als besonders erfreuliches Geschenk aus der Schule eine Klassenarbeit mit zwanzig Fehlern ins Haus?«

Mit diesen provokanten Fragen eröffnete Hermann Lietz (1868–1919) einen Bericht über die englische Reformschule in Abbotsholme, der unter dem unmittelbaren Eindruck seiner dortigen Erfahrungen entstanden und 1897 mit dem Titel *Emlohstobba* (Palindrom des Ortsnamens Abbotsholme) erschienen war. Die Haltung des jungen Autors war dabei deutlich vom Widerspruch gegenüber veralteten Bildungstraditionen geprägt und von der Begeisterung für eine neue Schulidee begleitet, die er an der »New School Abbotsholme« verwirklicht gefunden hatte. Am Schluß seines Berichts beschrieb er im Bild von Namrehs Traum (Palindrom: Hermann) den Untergang der »alten Unterrichtsschule«, die nur totes Buchwissen vermittelt, und entwarf die Vision einer »neuen Erziehungsschule«, die statt auf Gelehrsam-

---

28 G. Wyneken: *Der Gedankenkreis der Freien Schulgemeinde*, Jena 1919, S. 10.

29 Vgl. G. Wyneken: *Schule und Jugendkultur*, Jena 1914.

30 Ebd., S. 11.

31 F. Jöde (Hrsg.): *Musikalische Jugendkultur. Anregungen aus der Jugendbwewegung*, Hamburg 1918.

keit und Gedächtnis nun vielmehr auf Charakterbildung und eine harmonische Persönlichkeitsentwicklung gerichtet sein sollte.

Für breite Kreise des Volkes hatte die Reichsgründung 1871 eine immer deutlichere Erstarkung des Nationalbewußtseins gebracht. Gleichzeitig setzte infolge der zunehmenden Industrialisierung mit all ihren Begleiterscheinungen eine allgemeine Kultur- und Bildungskritik ein, die als Antwort auf die ständische Lernschule eine proletarische Bildungsbewegung (Arbeiterbewegung) einzuleiten versuchte. Überdies muß man bedenken, daß reformpädagogische Ansätze mit ihrer Betonung von Selbsttätigkeit und ganzheitlicher, gemeinschaftsfähiger Persönlichkeitsbildung überall keimten und nicht auf Europa beschränkt blieben. Vornehmlich John Dewey (1859–1952) und Ralph Kilpatrick haben mit der »Progressive Education« auf die europäische Reformpädagogik eingewirkt und ähnliche schulorganisatorische Konsequenzen (z. B. Projektunterricht, Gesamtschulgedanke) hervorgerufen. Diese gesamte Entwicklung, die wesentlich das Erziehungswesen betraf, aber auch wichtige sozialpädagogische Wirkungen von der Jugendpflege bis zur Volkshochschulbewegung einschloß, hat Hermann Nohl (1879–1960) unter dem Begriff der »Pädagogischen Bewegung« zusammengefaßt.

Wichtige Anregungen waren von dem Berliner Philosophen und Pädagogen Wilhelm Dilthey (1833–1911) ausgegangen, dessen lebensphilosophische Deutung des Verstehensprozesses ganz stark auf die Erlebnispädagogik eingewirkt und insbesondere den Erlebnisbegriff in Kunst- und Musikerziehung geprägt hat. Im Arbeitsschulgedanken wurden dann erstmals die lernpsychologischen Grundsätze Rousseaus und Pestalozzis verwirklicht, Lernen durch praktisch handelnde Arbeit zu begründen. Die allgemeine Psychologie begann, den Blick weg von den bloßen Tatsachen und hin auf die Person – das Kind, das Individuum – zu lenken. Der Titel eines Buches der schwedischen Lehrerin Ellen Key (1849–1926), *Das Jahrhundert des Kindes* (1900), wies in diese Richtung und wurde zur Signatur einer ganzen pädagogischen Epoche. Nahm sich der Wandervogel der besonderen Bedürfnisse der Jugend an, lenkte die Pädagogik die Aufmerksamkeit auf die sozialen und psychologischen Bedingungen der Kindheit. Die italienische Ärztin Maria Montessori (1870–1953), als erste Frau in Italien zum Medizinstudium zugelassen, ging von dem Gedanken der Förderung behinderter Kinder aus und entwickelte für sie ihre didaktischen Materialien, mit deren Hilfe sich der junge Mensch gemäß seinen Bedürfnissen und Anlagen entwickeln sollte. Schulpädagogisch deutete sich eine Wende zuerst in der Kunsterziehung an. Das schöpferische Potential kindlicher Ausdrucksformen rückte nun in das pädagogische Bewußtsein und führte zu einer ganz neuen didaktischen Perspektive in der Kunst- und dann auch in der Musikerziehung.[32] Wichtiger noch wurde für die Schulmusik die Befruchtung, die sie aus der Aufwertung des Musikalischen in der Landerziehungsheimbewegung erfuhr.

Kunsterziehungsbewegung

»Eine erste Hauptrichtung der pädagogischen Reformbewegung, in der sich eine neue Bildungsvorstellung mit allgemeinem Anspruch abzeichnete und zu produktiven pädagogischen Konsequenzen führte, war die Kunsterziehungsbewegung.«[33] Die Neuorientierung in der Kunsterziehung geht zurück auf die Auflehnung gegenüber dem starren Akademismus der Historienmaler und Nazarener. Das Fach »Zeichnen« war – wie der Gesangunterricht – ein technisches Fach, in dem es um die möglichst getreue Abbildung von geometrischen Figuren und Körpern oder die perspektivisch richtige Darstellung von Räumen ging. In dieser Situation einer allgemein morbiden Verfallsstimmung wie des gärenden Aufbruchsgeistes zu Ende des 19. Jahrhunderts traf Julius Langbehns (1851–1907) anonym erschienenes Buch *Rembrandt als Erzieher* (1890) den Nerv der Zeit und avancierte schnell zu einem Kultbuch, das die Stimmung des Fin de siècle präzise spiegelte. Eine Zeitlang sprach man von nichts anderem als von dem Rembrandt-Buch, dessen Ideen alle gebildeten Stände erfaßte. Programmatisch begann es mit einer radikalen Kritik am Intellektualismus und polemisierte gegen den Verfall deutscher Bildung und Kultur, gegen einen sich schnell ausbreitenden Materialismus und das um sich greifende Spezialistentum.

> »Es ist nachgerade zum öffentlichen Geheimniß geworden, daß das geistige Leben des deutschen Volkes sich gegenwärtig in einem Zustande des langsamen, Einige meinen auch des rapiden Verfalls befindet. Die Wissenschaft zerstiebt allseitig in Spezialismus; auf dem Gebiet des Denkens wie der schönen Literatur fehlt es an epochemachenden Individualitäten; die bildende Kunst [...] entbehrt noch der Monumentalität und damit ihrer besten Wirkung; Musiker sind selten; Musikanten zahllos.«[34]

Diese das Buch eröffnenden Sätze trafen genau den Zeitgeist der Décadence, das Gefühl des Untergangs im Fin de siècle. Das Heil sah und suchte Langbehn in einem neu zu erstrebenden Ausgleich von Künstler- und Gelehrtentum, in einer neuen Ganzheit, in der Erneuerung der Kunst aus dem

---

32 Vgl. G. Hartlaub: *Der Genius im Kinde*, Breslau 1922; F. Jöde: *Das schaffende Kind in der Musik*, Wolfenbüttel 1928.

33 W. Scheibe: *Die Reformpädagogische Bewegung 1900–1932*, Weinheim 1969, S. 139.

34 *Rembrandt als Erzieher. Von einem Deutschen*, Leipzig 1890, S. 1.

Geist der niederländischen Meister, der sich am reinsten in Rembrandt verkörpere. »Unsere zerstückelte moderne Bildung muß sich wieder zum Ganzen abrunden; Rembrandt ist ein Stein zu solchem Bau« (S. 175). Unverhohlen mischen sich aber deutschnationale Töne in seine Kunsterneuerungsidee, die sich zu deutlich nationalistischem Pathos steigern.

> »Der Deutsche beherrscht also, als Aristokrat, bereits Europa; und er beherrscht, als Demokrat, auch Amerika; es wird vielleicht nicht lange dauern bis er, als Mensch, die Welt beherrscht. Möge er sich einer solchen Rolle würdig zeigen. [...] Die Deutschen sind bestimmt, den Adel der Welt darzustellen. Deutschlands Weltherrschaft kann [aber] nur eine innerliche sein. [...] Die Geige ist das spezifisch deutsche Musikinstrument; der Deutsche hat sie erfunden, kultiviert und führt sie noch immer meisterhaft; er ist berufen, auch im politischen Weltkonzert die erste Geige zu spielen. *Primus inter pares*. Die Geige ist ein Friedensinstrument [...]«[35]

Was hier zwar noch übertragen gemeint und nur auf Kunst und Kultur bezogen war, wurde dann im 20. Jahrhundert blutige Realität. Die Verherrlichung von Kunst und Krieg findet sich schon bei Langbehn: »[...] der Gang der Weltgeschichte bewegt sich nach einer kriegerischen Marschmusik. Krieg und Kunst gehören zusammen [...] das ist der Weg des Helden durch die Welt: Parademarsch, im Kugelregen, bei klingendem Spiel!« (S. 308). Heute, nach den Erfahrungen des Holocaust, liest man solche Sätze anders, scheinen sie ahnungsvoll den tatsächlichen Verlauf der Geschichte vorzuzeichnen. Tatsächlich spiegeln sie ja auch den Geist, in dem sich dann eine systematische Kriegserziehung im Kaiserreich vollzog.

Andererseits war die Idee der Erneuerung des Denkens durch die Kunst am Ende des 19. Jahrhunderts durchaus innovativ und beeinflußte nachhaltig die Kunsterziehungsbewegung, durch die der Gedanke einer wirklichen *Kunst*erziehung belebt und aus den starren Fesseln eines akademischen Formalismus befreit wurde. Denn mit der pathetischen Überhöhung Rembrandts als wahrer deutscher Künstler, als »Maler der Wahrheit und Natürlichkeit« (S. 209), lenkte Langbehn immerhin den Blick auf die Bedeutung der Kunst für die Erneuerung der Bildung. Dies wirkte dann auch auf die Jugendmusikbewegung ein, die ihrerseits viele Impulse der Kunsterziehungsbewegung aufgriff und in der Idee musisch ganzheitlicher Erziehung immer auch den Kern deutschnationaler Gesinnung enthielt. Darin ist von Anfang an schon die ganze tragische Verstrickung der musischen Erziehungsidee mit nationalistischem Gedankengut vorgezeichnet, die dann die Entwicklung der Schulmusik im frühen 20. Jahrhundert belastet.

---

35 Ebd., S. 223. Langbehns ungemein impulsiv geschriebenes Buch erfuhr schnell große Verbreitung. In der von Benedikt Momme Nissen besorgten Neuausgabe nach Langbehns Tod fehlen die nationalistischen, kriegsverherrlichenden Passagen.

Erscheinen uns heute das deutschnationales Pathos und die martialischen Töne des »Rembrandtdeutschen« auch unerträglich, so hat damals gerade das aufrüttelnde Bekenntnis zur deutschen Kunst die nachhaltige Wirkung dieses Buches hervorgerufen, dessen grundlegende Haltung und Kerngedanken dann durch Ferdinand Avenarius (1856–1923) in der Zeitschrift *Der Kunstwart* dem bürgerlichen Denken vermittelt wurden. So rückte allmählich ein ganz neues Verhältnis von Bildung und Kunst in das Blickfeld. Daß Langbehn dabei auf Rembrandt als Erzieher zurückging und nicht den Aufbruch der impressionistischen Malerei aufgriff, ist ein allgemeines Merkmal der rückwärts gerichteten reformpädagogischen Ansätze.

In dem Maße, wie in der Kunst selber die individuelle Ausdruckskraft in der bildlichen Darstellung immer weiter in den Vordergrund rückte, setzte sich allmählich auch im Gefolge der Anstöße aus der Jugendbewegung eine neue Einstellung zum eigenen Ausdruck, zur Sinnlichkeit und Körperlichkeit durch. So begann man seit Ende des Jahrhunderts immer mehr den Ausdrucksgehalt von Kinderzeichnungen zu beachten, so daß man von der »Entdeckung der Kinderzeichnung« sprechen kann.[36] 1901 fand in Berlin eine Ausstellung »Die Kunst im Leben des Kindes« statt. Zahlreiche Publikationen befaßten sich mit diesem Thema.[37] Und weil die Erzieher allmählich den bildenden Wert des Kinderzeichnens erkannten, rückten sie vom schablonisierten Formzeichnen ab und kamen zum freien Malen und Zeichnen nach der Natur.

Zur führenden Persönlichkeit der gesamten Kunsterziehungsbewegung wurde Alfred Lichtwark (1852–1914), der 1886 zum Direktor der Hamburger Kunsthalle berufen worden war. Sein Ausgangspunkt war eine grundsätzliche Schulkritik. »Die Schule geht vom Stoffe aus und bleibt am Stoffe kleben. Sie sollte von der Kraft ausgehen und Kräfte entwickeln.«[38] Solche Kräfte sah er in der künstlerischen Anlage der Kinder, die ausgebildet werden müsse. »Die Sprache der Dichtkunst, die Musik, die bildende Kunst sind Ausdrucksmittel nicht des Verstandes, sondern einer starken, besonders gearteten menschlichen Seele.«[39] Unter dem Begriff der Kunsterziehung verstand er »ein neues Unterrichtsprinzip«, das »nicht für diesen oder jenen Unter-

---

36 Vgl. W. Scheibe, a.a.O., S. 144 ff.

37 Carl Götze: *Das Kind als Künstler* (1898); Siegfried Levinstein: *Kinderzeichnungen bis zum 14. Lebensjahr mit Parallelen aus der Urgeschichte, Kulturgeschichte und Völkergeschichte* (1905); Gustav Hartlaub: *Der Genius im Kinde* (1922).

38 A. Lichtwark anläßlich einer Rede auf dem 2. Kunsterziehungstag in Weimar am 11.10.1903: *Die Einheit der künstlerischen Erziehung*, in: Flitner/Kudritzki, a.a.O., Bd. 1, S. 113.

39 A. Lichtwark: *Die Grundlagen der künstlerischen Bildung*, Bd. 1, S. 18.

richtsgegenstand, sondern für die ganze Erziehung gilt«.[40] Den Anspruch der Kunsterziehung wollte er nicht bloß auf den künstlerischen Unterricht im engeren Sinne bezogen wissen, sondern dieser sollte einer generellen Erneuerung des Lebens dienen. »Die Forderung nach einer künstlerischen Erziehung tritt nicht als eine vereinzelte Erscheinung auf, sie ist von der ersten Stunde untrennbar verbunden mit dem gleichzeitig – etwa um die Mitte der achtziger Jahre – deutlicher formulierten Ruf nach einer sittlichen Erneuerung unseres Lebens. Die beiden Gebiete sind nicht zu trennen.«[41] So stellte er die Bemühungen um eine erneuerte Kunsterziehung sogleich in engen Zusammenhang mit den Erneuerungsbewegungen in den benachbarten Disziplinen, die in der Jugendbewegung wichtig wurden: Sprache und Laienspiel, Tanz und Rhythmische Gymnastik, Musik und Dichtung. Thematisch kommt dies in den drei Kunsterziehungstagen

1901 Dresden: Fragen des Zeichenunterrichts
1903 Weimar: Deutsche Sprache und Dichtung
1905 Hamburg: Musik und Gymnastik

zum Ausdruck. Hier sollten die Öffentlichkeit wie die Vertreter der Schulbehörden von der Notwendigkeit der Einheit der künstlerischen Erziehung überzeugt werden, »die nicht als ein äußerliches Schmuckstück für Festtage gedacht ist, sondern als eine das Leben gestaltende Entwicklung der künstlerischen Anlagen«.[42] Die Kunsterziehungstage boten das Forum für eine umfassende, freie Aussprache über grundsätzliche Erziehungsfragen, an der alle Gruppen – Lehrer, Eltern, Behörden, Wissenschaftler und Künstler – beteiligt werden sollten. So stand der Dialog, der Austausch der Argumente im Vordergund, und es kam nicht zu einer Abfassung programmatischer Erklärungen oder formeller Resolutionen. Doch gerade die engagierte inhaltliche Auseinandersetzung mit der Idee einer ganzheitlichen künstlerischen Erziehung wirkte auf die Bildungsideologie der Zeit stark ein, die schließlich die »künstlerische« Erziehung, von der Lichtwark noch ausschließlich sprach, in eine »musische« umformulierte.

Der 3. Kunsterziehungstag brachte eine Zusammenfassung der Bemü-

---

40 A. Lichtwark: *Die Einheit der künstlerischen Erziehung,* a.a.O., S. 112. Interessant ist, daß er die Bezeichnung »Kunsterziehungstag« zu verteidigen genötigt war, nicht weil es darin um Kunst, sondern weil es nur um Kunst ging. »Vielen wäre es lieber gewesen, schlankweg Deutscher Erziehungstag zu sagen.« (ebd.)

41 A. Lichtwark in der Schlußrede zum 1. Kunsterziehungstag am 29. 9. 1901 in Dresden: *Der Deutsche der Zukunft,* in: Flitner/Kudritzki, a.a.O., Bd. 1, S. 99.

42 So in Lichtwarks Vortrags auf dem 2. Kunsterziehungstag in Weimar 1903, in: Flitner/Kudritzki, a.a.O., Bd. 1, S. 114.

hungen der beiden vorangegangenen. Bemerkenswert waren der Vortrag des Musiklehrers Heinrich Johannsen und die anschließende Aussprache zum Thema »Der Schulgesang als Bildungsmittel des künstlerischen Geschmacks«, weil hier bereits Forderungen nach Gleichstellung der Gesanglehrer und ihrer künstlerischen, wissenschaftlichen und pädagogischen Schulung erhoben wurden, die dann erst in dem Reformwerk Kestenbergs auch tatsächlich umgesetzt wurden. Wie die Kunsterziehungstage mit aller Deutlichkeit zeigen, war die Diskussion um eine Reform auch der schulmusikalischen Ausbildung seit dem Jahrhundertbeginn in Gang gekommen. Beachtung verdient dabei die Tatsache, daß Lichtwark den Begriff der *Kunst*erziehung als übergeordnetes Bildungsprinzip diskussionsfähig gemacht hat, lange bevor die offizielle Umbenennung der Schulfächer von »Zeichnen« und »Singen« in »Bildende Kunst« und »Musik« erfolgen konnte.

Musik in den Landerziehungsheimen

Hermann Lietz und die Landerziehungsheime

Gleichzeitig mit dem Aufbruch der Jugend im Wandervogel setzte auch eine allgemeine pädagogische Bewegung ein, an der die neu gegründeten Landerziehungsheime maßgeblichen Anteil hatten. Diese waren nach englischem Vorbild durch Hermann Lietz (1868–1919) ins Leben gerufen worden. Er hatte in Jena Theologie und Philosophie studiert sowie die Staatsprüfung für das Lehramt abgelegt. Inspiriert durch Fichtes Ideen einer neuen Schule als Stätte nationaler Wiedergeburt und im deutlichen Bewußtsein von der Krisis der Gegenwart, aus der nun die Pädagogik heraushelfen sollte, wandte er sich dem Lehrberuf zu. Auf Vermittlung seines Jenaer Universitätslehrers Wilhelm Rein unterrichtete er ein Schuljahr (1896/97) an der New School Abbotsholme, die Cecil Reddie (1858–1932) 1889 als Internatsschule gegründet hatte. Reddie, der in Göttingen Chemie und Philosophie studiert hatte, strebte in dieser Schule eine neue, ganzheitliche Erziehung an, die er auf rationalen Methoden und strenger Zucht aufbaute.[43] Unter dem starken Eindruck dieser Schule verfaßte Lietz seinen romanhaften Bericht *Emlohstobba*

---

43 Alfred Andreesen charakterisiert ihn in seiner Lietz-Monographie: »Reddie war ein Herrenmensch; streng in seinen Forderungen, und doch wieder voll Humor und voll Güte; dazu besaß er jene geniale Eigenschaft, auch die Dinge des Alltags ernst zu nehmen und sich stets unendlich viel Mühe zu geben. Kein Pädagoge im Sinne moderner, mit Psychologie beladener Pädagogik; – er schlug einfach mit dem Rohrstock drein, wenn er das Böse,

(1897) und entwickelte das Modell für das erste Landerziehungsheim, das er 1898 in der Pulvermühle bei Ilsenburg (Harz) eröffnete. Darin übernahm er die äußeren Bedingungen von Abbotsholme bis ins kleinste Detail der Tages- und Speiseordnung. Nach dem Grundsatz »mens sana in corpore sano« stellte er eine gesunde Lebensweise in natürlicher (ländlicher) Umgebung als gleichwertigen Erziehungsgrundsatz neben handwerkliche und geistige Arbeit.[44] Der Flucht in eine abgegrenzte »pädagogische Provinz« entsprach auch die Sonderung nach Schulstufen und Geschlechtern. So folgten der Gründung in Ilsenburg (Unterstufe) 1898 das Landerziehungsheim in Haubinda (Thüringen) für die Mittelstufe 1901 und weitere drei Jahre später für die Oberklassen die Schule im Schloß Bieberstein (Rhön) 1904.

Unberührt von der gleichzeitig aufkommenden Volksliedbewegung im Wandervogel diente Musik in den Lietzschen Landerziehungsheimen als Erziehungsprinzip. Das Musizieren und Anhören von Musikwerken »in den stillen Abendstunden«[45] sollte die Gemütsbildung und sittliche Erziehung unterstützen. In seinem »Lehrplan für eine deutsche Nationalschule«[46], die aus den Landerziehungsheimen hervorgehen sollte, findet sich unter dem Bereich »Kunst« nur das Fach »Zeichnen«, nicht aber ein eigenes Unterrichtsfach, das der Unterweisung in Musik gegolten hätte, obwohl deren erzieherische Wirkung insgesamt so stark hervorgehoben wurde. Denn Musikübung wurde ja als allgemeines Prinzip verstanden, das die Gemüts- und Willensbildung stärken sollte. In den Stundenplänen der bestehenden Landerziehungsheime gab es daher das Fach »Singen« (Unter- und Mittelstufe 3 Std., Oberstufe 2 Std.); von »Musik« wurde in alter Tradition dagegen nur gesprochen, wenn Vorspiele und Instrumentalübungen gemeint waren.

Die praktische Musikübung in den Klassen blieb im wesentlichen auf das Volkslied beschränkt. Die schulische Musikpflege dagegen stand außerhalb des Klassenunterrichts und fand ihr Zentrum in den sog. »Kapellen«, wie die Veranstaltungen genannt wurden, in denen Musikstücke von vollständigen Klassengruppen, vom Chor oder Instrumentalensembles unter Mitwirkung

---

das Gemeine, die Faulheit bekämpfen wollte! Aber ein Mann ohne Furcht, ein mutiger Verfechter der Wahrheit!« (*H. Lietz. Der Schöpfer der Landerziehungsheime*, München 1934, S. 85)

44 Vgl. H. Lietz: *Emlohstobba. Roman oder Wirklichkeit?* Berlin 1897 (Ausz. in: Flitner/Kruditzki, a.a.O., S.69 ff., und in der Ausgane der Ausgewählten Pädagogischen Schriften, hg. von R. Lassahn, Paderborn 1970, S. 5 ff.); ders.: *Deutsche Landerziehungsheime. Grundsätze und Einrichtungen*, Leipzig 1917; ders.: *Das erste Jahr im D.L.E.H. Ilsenburg* (1898), in: Flitner/Kudritzki, a.a.O., S. 78 ff.

45 H. Lietz: *Deutsche Landerziehungsheime*, Leipzig 1917, S. 15.

46 Ebd. in einer tabellarischen Übersicht im Anhang.

der Musiklehrer vorgespielt wurden. Obwohl diese Bezeichnung offensichtlich auf die Einrichtung Reddies in Abbotsholme zurückgeht, in der dortigen »Chapel« literarische Lesungen zu veranstalten[47], schimmert in dieser Bezeichnung doch unverkennbar auch noch etwas von der romantischen Vorstellung von Kunst als Religionsersatz durch.

Die Lietzschen Landerziehungsheime wurden zur Keimzelle weiterer Schulgründungen, wenn auch nicht – wie es heute scheinen mag – aufgrund ihrer revolutionären Reformideen, sondern vordergründig ausgelöst durch persönliche Zerwürfnisse und Intrigen.[48] Überhaupt muß man bedenken, daß in dieser Umbruchzeit die Schulreform keineswegs an erster Stelle stand, sondern eingegliedert war in eine umfassende Lebenserneuerungsbewegung. Der Entwurf der Landerziehungsheime traf hier nur einen Aspekt. Doch zunächst zog Lietz mit seinen Ideen und seiner Tatkraft alle in Bann, so daß sich hier die pädagogischen Reformkräfte sammelten, wenn sie sich auch bald von der starren nationalistischen Gesinnung Lietz' absetzten und ihre reformerischen Impulse in eigenen Schulen weiterführten: Gustav Wyneken mit der *Freien Schulgemeinde Wickersdorf* (Thüringen) 1906, Paul Geheeb in der *Odenwaldschule* in Oberhambach 1910, Martin Luserke in der *Schule am Meer* auf der Nordseeinsel Juist 1925. Daneben gab es weitere freie Schulgründungen; insgesamt entstanden im ersten Drittel des Jahrhunderts rund 30 Schulen, unter denen die Freie Schulgemeinde *Dürerschule* in Hochwaldhausen am Vogelsberg (1917) und die *Freie Schul- und Werkgemeinschaft* in Auerbach an der Bergstraße (1919, später Letzlingen) musikalisch besonders aktiv waren.

Gustav Wyneken und die Freie Schulgemeinde

Im Jahr 1900 war Gustav Wyneken (1875–1964) als Lehrer in das Landerziehungsheim Ilsenburg eingetreten und hatte nach Lietz' Weggang 1901 auch die Leitung der Schule übernommen. 1904 wechselte er nach Haubinda, wo er mit August Halm (1869–1929) zusammentraf, dem er dann als Musikerzieher in der Freien Schulgemeinde Wickersdorf eng verbunden

---

47 Vgl. A. Andreesen: *Hermann Lietz. Der Schöpfer der Landerziehungsheime*, München 1934, S. 85.

48 Vgl. dazu Seidelmanns Feststellung über die Heimschulgründungen dieser Zeit: »Letztere wurden meist in höherem Grad, als sie es bei Licht besehen immer und überall verdienen, zu revolutionären Zentren der Schulerneuerung erklärt. In Wirklichkeit handelte es sich auf diesem Feld um ein ›explosives Gemisch aus schöpferischem Erziehertum, unbedingter Hingabe an die gewählte Aufgabe, persönlichem Ehrgeiz, kleinlichem Intrigenspiel und

Gustav Wyneken (1875–1964).

blieb. Diese Begegnung hat zu einem beispielhaften Verständnis künstlerischer Erziehung im Schulleben geführt, das der allgemeinen Vorstellung von Jugendkultur im Wandervogel absolut entgegengesetzt war, weil hier die praktische wie hörende Auseinandersetzung mit Instrumentalwerken an die Stelle des Volksliedsingens trat. Wyneken erkannte die Bedeutung dieser Begegnung:

> »Im Jahre 1903 trat gleichzeitig mit mir in das Landerziehungsheim Haubinda der Komponist August Halm als Musikerzieher ein. Nach einigen Wochen, als wir uns näher kennenzulernen anfingen, entdeckten wir eine seltsame Beziehung zwischen uns, eine Art von prästabilisierter Harmonie. Nämlich daß wir in einem zentralen und entscheidenden Punkt der musikalischen Kultur zu einer wesentlich gleichen Wertung gekommen waren, die weit und breit niemand mit uns teilte [...]«[49]

Diese »Wertung« bezog sich sowohl auf die gemeinsame hohe Wertschätzung der Komponisten Bach und Bruckner, dann aber auch auf die allgemeine erzieherische Bedeutung, die dem Umgang mit Kunstmusik als Objektivation eines Geistigen beigemessen wurde. Nachdem sich Wyneken von Lietz getrennt und 1906 zusammen mit Geheeb und Luserke die Freie Schulgemeinde Wickersdorf gegründet hatte, holte er auch Halm aus Haubinda an seine Schule. So entstand unter dem brillanten Wyneken mit dem geistvollen Theatermann Luserke und dem Musiker Halm an dieser Schule

---

handfestem Machtstreben‹ (Kupffer).« (K. Seidelmann: *Wyneken und Geheeb: Historische Prominenz aus der Frühzeit der Landerziehungsheime,* in: Jb. des Arch. der Deutschen Jugendbewegung Bd. 3, Burg Ludwigstein 1971, S. 78). Mag dies auch überspitzt klingen, es trifft in der Rückführung dieser großen Idee auf das menschlich Unzulängliche doch einen zentralen Punkt der Auseinandersetzung zwischen den Schulgründern Lietz, Wyneken und Geheeb.

49 Wyneken: *Die Musik an der Freien Schulgemeinde Wickersdorf,* in: *Die Musikantengilde* 1, 1922, zit. nach *Die Deutsche Jugendmusikbewegung,* Wolfenbüttel 1980, S. 631.

ein bemerkenswertes kulturelles Leben. Dabei befanden sich Wyneken und Halm im absoluten Gegensatz zu der im Wandervogel herrschenden Volksliedpflege, und zwar nicht nur, was den ästhetischen Gegenstand betrifft, sondern auch im Hinblick auf die funktionale Bedeutung, die der Musikpflege zuerkannt wurde. Musikalische Betätigung wurde nicht mehr gesucht, um der Gemeinschaftspflege zu dienen, sondern Musik wurde nun als autonomes Kunstwerk zum Gegenstand von Unterricht erhoben. Die Beschäftigung mit dem Kunstwerk – vornehmlich den Werken Bachs, Beethovens und Bruckners – stand dabei im Dienst am objektiven Geist. »Für dieses Erlebnis muß unsere Erziehung die Jugend bereit und fähig machen. Nicht zu irgendeinem fremden Zwecke, nicht damit sie im heißen Lebenskampfe in der Kunst Erholung und Erquickung suche, nicht damit durch die Kunst ihr Gemüt erwärmt und für höhere Regungen empfänglich gemacht werde, sondern um des Kunsterlebnisses willen.«[50] Bereits vor dem Auftauchen der musischen Kompensationsthese wurde hier der Eigenwert der Kunsterziehung gesehen.

Musik in der Freien Schulgemeinde diente daher nicht allein der Verschönerung des Schullebens, sondern sollte als »geistige Wesenheit«[51] Gegenstand von Reflexion sein. Ziel musikalischer Bildung war daher die Befähigung »zum Verstehen und Urteilen«.[52] Ebenso bestimmte August Halm »das gründliche Erkennen künstlerischer Werte« als die eigentliche Aufgabe des Unterrichts, »der einer systematischen Bildung des Zuhörens, des Erkennens der Werte im Bau, in der Sprache eines Werkes dient«.[53] Deutlicher als Wyneken mißtraute Halm jedem Gefühlsrausch, den Musik auslöste oder den man als ihren Gehalt mißverstand. Ebenso strikt lehnte er daher die Versuche der neu aufkommenden Hermeneutik Kretzschmars und Scherings ab, »welche Vorstellungen und Empfindungen anderer Regionen benützt, um die Musik nach ihrem sogenannten Inhalt zu deuten, das Bildliche nicht nur zum Gleichnis nimmt, sondern am Bild kleben bleibt und in ihm das Stoffliche der musikalischen Vorgänge zu sehen und sehen zu lehren vorgibt«.[54] Ihm kam es vielmehr auf die Vermittlung der Wahrnehmung der musikimmanenten Kräfte und Tendenzen an, um erkennen und verstehen zu können, wohin ein Motiv, eine harmonische Wendung, eine formale Disposition

50 G. Wyneken: *Kunsterziehung*, in: *Schule und Jugendkultur*, Jena 1914, S. 153.

51 G. Wyneken in: *Freie Schulgemeinde* X, Okt. 1919, S. 12.

52 G. Wyneken: *Schule und Jugendkultur*, Jena 1914, S. 155.

53 A. Halm in: F. Jöde (Hrsg.): *Musikalische Jugendkultur*, Hamburg 1918, zit. nach H. Höckner, a.a.O., S. 82.

54 A. Halm: *Von zwei Kulturen der Musik*, München 1920, S. XXX.

August Halm (1869–1929).

von sich aus strebt, welche Erwartungen sie im Hörer erzeugt. In all seinen Schriften hat Halm diesen Gedanken einer musikalischen Organik entwickelt und damit auf die musikalischen Vorstellungen sowohl Fritz Jödes wie Ernst Kurths eingewirkt, der 1911/12 Halms Nachfolger als Musikerzieher an der Freien Schulgemeinde Wickersdorf wurde, bevor er nach seiner Habilitation 1912 als Musikwissenschaftler an die Universität Bern ging.

Als praktischer Musiker und Komponist hatte Halm zunächst den Instrumentalunterricht (er spielte außer Klavier alle Streichinstrumente) an der Schule übernommen und organisierte das Musikleben der Schulgemeinschaft. So bildete er ein Streichquartett, in dem er selber mitspielte, und leitete den Chor und das Schulorchester. Bei den regelmäßig einmal die Woche stattfindenden Musikabenden wurden Kammermusikwerke und Sinfonien von Haydn, Mozart, Beethoven und von Halm selbst, zuweilen auch Bruckners Sinfonien auf zwei Klavieren gespielt und einzelne Bachkantaten, Choralsätze, alte Chormusik aufgeführt. Besonders ragten aus diesen Veranstaltungen Halms »Konzertreden« heraus, in denen er vor und zwischen der Aufführung einzelner Werke erklärend und belehrend zu der Schulgemeinschaft sprach. »Diese Konzertreden dienten in keiner Weise der allgemeinen Bildung. Was man von Musik, Musikgeschichte, den Komponisten und ihrem Leben wissen muß – davon kam nichts vor. Sie handelten nur von der Musik selbst und ihrem Leben, ihren Formen und Gesetzen. [...] Es waren keine Kurse in Harmonie- oder Formenlehre, sondern Stücke einer musikalischen Kunstlehre.«[55] Die Konzertreden bildeten dann die Grundlage

---

55 G. Wyneken, zit. in H. Höckner, a.a.O., S. 87. In den Wickersdorfer Jahrbüchern werden einzelne Themen aufgeführt: Über die Verzierungen; Über Choralvorspiele von Bach; Über Scherzo- und Menuett-Form; Über die verschiedene Art der Anfänge bei den Klassikern

für sein Buch über die *Zwei Kulturen der Musik* (1913), wie ebenso Ernst Kurths *Grundlagen des linearen Kontrapunkts* (1917) aus der Arbeit in der Freien Schulgemeinde Wickersdorf erwachsen ist.[56]

Mit dieser künstlerischen Arbeit, die lange vor Kestenberg in Wickersdorf bereits praktiziert wurde, steht das Verständnis von Jugendkultur und Bildung, wie sie die Freie Schulgemeinde verstand, in krassem Gegensatz zu dem der Freideutschen Jugend und des Wandervogels. Im Januarheft der *Freien Schulgemeinde* setzte sich Wyneken zum ersten Mal intensiv mit dem Kulturbegriff des Wandervogels auseinander. Es ging ihm hier um eine qualitative Aufwertung des Kulturbegriffs und damit um eine grundsätzliche Anerkennung des ästhetischen Eigenanspruchs von Kunst. Das bloß funktionale Singen im Wandervogel lehnte er dabei ebenso kategorisch ab wie dessen »Flucht aus der Zeit« in eine »künstliche Zeitlosigkeit«.[57] Dabei erkannte er durchaus die Berechtigung des Ausbruchs der Jugendbewegung aus dem bürgerlichen Musikbetrieb an. »Sie tat recht daran, einst den Musikbetrieb unserer Konzertsäle mit der bürgerlichen Konzertheuchelei und der Hohlheit und Dummheit der durchschnittlichen musikalischen Zeitungsschreiberei zu fliehen und sich auf sich selbst zu stellen. [...] Ohne Führer sah sie sich dem bürgerlichen Kunstbetrieb, der öffentlichen Meinung und der sogenannten allgemeinen Bildung wehrlos ausgeliefert. Und es ehrt sie, daß sie diesem ganzen Wust den Rücken kehrte, in die Wälder lief und sich dann nach und nach selbst eine Kunst zusammensuchte, in der ihr eigenes Empfinden seinen einigermaßen echten Ausdruck fand.«[58] Aber nun dürfe nicht länger ein ästhetischer Wertmaßstab aufgegeben werden; der »Liedmusik« stellte er daher als pädagogisch erzieherische Aufgabe »große Musik« gegenüber, an der der Jugendliche ein Gefühl für Rangunterschiede entwickeln müsse.

War es das unbestrittene Verdienst von Halm und Wyneken, den autonomen Bildungswert der Musik als Kunst erkannt und in der Freien Schulgemeinde konsequent zum Bildungsziel erhoben zu haben, so teilten sie die Ablehnung der modernen, zeitgenössischen Kunst mit der gesamten Jugendbewegung und Reformpädagogik. Ihnen kam es in erster Linie auf eine geistige Auseinandersetzung mit den musikalischen Kräften durch die Pflege einer künstlerisch hochstehenden Hausmusik an, die aber die Verbindung

---

und bei Bruckner; Über die künstlerischen Grundsätze R. Wagners und die Mittel seiner Kunst; Über die Möglichkeit des Humors in der Musik u. ä.

56 Vgl. A. Halm: *Gegenwart und Zukunft der Musik*, in: *Das hohe Ufer* 2, 1920.

57 G. Wyneken: *Wandervogel und Freie Schulgemeinde* (1913), in: Ziemer/Wolf, S. 430.

58 G. Wyneken: *Grundsätzliches zur Musik in der Jugendbewegung*, in: *Die Deutsche Jugendmusikbewegung*, a.a.O., S. 64.

mit dem Volk nicht preisgeben durfte. Dies war der Vorwurf, den sie der damals neuen Musik eines Max Reger oder Richard Strauss machten, dessen »Luxuskunst« Halm eher zu den »volksauflösenden Mächten«[59] rechnete. Aber nicht das Versagen vor den Schwierigkeiten der damals zeitgenössischen Musik soll den Reformpädagogen angelastet werden, sondern daß sie die Musikpflege in der Schule weitgehend abschotteten gegen die Entwicklungen der Kunst außerhalb der Schule und so selber dazu beitrugen, die »künstliche Zeitlosigkeit« zu schaffen, die sie dem Wandervogel zu Recht vorwarfen.

Wyneken war offenbar ein streitbarer und schwieriger Charakter.[60] Seine intellektuelle Brillanz und pädagogische Innovationskraft hätten ihn zum geistigen Mittelpunkt der reformpädagogischen Bewegung, als den er sich selber verstand, prädestiniert, wäre er kooperationsfähiger und dialogbereiter gewesen. Seine großen menschlichen Schwierigkeiten[61], sein selbstherrlicher Führungsanspruch wie der Verdacht homosexueller Betätigung führten zu ständigen Konflikten. So überwarf er sich mit der Meiningischen Behörde bereits nach wenigen Jahren und wurde 1910 abgesetzt, weil er den kritischen Geist der Jugend fördere. Die Schulleitung ging daher auf Martin Luserke über, der Wickersdorf bis 1924 führte. Auch von seinem Mitarbeiter aus Haubinda, Paul Geheeb, hatte er sich entfremdet. 1909 trennte dieser sich von Wyneken und eröffnete seine eigene Schule. Auch zwischen Wyneken und Luserke wuchsen die Spannungen, als Wyneken in den turbulenten Jahren um und nach 1913 von außen auf die Schule Einfluß zu nehmen versuchte. Erst 1919 kam er wieder nach Wickersdorf, mußte aber bald darauf seine Stellung aus den gleichen Gründen wieder aufgeben. Von 1925 bis 1931 kehrte er an die Schule zurück, konnte sich aber nicht länger halten. In den dreißiger Jahren versuchte er dann noch ein letztes Mal, mit Hilfe der nationalsozialistischen Machthaber eine führende Stellung zu erhalten. 1946 wurde er noch einmal zum Leiter von Wickersdorf ernannt, konnte diese

---

59 A. Halm: *Musik und Volk*, in: F. Jöde (Hrsg.): *Musikalische Jugendkultur*, Hamburg 1918, S. 15.

60 Vgl. dazu H. Kupffer: *Gustav Wyneken – Leben und Werk*, in: *Jb. des Archivs der Deutschen Jugendbewegung*, Bd. 2, Burg Ludwigstein 1970, S. 23-33; ders.: *Gustav Wyneken*, Stuttgart 1970; ferner Elisabeth Badry: *Gustav Wyneken*, in: *Klassiker der Pädagogik II*, hg. von H. Scheuerl, München ²1991, S. 158-161.

61 Seidelmann hat in einem Porträt der beiden konträren Reformpädagogen von Wynekens »abstoßender kritischer Maßlosigkeit«, seinem »wunderlichen Mangel an Selbstkritik«, seiner »fast krankhaft autistischen Befangenheit« und seinem »arroganten Querulantentum« gesprochen (K. Seidelmann: *Wyneken und Geheeb: Historische Prominenz aus der Frühzeit der Landerziehungsheime*, in: *Jb. des Archivs der Deutschen Jugendbewegung*, Bd. 3, Burg Ludwigstein 1971, S. 76 f.).

Stelle aber nicht mehr antreten. Nach 1945 widmete er sich bis zu seinem Tode 1964 publizistischer Tätigkeit.

Die Schwarzwaldischen Anstalten

Eine schulische Besonderheit von kurzer Lebensdauer sei hier wenigstens kurz erwähnt, weil sie als einzige sich emphatisch wirklich neuer Kunst öffnete. 1901 gründete Eugenie Schwarzwald in Wien die »Schwarzwaldischen Anstalten«, eine koedukative Vorschule mit nachfolgendem Realgymnasium und Mädchenlyzeum, in denen in unkonventioneller Art sowohl der Gedanke der Koedukation verwirklicht als auch eine schöpferische Erziehung in freier Lernatmosphäre praktiziert wurde, die von den neuesten Errungenschaften der Künste ausging. Hier unterrichtete Otto Rommel Literatur, gab Oskar Kokoschka zeitweise Zeichenunterricht, führte Adolf Loos in die moderne Architektur ein und unterwies Egon Wellesz die Schüler in Musik.[62] Zu der 1913 geplanten Landerziehungsheim-Schule nach Lietzschem Vorbild auf dem Semmering kam es aber infolge des Kriegsausbruchs nicht mehr.

Paul Geheeb und die Odenwaldschule

Als Sohn eines Apothekers und bekannten Naturforschers hatte Paul Geheeb (1870–1961) eine lange Phase des Suchens und Sichfindens in einem ungemein vielseitigen und langen (zwanzigsemestrigen) Studium der Theologie (Examen 1893), dann der Philosophie, der orientalischen Sprachen, der Naturwissenschaften, Psychologie und Medizin (insbesondere Psycho- und Neuropathologie) und schließlich der Philologie (1899 Staatsexamen in Hebräisch und Aramäisch) in Berlin und Jena durchlaufen. Hier war er 1892 in einem religionsphilosophischen Seminar Hermann Lietz begegnet, dem er sich in seinen erziehungsphilosophischen Vorstellungen anschloß. So ging er 1902 ebenfalls nach Abbotsholme, mußte aber wegen einer Krankheit bald wieder nach Deutschland zurückkehren.[63] 1902 lud ihn Lietz ein, in Hau-

---

62 Vgl. den Bericht von Alice Herdan-Zuckmayer: *Genies sind im Lehrplan nicht vorgesehen*, Frankfurt 1979, S. 28 ff., 43 ff.

63 Zur Biographie vgl. Dennis Shirley: *Paul Geheeb's Leadership of the Odenwaldschule 1910 – 1930*, Harvard Graduate School of Education, Cambridge MA 1987 (Ms.); ferner Walter Schäfers Einführung zur Ausgabe der Briefe von P. Geheeb, Stuttgart 1970, S. 10-32, Geheebs autobiographische Skizze, ebd., S. 33-34, sowie Elisabeth Badry in: *Klassiker der Pädagogik II*, S. 161-165.

binda zu unterrichten, wo er mit Gustav Wyneken, August Halm und Martin Luserke zusammentraf. Als Lietz dann 1904 mit der Oberstufe nach Bieberstein übersiedelte, übertrug er Geheeb die Leitung von Haubinda.

Doch dem auf freie Entfaltung der Schüler setzenden Geheeb war die auf Pflichterfüllung und Gehorsam gerichtete Führungspersönlichkeit Lietz' absolut entgegengesetzt. So führte dessen immer deutlicher nationalistisch gefärbte Haltung schließlich zum Bruch.[64] Zusammen mit Wyneken eröffnete Geheeb 1906 die Freie Schulgemeinde Wickersdorf, wohin auch Halm und Luserke folgten. Ihm wurde vom regierenden Fürsten von Sachsen-Meiningen die Schulleitung übertragen, die er dann auf seinen Wunsch mit Wyneken teilte. Auch hier führte die Gegensätzlichkeit der Temperamente – Ruhe, Warten, Beobachten, Helfen bei Geheeb, Eifer, Drängen, Führen, Formen bei Wyneken[65] – bald zur Trennung.[66] 1909 verließ Geheeb Wickersdorf. Bereits ein Jahr später, am 14. April 1910, eröffnete er in Hessen, dessen politisches Klima ihm hierzu am geeignetsten erschien, eine neue Schule, die Odenwaldschule, die bald zu einer pädagogischen Pilgerstätte wurde und Georg Kerschensteiner, Martin Buber, den Minister Carl Heinrich Becker, Eduard Spranger, Albert Schweitzer und den indischen Philosophen Tagore zu ihrem Freundeskreis zählte. Zu den Schülern gehörten Thomas Manns Sohn Klaus, Pamela Wedekind, Rosalinde von Ossietzky; es war also – wie bei den anderen Heimschulen auch – eine soziale Elite, die ihre Kinder den privaten Schulen anvertraute, einer pädagogischen Insel, die andererseits prinzipielle pädagogische Veränderungen und eine innovative Erneuerung überhaupt möglich machte.

Geheeb, der in seiner Schule nur »Paulus« genannt wurde, schuf eine »Schule ohne Direktor« in kollegialer Führung, eine »Demokratie mit ausgesprochen aristokratischen Zügen«[67], die als erste konsequent die Koedukation durchführte. Die Erziehung gründete er auf gegenseitiges Vertrauen und vollständige Lernfreiheit. Davon zeugen auf anschauliche Weise Martin Wagenscheins (1896–1988) Erinnerungen an die Jahre seiner dortigen Lehrtätigkeit:

---

64 So begann Lietz in Haubinda eine Zensur moderner Literatur mit der Begründung, sie sei »undeutsch«, einzuführen. Ferner sollten jüdische Schüler nur noch als Ausnahme aufgenommen werden dürfen. Vgl. D. Shirley, a.a.O., S. 21.

65 Diese treffende Charakterisierung gibt W. Schäfer in seinem Vorwort zur Ausgabe der Briefe, Stuttgart 1970, S. 27.

66 Vgl. P. Geheeb: *Zur Abwehr! Akten und Erläuterungen zur Wickersdorfer Katastrophe*, München 1909.

67 Elisabeth Badry: *Paul Geheeb*, in: *Klassiker der Pädagogik II*, a.a.O., S. 165.

»Die Schule Pauls Geheebs, diese einmalige pädagogische Republik, hat ja wohl im Gefolge der Lietzschen Schulgründungen als einzige den Unterricht wirklich ernst genommen. Er war dort in die alles Leben und Treiben durchdringende erzieherische Atmosphäre ganz einbezogen.«[68]

Und über ihre Besonderheiten, die den Lehrer der Staatsschule überraschen und verwundern mußten, erzählt er:

»Alle Schularten vom Kindergarten bis zum Abitur. – Keine Altersklassen (aber Fachgruppen), also keine Versetzungen und Sitzenbleiber. [...] Viel Freiheit (aber nicht »wovon«, sondern »wozu«). Keine Hausaufgaben (aber Handwerk, Musik, Sport, Gartenbau). – Niemals Angst und Wettbewerb (und nicht trotzdem, sondern deshalb eine außergewöhnliche Arbeitsfreude und Intensität). [...] Keine Klingel, keine Kurzstunden, sondern: während dieser vier Wochen hat jeder nur drei gewählte Fächer, jeden Tag dieselben [...]«[69]

Als Musiklehrer wirkten hier von 1919 bis 1922 Heinrich Jacoby (1889–1964), der von der Bildungsanstalt Jaques-Dalcroze in Hellerau gekommen war, und später (1934 bis 1936) für kurze Zeit Eduard Zuckmayer (1890–1972).

Martin Luserke und die Schule am Meer

Als Mitbegründer von Wickersdorf blieb Martin Luserke (1880–1968) der Schule, die er nach Wynekens Entlassung viele Jahre leitete, lange verbunden. Nachdem sich nach dem Ersten Weltkrieg die politischen Verhältnisse geändert hatten und die Meiningische Regierung, die den ungefügigen Wyneken entlassen hatte, aufgelöst war, versuchte dieser, wieder in die Leitung »seiner« Schule, als die er sie empfand und die es konzeptionell wohl auch war, zurückzukehren. Luserke wich schließlich dem Druck und eröffnete 1924 die »Schule am Meer« auf der Nordseeinsel Juist.

Martin Luserke war ein künstlerisch vielseitiger, sensibler und phantasievoller Lehrer, der sich insbesondere dem Laienspiel widmete, aber auch musikalisch vielfältige Anregungen aus der Zusammenarbeit mit August Halm erfahren hatte. Als Musiker holte er Eduard Zuckmayer (1890–1972) nach Juist, der dort ein reges Musikleben aufbaute.

Eduard, der ältere Bruder des berühmteren Dramatikers Carl Zuckmayer, hatte nach seinem Abitur zunächst Jura studiert und sich daneben intensiv musikalischen Studien gewidmet. So begann er seine berufliche Karriere als vielversprechender Pianist und Theaterkapellmeister. Doch infolge seiner kulturkritischen Auflehnung gegen den mechanischen Konzertbetrieb gab er

---

68 M. Wagenschein: *Erinnerungen für morgen*, Weinheim 1983, S. 38.
69 Ebd. S. 54.

diese Laufbahn auf und folgte Luserkes Ruf, um in dessen Schule eine neue musikerzieherische Aufbauarbeit zu leisten. Ganz wesentlich ging es ihm dabei um die Stiftung einer engen Wechselbeziehung zwischen Erziehung und schulischem Musikleben. »Das *Musikleben* tritt in eine lebensvolle Wechselbeziehung zum *Musikunterricht,* der in Form von zwei Wochenstunden für alle Klassen verbindlich ist. Er soll gesicherte Kenntnisse einer allgemeinen Musik- und Stillehre vermitteln, ohne Fachunterricht oder rein geschichtliche Belehrung zu werden. Für die Bildungsabsicht der ›Schule am Meer‹ ist die musische und werktätige Bildung Hauptgegenstand der Schulbildung, nicht nur eine nette Bereicherung des Lebens.«[70]

Das schulische Musikleben bildeten die wöchentlichen »Singabende«, die der geselligen Liedpflege dienten, ferner der »Musizierkreis«, der an zwei Abenden zusammenkam, um vokale und instrumentale Sätze alter Meister zu erarbeiten, wofür nebem dem Chor aus Lehrern und Schülern zunächst nur vier Geigen, eine Bratsche und zwei Celli zur Verfügung standen[71], und schließlich die »Musikabende«, die dem Hören der großen Werke der Musik gewidmet waren (wobei diese auf Klavierwerke beschränkt blieben, weil man aus Gründen der Stilreinheit nur Originalwerke aufführte; die einzige Ausnahme blieb die Vorstellung einzelner Sinfonien von Bruckner im Klavierauszug). Der Lehrplan, den er aufstellte, ging von den Grundsätzen aus,

1. daß lebendige Erziehung bei jedem Menschen eine Musizierfähigkeit und aktives Mithören erreichen müsse;
2. daß nicht Kenntnisse und Wissen über Musik, sondern das eigene Musizieren, das »Schwingen im Menschen« im Vordergrund stehen müsse;
3. daß Musiklehre nicht in äußerlichen »Musizierdrill« oder bloßes Reden über musikalische Gefühle ausarten dürfe, sondern zum Wesen und Verstehen der klanglichen Vorgänge führen müsse; und
4. daß schließlich und vor allem »Aufgeschlossenheit gegenüber eigener, gegenwärtiger Musik« selbstverständlich werden müsse.[72]

Zuckmayer war ein Kind seiner Zeit, ebenso durchdrungen vom kulturkritischen Geist der Jugendbewegung wie erfüllt vom Gedanken einer neuen Musikerziehung. Und er war zur gleichen Zeit ihr Außenseiter. Er gehörte

---

70 *Die Schule am Meer als Wirkungskreis des Musikers,* in: *Der Kreis* 8, 1931; zit. nach: *Die deutsche Jugendmusikbewegung,* hg. vom Archiv der Jugendmusikbewegung Hamburg, Wolfenbüttel 1980, S. 647.

71 Vgl. *Musik in der Schule am Meer,* in: *Der Kreis* 5, 1927, S. 57.

72 *Lehrplan für Musik in der Schule am Meer,* in: ZfSM 2, 1929, S. 102-106.

ebensowenig zu dem engeren Führungskreis der Jugendbewegung[73] wie zu den Wortführern der »offiziellen« Musikpädagogik.[74] Nicht ohne innere Spannung hat er sich immer als Musiker verstanden, der *in* der Schule und damit *für* die Jugend arbeitete. Mit seiner Idee einer lebensvollen, lebensverbundenen »gegenwärtigen« neuen Spielmusik, mit seiner Ablehnung des mechanischen Konzertbetriebs zugunsten einer aktiven Laienmusikpflege befand er sich im Einklang mit der Jugendbewegung; mit seiner Distanzierung vom Fetisch der Jugend und dem Primat des Dilettanten ging er aber zugleich auch auf Distanz zu ihr. So kehrte er nach Auflösung der »Schule am Meer« im Dezember 1934 auch nicht ins Konzertleben zurück, sondern wechselte an die Odenwaldschule im hessischen Oberhambach über, in der die reformpädagogischen Ideale humaner Menschenbildung am reinsten verwirklicht wurden. 1936 ging Zuckmayer als Nachfolger Paul Hindemiths an die Gazi-Universität in Ankara, um die Musikerziehung in der Türkei aufzubauen.

Kurt Hahn und die Heimschulen

Nicht unmittelbar dem Kreis um Lietz zuzurechnen, aber beeinflußt von Cecil Reddie ist Kurt Hahn (1886–1974), der 1920 die Heimschule Salem mit den Zweigschulen Herrmannsberg, Spetzgart, Hohenfels und Birklehof gründete. Als Sechzehnjähriger war Hahn mit zwei ehemaligen Schülern von Cecil Reddie zusammengetroffen, die sein Interesse für Abbotsholme weckten und ihn mit Lietz' Buch *Emlohstobba* bekannt machten. In der von ihm gegründeten Heimschule versuchte er die englische Tradition der Internatsschulen mit humanistischen Erziehungsidealen zu verbinden.

Arbeitsschule

Die Arbeitsschulbewegung, verbunden mit den Pädagogen Georg Kerschensteiner (1854–1932) und Hugo Gaudig (1860–1923), ist insgesamt zur einflußreichsten Strömung innerhalb der reformpädagogischen Bewegung ge-

---

73 In der einige tausend Seiten umfassenden Dokumentation ihrer Geschichte taucht nicht einmal sein Name auf.

74 Im wichtigsten Fachorgan, der *Zeitschrift für Schulmusik*, veröffentlichte er fast gar nichts; dagegen ist er häufig in den jugendmusikalischen Zeitschriften Jödes (*Der Kreis, Die Musikantengilde*) vertreten.

worden und daher oft mit ihr gleichgesetzt worden. Hier wie in allen reformpädagogischen Neuansätzen richtete sich die neue Schulidee der »Arbeitsschule« gegen die im Formalismus von Methoden erstarrte, ältere »Lern-« oder »Buchschule« (Kerschensteiner). Diese Idee entzündete sich an der »didaktischen Schablonisierung« (Wilhelm), die sich nur äußerlich auf Herbart berufen konnte, ihn aber weitgehend mißverstanden hatte. Andererseits trat immer deutlicher das Auseinanderklaffen von praktischer und theoretischer Intelligenz ins Bewußtsein.[75] In der Bewertung der Einsicht, daß beides nur durch eine Verbindung manueller, praktischer Tätigkeit und geistiger Durchdringung zu erreichen sei, was dann in den Begriffen »Arbeit« und »Selbsttätigkeit« zusammenfließt, muß Kerschensteiner im »Zusammenhang mit der europäisch-amerikanischen Gesamtbewegung«[76], insbesondere mit Deweys Pragmatismus, aber auch mit Pestalozzis Lernpsychologie gesehen werden. Mit der Betonung der Selbsttätigkeit (Kerschensteiner) und »freier geistiger Schularbeit« (Gaudig) sind diese Reformpädagogen eingebunden in den Zeitgeist der Erneuerungsbewegungen und haben gleichzeitig starken Einfluß auf die Unterrichtsformen in den Reformschulen, insbesondere in den Landerziehungsheimen genommen, die der körperlichen Betätigung und praktischen Tätigkeit einen ganz neuen Stellenwert gegeben haben. Damit hat die Arbeitsschulbewegung der musikalischen Erziehung keine spezifischen Impulse vermittelt, aber den Boden bereitet für den Primat des Tuns in der Musischen Erziehung.

4. Die Entwicklung des schulischen Gesangunterrichts

Mit der staatlichen Aufsicht über das Schulwesen hatte auch eine Politisierung der Schule eingesetzt, die nun den Auftrag erhielt, »der Ausbreitung sozialistischer und kommunistischer Ideen entgegenzuwirken« und die Über-

---

75 Th. Wilhelm leitet seinen Artikel über G. Kerschensteiner (in: *Klassiker der Pädagogik II*, hg. von H. Scheuerl, München ²1991, S. 103-126) mit einer kennzeichnenden Anekdote ein: »Ein Schulrat fährt im Auto übers Land, um eine Dorfschule zu visitieren. Auf offener Landstraße versagt der Motor, und der technisch nicht sehr bewanderte Schulrat hält nach Hilfe Ausschau. Da kommt aus entgegensetzter Richtung ein Zehnjähriger daher, dem er sein Leid klagt. Dieser öffnet die Motorhaube, macht ein paar Griffe am Vergaser, und siehe da, der Schaden ist behoben. Der gerettete Schulrat bewundert die Leistung, stutzt dann aber und fragt: ›Warum bist du denn vormittags nicht in der Schule?‹ – ›Ach, wissen Sie, zu uns kommt heute der Schulrat, da hat der Lehrer die Dummen nach Hause geschickt!‹« (S. 103)

76 Th. Wilhelm: *G. Kerschensteiner*, a.a.O., S. 104.

zeugung zu vermitteln, daß sie »durch Pflege der Gottesfurcht und der Liebe zum Vaterlande die Grundlage für eine gesunde Auffassung auch der staatlichen und gesellschaftlichen Verhältnisse« zu legen habe.[77] Die Schulkonferenz von 1890, der der Kaiser mit seinem persönlichen Auftritt zu starker politischer Bedeutung verhalf, sollte diesen neuen politischen Kurs im einzelnen festlegen. In seiner Eröffnungsrede hatte er vor intellektueller Überfrachtung der Schule gewarnt. Mit seiner Ordre vom 26. November 1900 beendete Wilhelm II. den Streit um die Vorrangstellung des (humanistischen) Gymnasiums, indem er »die grundsätzliche Anerkennung der Gleichwertigkeit der drei höheren Lehranstalten« (Gymnasium, Realgymnasium und Oberrealschule) feststellte.[78] Der weitgehend fakultative Schulgesang nahm darin aber nur eine untergeordnete Randstellung ein. Denn obwohl Musik von den Pädagogen als unverzichtbares Bildungsmittel für den »ganzen innern Menschen« gerühmt wurde, das in »gleichnachhaltiger Weise auf Gemüt, Phantasie und Denken heilsam einwirkt«[79], wurde Singen tatsächlich doch mehr zur Erziehung zu einer patriotischen Gesinnung denn als wirkliches Bildungsmittel benutzt. Angesichts der zunehmenden Industrialisierung, die eine Expansion der »Realien« begünstigte, gerieten die Nebenfächer mehr und mehr unter Druck. Zur Rechtfertigung wurde auf die Bedeutung des Gesangunterrichts für die Entwicklung des Gefühlslebens, für Sittlichkeit und Denken hingewiesen, wurden fächerübergreifende Aspekte dargelegt und immer häufiger auch seine gesundheitsfördernde Wirkung herausgestellt (Förderung der Tiefatmung im Kampf gegen die Lungentuberkulose!), was als Argumentationshilfe taktisch sicher nicht ungeschickt war, so daß sie Georg Rolle in seiner *Didaktik und Methodik des Schulgesangunterrichts* (1913) aufgriff: »Bei Eröffnung der Schulkonferenz am 4. Dezember 1890, die im Beisein Sr. Majestät des Kaisers erfolgte, hat dieser gesagt: ›Ich suche Soldaten; wir wollen eine kräftige Generation haben.‹ Nun, eine kräftige Generation gibt's nicht ohne kräftige Lungen, und dazu kann am besten mithelfen der richtige Schulgesangunterricht.«[80]

Aber es blieb nicht bei bloßen Argumenten, sondern patriotisch nationale Erziehung vollzog sich ganz konkret im Gesangunterricht und in der Musizierpraxis innerhalb und außerhalb der Schule. Dabei war es kennzeichnend

77 Kaiserliche Ordre vom 1. Mai 1889, zit. in: H. Lemmermann: *Kriegserziehung im Kaiserreich*, Bd. 2 Dokumentation, Lilienthal 1984, Dok. 1, S. 631.

78 Erlaß vom 26. 11. 1900 über die Weiterführung der Reform der höheren Schulen, in: G. Braun: *Die Schulmusikerziehung in Preußen*, Kassel 1957, S. 16.

79 H. Schöne: *Schulgesang und Erziehung*, Leipzig 1899, S. 53.

80 Zit. in H. Lemmermann, a.a.O., Bd. 2, Dok. 14, S. 661.

Altes Gymnasium ◦ Bremen

Jahrhundertfeier
der Völkerschlacht bei Leipzig
18. Oktober 1913

1. Kriegsmarsch aus „Athalia" . . . . . Mendelssohn
   (Schülerorchester)
2. Ansprache des Herrn Oberlehrer Dr. Leuze:
   Die Völkerschlacht bei Leipzig
   16., 18., 19. Oktober 1813
3. Gemeinsamer Gesang: Deutschland über alles
4. Aufruf . . . . Th. Körner
   (gespr. von Eicke, U I b)
5. Gebet während der Schlacht . . komp. v. F. Himmel
   (Chor)
6. Die Schlacht an der Katzbach . . . . Volkslied
   (gespr. von Ehrhardt, U II)
7. Lützows wilde Jagd . . . . komp. v. K. M. v. Weber
   (Chor)
8. Die Leipziger Schlacht . . . . E. M. Arndt
   (gespr. von Deuerlich, O II b)
9. Schwertlied . . . . . . komp. v. K. M. v. Weber
   (Chor)
10. Erlksgang und Krönungsmarsch aus
    der Oper „Die Folkunger" . . . . . . H. Kretzschmer
    (Schülerorchester)

Während sich Studentenschaften, Wandervögel und Jugendliche aller Jugendverbände 1913 auf dem Hohen Meißner versammelten, um sich vom Pathos der Völkerschlachtfeiern abzugrenzen, fanden in den Schulen Jahrhundertfeiern mit Marschmusik, Heldenliedern und patriotischen Ansprachen statt.

für die wilhelminische Ära, daß Prunk und Glanz großer Massenveranstaltungen ganz auf die emotionalen Bedürfnisse der Menge gerichtet waren. Im Rausch der Feier ist der klare Blick auf die Realitäten getrübt. So war auch der Gesangunterricht ganz in den Dienst emotionaler Gesinnungserziehung gestellt. Immer häufiger besuchte der Kaiser Gesangaufführungen von Schulkindern bei Massenkonzerten, die der pathetischen Verherrlichung ebenso dienten, wie sie ein patriotisches Gemeinschaftserlebnis erzeugten. Über eine Veranstaltung in Berlin mit 2000 Schülern erfährt man: »Liedvorträge des ganzen Chores wechselten mit solchen, die nur vom Knaben- bzw. Mädchenchore geboten wurden. Die Knaben fanden in den patriotischen Liedern ›Auf die Schlacht bei Torgau‹ und ›Lützows wilde Jagd‹ Gelegenheit, ihre Eigenart in wirksamster Weise zur Geltung zu bringen; die Mädchen dagegen brachten Webers ›Leise, leise, fromme Weise‹ und Abts ›Wanderlust‹ sehr ausdrucksvoll zu Gehör.«[81] Sing- und Musizieranlässe boten darüber hinaus die verschiedensten Schulfeste etwa aus Anlaß von Kaisers Geburtstag oder zu den Sedansfeiern. Hier erklangen Kaiserlieder, die nicht nur den Herrscher verherrlichten, sondern auch eine innere Nähe und Verpflichtung der Schüler zum Herrscherhaus suggerierten. Als Unterrichtsstoff vermittelten sie sowohl ein bestimmtes Kaiserbild als auch Vorbilder patriotischer, heldischer Haltung.

So zeigt ein Unterrichtsentwurf zum Lied für die Volksschule aus dem Jahr 1911, wie anhand der damaligen Nationalhymne »Heil dir im Siegerkranz« im Gesangunterricht gearbeitet wurde.[82] Natürlich wurde vom Text (»Sprich die 1./2./3. Strophe; Fasse zusammen«) ausgegangen. Die inhaltlichen Fragen zu jeder Strophe (»Warum wird der Thron des Fürsten steile Höh' genannt? Welche Macht reicht allein nicht aus, den Thron zu sichern? [...] Zu welcher freiwilligen Tat und zu welchem Opfer treibt uns die Vaterlandsliebe in Zeiten der Not und Gefahr? Wer ist der eine Mann?«) steuerten dabei zielsicher auf die entscheidende Aussage der vierten Strophe zu:

> Handlung und Wissenschaft
> hebe mit Mut und Kraft
> ihr Haupt empor!
> Krieger- und Heldentat
> finde ihr Lorbeerblatt
> treu aufgehoben dort
> an deinem Thron!

Die Erarbeitung der Melodie, die mit unterlegten Ziffern (1 1 2 | 7· 1 2 | 3 3 4 | 3 · 2 1) notiert ist, sollte aus der Ziffern- oder Tonleiter entwickelt werden. Der Lehrer »greift mit der Geige oder Stimme ein, um dem Gang der Einübung einen flotten und anregenden Verlauf zu verleihen«. Flotter Verlauf und straffe Zucht des Singens bestimmten wie militärische Tugenden den Drill des Melodielernens.

Mit der Nähe zum Kriegsausbruch verstärkte sich der militante Ton der Kriegs- und Heldenlieder. Bevorzugt waren Melodien im Marschtakt. Schon vor dem Ersten Weltkrieg gab es an vielen Schulen Bläserkorps und Orchester, die Konzert- und Militärmärsche in entsprechenden Einrichtungen bei Kaiser- und Gedenkfeiern spielten. Und mit dem Ausbruch des Krieges erschienen dann neue Sammlungen von Kriegsliedern, von denen einige der

---

81 Bericht aus der MfS 1, 1906/07, S. 22.

82 Aus: K. Roeder: *Vorbereitung auf die Gesangstunde*, Berlin 1911, zit. nach H. Lemmermann, a.a.O., Bd. 2, S. 749-751.

bekanntesten (*Jeder Stoß ein Franzos!* oder *Jeder Schuß ein Ruß!*) der Verlag Eugen Diederichs', des Verlegers des Wandervogels und der Freideutschen Jugend, herausbrachte. Aber man muß die heute nur noch schwer nachvollziehbare allgemeine Stimmung patriotischer Kriegsbegeisterung quer durch alle Schichten der Bevölkerung bedenken, um die Reaktionen selbst so kritischer und besonnener Pädagogen wie Gustav Wyneken werten zu können, der die Jugend verstand, die nicht nach den politischen Gründen und Zielen frage, sondern »freudig die Gelegenheit [ergreife], überhaupt einmal mit ihrem Idealismus Ernst zu machen«.[83]

Die entscheidende Basis der Volkserziehung lag nach wie vor in der Volksschule. Hier vor allem wurde auch mit Hilfe des Gesangunterrichts die Grundlage patriotischer Gesinnung gelegt. Zu Beginn des Jahrhunderts besuchten immer noch über 90 Prozent aller Schüler die Volksschule. Entsprechend war das Verhältnis der seminaristisch ausgebildeten Lehrer zu den wenigen Absolventen des Berliner Instituts für Kirchenmusik.[84] In den höheren Schulen war die Situation insofern anders, als hier der Gesangunterricht völlig an den Rand gerückt war. In den Stundentafeln der »Neuen Lehrpläne und Lehraufgaben« aus dem Jahr 1901 tauchte Gesangunterricht als eigenständiges Fach gar nicht mehr auf. Lediglich ein Zusatz vermerkte, daß in den beiden untersten Klassen (VI, V) zwei Stunden Singen obligatorisch seien. Nur »für das Singen beanlagte Schüler« sollten auch für das Chorsingen in den höheren Klassen verpflichtet werden. Dabei spielte dann die Frage der »Dispensation«, d. h. die Freistellung vom Singunterricht, die dem Ermessen des Schulleiters anheimgestellt war, eine immer größere Rolle.

Wieder anders stellte sich die Situation in den Mädchenschulen dar. (Natürlich gab es das in den Reformschulen erstmals erprobte Prinzip der Koedukation in den Staatsschulen dieser Zeit noch nicht.) Hier war 1908 eine grundsätzliche Neuordnung erfolgt, wodurch die Gesamtausbildungszeit auf zwölf Jahre ausgedehnt wurde. Während der Gesangunterricht in den Knabenschulen sich mehr und mehr auf das patriotische Lied, auf nationale Helden- und Kriegslieder verlagerte, standen in den Mädchenschulen einstimmige Choräle und schlichte Volkslieder im Vordergrund.

---

83 Auf diese Aussage bezieht sich F. Jöde in: *Der Krieg und die Jugend*, in: *Freideutsche Jugend* 1915, S. 55 ff.; hier zit. nach Lemmermann, a.a.O., S. 327.

84 Der Anteil der Volksschüler an den Schulpflichtigen lag in Preußen relativ konstant zwischen 91,5 % und 93 %. Vgl. Th. Nipperdey: *Deutsche Geschichte 1866–1918*, Bd. 1, München 1991, S. 555. Nach den schulstatistischen Erhebungen besuchten 1911 in Preußen von insgesamt 7,3 Millionen Schülern 6,6 Millionen die Volksschule. Es gab in Preußen zu dieser Zeit insgesamt 146 529 Lehrer, von denen 132 691 auf Lehrerseminaren ausgebildet waren. G. Braun, a.a.O., S. 19.

Methodisch war der schulische Gesangunterricht bei der Einübung von Liedmelodien überwiegend vom mechanischen Drill des Vor- und Nachsingens ohne Noten bestimmt (was den Schülerwunsch nach Dispensation nur zu verständlich macht). Gegen das schematische »Treffsingen« ohne Tonvorstellung und wirkliche Bildung des Ohrs richtete sich schon bald die Kritik einzelner Musikpädagogen. So forderte O. Fichtner bereits 1893 eine Reform des Gesangunterrichts, weil dieser »hinter den Ausgangspunkt Nägeli, Pfeiffer und Natorp weit zurückgekommen« und »ganz vom rechten Wege abgewichen« sei.[85] Und G. Schoppe bestätigte 1909 Fichtners Kritik: »Das bloße Gehörsingen, das im Grunde genommen weiter nichts als ein Abrichten der Kinder ist, wird zur Zeit leider noch in den meisten Volksschulen und vielen höheren Lehranstalten ausschließlich betrieben.«[86] Zunehmende Bedeutung für den Schulgesang erhielten nun die in das methodische Bewußtsein eintretenden Tonsilben- und Solmisationsverfahren. Der Streit um die rechte Silben- oder Tonwort-Methode mit absoluter oder relativer Tonhöhenbezeichnung bestimmte fortan das musikpädagogische Denken wie den praktischen Schulalltag und reichte noch weit bis in die Mitte des Jahrhunderts.[87]

Bereits 1892 hatte der Volksschullehrer Carl Eitz (1848–1924) ein Tonwortsystem zur Darstellung reiner Intervalle im temperierten System entwickelt und daraus um 1900 eine Tonwort-Methode abgeleitet.[88] Dabei leiteten Eitz zunächst aber nicht pädagogische, sondern psycho-physikalische Überlegungen. Da es ihm aber um die Entwicklung einer Art »akustischer Eidetik« ging, also um ein Vorstellungsbewußtsein von der Klangrealität der Intervalle im temperierten System, verwendete er das komplizierte System von »Tonwörtern« (Silben) auch zum Zweck des Nach-Noten-Singens in der Schule. Jedem Halbtonschritt wies er einen eigenen »Tonnamen« zu, der nur aus einem Vokal und einem Konsonanten besteht. Dadurch schuf er die Möglichkeit, mit Hilfe der verschiedenen Lautkombinationen zwischen chromatischen, diatonischen und enharmonischen Fortschreitungen zu unterscheiden. Die Stammtöne der C-Dur-Leiter lauten: bi to gu su la fe ni bi; enharmonische Töne werden dann durch Vokalwechsel bei gleichem Konsonanten (cis des = ro ri), diatonische Halbtonfortschreitungen durch

---

85 O. Fichtner: *Reform des Schulgesang-Unterrichts*, Leipzig o. J. (1893), S. 17.

86 G. Schoppe: Vorwort zu »Die Schulgesangfrage« auf dem IV. Musikpädagogischen Kongreß 1908 zu Berlin, Gütersloh 1909, S. 4.

87 Vgl. J. Wenz: *Musikerziehung durch Handzeichen. Neuformung eines alten Weges*, Wolfenbüttel 1950.

88 Dargestellt in: *Bausteine zum Schulgesangunterricht im Sinne der Tonwortmethode*, Leipzig 1911. Die 2. Auflage wurde von H. Bennedik unter dem Titel *Das Tonwort*, Leipzig 1928, herausgegeben. Schon 1907 war seine Tonwort-Wandtafel erschienen.

Vokalgleichheit ausgedrückt (cis d = ro to; c des = bi ri), während chromatische Fortschreitungen unterschiedliche Silben erhalten (c cis = bi ro).

	(a)	his	cisis	disis	eis	fisis	gisis	aisis	his		
I	(b)	c	cis des d	dis es	e	f	fis ges g	gis as	a	ais b h	c
	(c)	deses	eses	fes	geses	ases	heses	ceses	deses		
II		b	r t	m	g	s	p	l	d	f k	n b
		i	o		u		a		e		i
	(a)	bo	tu		ga	sa	le		fi		no bo
III	(b)	bi ro ri	to	mu mo gu	su	pa pu	la	de da fe	ki ke	ni	bi
	(c)	be	ti		go	so	lu		fa		ne be

Damit trat das Eitzsche Tonwort mit seinen absoluten Tonhöhenbezeichnungen in Konkurrenz zu der relativen Tonika-Do-Solmisation, die Agnes Hundoegger[89] um 1900 von dem englischen Tonic Sol-fa der Sarah Ann Glover in Verbindung mit den Handzeichen John Curwens übernommen und in Deutschland eingeführt hatte.[90] Dieses System hat dann auch Zoltán Kodály für seine Konzeption des Musiklernens aufgegriffen und um modifizierte Rhythmussilben nach Chevé (ta titi) erweitert.

Klangsilben- und Solmisationsmethoden bildeten zu Beginn des Jahrhunderts geradezu eine Mode. Die Fachdiskussion kreiste bis in die dreißiger Jahre um das Für und Wider dieser Technik. Der Stimmbildner Albert Greiner, Begründer der Augsburger Singschule, regte 1917 statt der Verwendung der Vokale in alphabetischer Reihenfolge (a e i o u) deren Verwendung in Tonsilben nach physiologischen und stimmtechnischen Gesichtspunkten (u o a e i) an. Neuere Silbensysteme mit festgelegter Tonhöhe entwickelten ferner Anton Schiegg, Albert Hämel und Raimund Heuler.[91] Relative Stufenbezeichnungen verwendeten Robert Hövker, Max Freimuth, Hermann Thiessen und Hans Gebhard, dessen Klangsilbensystem »Lalo« sich nach der Zugehörigkeit der Töne zum Dreiklang der Tonika (Vokal a) oder der Dominante (Vokal o) richtete.[92]

Von nachhaltiger Wirkung waren schließlich die Jale-Stufennamen von Richard Münnich[93], die als drittes Methodensystem zu dem Eitzschen Ton-

89 *Leitfaden der Tonika-Do-Lehre,* Berlin 1897.

90 Vgl. dazu Kap. 7.

91 Vgl. dazu die Übersicht bei R. Münnich: *Jale. Ein Beitrag zur Tonsilbenfrage und zur Schulmusikpropädeutik,* Lahr 1930, S. 27 ff.

92 Ebd., S. 35 ff. Vgl. ferner auch W. Kühn (Hrsg.): *Die Musikerziehung,* Lahr 1926.

93 *Jale,* Lahr 1930.

wort und der Tonika-Do-Methode in Konkurrenz traten. Münnich verband – ähnlich wie Eitz – je einen Halbklinger (j l m n r s w) mit den fünf Vokalen in alphabetischer Reihenfolge, die er den sieben Stufen der diatonischen Leiter zuordnete: ja le mi ni ro su wa ja. Diatonische Halbtonschritte werden darin durch Konsonantenwechsel bei gleichbleibendem Vokal (cis d es = je le me), chromatische Halbtonschritte durch Vokalwechsel bei gleichem Konsonanten (des d dis = la le li) dargestellt. Den Stufennamen fügte er eigene (jedoch an Curwens Zeichen orientierte) Handzeichen und eigene Rhythmussilben (kai pau teu) hinzu. Die Rhythmussilben unterscheiden sich von den Chevéschen aber dadurch, daß hier die Betonungsverhältnisse im Takt und nicht – wie in der Kodály-Methode – die Dauernwerte angegeben werden.

Es mag heute schwer verständlich erscheinen, daß derart komplizierte, ausschließlich pädagogisch legitimierte Systeme sich überhaupt so lange halten und die Methodendiskussion in der ersten Hälfte dieses Jahrhunderts beherrschen konnten.[94] Andererseits stellen Solmisationsverfahren eine alte pädagogische Tradition (Guidonische Hand[95]) und eine legitime, auch lernpsychologisch sinnvolle Hilfe dar, wenn es darum geht, eine innere Hörvorstellung von Tonbeziehungen zu erwerben. Daß es aber bei der Vielfalt konkurrierender Systeme zu Polarisierungen kommen mußte, weil bei der Verwendung von Tonworten oder -silben nur alternativ das eine oder andere System verwendet werden konnte, ist durchaus einleuchtend.

5. Die Reformbestrebungen Kretzschmars und des Musikpädagogischen Verbands

In diese Situation eines methodisch erstarrten Singe-Unterrichts, der sich im Dunst patriotischer Ideologie und deutschnationaler Gesinnung an Volks- und Vaterlandsliedern abmühte, griff zu Beginn des Jahrhunderts die Debatte der Kunsterziehungsbewegung ein, die Schule und Unterricht neu defi-

---

94 Die Jale-Silben waren bis zum Ende des Bestehens der DDR 1990 dort noch verbindliche Lehrmethode in den Liederbüchern der Unterstufe.

95 Anfang des 11. Jahrhunderts hatte Guido von Arezzo ein Verfahren entwickelt, einen Gesang mittels der Tonsilben ut re mi fa sol la vom Blatt zu singen. Diese Tonsilben hatte er als Gedächtnisstütze dem alten Johannes-Hymnus (UT queant laxis / REsonare fibris / MIra gestorum / FAmuli tuorum / SOLve polluti, LAbii reatum, Sancte Johannes) entlehnt, wo sie die Anfangssilben des Textes jeder Melodiezeile bildeten, die jeweils auf dem nächsthöheren Ton einsetzten.

nierte und Kunsterziehung zum allgemeinen Erziehungsprinzip erhob. Reformbestrebungen wurden aber auch in der Musikerziehung virulent. So schlossen sich 1903 Privatmusiklehrer, akademisch gebildete Gesanglehrer und Konservatoriumsleiter im »Musikpädagogischen Verband« zusammen, der sich ebenso wie die Musiksektion des »Allgemeinen Deutschen Lehrerinnen Vereins« (seit 1892) für eine allgemeine Verbesserung der Musikerziehung einsetzte. Dabei muß man allerdings berücksichtigen, daß die Bezeichnung »Musikpädagogik« damals ausschließlich für den institutionalisierten oder privaten außerschulischen Instrumental- oder Gesangunterricht verwendet wurde.[96]

Bereits im Oktober 1903 fand in Berlin der »Erste Musikpädagogische Kongreß« statt, während zur gleichen Zeit in Weimar die zweiten Kunsterziehungstage abgehalten wurden. Dieser erste Kongreß stand noch ganz im Zeichen des außerschulischen Musikunterrichtswesens, während die weiteren Kongresse, die bis zum Jahr 1911 folgten, dann alle Aspekte des Musikunterrichts aufgriffen. Zur Behandlung der besonderen Probleme des schulischen Gesangunterrichts wurde daher eigens eine »Kommission für den Schulgesang und seine Reformen« eingesetzt. Insbesondere setzte der Verband mit seiner Kritik an der unzureichenden Ausbildung an und verlangte, in den mehrklassigen Volksschulen das Fachlehrer-System für den Gesangunterricht einzuführen und die Einstellung von einer staatlichen Fachprüfung abhängig zu machen.[97] Auch für die instrumentalen Musiklehrer war schon seit Ende des 19. Jahrhunderts der Ruf nach einer staatlichen Prüfung als Qualifikationsnachweis laut geworden.

In der Regel wurden die Gesanglehrer aller Schulgattungen auch nach 1900 noch zunächst durch die Volksschule vorbereitet, der sich die Präparandenanstalt (für das Alter von 14-17 Jahren) und eine dreijährige Seminarausbildung (17-20 Jahre) anschlossen. In den Präparandenanstalten beinhaltete der Musikunterricht Gesang, Violinspiel, Klavier und Orgel sowie Theorie und hatte neben Deutsch den höchsten Stundenanteil. Mit der Ausbildungs-

---

96 M. Pfeffer hat darauf hingewiesen, daß mit Gesangspädagogik, Gesangsunterricht oder Gesangsbildung in der Regel die außerschulische künstlerische Ausbildung gemeint war, während schulische Unterweisung Schulgesang, Gesangunterricht oder Gesangbildung hieß, daß also das Fugenzeichen »s« und der Wortbestandteil »-pädagogik« das charakteristische Unterscheidungsmerkmal gegenüber dem Unterricht im allgemeinen Schulbereich darstellen. Ebenso bezeichnen die Begriffe Musikunterricht wie Musiklehrer zunächst immer nur den Instrumentalunterricht bzw. -lehrer. Erst im Laufe der Zeit deckte der Begriff Musikpädagogik dann beide Bereiche, den schulischen wie den außerschulischen. Vgl. M. Pfeffer: *H. Kretzschmar und die Musikpädagogik zwischen 1890 und 1915*, Mainz 1992, S. 113-117 (Musikpädagogik. Forschung und Lehre, Bd. 29).

97 Vgl. G. Schoppe, a.a.O., S. 7.

ordnung an den Seminaren von 1901 war dort nur noch der Unterricht in Gesang und Violine, dem traditionellen Hilfsmittel zur Liedeinübung, obligatorisch. Inhaltlich ging es um das Spielen klassischer Sonaten, um die Vermittlung der Choräle des Gesangbuchs, um die gedächtnismäßige Aneignung der Choralmelodien und Volkslieder auf der Violine, um die stimmliche Erarbeitung der musikalischen Elementarlehre einschließlich Dirigierübungen des Chorgesangs und um das Harmonisieren von Chorälen und Volksliedern, um Liedvorspiele und Modulationen.[98] Nur wenige der Gesanglehrer an höheren Schulen hatten einen zweisemestrigen Kurs am Akademischen Institut für Kirchenmusik in Berlin besucht. Dort galten seit 1872 die folgenden Anforderungen zur Aufnahme:

> »1. In der Harmonielehre – eine Choralmelodie mit und ohne gegebenen Baß korrekt vierstimmig zu harmonisieren.
> 2. Im Gesang – mit dem Grade der Ausbildung, welche der Gesangunterricht in den Seminarien und in den ersten Singeklassen der Gymnasien zu erreichen vermag, Tonleitern, Choräle und Lieder ohne Begleitung rein und korrekt auszuführen.
> 3. Im Orgelspiel – Choralspielen mit obligatem Pedal; Versuche in freien Vor- und Zwischenspielen; Vortrag leichter Orgelstücke von Rin[c]k, Rembt und Fischer.
> 4. Im Klavierspiel – technisch und in der Auffassung korrekter Vortrag der Sonaten von Haydn, Mozart oder Clementi, [...] der sämtlichen Tonleitern und eines Etüdenwerkes von Czerny, Bertini oder Löschhorn.
> 5. Im Violinspiel – Fertigkeit in den drei ersten Lagen; korrekter Vortrag aller Tonleitern, desgl. der leichteren Etüden aus der Violinschule von Kreutzer und Baillot.«[99]

In den höheren Schulen konnten aber auch die am Seminar ausgebildeten Gesanglehrer unterrichten, für die bis 1910 noch kein staatlich vorgeschriebener Bildungsgang bestand, so daß sich hier neben seminaristisch und einzelnen akademisch (d. h. am Akademischen Institut für Kirchenmusik) ausgebildeten Lehrern »alternde Sänger, gescheiterte Klavierspieler, Organisten und mäßige Komponisten«[100] tummelten. Schnell entbrannte daher der Streit um den Musiker oder Pädagogen in der Schule, der die Spannung zwischen seminaristisch und akademisch gebildeten Lehrern nur verschärfte.

An der Verbesserung dieser allgemeinen Ausbildungsstruktur setzte der Musikpädagogische Verband an, blieb mit seinen Petitionen und Vorschlägen aber zunächst ohne Resonanz aus dem Kultusministerium. 1907 war dagegen in Sachsen eine Neuordnung des Musikunterrichts an den Seminaren erfolgt, die jedoch eine andere Richtung einschlug und den »Vollmusiker«, der auch ein kirchenmusikalisches Amt bekleiden sollte, vom »Nur-Gesangleh-

---

98 Vgl. Braun, a.a.O., S. 27.

99 Aufnahmeprüfungsanforderungen 1872, *Zentralblatt für die gesamte Unterrichtsverwaltung in Preußen*, 1872, S. 119; zit. in Braun, a.a.O., S. 23.

100 M. Pfeffer, a.a.O., S. 229.

rer« unterschied, während Preußen auf die institutionelle Trennung von Schul- und Kirchenamt zusteuerte.

Die Verhandlungen der ersten Musikpädagogischen Kongresse[101] betrafen aber auch Methodenfragen und brachten eine allgemeine Kritik am mechanischen Drill, am gedankenlosen Nachahmen wie am »Schlendrian des reinen Gehörsingens« ohne Notenkenntnis zum Ausdruck. Die musikalische Erziehung der Jugend wurde mehr und mehr als eine allgemeine »Kulturaufgabe« angesehen, die eine künstlerische und pädagogische Bildung der Lehrer und eine künstlerische Erziehung in der Schule notwendig mache. Georg Rolle faßte auf dem 3. Musikpädagogischen Kongreß 1906 noch einmal die Anträge von 1904 zusammen, die als organisatorische Maßnahmen der Hebung des Schulgesangs zugute kommen sollten:

– die Einstellung von Gesanglehrern nur nach einem Befähigungsnachweis vor einer Staatlichen Prüfungskommission;
– die Verlängerung der Ausbildung für die Seminar-Musiklehrer auf mindestens zwei Jahre;
– die Einrichtung eines obligatorischen Stimmbildungs-Unterrichts sowohl in den Seminaren als auch am Institut für Kirchenmusik;
– die Einführung des Fachlehrers für den Gesangunterricht in der mehrstufigen Volksschule;
– die Senkung der Pflichtstundenzahl.

Außerdem sollten für Schulen gleicher Art neue einheitliche Lehrpläne ausgearbeitet werden.

Angeregt durch die Diskussion in der Kunsterziehungsbewegung tauchte nun auch in der Musikerziehung die Vorstellung von einer *künstlerischen* Erziehung auf. Diesen Gedanken hatte Georg Rolle auf dem 3. Musikpädagogischen Kongreß vorgetragen: »Der Gesangunterricht ist, gleich dem Zeichenunterricht, ein Kunst- aber kein technischer Unterricht. Wir müssen Sorge tragen, daß diese häßliche Auffassung schwindet. Lehrt das Zeichnen das richtige Sehen, so das Singen das richtige Hören. Verlangt jenes ein künstlerisch gebildetes Auge, so dieses ein künstlerisch gebildetes Ohr als unumgängliche Vorbedingung des Musikverstehens. Die Schule ist für das gesamte, ich betone: das gesamte Volk die Stätte, an der der Grund hierfür gelegt werden muß.«[102]

Damit deutete sich ein bildungspolitisches Programm an, das dann 20

---

101 Vgl. die Kongreßberichte der drei Musikpädagogischen Kongresse, Berlin 1903, 1904, 1906; Teilauszüge in den MUDOK Dokumenten, Nr. 45 und der MPZ-Spezialdokumentation Nr. 24.

102 G. Rolle: *Die Reform auf dem Gebiete des Schulgesanges für die Knabenschulen*, in: *Kongreßbericht des 3. Musikpädagogischen Kongresses*, Berlin 1906, S. 156-191.

Jahre später unter Kestenberg politisch umgesetzt werden konnte. Die Konsequenz aus diesem Bildungsanspruch wäre es gewesen, den musikalischen Kunstsinn des Kindes auch am musikalischen Kunstwerk selber zu entwickeln. Denn »nur echte Kunstwerke sind imstande, den Kunstsinn des Kindes zu bilden.«[103] Zu diesem Zweck entstanden die ersten Kinder- und Schülerkonzerte. In ihrer pädagogischen Ausrichtung gründeten sie auf der Idee einer allgemeinen Volksbildung im Zusammenhang mit der Kunsterziehungs- und reformpädagogischen Bewegung. Bereits in der Spielzeit 1899/1900 hatte Richard Barth in Hamburg mit der Durchführung der ersten »Volksschülerkonzerte« begonnen, um die gesamte Jugend, also gerade auch die Kinder der Unter- und Mittelschicht, an sinfonische Musik heranzuführen.[104] Barth hatte über seine Erfahrungen bereits auf dem 3. Kunsterziehungstag in Hamburg 1905 berichtet.[105] Auch in den USA (Walter Damrosch) und in England (Robert Mayer) fanden zu Beginn dieses Jahrhunderts solche Kinderkonzerte statt. Doch diese große musikpädagogische Chance hat die Musikpädagogik damals noch nicht aufgegriffen aus Angst, die Kinder zu »alleinigen Herren der Situation« (Rolle) zu machen.[106] Der Chance, mit Kunsterziehung Ernst zu machen, stand die Zurückhaltung gegenüber einer Popularisierung der Kunstwerke entgegen, wie sie Lichtwark[107] und später auch Eduard Zuckmayer äußerten.

So offensichtlich im Kunstanspruch und im Ziel ästhetischer Geschmacksbildung die Parallelen zur Kunsterziehungsbewegung zutage traten, so eindeutig wurde andererseits eine zu starke »Verquickung des Gesanges mit der Gymnastik« (Rolle) und anderen Künsten, wie sie die Kunsterziehungsbewegung förderte, abgelehnt.[108] Nicht in der Tendenz zum Musischen, die der Kunsterziehungsbewegung anhaftete, sondern in der Einsicht,

---

103 A. Münch: *Die Liedbehandlung auf allen Stufen*, in: MfS 2, 1908/09, S. 39.

104 Vgl. dazu W. Gruhn: *Die Vermittlung von Musik in Kinder- und Jugendkonzerten*, in: ÖMZ 7-8/1986, S. 346-369.

105 R. Barth: *Die Jugend im Konzert und in der Oper*, in: *Kunsterziehung. Ergebnisse und Anregungen des 3. Kunsterziehungstages in Hamburg 1905*, Leipzig 1906, S. 95-106.

106 G. Rolle (*Die Reform auf dem Gebiete des Schulgesanges ...*) schlug vielmehr vor, die Jugendkonzerte zu Volkskonzerten umzuwandeln, zu denen Kinder nur in Begleitung Erwachsener Zutritt haben sollten. Damit verkehrt er aber genau die pädagogische Intention, die in den »Robert Mayer Children's Concerts« in London verfolgt wurde, wo es auf den Plakaten hieß: Eintritt für Erwachsene nur in Begleitung von Kindern!

107 »Wir sind dem Popularisieren der Kunstwerke todfeind.« A.Lichtwark in: *Kunsterziehung. Ergebnisse und Anregungen des zweiten Kunsterziehungstages in Weimar 1903*, Leipzig 1904, S. 248.

108 Vgl. G. Rolle: *Die Reform auf dem Gebiete des Schulgesanges für die Knabenschulen*, a.a.O., S. 168 f.

daß künstlerische Erziehung künstlerisch ausgebildete Lehrerpersönlichkeiten brauche, liegt die zukunftsweisende Bedeutung der Reformdiskussion dieser Kongresse. Sie kam schulpolitisch aber erst zum Zuge, als musikalische Erziehung bereits zur musischen herabgesunken war.

Die kritischen Impulse, die dann vom Wirken Hermann Kretzschmars (1848–1924) ausgingen, müssen im Zusammenhang der allgemeinen Reformdiskussion gesehen werden, wie sie auch im Musikpädagogischen Verband geführt wurde. Schon früh war der Universitäts-Musikdirektor in Rostock und Leipzig auf die Misere des Gesangunterrichts in den Schulen aufmerksam geworden.[109] Er war der erste, der Hullahs Parlamentsbericht aus dem Jahre 1879 aufgriff[110] und dessen Kritik ernst nahm. Mit der Veröffentlichung von Teilen dieses »englischen Aktenstücks« in einem Aufsatz in den *Grenzboten* 1881 gab Hullahs Bericht indirekt die Initialzündung zur deutschen Schulmusikreform. Denn Musik nahm für das Bewußtsein von nationaler Identität einen hohen Rang ein. Die Furcht vor dem Verlust der nationalen Vorherrschaft deutscher Musik mußte also den Nationalstolz treffen, was Kretzschmar geschickt aufgriff.

Mit der Veröffentlichung von Auszügen aus diesem »englischen Aktenstück über den deutschen Schulgesang« eröffnete er eine Reihe von Schriften zu Fragen der Schulmusikerziehung.[111] Seine Kritik bezog sich vornehmlich auf den stumpfsinnigen Drill, der das Vergnügen an der Musik eher vernichte als entwickle. Das Vorbild für eine intakte Basis musikalischer Bildung fand er in vergangenen Jahrhunderten in den Kurrenden und Alumnenchören, die als »musikalische Elite« die musikalische Kultur weitertrugen. Während er also einerseits um die Heranbildung einer kulturtragenden Schicht bemüht war, betonte er doch auch gleichzeitig, daß es ihm auf die Förderung einer gewissen musikalischen Breitenbildung aller ankomme (»Keineswegs sollen alle Deutschen *Musikanten* werden. Aber alle Deutschen können *musikalisch* werden, denn die Anlagen dazu finden sich in jedem Menschen«[112]). Im Vordergrund stand also immer die Sorge vor dem Nieder-

---

109 Vgl. zu diesem Abschnitt die grundlegenden Untersuchungen von Martin Pfeffer: *H. Kretzschmar und die Musikpädagogik zwischen 1890 und 1915*, Mainz 1992, insbes. S. 224 ff.

110 Vgl. dazu Kap. 6.3.

111 Veröffentlicht in seinen *Gesammelten Aufsätzen über Musik und anderes aus den Grenzboten*, Leipzig 1910. ND in: Heise, Hopf, Segler (Hrsg.): *Quellentexte zur Musikpädagogik*, Regensburg 1973, S. 123-136. Weitere Aufsätze zur Schulmusikreform in: *Musikalische Zeitfragen*, Leipzig 1903.

112 H. Kretzschmar: *Ein englisches Aktenstück über den deutschen Schulgesang*, in: Heise, Hopf, Segler (Hrsg.): *Quellentexte zur Musikpädagogik*, Regensburg 1973, S. 125 f.

gang der musikalischen Kultur angesichts der herrschenden Zustände im schulischen Gesangunterricht. Doch mit seinem romantisch verklärten Blick in die Vergangenheit traten dem Musikhistoriker die musikerzieherischen Herausforderungen einer grundsätzlichen Neugestaltung der Schulmusik gar nicht in den Blick, sondern ließen ihn seine Bemühungen allein auf die Erhöhung der Wirksamkeit des alten Gesangunterrichts richten. Dazu sollte vor allem der Gesangunterricht wieder in den höheren Schulen verankert und der Mißbrauch der Dispensation eingeschränkt werden.

Im Kern richteten sich seine Bestrebungen auf die Hebung der Ausbildung des Lehrerstandes. Schon in den *Musikalischen Zeitfragen* (1903) hatte er geklagt: »Während man von dem Gesangunterricht in den Volksschulen hoffen kann, daß er in absehbarer Zeit sowohl dem Volk wie der Musik so zu gute kommt, wie er soll, ist er an den deutschen Gymnasien und an den ihnen verwandten Lehranstalten noch in einem Zustand, den man auch bei entschiedener Mäßigung nicht als zufriedenstellend bezeichnen kann.«[113] Da die Grundlage zur Besserung des Gesangunterrichts in den Volksschulen in der Seminarausbildung lag, versuchte er dort die gesangmethodische Seite zu verbessern. Denn er fand, daß in den Seminaren zu viel konzertiert und auch schlechte Musik (»seichte Männerquartette von der Komposition des Seminarmusiklehrers«[114]) einstudiert werde und die eigentliche Berufsvorbereitung dabei zu kurz komme. »Der Musikunterricht auf den Seminarien müßte nicht Chorsänger, sondern Solosänger ausbilden, Gesanglehrer, die die Natur der Kinderstimme genau kennen, und die es verstehn, die Jugend bei den musikalischen Elementen zu fesseln und durch die Elemente lernfreudig zu machen.«[115]

Aber sein eigentliches Interesse galt der Reform des Gesangunterrichts an den höheren Lehranstalten. Seine Bemühungen richteten sich dabei zuerst auf den akademisch gebildeten Gesanglehrer, wobei er sich allerdings am Vorbild des Kantors aus der Zeit der Reformation orientierte. Er hatte erkannt, »daß der neu zu schaffende Typus nur durch gleichrangige Vollberufsbildung als Fachlehrer auf hochschulmäßiger Basis, evt. ergänzt und erweitert durch die Befähigung zur Erteilung wissenschaftlichen Unterrichts – wie die ehemaligen Kantoren der Lateinschulen –, [...] Ebenbürtigkeit in bezug auf Bildung und Stellung mit seinen gymnasialen Kollegen erlangen kann«.[116]

---

113 *Der Musikunterricht in der Volksschule und auf den höheren Lehranstalten,*in: *Musikalische Zeitfragen*, Leipzig 1903, S. 25.

114 H. Kretzschmar in: *Gesammelte Aufsätze über Musik und anderes aus den Grenzboten*, Leipzig 1910, S. 66.

115 In: *Musikalische Zeitfragen*, Leipzig 1903, S. 32.

116 Pfeffer, a.a.O., S. 230.

Weil Kretzschmar auf Grund seiner Stellung und seiner publizistischen Tätigkeit offenbar hohe Reputation in Fragen der Reform des Gesangunterrichtswesens besaß, war er bereits 1890 vom Sächsischen Kultusministerium beauftragt worden, einen Lehrplan für den Gesangunterricht an den Gymnasien auszuarbeiten. In einer 1900 im Auftrag des »Allgemeinen Deutschen Musikvereins« verfaßten Denkschrift an das Preußische Kultusministerium hatte Kretzschmar organisatorische Maßnahmen zur Verbesserung des Gesangunterrichts gefordert. Mit der Übertragung der zentralen musikalischen und musikpolitischen Ämter in Berlin erhielt er dann auch die Voraussetzung dafür, erste Maßnahmen einzuleiten. 1904 erhielt er den Ruf als Ordinarius für Musikwissenschaft an die Berliner Universität. 1907 wurde ihm die kommissarische Leitung der »Königlichen Akademie für Kirchenmusik« in Berlin (seit 1918 »Akademisches Institut für Kirchenmusik«) übertragen. Hier machte er sich sogleich an die Reorganisation der Ausbildung. Als Methodiker berief er 1907 den Sänger und Pädagogen Georg Rolle. 1908 erweiterte er die Studienzeit für Gesanglehrer an der Akademie auf drei Semester und führte von 1907 bis 1914 zweiwöchige Fortbildungskurse für – in der Regel seminaristisch ausgebildete – Gesanglehrer an höheren Schulen ein, wie sie schon von der Schulgesang-Kommission des Musikpädagogischen Verbandes vorgeschlagen worden waren. 1909 trat er schließlich die Nachfolge Joseph Joachims als Direktor der Königlichen Hochschule für Musik an, womit er die entscheidenden musikalischen Führungsämter innehatte. Wesentliche Unterstützung erfuhr er in seinen musikpädagogischen Bemühungen durch Georg Rolle und Carl Thiel, die beide am Institut für Kirchenmusik unterrichteten.

Mit neuen Lehrplänen und einer neuen Prüfungsordnung hat Kretzschmar auch inhaltlich auf die Lehrerausbildung für die höheren Schulen Einfluß genommen. 1910 erschien die neue »Ordnung der Prüfung für Gesanglehrer und -lehrerinnen an den höheren Lehranstalten in Preußen«, an der maßgeblich Carl Thiel und Georg Rolle beteiligt waren. Danach konnte zur Gesanglehrerprüfung nur noch zugelassen werden, wer die Zweite Lehrerprüfung an einem Seminar bestanden hatte oder das Reifezeugnis und eine mindestens zweijährige musikalische und gesangspädagogische Ausbildung nachweisen konnte. Die Prüfung erstreckte sich dann sowohl auf die allgemeine musikalische Bildung (Musikgeschichte, Harmonielehre) als auch auf die besondere pädagogische Befähigung durch Nachweise im Klavier- und Violinspiel, in der Stimmbildung und der Methodik des Schulgesangs (Lehrprobe) sowie im Dirigieren.[117] Die erste Prüfung nach diesen Bestimmungen

---

117 Vgl. die Anforderungen im einzelnen bei Braun, a.a.O., S. 40.

fand vor einer Staatlichen Prüfungskommission, in der Kretzschmar selber den Vorsitz führte, am 4.1.1911 statt.

Zwischen 1908 und 1914 erschienen neue Lehrpläne für die verschiedenen Schularten: für die höheren Mädchenschulen 1908, für höhere Lehranstalten der männlichen Jugend und für Mittelschulen 1910 und Lehrpläne für die Volksschule 1914. Einen Entwurf für den Lehrplan an höheren Schulen hatte Georg Rolle ausgearbeitet. Darin hatte er ausdrücklich die Verwendung der Ziffernnotation und das Eitzsche Tonwort ausgeschlossen, weil sie als »zu knifflich ausgetüftelt und als Hilfsmittel zu anspruchsvoll« eingeschätzt wurden.[118] Aus den Methodischen Vorbemerkungen zu diesen Lehrplänen spricht deutlich der neue Geist der Reformdiskussion, wenn auf die geistige und ästhetische Ausbildung der Schüler und nicht mehr nur auf die Verschönerung von Schulfesten und Gottesdienst Wert gelegt wird.

> »Der Lehrer des Gesangs hat sich stets zu vergegenwärtigen, daß der Zweck des Gesangunterrichtes an den höheren Lehranstalten sich nicht in der Mitwirkung des Chors bei feierlichen Anlässen erschöpft, sondern daß der Schulgesang vor allem eine durchs Leben dauernde Liebe zum Gesang zu erwecken und die Grundlagen des Verständnisses musikalischer Mittel und Formen geben soll. Dazu hat der Gesangunterricht die Aufgabe, an der allgemeinen geistigen und ästhetischen Ausbildung der Schüler und auch an ihrer gesundheitlichen Entwicklung mitzuwirken.«[119]

Und auch im Lehrplan für den Gesangunterricht in den Volksschulen von 1914 wurde nicht mehr nur Wert auf die Übung und das Memorieren von möglichst vielen Volks- und Kirchenliedern gelegt, sondern das Singen von seiner einseitig funktionalen Zweckbestimmung befreit und »die Lust zum Singen und die Freude am deutschen Volkslied wie an edler Musik überhaupt« in den Vordergrund gerückt. Die weiteren Aufgaben des Gesangunterrichts in der Volksschule (»die Gemütsbildung zu fördern, die Stimme und das musikalische Gehör zu bilden, einen Schatz wertvoller geistlicher und weltlicher Lieder sicher einzuprägen und die Kinder zu gesanglicher Betätigung im späteren kirchlichen und bürgerlichen Leben vorzubereiten«[120]) enthielten überwiegend noch traditionelle Vorstellungen; doch der Hinweis auf die Bildung des musikalischen Gehörs läßt bereits aufhorchen.

Kretzschmars Leistung für die Reform der Schulmusik mag zeitweise

---

118 Kretzschmar, zit. nach Pfeffer, a.a.O., S. 293. Kretzschmar hatte sich nach anfänglicher Empfehlung schließlich doch von der Eitzschen Tonwort-Methode abgewandt, hielt es aber für unnötig, dessen Methode ausdrücklich in den Lehrplänen zu erwähnen.

119 Lehrplan für den Unterricht an den höheren Lehranstalten für die männliche Jugend vom 21. Juli 1910, ZBl 1910, S. 698, zit. in: E. Nolte: *Lehrpläne und Richtlinien für den schulischen Musikunterricht* ..., Mainz 1975, S. 96 (MFL, Bd. 3).

120 ZBl 1914, S. 226; zit. nach Pfeffer, a.a.O., S. 305.

überschätzt worden sein. Den Durchbruch zu einer wirklichen Erneuerung hat er nicht geleistet. Dazu war sein Denken im Grunde zu konservativ und historisch retrospektiv. Vielleicht erklärt dies auch seine erschreckend chauvinistischen Äußerungen während des Ersten Weltkriegs, als er die »Vergötterung des Halbbarbaren Tschaikowsky« beklagte und empfahl, angesichts der Überlegenheit der deutschen Musik »mehrere Menschenalter lang auf die Verwendung ausländischer Kompositionen [zu] verzichten«.[121] In bezug auf die Volksschullehrerausbildung blieb Kretzschmar dem 19. Jahrhundert verhaftet; an eine akademische Fachausbildung der Volksschullehrer dachte er noch nicht. Und auch für den Gesanglehrer an höheren Schulen hatte die neue Prüfungsordnung von 1910 noch nicht die Gleichstellung der Gesanglehrer mit den akademischen Lehrern erreicht. Sein Bemühen galt vielmehr der Verbesserung der bestehenden Zustände, der Konsolidierung einer musikalisch und methodisch vertretbaren Praxis. Insofern kann er aus heutiger Sicht »kaum mehr als der Reformer angesehen werden, dessen Werk nur noch der Vollendung durch Kestenberg bedurfte«.[122] Und das hat seinen Grund nicht nur darin, daß den Reformbestrebungen durch den Ausbruch des Ersten Weltkriegs Einhalt geboten wurde, sondern liegt in der Natur von Kretzschmars Denken und den Gegebenheiten der Zeit des Kaiserreichs selber begründet.

Auch wenn Kretzschmar noch keine zusammenhängende musikpädagogische Konzeption entwerfen konnte, bleiben seine Verdienste um die pädagogischen Reformen, die in dieser Zeit allenthalben auf der Tagesordnung standen, unbestritten. Die neuen Lehrpläne bemühten sich erstmals um eine »pathosfreie Orientierung an Sachgehalten«[123] und standen bereits im Zeichen einer Erziehung zur Musik. Nicht zuletzt wegen seiner einflußreichen Stellung und anerkannten Kompetenz als Musikwissenschaftler, in dessen Fachverständnis selbstverständlich auch musikpädagogische Ansprüche Platz fanden, konnte er bestimmend auf die Entwicklung der Musikpädagogik einwirken. Und daß er zusammen mit Georg Rolle und Carl Thiel an allen reformerischen Maßnahmen insbesondere im Bereich des Gesangunterrichts an höheren Schulen maßgeblich beteiligt war, kann nach Pfeffer als gesichert gelten. Vor allem seine schlüssige pragmatische Argu-

---

121 H. Kretzschmar: *Der Krieg und die deutsche Musik* (*Die Stimme*, Jan. 1915), zit. nach H. Lemmermann: *Kriegserziehung im Kaiserreich*, a.a.O., Bd. 2 Dokumentation, Dok. 155, S. 925, 929.

122 W. Heise: Art. *Geschichte der Schulmusik, 19. Jh.*, in: *Lexikon der Musikpädagogik*, hg. von Helms, Schneider, Weber, Regensburg (i. Dr.).

123 Pfeffer, a.a.O., S. 311.

mentation für die Anliegen von der Volksschule bis zur Universität, vom Laienmusikwesen bis zur Fachmusikerausbildung machte ihn zum »*spiritus rector* der Musikpädagogik seiner Zeit«[124]. Wenn dagegen seine Hermeneutik als Methoden-Beitrag heute eher obsolet erscheint, so mindert das nicht den Rang seiner historische Wissenschaft und praktische Pädagogik verbindenden universellen Persönlichkeit.

---

124 Pfeffer, a.a.O., S. 357.

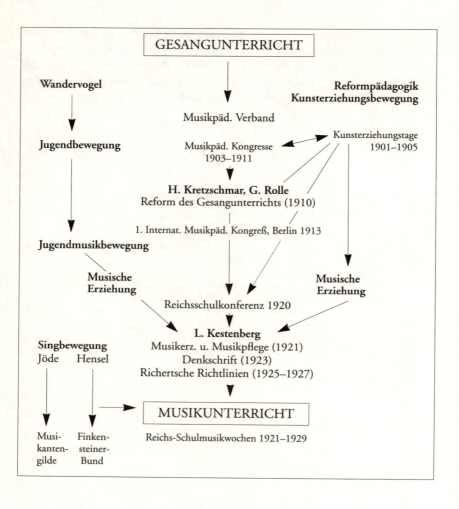

GESANGUNTERRICHT

Wandervogel

Reformpädagogik
Kunsterziehungsbewegung

Musikpäd. Verband

Jugendbewegung

Musikpäd. Kongresse
1903–1911

Kunsterziehungstage
1901–1905

H. Kretzschmar, G. Rolle
Reform des Gesangunterrichts (1910)

1. Internat. Musikpäd. Kongreß, Berlin 1913

Jugendmusikbewegung

Musische
Erziehung

Musische
Erziehung

Reichsschulkonferenz 1920

Singbewegung
Jöde   Hensel

L. Kestenberg
Musikerz. u. Musikpflege (1921)
Denkschrift (1923)
Richertsche Richtlinien (1925–1927)

MUSIKUNTERRICHT

Musi-
kanten-
gilde

Finken-
steiner-
Bund

Reichs-Schulmusikwochen 1921–1929

9. KAPITEL

Krise und Umbruch 1918–1933
Die jugendmusikalische Wende

1. Jugendmusik- und Singbewegung

Die junge Generation stand am Ende des Ersten Weltkriegs vor den Trümmern der bürgerlichen Epoche.

> »Große Teile unserer Jugend und der europäischen Jugend überhaupt sind erfüllt von dem Gefühl einer Weltwende, die [...] mit dem Ausbruch des großen Krieges zur allgemeinen Evidenz gelangte [...]. Dieser Gedanke erscheint dem neuen europäischen Geschlecht [...] im Lichte des Abgelebt-Gestrigen; es erblickt darin das klassizistisch verstaubte Zubehör einer bankerotten Epoche, der eben zu Grabe sinkenden bürgerlichen Epoche. [...] Sie hatte, so denkt die Jugend, ihre Ideen, diese Epoche, Ideen, die etwa auf Namen hörte wie Humanismus, Individualismus, Liberalismus, Demokratie, Freiheit, Persönlichkeit, todmüde, verlebte und verurteilte Ideen, ad absurdum geführt durch sich selbst und zu nichts mehr nütze. Was heute heraufkommt, worauf es heute ankommt, ist etwas völlig anderes, es ist das Gegenteil von all dem. Es ist nicht Individualismus, sondern Gemeinschaft, nicht Freiheit, sondern eiserne Bindung, der unbedingte Befehl, der Terror. Der Relativismus der abgelaufenen bürgerlichen Epoche war das Laster selbst. Was not tut, ist das Absolute. [...] Und die Gefahr, die ein wichtiger Teil unserer Jugend läuft und die zugleich eine Gefahr für die Befestigung der Republik in Deutschland ist, besteht darin, daß diese Jugend durch Ideen ursprünglich echt revolutionärer Art dem politischen Obskurantismus, das heißt: der Reaktion in die Arme getrieben wird.«

Mit diesen hellsichtigen Sätzen hat Thomas Mann[1] 1923 in seiner Gedenkrede zum Jahrestag der Ermordung des Außenministers Walther Rathenau durch Rechtsradikale kurz nach der Unterzeichnung des Friedensvertrages von Rapallo das ideologische Dilemma der Jugend in dieser Zeit beschrieben. Nun wäre es – wie Dorothea Kolland mit Recht betont – »eine Vergewaltigung der Geschichte«, wollte man die deutsche Jugendbewegung insgesamt für den Faschismus verantwortlich machen, der sich ihrer Strukturen und ideologischen Muster bediente. »Daß aber ohne faschistoide Tendenzen, wie sie Thomas Mann beschreibt, der Faschismus nicht eine solche Massenbasis erreicht hätte, ist ebenso unbestritten.«[2] Denn in dem parado-

---

1 Th. Mann: *Geist und Wesen der deutschen Republik (Dem Gedächtnis Walther Rathenaus)*, in: *Von deutscher Republik. Politische Reden und Schriften, Ges. Werke in Einzelbänden*, hg. von Peter de Mendelssohn, Bd. 16, Frankfurt 1984, S. 199 f.

xen Widerspruch, daß die Jugendbewegung zwar von der Revolte gegen die bürgerliche Kultur und die Lebensbedingungen infolge der Entwicklung der Industrie, der Vermassung in den Großstädten und der Arbeits- und Wohnverhältnisse ausgegangen war, dann aber bei ihrer Suche nach dem »neuen Menschen« einer kurzsichtigen Vergangenheitsverklärung folgte und zunehmend in das Fahrwasser eines konservativen Nationalismus geriet, manifestiert sich ihr ambivalenter Charakter. Mit der Ablehnung der Errungenschaften der bürgerlichen Musikkultur, wie sie das Konzertleben mit seinem Virtuosentum verkörperte, wuchs aber die Verklärung von Volk, Volkslied, Volkstum und Volksgemeinschaft.

Die Jugendbewegung verfolgte ursprünglich überhaupt keine pädagogischen Ziele und war eher gegen die Erziehungsinstitutionen gerichtet. Auch die Jugendmusikbewegung, die in der gesamten Erneuerungsbewegung der Jugend nur eine Facette und keine eigenständige Bewegung darstellt[3], entfaltete sich zunächst vollkommen außerhalb der Schule, obwohl sie dann doch durch die Lehrer, die in der Singbewegung aktiv waren (aber das waren insgesamt gesehen nur wenige), auf die schulische Musikerziehung einwirkte, indem sie ihr ein völlig neues Repertoire erschloß: das der alten, polyphonen Musik und des instrumentalen Musizierens. Die führenden Köpfe der Jugendmusikbewegung[4] verstanden sich daher auch nicht als Reformpädagogen, sondern als Verfechter einer neuen Musikbewegung: der Volkslied-, Chor-, Lauten- oder Orgelbewegung. Von hier aus sollte ein neues Musik- und Musizierideal in den Dienst der Jugend gestellt und die Jugend zum

2 D. Kolland: *Die Jugendmusikbewegung*, Stuttgart 1979, S. 13. U. Günther hat verschiedentlich zu Recht auf die problematische Gleichsetzung der Bezeichnungen »faschistisch« und »nationalsozialistisch« hingewiesen. »Historisch-politische Begriffe haben nicht selten das Schicksal, in ihrem ursprünglichen Inhalt und Sinn so verändert [...] und in der Benutzung als politische Kampfbegriffe so ausgeweitet zu werden, daß ihr Wert höchst problematisch wird. Das trifft in besonderem Maße auf den Begriff des Faschismus zu« (K. D. Bracher: *Der Faschismus*, in: Meyers Enzykl.Lex., Bd. 8, Mannheim 1973, S. 547). Während Faschismus als Herrschaftssystem durch extremen Nationalismus, Antiliberalismus, Antimarxismus (Antikommunismus) und Militarismus gekennzeichnet ist, tritt im Nationalsozialismus noch das Moment des radikalen Antisemitismus und übersteigerten Rassismus hinzu, der alles »Nicht-Arische« als »entartet« verfolgte, so auch Kunst, Musik, Literatur.

3 Bezeichnenderweise spricht Hilmar Höckner, der die erste Monographie über die musikalische Jugendbewegung geschrieben hat, nicht von der »Deutschen Jugendmusikbewegung«, sondern nennt sein Buch *Die Musik in der Deutschen Jugendbewegung* (Wolfenbüttel 1927).

4 Hier wären vor allem zu nennen: Konrad Ameln, Wilhelm Ehmann, Karl Gofferje, Georg Götsch, Walther Hensel, Reinhold Heyden, Hilmar Höckner, Fritz Jöde, Herbert Just, Wilhelm Kamlah, Ernst-Lothar von Knorr, Gerhard Maasz, Karl Marx, Ekkehart Pfannenstiel, Hermann Reichenbach, Walter Rein, Jens Rohwer, Heinrich Spitta, Kurt Sydow, Wilhelm Twittenhoff, Theodor Warner.

Dienst an der Musik erzogen werden. So entstand die Formel »Erziehung durch und zur Musik«.

Die musikalische Entwicklung der Jugendmusikbewegung ist in zwei Hauptsträngen mit ganz unterschiedlicher Ausrichtung verlaufen, die sich einerseits um Fritz Jöde und andererseits um Walther Hensel als geistige Pole gruppierten. Zunächst kann die Singbewegung, die sich aus dem Wandervogel entwickelt hatte, noch als eine Einheit angesehen werden. Nach der Krise um das Volkslied, die in der Auseinandersetzung zwischen Wandervogel und Freier Schulgemeinde um die Bildung einer echten Jugendkultur zutage trat, und nach dem Zerfallsprozeß der Freideutschen Jugend und des Wandervogels in die verschiedensten ideologischen Gruppierungen, der in die Katastrophe des Ersten Weltkriegs mündete, fand nach Kriegsende erneut eine Sammelbewegung singender Menschen statt, die in der Gemeinsamkeit des Musizierens einen neuen Lebenssinn suchten. Hilmar Höckner hat den Wendepunkt auf dem »Weg in die Musik« im Jahr 1918 gesehen, als Fritz Jöde die Schriftleitung der Zeitschrift *Die Laute* übernahm, »weil jetzt aus der Jugend selbst ein sich beständig erweiternder Kreis führender Persönlichkeiten hervortritt, der mit der Halmschen Forderung, Musik als Kunst, d. h. als eine über dem Menschen stehende ›geistige Macht‹, zu werten, Ernst macht und damit das musikalische Leben der Jugendbewegung, das sich von nun ab immer auffallender und bedeutungsvoller in besonderen, sich neu bildenden Musizier- und musikalischen Arbeitsgemeinschaften [...] konzentriert, allmählich auf ein neues, der neuen Zeit angepaßtes Niveau bringt«.[5]

Fritz Jöde (1887–1970) war nach Abschluß seiner Ausbildung im Lehrerseminar bis 1920 im Volksschuldienst in und um Hamburg tätig gewesen. Sein neues Musikverständnis vermittelte er in der Zeitschrift *Die Laute*, die er im zweiten Jahrgang 1918/19 als »Monatsschrift zur Pflege des deutschen Liedes und guter Hausmusik« herausgab. Im Notenanhang und durch zahlreiche Analysen alter Musik im redaktionellen Teil wurde hier musizierenden Laien erstmals anspruchvolle Kunstmusik erschlossen. Schon im Aprilheft dieses Jahrgangs brachte er einen Aufruf »an alle, die es angeht«. Um die geforderte Kultur guter Hausmusik auch praktisch durchzuführen, regte er den Zusammenschluß gleichgesinnter Musikfreunde zu gemeinsamem Spiel an. Praktikables, für Laien ausführbares Spielmaterial wurde den neu zu bildenden Musiziergruppen in einer neuen Heftreihe *Hausmusik* (K. Gofferje) zur Verfügung gestellt. Hier finden sich originale und bearbeitete Instrumentalsätze alter Musik sowie verschiedenartigste Chorliteratur, insbesondere die des 16. Jahrhunderts. Damit wollte Jöde der »geistfeindlichen Genügsamkeit

---

5 H. Höckner: *Die Musik in der Deutschen Jugendbewegung*, Wolfenbüttel 1927, S. 143.

der Wandervogelmusik« begegnen und zugleich »das Niveau der gesamten Jugendmusik« heben.[6] So kam es zur Wiederbelebung der Blockflöte durch Peter Harlan, der die Blockflöten-Renaissance der englischen Instrumentenbauer-Familie Dolmetsch aufgriff, und manch anderer alter Instrumente (Fideln), deren Handhabung auch für Laien leicht möglich schien und deren Literatur dennoch dem Bereich der Kunstmusik zugehörte. So erklärt sich andererseits auch die Kunstfeindlichkeit gegenüber der Neuen Musik der Zeit, die sich an den instrumental gebildeten Spezialisten wandte, und gegenüber dem Virtuosentum im Konzertbetrieb; denn dort saß der Hörer lediglich als passiver Konsument, der nur die technischen Fertigkeiten der Virtuosen bestaunen konnte. Demgegenüber zielte die neu einsetzende Hausmusikpflege auf das eigene und gemeinsame Tun. Dem Solistenkonzert wurde das Offene Singen als Alternative gegenübergestellt.

Zur Pflege des gemeinsamen Singens und Musizierens hatte sich nach dem Vorbild der in Coburg gebildeten Malergilde 1919 in Erfurt unter Jöde eine »Neudeutsche Musikergilde« zusammengeschlossen. *Die Laute* sollte ihr Organ werden. Von hier nahm die bündische Organisation der Künstlergilden ihren Ausgang. 1921 gründete Jöde dann in Hamburg die »Musikantengilde«.

In der Bezeichnung »Musikant« lag ein ideologisches Programm. Der Musikant bestimmte fortan das jugendbewegte Vokabular und hob den musizierenden Laien vom spezialisierten Fachmann (Virtuosen) ab. Der Musikant wurde zum Synonym für den jugendbewegten Menschen, der gute Hausmusik pflegt und Operetten, Tanz- und Schlagermusik ebenso ablehnt wie die Musik aus dem Radio und dem sich immer mehr ausbreitenden Grammophon. In seinem »Musikmanifest« aus dem Jahre 1921 charakterisierte Jöde den Zustand des passiven Musikkonsums. »Berge von Musik werden heute verbraucht. Unmöglich, alle Gelegenheiten aufzuzählen: Jedes Kaufhaus, jedes Kino, jedes Tanzlokal, jede Festvorstellung, jede Schule, jeder Weihnachtsbaum, jedes Begräbnis, jede Hochzeit, überhaupt jede Zeremonie, jeder Wanderer, jedes Wickelkind, jede Predigt, jede Langeweile, sie alle brauchen Musik. [...] Wie das Taschentuch zum Schneuzen, so die Musik zum Ohrenkitzeln, beides hat man, weil man es braucht, und beides braucht man, weil man es hat. [...] Es ist schon so, Musik ist wie alle Kunst Speise geworden. Sie dient des Leibes Notdurft, nach öder Tagesarbeit, die

---

6 Aufruf, in: *Die Laute*, 2. Jg. 1918/19, H. 7, April-Mai 1919. Vollständig wiedergegeben in W. Kindt (Hrsg.): *Die Deutsche Jugendbewegung 1920–1933. Die bündische Zeit* (Dokumentation der Jugendbewegung III), Düsseldorf 1974, S. 1633 und 1634.

den Menschen nicht ausfüllt, ein Übertönen der dumpfen Passivität der Seele durch angenehmen Ohrenkitzel.«[7]

Dagegen wandten sich die Musikantengilden mit der Aktivität des eigenen Musizierens. 1922 benannte Jöde daher die Zeitschrift *Die Laute* in *Die Musikantengilde. Blätter der Erneuerung aus dem Geiste der Jugend* um. Sie erschien fortan im künftigen Hausverlag der Musikantengilden bei Julius Zwißler (Inh. Georg Kallmeyer, später Kallmeyer Verlag) in Wolfenbüttel.[8] Die Verbindung wissenschaftlicher, theoretischer Beiträge mit umfangreichen Notenbeilagen wurde beibehalten und machte diese Zeitschrift zum zentralen Publikationsorgan der überall im Reich entstehenden Musikantengilden. Für sie gab er ungezählte Sammlungen von Musiziermaterial (Liedsätze, alte Madrigale, instrumentale Spielmusiken, Bach-Choräle) heraus. Seit 1922 erschienen die Liederhefte *Der Musikant*, die er 1924 in einer Gesamtausgabe zusammenfaßte und die rasch zum weitverbreiteten Musizier- und Liederbuch in der Schule wurde.[9] Hier finden sich neben älteren und neueren Volks- und Kinderliedern vor allem polyphone Sätze des 16. bis 18. Jahrhunderts (Palestrina, Schütz, Schein, Scheidt bis Bach und Händel) sowie Chorsätze des 18. und 19. Jahrhunderts (Haydn, Mozart, Beethoven, Bruckner u. a.). Ziel dieser Sammlung war es, ein »wirkliches Kulturgut« zu vermitteln, das »über die Schulmauern hinaus Einfluß auf Haus und Leben gewinne«.[10]

Ebenso einschneidend wie dieser allgemeine, die Schule übergreifende kulturpädagogische Anspruch war die Einbeziehung von Instrumenten (Instrumentalsätzen) in die schulmusikalische Praxis, die nun nicht mehr – wie die Violine des Schulmeisters im 19. Jahrhundert – als Hilfsmittel zum Erlernen von Melodien angesehen, sondern »zum gleichwertigen Mitarbeiter in der Musikerziehung«[11] erhoben werden. Die Schularbeit des *Musikanten* setzte Jöde dann mit der Sammlung *Der Kanon* (1925) und *Frau Musica* (1929) für das Musizieren in Familie, Freundeskreis, in Jugendgemeinschaften und in der Kirche fort. Auch hier stand das mehrstimmige Musizieren von originalen und variabel bearbeiteten Sätzen von Praetorius, Haßler,

---

7 Manuskript 1921, zit. nach H. Krützfeldt-Junker: *Musikalische Werkbetrachtung bei Fritz Jöde*, in: *Fritz Jöde – Ein Beitrag zur Geschichte der Musikpädagogik des 20. Jahrhunderts. Bericht über das Jöde-Symposion Hamburg 1988* (Musik im Diskurs, Bd. 5), Regensburg 1988, S. 191.

8 Zur politisch-ideologischen Verflechtung der Verlage mit der Jugendbewegung vgl. Johannes Hodek: *Musikalisch-pädagogische Bewegung zwischen Demokratie und Faschismus*, Weinheim 1977.

9 Bereits 1929 erschien das 25. Tausend des *Musikanten*.

10 Vorwort zu *Der Musikant*, Wolfenbüttel 1925.

11 Ebd.

Schütz, Bach bis Gluck, Mendelssohn, Schumann und Brahms im Vordergrund.[12] War schulische Musikarbeit für Jöde zwar nur eine Voraussetzung für das, was er den Dienst an der Musik nannte, nicht aber schon das Ziel, so hat er mit seiner vielfältigen musikalischen Herausgebertätigkeit doch der Schule ein beispielhaftes musikalisches Material erschlossen.

Vom 27. Juli bis 3. August 1924 fand auf der thüringischen Jugendburg Lobeda bei Jena die »Erste Jugendmusikwoche der Deutschen Musikantengilden« statt, von wo aus sich eine Singbewegung ausbreitete, der es um die Pflege alter Chormusik ging. Daher suchte Jöde den Chören und Singkreisen den Fundus der alten Madrigale des 15. bis 17.Jahrhunderts zu erschließen. Von hier aus nahm dann die Tradition der Schütz- und Bachpflege ihren Ausgang (Göttinger Bachkreis; Madrigalkreis Hamburg-Tübingen, Heinrich-Schütz-Kreis etc.). In »Offenen Singstunden« (seit 1926) wurden nicht mehr nur Volkslieder, sondern Bach-Choräle und Kanons gemeinsam gesungen. Sammlungen wie Jödes *Der Musikant* (1922), *Alte Madrigale* (1924), *Der Kanon* (1926), *Frau Musica* (1929) oder Friedrich Blumes *Chorwerk* (1929–1938) u. v. a. bildeten die Grundlage der neuen Singbewegung. Neben der Pflege der Hausmusik (22. Nov. 1932: Erster »Tag der Deutschen Hausmusik«) liegt hierin das eigentliche kunstpädagogische Verdienst der Singbewegung. Daß dies mit einer insgesamt vorherrschenden Ablehnung der »modernen« Musik einherging, ist die Negativbilanz dieser ganz an der Vergangenheit orientierten Bewegung. Es hatte nur einen kurzen Versuch einer Annäherung gegeben. Zur ersten Reichsführerwoche der Musikantengilde in Brieselang bei Berlin (3.-10. Oktober 1926) hatte Jöde Paul Hindemith eingeladen. Der »gemeinsame Coup«[13] gelang. Hindemith öffnete sich zeitweilig den Belangen der musizierenden Jugend und schrieb für Hilmar Höckners Schulorchester in Bieberstein die Spielmusiken op. 43,1 und op. 44. Die zweite Reichsführerwoche der Musikantengilde fand im Juli 1927 in Lichtental in enger Verbindung mit dem von Donaueschingen nach Baden-Baden verlegten Deutschen Kammermusikfest statt. Doch dieser zaghafte Versuch einer Fühlungnahme mit der zeitgenössischen Musik stand allein. Nur Hindemith blieb dem Gedanken der Jugendmusikbewegung noch kurze Zeit verbunden, für die er *Das Neue Werk* (1927) und auf Initiative des Plöner Musiklehrers Edgar Rabsch den *Plöner Musiktag* (1932) beitrug.

Die andere charismatische Leitfigur der deutschen Singbewegung war Ju-

---

12 Über die verschiedenen Aufführungsarten gibt eine »Gebrauchsanweisung« im Anhang der Sammlung *Frau Musica* detaillierte Auskunft.

13 Hindemith in einem Brief vom 12. 10. 1926 an Jöde, in: *Die Deutsche Jugendmusikbewegung*, a.a.O., S. 394.

lius Janiczek [=Walther Hensel] (1887–1956) aus Mährisch-Trübau, ein promovierter Germanist und Volkskundler, der sich früh der Mundart- und Volksliedforschung im damaligen Grenzgebiet des Sudetenlands widmete und sich dann aus Verehrung für Walther von der Vogelweide »Walther« nannte und seinen böhmischen Namen Janiczek (= kleiner Jan) in »Hensel« (= kleiner Hans) eindeutschte. Im böhmischen Grenzgebiet waren nationale, gegen die Tschechen gerichtete Tendenzen viel stärker ausgeprägt als in den Städten. Der deutsch-böhmische Wandervogel, dessen Gauwart Hensel von 1916 bis 1918 war, sah die Bewahrung des Volksgutes der »bedrohten grenzdeutschen Heimat« als oberste Verpflichtung an. So wurden »nationale Erziehung« und »Erneuerung des Volkstums« zu zentralen Parolen. Aufgrund dieses politischen Umfeldes seiner Herkunft aus einer deutschen Kultur- und Sprachinsel und wegen seiner volkskundlich germanistischen Prägung vertrat Walther Hensel eine stark ideologisierte Volksliedpflege, die dann mehr und mehr zur bürgerlich-völkischen Singbewegung wurde und ihren Schwerpunkt in Süddeutschland hatte.

Vom 10. bis 17. Juli 1923 versammelte Hensel Gleichgesinnte in Finkenstein bei Mährisch-Trübau (einer sudetendeutschen Sprachinsel) zur »Ersten Finkensteiner Singwoche«. Der ideologisch strengen Ausrichtung auf das »echte« Volkslied entsprach die asketisch prüde Grundeinstellung, die die gesamte Jugendbewegung kennzeichnet. In einer Ankündigung der Singwoche in der *Musikantengilde* (7/1922) heißt es:

> »*Bedeutung der Woche:* Es soll das erstemal versucht werden, durch längeres Zusammenleben und Zusammenarbeiten junger Menschen die Musik in den Dienst der Erneuerung zu stellen, indem wir durch ihre gemeinschaftsbildende Kraft gleiche Kräfte in uns wecken und zu gemeinsamem Erleben führen.
> *Grundbedingungen des Gemeinschaftslebens bei der Woche:* 1. Unbedingte freiwillige Unterordnung aller Teilnehmer unter selbst auferlegte Gebote. 2. Ernstes Mitarbeiten, getragen vom Bewußtsein gemeinsamer Verantwortung. [...]
> *Verpflegung:* Fleischlose Küche [...]. Gemeinschaftsstörende Sonderwünsche werden nicht berücksichtigt. Essen einfach und gut.
> *Tagesordnung:* Früh 1/4 6 Uhr Weckruf. Sofortiges Aufstehen Pflicht. Sodann Körperertüchtigungen und Bad. Jeder muß sich beteiligen. 1/2 8 Uhr gemeinsames Frühstück nach einer kleinen Morgenandacht. Von 8 bis 1/2 12 Uhr ernste Arbeit. Um 12 Uhr gemeinsames Mittagessen. Von 3 bis 6 Uhr wieder ernste Arbeit. Um 7 Uhr gemeinsames Nachtmahl. Von 8 bis höchstens 1/2 10 Uhr gemeinsames Gestalten und Erleben von Gemeinschaftsabenden zu aller Freude und Erbauung als schöpferischer Ausklang der Tagesarbeit. Ab 10 Uhr unbedingte Ruhe in allen Räumen. Nachtschwärmer und Ruhestörer werden ausgeschlossen.«[14]

---

14 In: *Die deutsche Jugendmusikbewegung in Dokumenten ihrer Zeit,* hg. vom Archiv der Jugendmusikbewegung e. V. Hamburg, Wolfenbüttel 1980, S. 228.

Teilnehmer dieser ersten Singwoche war auch Karl Vötterle, der sich entschloß, als Verleger die *Finkensteiner Blätter*, zunächst eine Loseblattsammlung der dort gesungenen Lieder, in einem neu zu gründenden Verlag herauszubringen. Ein kleiner Stern des Wandervogels aus dem Sternbild des großen Bären gab den Namen: Bärenreiter-Verlag, der als Hausverlag des »Finkensteiner Bundes« begann.[15] Dieser war als Verein im November 1923 gegründet worden und sollte besonders der Volksliedpflege dienen.

> »Die wandernde Jugend hatte als erste einen Trunk aus dem Brunnen des Volksliedes getan und war wie von einem himmlischen Zauber gebannt worden. In jener Zeit des Erwachens ließ sie sich die Pflege dieses köstlichen Gutes auch angelegen sein; so ist der Zupfgeigenhansl entstanden [...].
> Doch eines hat gefehlt: Die Jugendbewegung ist nicht zur Volksbewegung geworden [...]. Die Volksliedpflege mußte in dem Augenblick versanden, wo man vergaß, bewußt ins Volk hinauszutragen, was aus dem Volk gekommen ist. [...] *Das Singen als solches* muß ins Volk getragen werden, muß allgemeines Gut werden. Dazu sollen diese Blätter beitragen.«[16]

Der Bärenreiter-Verlag begleitete im weiteren diese Richtung der ideologisch geprägten Volksliedbewegung Hensels. Auch der Beginn der »Kasseler Musiktage« vom 1. bis 3. September 1933 stellte sich ganz in den Dienst dieser Bewegung, deren problematische ideologische Ausrichtung dann in dem Liederbuch *Das aufrecht Fähnlein* (1. Aufl. Kassel 1923) deutlich wird:

> Weihelied
>
> Wir heben unsre Hände
> aus tiefster, bittrer Not.
> Herr Gott, den Führer sende,
> der unsern Kummer wende
> mit mächtigstem Gebot.
>
> [...]
>
> Erwecke uns den Helden,
> der stark in aller Not,
> sein Deutschland mächtig rühret,
> dein Deutschland gläubig führet
> ins junge Morgenrot.
>
> Wir weihen Wehr und Waffen
> und Haupt und Herz und Hand!
> Laß nicht zu Schanden werden
> dein lichtes Volk der Erden
> und meiner Mutter Land![17]

---

15 Zu Funktion und Bedeutung der Verlage der Jugendbewegung vgl. Johannes Hodek: *Musikalisch-pädagogische Bewegung zwischen Demokratie und Faschismus*, Weinheim 1977.

16 Vorwort zur ersten Lieferung des *Finkensteiner Liederbuchs*, Kassel 1923.

17 Der Text von Ernst Leibl ist kennzeichnend für die naive und schwärmerische Heilserwartung an eine neue Führergestalt, in der sich politische und religiöse Elemente vermischten.

Wie gleitend der Übergang aus dieser Bewegung in die nationalsozialistischen Jugendbünde verlief, zeigt die Erinnerung eines Beteiligten, des ehemaligen Domorganisten zu Naumburg Walter Haacke[18], der seinen Weg vom Wandervogel über Hensels Singwochen zu den studentischen Madrigalkreisen und dem Studium bei Wilibald Gurlitt[19] und Heinrich Besseler[20] nachgezeichnet hat und auch die braune Okkupation der Spielkreise und Singstunden miterlebte. Sie wurde dadurch möglich, daß die gesamte Jugendbewegung eine irrationale Gemeinschaftsideologie mit sentimentaler Vergangenheitsverklärung und bündisch organisierter Unterwerfungsstruktur unter ein Führerprinzip gepflegt hatte. Gleichzeitig macht sein Bericht aber auch deutlich, welche charismatische Ausstrahlung offensichtlich von den Führerpersönlichkeiten ausgegangen sein muß, die die breite Wirkung in die studentischen Singkreise, in die Bach- und Schützchöre hinein erst möglich gemacht hat. Die gesamte Schützbewegung der evangelischen Kirche sowie die Orgelbewegung mit der Freiburger Orgeltagung unter Wilibald Gurlitt 1926 waren ja mit dem musikalischen Erneuerungsgedanken der Jugendmusikbewegung auf das engste verbunden. Walter Haacke faßt seine Erinnerung zusammen:

»Längst ist meines Themas Fragestellung ›Wie ich zur Jugendmusikbewegung kam‹ beantwortet. Ich habe mich erinnert, wie ich sie in mehreren verschiedenen Erscheinungsformen erlebte: Wandervogel, Finkensteiner Bund, Studentenchöre, Jöde. Schon vor meinem Abitur war mein Interesse für den Wandervogel erlahmt. Was Hensel zu bieten hatte, wurde durch die Studentenchöre in meinen Ohren übertrumpft.
Die Siebenbürgenfahrt des ›Heischüka‹ [Heinrich-Schütz-Kreis] im Sommer 1933 nach meinem Staatsexamen war die letzte, an der ich teilnahm. Jöde entschwand meinen Augen, und unter Hitlers Regime auch den Augen der Öffentlichkeit. Ein Promotionssemester in Freiburg hängte ich als vierzehntes meiner reichlichen Studienzeit an. Im Sommer 1934 wurde ich Domorganist zu Naumburg. Meine Jugend war vorbei.«[21]

Dies kann als ein in der damaligen Situation exemplarischer Lebenslauf angesehen werden, der nur zu deutlich zeigt, wie die Jugendmusikbewegung insgesamt einer jugendlichen Entwicklungsphase des stürmischen Aufbruchs

---

In der Henselschen Liederbuchausgabe *Das aufrecht Fähnlein* (Kassel 1933, S. 38) steht der Hinweis: »Zum erstenmal gesungen in der Stadtkirche zu Waltsch bei Karlsbad am Pfingstsonntag 1919.«

18 *Wie ich zur Jugendmusikbewegung kam. Biographische Anekdoten im Plauderton*, in: ZfMP 42/1987, S. 32-37.

19 Ordinarius für Musikwissenschaft an der Freiburger Universität 1920 bis 1937 und 1945 bis 1958.

20 Schüler Gurlitts in Freiburg, 1928 Professor für Musikwissenschaft an der Universität Heidelberg, 1948 Ordinarius in Jena, 1956 bis 1965 in Leipzig.

21 W. Haacke: *Wie ich zur Jugendmusikbewegung kam*, a.a.O., S. 35.

vergleichbar ist, die aber statt zur Besinnung in die unheilvolle Verstrickung mit dem Dritten Reich führte.

Die Jugendmusikbewegung war in ihrem gesamten Verlauf eine zutiefst bürgerliche Bewegung mit neokonservativen und deutschnationalen Tendenzen. Während sich der Wandervogel fast ausschließlich aus Gymnasiasten rekrutierte, wurde die Singbewegung eher von der Studenten- und Lehrerschaft getragen. Die Arbeiterjugend blieb von dieser Entwicklung vollkommen ausgeschlossen. Der sozialen Spaltung der Jugendbewegung entsprach die ideologische innerhalb der Singbewegung zwischen Jödes Musikantengilden und Hensels Finkensteiner Bund. Jöde wollte Volkserzieher sein (»Bach für alle«); seine Anhänger kamen im wesentlichen aus der städtischen Lehrerschaft. Hensel dagegen war als Volksliedforscher viel stärker Volksliedideologe (»der Goldgrund mittelalterlicher Heiligenbilder umschwebt jedes echte Lied«[22]). Er kämpfte für die Reinigung der deutschen Musik von Operettenkitsch und Salonschmalz. Die Finkensteiner Bewegung, die stärker in der Studentenschaft verankert und im ländlichen süddeutschen und böhmischen Raum beheimatet war, faßte dann intensiv in der evangelischen Kirchenmusik Fuß. In der Pflege der geistlichen Musik alter Meister (Schütz, Bach) treffen sich beide Stränge und grenzen sie von der Singbewegung der Alt-Wandervögel ab.

Der schulische Bereich blieb von der Singbewegung der Jugend zunächst weitgehend unberührt. Die Hauptaktivitäten waren auf Singwochen, Führertage und Offene Singstunden verlagert. Eine neue musikerzieherische Chance bot dagegen der aufkommende Rundfunk. Das Verhältnis der Jugendmusikbewegung zu den neuen Möglichkeiten, die er der Musikverbreitung bot, blieb freilich zwiespältig; denn als technisches Medium, das zum bloßen Konsum verführte, wurde er abgelehnt; als Möglichkeit, das neue Liedgut zu verbreiten und neue Hörerschichten zu erreichen, bot er aber Chancen wie kein anderes Medium und wurde daher – wenn auch zunächst zögernd – genutzt. Ein pädagogisches Konzept für die Schule fehlte der Jugendmusikbewegung völlig und war auch nie ihr Anliegen. So erstarrte sie: pädagogisch in der Ideologie Musischer Bildung und musikalisch in der Pflege von Volkslied und Gemeinschaftsmusik.

---

22 W. Hensel: *Auf den Spuren des Volksliedes*, Kassel 1944, S. 12.

2. Jödes musikpädagogische Arbeit

Fritz Jöde, Sohn eines Schuhmachers, hatte selbst keine spezifisch musikalische Fachausbildung erhalten, sondern war seminaristisch ausgebildeter Volksschullehrer (Erstes Lehrerexamen 1908) in Hamburg. Schon früh wurde er publizistisch tätig. Mit 19 Jahren veröffentlichte er im August 1906 in der progressiven, aber auch ebenso umstrittenen Zeitschrift *Roland. Monatsschrift für freiheitliche Erziehung* einen Artikel »Anderes vom Gesangunterricht auf der Unterstufe«. Diese Zeitschrift wurde von reformerischen Bremer Lehrern, u.a. H. Scharrelmann (1871–1940) und F. Gansberg (1871–1950), herausgegeben und erschien bis zum Ausbruch des Ersten Weltkriegs. Mit seinen Skizzen aus dem Unterricht und dem vehementen Plädoyer für die schaffende Arbeit des Kindes in der Schule dürfte Scharrelmann nachhaltigen Einfluß auf den jungen Lehrer Jöde gehabt haben. Hier wurde bereits vor Kerschensteiners Zürcher Rede (1908) das Prinzip der Arbeitsschule als Gegenmodell zur reinen Wissensschule gefordert.[23] Unverkennbar ist, daß hier zusammen mit den Anstößen aus der Kunsterziehungsbewegung (Avenarius, Lichtwark) und mit Ellen Keys Hinweis auf das Eigenleben des Kindes die Grundlage für Jödes pädagogisches Prinzip des Schaffens und des Lebens- und Erlebnisprinzips einer neuen Schule gelegt wurde.

1914 geriet er in den Taumel der Kriegsbegeisterung, wie frühe Ausgaben von Kriegsliedern zeigen[24], wandte sich nach 1918 aber als Mitarbeiter des »Wendekreises revolutionärer Lehrer« radikaler Schulkritik zu. Im Zuge seiner revolutionär gesinnten Schulveränderung fand er zur Jugendkultur im Sinne Gustav Wynekens.[25] Bei dem mißglückten Schulversuch der »Wendeschule« in der Lüneburger Heide (1920) war er direkt mit pädagogischen Reformprojekten in Berührung gekommen.

Aus dieser Zeit stammt auch seine erste musikpädagogische Hauptschrift

---

23 Im Protokoll des Bremer Lehrervereins vom 14. 1. 1906 heißt es: »Im Gegensatz zur heutigen Wissensschule wird die Schule der Zukunft eine Arbeitsschule sein müssen, eine Werkstätte im weitesten Sinne des Wortes, in welcher jede Unterweisung an die eigene Arbeit des Kindes anzuknüpfen hätte.« Zit. in H. Lemmermann: *Fritz Jödes Schulzeit*, in: *Fritz Jöde. Ein Beitrag zur Geschichte der Musikpädagogik des 20. Jahrhunderts. Bericht über das Jöde-Symposion, Hamburg 1988*, a.a.O., S. 21.

24 Vgl. *Jeder Schuß ein Ruß! Neue Kriegslieder* und *Jeder Stoß ein Franzos! Neue Kriegslieder*, beide erschienen bei dem Verleger des Wandervogels und der Freideutschen Jugend Eugen Diederichs in Jena 1914 mit zahlreichen Liedern Jödes. Vgl. H. Lemmermann: *Kriegserziehung im Kaiserreich*, a.a.O., Bd. 2, Dokumentation, S. 905 ff.

25 1918 gab Jöde den Band *Musikalische Jugendkultur. Anregungen aus der Jugendbewegung* im Freideutschen Jugendverlag Hamburg heraus.

Musik und Erziehung (1919). Die dort zusammengestellten *Lebensbilder aus der Schule* gehen teilweise auf Veröffentlichungen im *Roland* zurück[26] und zeigen sehr deutlich eine neue Vorstellung von musikalischer Erziehung in der Schule.[27] Es geht um Musik – und nicht mehr nur um Gesang – und ihre Einbindung in wirkliches Leben. Dabei wird in lebensvollen Situationen gezeigt, wie Musik im Spielen, Singen, Tanzen, Erfinden, Hören lebendig werden kann, wie sie entsteht, wie sie wird, die Schüler überkommt und das Leben in der Schule gestaltet. Nicht mehr das Lernen einzelner Liedmelodien, sondern das Erleben der inneren dynamischen Kräfte der Musik, nicht mehr die Lehrerfrage, sondern das eigene Schaffen rückten nun in den Vordergrund. Dabei ging Jödes Kernidee musikalischer Organik auf August Halm zurück, in dem er den »maßgebenden Lehrmeister« der Jugendmusikbewegung nach dem Ersten Weltkrieg erkannte. Zusammen mit Herman Reichenbach, der Halms Formidee aufgriff und Kurths Energetik des linearen Kontrapunkts vermittelte, rückte er Bachs Musik ins Zentrum musikalischer Bildung.

Was er fortan nicht müde wurde zu fordern, war daher eine neue Schule. Die bestehende war ihm viel zu sehr im Denken des 19. Jahrhunderts verwurzelt und auf die Vermittlung bloßer Stoffe ausgerichtet, die »behandelt« und »durchgenommen« werden sollten. Im Grunde mißtraute er aber der Schule als Erziehungsinstitution, insbesondere der Bildungsvorstellung der höheren Schule, und dies auch noch nach den Reformlehrplänen von 1925. In einem Vortrag auf der 8. Reichsschulmusikwoche in Hannover 1929 faßte er diese Kritik noch einmal zusammen. »Wir Lehrer machen uns die schönsten Gedanken über Selbstbestätigung und Selbstentfaltung, und das Wort Produktivität brauchen wir so oft wie das Wort Briefmarke; aber wenn es nicht unsere Kinder angeht, sondern uns, dann fragen wir nicht nach uns selbst und unsern Notwendigkeiten, sondern nach der Befolgung der Richtlinien. Ich meine schon, wenn die Richtlinien Beine hätten, so würden sie aus mancher Klasse und Schule Reißaus nehmen, und wenn sie Arme hätten, so würden sie hier und da um sich schlagen.«[28]

Jödes Anliegen war es, volkserzieherisch zu wirken und der ganzen Ju-

---

26 Vgl. die quellenkritische Darstellung bei W. Kramer: *Form und Funktion von Unterrichtsdarstellungen Fritz Jödes am Beispiel der »Lebensbilder aus der Schule« in »Musik und Erziehung« 1919*, in: *Jöde-Symposion 1988*, a.a.O., S. 56 f.

27 Der Begriff »Lebensbilder« könnte auf eine Schrift L. F. Göbelbeckers zurückgehen (*Unterrichtspraxis im Sinne naturgemäßer Reformbestrebungen ...*), die 1904 in Wiesbaden erschienen war.

28 F. Jöde: *Vom Wandel der Musik im Schulaufbau*, in: *Schulmusik und Chorgesang, Vorträge der VIII. Reichsschulmusikwoche in Hannover*, Leipzig 1930, S. 66.

gend Zugang zum Kulturgut der alten Meister zu ermöglichen. Als er 1923 auf eine Professur für »Chorleitung und Volksmusikerziehung« an die Berliner Akademie für Kirchen- und Schulmusik berufen wurde, verband er diese Tätigkeit mit der Einrichtung einer zur Akademie gehörenden Jugendmusikschule, um musikbegabte Kinder aus den verschiedenen Schulen über den Rahmen des allgemeinen Schulmusikunterrichts hinaus fördern zu können.[29] In den Statuten dieser ersten Jugendmusikschule in Deutschland war festgelegt:

> »In die Jugendmusikschule werden Kinder aller Klassen und Stände, besonders minderbemittelter Eltern aufgenommen. [...]
> Der Musikunterricht der Musikschule gliedert sich in drei aufsteigende Klassen (Unter-, Mittel- und Oberklasse), der eine lediglich im Dienst des gemeinsamen Singens stehende Instrumentalklasse für besonderns begabte Kinder angegliedert ist. [...]
> Der Klassenunterricht umfaßt Stimmerziehung (Sprecherziehung, Tonbildung und Stimmhygiene), allgemeine musikalische Erziehung und Ausbildung im Einzel- und Chorgesang. In der Instrumentalklasse wird das Spiel von Streichinstrumenten, Flöte und Laute gelehrt. Außerdem wird vokales und instrumentales Zusammenmusizieren in kleineren und größeren Gruppen gepflegt.«[30]

Ergänzt wurde diese Arbeit durch Volksmusikschulen, in denen Erwachsene jeden Alters und Berufs die Möglichkeit finden sollten, »in gemeinsamer Arbeit der Musik zu dienen«.[31] Zusammen mit den Jugendmusikschulen bildeten sie die »Musikschulen für Jugend und Volk«, so der Titel einer programmatischen Schrift Jödes aus dem Jahre 1924. Hiermit sollte die gesamte Jugendmusikarbeit gefördert und die Musikerziehung insgesamt neu organisiert werden. An der Reform des fachlichen Schulunterrichts war Jöde im Grunde weniger interessiert.[32] Seine musikpädagogische Konzeption war sehr viel weiter auf das gesamte Lebensumfeld einer neuen Jugendkultur gerichtet. Für diese Musiziergruppen der Jugendmusikschulen entstanden dann in späteren Jahren die zahllosen, für die Jugendmusikbewegung so charakteristischen Spielmusiken von Armin Knab, Walter Rein, Cesar Bresgen, Jens Rohwer, Gerhard Maasz, Ernst-Lothar von Knorr u.v.a., die Adorno dann später als »musikpädagogische Musik« brandmarkte.

Eine andere Chance zur Förderung des Laienmusizierens bot der Rundfunk, die Jöde auch sofort aufgriff, weil er bei seinem starken sozialen volks-

---

29 Darin unterschied sie sich von der Augsburger »Singschule«, die Albert Greiner (1867–1943) schon 1905 zur Verbesserung des Gesangs in der Volksschule gegründet hatte.

30 In: *Die Deutsche Jugendmusikbewegung*, a.a.O., S. 724.

31 F. Jöde: *Die Volksmusikschule*, in: *Die Musikantengilde* 1922/23, zit. in: *Die Deutsche Jugendmusikbewegung*, a.a.O., S. 709.

32 »Ich für mein Teil lehne heute jede Zumutung einer Reform unseres fachlichen Musikunterrichts als unzulänglich ab«, hatte Jöde 1919 in *Musik und Erziehung* geschrieben (S. 12).

bildnerischen Engagement hier eine neue Möglichkeit zur Breitenwirkung erkannte. Seit dem 1. Juni 1928 veranstaltete er im Auftrag der NORAG Hamburg »Rundfunksingstunden«, in denen er mit zwei kleinen Singkreisen nicht nur das jugendmusikalische Liedgut vermittelte, sondern die Hörer auch zum Mitsingen ermunterte.[33] Dies wurde dann auch auf den instrumentalen Bereich ausgedehnt. Zum ersten Tag der Hausmusik (1932) veranstaltete Herbert Just ein »Musizieren mit unbekannten Partnern«. Hier sollte der Hörer sein Instrument zu der aus dem Lautsprecher erklingenden Musik mitspielen. Das Notenmaterial der aufzuführenden Stücke wurde in Begleitheften von dem Sender zuvor verschickt. Damit war das Thema Rundfunk als pädagogisches und kulturelles Phänomen mit all seinen Verfahrens- und Verführungsmöglichkeiten angeschnitten. Die Debatte um eine musikalische Medienerziehung konnte beginnen.

3. Musische Erziehung

Das eigentlich musikpädagogische Anliegen beruhte auf der Idee »Musischer Erziehung«, die aber weniger ein bildungspolitisches Programm als eine globale Ideologie von »Ganzheit« und »Gemeinschaft« darstellte. Der Begriff selber wurde in den zwanziger Jahren von dem Soziologen Hans Freyer (1887–1969) geprägt.[34] Dabei bezog sich der Begriff *musisch* auf »ein Erbe der in jenen Jahren verblassenden, nur mehr formalistisch konservierten humanistischen Bildung; die Inhalte entstammten einer ›Jugendkultur‹, die nach dem Ersten Weltkrieg in den sich differenzierenden Gliederungen des umgreifenden Phänomens ›Jugendbewegung‹ ihren Ausdruck fand: in der Singbewegung, der Laienspielbewegung, einer Körperkultur, die Sparten wie Volkstanz und rhythmische Gymnastik umfaßte. ›Musisch‹ wurde diese Jugendkultur erst unter dem Aspekt der ›Musischen Ganzheit‹.«[35] Dieser Begriff des Musischen ist nur in seiner engen Verflechtung mit der »Pädagogischen Bewegung« (Flitner) zu verstehen, die ihrerseits zusammen mit der Jugendbewegung der Jahrhundertwende entstanden war. »Pädagogik und Jugendbewegung sind also ihre Leitkräfte.«[36] Auf das charakteristische Vor-

---

33 Vgl. F. Jöde: *Volks- und Jugendmusikpflege durch den Rundfunk,* in: *Die Musikantengilde* 1929, zit. in: *Die Deutsche Jugendmusikbewegung,* a.a.O., S. 507 f.

34 Vgl. Th. Warner: *Musische Erziehung zwischen Kult und Kunst,* Berlin 1954, S. 5.

35 Th. Warner: *Musische Bildung – ein Gespenst?* in: ZfMP 5/1978, S. 32.

herrschen des *pädagogischen* Anliegens im Begriff des Musischen über das handwerklich-*künstlerische* hat Theodor Warner hingewiesen.

Georg Götsch hatte 1934 die Ziele der ganzheitlich ausgerichteten musischen Erziehung so formuliert:

> »1. Wiederherstellung der Einheit von Musik und Leben. Also nicht ›Leben in der Musik‹, sondern eine Musikalisierung des Lebens [...]
> 2. Wiederherstellung der Ganzheit in der Musik. Aufhebung des Gegensatzes Volks- und Kunstmusik [...]
> 3. Wiedereinsetzung des singenden Menschen als Grundmaß der Musik. Damit Abkehr von jeder Mechanisierung und Veräußerlichung des Musizierens und Hinwendung zu seiner verinnerlichenden und reinigenden geistig-seelischen Urkraft.
> 4. Wiederherstellung der alten Einheit von Musik, Sprache und Bewegung [...].«[37]

Die fast rituelle Betonung von »Wiederherstellung« und »Wiedereinsetzung« macht die rückwärtsgewandte Orientierung der musischen Erziehung deutlich. Den Herausforderungen der Zeit begegnete man mit der Flucht in eine vermeintlich heile Welt der Vergangenheit, in der man das Echte und Wahre suchte, in die Illusion einer intakten Gemeinschaft, die dem in der Masse isolierten Individuum Geborgenheit versprach, und in die Verabsolutierung des eigenen »schaffenden« Tuns, in dem Erfüllung und Verinnerlichung gegenüber dem passiven Konsum des Kultur- und Konzertbetriebs verheißen wurde. Der Rückgriff auf alte Lieder und Madrigale lieferte den Gegenstand, das gemeinsame Singen den Anlaß für geselliges Tun, werkendes Schaffen als Grundlage für Gemeinschaftserlebnisse (offene Singen, Wanderfahrten). Es ging also ganz bewußt um ein neues Menschenbild im Sinne musischer Bewegtheit. Die Erneuerung des Menschen aus dem Geist der Jugend war ja der Impuls, von der die Jugendbewegung insgesamt ausgegangen war.

> »Da kam der Wandervogel, stellte unbekümmert um Musik einen neuen Menschen hin, und mit dem neuen Menschen, ungerufen, gewachsen, wurde ein neuer Volksgesang. [...] Dieser unser Gesang ist ein Stück unseres Ich geworden.[...] Wir sind nicht auf dem Wege über neue Methoden zur Musik gekommen, sondern über einen neuen Menschen. [...] Musik ist für uns keine Stimmungsangelegenheit mehr, erfüllt durch mechanisch-technische Fertigkeiten, sondern Gesinnungsangelegenheit.«[38]

Und in dem »Die Wende« überschriebenen Kapitel dieser programmatischen Schrift formulierte Jöde eine Musikauffassung, die als musisch bezeichnet werden kann:

---

36 Th. Warner: *Musische Erziehung zwischen Kult und Kunst,* a.a.O., S. 6.

37 G. Götsch: *Musische Bildung,* Bd.1, Wolfenbüttel 1953, S. 110 f.

38 F. Jöde: *Musik und Erziehung,* Berlin 1919, S. 18 f.

»Zur Musik kann man durch Pflege einer bloßen Technik nie kommen [...]. Nur in der Musik geschieht das Wunder, daß wir Schöpfung selbst tief innerlich erleben. Und es ist nur eine Frage unserer eigenen schöpferischen Kraft, wie stark dieses Erleben ist. [...] Erst in dem Augenblick, wo von innen heraus Musik schöpferisch bejaht wird, weil ihr Ausgang, ihr Urwille als Bewegendes in den Menschen eingetreten ist, setzt die musikalische Aufnahme eines Musikstücks ein. [...] Es wird von hier aus verständlich sein, daß in einer Schulgemeinde [...], in der eine Menschengemeinschaft gewachsen ist, die Musik eine hervorragende Rolle spielt, daß sie der Schule das ist, was dem frommen Katholiken seine Kirche bedeutet.«[39]

Insgesamt wurde das Musische als bewußte Gegensteuerung gegen Intellektualisierung und wissenschaftliche Rationalität verstanden. Der »Vergottung der Intellekts« mit seiner Leistungsmoral, dem pragmatischen Realismus der modernen Industriegesellschaft hatte Franz Werfel den »musischen Menschen« gegenübergestellt. »Nur der musische Mensch vermag die durch den Sachglauben zerstörte Innerlichkeit wieder aufzubauen. Wohlgemerkt! Ich meine nicht die Kunst, nicht Kunstwerke und auch nicht den Künstler, nein, ich meine den seelisch-geistig bewegten, den erschütterlichen, den rauschfähigen, den phantasievollen, den weltoffenen, den sympathiedurchströmten, den charismatischen, den im weitesten Sinne musikalischen Menschen.«[40]

Die musische Verbindung von Musik und Laienspiel, Tanz und Bewegung war aber nie das Ziel, sondern immer nur ein Mittel zur Menschenbildung. Musische Erziehung ging von der Einheit der musischen Einzelformen, dem Tanz, der Sprache, der Musik und der Malerei aus und zielte auf die Einheit von Bewegung, Wort, Farbe und Klang als menschenbildenden Kräften. Was Otto Haase später mit dem Rückgriff auf einen scholastischen Begriff, den des musischen »Quadriviums«, umschrieb[41], bezog sich in der Praxis jedoch meist nur auf die Verbindung von Musik (Singen), Laienspiel und rhythmischer Gymnastik (Tanz).

Mit der ausschließlichen Betonung des laienorientierten, eigenschöpferischen Tuns stand die Idee des Musischen absolut quer zu dem kunstorientierten Ansatz, wie ihn August Halm im Rahmen der Landerziehungsheim-Bewegung vertrat. Die Vorstellung, daß nicht neue Stoffe eine neue Schule auszeichnen, sondern das Künstlerische als allgemeines Unterrichtsprinzip, war bereits durch die Kunsterziehungsbewegung vorbereitet worden. Sie wollte ja gerade das Schöpferische, Tätige im Kinde und vom Kinde aus ent-

---

39 Ebd, S. 23, 25, 29.

40 F. Werfel: *Realismus und Innerlichkeit* (Rede vom 6.5.1931 im Kulturbund Wien), Berlin 1932, S. 25 f.

41 O. Haase: *Musisches Leben*, Hannover 1951.

wickeln. Die Kunsterziehungstage hatten den Gedanken der prinzipiellen Einheit der Künste thematisiert:

»Bildende Kunst« (Dresden 1901)
»Deutsche Sprache und Dichtung« (Weimar 1903)
»Musik und Gymnastik« (Hamburg 1905)

Jöde griff diesen Gedanken wieder auf, wenn er Musik in den Dienst des ganzen Menschen stellen und diesen zum Dienst an ihr erziehen wollte. Dem beziehungslosen Nebeneinander der Fächer und Einzeldisziplinen hielt er die Maxime »Sei eins; aber das sei ganz« entgegen. »Sei eins: das kann doch nur der Mensch, der ganze Mensch sein und nicht Musik, Malerei, Dichtung als Teile in ihm, losgelöst voneinander. Denn von Uranfang her sind alle drei in ihm eins.«[42] Im Sinne der musischen Ganzheit schien es ihm daher unmöglich, Musikerziehung und Menschenbildung, Schule und Leben voneinander zu trennen. Alle seine musikerzieherischen Anstöße betrafen immer das Ganze des Lebens, nicht nur den Sektor schulischen Unterrichts. Daher entfaltete sich die von ihm ausgehende Singbewegung auch wesentlich außerhalb der Schule.

Rhythmische Erziehung: Jaques-Dalcroze

Vor dem Hintergrund des Strebens nach musischer Ganzheit ist die wachsende Beachtung zu verstehen, die der rhythmischen Gymnastik entgegengebracht wurde. Emile Jaques-Dalcroze (1865–1950) hatte die Bedeutung körperlicher Erfahrung für das Notensingen und -hören erkannt. Er hatte am Genfer Konservatorium beobachtet, daß das Erkennen und Treffen von Intervallen leichterfiel, wenn man die Bewegung des Tonsprungs mit dem Arm nachzeichnete. So ließ er alles rechnerische Zerlegen, sondern spielte Kindern Notenwerte und Rhythmen vor und ließ sie danach laufen, gehen, hüpfen, taktieren. Das »Verstehen« der Tondauern und Notenwerte wurde so durch die äußeren Bewegungen des Körpers und die innere Vorstellung der Aktionen vorbereitet. 1910 wurde er an die eigens gegründete »Bildungsanstalt Jaques-Dalcroze« in Hellerau (bei Dresden) berufen, die 1915 in die »Neue Schule für angewandten Rhythmus Hellerau« umgewandelt wurde. »Inhalt und Form des Unterrichts sind auf dem beherrschenden Grundsatz aufgebaut, jede nur verstandesmäßige Belehrung zu vermeiden und dafür in erster

---

42 F. Jöde: *Musik und Erziehung*, Wolfenbüttel (1919) ²1924, S. 11 f.

Linie die Elemente dessen, was man gemeinhin als ›musikalisch-sein‹ bezeichnet, d. h. die musikalischen Gefühlsgrundlagen (rhythmisches Empfinden, Gehör, Gedächtnis und musikalische Phantasie) im Schüler aufzusuchen, zu befreien und zu entwickeln.«[43] Rhythmische Erziehung (Jaques-Dalcroze) und Laienspiel (Luserke, Sydow) fanden so ihren Ort im Rahmen musisch bewegter, die Empfindung stärker als den Intellekt ansprechender Erziehung.

Elementare Musikübung: Carl Orff

Auch die Pädagogik, die in der ganzen Welt mit dem Namen Carl Orff (1895–1982) und seinem Schulwerk verbunden ist, hat ihre Wurzeln im Erneuerungsgedanken der Reformbewegungen. Angeregt durch das allgemeine Erwachen eines neuen Körperbewußtseins in der rhythmischen Gymnastik und im Tanz, vor allem aber fasziniert von dem beseelten Ausdruckstanz der Tänzerin Mary Wigman, fand Carl Orff zu seinem pädagogischen Ansatz elementarer Musikübung. »Ein neues Gefühl für den Körper, für Betätigung in Sport, Gymnastik und Tanz erfaßte die Jugend in Europa. Arbeit und Ideen von Jaques-Dalcroze […] hatten damals vorzüglich durch die Hellerauer ›Bildungsanstalt für Musik und Rhythmus‹ mitgeholfen, den Boden für die neue Bewegung zu bereiten. Laban und Wigman […] gingen dem Zenit ihrer Laufbahn entgegen. Rudolf von Laban war zweifellos einer der bedeutendsten Tanzpädagogen und Choreographen seiner Zeit. […] Die geniale Mary Wigman, Schülerin von Jaques-Dalcroze und Laban, kreierte einen neuen Ausdruckstanz. Das Werk beider hatte größte Auswirkungen auf künstlerischem und pädagogischem Gebiet. Es war die Zeit, in der in Deutschland viele Gymnastik- und Tanzschulen gegründet wurden.«[44]

Im September 1924 eröffnete Orff mit Dorothee Günther in München die »Günther-Schule«, in der die neue Bewegungserziehung in den Dienst einer elementaren Grundausbildung gestellt werden sollte. Wie stark seine musikerzieherischen Vorstellungen in den allgemein verbreiteten musischen Gedanken verwurzelt waren, zeigt Orff in seinem Rückblick auf diese Gründung: »Hier sah ich eine Möglichkeit, eine neue rhythmische Erziehung

43 K. v. Boeckmann: *Musikalische Begabung, Musikunterricht, rhythmische Gymnastik*, in: F. Jöde (Hrsg.): *Musikalische Jugendkultur*, Hamburg 1918, S. 145.

44 C. Orff: *Das Schulwerk. Rückblick und Ausblick*, in: Orff-Institut, *Jahrbuch 1963*, Mainz 1964, S. 13 ff.

aufzubauen und meine Ideen einer gegenseitigen Durchdringung und Ergänzung der Bewegungs- und Musik-Erziehung zu verwirklichen.«[45] Elementare Musik war für Orff aber nie Musik allein, sondern immer »mit Bewegung, Tanz und Sprache verbunden, sie ist eine Musik, die man selbst tun muß, in die man nicht als Hörer, sondern als Mitspieler einbezogen ist«.[46]

Im Herbst 1926 veranlaßte ihn eine afrikanische Marimba, die er geschenkt bekommen hatte und deren Klang und Spiel ihn begeisterten, die Entwicklung von Stabspielen für die rhythmische Erziehung anzuregen. Nach dem einfachen Vorbild eines Xylophons aus Kamerun baute der Klavierbauer Karl Maendler die ersten Xylophone, die den Grundstein für das sog. Orff-Instrumentarium legten. Diese elementaren Schlaginstrumente schienen Orff besonders geeignet, über die Rhythmisierung von Sprache zusammen mit Bewegung eine neue Grundlage der Musikerziehung zu legen.

Im Sommer 1930 traf Orff in Königsberg mit Willy Strecker, dem Inhaber des Schott-Verlags, zusammen, dem er seine Pläne zu einer Erneuerung der Musikerziehung vorstellte: den Plan zum *Orff-Schulwerk, Elementare Musikübung*. Ab 1930 erschienen die ersten Ausgaben dieses Schulwerks, an denen auch seine Schülerin Gunhild Keetman, Hans Bergese und Wilhelm Twittenhoff mitarbeiteten. Der Erstausgabe folgte 1950–54 eine neue Fassung in Zusammenarbeit mit Gunhild Keetman, die methodisch und inhaltlich einen eindeutigen Stufenaufbau verfolgt:

I   Im Fünftonraum
II   Dur: Bordun-Stufen
III Dur: Dominanten
IV   Moll: Bordun-Stufen
V   Moll: Dominanten

Der Kerngedanke zu einem derartigen Aufbau liegt im Bezug auf ein ontogenetisches Prinzip, wonach das stammesgeschichtlich Ältere (der Rhythmus, der Fünftonraum etc.) auch das Elementare und damit zugleich das in der individuellen Entwicklung Frühere sein müsse. Die elementare Musikübung mit den Orff-Instrumenten hat sich dann als eine der erfolgreichsten »Methoden« der Musikerziehung ausgebreitet, die im wesentlichen jedoch auf der Verwendung des typischen Orff-Instrumentariums beruht, methodisch-didaktisch aber vielfältig modifiziert und ausgeweitet wurde.[47]

---

45 Ebd.
46 Ebd., S. 16.
47 1961 wurde am »Mozarteum« in Salzburg ein eigenes Orff-Institut gegründet, das dem musikpädagogischen Ansatz von Carl Orff forschend und lehrend verplichtet ist.

Das Musische als Lebensprinzip versuchte dann Georg Götsch (1895–1956) in seinem Musikheim in Frankfurt/Oder zu verwirklichen, das am 15. Oktober 1929 durch den preußischen Kultusminister Becker eingeweiht wurde. Das Musikheim war aber keine Schule, sondern eine Lehrgangsstätte.[48] Die Kurse standen Volksschullehrern, Chorleitern, Organisten, Kantoren und Vereins- und Gruppenleitern zur Fortbildung im Geiste musischer Erziehung zur Verfügung. Dabei sollte der Heimgedanke, wie er aus der Landerziehungsheim-Bewegung als Synonym für reformpädagogischen Fortschritt stammte, mit dem Schulungsgedanken einer musischen Elite verbunden werden. Hatte sich Jöde ganz der breiten Volkserziehung verschrieben, widmete Götsch das Musikheim der Weiterbildung ausgewählter Jugendführer und Erzieher. Dabei blieb der musische Gedanke zentral, nicht bloß Musik und die anderen Künste zu lehren, sondern ihr einen Lebensraum zu bauen. Schon die Baugestaltung (Architekt Prof. Otto Bartning) sollte die Einheit von Wohnraum und Tagungsstätte, von Arbeit und Fest zum Ausdruck bringen. Hier geriet musische Pflege schon frühzeitig ganz stark in den Bann völkischer Erziehung. »Musik, Sprache und Bewegung werden daher im Musikheim als die Einheit geübt und gelehrt, als die sie uns im ungebrochenen Volksleben überall entgegentreten.«[49] Wenn hier mit Volkstanz und Volksmusik zunächst noch scheinbar ungebrochenes Volksleben in romantisierender Verklärung vermittelt wurde, verweisen Götschs Ausführungen im Rechenschaftsbericht 1938, den er dann noch einmal 1953 in den zweiten Band seiner *Musischen Bildung* aufnahm, schon deutlicher darauf, daß diese Gründung auch politische Intentionen »zur stärkeren Durchblutung und geistigen Kolonisierung des deutschen Ostraumes«[50] verfolgte. Kurt Sydow (1908–1981), selber in der Singbewegung groß geworden, erinnerte sich in einem Gespräch 1977, daß »das ganze Wirken bei Götsch immer auch einen politischen Akzent« hatte.[51]

---

48 Sie führte selbständig Lehrgänge und Schulungskurse durch, unterstand organisatorisch aber der Akademie für Kirchen- und Schulmusik in Berlin.

49 G. Götsch: *Musische Bildung. Zeugnisse eines Weges.* Bd. 2: Bericht, Wolfenbüttel 1953, S. 153.

50 Ebd., S. 162.

51 In: R. Weber, *Gespräch mit Kurt Sydow*, in: ZfMP 20, Nov. 1982, S. 7. Sydow, der durch Jöde und Götsch in die Singbewegung gekommen war, ging unter Martin Luserke als Musiklehrer an die »Schule am Meer« (1929–1932). Nach dem Krieg zunächst Konzertmeister in Wismar, dann in der Lehrerbildung tätig, zuletzt bis 1965 an der Hochschule in Osnabrück.

Die politische Funktionalität der musischen Erziehungsideologie hatte der Pädagoge Ernst Krieck (1882–1947) in seiner Schrift *Musische Erziehung* (1933) dargelegt. Schon 1927 war er zusammen mit dem Soziologen Hans Freyer (1887–1969) als Gastredner zur zweiten Reichsführerwoche der Musikantengilde nach Lichtental eingeladen worden und so mit der Jugendmusikbewegung in Kontakt gekommen. Nach 1933 avancierte Krieck zum »Chefideologen« nationalsozialistischer musischer Erziehung. Die erzieherische Funktion der musischen Künste erblickte er mit Bezug auf die antike Ethoslehre darin, daß sie zwischen Alltag und Fest, Sinnlichkeit und Geistigkeit, Vernunft und Ekstase vermittelt. »[...] rhythmische Bewegung, Tanz, Musik und Dichtung halten unter den Weisen der ekstatischen Erregung die Mitte zwischen den materiellen Mitteln der Orgiastik und den spirituellen Mitteln der mystischen Versenkung: sie sind sinnlich und geistig zugleich.«[52]

Die Aufgabe der Erziehung sah er in der »Zucht einer bestimmten seelischen Haltung, einer Gesinnung, eines Charakters«.[53] Weil er das Musische gerade im Spannungsfeld zwischen rauschhafter Orgie und mystischer Versenkung ortete, konnte es um so intensiver auf die Gesinnung Einfluß nehmen, konnte musische Erziehung später zur wichtigsten staatspolitischen Erziehungsmaßnahme werden. Vom Ansatz her ist diese ganz im Irrationalen verwurzelte, auf Fest und Feier, seelische Erhebung und rauschhafte Erregung gerichtete Erziehungsmaxime den anfänglich unpolitischen Gedanken der musischen Erziehung bereits eingeschrieben. Damit hat sie sich aber weit von den gesamtkünstlerischen Anfängen der Kunsterziehungsbewegung entfernt. In der ideologieanfälligen Irrationalität und ganz auf das musische Tun bezogenen Grundhaltung, die die kontrollierende Rationalität bewußt überspielen wollte, lag ihre gefährliche Schwäche.

4. Die Kestenberg-Reform: Volksbildung und Fachorientierung

Die musikalische Erziehung in den höheren Schulen trieb vielfach weiter in den erstarrten, traditionellen Bahnen. Wie lähmend dieser Zustand von denen empfunden wurde, deren Musikverständnis und Erziehungsbegriff durch neue Ansätze musikalischer Arbeit in den Freien Schulgemeinden[54] ge-

---

52 E. Krieck: *Die erzieherische Funktion der Musik*, in: *Musische Erziehung*, Leipzig 1933, S. 4, ebenso im Aufsatz *Musische Erziehung*, ebd., S. 16.

53 Vgl. E. Krieck: *Musische Erziehung*, a.a.O., S. 9.

prägt war, zeigt eine Äußerung Heinrich Martens' (1876–1964) nach dem Besuch einer Musikwoche in der Freien Schulgemeinde »Dürerschule« 1919:

> »Mit innerer Unbefriedigtheit und ohne viel freudebringenden Erfolg arbeitet der Musik-erzieher an den höheren Schulen. Der Drang zum Vorwärtskommen wird trotz bestem Wollen unter Einsatz aller Kraft gehemmt durch die Passivität der heutigen höheren Schule, die weder Zeit, Raum noch Neigung hat, dem Kunsterziehungsproblem ernstlich näher zu treten. Behörden, Leiter, Lehrer und der im stumpfsinnigen Beharrungsvermögen aufwachsende Teil der Jugend schaffen Widerstände, die selbst ernstestes Streben der Fleißigsten auf die Dauer lahmlegen.«[55]

Eine Chance des Wandels zum Besseren boten die neuen politischen Verhältnisse. Denn mit dem Ende des Ersten Weltkriegs war auch das Kaiser-reich zu Ende gegangen. Die sich neu konstituierende parlamentarisch-de-mokratische Staatsform (Weimarer Republik 1918–1933) machte eine Neu-gestaltung auch des Bildungssystems notwendig, für die ein Kompromiß zwischen den politisch und ideologisch auseinanderklaffenden Bildungs-vorstellungen der Parteien gefunden werden mußte. Zudem verpflichtete Artikel 143 der Reichsverfassung vom 11. August 1919 die siebzehn Reichs-länder zur Zusammenarbeit und zu einer einheitlichen Regelung bei der Lehrerbildung.[56] Zur Beratung des neuen Bildungsprogramms wurde eine Reichsschulkonferenz einberufen, die vom 11. bis 19. Juni 1920 in Berlin stattfand. Darin ging es um die Demokratisierung der Schulverwaltung und die künftige Schulorganisation, bei der die reformpädagogische Idee der Ein-heits- und Arbeitsschule zur Debatte stand, die die SPD zusammen mit der Volksschullehrerschaft durchsetzen wollte. Denn im Arbeitsschulgedanken waren die reformpädagogischen Impulse der Kunsterziehungsbewegung mit allgemeinen pädagogischen Prinzipien verbunden, so daß die Arbeitsschule als »Rettung des Kunsterziehungsgedankens« galt.[57]

---

54 Richtungweisend war hier die Musikarbeit in der Freien Schulgemeinde Wickersdorf unter Halm und Luserke gewesen, zu nennen sind aber auch die anderen Freien Schulgemeinden wie etwa die Dürerschule in Hochwaldhausen (H. Höckner) oder die Freie Schul- und Werkgemeinschaft Letzlingen (B. Uffrecht).

55 H. Martens: *Neue Bahnen*, in: MfS 14, 1920, S. 216 f. Auf die Bedeutung dieses Textes hat erstmals U. Eckart-Bäcker in einer Studie zu H. Martens (*Der Musiklehrer »ein wirklicher Führer«*, in: *Musikpädagogische Forschungsberichte 1992*, Augsburg 1993, S. 80) aufmerksam gemacht.

56 Artikel 143 der Reichverfassung besagte: »Für die Bildung der Jugend ist durch öffentliche Anstalten zu sorgen. Bei ihrer Einrichtung wirken Reich, Länder und Gemeinden zu-sammen. Die Lehrerbildung ist nach den Grundsätzen, die für die höhere Bildung allge-mein gelten, für das Reich einheitlich zu regeln.« Zit. nach H. Hammel: *Die Schulmusik in der Weimarer Republik*, Stuttgart 1990, S. 12.

57 Vgl. E. Preußner: *Allgemeine Pädagogik und Musikpädagogik*, Leipzig 1929, S. 10 f.

Weitreichender noch war die Verfolgung des Gedankens einer Einheitsschule. War im Kaiserreich die Volksschule die eigentlich zentrale Bildungsinstitution, neben der das Gymnasium mit seiner eigenen dreijährigen Vorschule bestand, so sollte nun die Errichtung einer gemeinsamen vierjährigen Grundschule mit anschließender Verzweigung in Volks-, Mittel- und höhere Schule eine einheitliche Grundbildung für alle Schüler bringen. Darüber hinaus bemühte sich die Reichsschulkonferenz aber auch um eine Neubestimmung der bildungspolitischen Bedeutung der einzelnen Schulfächer und die dazu notwendige Verbesserung der Lehrerausbildung.

Die Beratungen fanden nach parlamentarischem Muster in einzelnen Ausschüssen statt. Dem Ausschuß für Kunsterziehung gehörten 26 Vertreter von Behörden, Schule und Berufsverbänden aus den Bereichen Wortkunst, Musik, Bildende Kunst und Körperkultur/Gymnastik an. Für die Musiklehrer nahmen darin Maria Leo[58] und Richard Münnich[59], für das Akademische Institut für Kirchenmusik Berlin dessen Leiter Carl Thiel, als Behördenvertreter Leo Kestenberg sowie als Einzelperson Gustav Wyneken (Freie Schulgemeinde Wickersdorf) teil.

Inhaltlich befaßte sich der Ausschuß mit Maßnahmen zur Verbesserung der Lehrerausbildung, mit der Forderung nach einer Gleichstellung der Kunstfächer mit den wissenschaftlichen Schulfächern, mit ihrer lehrplanmäßigen Verankerung und der Sachausstattung in den Schulen. Dabei ging er von der Doppelfunktion künstlerischer Erziehung aus, die sowohl in der Förderung der Gestaltungskraft als auch in der Ausbildung künstlerischer Empfänglichkeit liegen sollte, was am ehesten von einer künftigen Gemeinschafts- und Arbeitsschule zu leisten sei. Nach zweitägiger Beratung wurden die vom Kunsterziehungs-Ausschuß vorgelegten Leitanträge von der Vollversammlung angenommen. Die entscheidenden Forderungen betrafen

- die Verbesserung der künstlerischen Lehrerausbildung;
- die Gleichstellung der Kunstfächer mit den wissenschaftlichen Fächern;
- die Einführung eines lehrplanmäßigen Unterrichts in den Kunstfächern ab dem dritten Schuljahr;
- die Begegnung mit Werken der Kunst auf allen Stufen; dazu die Empfehlung von staatlich geförderten »Wandervorführungen von Kunstwerken«;

---

58 Vertreterin des Verbandes deutscher Musiklehrerinnen und engagierte Anhängerin des Tonika-Do-Bundes.

59 Gymnasiallehrer in Berlin, zugleich Lehrer für Gehörbildung und Klavier am Klindworth-Scharwenka-Konservatorium und Gründer des »Verbandes der Musiklehrer an den höheren Unterrichtsanstalten Preußens«; seit 1929 auch Dozent an der Akademie für Kirchen- und Schulmusik. Nach seiner Pensionierung (1934) erhielt er 1935 einen Ruf an die Musikhochschule in Weimar, wo er 1939 auch offiziell die Leitung der Schulmusikabteilung übernahm.

Leo Kestenberg (1882–1962).

– die Einführung eines Oberstufenunterrichts für besondere künstlerische Begabungen (z. B. als Vorbereitung für künftige Lehrerstudenten) durch Verstärkung naheliegender und Verminderung fernliegender Fächer.[60]

Gustav Wyneken hatte die Einseitigkeit des Berichts kritisiert, weil darin Musik zu sehr nur als emotionales Mittel der Erziehung gesehen und ihr Beitrag zur intellektuellen Bildung vernachlässigt wurde. Sein Verständnis von Kunst und Kunstpflege in der Schule hob sich deutlich von der allgemeinen Tendenz der Pflege musikalischer Gestaltungskraft und stimmungsmäßiger Empfänglichkeit ab. In einer nachträglichen Erklärung vor dem Plenum war er es, der die autonome Kunstrezeption einforderte und ihre Bedeutung sowohl für die »geistige Gesinnung der Schulgemeinschaft« als auch für die Entwicklung »eines feinen und sicheren Urteils und eines Wissens um das Wesen des Künstlerischen« unterstrich.[61]

Doch für die bildungspolitische Weichenstellung im Hinblick auf die Musikerziehung waren Carl Thiel[62] (Referent des Ausschusses), Richard Münnich und Leo Kestenberg die maßgeblichen Persönlichkeiten. Kestenberg (1882–1962) hatte seine pianistische Karriere (Schüler Kullaks und Busonis) zugunsten engagierter kulturpolitischer Arbeit in den Bildungsausschüssen der SPD sowie in der Arbeiterbewegung aufgegeben. 1918 wurde er als Musikreferent ins Preußische Kultusministerium berufen und erhielt unter dem Minister Carl Heinrich Becker (parteilos) 1921 die Leitung der neu eingerichteten Musikabteilung des »Zentralinstituts für Erziehung und Unterricht«. In diesen Funktionen wurde er zur entscheidenden Instanz in-

---

60 Die Reichsschulkonferenz 1920. Amtlicher Bericht, Leipzig 1921. Die Leitanträge zit. nach G. Braun: *Die Schulmusikerziehung in Preußen*, Kassel 1957, S. 74.

61 Amtlicher Bericht, 1921, S. 895; vgl. dazu auch H. Hammel, a.a.O., S. 23.

62 Thiels Einfluß beim Ministerium war in dieser Zeit groß. Der Kultusminister Boelitz soll geäußert haben: »Was Thiel uns sagte, das galt.« In: G. Braun, a.a.O., S. 85.

nerhalb der schulpolitischen Reformbewegung zwischen 1920 und 1925. Schon während der Schulzeit fühlte er sich zum Sozialismus hingezogen. Seine intensive Tätigkeit in der Arbeiterbewegung ging von der Überzeugung aus, »daß in jedem Menschen schöpferische Elemente enthalten sind, die sich wecken und pflegen lassen, und nur wenn neben den rationalen auch diese irrationalen Werte eine entsprechende Bedeutung erlangen, kann von einer harmonischen Bildung die Rede sein. Gerade im Sozialismus und gerade in der Arbeiterschaft glaubte ich, daß die Verwirklichung dieses Zieles möglich sei.«[63] Daher veranstaltete Kestenberg Vorträge und Aufführungen im Kreis der Volksbühnen, mit denen er seine Idee einer echten Volksbildung zu verwirklichen trachtete. Diese frühe biographische Prägung bestimmte später seine bildungspolitischen Vorstellungen und sein großes pädagogisches Engagement.

Unter dem Eindruck seiner neuen Aufgaben als Musikreferent verfaßte Kestenberg seine erste programmatische Schrift *Musikerziehung und Musikpflege* (1921). Obwohl sie natürlich in die allgemeine Reformdiskussion eingebunden ist und im Zusammenhang mit den reformpädagogischen Ansätzen der Jugendbewegung, den pädagogischen Schriften Edmund Joseph Müllers[64] (1874–1944) und auch mit den Beratungen der Reichsschulkonferenz gesehen werden muß, kann sie doch als die Schrift gelten, die noch am authentischsten seine eigene musikpädagogische und musikpolitische Haltung widerspiegelt. Hier entwarf er bereits einen umfassenden Plan zur Musikerziehung vom Kindergarten bis zur Hochschule und von der volkstümlichen Musikpflege bis zu den professionellen Institutionen des Musiklebens. Im »neuen Wirken der Empfindung« erkannte er die Abkehr vom »nüchternen Rationalismus des 19. Jahrhunderts«.[65] Aber er wollte es nicht beim gefühlsmäßigen Erleben allein belassen, sondern sah, daß eine »Befreiung durch die Kunst [...] erst dort ein[setzt], wo glühende Teilnahme, aktive Wahrnehmung am künstlerischen Geschehen lebendig wird«.[66] Seine Forde-

---

63 L. Kestenberg in einem Brief vom 23.2.1952 an G. Braun, in: G. Braun, a.a.O., S. 72.

64 *Theoretisch-praktisches Lehrbuch der Musikpädagogik*, nach dem Manuskript (ca.1917) hg. von Siegmund Helms, Frankfurt 1989 (MPZ Quellen-Schriften, Bd. 10).
Der Gesangunterricht an höheren Knabenschulen, Leipzig 1919.
Auffallend ist, wie viele organisatorische Reformvorschläge hier bereits vorformuliert sind. Angesichts der freundschaftlichen Beziehungen zu Kestenberg sind Einflüsse Müllers auf Kestenberg durchaus naheliegend. In *Musikerziehung und Musikpflege* führte Kestenberg dessen Buch über den *Gesangunterricht an höheren Knabenschulen* im Literaturverzeichnis an.

65 L. Kestenberg: *Musikerziehung und Musikpflege*, Leipzig 1921, Reprint Frankfurt 1990, S. 3.

66 Ebd., S. 4.

rung lautete daher, den Musikunterricht über den bloßen Gesangunterricht hinaus zum Verstehen und zum Eindringen in die Musiktheorie zu führen.[67] So stellte er an den Anfang seiner Schrift die These: »Das Künstlerische zu wecken und die Idee des Gemeinsamen, der harmonischen Ausbildung [...] durchzusetzen, das wird die Aufgabe sein, die sich eine Schulmusikreform zu stellen hat.«[68]

Mit dem Gedanken, daß Musik Probleme anspreche, die in die Kultur- und Menschheitsgeschichte übergreife[69], reihte er den Musikunterricht in die kulturkundlichen Fächer ein und eröffnete ihm so eine weitere Bildungsdimension, indem er den Gedanken des fächerübergreifenden Gehalts aus der vorangehenden Reformdiskussion aufgriff. Daher wird »der Lehrer in Zukunft das Allgemein-Musikalische mehr denn je beherrschen müssen«.[70] Die entsprechend künstlerisch und wissenschaftlich vertiefte Ausbildung der Musiklehrer wollte er somit nicht Seminaren und Fachschulen (Konservatorien) überlassen, weil sie mit der Verbindung der künstlerischen, wissenschaftlichen und pädagogischen Aufgaben traditionell überfordert worden wären. Hierfür schlägt er vielmehr die Schaffung einer »Musikpädagogischen Akademie« vor, in der alle die Fächer vertreten sein sollten, die für den Musiklehrer von Bedeutung sind: »Pädagogik, Psychologie, praktisches Studium, Methodik, Forschung, Musikwissenschaft, rhythmische Gymnastik etc.« bis hin zum Laboratorium eines musikpädagogischen Forschungsinstituts.[71]

In die gleiche Zeit fällt auch die Ausarbeitung seiner *Denkschrift über die gesamte Musikpflege in Schule und Volk* (1923), die 1921 vom Preußischen Landtag angefordert worden war. Hier werden bereits alle strukturellen Maßnahmen der Schulreform ausgeführt. Wenn die *Denkschrift* auch Kestenberg als Autor nennt (unterzeichnet ist das amtliche Dokument vom Kultusminister Boelitz), so darf man doch annehmen, daß der Wortlaut im Zuge der ministeriellen Beratungen politischen Korrekturen und Einflußnahmen ausgesetzt war. Denn in der *Denkschrift*[72] macht sich ein deutlicher Einfluß musischen Gedankenguts der Jugendmusikbewegung bemerkbar. Der Gedanke

---

67 Vgl. ebd., S. 6.

68 Ebd., S. 6.

69 Ebd., S. 26.

70 Ebd., S. 83.

71 Ebd., S. 31 und 85 f.

72 *Denkschrift über die gesamte Musikpflege in Schule und Volk* (MinErl. vom 25. 4. 1923), hier zitiert nach: *Schulmusikunterricht in Preußen. Amtliche Bestimmungen für höhere Schulen, Mittelschulen und Volksschulen*, hg. von L. Kestenberg, Berlin 1927, S. 7-53; ebenso in: G. Braun, a.a.O., S. 127-141; Auszüge in: E. Nolte: *Lehrpläne und Richtlinien* a.a.O., S. 112-121.

künstlerisch autonomer Beschäftigung mit Kunstwerken bleibt zwar noch bestehen, wird nun aber ergänzt durch die Aufnahme musischer Ziele: die Weckung des Schöpferischen (S. 23 f.), die Ausrichtung auf Ethos- und Charakterbildung (S. 20), die Pflege der Hausmusik (S. 35) und die Betonung der volkstümlichen Musik (S. 36 f.). Wenn der Zustand beklagt wird, daß der bisherige Gesangunterricht oft nur kompensatorisch zur »Unterbrechung des wissenschaftlichen Unterrichts« diene (S. 19), und eine Seite später die Forderung nach »Verinnerlichung« zur »Ergänzung der wissenschaftlichen Fächer« (S. 20) erhoben wird, so macht dies einen Argumentationsbruch deutlich, von dem nicht mehr zu entscheiden ist, ob es sich dabei tatsächlich um einen »Gesinnungswandel« (Hammel) oder doch mehr um eine pragmatische Anpassung aus politischen Rücksichten handelte.[73] Erkennbar ist nämlich, daß in den folgenden Schriften und Richtlinien der absolute Vorrang einer zielgerichteten Erziehung zum Verständnis musikalischer Kunstwerke, der auf der Überzeugung der Teilhabe aller an der Hochkultur beruhte, allmählich abgeschwächt oder aufgegeben wurde. Angesichts der wechselnden parlamentarischen Mehrheiten[74] war auch Kestenberg gezwungen, politisch zu taktieren und Kompromisse einzugehen. Denn an einer Nivellierung des allgemeinen Kunstanspruchs war Kestenberg nicht interessiert. Seine Idee war vielmehr, einen billigen Populismus bei der Verbreitung von Bildung zu überwinden, worin er sich am ehesten von dem Staatssekretär und späteren Kultusminister Becker (1921 und 1925–1930) verstanden und unterstützt fühlte.[75]

Allerdings öffnete er sich den Gedanken der Jugendmusikbewegung, weil er sich von dort frische Impulse für die musikalische Erziehung erhoffte. So ist es nicht verwunderlich, daß er Fritz Jöde 1923 auf eine Professur für Methodik an die Charlottenburger Akademie für Kirchen- und Schulmusik[76] berief, »weil dadurch der ganzen Arbeit in der Akademie der charakteristische Stempel unserer Pläne und Absichten aufgedrückt wurde«.[77] Es waren die

---

73 Vgl. dazu Heide Hammel: *Die Schulmusik in der Weimarer Republik*, insbes. das Kapitel »Kestenbergs Gesinnungswandel«, Stuttgart 1990, S. 143 ff.

74 Bei der Regierungsbildung im November 1921 hatten sich die Mehrheitsverhältnisse zugunsten einer Mitte-Rechts-Koalition verschoben. Die DVP war als vierter Koalitionspartner in die Regierung eingetreten und stellte zur Zeit der Vorlage der Denkschrift im April 1923 mit Otto Boelitz den Kultusminister (1921–1925). »Im Konfliktfall konnte die SPD von den übrigen Fraktionen oder allein von Zentrum und DVP überstimmt werden.« (H. Hammel, a.a.O., S. 136)

75 Vgl. dazu Kestenbergs Brief vom 23. 2. 1952, in: G. Braun, a.a.O., S. 72.

76 1922 aus dem früheren Akademischen Institut für Kirchenmusik hervorgegangen.

77 Kestenberg in einem Jöde betreffenden Beitrag aus dem Jahre 1957 (Berufung nach Berlin), in: R. Stapelberg: *F. Jöde, Leben und Werk*, Trossingen 1957, S. 33.

»allmenschlich-sozialistische Weltanschauung« und die »mehr oder weniger entschiedenen Reformbestrebungen« der Jugendbewegung, die damals beide bewegte.[78] So scheint gerade Jödes unkonventionelle, »anarcho-spontaneistische« Haltung (Kolland) Kestenberg bewogen zu haben, ihn gegen den Widerstand der Akademiker und Bürokraten an die Akademie für Kirchen- und Schulmusik zu berufen. Dies erklärte der Musikpädagoge Karl Rehberg (1908–1981) mit Kestenbergs Bildungs- und Schulkonzept:

> »Für den zu dem Kretzschmar-Thiel-Kreis gehörenden Pädagogen war die Berufung Jödes gewiß schockierend, denn Jöde schob ihre sich auf methodische Verbesserungen beschränkenden Reformvorschläge beiseite; er war ein Außenseiter, der die vorhandene, ein starres System bildende Institution Schule grundsätzlich ablehnte und sich von einer kühnen pädagogischen Utopie leiten ließ. Seine Berufung bewies, daß Kestenberg einen Musikunterricht ansteuerte, der sich weit von der [bisherigen] Tradition entfernte.«[79]

In seiner geschickt ausgleichenden Personalpolitik regelte Kestenberg dann 1924 die Nachfolge des Gesangsmethodikers Rolle an der Akademie so, daß er dem unkonventionell-progressiven Jöde den gemäßigteren Heinrich Martens (1876–1964) an die Seite stellte, der dort alle politischen Veränderungen bis 1950 durchstand.

Insgesamt stand Kestenberg, der an der Vermittlung des Musikalisch-Stofflichen festhielt (was Jöde ablehnte) und dies durch eine Reform schulischer Erziehung zu realisieren versuchte (gegenüber der sich Jöde eher distanziert verhielt), aber den populistischen Ideen der musikalischen Jugendbewegung fremd gegenüber. Seine Reformbemühungen zielten in erster Linie auf die Professionalisierung der Musiklehrer und auf eine Reform des Musikunterrichts in den höheren Schulen. Gert Holtmeyer ist wohl zuzustimmen, daß in Kestenbergs unterschiedlicher Gewichtung von musikalisch-fachlichen Akzenten im Gymnasium und mehr musisch orientierten Anstößen für die Volksschule »vielleicht doch weniger Kompromiß und mehr Konzeption« steckte, als es zunächst erscheinen mag.[80] Denn für die musikalische Bildung des ganzen Volkes fiel dem Gymnasium insofern eine zentrale Aufgabe zu, als hier die künftigen Volksschullehrer ihre musikalische Grundausbildung erfahren sollten. Mit der Öffnung zur Jugendbewegung

---

78 Kestenberg in einem Brief an Jöde vom 4.9.1958, zit. in: F. Jöde. *Ein Beitrag zur Geschichte der Musikpädagogik des 20. Jh.* (Jöde-Symposion, Hamburg 1988), Regensburg 1988, S. 179.

79 Bildung und Ausbildung der Schulmusiker an der Staatlichen Akademie für Kirchen- und Schulmusik (MPZ Dokument 38), S. 83.

80 G. Holtmeyer: *F. Jödes musikpädagogische Intentionen und die Kestenberg-Reform; Übereinstimmungen und Abgrenzungen,* in: *Jöde-Symposion Hamburg 1988,* a.a.O., S. 91.

hat Kestenberg sicher viele frische Impulse in die Schule aufgenommen, aber dennoch versucht, wenigstens im Gymnasium das fachliche Musiklernen und musiktheoretische Verstehen nicht durch eine zu starke musische Erziehung zurückdrängen zu lassen.

Die eigentlichen Reformen Kestenbergs, die zunächst ja nur Preußen betrafen, setzten mit der neuen Prüfungsordnung 1922 für die Musiklehrer an höheren Schulen ein. Nachdem die Berufsausübung des Gesanglehrers seit 1910 bereits an eine Staatliche Musiklehrerprüfung gebunden war, ging Kestenberg nun daran, für die fachliche Ausbildung aller Musiklehrer eine entsprechende Institution zu schaffen. Dazu schlug er die Gründung einer »Musikpädagogischen Akademie« (und damit die Aufhebung der alten Lehrerseminare) vor, in der Musiklehrer für alle Schularten nach dem Abitur ausgebildet werden sollten.[81] Da sich diese Konzeption aber politisch nicht durchsetzen ließ, trennte er die Ausbildungsgänge.[82] Während in einigen Ländern die Volksschullehrer an Universitäten oder an Technischen Hochschulen ausgebildet wurden, entschied Preußen sich zur Gründung von Pädagogischen Akademien, wobei die alten Lehrerseminare bis 1926 geschlossen wurden.[83] Ursprünglich sollte jeder der 30 preußischen Regierungsbezirke seine eigene Pädagogische Akademie erhalten; wegen der wirtschaftlichen Schwierigkeiten kam es aber nur zu Errichtung von 15 Akademien, deren erste drei 1926 in Kiel, Bonn und Elbing eröffnet wurden und von denen 1932 die ersten in Altona, Cottbus, Erfurt, Kassel und Stettin schon wieder aus Geldmangel geschlossen werden mußten.

Die dort zum Lehrerstudium zugelassenen Studierenden brachten die unterschiedlichsten Voraussetzungen für ihre musikalische Ausbildung mit, was zu manchen Schwierigkeiten in dem nur viersemestrigen Studium führte. »Da ist der Typ des durch planmäßigen Unterricht im Spiel seines Instruments und im Theoretischen gut Vorbereiteten. Ein ziemlich seltener, aber darum umso erfreulicherer Fall, wenn auch meist das Gelernte zu sehr im Vordergrunde steht und musikalische Spontaneität mehr oder weniger fehlt. Da ist der Klavierspieler, der als Autodidakt seinen Weg gegangen ist, Stücke spielt, die viel zu schwer für ihn sind, [...] und trotz gröbster Entgleisungen verrät, daß ein Musiker in ihm steckt. Da sind die Jugendbewegten, sangesfroh und volksliedkundig, denen ihre Musik Herzenssache ist, die zur Laute singen und manchmal sehr ernst zu nehmende Lautenspieler sind,

81 Vgl. *Musikerziehung und Musikpflege*, a.a.O., S. 82 ff.

82 Vgl. dazu im einzelnen U. Günther: *Musikerziehung im Dritten Reich*, in: Hb. der Musikpädagogik Bd. 1, Kassel 1986, S. 120.

83 Vgl. den Hinweis auf die Amtliche Verfügung in: *Die Musikerziehung* 2, 1925, S. 93.

auch erfreulicherweise das Spiel der Holzblasinstrumente pflegen und für die musikalische Arbeit in Schule und Volk Wesentliches mitbringen. Da ist endlich das gute Drittel derjenigen, die hinreichend musikalisch begabt sind, um sich mit allem gründlich vertraut machen zu können, dessen sie als notwendiges Rüstzeug bedürfen, die aber ganz besonders darunter leiden, als Zwanzigjährige mühsam lernen zu müssen, was ihnen als Zehnjährige leicht eingängig gewesen wäre.«[84] Daher beharrte man darauf, nur solche Studenten zu instrumentalen Übungen zuzulassen, die bereits Vorkenntnisse hatten. Andererseits sah man durchaus, daß es angesichts der wachsenden Aufgabe, den vollen Jahresbedarf für Preußen von rund 4000 Lehrern und Lehrerinnen auszubilden, kaum möglich sein würde, noch eine Auslese der besonders Begabten treffen zu können.[85]

Die Ausbildung der Musiklehrer für die höheren Schulen in Preußen band Kestenberg demgegenüber an bereits bestehende Institutionen für Kirchenmusik, wobei regional unterschiedliche Lösungen gefunden wurden. So wurde 1922 in Berlin das »Akademische Institut für Kirchenmusik« in die selbständige und von der Musikhochschule unabhängige »Staatliche Akademie für Kirchen- und Schulmusik« unter der Leitung Carl Thiels (bis 1927, H. J. Moser 1927–1933) umgewandelt. Königsberg folgte 1924, wo ein »Institut für Kirchen- und Schulmusik« aber dem musikwissenschaftlichen Seminar der Universität (Jos. Müller-Blattau) angegliedert wurde. 1928 erteilte Kestenberg Walter Kühn[86] (1883–1963) dort einen Lehrauftrag für Musikerziehung und übertrug ihm zugleich die Leitung dieses Instituts, das aber erst 1931 staatlich anerkannt und den anderen Ausbildungsinstituten gleichgestellt wurde.[87] Diesem Vorbild entsprach auch die Errichtung eines »Instituts für Schul- und Kirchenmusik« im Sommersemester 1931 in Breslau, das dem

---

84 Ben Esser: *Musik und Musikpflege in den Pädagogischen Akademien Preußens*, in: *Schulmusik und Chorgesang. Vorträge der VIII. Reichsschulmusikwoche in Hannover*, Leipzig 1930, S. 114 f.

85 Vgl. ebd., S. 121.

86 Walter Kühn war Gymnasiallehrer und publizistisch agiler Schriftleiter der Monatsschrift *Die Musikerziehung* (1.1924 -10.1933). Sein »ungezügelter Ehrgeiz« trieb ihn aber Anfang der dreißiger Jahre zu heftigen Angriffen auf die »Jöde-Kestenberg-Clique«. Zu seinen Verleumdungen und Unterstellungen siehe ZfSM 6, 1933, S. 31 f.; die Biographie dieser äußerst schillernden Persönlichkeit ist kritisch beleuchtet bei U. Günther: *Opportunisten? Zur Biographie führender Musikpädagogen in Zeiten politischer Umbrüche*, in: H. J. Kaiser (Hrsg.), *Musikalische Erfahrung*, Essen 1992, S. 267-285 (Musikpädagogische Forschung, Bd. 13).

87 Vgl. die Mitteilung über die Anerkennung des Königsberger Instituts »als Vorbereitungsstätte für Studienräte, [...] nachdem der Auf- und Ausbau [...] jetzt abgeschlossen ist.« In: ZfSM 4, 1931, S. 223 f.

musikwissenschaftlichen Institut der Universität (A. Schmitz) angegliedert wurde. In Köln war dagegen an der 1925 aus dem Konservatorium hervorgegangenen Musikhochschule sogleich eine Schulmusikabteilung (Ed. Jos. Müller) eingerichtet worden. Als weitere preußische Ausbildungsstätte kam dann 1938 noch die Schulmusikabteilung an der Musikhochschule in Frankfurt/Main hinzu. In diesen neuen Institutionen war erstmals eine akademische Ausbildung gewährleistet, die sowohl fachlich-künstlerisch als auch wissenschaftlich-pädagogisch begründet war.

Für die neuen Ausbildungsstätten trat am 22. Mai 1922 eine neue Prüfungsordnung in Kraft.[88] Zugelassen (§ 5) sollte nun in der Regel nur noch werden, wer das Reifezeugnis eines Gymnasiums, eines Realgymnasiums oder einer Oberrealschule nachweisen konnte und ein mindestens achtsemestriges Studium, davon mindestens sechs Semester an einer Staatlichen Musiklehranstalt des Deutschen Reichs, absolviert hatte. Jeder Bewerber mußte Gesang und ein Hauptinstrument als Hauptfächer studieren. An die Stelle des Hauptinstruments konnte aber auch ein wissenschaftliches Fach treten, wenn Orgel, Klavier oder Violine als Nebenfach gewählt wurde (§§ 1 und 8).[89] Diese Möglichkeit wurde 1928 in die Verpflichtung abgeändert[90], daß jeder Kandidat ein weiteres Schulfach studieren und eine wissenschaftliche Hausarbeit anfertigen mußte. Damit war die dreidimensionale Gliederung des Studiums mit künstlerischen, wissenschaftlichen und pädagogischen Anteilen in ihren Grundzügen angelegt, wie sie bis heute gültig geblieben ist. Neben dieser neuen Verordnung blieben aber für eine Übergangszeit bis 1927 noch die alte Prüfungsordnung von 1910 sowie die Regelung in Kraft, nach der zu der Seminarausbildung ein dreisemestriger Kurs an der Akademie treten konnte.

Die strukturelle Reform des schulischen Unterrichts in Preußen regelten

---

88 ZBl 1922, S. 257 ff.; zit. in: G. Braun, a.a.O., Anlage 12, S. 141-151. Zur Frage der Prüfungsordnungen siehe die ausführliche Untersuchung von U. Günther: *65 Jahre Musiklehrerausbildung im Spiegel ihrer Prüfungsordnungen – am Beispiel Preußens, des Deutschen Reiches und Niedersachsens*, in: ZfMP 1988, H. 45, S. 22-30; H. 46, S. 23-32; H. 47, S. 26-35.

89 Der Gedanke der alternativen Akzentuierung mehr praktischer oder wissenschaftlich-theoretischer Studien war schon in Kestenbergs erster Programmschrift angedeutet. Hier hatte er eine Teilung des Lehrplans für alle die Schüler vorgeschlagen, die nicht im Chor singen konnten oder wollten. Sie sollten eine Einführung in musikalisches Hören und Verstehen erhalten. »Für beide Abteilungen sind je zwei Stunden bestimmt, so daß der Lehrer in der gleichen Klasse wöchentlich vier Stunden gibt.« (*Musikerziehung und Musikpflege*, Leipzig 1921, S. 29 f.)

90 Erl. der Preußischen Ministers für Wissenschaft, Kunst und Volksbildung vom 27.8.1928 (in: *Die Musikerziehung* 5, 1928, S. 285 f.).

dann die Bestimmungen zum »Musikunterricht an den höheren Schulen«[91] vom 14. April 1924, an denen Kestenberg beteiligt war. Innerhalb des Ministeriums war seit 1923 der Ministerialrat Hans Richert (DVP) für die Gesamtreform verantwortlich. Der zuständigen Kommission war Kestenberg beigeordnet.[92] Hier hatte er hinsichtlich der unterschiedlichen politischen Interessen und parteipolitischen Rücksichten auf die jeweilige Koalition sowie angesichts der relativen Bedeutungslosigkeit des Faches Musik sicher keinen leichten Stand. Die Bestimmungen wurden mit der zentralen Feststellung eröffnet, daß »der Musikunterricht in Zukunft nicht mehr ausschließlich Gesangunterricht sein wird, die Schüler also neben den eigentlichen Sing- und Treffübungen auch zum Verständnis des Musikinhalts vokaler und instrumentaler Werke angeleitet werden sollen«. Die neue Verordnung betraf nun

- die Änderung der Fachbezeichnung in »Musikunterricht« bzw. »Musik«;
- die Einführung der Amtsbezeichnung »Musiklehrer« bzw. »Obermusiklehrer«;
- die akademische Ausbildung der Musiklehrer und ihre rechtliche Gleichstellung;
- die Freiheit der Methodenwahl (Tonwort, Solmisation u. ä.);
- die Bildung von kleinen Chören und Schulorchestern neben den allgemeinen Schulchören;
- die gesonderte Beurteilung der theoretischen Kenntnisse bei gesanglich weniger geeigneten Schülern (sog. Brummern);
- die Aufhebung der »Dispensation«;
- die Versetzungsrelevanz und Ausgleichsfähigkeit des Fachs Musik;
- die Bestimmung, daß Musikunterricht nicht zugunsten eines anderen Faches gekürzt werden dürfe.

Den Abschluß der bildungspolitischen Maßnahmen bildeten schließlich die seit 1925 erlassenen Richtlinien für die verschiedenen Schulformen unter Hans Richert (Richertsche Richtlinien): 1925 für höhere Schulen und Mittelschulen, 1927 für Volksschulen. Damit waren die strukturellen Voraussetzungen für eine Schulmusikreform in organisatorischen Schritten von »oben« (Lehrerausbildung, Ausbildungsinstitute) nach »unten« (Richtlinien von der höheren Schule zur Volksschule) geschaffen.

Es ist offensichtlich und spricht für Kestenbergs fachpolitische Umsicht, daß er, der selber nie Schulmann war, sich in konkreten Unterrichtsfragen kompetenter und geachteter Schulmusiker versicherte. So dürfte er insgesamt manche Anregungen des Kölner Musikpädagogen Edmund Joseph Müller aufgegriffen haben, den er persönlich kannte. Eine entscheidende Unterstützung erfuhr er dann aber durch Richard Münnich (1877–1970), der seit

91 In: G. Braun, a.a.O., Anlage 16, S. 155-159.
92 Vgl. H. Hammel, a.a.O., S. 121.

1908 an zwei Berliner Schulen als Musiklehrer unterrichtete.[93] Münnich setzte sich entschieden für die Reformen ein und kann als ein enger Mitarbeiter Kestenbergs gelten, obwohl er ihm politisch eher fernstand. Wie groß sein Anteil aber tatsächlich an den Richtlinien für die höheren Schulen Preußens[94] vom 6. April 1925 war, ist heute nicht mehr auszumachen. Wir wissen nur, daß er ganz wesentlichen Anteil an der Formulierung des Musik-Stoffplans gehabt hat und daher für sich beanspruchte, daß er ihn, »von zwei Geringfügigkeiten abgesehen, allein zu verantworten habe«.[95]

Münnich stammte aus einer Altberliner Pädagogenfamilie und war im deutschnationalen Geist erzogen worden. Dem Gedanken der Jugendmusikbewegung und der musischen Erziehung stand er innerlich fremd gegenüber; vielmehr ging es ihm im Sinne Kestenbergs um die Vermittlung und Pflege musikalischer Kultur. Andererseits war er aber weit mehr der bürgerlichen Tradition verpflichtet als Kestenberg. Die neuen Lehrpläne schlagen nun mit dem Ausgang vom Kind und seinem Gestaltungswillen (das schaffende Kind) einen völlig neuen Ton an, der jedoch eher im Gedankengut der Jugendbewegung verwurzelt ist und mit Kestenbergs autonomen Kunstvorstellungen nur bedingt etwas zu tun hat. Diese kommen erst zum Vorschein, wenn es um den Einbezug der Instrumentalmusik auf allen Stufen geht und der Bildungswert des kulturellen Erbes angesprochen wird. Dagegen bleibt es unklar, ob die zentrale Stellung der »Erziehung zum nichtbegleiteten Gesange« und der Stimmhygiene[96], die Betonung der »gemeinschaftsbildenden Kraft der Musik«[97], des Irrationalen[98] und der ethischen Erziehung[99] auf

---

93 Münnich hatte 1918 den »Verband der Musiklehrer an den höheren Unterrichtsanstalten in Preußen« gegründet und war Mitherausgeber musikpädagogischer Zeitschriften (*Halbmonatsschrift für Schulmusikpflege* 1918 ff.; 1928-1934 dann fortgesetzt als *Zeitschrift für Schulmusik,* hg. von Jöde, Martens, Münnich, Trautwein). 1928 wurde er zum Fachberater des Ministers berufen.
Zur Biographie vgl. ferner A. Krauss: *R. Münnich – Ein Leben für die Musikerziehung,* in: *Festschrift Richard Münnich zum 80. Geburtstag,* Leipzig 1957, S. 133-151.

94 in: G. Braun, a.a.O., Anlage 16, S. 159-166; Auszug ferner in: E. Nolte: *Lehrpläne und Richtlinien* a.a.O., S. 121-133; hier zitiert nach: *Schulmusikunterricht in Preußen. Amtliche Bestimmungen für höhere Schulen,* hg. von L. Kestenberg, Leipzig 1927 (Weidmannsche Taschenausgabe, H. 52).

95 R. Münnich in: *Zeitschrift für Schulmusik* 5, 1932, S. 224. Man kann daher wohl davon ausgehen, daß Münnich nicht nur die »Methodischen Bemerkungen« verfaßt hat.

96 *Schulmusikunterricht in Preußen. Amtliche Bestimmungen,* a.a.O., S. 108 f.

97 Ebd., S. 120.

98 »Religion und Musik haben ihre Wurzeln im Irrationalen, im Übersinnlichen«, ebd., S. 118.

99 Ebd., S. 108.

Münnichs eigene Vorstellungen zurückgehen oder eher ein Zugeständnis an den Geist der musischen Erziehung darstellen. So verraten bereits die »Allgemeinen Lehrziele« eine uneinheitliche Diktion, die auf verschiedene Autoren schließen läßt, aber zugleich auch auf die Kompromißsuche verweist, die nötig war, um die Richtlinien politisch durchsetzen zu können[100]:

»Der Musikunterricht soll die im Kinde sich regenden musischen Kräfte, soll Gefühl, Phantasie, Gestaltungswillen und Gestaltungsvermögen von der musikalischen Seite her entwickeln und dadurch der gesamten Persönlichkeitsbildung, auch der ethischen Erziehung, dienen.

Ausgangspunkt des Musikunterrichts bildet die Erziehung zum nichtbegleiteten Gesange; neben ihm ist auf allen Stufen die Instrumentalmusik und der begleitete Gesang zu pflegen. Hierbei muß der Musikunterricht als ein wesentliches Ziel im Auge behalten, auch von der Schule her am Aufbau einer neuen Haus- und Gesellschaftsmusik mitzuarbeiten und den Chorvereinen einen gründlich vorbereiteten Nachwuchs zu sichern.

Im Zusammenhang mit der Durcharbeitung vokaler und instrumentaler Werke ist die musikalische Anlage der Schüler allseitig und planmäßig zu entwickeln: Aktivität des Gehörs, Vermögen unmittelbarer Erfassung und Darstellung des Rhythmus, Beherrschung des Kräftespiels von Spannung und Lösung in Tonfolge und Zusammenklang, Sinn für organisches Werden der Form.

Auf dieser Grundlage ist die Fähigkeit zum bewußten und vertieften Erleben einer Melodie an ein- und mehrstimmigen Beispielen und Versuchen eigener Motiv- und Melodieerfindung zu wecken und zu pflegen und dadurch ein aktives Erleben auch größerer musikalischer Werke anzubahnen.

Schließlich soll der Musikunterricht die Jugend auch befähigen, die Bedeutung der Musik im Leben des einzelnen und der Gesamtheit, namentlich in unserer deutschen Kultur, zu würdigen und zu begreifen, daß die Musik nicht Sache einer einzelnen Berufsschicht, sondern ein Quell der Erhebung und Freude für alle Volkskreise ist.«[101]

Dennoch markieren die Richtlinien insgesamt eine deutliche Abkehr von den Inhalten und Methoden der reinen Gesangausbildung. Dies macht aber erst der Stoff-Verteilungsplan für alle Klassen unmißverständlich deutlich.

Unter dem Namen Kestenberg-Reform faßt man insgesamt also verschiedene, unter seiner Mitwirkung zustande gekommene Maßnahmen zusammen:

– die akademische Umgestaltung der *Gymnasial-Lehrerausbildung* (Prüfungsordnung 1922);

---

100 So mußte sich Kestenberg auf wechselnde Parlaments-Mehrheiten einstellen und hatte es mit unterschiedlichen Kultusministern zu tun: bis 1921 Konrad Haenisch (SPD), kurzfristig Carl Heinrich Becker (parteilos), 1921-1925 Otto Boelitz (DVP); 1925-1930 wieder C. H. Becker. Daher dürfte es sich bei der Öffnung gegenüber musischen Gedanken weniger um einen »Gesinnungswandel« Kestenbergs (Hammel) gehandelt haben als um einen Ausgleich verschiedener Interessen, insbesondere auch durch die Mitgestaltung Münnichs.

101 MinErl. vom 6. April 1925, in: *Schulmusikunterricht in Preußen. Amtliche Bestimmungen*, a.a.O., S. 108 f.

– die Einrichtung entsprechender *Ausbildungsstätten* (Denkschrift 1923, Bestimmungen 1924);
– die schulpolitische *Aufwertung* und bildungspolitische *Gleichstellung* des künstlerischen Fachs »Musik« (Denkschrift 1923, Bestimmungen 1924);
– die konzeptionelle Neubestimmung der *Ziele und Inhalte* des Musikunterrichts (Richtlinien 1925).

Die inhaltliche und methodische Neugestaltung des nun erstmals offiziell auch so genannten »Musikunterrichts« betrifft:

– die Aufhebung der Einschränkung auf den bloßen Gesang zugunsten eines umfassenden Musikunterrichts,
– die Pflege des Schöpferischen und Seelischen durch die Musik (gegenüber dem bloß Methodischen),
– die Betonung der Querverbindungen, d. h. Forderung nach einer wechselseitigen Beziehung des Musikunterrichts zu den übrigen Fächern (Prinzip der Fächerverbindung);
– die Pflege des kulturellen Erbes unter Einbeziehung der Instrumentalmusik.

5. Zur Situation des Musikunterrichts nach der Schulmusikreform

Der Realisierung dieser Gesamtreform schulischen Musikunterrichts stellten sich im Schulalltag aber große Schwierigkeiten entgegen. Die neuen Richtlinien sahen zwar erstmals einen durchgängigen Musikunterricht durch alle Klassen vor, für den aber die Fachlehrer erst in den neuen Institutionen ausgebildet werden mußten.[102] Hinzu kam, daß die wirtschaftliche Notlage dazu zwang, die tatsächlich zur Verfügung stehende Stundenzahl erheblich einzuschränken. So standen in den einfachen Vollanstalten für die Klassen Quarta (7) bis Oberprima (13) insgesamt nur vier Wochenstunden zur Verfügung, was »beträchtliche Einschränkungen des Unterrichtsstoffes«[103] unvermeidlich machte. Über diese ungünstigen Bedingungen versuchte Walter Kühn in einem Beitrag der Zeitschrift *Die Musikerziehung* die Lehrer hinwegzutrösten. »Denn nach unserer Auffassung gelten die vier Stunden für ›Musik-

---

102 Bis zu dieser Zeit gab es ja keine Musiklehrerausbildung für die höhere Schule. Die dort unterrichtenden Lehrer kamen von den Seminaren und hatten sich nach ihrer Zweiten Lehramtsprüfung am Kgl. Akademischen Institut für Kirchenmusik oder an entsprechenden Instituten in Königsberg und Breslau zum Gesanglehrer weitergebildet. Sie unterrichteten das Fach Gesang nur in den beiden unteren Klassen (Sexta, Quinta).

103 Darauf verweist ausdrücklich der Lehrplan von 1925. Siehe Braun, a.a.O., Anlage 16, S. 166.

pflege« für die einfachen Verhältnisse; verdoppelt sich die Zahl der Klassen, so tritt automatisch auch eine Verdopplung dieser Stundenzahl ein. [...] Das anfänglich so düstere Bild beginnt sich also merklich aufzuhellen.«[104] Außerdem wies er auf das »besondere Geschenk« für die Oberstufe hin, der »sechs Stunden zur freien Verfügung für Neigungsfächer« überlassen wurden.[105] Dennoch blieben die Startbedingungen für die Schulmusikreform unter solchen Umständen äußerst eingeschränkt.

In dieser Situation setzte sich Münnich, der 1928–1932 Fachberater des Ministers war, entschieden für die Reformen ein und wandte sich mit einer Protesterklärung scharf und schonungslos gegen die Not- und Abbauverordnungen des Jahres 1931, weil sie die Schulmusik »in der Musikstundenzahl bis hinter die Reform von 1910« zurückzuwerfen drohe.[106] Dabei fühlte er sich aber von Kestenberg im Stich gelassen.[107] Tatsächlich scheint Münnich inhaltlich von Kestenberg immer weiter abgerückt zu sein. Er kämpfte zwar für den Erhalt der Reformpläne, sofern sie inhaltliche Beweglichkeit und die Stundentafeln betrafen, kritisierte aber die liberalen Tendenzen der Richertschen Richtlinien und wollte im Musikunterricht wieder den »reichen Schatz alten völkischen Liedgutes« erhalten wissen.[108] So ist sein Resümee, »den Geländegewinn, den die Reform von 1925 ihr [der Schulmusik] unter allen Umständen gebracht hat, zu verteidigen, festzuhalten, möglichst zu erhöhen«[109], wohl auch eher auf den formal-organisatorischen Bedeutungszuwachs des Faches gemünzt gewesen.

Inhaltlich beherrschte die Fachdiskussion immer noch der Streit um die pädagogisch sinnvollste Tonwort- oder Solmisationsmethode. Dieser alle Fachzeitschriften durchziehende Methodenstreit zeigt zugleich, wie stark die Lehrerschaft noch am Gesangunterricht alter Art festhielt, in dem sich die Diskussion des 19. Jahrhunderts darüber fortsetzte, wann und wie das Singen nach Noten am besten gelernt werden könnte.

Dem stand die Entwicklung neuer Medien gegenüber. Rundfunk und Schallplatte boten ganz neue Möglichkeiten, das Spektrum der in der Schule zu vermittelnden Musik im Sinne Kestenbergs auf alle Gattungen der Kunst-

---

104 W. Kühn: *Schulreform und Kunsterziehung,* in: *Die Musikerziehung* 1, 1924, H. 4, S. 35.

105 Ebd.

106 Münnich in seinem Beitrag *Der Abbau,* in: ZfSM 4, 1931, H. 11, S. 208 ff.

107 Vgl. dazu A. Krauß: *R. Münnich – ein Leben für die Musikerziehung,* in: *Festschrift R. Münnich zum 80. Geburtstag,* Leipzig 1957, S. 144; ferner H. Großmann: *Festrede zum 90. Geburtstag,* Weimar 1967 (Mskr.).

108 R. Münnich: *Sinn und Schicksal der Reform von 1925,* in: ZfSM 5, 1932. H. 12, S. 222.

109 Ebd., S. 234.

musik zu erweitern. Für 1930 ermittelte die *Schweizerische Musikzeitung* in Deutschland etwa 10 Millionen Rundfunkhörer[110] (demgegenüber sprach die deutsche Rundfunkindustrie nur von 3,24 Millionen Hörern[111]). Dabei verteilte sich die Sendezeit auf ein Drittel für den Nachrichtendienst und zwei Drittel für Kunst und Belehrung! Dafür standen in den verschiedenen Sendeanstalten 52 bis 70 Prozent der Musik zur Verfügung![112] 1929 war daher die Zahl der Musiker in Funkorchestern bereits auf 439, die der festangestellten Sänger in Funkchören auf 80 Personen angestiegen.[113] Jöde arbeitete in den Rundfunksingstunden mit Singgruppen, die die Hörer zum Mitsingen animieren sollten. Aufschwung nahmen auch Schulfunksendungen, die enger auf die schulischen Bedürfnisse eingingen. Hier spielte zunehmend auch die Schallplatte eine Rolle. Allmählich stieg die Zahl der hergestellten »Sprechmaschinen« (Plattenspieler) und verkauften Schallplatten in allen europäischen Ländern.[114] Seit dem ersten Jahrgang der *Zeitschrift für Schulmusik* (1928) erschien dort regelmäßig eine Liste der von der Prüfungsstelle für Schulmusikplatten im Zentralinstitut für Erziehung und Unterricht für die Schulen als geeignet anerkannten Schallplatten. Es fanden Seminare statt, in denen die Verwendungsmöglichkeit der Schallplatte im Musikunterricht vorgestellt wurde. 1930 gründete die Volksbücherei in Köln eine Schallplatten-Leihbibliothek, die Platten gegen eine Gebühr von 20 Pfennig (für vier Tage) nur an Musikstudierende und Musiklehrer ausleihen sollte.[115] Die Indienstnahme der neuen technischen Möglichkeiten durch die Musiker spiegelt aber auch die Meldung, daß der italienische Komponist Andrea Feretto eine Notenschreibmaschine erfunden habe, deren Patent sogleich von einem amerikanischen Hersteller gekauft wurde.[116]

Untrennbar mit der Durchführung der preußischen Reformvorhaben verbunden war das 1915 in Berlin gegründete »Zentralinstitut für Erziehung und Unterricht«, dem eine spezielle Abteilung für Kunsterziehung und volkstümliche Kunstpflege angegliedert wurde. Unter dem preußischen Kultusminister C. H. Becker war 1921 Kestenberg zum Leiter der Musikabteilung an diesem Zentralinstitut ernannt worden, von dem aus er die inhaltlichen Fortbildungsmaßnahmen für das gesamte Reich in Gang setzten konnte, die zur

---

110 Siehe MuG 1, 1930, H. 1, S. 30.

111 Ebd. H. 2, S. 63.

112 Ebd. H. 1, S. 30.

113 Gem. Vergleichsstatistik in: MuG 1, 1930, H. 4, S. 131.

114 Vgl. dazu die statistischen Angaben in: MuG 1, 1930, H. 2, S. 66 und H. 4, S. 132.

115 Vgl. MuG 1, 1930, H. 2, S. 67.

116 MuG 1, 1930, H. 5, S. 162.

Verwirklichung seiner Bildungsziele unerläßlich waren. Dazu zählte in erster Linie die Durchführung der acht Reichsschulmusikwochen, die trotz der schwierigen wirtschaftlichen Lage seit 1921 regelmäßig stattfanden[117] und neben den zahlreichen regionalen Schulmusikwochen der Länder und lokalen Schulmusikertagungen und -kursen[118] auf anschauliche Weise den Diskussionsstand der Reformzeit widerspiegeln:

1921	1. Reichsschulmusikwoche in Berlin
1922	2. Reichsschulmusikwoche in Köln[119]
1924	3. Reichsschulmusikwoche in Breslau
1925	4. Reichsschulmusikwoche in Hamburg
1926	5. Reichsschulmusikwoche in Darmstadt
1927	6. Reichsschulmusikwoche in Dresden
1928	7. Reichsschulmusikwoche in München
1929	8. Reichsschulmusikwoche in Hannover

Infolge der wirtschaftlichen Notlage sollte danach eine Pause eintreten. »Dafür werden örtliche musikpädagogische Tagungen veranstaltet werden, die zwar nicht im Sinne einer Reichsschulmusikwoche einen Gesamtüberblick über die musikpädagogische Situation geben, dafür aber um so mehr Beziehungen zur praktischen Arbeit herstellen werden. Das Bestreben geht dahin, diesmal Teile des Reiches aufzusuchen, die bisher von musikpädagogischen Kongressen nicht berücksichtigt wurden.«[120] Im Herbst 1930 fanden daher zwei regionale Tagungen in Königsberg (15.-18. Oktober) und Saarbrücken (29. Oktober -1. November) statt.[121] Eine für 1931 vorgesehene 9. Reichsschulmusikwoche in Berlin mußte schließlich aufgrund der finanziellen Schwierigkeiten abgesagt werden.[122]

Was die Ausbildung betraf, so bildeten die meisten nord- und mitteldeutschen Länder ihre Volksschullehrer an Universitäten oder Technischen Hochschulen aus. Lediglich Bayern und Württemberg beließen sie an den

---

117 Lediglich die für den Herbst 1923 geplante Schulmusikwoche in Breslau mußte aus diesen Gründen auf das Frühjahr 1924 verschoben werden.

118 Besonders aktiv war die Berliner Arbeitsgemeinschaft für Musikerziehung. Der »Bund deutscher Musikerzieher« veranstaltete 1927 in Berlin seinen »Ersten Deutschen Kongreß für Schulmusik«.

119 Über die 2. bis 4. Schulmusikwoche konnten wegen der wirtschaftlichen Lage keine Berichtsbände erscheinen. Einzelne Beiträge wurden aber in musikpädagogischen Fachzeitschriften veröffentlicht.

120 Mitteilung in: MuG 1, 1930, H. 5, S. 157.

121 Vgl. die Berichte über diese Tagungen, in: MPf 1, 1930/31, S. 463 f. und 465.

122 Vgl. ZfSM 4, 1931, S. 184; *Die Musikerziehung* 8, 1931, S. 252. Die Absage wurde dann in der ZfSM 4, 1931, S. 203 bekanntgegeben.

alten Seminaren oder am sog. Pädagogium. Demgegenüber folgte die Schulmusikausbildung für die Gymnasiallehrer im wesentlichen schon bald dem Vorbild Preußens. Wie in Köln wurde deren Ausbildung in der Regel den Musikhochschulen zugeordnet. In Bayern richtete die Musikhochschule München 1923 eine eigene Schulmusikabteilung ein (Ltg. Markus Koch). Nach der alten Prüfungsordnung von 1916 gab es dort für die Gesanglehrer an höheren Schulen bisher nur einen einjährigen Vorbereitungskurs an der Musikhochschule in München und dem Staatskonservatorium in Würzburg. Mit der Prüfungsordnung vom 22. 4. 1927 wurde diese Ausbildung auf drei Jahre erweitert (erster Abschnitt der Lehramtsprüfung), an die sich dann ein weiteres praktisches Jahr anschloß (zweiter Abschnitt der Lehramtsprüfung).[123]

Württemberg änderte ebenfalls 1927 seine Bestimmungen, die aber den traditionellen Weg über die seminaristische Volksschullehrer-Ausbildung festschrieben. Danach konnte zur Prüfung für das Lehramt an höheren Schulen nur zugelassen werden, wer die erste Volksschuldienstprüfung abgelegt und eine mindestens zweijährige »musikalische und gesangspädagogische Ausbildung an einer anerkannten Musikhochschule«[124] erfahren hatte.

* * *

Kestenbergs Konzeption einer allgemeinen Volksbildung war ursprünglich[125] umfassend als ein Ganzes musikalischer Bildung angelegt. Doch schon seine *Denkschrift*, die er im Auftrag des Kultusministeriums vorlegte und die daher nur den Ausschnitt Schule und Volk betraf, stellte eine Einschränkung auf den schulpädagogischen Bereich dar. Daß aber in der schulischen Unterrichtspraxis die Schulmusikreform, die von der Grundüberzeugung vom Bildungswert der Kunst und der Erziehung zum Musikverständnis ausging, doch nicht oder nur ganz allmählich umgesetzt werden konnte, obwohl grundsätzlich die organisatorischen Voraussetzungen durch die Erlasse und Richtlinien zur Lehrerbildung und zum Musikunterricht geschaffen waren, lag am Zusammentreffen verschiedener Umstände. Denn eine solch durchgreifende Reform hätte sowieso erst auf lange Sicht Früchte tragen können, wenn eine neue Lehrergeneration ausgebildet war, die die alte, noch in der

---

123 Vgl. dazu B. Stäblein: *Die Ausbildung der bayerischen Schulmusiker*, in: ME 5, 1928, H. 10, S. 312-317.

124 Vgl. die »Prüfungsordnung für Gesang- und Musiklehrer (und Lehrerinnen) an höheren Schülen Württembergs« vom 1. 2. 1927, Nr. 2313, in: ME 5, 1928, H. 3, S. 81 f.

125 Vgl. die breite und umfassende Anlage seiner Schrift *Musikerziehung und Musikpflege* 1921.

Kaiserzeit ausgebildete ersetzte. Doch zwang die immer schwieriger werdende wirtschaftliche Lage die Regierung zu drastischen Sparmaßnahmen, die eine langfristige Entwicklung erstickten. So wurden zu wenige Lehrer ausgebildet, Schulen zusammengelegt, Stellen gestrichen, Assessoren nicht mehr eingestellt, so daß der durchgehende Musikunterricht in den höheren Schulen, wie er von den musikpädagogischen Lehrerverbänden immer gefordert und von den Richtlinien dann ja auch vorgesehen war, in der Praxis fast nie verwirklicht werden konnte. Darunter litt dann in direkter Folge die musikalische Vorbildung der künftigen Volksschullehrer, die ihr musikalisches Rüstzeug im wesentlichen nun im Gymnasium erhielten. Zum anderen war das Klima in den Schulen den Reformen keineswegs immer dienlich. Diese Sorge spiegelt deutlich ein Bericht in der *Zeitschrift für Schulmusik* wider:

»Die Durchführung und Auswirkung der durch die Richtlinien vom 26. März 1927 erstrebten Erneuerung des Schulmusikunterrichts konnte man auch unter günstigen Verhältnissen nicht in wenigen Jahren erwarten. Die Richtlinien setzten bei Schulbehörde, Schulleiter und Lehrer eine gegenüber der bisherigen so neue Grundeinstellung zur Musik und zum Musikunterricht voraus, daß der Generationswechsel hier bedeutsam ist.
Schon vor dem Erscheinen der Richtlinien ging die Lehrerschaft mit ernstem Bemühen an die Arbeit, weil sie unter der Not des landläufigen Schulgesangunterrichts litt, weil sie begeistert war vom neuen Lied- und Musiziergut, begeistert von der lebendigen Art neuen Singens und Musizierens. Auch viele ältere Lehrer haben auf Singtagungen oder in Schulungskursen freudig zu lernen versucht, was der Musikunterricht nun von ihnen fordert. Der hohe Schwung ist heute vielfach einer resignierten Rückkehr zum alten Betrieb gewichen, besonders an größeren Schulen, wo die Arbeit des Einzelnen nicht durch einen einheitlichen, zielbewußten Musikerziehungswillen der Gesamtlehrerschaft und der Schulleitung getragen wird.«[126]

Angesichts dieser für das Fach so schwierigen Situation war es nur verständlich, daß dann nach der Machtergreifung 1933 das musisch geprägte Singen und Musizieren wegen seiner betonten Gemeinschaftspflege aufgegriffen und das Musische zur staatstragenden Idee erhoben wurde. »Völkische Erziehung« – wie sie nun hieß – »und Musikerziehung begegnen sich im Gemeinschaftsgedanken.«[127] Kestenbergs Idee einer fachlich orientierten musikalischen Bildung für alle war damit nicht nur aus politischen Gründen erst einmal von der Tagesordnung gestrichen.[128]

---

126 W. Heidmann, in: ZfSM 6, 1933, S. 41 f.

127 G. Behrendt, in: ZfSM 7, 1934, S. 89.

128 L. U. Abraham hat in einem teils resignativen, zugleich aber auch provozierend nachdenklichen musikpädagogischen Rückblick die Kestenberg-Reform insgesamt für gescheitert erklärt. Vgl. L. U. Abraham: *Bildungsziele und Bildungserträge musikpädagogischer Reformen*, in: W. Gruhn (Hrsg.): *Musikalische Bildung und Kultur*, Regensburg 1987, S. 125 (Hochschuldokumentationen der Musikhochschule Freiburg, Bd. 1).

10. KAPITEL

Musikerziehung im Dritten Reich

Die Dauerkrise der Weimarer Republik hatte allmählich zu einer Lähmung der gesellschaftlichen Kräfte geführt. Zudem wurde die wirtschaftliche Lage infolge der hohen Reparationsleistungen und der dramatischen Inflation (1923) mit über 6 Millionen Arbeitslosen (Winter 1932/33) immer katastrophaler. Was im Hochgefühl der »goldenen Zwanziger« so turbulent begonnen hatte, endete in bitterer Verarmung vornehmlich der mittleren und unteren sozialen Schichten. »So empfanden die meisten Deutschen damals den Umbruch [am 30. Januar 1933] eher als einen Aufbruch zu neuen Ufern, zumal da Hitler die Machtergreifung ermöglicht worden war. [...] Sich der ›neuen Zeit‹ anzupassen, fiel daher leicht, viel leichter jedenfalls als 1919 die Anpassung an den demokratisch verfaßten und organisierten Weimarer Staat, besonders als deutlich wurde, wie schnell sich gerade auch Prominente in allen Bereichen umstellten und auf die Seite der ›neuen Zeit‹ wechselten. [...] So wurde die ›Gleichschaltung‹ [zunächst] weithin als ein [...] Fortschritt angesehen.«[1] Prominente Politiker maßen dem »Experiment« Hitler nur eine kurze Lebensdauer bei. »Aber Hitler ließ sich nicht, wie geplant, ›einbinden‹ und ›zähmen‹, sondern räumte in wenigen Monaten weg, was ihm nicht paßte: Reichstag, Gewerkschaften, Parteien, mißliebige und jüdische Beamte, Selbständigkeit der Länder. ›Er mußte nur pusten – das Gebäude der deutschen Politik stürzte zusammen wie ein Kartenhaus‹, berichtete der französische Botschafter am 4. Juli nach Paris.«[2]

Was nicht zusammenstürzte wie ein Kartenhaus, war dagegen die Gesinnung musikalischer Erziehung innerhalb und außerhalb der Schulen. Wandervogel und Jugendbünde, die Jugendmusikbewegung und eine musisch orientierte Musikpädagogik hatten – wenn auch unbeabsichtigt – mit ihrem Ideal einer Gemeinschaftserziehung und Charakterformung den Boden für die nationalsozialistische Erziehungsideologie bereitet. Die Jugendarbeit der Partei fand im Liedgut der Singbewegung somit bereits ein reiches Erbe vor. Sie brauchte deren Strukturen (die Spielkreise, Jugend- und Volksmusikschulen) sowie den Gedanken einer ganzheitlich musischen Er-

---

1 U. Günther: *Musikerziehung im Dritten Reich*, in: *Geschichte der Musikpädagogik*, hg. von H. Chr. Schmidt, Kassel 1986, S. 92 (Handbuch der Musikpädagogik, Bd. 1).

2 Ebd., S. 91.

ziehung nur aufzugreifen. Und weil musische Erziehung »Erziehung durch Musik« meinte, die so nachhaltig auf die Affekte wirkt, wurde sie zu einem der wichtigsten Mittel der ideologischen Volkserziehung. Dabei konnten zunächst noch die Richtlinien und Verordnungen aus den zwanziger Jahren in Kraft bleiben. Doch Leo Kestenberg war bereits unter der Regierung von Papens 1932 in den Ruhestand versetzt worden. Im Zuge der Turbulenzen am Ende der Weimarer Zeit hatte die Regierung die Kunstabteilung am Ministerium für Wissenschaft, Kunst und Volksbildung einfach aufgelöst und sich so unbequemer »linker« Kunstpolitiker wie Kestenberg mit seinen fortschrittlichen Bildungsvorstellungen entledigt.

Andere hatten sich schnell auf die neue Situation eingestellt. Hans Joachim Moser eröffnete den Leitartikel der Mai-Nummer der *Zeitschrift für Schulmusik* 1933 mit den Sätzen: »Die nationale Revolution hat sich auf der ganzen Linie siegreich durchgesetzt, die alte Kriegs- und Vorkriegsflagge weht wieder von den Dächern unserer Akademien und Schulen, hell und freudig klingt in alten und neuen Liedern das Bekenntnis zum deutschen Volk und Reich von tausendjährig-eigenwüchsiger und schollentreuer Art. Da dürfen wir Schulmusiker...«[3] Das Vokabular der Äußerungen nach der Wende kennzeichnet ein geradezu manischer Frohsinn, mit dem man der neuen völkischen Erziehung und der »Geburt des neuen deutschen Volksliedes« in Marschmusik und Kampfliedern unmißverständlich huldigte.[4] Die führenden Pädagogen der Reform-Ära wurden entlassen: Kestenberg emigrierte zunächst nach Prag; Georg Schünemann, der Direktor der Berliner Musikhochschule, wurde auf eine Stelle als Leiter der Musikinstrumentensammlung in Berlin abgeschoben, Richard Wicke war bereits 1930 von seinem Posten als Musikreferent im Thüringischen Ministerium für Volksbildung vertrieben worden, als die Nationalsozialisten in eine Koalitionsregierung eintraten.

Zwiespältig erscheint die Rolle, die Richard Münnich in den ersten Jahren spielte. Aufgrund seiner deutschnationalen Gesinnung suchte er zunächst bei der Partei Rückhalt für die Stärkung der Schulmusik.[5] So erklärt es sich, daß er 1934 die *Zeitschrift für Schulmusik* alleine weiterführte, nachdem die

---

3 H. J. Moser: *Die Schulmusik im neuen Deutschland,* in: ZfSM 6, 1933, S. 65.

4 Vgl. R. Schäfke: *Schulmusikerziehung und deutsche Erhebung,* in: ZfSM 6, 1933, S. 95.

5 Nach Auskunft seiner Mitarbeiter soll er 1933 in die NSDAP eingetreten sein, die Partei aber schon 1934 wieder verlassen haben, als er erkannte, daß die Nationalsozialisten überhaupt nicht an einer künstlerischen Erziehung in der Schule interessiert waren. Die Aufgabe seiner Berliner Lehrtätigkeit war eine notwendige Folge. Eine Mitgliedschaft in der NSDAP würde auch erklären, warum er nach der Machtergreifung als alleiniger Herausgeber in der Schriftleitung der *Zeitschrift für Schulmusik* verblieb.

anderen Herausgeber (E. Dahlke, H. Fischer, F. Jöde, H. Martens, E. J. Müller und S. Trautwein) ihre Tätigkeit niedergelegt hatten. Hier schwenkte er nun auf den völkisch-nationalen Sprachgebrauch ein, der auch vorher schon erkennbar war. Doch blieb die Reform der schulischen Musikerziehung sein oberstes Anliegen. Daher protestierte er entschieden gegen die immer dramatischeren Einschränkungen, resignierte aber schließlich und bat 1934 um seine Pensionierung. Die ganze Zerrissenheit seiner Situation[6] spiegelt sein letzter Beitrag in der *Zeitschrift für Schulmusik*. Hier verfällt er zunächst in eine bei ihm sonst nicht zu findende Häme und zynische Gehässigkeit (ist das noch seine Diktion?). Doch die im Ton aggressive, in der Sache überhebliche (ironische?) Apologie völkischer Erziehung schlägt dann um in eine schonungslose Abrechnung mit der rohen Unkultur nationalsozialistischer Marsch- und Kampflieder, gegen das »unbewußte Wüten nicht nur gegen die jugendlichen Stimmen, sondern gegen [...] die gesamte musische Erziehung«, eine Haltung also, von der »kein Weg zu Bach und Mozart und Beethoven und Wagner« führe.[7]

Der zurückhaltend konservative Heinrich Martens blieb all die Jahre eher im Hintergrund und führte die Geschäfte des Instituts für Kirchen- und Schulmusik, auch als es vorübergehend in die Musikhochschule eingegliedert wurde. Walter Kühn, der noch 1930 einen Aufnahmeantrag bei der SPD gestellt hatte, versuchte sich nun mit einer eher peinlichen Hetzkampagne gegen die »Jöde-Kestenberg-Clique« auf die Seite der NSDAP zu schlagen.[8] So bot die Musikpädagogik schon bald nach der Machtübernahme ein eher desolates Bild, was es den neuen Funktionären der HJ, die oft aus der Jugendbewegung kamen, um so leichter machte, über die musikalischen Aktivitäten in der Freizeit bei Spiel- und Singscharen, Instrumentalunterricht und Gruppenabenden, bei denen Jugend die Jugend führen sollte[9], die Erziehung zu beeinflussen.

---

6 Obwohl Münnich zeit seines Lebens die Reformen Kestenbergs vertreten hat, ist eine deutliche Entfremdung beider Persönlichkeiten festzustellen, die mit Münnichs traditionsverbundener Gesinnung und seiner zeitweiligen Haltung gegenüber dem Nationalsozialismus zusammenhängen dürfte. In seinen Lebenserinnerungen *Bewegte Zeiten* (1961) nennt Kestenberg seinen Weggenossen nur einmal kurz im Zusammenhang mit Schallplattenlisten für das Zentralinstitut; seine Beteiligung an den Reformlehrplänen erwähnt er dagegen mit keinem Wort.

7 R. Münnich: *Zum Beschluß*, in: ZfSM 7, 1934, S. 164.

8 Vgl. die Darstellung in der ZfSM 6, 1933 und im letzten Heft der von ihm herausgegebenen Zeitschrift *Die Musikerziehung* 10, 1933, S. 20 ff.

9 Nach Hitlers Auftrag an die Reichsjugendführung: »Jugend muß von Jugend geführt werden« (vgl. B. v. Schirach, in: *Musik und Volk*, 4, 1936/37, S. 45).

1. Kulturpolitik und Lehrerbildung

Die Schule wurde 1933 wie alle Erziehungsinstitutionen vollständig in den Dienst der neuen nationalsozialistischen Menschenbildung gestellt. Dabei knüpfte man im Bereich der Musikerziehung äußerlich an der Volksliedpflege der Jugendmusik an, um sie dann ideologisch zu untermauern. »Als nach dem Umbruch die Hitlerjugend vor der Aufgabe stand, auf kulturellem Gebiet den Neubau ihres Lebensbereiches in Angriff zu nehmen, fand sie zwar in der Jugendmusik ein reiches Erbe vor, das aber nicht ohne weiteres für die Arbeit der Hitlerjugend herangezogen werden konnte. [...] fehlte doch eine sichere politische Ausrichtung, die über das nur Musikalische und Ästhetische hinaus eine Verbindung möglich erscheinen ließ.«[10] So wurde es das unverhohlene Ziel, die staatspolitisch ausgerichtete Erziehungsarbeit der Schule ganz unter die Kontrolle der Partei zu bringen. Während aber neue Richtlinien, Lehrpläne und Stundentafeln für die verschiedenen Schularten erst 1937–1942 erschienen und bis dahin die Verordnungen aus der »Systemzeit« der zwanziger Jahre noch gültig blieben, begann der Umbau des Erziehungssystems zuerst mit der Umorganisation der Lehrerbildung.[11]

Preußen war bei der Ausbildung der Volksschullehrer an Pädagogischen Akademien[12] einen eigenen Weg gegangen, während sie in anderen Ländern in Verbindung mit einer Universität oder Technischen Hochschule erfolgte. Daß die nationalsozialistische Lehrerbildung, die auf eine einheitliche ideologische Schulung zielte, sich an den preußischen Akademien orientierte, lag natürlich an der zentralen Stellung Preußens im Reich[13], in nicht geringerem Maße aber auch daran, daß hier bei der Ausbildung von Anfang an ein viel größeres Gewicht auf Gemeinschaftserziehung gelegt wurde. Daher entsprach eine gesonderte Hochschule mit einer »engen, geschlossenen und überschaubaren Lebensgemeinschaft von Dozenten und Studenten den Vorstellungen der ›nationalsozialistischen Mannschaftserziehung‹ am besten«.[14]

---

10 W. Kurka: *Die Musikarbeit der HJ in ihren Veröffentlichungen*, in: *Musik und Volk* (MuV) 4, 1936/37, H. 1, S. 14.

11 Vgl. hierzu im einzelnen die bislang umfassendsten Untersuchungen von U. Günther (*Die Schulmusikerziehung von der Kestenberg-Reform bis zum Ende des Dritten Reiches*, Neuwied 1967; ders.: *Musikerziehung im Dritten Reich – Ursachen und Folgen*, in: Hb. der Musikpädagogik, hg. von H. Chr. Schmidt, Bd. 1, Kassel 1986, S. 85-173) sowie die Studie zur Musiklehrer-Ausbildung von Th. Ott (*Probleme der Musiklehrerausbildung damals und heute*, ebd., S. 461-501).

12 Die letzten Lehrerseminare in Preußen wurden 1926 geschlossen.

13 Preußen brachte 65 % der Fläche und 62 % der Bevölkerung des Reichs ein.

14 U. Günther: *Die Schulmusikerziehung ...*, Neuwied 1967, S. 75.

Zunächst wurden 1933 in Preußen die sieben noch existierenden Pädagogischen Akademien in »Hochschulen für Lehrerbildung« umbenannt, denen die übrigen Länder des Reichs bis 1936 folgten. Bei der Gründung neuer oder der Verlegung bereits bestehender Hochschulen wurden häufig kleinere Städte in Grenznähe bevorzugt, wodurch eine Trennung von den traditionell akademisch geprägten Universitätsorten erreicht wurde. In den neuen Hochschulen wurden die Volksschullehrer für den Gesamtunterricht ausgebildet. Die Ausbildung dauerte in der Regel vier Semester und schloß politische, körperlich-gymnastische, wissenschaftlich-pädagogische und berufspraktische Anteile ein. Zu den allgemeinverbindlichen Studiengebieten gehörten Erziehungswissenschaft, Charakter- und Jugendkunde, Vererbungslehre, Rassenkunde, Volkskunde sowie allgemeine und besondere Unterrichtslehre.[15] Dazu trat ein Wahlgebiet, zu dem auch Musik gehören konnte. Hier bezog sich die fachliche Ausbildung im wesentlichen auf Singschulung und Gemeinschaftsmusizieren.

Insgesamt war die Lehrerausbildung nach den weltanschaulichen Grundprinzipien der Partei ausgerichtet. Dies konnte um so leichter gelingen, je früher der Einfluß auf die künftigen Lehrer einsetzte und je weniger eine freie akademische Ausbildung Kritik und selbständige Urteilsbildung zuließ. Da infolge politischer und vor allem ökonomischer Gründe die Zahl der Bewerber für ein Lehrerstudium seit 1936 drastisch abgenommen hatte, waren 1939 »Aufbaulehrgänge zur Vorbereitung auf das Studium an Hochschulen für Lehrerbildung« für Jugendliche mit Volks- und Mittelschulabschluß eingerichtet worden. Als sich zeigte, daß sich infolge der Kriegsverhältnisse die Ausbildung an den Hochschulen für Lehrerbildung nicht mehr aufrechterhalten ließ, und da Hitler ohnehin die seminaristische Ausbildung seiner österreichischen Heimat favorisierte, gab Martin Bormann 1941 den »Führerbefehl« heraus, der die Abschaffung der akademischen Lehrerbildung zugunsten der seminaristischen Ausbildung von fast ausschließlich Volksschulabsolventen an »Lehrerbildungsanstalten« bedeutete.[16] Wichtig war hierbei der Gedanke der Heimerziehung. Auch die Studierenden der Hochschule für Lehrerbildung waren schon in internatsähnlichen »Kameradschaftshäusern« untergebracht gewesen, wo die politische Schulung nach nationalsozialistischen Grundsätzen im Geiste soldatischer Mannschaftserziehung in den Mittelpunkt rückte. Aus der gemeinsamen Lebensform der jugendlichen Schulentlassenen sollte durch körperliche Ertüchtigung und ideologische Schulung der politisch zuverlässige NS-Lehrer erwachsen.

---

15 Vgl. VME 4, 1938, S. 588.
16 Ebd., S. 78.

Zunächst wurden die Aufbaulehrgänge in Lehrerbildungsanstalten umgewandelt; bis 1942 waren alle noch bestehenden Hochschulen für Lehrerbildung von dieser Maßnahme erfaßt. Damit gab es 1942 im Reichsgebiet insgesamt 221 Lehrerbildungsanstalten.[17] Die Ausbildungszeit betrug hier für Volks- und Hauptschüler fünf, für Mittelschüler drei Jahre und für Abiturienten ein Jahr. Den zwangsläufigen Niveauverlust gegenüber den Pädagogischen Akademien und Hochschulen für Lehrerbildung sollte eine Steigerung der schulpraktischen Ausbildung wettmachen. Insgesamt war die Ausbildung vollkommen auf die parteipolitische Ideologie ausgerichtet, was um so wirksamer funktionierte, je jünger und weniger vorgebildet die Studenten waren. Die Lehrerprüfung nach der Neufassung von 1943 sollte

> »feststellen, ob der Prüfling die notwendigen allgemeinen und berufsfachlichen Kenntnisse und Fähigkeiten besitzt, damit er als Lehrer im nationalsozialistischen Staat die deutsche Jugend unterrichten und erziehen kann. Die charakterliche und weltanschauliche Wertung des Prüflings wird sich auf seine Haltung und Leistung während der ganzen Ausbildungszeit stützen«.[18]

Für die Musikstudienräte an höheren Schulen blieb die Ausbildung an den verschiedenen Schulmusikinstituten in Berlin, Köln, Königsberg und Breslau im wesentlichen nach den alten Ordnungen bestehen. Die Anzahl der Gymnasien und der dafür auszubildenden Schulmusiker war allerdings so gering, daß das Hauptinteresse der Volksschule als Trägerin der allgemeinen, breiten Volkserziehung galt. 1935 erfolgte die Umwandlung der Berliner Akademie für Kirchen- und Schulmusik in eine »Staatliche Hochschule für Musikerziehung und Kirchenmusik« unter der Leitung des Berliner Musikstudienrats Eugen Bieder (seit 1934).[19] Im Fachbereich Erziehung und Unterricht wurde auch ein Fortbildungsstudium für Volksschullehrer eingerichtet, das in erster Linie dem Nachwuchs von Musikdozenten an den Hochschulen für Lehrerbildung dienen sollte. Dem Bereich der Privatmusikerziehung wurde der »Lehrgang für Volks- und Jugendmusikleiter«

---

17 Ebd., S. 81.

18 Erlaß des Reichserziehungsministeriums vom 1.11.1943, zit. nach Günther: *Die Schulmusikerziehung ...*, 1967, S. 80.

19 Als Nachfolger Thiels hatte Hans Joachim Moser seit 1927 die Berliner Akademie für Kirchen- und Schulmusik geleitet. Er wurde 1933 mit der Begründung pensioniert, daß die Akademie mit der Musikhochschule zusammengelegt werden solle. Daß dies evtl. nur ein taktisches Manöver des Reichserziehungsministeriums gewesen sein könnte, deutet Günther nach Gesprächen mit Zeitgenossen an (*Die Schulmusikerziehung ...*, 1967, S. 375, Anm. 286). Tatsächlich blieben beide Institutionen getrennt nebeneinander bestehen. Bis zur Ernennung Bieders 1934 hatte formell Fritz Stein als Direktor der Musikhochschule die Akademie geleitet, praktisch wurde diese Aufgabe aber von Heinrich Martens (Prof. für Musikerziehung und stellvertretender Leiter 1933–1945) wahrgenommen.

(später »Seminar für HJ-Musikerzieher«) unter Wolfgang Stumme (*1910) zugeordnet, der aber von den übrigen Fachgruppen ignoriert wurde und daher im Gefüge der Hochschule isoliert blieb. Der erste Lehrgang begann am 1. April 1936. Eine zweite Hochschule für Musikerziehung wurde 1939 in Graz errichtet, zu deren Direktor Felix Oberborbeck berufen wurde. Doch die Ausbildungsschwerpunkte unterschieden sich infolge der steiermärkischen Tradition deutlich von denen der Berliner Hochschule. Das Institut für Schulmusik war in Graz die kleinste, das Seminar für HJ-Musikerzieher die größte Abteilung.[20]

Das Institut für Schulmusik an der Kölner Musikhochschule, das 1925 von Edmund Joseph Müller begründet worden war, übernahm 1936 Dietrich Stoverock (*1900). Die Schulmusikinstitute in Königsberg und Breslau erhielten 1942 Hochschulrang, blieben aber mit den Ordinarien für Musikwissenschaft (Hans Engel in Königsberg, Arnold Schmitz in Breslau) verbunden. Die deutliche Vorrangstellung Berlins kam darin zum Ausdruck, daß auch alle Kandidaten aus Köln, Königsberg und Breslau ihr Staatsexamen vor dem Prüfungsamt in Berlin ablegen mußten. Als vierte preußische Ausbildungsstätte kam 1938 Frankfurt a. M. hinzu, wo das Hochsche Konservatorium in eine Staatliche Hochschule für Musik umgewandelt wurde.[21]

Außerhalb Preußens gab es vor 1933 schon eine Schulmusikausbildung in München, Leipzig, Stuttgart und Karlsruhe. 1934 übernahm Felix Oberborbeck (1900–1975) die Leitung der Musikhochschule in Weimar, wo er sogleich ein Schulmusikinstitut gründete, das er zunächst selber leitete. 1935 berief er Richard Münnich, der außer Musikgeschichte, Ästhetik und Instrumentenkunde auch die schulmusikalischen Fächer vertrat und damit faktisch die Schulmusikausbildung betreute. 1944 wurde ihm auch offiziell die Leitung des Instituts für Schulmusik übertragen.[22]

Was die Musiklehrerausbildung im Dritten Reich insgesamt kennzeichnete, war ihre ideologische Ausrichtung auf Gemeinschaftserziehung,

---

20 U. Günther: *Die Schulmusikerziehung ...*, 1967, S. 103.

21 Weil der erste Leiter der dortigen Schulmusikabteilung, Wilhelm Bender, schon früh als Soldat gefallen war, konnten noch keine Schulmusiker ausgebildet werden. Erst 1947 wurde dann eine Schulmusikabteilung eröffnet und die Schulmusikausbildung aufgenommen (vgl. Günther: *Die Schulmusikerziehung ...*, 1967, S. 375 f., Anm. 298).

22 Oberborbeck verließ 1939 die Weimarer Hochschule und übernahm die Leitung der neuen Grazer Hochschule. Mit Kriegsausbruch ruhte aber die Schulmusikausbildung in Weimar. Das Institut für Schulmusik konnte erst 1944 seine Arbeit wiederaufnehmen, so daß Münnich erst jetzt zum Leiter des Instituts bestellt wurde. Auch nach der Wiedereröffnung der Weimarer Hochschule im Mai 1946 behielt er die Leitung der Schulmusikabteilung und blieb der Hochschule auch nach seiner Emeritierung 1949 bis ins hohe Alter verbunden. Er unterrichtete dort im Lehrauftrag bis 1964.

»Menschenformung« und »Typenzucht« (Krieck). Bei der Umwandlung der Pädagogischen Akademien in »Hochschulen für Lehrerbildung« und der Verlegung der Schulmusikausbildung an »Hochschulen für Musikerziehung« ging es daher nicht um den Hochschulrang dieser neuen Institutionen, sondern die Änderungen erfolgten aus ideologisch-programmatischen Gründen, die auch mit der Akzentverlagerung von der musikalischen Fachkompetenz (Schulmusik) zum totalen Erziehungsgedanken (Musikerziehung) zusammenhingen. In diesem Kontext spielte dann auch der Gesichtspunkt der musikalischen Rassenforschung eine zunehmende Rolle, derentwegen die neue atonale Musik als »entartet« verfemt war. Vom hymnischen Weihelied erwartete man die Zucht, die man beim Jazz vermißte. »Wir sind der Überzeugung, daß der Kulturverfall des Jazz nur eine Erscheinungsform eines allgemeinen Verfalls des gesunden deutschen Körpergefühls darstellt. Wir glauben, daß ein gesunder deutscher Junge den sich zwar prickelnd anhörenden Jazz in dem Augenblick wirklich seelisch überwindet, wo er aufgefordert wird, die Bewegungen der Musik mit seinem Körper darzustellen. Dann wird ihm nämlich plötzlich klar sein, wie unmöglich, ja widerlich einem straffen, gesunden Körper diese Bewegungen sind. Er wird spüren, daß diese Musik einen schlappen, unbeherrschten, schlenkrigen Körper verlangt, der uns unerträglich ist.«[23] An die Stelle der verpönten Bildung und des theoretischen Wissens über Musik sollte ein seelisches Erleben der »tieferen Werte« treten, das die Schule zu vermitteln hatte. »Auch die Schulmusik wird daher in Zukunft noch viel stärker als bisher das Gepräge einer musikalischen Gemeinschaftskultur aus dem Geiste unserer Zeit tragen müssen. Indem sie die seelischen und gemeinschaftsbildenden Erlebniswerte zur Grundlage der Charakterzucht und staatspolitischen Erziehung macht, stellt sie sich bewußt in den Dienst der nationalsozialistischen Erziehungsidee.«[24] Was Fritz Reusch, neben Jöde einer der führenden Vertreter der Jugendmusikbewegung, hier 1938 formulierte, zeigt, wie leicht und arglos sich die Musikerziehung aus dem Geiste der Jugendmusikbewegung heraus der Staatsideologie anpaßte.

Für die Vereinheitlichung der Schulpolitik war seit 1934 das Reichsministerium für Wissenschaft, Erziehung und Volksbildung unter dem Preußischen und Reichserziehungsminister Bernhard Rust (1884–1945) verantwortlich. Die allgemeinbildenden Schulen unterstanden darin dessen Amt

---

23 H. Siebert (*Der Weg zur Kunstmusik*) im amtlichen Organ der Reichsjugendführung *Musik und Volk* (hg. von G. Waldmann), 1936, H. 1, S. 23. Doch manch »deutscher Junge« spürte dies mitnichten, sondern lauschte heimlich am Volksempfänger den Klängen aus der Neuen Welt.

24 F. Reusch: *Musik und Musikerziehung im Dienste der Volksgemeinschaft*, Berlin 1938, S. 9.

für Erziehung. Der Kernbereich schulischer Erziehung lag in der Volksschule. Musik sollte dort »durch ihre völkische und gemeinschaftsbildende Kraft« die Kinder »zu deutschbewußten Menschen« erziehen.[25] Sie war zentraler Bestandteil der deutschkundlichen Fächer, die in den Stundentafeln nach der Leibeserziehung an die zweite Stelle vorrückten. An die ersten vier Jahre der Volksschule schloß sich ab 1942 die Hauptschule als neuer Typ einer »Pflichtausleseschule«, die Mittelschule oder das Gymnasium an. Mit Erlaß für die höheren Schulen vom 29. Januar 1938 wurde die Gymnasialzeit auf acht Jahre verkürzt.[26] Gegenüber den Koedukationsbestrebungen der deutschen Reformpädagogik stellte die strikte Trennung nach Geschlechtern auch hier einen Rückfall dar.[27] Andererseits ging die Verkürzung des Gymnasiums mit einer deutlichen Erweiterung der Stundentafeln für das Fach Musik einher, das als musisches Fach einen besonderen Rang in der nationalsozialistischen Schule erhielt. So galt für die Vollanstalten der Oberschulen für Mädchen sowie für die Aufbauschulen ein durchgehend zweistündiger Musikunterricht. Lediglich in den Oberschulen für Jungen war im vierten und fünften Jahrgang (Klassen 8 und 9) der Musikunterricht wegen des einsetzenden Stimmbruchs auf eine Stunde reduziert.[28] Dieses Kontingent war jedoch auf den Klassenunterricht und die Arbeit in den Sing- und Spielscharen aufzuteilen, für die eine Fülle von Spielmusiken aus der Jugendmusikbewegung übernommen und von den in der Musikarbeit stehenden Musikern (Bresgen, Knorr, Maasz, Rabsch, Rein etc.) geschrieben wurde. Im einzelnen regelte der Erlaß:

> »Es dürfen [...] in der Musik weder dem Lehrer etwa durch Klassenzusammenlegung Stunden von der Gesamtstundenzahl abgesetzt, noch darf der einzelne Schüler zu mehr als zwei Wochenstunden herangezogen werden. Diese Verpflichtung auf eine feste Stundenzahl erfordert, daß von den zwei Schülerstunden in der Regel eine für den Klassenunterricht und eine für die Sing- und Spielscharen vorgesehen werden muß. Eine Ausnahme bildet die erste Klasse, die wegen ihrer grundlegenden Arbeit noch nicht an den Sing- und Spiel-

---

25 Richtlinie für Volksschulen, Erl. vom 15.12.1939, zit. nach Günther: *Die Schulmusikerziehung ...*, 1967, Anlage 4, S. 255.

26 Dabei muß man aber bedenken, daß die gesamte Schuldauer für Gymnasiasten ursprünglich auch nur 12 Jahre betrug: der dreijährigen Vorschule folgten neun Gymnasialjahre. Erst mit Einführung der gemeinsamen vierjährigen Grundschule durch die Reichsschulkonferenz verlängerte sich diese Zeit auf insgesamt 13 Jahre. Allerding verkürzte das REM wohl mehr aus ideologischen Gründen (man brauchte im Hinblick auf die Kriegsvorbereitungen Offiziere) als aus »bevölkerungspolitischen« Erwägungen (wie im Erlaß genannt) die Gymnasialausbildung auf acht Jahre.

27 »Eine gemeinsame Schulerziehung der Geschlechter widerspricht nationalsozialistischem Erziehungsgeiste.« (Erziehung und Unterricht in der Höheren Schule, 1938, II, Punkt 3)

28 Gem. Reichsamtsblatt vom 5. Februar 1938.

scharen beteiligt ist. [...] Da auf der Jungenschule in der vierten und fünften Klasse [der achtklassigen Oberschule] nur je eine Stunde vorgesehen ist, können hier nur ausnahmsweise Schüler in Sing- und Spielscharen mitwirken. Auf die Einrichtung von Sing- und Spielscharen darf nicht verzichtet werden.
Eine Befreiung vom Musikunterricht ist nicht möglich.«[29]

Mit den Ausbildungsrichtlinien für Lehrer an höheren Schulen war 1937 verordnet worden, daß auch Gymnasiallehrer die ersten beiden Semester zusammen mit den Volksschullehrern an einer Hochschule für Lehrerbildung studieren sollten.[30] Diese Maßnahme hatte wohl in erster Linie die einheitliche ideologische Ausrichtung der Lehrer zum Ziel. Die Gemeinschaftserziehung an den Hochschulen für Lehrerbildung konnte so am ehesten die Vorstellung von einer »totalen Erziehung«, die eine totale Indoktrination einschloß, verwirklichen. Daß hier auch der Gedanke einer einheitlichen schulpädagogischen Ausbildung mitschwang, bei der die Gymnasiallehrer zusammen mit den Volksschulkollegen in die Grundlagen der Schulerziehung eingeführt werden sollten, ist angesichts der eher konservativen und im Gegensatz zur NS-Parteidoktrin liberaleren Haltung des Reichserziehungsministeriums nicht auszuschließen. Aus organisatorischen Gründen scheiterte dieses Experiment aber und wurde bereits 1939 wieder eingestellt.[31]

Speziell der musikalischen Eliteförderung diente die Einrichtung von Musischen Gymnasien. Aus den Erfahrungen bei den Regensburger Domspatzen unter Theobald Schrems hatte Martin Miederer, der Geschäftsführer dieses Chores, die Idee einer Sonderform des Gymnasiums entwickelt. Als er 1937 durch Fürsprache Hitlers als Musikreferent ins Reichserziehungsministerium berufen wurde, setzte er diese Konzeption mit dessen Unterstützung durch, weil er darin das Musische mit nationalsozialistischen Erziehungsgedanken verbunden sah. Das Reichserziehungsministerium förderte diese Form möglicherweise auch als ein Gegengewicht zu den Partei-Sonderschulen, obwohl es andererseits in seiner konservativen Denkweise wiederum eine zu stark spezialisierte Schule befürchtete. Der körperlichen Ertüchtigung in den Nationalpolitischen Erziehungsanstalten und der politischen Schulung in den Adolf-Hitler-Schulen sollte dennoch das Musische Gymnasium »zur planmäßigen Förderung der musischen und künstlerischen Anlagen der Ju-

---

29 Zit. nach VME März 1939, S. 195 f.

30 Vgl. Richtlinien für die Ausbildung für die Lehrer an höheren Schulen vom 16. 7. 1937 (Günther: *Die Schulmusikerziehung* ..., 1967, Anlage 13, S. 301). Danach sollte sich das Studium in »ein einjähriges Studium an einer Hochschule für Lehrerbildung« und »ein mindestens dreijähriges Studium [...] für die künstlerischen Fächer an den dafür bestimmten Kunsthochschulen« gliedern.

31 Aufgehoben durch Erl. vom 27. 11. 1939.

gend«[32] an die Seite gestellt werden. In einer Ansprache anläßlich der Berliner Musikerziehertagung am 25. Januar 1938 hatte Miederer die Errichtung solch musischer Bildungsanstalten und ihre Integration in die nationalsozialistische Erziehungsideologie dargelegt. »Die musische Bildungsanstalt sammelt die musikalisch befähigten Jugendlichen aus dem Reich, bildet neben den wissenschaftlichen und gymnastischen Disziplinen vor allem ihre künstlerisch schöpferischen (produktiven und reproduktiven) Kräfte mit dem Ziel einer musisch-gymnastisch-wissenschaftlichen Reifeprüfung.«[33] Daraus sollten dann »die Führer und Träger einer völkischen Musikkultur«[34] hervorgehen. Die Bezeichnung »musisch« sollte dabei auf das Ziel hinweisen, »eine organische Synthese der deutsch-völkischen Kulturwerte und der artverbundenen kulturellen des klassischen Hellenentums in Sprache, Kunst, Philosophie und Gymnastik«[35] zu schaffen. Am 1. Juli 1939 wurde das erste Musische Gymnasium in Frankfurt am Main unter der künstlerischen Leitung von Kurt Thomas mit einer dritten und vierten Klasse der Grundschule und den ersten drei Klassen der Oberschule für Jungen eröffnet.[36] Erstmalig war damit eine »Ausleseanstalt« eingerichtet, in der »künstlerisch und vor allem musikalisch hervorragend begabte Jungen aus allen Schichten unseres deutschen Volkes ohne Rücksicht auf Stand und wirtschaftliche Lage ihrer Eltern von frühester Jugend an gesammelt, gemeinsam erzogen und ausgebildet werden. Dieses Musische Gymnasium hat neben der vollwertigen körperlichen und wissenschaftlichen Ausbildung einer höheren Schule das besondere Ziel, die musikalisch schöpferischen Kräfte unseres Volkes ihrer naturgegebenen Bestimmung zuzuführen.«[37] Damit entstand unter dem Namen »Musisches Gymnasium« in Wahrheit ein Musikgymnasium, wie es Kestenberg vorgeschwebt haben mochte, in dem die musikalische Begabungsförderung unverkennbar im Vordergrund stand. Die fachlich-musikalische Unterweisung im Instrument, in Musiktheorie und Musikgeschichte, in Gehörbildung und Dirigieren lag in der Hand von Fachmusikern. Übungszeiten waren im Stundenplan ebenso vorgesehen wie die Mitwirkung in Chor und Orchester und das Kammermusikspiel.

---

32 Erlaß zur Errichtung eines Musischen Gymnasiums in Frankfurt/M. vom 27. März 1939, in: Günther: *Die Schulmusikerziehung ...*, 1967, Anlage 7a, S. 273.

33 M. Miederer: *Die Erfassung und Förderung der Musikbegabten – eine Sonderaufgabe der nationalsozialistischen Erziehung*, in: VME Juli/Aug. 1938, S. 303.

34 Ebd., S. 306.

35 Ebd., S. 308.

36 Vgl. den Erlaß des Reichsministers für Wissenschaft, Erziehung und Volksbildung vom 27.3.1939, in: VME 5, 1939, S. 220 f.

37 Ebd.

1941 wurde dann in Leipzig ein zweites Musisches Gymnasium eröffnet, das zwar der Thomaskantor Günther Ramin leitete, das aber unabhängig neben der Thomasschule bestehen sollte. Zur Gründung von vier weiteren Schulen in Dresden, Wien, München und Lübeck kam es jedoch nicht mehr. Die Konzeption solcher Gymnasien in Leipzig und Dresden gibt zu der Vermutung Anlaß, daß diese neuen, unter staatlicher Aufsicht stehenden Institutionen als Gegengewicht zu den bislang unbehelligt gebliebenen kirchlichen Schulen der Cruzianer und Thomaner gedacht waren.

Exkurs: »Entartete Musik«

Ganz im Gegensatz zur künstlerischen Begabungsförderung in den Sonderschulen stand die allgemeine Kunstpolitik. Hier galt – wie überall – die absolute Gleichschaltung mit der weltanschaulichen Ideologie des Nationalsozialismus. Musik spielte bei allen festlichen Anlässen und großen Aufmärschen eine zentrale Rolle. Gerne zeigte sich der Führer, umgeben von der Parteiprominenz, beim Besuch von Konzerten und Musikvorführungen der HJ-Verbände. Dabei wurde seine Vorliebe für Bruckner und Wagner zur verbindlichen Kunstanschauung erhoben. Musik nahm hier ihren hohen Rang ein, weil sie so unmittelbar auf die Gefühle wirkte. Bruckners Musik sollte dabei »jene gläubige Andacht fördern, die erst das reibungslose Funktionieren der Staatsmaschinerie ermöglichte«.[38] So suchte Hitler über die Musik eine »Arisierung der Gefühle« (Dümling) zu erreichen. Rasch folgten Musikwissenschaftler und Parteiideologen, um mit musikalischer Rassenforschung[39] die Überlegenheit germanisch-völkischer Musik und das Krankhafte jüdischer Einflüsse in der Musik nachzuweisen. Musik wurde zur »deutschesten« Kunst erhoben; wahre Kunst wurde mit deutscher gleichgesetzt – allerdings nur insofern sie der Parteidoktrin entsprach, die rückhaltlos konservativ einem romantisierenden Ideal verklärender Kunstreligion anhing und diese als alleinige deutsche Kunst verabsolutierte. Wirkliches Eindringenkönnen in die Wirkungsweise der Musik sollte ebenso rassisch bedingt sein wie die elementaren musikalischen Ausdrucksformen. So wurden Tonalität und Dreiklang zu typisch germanischen Elementen der Musik erklärt und alle davon abwei-

---

38 A. Dümling, P. Girth: *Entartete Musik*, in: Ausstellungskatalog zur Rekonstruktion der Düsseldorfer Ausstellung, Düsseldorf 1988, S. 12.

39 Vgl. R. Eichenauer: *Musik und Rasse*, München (1933) ²1937; G. Waldmann (Hrsg.): *Musik und Rasse*, Berlin 1939 (Musikal. Volksforschung, Bd. 3); J. Müller-Blattau: *Germanisches Erbe in deutscher Tonkunst*, Berlin 1938.

chende neue Musik als »artfremd« verleumdet. Was nicht in die nationalsozialistische Kunstideologie paßte, wurde dem »Kulturbolschewismus« und »Judentum« zugeschrieben und als volksfeindlich gebrandmarkt und verboten.

Zum Reichsmusikfest 1938 in Düsseldorf organisierte Hans Severus Ziegler[40] zusammen mit Paul Sixt[41] in eigener Initiative eine Ausstellung unter dem Titel »Entartete Musik«, mit der er auf die Ausmerzung der ihm verhaßten neuen Kunst und so zu einer »Gesundung des natürlichen Volksempfindens« hinwirken wollte. In der gleichnamigen Druckschrift zur Ausstellung verbreitete er seine von Judenhaß geprägten Angriffe und Schmähungen. »Es packt einen oft ein Grauen, wenn man bedenkt, daß wir uns Dichtung, Musik und Bildnisse von einem Fremdvolk haben schenken lassen, von dem wir ganz genau wissen, daß es allezeit einen infernalischen Haß gegen alles Germanische gehegt hat. [...] Was in der Ausstellung ›Entartete Musik‹ zusammengetragen ist, stellt das Abbild eines wahren Hexensabbath und des frivolsten, geistig-künstlerischen Kulturbolschewismus dar und ein Abbild des Triumphes von Untermenschentum, arroganter jüdischer Frechheit und völliger geistiger Vertrottelung.«[42] Zu den so verfemten Musikern zählten Kurt Weill mit seinem Librettisten Bert Brecht, Arnold Schönberg und seine Schüler Alban Berg und Anton Webern, Ernst Krenek und Franz Schreker, Paul Hindemith und Ernst Toch, Darius Milhaud und George Antheil, Leo Fall und Oskar Straus u. v. a. Die Zeitschriften aus den zwanziger Jahren, *Melos* und *Anbruch*, wurden mit ihren Herausgebern zu »prominenten Vorkämpfern des Musikbolschewismus« erklärt. Was für Komponisten und Interpreten galt, traf ebenso natürlich für die gesamte Intelligenz, für Maler, Schriftsteller, Philosophen, Wissenschaftler und Forscher zu.

Zur Kontrolle und Lenkung völkischer Kultur wurde eine Reichsmusikprüfstelle eingerichtet, die gemäß der »Anordnung zum Schutze musikalischen Kulturgutes« vom 29. 3. 1939 die Veröffentlichung musikalischer Werke wie die Einfuhr ausländischer Noten kontrollierte. Listen empfohlener Kompositionen und Bücher wie die Aufzählung verbotener Werke, die

---

40 Der Bankierssohn aus Eisenach war durch den Alt-Wandervogel zu deutschnationalem Denken gekommen. Er gründete 1924 die erste nationalsozialistische Wochenzeitschrift *Der Völkische*, avancierte zum stellvertretenden NSDAP-Gauleiter in Thüringen und wurde 1933 zum Chefdramaturgen, 1935 zum Generalintendanten an das Deutsche Nationaltheater in Weimar berufen. Ziegler wirkte bis 1962 an einem norddeutschen Gymnasium als Lehrer und Erzieher.

41 Generalmusikdirektor am Weimarer Theater.

42 *Entartete Musik. Eine Abrechnung von Staatsrat Dr. Hans Severus Ziegler*, Düsseldorf 1938, S. 12, 16.

für »unerwünscht und schädlich« erklärt waren, wurden in den Fachzeitschriften veröffentlicht. Dem Aufführungsverbot verfemter jüdischer Künstler folgte schließlich deren physische Vernichtung. Sofern sie nicht emigriert
waren, wurden sie vornehmlich ins Konzentrationslager Theresienstadt de-
portiert und später in den Vernichtungslagern umgebracht. Die Komponisten Erwin Schulhoff (1894–1942), den Antonín Dvořák als Wunderkind
»entdeckte«, der Pole Józef Koffler (1896–1943 oder 1944), der Lehrer Roman Haubenstock-Ramatis war, oder der Schönberg-Schüler Victor Ull-
mann (1898–1944) hatten vor der Machtergreifung eine bemerkenswerte
Karriere als Komponisten und Dirigenten begonnen. Die Vertreibung und
physische Vernichtung dieser Komponistengeneration, die erst seit dem Ende
der achtziger Jahre künstlerisch rehabilitiert zu werden beginnt, decouvriert
die makabre Kunstförderung im Dritten Reich als eine skrupellose ideologische Vereinnahmung von Kunst zu politischen Zwecken und die Pro-
tektion solcher Komponisten, die dem System willfährig dienten.

2. Musische Erziehung als Staatsideologie

»Die deutsche Jugend soll nicht mehr wie im Liberalismus in sogenannter
objektiver Weise vor die Auswahl gestellt werden, ob sie materialistisch oder
idealistisch, völkisch oder national, religiös oder gottlos aufwachsen will, sondern sie soll bewußt geformt werden nach Grundsätzen, die als richtig erkannt sind und die sich als richtig erwiesen haben: nach den Grundsätzen
der nationalsozialistischen Weltanschauung.« Mit diesen Sätzen über den
NS-Lehrerbund (1937)[43] ist die Funktion der Erziehung in einem totalitären
Staat unmißverständlich umrissen. Sowohl die Schule als auch die Jugendarbeit der Partei sollten den jungen Menschen körperlich, politisch und weltanschaulich im Sinne völkischer Gemeinschaft formen. In der 1938 erlassenen Studienordnung für das Lehramt an Volksschulen wurde daher ausdrücklich die Gliederung der Ausbildung in die politische und leibliche
Erziehung, das wissenschaftliche Studium und die berufspraktische Ausbildung gefordert. Diese Verbindung antiker hellenischer Körperertüchtigung
mit deutscher Gefühls- und Seelenpflege wurde als musisch bezeichnet. Musische Erziehung wurde daher zum Erziehungsprinzip innerhalb und außerhalb der Schule.

---

43 H. Hansen: *Die Presse des NS-Lehrerbunds*, Frankfurt a. M. 1937, S. 1.

Eine zentrale Rolle spielte darin das gemeinsame Lied. Mit einem einfachen terminologischen Trick wurde dabei die gesamte Musikerziehung usurpiert. Denn das gemeinschaftsbildende Singen kämpferischer Lieder wurde nun zum zentralen Inhalt musikalischer Erziehung bestimmt und diese unversehens mit künstlerischer Erziehung ineins gesetzt, indem man das *Singen* meinte und von einer aus neuen Seelentiefen aufsteigenden *Kunst* sprach. Auf diese Weise wurde der Musikunterricht in der Volksschule und in den unteren Klassen der Mittel- und Oberschule vollständig in den Dienst parteipolitischer Indoktrinierung gestellt. Musische Ganzheit betraf nur noch die Totalität einer verbindlichen Weltanschauung. »Spruch und Lied an der Fahne, der Tischspruch, der vom Bauern handelt oder uns stolz macht auf die Kraft unseres Körpers, der fröhliche Kanon beim Kaffee und die Feierstunde am Abend – unser ganzer Tageslauf im Lager, in der Schule und auf Fahrt – vom Weckruf bis zum Abendlied unterm Sternenhimmel sind ein gewachsener Ausdruck unserer Weltanschauung.«[44] Daß diese Funktionalisierung des Singens nichts mit künstlerischer Erziehung zu tun hatte, wurde von den Musikpädagogen entweder gar nicht recht wahrgenommen oder angesichts der eindeutigen Forderungen der HJ verdrängt. Leitbild des Musikerziehers, dessen musische Orientierung von dem neuen Kampflied ausging, war daher nicht mehr der pädagogisch sichere Stimmbildner, »sondern [der] weltanschaulich, sportlich und musikalisch hochwertige Führer«.[45] Es ging ja nicht um vokale Tonbildung und Stimmpflege oder um Musiklehre am Lied wie noch in den Jahren Kretzschmars; die »Seele alles Singens« lag nicht mehr in einem ästhetischen Ausdruck, sondern allein in der »Stoßkraft des Bekenntnisses«[46]. Die aus der (verächtlich *Systemzeit* genannten) Weimarer Zeit stammenden Errungenschaften der Kestenberg-Reform wurden daher vehement abgelehnt. »Es gilt, die Kunstverwirrung in Inhalt und Form des letzten Jahrzehnts, in deren Auswirkungen wir heute noch stehen, durch das Heranziehen körperlich und geistig gesunder und schöpferischer Menschen zu beseitigen. Die Musik des Gehirns wird keinen Einfluß mehr auf die Jugend haben können. Aus wahrhaft tief empfindender Seele und Gemüt entspringende Kunst wird es sein, die auch unserem Schaffen heute ein neues Gesicht gibt.«[47] Damit war eine Abkehr sowohl von den fachimmanenten Zielen eines neuen Musikunterrichts wie von den allgemeinen Bildungsidealen Kestenbergs vollzogen. An die Stelle rationaler analytischer Metho-

44 E. Bohlmann: *Das Mädel in der Kulturarbeit*, in: MuV 3, 1935/36, H. 1, S. 23.
45 W. Stumme: *Musikalische Schulung der Hitler Jugend*, in: MuV 3, 1936, H. 4, S. 166.
46 Ebd., S. 168.
47 Ebd., S. 173.

den bei der Werkbetrachtung trat nun die Forderung nach praktischem Musizieren und gefühlsmäßigem Erleben. Musische Erziehung wurde zur nationalpolitischen Erziehung, die nun nicht mehr den »Musikspezialisten« brauchte, sondern »Musiker für die Front; [...] z. B. Musiker, die im Arbeitsdienst die Freizeitgestaltung leiten können«.[48]

Die aus der Jugendmusikbewegung hervorgegangene Idee der musischen Erziehung, die ideologisch zuerst von dem Soziologen Hans Freyer (1887 –1969) und dem Pädagogen Ernst Krieck (1882–1947) vertreten worden war, wurde somit zur staatstragenden Leitidee der NS-Pädagogik. »Die musische Kunst aber ist das Fundament dieses Staates, seiner Ordnungen und seiner Erziehung.«[49] Krieck stützte sich dabei auf die antike Ethoslehre, auf Platons Vorstellungen von musikalischer Erziehung in dessen *Politeia*. Im völligen Einklang mit der Kulturkritik der Jugendbewegung sah er den Menschen im Spannungsfeld des Zusammenwirkens zweier Grundkräfte, der Zweckrationalität des Alltags und des ekstatischen Rauschs in der Gemeinschaft bei Fest und Feier. Dabei akzentuierte Krieck für die charakterbildende und menschenformende Wirkung der Musik gerade ihre Orgiastik und Medialität zur mystischen Versenkung.[50] So konnte musische Erziehung unmittelbar von der nationalsozialistischen Erziehungsideologie vereinnahmt werden. In seinem Vorwort zur *Musischen Erziehung* (1933) schrieb Ernst Krieck:

> »Für die Erziehung in den Bünden, in der Staatsjugend, in der Reichswehr, in den Wehrverbänden der SA., der SS. und des Stahlhelm ist die musische Erziehung zur Notwendigkeit geworden. Aus der wehrhaften Übung allein kann der soldatische Geist nicht erwachsen: Wehrhaftigkeit vollendet sich erst im Seelischen, in Haltung und Ethos, in Ehre, Hingebung und Gefolgschaftstreue.«

So gelangten die nach dem Führerprinzip organisierten bündischen Strukturen der Jugendmusikbewegung, die Volksliedbegeisterung und die Gemeinschaftsmusikpflege nun zu ganz neuen, offiziellen Ehren. Während es aber die Schulmusikreform nach Kestenberg trotz der Übernahme mancher Impulse aus der Jugendbewegung auf eine Erziehung *zur* Musik angelegt hatte, allenfalls *durch* Musik *zur* Musik, herrschte jetzt allein der Ruf nach einer »Erziehung durch Musik«. Unter dem Diktat einer gleichgeschalteten Einheitserziehung wurden die reformpädagogischen Ansätze zur Individualisierung des Lernens vom Kinde aus mit einem Federstrich weggewischt. Ernst Krieck, der mit seiner Schrift *Musische Erziehung* (1933) zum Chef-

---

48 L. Kelbetz: *Zur Neugestaltung der Hochschule für Musik*, in: MuV 1, 1933/34, H. 3, S. 107.

49 E. Krieck: *Musik, Erziehung und Staat*, in: *Musische Erziehung*, Leipzig 1933, S. 36.

50 E. Krieck: *Die erzieherische Funktion der Musik*, ebd., S. 4.

ideologen der Schulerziehung im Dritten Reich avancierte (*Nationalsozialistische Erziehung*, 1935), hatte zur »völkischen Reform der Bildung und der Schule« in seinem Buch *Nationalpolitische Erziehung* (1932) nur Hohn und Spott für den Arbeitsschulgedanken übrig.[51] Er geißelte darin den »radikalen Subjektivismus der Schulreformbewegung« als Wurzel für »Anarchie in Kultur und Bildung«.[52] Dem »Götzen des Kulturliberalismus«[53], dem »Aberglauben an das Reich der reinen Humanität mit ihrer reinen Wahrheit, Schönheit und Sittlichkeit«[54] hielt er »das nationalpolitische Ziel [...] autoritativer Werte«[55] entgegen. Daher definierte er den Auftrag der Schule als Begleitung auf dem Weg, auf dem sie »das mitgebrachte Heimatbild des Kindes zum rassisch-völkisch-politischen Weltbild des reifen Volksgenossen ausweitet und vertieft«.[56] Auf völkischem Kulturgut sollten SA und HJ, Arbeitsdienst und Studentenschaft »ihr musisches Erziehungssystem aufbauen«.[57] »Zu soldatisch-heldischer Zuchtordnung und Lebensform gehört soldatisch-heldische Dichtung, Musik und Kunst jeder Art als notwendiges Erziehungsmittel.«[58]

Was der Erziehungswissenschaftler Krieck als musisches Erziehungssystem für die Schule forderte, hatte Georg Götsch (1895–1956) mit dem Musikheim in Frankfurt/Oder bereits 1929 zur »Wiederbelebung der musischen Volkskräfte« begonnen, wo Lehrer im musischen Geist fortgebildet wurden. Die Lehrerschaft, die vom jugendmusikalischen Gemeinschaftserleben ausgegangen war, erlag den Versuchungen einer Schulpolitik, die das volkstümliche Brauchtum, Lied und Tanz, Fest und Feier bereitwillig förderte, weil damit die eigene Ideologie verbreitet und gefestigt werden konnte. Doch nicht die Möglichkeit zum politischen Mißbrauch von Musik, sondern die anti-intellektuelle, irrationale Mystifizierung des musischen Tuns in der Gemeinschaft war die Ursache für die immer stärkere Funktionalisierung und Medialisierung der Musikerziehung im Dritten Reich. Die Volksschule

---

51 Interessant ist zu beobachten, wie seine Erziehungsphilosophie in den drei Schriften zwischen 1932 und 1935 völlig einheitlich ausformuliert ist, so daß die Bezeichnungen »nationalpolitisch«, »musisch«, »nationalsozialistisch« fast zu austauschbaren Epitheta werden.

52 E. Krieck: *Nationalpolitische Erziehung*, Leipzig 1932, S. 134.

53 Ebd., S. 135.

54 Ebd., S. 140.

55 Ebd., S. 142.

56 E. Krieck: *Nationalsozialistische Erziehung*, Berlin 1935 (Die Verwaltungsakademie Bd. I, Gruppe 1, Beitrag 8), S. 6.

57 Ebd., S. 10.

58 Ebd., S. 11.

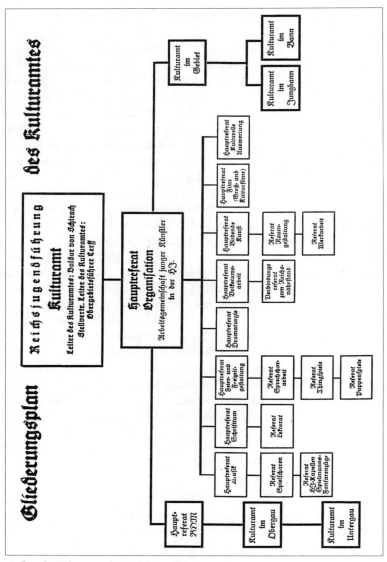

Aufbau des Kulturamts der Reichsjugendführung.

war dabei mit ihrem Zentrum um Volkslied und Singen noch anfälliger für die musische Ideologie als die höhere Schule, in der immerhin fachlich-künstlerische Aspekte eine größere Rolle spielten, die sie hätten abschirmen können.

3. Die Musikarbeit der Hitlerjugend

Wegen ihrer großen Bedeutung für die nationalsozialistische Erziehung sollte die Musikarbeit nicht mehr allein der Schule überlassen bleiben, der die Partei ohnehin äußerst kritisch gegenüberstand. Vielmehr wollte man »von der klaren Ausrichtung der HJ-Musikarbeit« auch zu »verbindlichen Arbeitsanweisungen für die Musikerziehung in der Schule« gelangen. Denn »Schule ist kein Sonderbereich, sondern soll in sich den völkischen Erziehungsauftrag [...] erfüllen«.[59] So entwickelte die NSDAP seit 1939 ehrgeizige Pläne, die Lehrerausbildung selber in die Hand zu nehmen.[60] Schon bei der Einrichtung der Aufbaulehrgänge 1939, die – wie bereits erwähnt – an die Stelle der Lehrerausbildung in den Hochschulen für Lehrerbildung treten sollten, wirkten Schule und Partei bei der Auswahl Jugendlicher für die »Musterungslager« zusammen. Zunächst aber wurde die Musikarbeit in den NS-Jugendorganisationen verstärkt und der Reichsjugendführung der NSDAP unter Baldur von Schirach (1907–1974) unterstellt. Vor 1933 war die HJ lediglich ein Jugendbund der SA. Mit dem HJ-Gesetz vom 1.12.1936 wurde die gesamte Jugend zur Hitlerjugend erklärt und so deren totalem Einfluß ausgesetzt, weshalb der Reichsjugendführer diese Maßnahme als »etwas Einzigartiges und Einmaliges in der Geschichte der menschlichen Erziehung« pries.[61] 1934 war Wolfgang Stumme (*1910) zum Musikreferenten der Reichsjugendführung bestellt worden, die 1935 ein besonderes »Kulturamt« (1936 »Kultur- und Rundfunkamt«) schuf, dessen Hauptabteilung Musik die gesamte Musikarbeit koordinieren sollte. In erster Linie ging es aber um die Heranbildung qualifizierter Führungskräfte für die verschiedenen NS-Jugendorganisationen und die Adolf-Hitler-Schulen, wozu die bestehenden Schulmusikinstitute in Berlin und Weimar herangezogen wurden. 1936 begannen die ersten einjährigen Lehrgänge für Volks- und Jugendmusikleiter unter Stummes Leitung nach dem Muster von Jödes Charlottenburger Seminar. Jöde selber war 1935 infolge einer persönlichen Affäre aus seinem Berliner Amt entfernt worden. Diese Ausbildung wurde dann in den »Seminaren für Musikerzieher der Hitlerjugend« weitergeführt. Wenn Stummes Tätigkeit auch von der neuen Berliner Hochschule für Musikerziehung fachlich nicht ernst genommen wurde, war der Einfluß dieser Seminare auf die außerschulische Musikarbeit doch erheblich. So bildete diese Ausbildung das Herzstück der neugegründeten Hochschule für Musikerziehung in Graz unter Felix

---

59 F. Oberborbeck: *Neue Formen der Musikerziehung*, in: MuV 4, 1936/37, S. 228 f.

60 Vgl. Günther: *Die Schulmusikerziehung ...*, 1967, S. 77.

61 B. v. Schirach in einer Grußadresse in: MuV 4, 1936/37, H. 2, S. 45.

Umzug der Rundfunkspielschar der Reichsjugendführung mit Trommeln und Fanfaren, deren Marschmusik ihre Wirkung auf jüngere Schüler nicht verfehlte.

Oberborbeck als Direktor und Reinhold Heyden als Seminarleiter. Auch die 1941 eröffnete »Reichshochschule für Musik – Mozarteum« in Salzburg gliederte ein Seminar für Musikerziehung (Eberhard Preußner) und eine »Musikschule für Jugend und Volk« (Cesar Bresgen) an, der in Ergänzung zur Hochschule eine »breit geschichtete Volks-Musikkultur« (Rust) im Sinne und in enger Verzahnung mit den HJ-Organisationen oblag.[62] Hier hatte auch Fritz Jöde auf Vermittlung Preußners 1940 wieder einen Lehrauftrag erhalten und war, obwohl in Berlin als »Marxist«, »Kulturbolschewist« und »Gefolgsmann [des Juden] Kestenbergs« verrufen, in die Partei eingetreten. In Salzburg widmete er sich dann als Gefolgschaftsführer voll der Musikarbeit der Partei (HJ-Bannorchester, Gebiets- und Obergauspielschar).[63]

Die praktische Musikarbeit der NSDAP erwuchs aus den Erfahrungen mit dem Rundfunk, der zunächst der Verbreitung musikalischer Sendungen diente. Schon Jöde hatte Ende der zwanziger Jahre in Berlin das Vermittlungspotential des Rundfunks für seine Rundfunksingstunden begeistert aufgegriffen. So wurden an den Sendern Rundfunkspielscharen gegründet, die

---

62 Zur spezifischen Struktur dieser Hochschule und ihrer Verquickung mit der NS-Kulturpolitik siehe G. Kerschbaumer: *Faszination Drittes Reich*, Salzburg [1988], S. 171 ff.

63 Vgl. dazu Kerschbaumer a.a.O., S. 177 ff.

dann als Modell für die planvoll ausgebauten HJ-Spielscharen und Fanfarenzüge, Bläserkameradschaften und Musikzüge, Singscharen und Chöre mit ihren Konzertveranstaltungen und Schulungswochen dienten. Als Ziel der Musikarbeit in der HJ nannte Stumme:

> »Unser Volk soll bis zum letzten Mann mit uns die neuen Lieder des Volkes singen.
> Wir wollen die musikalisch besonders begabten und interessierten Jungen und Mädel in Spielscharen zusammenfassen und mit ihrer Hilfe eine neue lebendige Pflege der Kammer- und Hausmusik erreichen.
> Wir wollen durch das Anhören der großen deutschen Meisterwerke aller Zeiten zur Ehrfurcht vor der großen Schöpfungsgnade führen.«[64]

Dies entsprach ja genau den Zielen, die auch Jöde mit seinen Musikantengilden und Volksmusikschulen hatte erreichen wollen. So wird es verständlich, daß er 1933 seinen Mitarbeitern den Rat gab, »unsere Musikarbeit unter dem Nationalsozialismus« fortzusetzen. Ob er wirklich »niemals nationalsozialistisch gedacht« hat und eine »gewisse politische Ahnungslosigkeit« für sich beanspruchen kann, wie Reinfandt[65] schreibt, mag offenbleiben. Menschlich ist es aber zu verstehen, daß er nicht unbeteiligt zusehen wollte, wie seine Impulse für die Laien- und Jugendmusik in den »Musikschulen für Jugend und Volk« nun von der Partei aufgegriffen und zu ihrer Kulturpolitik umgemünzt wurden. Er teilte mit Kestenberg dessen soziales Engagement, und ihn verband mit ihm mehr als nur der pragmatische Zweckrationalismus einer ausgleichenden Personalpolitik.[66] So erlag er wohl infolge seiner Fixierung auf die eigene Konzeption (Ahnungslosigkeit? Blindheit?) der Verlockung, seine musikerzieherischen Vorstellungen selbst mit Hilfe der Partei zu verwirklichen, die er so – vielleicht ungewollt – unterstützte, dann 1943 aber wieder verließ.

Die Musikarbeit der HJ konnte mit ihren Spielscharen und Chören den Gemeinschaftsgedanken der Jugendmusikbewegung ungebrochen weiterführen. Dabei sollten die Fahrten und Lager zur völkischen Gemeinschaftsbildung nach nationalsozialistischen Grundsätzen führen. Der Totalitätsan-

---

64 W. Stumme: *Ansprache*, in: MuV 4 (1936/37), S. 58.

65 K.-H. Reinfandt: *Fritz Jödes Wirken während der Zeit des Dritten Reiches*, in: *Fritz Jöde – ein Beitrag zur Geschichte der Musikpädagogik des 20. Jahrhunderts* (Jöde-Symposion, Hamburg 1988), Regensburg 1988, S. 112.

66 So blieb Kestenberg seinem ehemaligen Weggefährten auch nach der Nazi-Zeit freundschaftlich und herzlich verbunden. In einer Äußerung aus dem Jahr 1957 stellt er fest: »Seine [Jödes] Berufung an die Akademie für Kirchen- und Schulmusik [...] erschien mir so dringend wünschenswert, weil dadurch der ganzen Arbeit in der Akademie der charakteristische Stempel unserer [!] Pläne und Absichten aufgedrückt wurde.« (in: R. Stapelberg [Hrsg.]: *F. Jöde. Leben und Werk*, Trossingen 1957, S. 33) Vgl. auch Kestenbergs Ausführungen dazu in seiner Autobiographie *Bewegte Zeiten*, Wolfenbüttel 1961.

spruch der Erziehung wurde so gerade außerhalb der Schule im Freizeitbereich konsequent verfolgt. Der Schule, insbesondere dem Gymnasium, hatte Schirach in einer Rede 1938 mit »teils diffamierenden, teils zynischen Argumenten [...] die Fähigkeit ab[gesprochen], die Jugend im nationalsozialistischen Sinne erziehen zu können«.[67] Schockierend offen hatte Hitler in seiner Rede vor Hitlerjungen in Reichenberg diesen Totalitätsanspruch ausgesprochen:

>»Diese Jugend lernt ja nichts anderes als deutsch denken, deutsch handeln. Und wenn nun dieser Knabe, dieses Mädchen mit ihren zehn Jahren in unsere Organisationen hineinkommen und dort so oft zum erstenmal überhaupt eine frische Luft bekommen und fühlen, dann kommen sie vier Jahre später vom Jungvolk in die Hitler-Jugend, und dort behalten wir sie wieder vier Jahre, und dann geben wir sie erst recht nicht zurück in die Hände unserer alten Klassen- und Standeserzeuger, sondern dann nehmen wir sie sofort in die Partei oder in die Arbeitsfront, in die SA oder in die SS, in das NSKK und so weiter. Und wenn sie dort zwei und anderthalb Jahre sind und noch nicht ganze Nationalsozialisten geworden sein sollten, dann kommen sie in den Arbeitsdienst und werden dort sechs oder sieben Monate geschliffen. [...] Und was dann nach sechs oder sieben Monaten noch an Klassenbewußtsein oder Standesdünkel da oder dort noch vorhanden sein sollte, das übernimmt dann die Wehrmacht [...] und wenn sie dann nach zwei oder drei oder vier Jahren zurückkehren, dann nehmen wir sie, damit sie auf keinen Fall rückfällig werden, sofort in die SA, SS und so weiter, und sie werden nicht mehr frei ihr ganzes Leben, und sie sind glücklich dabei.«[68]

4. Musik und Musikerziehung nach Kriegsausbruch

Der Kriegsausbruch setzte ganz neue Prioritäten, die sich auch auf die Musikerziehung auswirkten. Zunächst stellten die meisten Musikhochschulen ihre Unterrichtätigkeit ein. Nur die beiden Berliner Hochschulen (die Staatliche Hochschule für Musik und die Staatliche Hochschule für Musikerziehung und Kirchenmusik), das Landeskonservatorium Leipzig, die Staatliche Akademie der Tonkunst in München und die Staatsakademie für Musik und darstellende Kunst in Wien konnten ihren Unterrichtsbetrieb Ende 1939 noch aufrechterhalten.[69] Aber dies änderte sich schon bald wieder, weil sowohl Lehrer (»moderne Kriege können nicht mit Analphabeten gewonnen

---

67 U. Günther: *Die Schulmusikerziehung ...*, 1967, S. 50.

68 Rede Hitlers in Reichenberg am 2.12.1938, in: *Völkischer Beobachter* vom 4.12.1938 (hier zit. nach Günther: *Musikerziehung im Dritten Reich*, a.a.O., S. 94.

69 Vgl. die amtl. Mitteilung in: VME 5,1939, H. 10/11, S. 440, und 6, 1940, H. 2, S. 39.

Aufmarsch von Arbeitsdienst und Wehrmacht bei der Musikwoche 1939 in Anwesenheit des Reichsministers Rust.

werden«[70]) als auch Musiker (insbesondere in der Wehrmacht und zur Truppenbetreuung) gebraucht wurden. Auch der Musikunterricht sollte fortgesetzt werden, nicht allein wegen der nun einsetzenden starken Betonung der »unmittelbaren Beziehung der Musik zum Soldatentum« (Soldatenlieder, Marschmusik), sondern weil er die »entspannenden Momente« ermögliche, »in denen sich die Kräfte der Seele sammeln, um im richtigen Augenblick mit um so größerer Schlagkraft zum Einsatz bereit zu sein«.[71] So wurde die Schulmusikabteilung der Musikhochschule in Köln 1940 wieder »in voller Stärke« eröffnet; die Musikhochschule in Mannheim hatte bereits am 11. 9. 1939 ihre Tätigkeit »in vollem Umfang« wiederaufgenommen.[72] Allerdings wurde die Ausbildung der Schulmusiker an der Hochschule für Musikerziehung auf sechs Semester verkürzt, was zu erheblichen fachlichen Schwierigkeiten führte, weil »die Zusammenballung der Arbeitsfülle auf sechs Semester auf die Dauer nicht tragbar sein wird«.[73] Ferner mußten alle

70 Nach W. Jantzen: *Die deutsche Schule im Kriege*, zit. im Editorial der Dezember-Nummer der VME 5, 1939, S. 471.

71 Editorial VME 5, 1939, H. 12, S. 471 f.

72 VME Februar 1940, S. 39.

73 H. Martens: *Kunsterziehung und Erziehungskunst als Aufgabe der Hochschule für Musikerziehung*, in: VME April 1942, S. 78.

Schulungskurse und Fachtagungen eingestellt werden. Der nach wie vor im Auftrag des Reichserziehungsministeriums erscheinenden Zeitschrift *Völkische Musikerziehung. Monatsschrift für das gesamte deutsche Musikerziehungswesen*[74] kam daher die Funktion der einzigen fachlichen Verbindung zu. So läßt sich erklären, daß die stark ideologisch ausgerichteten Artikel zur völkischen Musikerziehung deutlich zurückgingen oder fast ganz verschwanden zugunsten einiger weniger Sachartikel, die dem Lehrer konkrete Werkinformationen für seinen Unterricht lieferten oder in den beigehefteten »Musikblättern für die Volksschule« methodische Grundlagen für den »Musikunterricht im Anfang«[75] vermittelten. Andererseits traten nun Beilagen zum Soldatenlied, Fragen der Militär- und Wehrmachtsmusik und überhaupt die verschiedensten Aspekte der Blasmusik (Instrumente, Aufbau von Blaskapellen etc.) deutlich in den Vordergrund. Die kriegsbedingten Einschränkungen nahmen dann auch in der Schule zu, wo Lehrer fehlten, Stundentafeln reduziert werden mußten und die Schüler immer jünger an die Front geschickt wurden.

5. Wirksamkeit oder Wirkungslosigkeit der Schulmusikreform

Man machte es sich zu einfach, wollte man sich mit der Feststellung begnügen, daß allein die Übermacht der Parteiorganisationen genügte, um die Musikerziehung im politischen Sinne umzupolen, oder daß die Parteifunktionäre nur die Strukturen aufzugreifen und die musischen Bildungsvorstellungen weiterzuführen brauchten, die bereits durch die Jugendmusikbewegung vorbereitet waren. Obwohl beide Deutungsmuster zutreffen, erklären sie noch nicht die ganze Entwicklung. Denn bei den in der Jugendmusik engagierten Jugendlichen dürfte es sich um eine insgesamt nur verschwindend kleine Zahl gehandelt haben, bedenkt man, daß die Jugendmusikbewegung sich ja im wesentlichen aus der Studenten- und akademischen Lehrerschaft rekrutierte und die gesamte bürgerliche Mittelschicht und Arbeiterjugend fast gar nicht erreichte.[76] Die Vorstellung einer großen Massenbewegung, die

---

74 Erst mit H. 3 des Jahrgangs 1943 wird die VME als selbständige Zeitschrift eingestellt und zusammen mit *Der Musikerzieher* als *Der völkische Musikerzieher* weitergeführt.

75 So der Titel eines Beitrags von D. Stoverock, VME Februar 1942, S. 38-40.

76 W. L. Laqueur (*Die deutsche Jugendbewegung*, 1962) gibt als Höchstzahl aller Anhänger von Jugendgruppen der Jugendbewegung 60 000 an. Geht man von dieser Gesamtzahl aus,

sich mit den zahlreichen Aktivitäten und reformerischen Impulsen der Jugendbewegung und Jugendmusikbewegung verbindet, wäre völlig verfehlt. In einem Rückblick auf diese Zeit hat Kurt Sydow darauf hingewiesen, daß kein Singtreffen die Größenordnung heutiger Kirchentage erreichte, kein Offenes Singen sich mit den Massenveranstaltungen heutiger Popkonzerte messen konnte, keine Musikantengilde im Sinne einer politischen Protestbewegung auftrat.[77] Um so erstaunlicher ist daher ihre Wirkung, die sie durch die NS-Zeit hindurch und über sie hinaus bewahrt hat.

Um die Haltung der Lehrerschaft an den Schulen verstehen zu können, dürfte es aufschlußreich sein, sich das Zahlenverhältnis der zu Beginn des Dritten Reiches im Dienst stehenden Lehrer klarzumachen.[78] 1933 waren im Deutschen Reich an den 52 000 Volksschulen 45 Lehrerjahrgänge tätig, deren jüngste 1912 und deren älteste 1868 geboren waren.[79] D. h., die meisten Lehrer hatten ihre Ausbildung noch im Kaiserreich erhalten. Den 6 000 an den neuen Pädagogischen Akademien ausgebildeten Lehrern standen damals noch 117 000 Absolventen der alten Seminare gegenüber. Die organisatorische Umgestaltung und inhaltliche Ausweitung des Faches Musik unter Kestenberg mußte also zunächst eine starke Verunsicherung der Lehrer herbeiführen. An den rund 2 500 Gymnasien standen 1933 nicht einmal 160 nach den Reform-Prüfungsordnungen fertig ausgebildete Musikstudienräte zur Verfügung. Daneben gab es aber noch ca. 2 600 frühere Volksschullehrer, die sich (noch nach den Bestimmungen Kretzschmars) zum Gesanglehrer an höheren Schulen hatten weiterbilden lassen.[80] Ihre fachliche Kompetenz aus der seminaristischen Ausbildung reichte unter keinen Umständen aus, um die fachlichen Vorstellungen der Kestenberg-Reform tatsächlich realisieren zu können. Vielmehr muß man davon ausgehen, daß sich auch die Lehrer an höheren Schulen überfordert und verunsichert fühlten. Ihr eigentliches Rüstzeug zum Singen und Musizieren hatten sich viele ohnehin in den Singkreisen der Jugendmusikbewegung um Jöde und Hensel geholt und damit die fachlichen Reformen, die Kestenberg angestrebt hatte, blockiert. Mit der

---

dürften die Anhänger der Jugendmusik- und Singbewegung erheblich unter 10 000 gelegen haben. Bei einer Gesamtbevölkerung des Deutschen Reichs von ca. 70 Millionen (1939) machte dies aber nur 0,014 % aus.

77 Vgl. K. Sydow: *Rückblick und Gegenwart*, Nachwort zu: *Die deutsche Jugendmusikbewegung in Dokumenten ihrer Zeit von den Anfängen bis 1933*, hg. vom Archiv der Jugendmusikbewegung e. V. Hamburg, Wolfenbüttel 1980, S. 1002.

78 Vgl. dazu die Angaben bei Günther: *Musikerziehung im Dritten Reich*, 1986, S. 120 ff.

79 Günther, ebd., S. 120.

80 Günther, ebd., S. 121.

Machtübernahme Hitlers sanken die Chancen für eine konsequente Umsetzung, obwohl die Bestimmungen und Richtlinien der Kestenberg-Reform zunächst in Kraft blieben. Aber die reformpädagogischen Ansätze wurden gestoppt, die Organisationen der Jugendbewegung aufgelöst.[81] Die nun einsetzende Tendenz zur Vereinheitlichung und die Einschränkung auf das Singen und Musizieren mögen viele Lehrer dabei durchaus »als Erleichterung und Unterstützung ihrer Schul- und Unterrichtsarbeit empfunden haben«.[82] Hinzu kamen der Anpassungsdruck durch die Aufforderung zur Parteimitgliedschaft und die Umschulungsmaßnahmen der Lehrer in Schulungslagern.

Die Umstellung der Lehrerausbildung kam schließlich vor allem aus wirtschaftlichen Gründen nur langsam voran. Das hauptsächliche Interesse galt ja auch nicht der Schule, sondern der Musikarbeit in den Jugendorganisationen. So gab es 1937 in den 28 »Hochschulen für Lehrerbildung« insgesamt nur 8631 eingeschriebene Studierende. Noch problematischer war es um die Lehrerausbildung für die höheren Schulen an den Schulmusikinstituten bestellt. Hier legten an den Instituten in Berlin, Köln und Königsberg zwischen 1937 und 1942 insgesamt nur wenig mehr als 200 Kandidaten ihr Staatsexamen ab.[83] Die Wirksamkeit der nationalsozialistischen Indoktrination kann also nicht auf die Ausbildungs- und Schulreform zurückgeführt werden, sondern beruhte ganz wesentlich auf der vollständigen Durchdringung aller Lebensbereiche mit den Erziehungsmaßnahmen der Reichsjugendführung, die Musik zur »ersten Staatskunst des Volkes« (Stumme[84]) erhoben hatte.

---

81 Vgl. U. Günthers Ausführungen zur Jugendmusik im Dritten Reich in: *Jugendmusikbewegung und reformpädagogische Bewegung*, in: K.-H. Reinfandt (Hrsg.): *Die Jugendmusikbewegung. Impulse und Wirkungen*, Wolfenbüttel 1987, S. 175-178.

82 U. Günther: *Musikerziehung im Dritten Reich*, 1986, S. 122.

83 Angaben nach Günther: *Die Schulmusikerziehung ...*, 1967, Anlage 14a, S. 302 f. Für das Hochschulinstitut in Breslau liegen keine Zahlen vor.

84 In: *Planung der Musikerziehung in der Hitler-Jugend*, MuV 4, 1936/37, H. 5, S. 203.

11. KAPITEL

Ansätze zu einer Neuorientierung der Musikpädagogik nach dem Zweiten Weltkrieg

1. Die Situation nach 1945

Man hat oft von dem Jahr 1945 als der »Stunde Null«, also einem vermeintlichen Neubeginn gesprochen und darauf hingewiesen, daß die Musikerziehung nach 1945 dort wieder angeknüpft habe, wo die Entwicklung 1933 abgerissen sei. Walter Gieseler hat dies jedoch als ein »Märchen« zurückgewiesen[1] und deutlich gemacht, daß es zu einem wirklichen Neubeginn in der Musikpädagogik noch gar nicht kommen konnte, weil die Generation der Kriegsteilnehmer radikal dezimiert war und also die, die im »Reich« geblieben waren und die Musikpflege maßgeblich bestimmt hatten, nun die einzigen waren, die die Musikausbildung wieder aufbauen konnten (Wilhelm Twittenhoff, Felix Oberborbeck, Cesar Bresgen, Fritz Jöde, Wilhelm Ehmann, Jens Rohwer, Dietrich Stoverock, Wolfgang Stumme u. v. a.). Zudem gab es nach dem Zusammenbruch drängendere Probleme als die Frage eines neuen Musikunterrichts. Das bedeutete, daß zunächst einmal weitergemacht wurde mit dem, was die Jugendmusik seit 1917 begonnen und während des Krieges durchzuhalten versucht hatte. In einem kurzen historischen Rückblick, in dem Fritz Jöde 1952 die Aufgabe der Jugendmusik neu zu bestimmen suchte[2], überging er die politischen Verstrickungen der Nazizeit und betonte statt dessen die Kontinuität der singenden Jugend mit der Jugendmusikbewegung. Man brauchte gar nicht an etwas anzuknüpfen, was durch den Krieg unterbrochen war, sondern nur weiterzuführen, was aus der Jugendbewegung noch lebendig war. »So haben diejenigen, die 1931 am Singen waren, der gleichgearteten Jugend von 1938 aufbewahrt, was ihr selbst mit auf den Weg gegeben worden war, und hat sie durch sich selbst und ihr eigenes Singen ermuntert, es durch die Zeit hindurch weiterzutragen.«[3]

---

1 *Orientierung am musikalischen Kunstwerk*, in: *Geschichte der Musikpädagogik*, hg. von H. Chr. Schmidt, Kassel 1986, S. 177 (Handbuch der Musikpädagogik, Bd. 1).

2 F. Jöde: *Jugendmusik und Aufgabe*, in: *Junge Musik* 1952, H. 4, S. 132-136.

3 Ebd., S. 135.

Die physisch und psychisch äußerst schwierige Situation der Nachkriegs-
jahre verklärte Jöde im nachhinein zu einem singenden Aufbruch – was in
seiner Realitätsferne schwer zu verstehen ist.

> »1945 vollzog sich dann aus dem Zusammenbruch heraus der Neuaufbau der singenden
> und musizierenden Jugend zum Dienst. [...] Und so sang es aus den Trümmern heraus in
> Gefangenenlagern, in Flüchtlingslagern, in den Städten, auf dem Lande, in den Kirchen, in
> den Chorvereinigungen, im Hause und wieder in den Schulen. Und überall klang es auf,
> das Hohelied von der Menschen verbindenden Kraft der Musik, von der inneren Be-
> glückung durch die Musik, ja, und nun wirklich aus der Tiefe empfunden von der Heil-
> kraft der Musik für den Menschen und für die Menschengemeinschaft. Und so haben wir
> uns wieder ans Werk gemacht, haben noch einmal begonnen [...], sind nicht vor der Zeit
> geflohen mit unserem Liede, sondern haben versucht, uns der Zeit mitten ins Herz hinein
> zu singen.«[4]

Kein Wort zur Indienstnahme des Liedes in der NS-Pädagogik, kein di-
stanzierendes oder klärendes Wort zur eigenen Vergangenheit. Sie blieb ausgeblendet, verdrängt, oder sie wurde leicht abgetan oder verharmlost. So
äußerte sich Fritz Jöde über das *Wesen und Werden der Jugendmusik* (1954)
noch ganz im Geiste der frühen jugendmusikalischen Schriften, das »Gewesene« nur in einem Nebensatz streifend: »Und so stehen wir heute an einer
Wende, [...] das Gewesene, das schrecklich viele Gewesene, unter dem wir
manchmal zu ersticken drohten, zu überwinden, um einem Kommenden
den Weg bereiten zu helfen, bei dem es nicht auf das Neue als solches ankommt, sondern darauf, daß es jung, daß es ein Werdendes sei.«[5] Vielmehr
fühlte man sich eher mit Stolz weiterhin der Tradition der Singbewegung
verpflichtet, die zur »Deutschen Musikbewegung« (Ehmann) schlechthin
emporgehoben wurde. »Wenn man den großen Kreis vielfältiger Bemühungen überblickt, sagt man wohl nicht zu viel mit der Behauptung, daß es
kaum ein junges, wesentliches musikalisches Bestreben in den letzten 30 Jahren innerhalb Deutschlands gegeben hat, das nicht in irgendeiner mittelba-
ren oder unmittelbaren Verbindung mit der Singbewegung stand.«[6]

So griff der Musikunterricht scheinbar unbefangen wieder das Prinzip des
Musischen auf, das – nun seiner ideologisch-politischen Ziele entkleidet – allein auf die idealistischen Grundlagen ganzheitlicher Menschenbildung zurückgeführt werden sollte. Zu ihrer zentralen Bedeutung bemerkte Otto
Haase noch 1951, daß »die musische Erziehung das Kernstück der Menschenbildung [sei]. Sie garantiert nicht, aber sie ermöglicht die Wiedergeburt

---

4 Ebd., S. 135.

5 F. Jöde: *Vom Wesen und Werden der Jugendmusik*, Mainz 1954, S. 7.

6 W. Ehmann: *Die musikalische Leistung der Jugendbewegung*, in: MiU 42, Allgemeine Ausgabe, Mainz 1951, S. 46.

der Gesittung. [...] der musische Mensch ist der Erfüllte, der Schlüsselbewahrer jenes Himmelreichs, das in uns liegt.«[7] Man möchte es nicht für möglich halten, daß diese Sätze (mit dem am Schluß übernommenen Passus aus Werfels Rede von 1931) nur wenige Jahre nach all dem Grauen der NS-Zeit mit ihrem musischen Kult geschrieben wurden. Beharrlich hielten die alten Vertreter am Gedanken Musischer Bildung fest. Wilhelm Ehmann erneuerte auch 1952 den weiterhin gültigen Bildungsauftrag musischer Menschenbildung. »Der Singbewegung kam es von Anfang an nicht allein und so sehr auf die Musik als Musik an, es ging ihr nicht um ›die Kunst‹, sondern sie wollte und will mit den Mitteln der Musik den Menschen erfassen, und zwar den gesamten Menschen, ihn aufschließen und ursprünglich machen, ihn prägen, erneuern, ›bessern‹. Diese Aufgabe bleibt bestehen.«[8] Und als 1955 wieder eine 1. Bundesschulmusikwoche in Mainz stattfand, eröffnete sie Egon Kraus mit einem Grundsatzreferat, in dem er ausführte: »Es geht uns nicht in erster Linie um die Musik, um das Kunstwerk, sondern um die Weckung der gestaltenden Kräfte im Menschen. Daher ist folgerichtig auch an die Stelle des Fachlich-Musikalischen das Musische getreten.«[9] Fast wortgleich hatte 1931 Franz Werfel den musischen Menschen beschrieben: »Ich meine nicht die Kunst, nicht Kunstwerke und auch nicht den Künstler, nein, ich meine den seelisch-geistig bewegten, den erschütterlichen, den rauschfähigen, den phantasievollen, den weltoffenen, [...] den im weitesten Sinne musikalischen Menschen.«[10]

Allerdings sprach man nach dem totalen Erziehungsanspruch der Vergangenheit statt von »Musischer Erziehung« nun lieber von »Musischer Bildung«.[11] Sie stellte das pädagogische Leitmotiv dar. Bereits 1949 fand in Fulda ein »Kunstpädagogischer Kongreß« statt, der wieder Anschluß zu finden suchte an die von der Kunsterziehungsbewegung begründete Pädagogisierung der schöpferischen Kräfte in der Spielwelt des Kindes. So blieb die Kontinuität musischer Zielorientierung der Schulmusik auch in den Richtlinien gewahrt, was besonders deutlich wird, wenn man die Präambeln von 1925 (Preußen) mit solchen aus der Zeit nach 1950 vergleicht:

---

7 O. Haase: *Musisches Leben*, Hannover 1951, S. 22.

8 W. Ehmann: *Gegenwärtige Aufgaben der Singbewegung*, in: *Hausmusik*, Kassel 1952, S. 4.

9 E. Kraus: *Reform der Schulmusikerziehung*, in: *Musikerziehung in der Schule. Vorträge der 1. Bundesschulmusikwoche 1955*, Mainz 1956, S. 39.

10 F. Werfel: *Realismus und Innerlichkeit. Rede im Kulturbund Wien vom 6. Mai 1931*, Berlin 1931, S. 25 f.

11 Vgl. G. Götsch: *Musische Bildung*, 3 Bde., Wolfenbüttel 1949–1956; Otto Haase: *Musisches Leben*, Hannover 1951.

»Durch Entfaltung der gestaltenden Kräfte und durch Vermittlung der in der Musik ruhenden Werte dient sie der Formung zur Persönlichkeit. Den zerstörenden Einflüssen der modernen Zivilisation wirkt sie auf eigene Weise entgegen [...]. Dieser Aufgabe wird der Musikunterricht nur dann gerecht, wenn das Erzieherische gegenüber der Belehrung den Vorrang genießt.«

»Der Musikunterricht soll die im Kinde sich regenden musischen Kräfte [...] entwickeln und dadurch der gesamten Persönlichkeitsbildung, auch der ethischen Erziehung, dienen.«

Unverkennbar sind beide Texte durch die gleiche Diktion ausgezeichnet; und man muß schon ausdrücklich angeben, daß der erste aus dem Lehrplan von Rheinland-Pfalz aus dem Jahr 1960 stammt und der zweite den Richertschen Lehrplänen von 1925 entnommen ist.

In der musikalischen Praxis wurde die Tradition der Jugendmusik- und Singbewegung, auf die man sich berief, nun als »Junge-Musik-Bewegung«[12] weitergeführt. Sie hatte sich mit der Zeitschrift *Junge Musik*[13] (seit 1950) ein Organ geschaffen, das sich als Fortsetzung von Jödes Vorkriegsjahrgang *Musik und Gesellschaft* verstand und die neue »Bewegung« inhaltlich definierte. Mit Notenbeilagen und Lose-Blatt-Sammlungen konnten auch neue Spielmusik und Liedgut für die Hausmusik zur Verfügung gestellt werden. So war ein neuer Typus des Gruppenliedes entstanden, in dem sich die Bewegung als geschlossene Gruppe darstellte. Und wie man in den neuen Singkreisen sang

Wer nur den lieben langen Tag
ohne Plag, ohne Arbeit
vertändelt, wer das mag,
der gehört nicht zu uns.
Wir stehn des Morgens zeitig auf,
hurtig mit der Sonne Lauf
sind wir, wenn der Abend naht
nach getaner Tat
eine muntere, fürwahr,
eine fröhliche Schar.[14]

so fühlte und verhielt man sich: Wer nicht mitmachte in der »fröhlichen Schar«, »der gehört nicht zu uns«. In den Schulliederbüchern dagegen verwendete man auch noch das alte Lied- und Musiziergut der Singbewegung

---

12 Vgl. J. Rohwer: *Junge-Musik-Bewegung im Feuer der Kritik*, in: *Junge Musik* 4/1953, S. 107 -111, 5/1953, S. 141-148.

13 Die Zeitschrift *Junge Musik* wurde 1950 im Schott-Verlag von F. Jöde herausgegeben und verstand sich als Fortsetzung von Jödes *Musik und Gesellschaft*. Seit 1953 wurde sie von F. Jöde, W. Twittenhoff und G. Wolters herausgegeben und erschien gemeinsam bei Schott und Möseler.

14 Text und Melodie von Jens Rohwer, in: *Das Wunschlied*, Wolfenbüttel/Bad Godesberg 1951.

wie vor dem und im Krieg. 1966 legten Abraham und Segler eine erste kritische Analyse des Schulgesangs und der Schulliederbücher vor, die erschreckend deutlich machte, in welchem Umfang das alte Liedgut der Hitlerzeit mit Liedern von Baumann, Spitta, Rohwer, Bresgen u. a. nur mit geringen Textveränderungen und unter teilweiser Weiterverwendung der alten Druckstöcke in den neuen Liederbüchern weitergeführt wurde.[15]

1958 wurde die erste und einzige »Musische Bildungsstätte« in Remscheid gegründet, um »der inhaltlosen Freizeit, insbesondere der der schulentlassenen Jugend, entgegenzuwirken, die verflachenden und abstumpfenden Zivilisationsgenüsse auszutauschen gegen eine sinnvoll erholende und schöpferische Betätigung«.[16] Es waren die gleichen Vokabeln und damit die gleichen Ansätze der Kritik an der modernen Zivilisation, der Betonung der gestaltenden Kräfte und der Forderung ethischer Erziehung geblieben, die noch ganz vom Geist der musisch geprägten Jugendmusikbewegung getragen waren.

Gleichzeitig war aber eine Jugend herangewachsen, die eine solche pädagogische Bestimmung nicht mehr erreichen konnte. Denn längst hatte sich eine neue jugendliche Teilkultur herausgebildet, die von Rock'n'Roll und Jazz bestimmt wurde und die einen neuen Jugendjargon ausprägte, den die Erwachsenengeneration gar nicht mehr verstand. Wenn der Begriff einer Jugendrevolte nicht zu abgenutzt wäre, hier wäre er sinnvoll zu verwenden. Man verstand die Väter nicht und ihr Verhalten im Dritten Reich, und man wandte sich erneut radikal von bürgerlicher Kultur und Moral ab. Im ungeheuren Erfolg der Beatles kulminierte diese Entwicklung. Während die Pädagogen der Junge-Musik-Bewegung noch immer einer unzeitgemäß gestrigen Ideologie des Musischen nachhingen und Egon Kraus anläßlich der 3. Bundesschulmusikwoche 1959 in München immer noch über die überbetonte Schulung des Intellekts räsonierte und dazu aufrief, daß »wir musischen Erzieher« nicht der Kunst dienen, sondern die »in jedem Menschen vorhandenen schöpferischen Kräfte nach einem im Naturgeschehen verankerten Weg zur Entfaltung bringen« müßten[17], hatte sich die schulische Jugend längst von solchen Maximen verabschiedet und ihre musikalischen Bedürfnisse mit ihrer Musik außerschulisch befriedigt. Musik in der Schule und Musik im Leben hatten begonnen, zwei prinzipiell verschiedene Sphären zu repräsen-

---

15 H. Segler, L. U. Abraham: *Musik als Schulfach*, Braunschweig 1966, mit einer Bild- und Textdokumentation im Anhang.

16 In: MiU, Schulmusikausgabe, 48, 1957, S. 23.

17 E. Kraus: *Musik und Musikerziehung in der Reifezeit. Gedanken zum Zentralthema der 3. BSMW in München*, in: *Musik im Unterricht*, Schulmusikausgabe, 50, 1959, S. 69, 71.

tieren. Den Bereich der außerschulischen Musikvermittlung begannen mehr und mehr die Medien Rundfunk, die neue Langspielplatte, das Magnetophon (Tonbandgerät) und seit 1952 auch das Fernsehen[18] zu beherrschen. Am Ende der fünfziger Jahre gab es die ersten Ansätze, den von einzelnen immer noch verteufelten Jazz und Schlager in den Unterricht zu integrieren. Aber es waren nur wenige, die das Aufbrechen einer Kluft zwischen schulischer und außerschulischer Musik erkannten. Unter der Überschrift im Jugendjargon der Zeit »Musik für den ›steilen Zahn‹« kann man in der Schulmusikzeitschrift 1958 zum ersten Mal lesen: »Wichtiger und drängender als die Frage nach dem Verhältnis Neue Musik–Publikum [...] ist die andere, seltener gestellte Frage nach der Kluft zwischen der Musik, die unsere Jugend zum Musizieren bekommt, und dieser Jugend selbst, deren Sprache die Erwachsenen nicht mehr verstehen.«[19]

Dem großen Nachholbedürfnis gegenüber der Neuen Musik hatte bereits 1948 die Gründung des »Instituts für Neue Musik und Musikerziehung« in Darmstadt gegolten, das in jährlichen Arbeitstagungen mit unerhört großem Zulauf neue Spielmusik vorstellte und daneben auch die lange entbehrte Neue Musik (zunächst Strawinsky, Bartók, Hindemith, aber auch Genzmer, Henze, Fortner u. a.) bekannt machte. Zum zehnjährigen Bestehen des »Instituts für Neue Musik und Musikerziehung« schrieb Sigrid Abel-Struth: »Als vor 10 Jahren zum ersten Mal zu einer Arbeitstagung ›Neue Musik und Musikerziehung‹ nach Bayreuth eingeladen wurde, rechnete man mit etwa 40 Teilnehmern. Doch rund 800 Musikerzieher kamen – so groß war das Bedürfnis, Neue Musik nachzuholen und erste Hilfe für ihre unterrichtliche Methodik zu gewinnen.«[20] Von diesem Institut, bei dessen Arbeitstagungen immerhin Persönlichkeiten wie Theodor W. Adorno (1952 und 1954) oder Jean Gebser und Theodor Litt (1955) zu Wort kamen, gingen dann inhaltlich weitreichende Impulse für die Musikerziehung aus (vgl. 11.2). Der Hunger nach neuen Anregungen war so groß, daß den 1300 Teilnehmern auf der 5. Arbeitstagung 1952 30 Kurse und Arbeitsgemeinschaften angeboten wurden, die von morgens um 7 Uhr und nachmittags ab 3 Uhr in Parallelveranstaltungen abliefen. »Der in der Volksschule arbeitende Erzieher mußte beispielsweise die Wahl zwischen fünf Arbeitsgemeinschaften treffen, deren Themen ihn alle brennend interessierten; nicht anders erging es dem Musiklehrer an höheren Schulen oder dem Privatmusikerzieher.«[21]

---

18 Weihnachten 1952 beginnt das Fernsehen, sein erstes Programm auszustrahlen, vgl. *Junge Musik* 1953, S. 27.

19 L. Wismeyer: *Musik für den »steilen Zahn«*, in: MiU, Schulmusikausgabe 50, 1958, S. 376.

20 In: MiU 50, 1959, S. 221.

So stellt sich das erste Jahrzehnt nach dem Krieg keineswegs einheitlich als bloße Fortschreibung der Musischen Bildung dar, auch wenn diese inhaltlich noch absolut dominant blieb. Doch all die aufkeimenden Aktivitäten zeigen auch Ansätze zu einer Neugestaltung, wenn sie sich auch im nachhinein als weniger neu erweisen, als sie zu ihrer Zeit erschienen sein mögen. Schon bald nach dem Zusammenbruch setzten erste Versuche ein, das Schulwesen wiederaufzubauen. Dabei standen natürlich organisatorische Fragen im Vordergrund. So war im Juni 1946 auf Initiative Jödes eine Einladung an alle Musikreferenten der Kultus- und Sozialministerien in den vier Besatzungszonen ergangen, die zu einem Informationsaustausch über die Gestaltung neuer Lehrpläne, das Liedgut und die Methodik führen sollte.[22] Anläßlich der zweiten Konferenz der Musikreferenten in Hamburg 1949 kam es zur Gründung des »Verbandes Deutscher Schulmusikerzieher« (VDS)[23], zu dem sich Vertreter aus Schule, Hochschule, Lehrerbildung und Lehrerfortbildung auf Bundesebene zusammenschlossen, um die Belange der Musikerziehung gegenüber den politischen und gesellschaftlichen Institutionen nachdrücklicher vertreten zu können. Ab Juli 1949 erschien dann die Zeitschrift *Musik im Unterricht* als selbständiges Fachblatt des Verbandes.[24]

Unmittelbar nach der Konstituierung der Bundesrepublik als föderativer Bundesstaat im Mai 1949 setzten die Bemühungen der Länder ein, im Rahmen ihrer Kulturhoheit die innere und äußere Schulreform einzuleiten. Dabei spielten regionale Besonderheiten der jeweiligen Besatzungszonen (z. B. das zentrale Abitur in der französischen Zone) eine nicht unwesentliche Rolle. Daher verabschiedete im Herbst desselben Jahres die Konferenz der Kultusminister (KMK) erste Beschlüsse zur Koordinierung der Kulturpolitik der Länder und des Bundes. Hierzu wurden besondere Ausschüsse zu Kunst-, Schul- und Hochschulfragen eingesetzt. Schon zu Beginn des Jahres war der nordrhein-westfälische Verband Deutscher Schulmusiker mit einer ersten Denkschrift *Zur gegenwärtigen Lage der Musikerziehung* an die Öffentlichkeit

---

21 Aus dem Bericht über die 5. Arbeitstagung des INMME in Darmstadt 1952, in: MiU 43, 1952, Allgem. Ausgabe, S. 177.

22 Vgl. H. Saß: *Der Verband Deutscher Schulmusikerzieher. Zu seiner Geschichte und Wirksamkeit von der Gründung 1949 bis 1971*, in: MuB 4-5/1989, S. 204.

23 Die Bezeichnung Schulmusiker/Schulmusikerzieher ist uneinheitlich. In der Kopfzeile der Verbandszeitung bleibt bis 1956 die Bezeichnung »Verband Deutscher Schulmusiker«; erst dann erscheint der ominöse Titel »Schulmusikerzieher«, der erst 1991 wieder offiziell zu »Verband Deutscher Schulmusiker« umgewandelt wird.

24 Die Schriftleitung hatte bis 1956 Ernst Laaff, danach zusammen mit E. Kraus und ab 1960 nur noch E. Kraus.

getreten.[25] Darin wurden programmatisch einige zentrale Punkte für den Musikunterricht in einer künftigen Schule entworfen, die die Sicherung des Faches im Fächerkanon der Schule und in den Stundentafeln betrafen. Denn »aus mehreren deutschen Ländern kommt die Nachricht, daß für die bevorstehende Schulreform in Erwägung gezogen wird, den Musikunterricht aus der Zahl der Pflichtfächer herauszunehmen und ihn zu einem Wahlfach zu machen. Damit würde die Musik in der Schule wieder in jene unbedeutende Rolle gedrängt, die sie bis zur Reform von 1925 spielen mußte.«[26] Damit dies verhindert und der Bestand der Kestenberg-Reform gesichert werden könne, erhob der Verband die folgenden Forderungen:

> » – Zur Aufrechterhaltung des gegenwärtigen Standes der Musikpflege ist die Beibehaltung der von der Richertschen Schulreform von 1925 geforderten Stundenzahl unbedingt erforderlich.
> – Alle zur Zeit verfügbaren voll ausgebildeten Musiklehrkräfte müssen erfaßt und auf die vorhandenen Stellen gerecht verteilt werden.
> – Die nicht entsprechend vorgebildeten Kräfte, die an manchen Orten aus nachkriegsbedingten Gründen den Musikunterricht übernommen haben, müssen aus ihren Stellen entfernt werden.
> – Die Form des gegenwärtigen Studiums der heranzubildenden Musik-Lehrkräfte muß erneut überprüft und auch die Frage des wissenschaftlichen Faches endgültig geregelt werden.
> – Die Frage des musikpädagogischen Nachwuchses ist sorgfältig zu bedenken, damit nicht mehr Kräfte ausgebildet werden, als später an der Schule benötigt werden (numerus clausus).«[27]

So begann die neue Strukturdiskussion mit einer Auseinandersetzung um die von Kestenberg eingeleitete Schulreform der zwanziger Jahre. Dabei waren Kestenbergs Leistungen keineswegs überall unumstritten. Aber während in der Regel das Scheitern der Reformbestrebungen damit erklärt wurde, daß die Kulturpolitik im Dritten Reich insgesamt schulfeindlich war und die drastische Kürzung der Stundentafel der Reform keine Möglichkeit zur Umsetzung geboten hatte, verstieg sich der immer noch einflußreiche Musikwissenschaftler Friedrich Blume in einer Denkschrift der Gesellschaft für Musikforschung (1951), die allen Länderparlamenten zugeleitet wurde, zu einer herben Kritik an der Kestenberg-Reform, die er als »Fehlkonstruktion« bezeichnete, die »an ihren eigenen inneren Inkonsequenzen [...] gestrandet und daher mitschuldig an dem gegenwärtigen Zustand« geworden sei.[28]

---

25 In: MiU 40, 1949, H. 1, S. 3 f.

26 In: *Denkschrift des Verbandes Deutscher Schulmusiker*, MiU 40, 1949, H. 1, S. 3.

27 Ebd., S. 4.

28 F. Blume: *Denkschrift zur Schulmusikerziehung*, in: MiU 42, 1951, S. 176.

Diese Haltung, die man im Bild des Nachkriegsdeutschland immer noch mitbedenken muß, versteht man aber erst, wenn man Blumes Verstrickung im Dritten Reich berücksichtigt.[29] So lag es seinem Denken immer noch näher, lieber dem »Juden« Kestenberg als den Nazis die Verantwortung für den desolaten Zustand des Bildungssystems im Nachkriegsdeutschland zuzuweisen. Während er für die Volksschule empfahl, »das musikalische Niveau wiederherzustellen, das bis nach 1900 jedem Volksschullehrer durch die Seminarausbildung gewährt wurde«, forderte er für die höhere Schule den »im vollen Sinne wissenschaftlichen Lehrer«, der weniger künstlerisch virtuos als pädagogisch ausgebildet sein sollte.[30] Es ist nur zu verständlich, daß eine derartige Vorstellung vom musischen Singelehrer in Volks- und Mittelschule und vom wissenschaftlich ausgebildeten Studienrat mit dem Nebenfach Musikwissenschaft für das Gymnasium – eine Vorstellung, die jedoch Kestenbergs Idee von der Symbiose künstlerischer, wissenschaftlicher und pädagogischer Qualifikationen des Musikstudienrats hohnsprach – von Lehrern und Verbänden entschieden zurückgewiesen wurde.[31]

Auch international wurden zu Beginn der fünfziger Jahre strukturelle und inhaltliche Fragen der Musikerziehung beraten. Im Juli 1953 fand in Brüssel eine Internationale Tagung der Unesco statt, die sich mit der »Aufgabe und Stellung der Musik in der Erziehung der Jugend und der Erwachsenen« befaßte. Auf Initiative der Unesco wurde während dieser Konferenz eine Internationale Gesellschaft für Musikerziehung (»International Society for Music Education«, ISME) gegründet[32], die seither im Abstand von zwei Jahren internationale Kongresse zu globalen Fragen der Musikerziehung durchführt.

In den Denkschriften und Gutachten zur Schulmusik der fünfziger Jahre ging es meist nur um Strukturprobleme: die Verankerung des Faches Musik in den Stundentafeln. Die Denkschrift zur Musikerziehung in Volksschule und Lehrerbildung des Deutschen Musikrats (1959) griff dann die brisante Frage der Fachlehrerausbildung für die Grundschule auf[33] und votierte für die Einführung verbindlicher Musikanteile in der Ausbildung für alle Lehr-

---

29 F. Blume, Herausgeber der MGG seit 1949, war im Dritten Reich mit H. Besseler, J. Müller-Blattau u. v. a. in der »Deutschen Gesellschaft für Musikwissenschaft« aktiv und hatte auf deren Tagung während der Reichsmusiktage in Düsseldorf 1938 den Festvortrag »Musik und Rasse. Grundlagen einer musikalischen Rasseforschung« gehalten (in: *Die Musik* 30, 1938, S. 736-748).

30 F. Blume, *Denkschrift*, MiU 42, 1951, S. 177.

31 Vgl. die Zuschriften in MiU 42, 1951.

32 Vgl. H. Saß, a.a.O., S. 206.

33 In: MiU 50, 1959, S. 333-336.

amtskandidaten, damit ein durchgehender Musikunterricht gewährleistet bleibe. Inzwischen hatte sich die Lehrerausbildung in allen Bundesländern gemäß dem dreigliedrigen Schulsystem in Grund- und Hauptschule, Realschule und Gymnasium in der Form etabliert, daß die Grund- und Hauptschullehrer an Pädagogischen Akademien (später in Pädagogische oder Erziehungswissenschaftliche Hochschulen umbenannt), die Realschullehrer dort oder in Musikhochschulen und die Musiklehrer an Gymnasien nur in Musikhochschulen ausgebildet wurden.

2. Kritik der Jugendbewegung und des Musikanten

Bei der Neugestaltung der Schulmusik der Nachkriegszeit standen also zunächst organisatorische Fragen im Vordergrund, wurde von Stundentafeln und Lehrplänen, von Ausbildung und Fortbildung gesprochen. Nur zaghaft meldeten sich Zweifel, ob »nicht die ›Musische Erziehung‹, sondern das Gesamtsystem der Bildung im Vordergrund unseres Denkens stehen müsse«.[34] Aber eine wirkliche Kritik des Musischen erwuchs der Musikpädagogik zuerst von außen; zum Umdenken gelangte sie erst durch den heilsamen Schock, den der Generalangriff Theodor W. Adornos (1903–1969) auslöste. 1952 hatte ihn Erich Doflein (1900–1977) als Referenten zu einer Tagung des »Instituts für Neue Musik und Musikerziehung« nach Darmstadt eingeladen, wo einerseits die brennenden Probleme der methodischen Erschließung der erst noch zu entdeckenden Neuen Musik erarbeitet wurden, wo andererseits aber noch die Vertreter der Jungen Musik (Borris, Ehmann, Jöde, Oberborbeck, Stoverock, Twittenhoff, Wolters u. a.) tonangebend waren.[35] So leitete in den ersten Jahren Jöde – und so auch 1952 – noch das tägliche Morgensingen. In diesem Ambiente also sprach Adorno über »Musikpädagogik und Kunstwerk«. Wie eindringlich die Wirkung gewesen sein muß, die von seinem Auftreten ausgegangen war, spricht aus dem Bericht über die Tagung:

---

34 E. Kraus: *Neue Musik in der Schule*, in: MiU 40, 1949, H. 8, S. 151.

35 E. Doflein, der von der Gründung bis 1956 zweiter Vorsitzender und 1956–1960 erster Vorsitzender des Instituts für Neue Musik und Musikerziehung gewesen ist, legte zwar immer Wert darauf, nicht den Eindruck entstehen zu lassen, daß das Institut im Dienste der Jugendmusikbewegung tätig sei (vgl. L. U. Abraham [Hrsg.]: *E. Doflein. Festschrift zum 70. Geburtstag*, Mainz 1972, S. 109), aber wenn man die Programme und Referenten der Tagungen ansieht, ist eine partielle Nähe nicht zu leugnen. Richtig ist allerdings, daß das Institut nie ausschließlich ein Organ der »Jungen Musikbewegung« gewesen ist.

»Als Prof. Th. Wiesengrund-Adorno ungefähr in der Mitte der Woche seinen Vortrag ›Musikpädagogik und Kunstwerk‹ hielt, war er selbst aufs höchste überrascht, als man ihm mit starkem Beifall dankte. Galt dieser Dank der Geschliffenheit seiner Rede, den darin geäußerten Thesen oder dem Freimut, mit dem sie gerade vor diesem Forum ausgesprochen wurden? W.-Adorno stellte mit unerbittlicher Schärfe die Eigengesetzlichkeit des ›verdinglichten Kunstwerkes‹ und seine Ansprüche an die Erziehung gegen eine Musikerziehung, die durch ihr Wirken ›irgendwelche‹ Gemeinschaft zu bilden vorgebe. In der heutigen Zeit, da sich alle Gemeinschaften in der Auflösung befinden, sei es ehrlicher und dem Ideal der menschlichen Freiheit dienlicher, wenn man sich zur ›Individuation‹ bekenne. [...] Die heutige ›musikpädagogische Musik‹ und ihre Formen des Gemeinschaftsmusizierens, für die ihm die Blockflöte ein unliebsames Symbol sei, verbaue den Zugang zum echten Kunstwerk und seinem Erlebnis. [...] Auch als Gegner dankte man W.-Adorno dafür, daß er einmal klar und verständlich ausgesprochen hatte, warum für ihn die Volks- und Jugendmusikbewegung eine ›organisierte Banausie‹ (s. *Philosophie der Neuen Musik*) ist.«[36]

Zum eigentlichen Anstoß wurden dann seine *Thesen gegen die musikpädagogische Musik*, die Adorno in Amerika eigentlich für die Jahrestagung 1953 in aller Eile fertiggestellt hatte. In markanter Schärfe und polemischer Zuspitzung faßten sie seine bis in die zwanziger Jahre zurückreichende Kritik an den tragenden Ideen der Jugendbewegung zusammen.[37] Da er aber verhindert war, in diesem Jahr nach Darmstadt zu kommen, konnten sie erst 1954 vorgetragen werden und bildeten mit ihrem brisanten Zündstoff »die erregende Mitte der Arbeitswoche«.[38] Zu einer intensiven Auseinandersetzung mit den Thesen kam es aber in dem dichten Gefüge der Referatfolge noch nicht.[39] Vielmehr versuchte Siegfried Borris eine »Ehrenrettung der in der Diskussion hart bedrängten Jugendmusik«, wobei »seine Ausführungen jedoch zu sehr im Bekenntnishaften verblieben, um den sachlichen Argumenten Adornos immer wirksam begegnen zu können«.[40]

---

36 Bericht über die V. Arbeitstagung des *Instituts für Neue Musik und Musikerziehung* Darmstadt 1952, in: MiU 43, 1952, Allg. Ausg., S. 177.

37 Seit den zwanziger Jahren hatte sich Adorno äußerst kritisch mit der gesellschaftlichen Situation von Lied und Singen (*Volksliedsammlungen*, 1925, Ges. Schriften 19, Frankfurt 1984, S. 287-290), der falschen Gemeinschaftsideologie (*Situation des Liedes*, 1928, Ges. Schriften 18, Frankfurt 1984, S. 345-353) sowie mit den gesellschaftlich-ökonomischen Produktionsbedingungen der Ware Musik und der Rolle des Musikanten (*Kritik des Musikanten*, 1932, in: *Ad vocem Hindemith*, Ges. Schriften 17, Frankfurt 1984, S. 222-229) auseinandergesetzt und ist in all den Jahren seiner konzessionslosen ästhetischen und kultursoziologischen Grundüberzeugung treu geblieben.

38 Bericht über die VII. Arbeitstagung, in: MiU 45, 1954, S. 228.

39 So klagte bereits der Berichterstatter über die Tagung 1953, daß die vorgesehenen Rundgespräche doch wieder nur zu einer Folge von Einzelreferaten wurden. »Eine Opposition war nicht zugelassen.« (MiU 44, 1953, Allg. Ausg., S. 218)

40 K. Heinz in einem Bericht der Tagung, in: *Melos* 1954, S. 226.

Zum Eklat kam es erst, als die angegriffenen Vertreter der Jugendmusik die Thesen dann ohne Adornos Einverständnis in der *Jungen Musik*[41] publizierten und Stellungnahmen und Entgegnungen von W. Twittenhoff und S. Borris zur Verteidigung der Jugendmusik folgen ließen. Die Kontroverse zwischen den Lagern zeugte von dem völligen Unverständnis, mit dem die Repräsentanten der Jungen Musik Adornos Kritik gegenüberstanden. Einzig Erich Doflein führte den Dialog mit Adorno sachlich weiter.[42] Dabei verteidigte Doflein nicht die Ideale der Jugendbewegung, sondern machte gegenüber der Kritik des Musikantentums und der als »musikpädagogisch« apostrophierten Musik den berechtigten Anspruch einer pädagogisch orientierten »Spielwelt« geltend, die er dem ästhetischen Fortschritts-Anspruch von Adornos »Werkwelt« gegenüberstellte. Seine durchaus kritische und differenzierte Sicht legte Doflein dann im Eröffnungsvortrag der VIII. Arbeitstagung in Lindau 1955 noch einmal ausführlich dar. Die darin formulierten Gedanken sind als Fortsetzung des Dialogs mit Adorno zu verstehen und setzen mit kritischen Akzenten die Diskussion um das elementare Musikschaffen in der Jugend fort.[43] Während er von einem Wertepluralismus gegensätzlicher Haltungen der Musik gegenüber ausging und die Aufgabe der Musikpädagogik darin sah, »diese Pluralität zu verstehen und zu bewältigen«[44], läßt Adorno in kompromißloser Strenge seines Anspruchs nur gelten, »was in der Kunstmusik ihrer Epoche verbindlich sich zuträgt«.[45] Die intensiv geführte Auseinandersetzung mit Dofleins Vorstellungen und Argumenten arbeitete er dann 1956 in einem Rundfunkvortrag mit dem Titel *Kritik des Musikanten* aus, den er im gleichen Jahr in den *Dissonanzen* publizierte. Darin faßte er noch einmal seine Kritik an der ästhetischen und gesellschaftlichen Ideologie der Jugendbewegung zusammen.[46]

---

41 1954, S. 111 ff.

42 Vgl. dazu den Briefwechsel zwischen Adorno und Doflein, in: L. U. Abraham: *Dofleins Briefe an Th. W. Adorno als musikpädagogische Zeitdokumente*, in: *Doflein-Festschrift*, a.a.O., S. 108-120.

43 E. Doflein: *Gewinne und Verluste in Neuer Musik und Musikerziehung*, in: *Vorträge und Programm der VIII. Arbeitstagung Lindau 1955*, Selbstverlag des INMME, S. 5-33. Darin wandte er sich entschieden gegen den »langersehnten Einbruch des Laientums in das Musikhandwerk«, wie für ein Lehrwerk von Fritz Reusch (*Elementares Musikschaffen*) geworben wurde. »Das Entsetzen über diese These war von entscheidender Bedeutung für das Entstehen dieses Vortrags.« (S. 7)

44 Ebd., S. 25.

45 Th. W. Adornos Schlußpointe in dem 1957 in *Junge Musik* erschienenen Aufsatz *Zur Musikpädagogik*, später aufgenommen in *Dissonanzen*, Göttingen ³1963, S. 119.

46 Im folgenden werden Adornos musikpädagogische Schriften nach folgenden Quellen zi-

Im wesentlichen betraf Adornos Kritik

1. die Aufdeckung der falschen Gemeinschaftsideologie der Jugend- und Singbewegung. Dort sollte das Gemeinschaftserlebnis gewissermaßen als säkularisierter Religionsersatz der gesellschaftlichen Entfremdung entgegenwirken. Dem hielt Adorno entgegen: »Unmöglich, einen Zustand, der in den realen ökonomischen Bedingungen gründet, durch ästhetischen Gemeinschaftswillen zu beseitigen« (1. These). Denn: »Das Glück, das die Kollektive bereiten, ist das verbogene, mit der eigenen Unterdrückung sich zu identifizieren« (*Kritik des Musikanten*, S. 65).

2. den Nachweis einer ästhetischen und künstlerischen Regression der musikantischen Spielmusik, die er polemisch »musikpädagogische Musik« nannte. Ihre Kennzeichen (monoton durchlaufende, leere Bewegung; archaische Diatonik mit organalen Parallelen und Mixturen; Angst vor expressivem Chroma) stünden im Widerspruch zur künstlerischen Entwicklung der Zeit und zur »Tendenz des Materials«. »Die ästhetische Regression verrät die Gegenwart so die Vergangenheit. Spielmusik ist nicht nur Hohn auf große Musik heute, sondern ebenso auf den Bach, den man ohnmächtig beschwört« (2. These). Denn »Bach ist lebendiger in Schumann oder in Schönberg, die ihn nicht imitierten, als in denen, die Fugatos schreiben, an denen nichts modern ist als die falschen Noten, die in solchem Zusammenhang erst recht falsch klingen« (3. These). Das Ziel »wahrer« musikalischer Pädagogik führe »fast selbstverständlich zur avancierten Musik« (*Zur Musikpädagogik*, S. 119).

3. die Zurückweisung des Primats des Tuns, womit er zugleich den Typus des Musikanten in Frage stellte. »Der Begriff des Musikanten aber meint insgeheim bereits den Vorrang des Musizierens über die Musik; daß einer fidelt soll wichtiger sein, als was er geigt« (*Kritik des Musikanten*, S. 69). Dem unreflektierten Tun, dem »sich selbst genügenden, gleichsam blinden Musizieren« (*Zur Musikpädagogik*, S. 102) stellte er das bewußte, strukturelle Hören anspruchsvoller Kunstmusik entgegen. »Purer Aberglaube, das aufmerksame Hören eines Beethoven-Quartettsatzes sei passiver als die Exekution einer kargen Suite des siebzehnten Jahrhunderts: oft wiederholtes Hören mit ein paar erklärend geflüsterten Worten [...] wird der Phantasie mehr helfen als der sture Dienst an einer Sache, an der es wenig zu begreifen gibt.« (*Zur Musikpädagogik*, S. 118 f.). Den Verfechtern der musischen Bewegung hielt Adorno schließlich vor, »daß sie sich unterm löchrigen Dach der musikpädagogischen Musik viel zu geborgen fühlen« (8. These), als daß sie nach Befreiung verlangten und zu Kritik fähig seien.

4. Am heftigsten traf schließlich der Vorwurf der latenten Gemeinsamkeit mit dem Faschismus (*Kritik des Musikanten*, S. 84). »Der Kultus der Gemeinschaft als Selbstzweck gehört den Nationalsozialisten und den Volksdemokratien russischen Stils an« (3. These).

Adornos Kritik zeichnete aus, daß sie die ideologischen Wurzeln einer bedenklich gewordenen Musikerziehung bloßlegte, auch wenn sie in der Schärfe der Argumentation gelegentlich über das Ziel hinausschoß. Dabei stand ihm insgesamt wohl weniger die Musikerziehung in einer Schulklasse

---

tiert: *Thesen gegen die Musikpädagogische Musik* (1954), in: *Quellentexte zur Musikpädagogik*, Regensburg 1973, S. 173-276; *Kritik des Musikanten* (1956), in: *Dissonanzen* (1956), Göttingen [3]1963, S. 62-101; *Zur Musikpädagogik* (1957), ebd., S. 102-119.

als die Situation des Instrumentalunterrichts vor Augen. Aber seine prinzipielle Ablehnung einer pädagogischen Haltung, die sich immer noch einer Musik bediente, die er als »musikpädagogische« radikal verdammte, mußte die führenden Köpfe der »Jungen Musik« in Harnisch bringen. So antwortete Siegfried Borris:

> »Herr Adorno, Sie haben mit Ihren aggressiven Ausführungen gegen bestimmte Musizierformen und gegen einen Kreis unbestimmter Komponisten mit kräftigen Knüppeln auf eine Anzahl Säcke geschlagen. Die Knüppel haben Sie uns freundlicherweise genannt: Schönberg, Alban Berg, Webern und Varese. Die Esel aber, die Sie offensichtlich meinten, haben Sie uns nicht genannt! [Nun nennt und verteidigt er, wen Adorno gemeint haben könnte: vor allem P. Hindemith, K. Marx, E. Pepping und insbesondere Carl Orff... und schließlich die ganze Jugendmusikbewegung.]
> Sie machen die deutsche Jugendbewegung lächerlich, Herr Adorno. Das erscheint mir subjektiv. Aber wenn Sie von der jungen Musik, die daraus entstanden ist, reden, von der neuen Chormusik, dem Singegut zahlloser Chorgemeinschaften, so bleibt wieder unklar, welchen Esel Sie prügeln wollen. Aus den Anfängen bei Jöde und [Armin] Knab ist die Chormusik ja längst herausgewachsen. Wenn von ›Musikantensprüchen‹ die Rede ist, die Sie für so verdächtig und verächtlich halten, so denken wir nicht nur an [Jens] Rohwer, [Heinz] Lau, [Gottfried] Wolters, sondern in erster Linie an Hugo Distler! Chormusik von Distler, [Karl] Marx und [Ernst] Pepping ist heute das tägliche Brot tausender Singgemeinschaften und hunderttausender junger Menschen in Schulchören. In dieser Musik, Herr Adorno, soll nach Ihrer Meinung geheuchelter Gemeinschaftssinn und leere Betriebsamkeit zum Ausdruck kommen?«[47]

In solcher Erwiderung, die die Zahl der begeisterten Anhänger zum Gegenargument erhob, wird deutlich, daß die Vertreter der Jugendmusik nichts von Adornos Kritik begriffen hatten. Aber das zeigt nur, wie notwendig und berechtigt diese war, auch wenn die überzogenen Folgerungen (»Singverbot«) später wieder ins andere Extrem umschlugen.

Aus den Reihen der Jugendmusikbewegung selber war eine Bereitschaft zur kritischen Aufarbeitung der musischen Vergangenheit kaum zu erwarten. Prominentester Vertreter, der dies in einer besonnen wägenden Schrift unternommen hatte, von der er bekannte, daß er sie sich »abgerungen« und »mit tiefer Resignation« abgeschlossen habe, war Theodor Warner (1903–1980).[48] Selber im Wandervogel groß geworden und in der Jugendbewegung tätig gewesen, rückte er deutlich von deren doktrinärer Haltung ab. »Wer wie der Verfasser einst an bedeutender musischer Stätte mit anderen Gutwilligen unter wiederholtem, einstimmigem Absingen von Beethovens ›Freude, schöner Götterfunken‹ feierlich-symbolisch einen Apfelbaum umkreiste, ist eine

---

47 S. Borris: *Entgegnung auf Adornos »Thesen gegen musikpädagogische Musik«* in Darmstadt, 12. Juni 1954, in: *Junge Musik*, 1953/54, S. 185 ff., zit.nach: *Quellentexte zur Musikpädagogik*, a.a.O., S. 281 f.

48 Th. Warner: *Musische Erziehung zwischen Kult und Kunst*, Berlin 1954.

gebrannte Katze, kann nicht umhin, kritischen Sinnes zu werden.«[49] So erkannte er, daß die musische Welt gleichsam elliptisch ist, mit einem kultisch religiösen und einem ästhetischen Brennpunkt.[50] Daher setzte er sich kritisch

- mit dem ahistorischen Charakter der Flucht in eine isolierte Jugendkultur,
- mit der Brüchigkeit falscher Volks- und Laienmusikpflege, in der das Volkslied nicht mehr teilhat am Mythos,
- mit dem Pseudokult der Gemeinschafts- und Brauchtumspflege und
- mit der anachronistischen Verklärung der musischen Ganzheit auseinander.

Daß dies den eigenen Reihen der Jungen Musik mißfiel, bedarf keiner besonderen Erwähnung. Im selben Heft der Zeitschrift *Junge Musik*, in dem sich Borris und Twittenhoff mit Adornos *Thesen* auseinandersetzten, folgte unmittelbar Kurt Sydows Kritik von Warners Buch. Darin äußerte er die Befürchtung, daß »die einseitig negativen Begriffsetzungen [Warners] [...] den Gegnern Werkzeug in die Hand« spielen könnten.[51]

Die Kritik Adornos und Warners wurde von der etablierten Musikpädagogik zunächst nicht aufgegriffen. In der Fachliteratur zeigte sich nach der ersten Aufregung kaum ein Widerhall. Aber Adornos kritischer Stachel saß in den Köpfen einer jungen Generation, die nicht mehr den musischen Vätern, sondern der kritischen Rationalität folgte. So hat seine Kritik – vielleicht gerade deshalb, weil sie von außen und nicht von einem Musikpädagogen kam – langfristig doch ungeheuer tief in die Musikpädagogik hineingewirkt, auch wenn sie im engeren Sinne keine musikpädagogische Reform hervorgerufen hat. Zum Tragen kam die Vorstellung von einer kritisch rationalen Auseinandersetzung mit Kunst (*Zur Musikpädagogik*, 1957) dann erst mit der Curriculum-Reform. Zunächst wurde aber ein anderer Entwicklungsstrang wirksam, der auch der Musikpädagogik ganz neue Impulse gab, indem er den Künsten in der Schule ihren ganz spezifischen Ort wies und so schließlich zur »Orientierung am Kunstwerk« führte.

---

49 Ebd., S. 35.
50 Vgl. ebd., S. 70.
51 K. Sydow: »*Musische Erziehung zwischen Kult und Kunst*« zu dem Buch gleichen Titels von *Theodor Warner*, in: *Junge Musik* 1954, S. 192.

3. Neue Orientierung

Ein Ausbruch aus den rückwärtsgewandten Denkschienen der musischen Bildung und der Jugendmusik wurde unausweichlich. Er kündigte sich aber erst in der Mitte der sechziger Jahre an. Unter dem programmatischen Titel *Musik als Schulfach* (1966) setzten sich Helmut Segler und Lars Ulrich Abraham grundsätzlich mit einer neuen Zielbestimmung von Musikunterricht auseinander, die sie aber zunächst noch am Schulgesang untersuchten und dabei Lieder und Liederbücher kritisch durchleuchteten. Nun wird nicht mehr von »musischer«, sondern nur noch von »musikalischer« Erziehung und »musikalischem« Tun gesprochen und werden musikalische Bildungsziele neu formuliert.

1967 erschien dann Theodor Wilhelms (*1906) *Theorie der Schule*[52]. Hier wurde der Versuch unternommen, von einem erziehungswissenschaftlichen Standort aus die Stellung von Schule und Erziehung in der Zeit wissenschaftlicher Pädagogik neu zu bestimmen und aus der kritischen Auseinandersetzung mit der Bildungstradition des 19. Jahrhunderts eine

Neuvermessung der Schule

vorzunehmen – ein Ansatz, den Michael Alt aufgriff und für die Musikpädagogik fruchtbar machte. Wilhelm schlug vor, die Bildungsinhalte neu nach »Orientierungshorizonten« zu ordnen. Die »klassischen« Schulfächer (Fremdsprachen, Geschichte, Deutsch, Philosophie, die Künste) wies er dabei dem Horizont der Interpretation zu. Denn durch das Angewiesensein auf Interpretation, d.h. auf Auslegung und Deutung als Bedingungen des Verstehens, sind die literarischen, historischen, philosophischen und künstlerischen Disziplinen miteinander verbunden. »[...] Sprachen, Literatur, Kunst und Geschichte lassen den Vorgang der Auslegung besonders deutlich erkennen und geben sich daher zur Übung der Interpretation leichter her als die anderen Disziplinen des Lehrplans.«[53]

---

52 Theodor Wilhelm, promovierter Jurist und während des Dritten Reichs Schriftleiter der *Internationalen Zeitschrift für Erziehung*, kam erst nach dem Krieg zur Pädagogik (1951 Lehrstuhl an der PH Flensburg; 1956 Universität Kiel) und sieht sich in kritischer Distanz zur geisteswissenschaftlichen Pädagogik Nohls, Flitners, Wenigers. Zu seiner Tätigkeit im Dritten Reich s. *Über meine Schuld*, in: *Neue Sammlung* 1991, H. 4, S. 648-664.

53 Th. Wilhelm: *Theorie der Schule*, Stuttgart (1967) ²1969, S. 372.

Wilhelms Kritik setzte am geisteswissenschaftlichen Verstehensbegriff an, wie er durch die Hermeneutik Diltheys geprägt worden war. Den von Dilthey entwickelten Verstehensbegriff des einfühlenden, erlebnishaften Nachvollzugs lehnte Wilhelm ab und ersetzte ihn durch eine stärker rationale Kontrolle des Interpretationsvorgangs. Denn in dem emotionalen Erlebnischarakter des Verstehens sah er die »permanente Gefahr unkontrollierten Dilettierens«.[54] Schule aber sollte vielmehr »die Dimension der gedeuteten Welt zum Bewußtsein bringen. Sie muß den Interpretationscharakter der geistigen Welt bewußt machen und das Interpretieren lehren.«[55] Dabei ging er von der Überzeugung aus,

> » – daß die Interpretation der geistigen Welt in viel stärkerem Maße eine rationale Aufgabe ist, als die emotional-künstlerische Verstehenstradition der deutschen Pädagogik vermuten ließ, und daß sich das Interpretieren deshalb systematisch lernen läßt;
>
> – daß die Sprachen zwar in einem ausgeprägten Sinne Träger der geistigen Objektivationen und infolgedessen für die Übung der Interpretation unentbehrlich sind, daß es aber falsch ist [...], wenn die Schule die Interpretation nicht auch auf anderen Gebieten (zumal in den bildenden Künsten) übt;
>
> – [...] daß Sprache als Sprache, nämlich als Interpretationssymbolik, ernst genommen werden muß.«[56]

Der Hinweis auf die emotional-künstlerische Verstehenstradition ist hier aber nicht nur gegen den durch Einfühlung und Nacherleben gekennzeichneten Verstehensbegriff Diltheys und dessen Weiterbildung in der Hermeneutik Arnold Scherings und Hermann Kretzschmars gerichtet, sondern ebenso gegen die irrationale Gesinnungs- und Empfindungsmystik der musischen Erziehung. (Ob und in welcher Weise diese geisteswissenschaftliche Strömung Einfluß auf die musische Betonung des nachschaffenden Erlebens und Einfühlens im Gegensatz zum rationalen, technischen Wissen hatte, ist bislang noch kaum untersucht worden.)

Theodor Wilhelm stellte nun gerade auch die Künste als nicht-verbale Medien in den Horizont der Interpretation. Worauf er zielte, war die Überwindung einer nebulösen Innerlichkeit des Erlebens durch die konkrete Beschäftigung mit dem »Text« eines Werkes, den es mittels Interpretation zu erschließen und zu verstehen gilt. Diltheys Vorstellung von Textauslegung war ihm zu undifferenziert auf das Total des Verstehens gerichtet. An Details des Lernvorgangs war Dilthey nicht interessiert.[57] So kam Wilhelm von einem

---

54 Ebd., S. 378.

55 Ebd.

56 Ebd., S. 373.

57 Vgl. dazu Wilhelm S. 376.

verstehenstheoretischen Ansatz zu einer klaren und deutlichen Absage an die musische Bildungsideologie.

> »Wir wollen zeigen, daß die Theorie der ›Musischen Bildung‹ die Funktion der Künste in der Schule auf eine ganz unglückliche Weise eingeengt hat und zur Begründung des künstlerischen Unterrichts nicht mehr ausreicht. [...]
> Die Konzeption einer ›Musischen Schule‹ ist solange ein pädagogischer Blindgänger (Muchow), als man am humanistischen Ausgleichsschema festhält. Es war ein Irrweg der Schultheorie, die Künste als das Element der Emotionalität der rationalen Unterrichtstradition entgegenzusetzen. *Die wahre Alternative, um die es geht, ist nicht Rationalität und Emotionalität, sondern Verbalität und Imagination.* Die Künste haben in der Schule geradezu die Funktion, Intellekt und Gemüt miteinander zu *versöhnen.* Auch sie machen nämlich eine *Denkwelt* sichtbar, aber eine Reflexionsebene anderer, nicht-verbaler Art. Kunst ist kein Ausweg, der es den beschränkten Köpfen möglich macht, der Anstrengung des Gedankens auszuweichen. Sie ist nicht dazu da, Denken überflüssig zu machen. Vielmehr wird in der Kunst das Operationsfeld des Denkens erweitert. Der Kunstunterricht [...] muß bewirken, daß der Schüler sich auch vor Kunstwerken zur Reflexion entschließt. Wir nennen diese Reflexion Auslegung.« (S. 395 f.)

Diese Begründung einer wirklichen Kunsterziehung – und wir dürfen dabei sicher die Musikerziehung einschließen – eröffnete erstmals eine ganz neue Perspektive. Sie legitimierte das Fach Musik in der Schule als ein den anderen geisteswissenschaftlichen Fächern gleichrangiges Fach sui generis und knüpfte damit eigentlich dort wieder an, wo Kestenberg bei seiner epochalen Neuorientierung des Faches am musikalischen Werk und an der Pflege des kulturellen Erbes begonnen hatte.

Diesen Gedanken Wilhelms, der von der Kritik an der Diltheyschen Erlebnispädagogik ausgegangen war, griff der Musikpädagoge Michael Alt (1905–1973) auf. In seiner 1968 erschienen *Didaktik der Musik,* die eine

Orientierung am Kunstwerk

einleitete, bezog er sich ausdrücklich auf Theodor Wilhelm und sah in dessen Neuvermessung der Schule den Auslöser einer »zweiten ›Pädagogischen Bewegung‹ in diesem Jahrhundert«.[58] Funktion und Bildungsauftrag des Faches Musik stellte Alt erstmals in einer systematisch aufgebauten, in sich geschlossenen Didaktik dar. Heinz Antholz (*1917) hat sie als die erste Didaktik dieser »zweiten pädagogischen Bewegung« verstanden.[59]

---

58 M. Alt: *Didaktik der Musik. Orientierung am Kunstwerk,* Düsseldorf 1968, S. 5.

59 H. Antholz: *Musikpädagogik heute – Zur Erkenntnis ihrer Geschichte und Geschichtlichkeit ihrer Erkenntnis,* in: H. Antholz, W. Gundlach (Hrsg.): *Musikpädagogik heute,* Düsseldorf 1975, S. 24, 26.

Alt erkannte, daß eine Theorie des Musikunterrichts von den neuen gesellschaftlichen Bedingungen der musikalischen Wirklichkeit und dem gegenwärtigen Musikkonsum ausgehen müsse. Diese Wirklichkeit aber wurde seit den fünfziger Jahren mehr und mehr bestimmt von der massenmedialen Verbreitung einer neuen populären Gebrauchs- und Unterhaltungsmusik durch Rundfunk und Langspielplatte[60] und der Faszination, die von dem lange verfemten Jazz und dem amerikanischen Rock'n'Roll ausging. Alt griff nun das Stichwort der »mikrophonalen Musik« auf, deren Einwirkungen sich der Jugendliche nicht mehr entziehen konnte, und sah deutlich, daß die schulische Musikerziehung diese »Musikzonen« nicht mehr ausklammern dürfe. »Entgegen dem bisher üblichen ideologischen Verklärungstrieb muß sie sich auch aller alltäglichen Erscheinungsformen der Musik annehmen und, vom »Realaspekt« des heutigen Musikgebrauchs ausgehend, das Ganze der gegenwärtigen Musikwirklichkeit in ihre pädagogische Planung mit einbeziehen.«[61] Dies stellte eine mutige Herausforderung der Musikpädagogik dar und hätte zur Kampfansage an die betulich gegenwartsferne Musische Bildung werden können. Doch Alt, der das Problem erkannte, zögerte noch, die pädagogischen Konsequenzen zu ziehen. Vielmehr führte er neben dem »Realaspekt« der musikalischen Wirklichkeit den »Kunstaspekt« der Musik und den »Sachaspekt« zum Aufbau einer geordneten musikalischen Vorstellungswelt ein. Damit legte er die Grundlage zur Verwirklichung einer »kunstwerklichen Konzeption«[62], die erstmals wieder ausdrücklich an Kestenbergs Vorstellung vom gebildeten Konzerthörer anschloß[63], aber die kulturkundliche Konzeption (d.h. die Stützung des Faches Musik auf allgemeine kulturgeschichtliche Aspekte und deren Querverbindungen zu Deutsch, Geschichte, Kunst), wie sie die Richertschen Richtlinien 1925 auszeichnete, durch ein neu zu entwickelndes »fachdidaktisches Konzept« ersetzen wollte. Eine erste Verwirklichung dieses Ansatzes durch die »volle Integration des Werkhörens in die musikalische Bildung« erblickte er im Wickersdorfer Kreis um Gustav Wyneken und August Halm.[64] Hier sollte ja in bewußter Abwehr der musischen Bildungsvorstellung die Jugend am Bil-

---

60 Schon zu Beginn der fünfziger Jahre erscheinen auch die ersten Berichte über die Verwendung der Television als Unterrichtsmittel in Amerika (MiU 43, 1952, Allg. Ausg.). In der Bundesrepublik begann das Fernsehen Weihnachten 1952 mit der Ausstrahlung der ersten Programme (*Junge Musik* 1953, S. 27).

61 Alt, a.a.O., S. 15.

62 Ebd., S. 19.

63 Ebd., S. 68.

64 Ebd., S. 71.

dungsgehalt echter Kunstwerke reifen. Diesen Gedanken galt es neu zu beleben. Den methodischen Weg dahin hatte ihm Wilhelms Horizont der Interpretation gewiesen.

So gelangte Alt zu seiner »Orientierung am Kunstwerk« nicht durch Adornos Kritik des Musikanten, die er kannte[65], sondern durch den auf Interpretation gegründeten Verstehensbegriff Wilhelms, der schultheoretisch konzipiert und gegen die musische Erlebnispädagogik gerichtet war. Alts Didaktik ist dabei auch als ein Versuch zur »Vernüchterung der Musikpädagogik« zu werten. Den vorbelasteten Begriff der »Musikerziehung« wollte er ersetzt wissen durch den sachlichen der »Musikpädagogik«, wenn es um die »wissenschaftliche Reflexionsstufe« gehe, und den des »Musikunterrichts«, wo die Praxis des Unterrichtens gemeint sei.[66] Die didaktische Bedeutung seines Entwurfs liegt darin, daß er – so wie Wilhelm die Schulfächer nach ihren geistigen Horizonten zusammenfaßte – dem Musikunterricht verschiedene »Funktionsfelder« zuwies. Schon dieser Begriff läßt ein verändertes didaktisches Denken erkennen. Denn mit der Bestimmung von Funktionsfeldern rückte implizit die Frage nach den Zielen und Absichten von Musikunterricht unter den veränderten schulischen und gesellschaftlichen Bedingungen in das pädagogische Blickfeld. So führte Alt vier Funktionsfelder ein: 1. Reproduktion, 2. Theorie, 3. Interpretation und 4. Information.

»Reproduktion« zielt dabei auf Singen als »künstlerische Werkwiedergabe« und grenzt den gestaltenden Nachvollzug von Musik mit Stimme und Instrument scharf von dem bloß »usuellen Singen« mit seiner puren »Quickfunktion« des musischen Volksliedsingens ab. »Theorie« (musikalische Handwerkslehre) und »Information« (Orientierungswissen, Umweltlehre) stehen aber deutlich hinter dem Funktionsfeld der »Interpretation« zurück, das eine besonders herausragende Stellung einnimmt. Durch die Teilhabe des Musikunterrichts an methodischer Interpretation löste er das Fach Musik aus den kulturkundlichen Fächern und sicherte ihm sein eigenes Profil. Dabei blieb seine Haltung zwischen rationaler Auseinandersetzung und einfühlendem Musikerleben aber merkwürdig schwankend.[67] Dennoch rückte

---

65 Alt zitiert mehrfach Adornos Kritik (S. 25, 31) und verweist auf seine Typologie des Hörers (S. 140, 192, 246), beruft sich aber in seiner didaktischen Konzeption der Interpretation auf Theodor Wilhelm.

66 Alt, a.a.O., S. 33.

67 So heißt es einerseits: »Die neue Interpretationslehre übersteigt also weit die Einfühlung und das Nacherleben und will sich vornehmlich begründen auf Nachdenken und Nachkonstruieren« (S. 77), und andererseits möchte er die rein fachliche Strukturanalyse relativiert sehen: »Alle Musikerkenntnis steht also im Dienste des die Ganzheit des Höraktes

er mit der Forderung nach fachimmanenter Werkinterpretation das Fach Musik methodisch in die Nachbarschaft der sprachlichen Disziplinen. Analog zu ihnen forderte er eine »praktikable Auslegungslehre«, wobei er in Übereinstimmung mit Theodor Wilhelm unverkennbar dessen Diktion aufgreift:

> »Erst [...] wenn die Interpretation von Musikwerken Formen einer strengen geistigen Erarbeitung entwickelt hat, wird das Musikfach sich gesellen können zu den klassischen Fächern der Interpretation. [...] Musik wird dann nicht mehr das ›ganz Andere‹ in der Schule sein; denn das *künstlerische Symboldenken*, das auch die musikalische Interpretation aufbauen muß, ist [...] ein eigenes, für das moderne Denken unabdingbar gewordenes Operationsfeld. [...]
> Hierin liegt ein neuer Sinn des Musikunterrichts begründet. Er kann sich nicht mehr verstehen als schöpferische Pause oder als Ausgleich in der rational strukturierten Schule: vielmehr geht es um eine entscheidende Erweiterung des Operationsfeldes des Denkens, ›um die Versöhnung von Intellekt und Gemüt‹ im Symboldenken [...]«[68]

Mit dem Entwurf dieses »neuen Sinns der Musikerziehung« wurde nach Kestenberg wieder ein kunstwerkorientierter Weg beschritten, wie ihn zuvor bereits Adorno eingeklagt hatte. Doch es entbehrt nicht einer gewissen Tragik, daß Alts Reformimpuls im Grunde zu spät kam. Die Zeiten hatten sich zu schnell gewandelt. Die medial vermittelte Musik, also vornehmlich populäre Unterhaltungsmusik, Beat, Schlager und Jazz, hatte längst die an Opus-Musik und der feierlichen Würde großer Meisterwerke gewachsenen Bildungsvorstellungen weggespült. Den sozialen Wandel hatte Alt zwar als einer der ersten deutlich gesehen, ihn aber noch nicht didaktisch umsetzen können. So tritt der Gedanke einer notwendigen Orientierung musikalischer Bildung am Kunstwerk (80 Jahre nach der Kunsterziehungsbewegung!) auf die musikpädagogische Szene, als er bereits überholt ist. Alts Impulse für den Musikunterricht standen, so notwendig und konzeptionell bedeutsam sie waren, bereits beim Erscheinen seiner Didaktik nicht mehr auf der Höhe der Zeit.

---

verbürgenden Musikerlebens und Musikverstehens und muß alles vermeiden, was dem Abbruch tut.« (M. Alt: *Didaktik der Musik*, S. 83)

68 M. Alt: *Didaktik der Musik*, 1968, S. 75 f.

REIHE CURRICULUM MUSIK

Jahrgang 1 Heft 3
September 1973

Information Diskussion Kritik Modelle Technik Manipulation Konsum Analyse Experiment Revision Wertung Kommunikation Information Diskussion Kritik Modelle Technik Manipulation Konsum Analyse Exper im **Komponieren mit dem Tonbandgerät. Musique Concrète**

Mit der Wissenschaftswende der Curriculumreform wurden nicht nur neue Kriterien zur wissenschaftlichen Bestimmung der Lernziele gefordert, sondern fanden auch neue Inhalte Eingang in die Fachdidaktik. Die Reihe Curriculum Musik (Stuttgart 1971) bot im Vokabular des neuen Fachverständnisses Hilfen für die Aufarbeitung neuer Themen im Musikunterricht.

12. Kapitel

Die Wissenschaftswende der Curriculumreform in den siebziger Jahren
Eine zweite Pädagogische Bewegung

1. Der Einfluß der empirischen Wissenschaften auf die Revision des Curriculums

Michael Alts Versuch, die Autonomie des Faches Musik am Kunstwerk und seiner Interpretation zu orientieren, wurde von ihm selbst in den Horizont einer »zweiten ›Pädagogischen Bewegung‹ in diesem Jahrhundert« gestellt, die durch die wissenschaftliche Konsolidierung der Allgemeinen Didaktik (Erziehungswissenschaft) ausgelöst wurde. Aber während Alt noch seine Vorstellungen mit dem Schulbuch *Das musikalische Kunstwerk* und der dazugehörigen Beispielsammlung auf Schallplatten in der Schulpraxis zu verankern suchte, vollzog sich bereits ein tiefgreifender Wandel in der Bildungspolitik wie im allgemeinen pädagogischen Denken.

Einen markanten Einschnitt hatte der »Sputnik-Schock«[1] im Jahre 1957 gebracht, der den Amerikanern mit plötzlicher Heftigkeit die Gefahr der technologischen Rückständigkeit gegenüber der Sowjetunion vor Augen führte. Einem nationalen Bildungsnotstand suchte man mit einer grundlegenden Bildungsreform zuvorzukommen, die mit großem finanziellem Aufwand vornehmlich den Technologiebereich der »sciences« stärken sollte. War dies auch nicht die einzige Ursache für allgemeine Erziehungsreformen – eine erste Welle der Reformdiskussion hatte schon unter John Dewey (1859–1952) mit der »progressive education« eingesetzt –, so hatte der Sputnik-Schock doch ganz unzweifelhaft eine neue Phase der amerikanischen Reformdiskussion eingeleitet, die zu einer wissenschaftlichen Grundlegung der Curriculumentwicklung und zu einer Verstärkung der empirischen Unterrichtsforschung führte.

Es konnte nicht ausbleiben, daß auch Deutschland in den Sog dieser wissenschaftsorientierten Bildungsdiskussion geriet. Schon 1964 hatte Michael

---

1 Völlig unerwartet hatte die Sowjetunion 1957 den ersten Satelliten »Sputnik« in den Weltraum geschossen und damit das Technologiezeitalter der Weltraumfahrt eingeleitet.

Alt eine wissenschaftliche Begründung für didaktische Entscheidungen gefordert. »Wenn heute ohne Wissenschaftlichkeit keine verbindliche Welterkenntnis mehr möglich ist, dann sind auch in der Erziehung nurmehr solche didaktischen Entscheidungen verantwortbar, die wissenschaftlicher Kritik standhalten können.«[2] Damit stand aber der Musiklehrer vor der Frage, ob er einen Beitrag zur wissenschaftlichen Didaktik leisten solle oder sich auf die Initiierung künstlerischer Impulse zurückziehen könne. Aber gerade die Fülle der verfügbaren Methoden und Rezepte machte eine kritische Reflexion über die pädagogische Angemessenheit von Methoden notwendig, die nur im Rahmen einer möglichst objektiven Bestimmung der Bildungsfunktion von schulischer Musikerziehung möglich war. Daher stellte Alt 1970 fest: »Wissenschaft ist die Signatur unserer Zeit. Darum wird die neue Schule eine Wissenschaftsschule sein.«[3]

Sigrid Abel-Struth (1924–1987) wies in der Einleitung zu ihrer 1967 erschienenen *Musikalischen Grundausbildung*[4] einer Theorie des Musiklernens eine neue Richtung, die einer ausschließlich musisch orientierten Bildung entgegenlief. Vielmehr verpflichtete sie elementare Musikerziehung bereits dem doppelten Ziel des Musikalisch-Werdens und des Musik-Lernens, also dem praktischen Umgang mit Musik und der Erarbeitung fachlicher Aufgaben, während in der Musischen Bildung Lernen und Tun (Erleben) eher als Gegensätze voneinander geschieden blieben. Demgegenüber wirkte das solide, aber ganz traditionelle *Schulmusikalische Praktikum* von Erich Forneberg und Richard Jakoby »schon bei seinem Erscheinen wie veraltet« (Gieseler[5]).

In dieser Situation kam dem Erscheinen einer kleinen Schrift von Saul B. Robinsohn mit dem Titel *Bildungsreform als Revision des Curriculum* (1967) eine Schlüsselfunktion zu, die das gesamte Bildungswesen erfaßte. Er stellte den bisherigen Ansätzen zu einer Bildungsreform,

– der *ökonomisch-statistisch* begründeten Forderung gemäß dem steigenden Bedarf an qualifiziert Ausgebildeten[6],

---

2 M. Alt: *Aufgaben der musikdidaktischen Forschung*, in: MiU 1964, S. 177.

3 M. Alt: *Die Mitsprache der Pädagogik bei der Zielproblematik des Musikunterrichts*, in: *Bildungsziele und Bildungsinhalte des Faches Musik. Vorträge der 8. Bundesschulmusikwoche 1970*, Mainz 1970, S. 41.

4 S. Abel-Struth: *Musikalische Grundausbildung. Handbuch für die elementare Musikerziehung in Schulen*, Frankfurt 1967.

5 W. Gieseler: *Curriculum-Revision und Musikunterricht*, in: H. Chr. Schmidt (Hrsg.): *Geschichte der Musikpädagogik* (Handbuch der Musikpädagogik, Bd. 1), Kassel 1986, S. 218.

6 Vgl. G. Picht: *Die deutsche Bildungskatastrophe. Analyse und Dokumentation*, Olten und Freiburg 1964 (ursprünglich Artikelserie in der Wochenzeitung *Christ und Welt*, Februar 1964).

– der *sozial-politischen* Forderung nach Abbau von Bildungsbarrieren zur Einlösung eines durch die Verfassung garantierten Bildungsanspruchs für alle[7],

– der *technologischen* Innovation für eine Rationalisierung von Unterricht durch Einbezug neuer Medien, programmierte Unterweisung und veränderte Lerngruppen,

die alle unzureichend waren, seine Forderung nach einer *Reform von den Inhalten* her entgegen. Denn wie sollten »Entscheidungen über die Differenzierung im Sekundarschulwesen [...] fallen, solange wir gesicherter Einsichten über Inhalt und Maß des für die betreffenden Altersgruppen Gemeinsamen und des Unterschiedlichen ermangeln, solange wir zunächst nur sagen können, daß Leben in der Gegenwart eine anspruchsvolle Allgemeinbildung für alle zur Voraussetzung hat und daß eine frühe Spezialisierung mit Gefahren unzureichender Mobilität verbunden ist?«[8] Daher versuchte er, eine Revision des gesamten Gefüges des traditionellen Bildungskanons mit Hilfe von solchen Methoden anzustoßen, »welche Entscheidungen über die Inhalte des Bildungsprogramms aus Beliebigkeit und diffuser Tradition hinaus in Formen rationaler Analyse und – soweit möglich – objektiver Alternativen heben«.[9] Dabei grenzte er sich aber gegenüber der Position der geisteswissenschaftlichen Didaktik Wolfgang Klafkis (*1927) (kategoriale Bildung, Primat der Bildungsziele und -inhalte) ab, weil sie nicht die Frage nach der Revision der Bildungsinhalte stellte. Zur Verdeutlichung der neuen Ausgangslage führte er wieder den aus dem anglo-amerikanischen Sprachgebrauch übernommenen Begriff des Curriculums ein, der in Europa seit dem 18. Jahrhundert außer Mode gekommen war.

Ein Curriculum bezieht sich auf die Lernprozesse und enthält die organisierte Anordnung inhaltlich bestimmter Lernvorgänge. Es enthält die Organisation eines Lehrgangs, der von Lernzielen ausgeht, die nach wissenschaftlichen Kriterien aus den tatsächlichen gesellschaftlichen Gegebenheiten abgeleitet werden und zu Inhaltsentscheidungen führen, die einerseits dem gesellschaftlichen Wandel Rechnung tragen und daher einer permanenten Revision unterliegen und die andererseits auf die objektiven Bedingungen des Lernens und die tatsächlichen Bedürfnisse des Lerners eingehen. Das von Robinsohn entwickelte Modell nennt die Kriterien, die zur Konstruktion geeigneter methodischer Verfahren und zur Bestimmung der fachwissenschaft-

---

7 Vgl. Ralf Dahrendorf: *Bildung ist Bürgerrecht*, Hamburg 1965.

8 Saul B. Robinsohn: *Bildungsreform als Reform des Curriculum*, Neuwied 1967, S. 9.

9 Ebd., S. 1.

lichen Instanzen führen. Kriterien für die Ziel- und Inhaltsbestimmung sollten danach sein:

- die Bedeutung eines Gegenstandes im Gefüge der Wissenschaft,
- die Leistung eines Gegenstandes für Weltverstehen und
- die Funktion eines Gegenstandes in spezifischen Verwendungssituationen des privaten und öffentlichen Lebens.[10]

Walter Gieseler hat diese Kriterien, auf die Besonderheit des Musikunterrichts bezogen, so umformuliert: Es gehe »um die Bedeutung eines Gegenstands im Gefüge der Musik, um die Leistung von Musik für Weltverstehen, also für die Orientierung innerhalb einer Kultur, und um die Funktion von Musik im privaten und öffentlichen [Musik-]Leben«.[11]

Der neue Begriff Curriculum, der vorübergehend den alten Begriff Lehrplan ersetzte, signalisierte also ein neues Denken. Nicht mehr die traditionellen Bildungsinhalte (Volksliedsingen, Werkkanon), sondern neue, gesellschaftlich relevante Ziele wie Kommunikationsfähigkeit und Selbstbestimmung, Veränderungsbereitschaft und Kritikfähigkeit traten nun in den Vordergrund. Da für Robinsohn schulische Bildung der »Ausstattung zum Verhalten in der Welt«[12] dienen sollte, visierte er eine Zielsetzung an, die als grundsätzliche Maxime der gegenwärtigen Wirklichkeit Rechnung tragen sollte.

»Wirksame Kommunikation [...] ist fundamentales Bildungsziel in einer Zeit, in der das Verstehen sozialer Beziehungen ebenso wie das elementarer wissenschaftlicher Interpretation Vorbedingung sind für die Orientierung in der Welt. Zu dieser Erziehung zur Kommunikation gehören Einsichten in Kommunikationssperren und Kommunikationshilfen, aber auch in die Sprache der wissenschaftlichen Abstraktion und des Modells. Sie gewinnt besondere Bedeutung in einer Zeit, in der kommunikatives Handeln um nichts weniger wichtig ist als technisch akkurates, in der ferner der einzelne aus der Binnensprache der engeren Gruppe, der Familie oder der Berufsgruppe in die der größeren Gruppe hineinwachsen soll.
Sodann ist die Bereitschaft zur *Veränderung* Ziel einer Erziehung, die sich nicht nach Mustern, sondern im Zeichen möglicher, vorauszusehender und auszuhaltender Wandlungen vollzieht.
Eng hiermit verbunden ist die Aufgabe einer Erziehung zur *Wahl* – im Konsum, in der Gestaltung familiären und gesellschaftlichen, in der Umgestaltung staatlichen Lebens, in der Verwendung der Freizeit, kurz: Erziehung zur Fähigkeit, Ziele und nicht nur Mittel zu wählen.
Autonomie als Bildungsziel bedeutete in der idealistischen Tradition innere geistige Freiheit innerhalb eines akzeptierten – wenn auch kritisierten – Herrschaftssystems [...]. Sie wird,

---

10 Ebd., S. 47.

11 Gieseler, a.a.O., S. 222.

12 Robinsohn, a.a.O., S. 13.

als Kriterium zur Auswahl von Bildungsgehalten, [...] nun vielmehr eine Verhaltensdisposition zu bezeichnen haben, die durch rationale und kritische Einstellung zu sozialen Formen und Symbolen charakterisiert ist. [...] Vor allem aber wird das Konzept der Autonomie im Curriculum relevant, wenn wir daran denken, daß Gegenstände dort effektiv angeeignet, also motivationsbildend werden, wo sie aus der Ebene des bloß Tatsächlichen [...] in die Ebene des persönlich Bedeutsamen [...] gehoben werden. Es ist Sache des Curriculum [...], Inhalte sowohl wie Modi ihrer Vermittlung bezeichnend, Kräfte des einzelnen zur selbständigen Reflexion, zur Leistung, zur Kreativität anzuregen und freizumachen.«[13]

Im Gefolge dieser Umorientierung begann sich nun auch eine jüngere Generation von Musiklehrern zu fragen, ob es noch sinnvoll und überhaupt gerechtfertigt sei, bestimmte Inhalte (wie den Quintenzirkel und die Tonleiter, das Volkslied und einen bestimmten Werkkanon der Kunstmusik) einfach fortzuschreiben und auf verschiedene Klassen- und Altersstufen zu verteilen, oder ob man sich nicht vielmehr zuerst darüber verständigen müsse, wohin denn eigentlich Musikunterricht führen solle, bevor man Inhalte festlegen könne. Wenn Musikunterricht zum Verhalten in der Welt ausstatten solle, dann müßte er von den tatsächlichen Bedingungen dieser heutigen Welt ausgehen, also von dem tatsächlich dominierenden Musikangebot und dem spezifischen Musikkonsum. Die Frage, wer was wann warum lernen solle, führte dann notwendig zu weiteren Fragen, wer was wann und wie lernen könne. Die Bezugsdisziplinen, von denen hier Hilfe und Antwort erwartet werden konnte, waren die Verhaltenswissenschaften: die Lern- und Entwicklungspsychologie sowie die Sozialwissenschaften, die in der neuen Disziplin »Erziehungswissenschaft« (meist im Plural »Erziehungswissenschaften«) zusammengefaßt wurden und nun auf wissenschaftlicher Grundlage Unterrichtsforschung betrieben. Es ging dabei einerseits darum, Unterrichtsentscheidungen wissenschaftlich abzusichern und Schülern wie Eltern gegenüber transparent zu machen, d. h. die Kriterien für die Inhaltsentscheidungen offenzulegen und die Operationalisierung der Lernziele zu objektivieren.

Gleichzeitig galt es, den musikalischen Wandel außerhalb der Schule wahrzunehmen und darauf mit neuen curricularen Entwürfen zu reagieren. Denn mit dem gesellschaftlichen und politischen Wandel hatte sich auch die Musikszene drastisch geändert. U- und E-Musik drifteten immer weiter auseinander. In der musikalischen Avantgarde war längst der Werkbegriff obsolet geworden, wurden Klangexperimente mit intraditionellen Spieltechniken und Klangerzeugern unternommen, aleatorische Verfahren erprobt, die Aktivität, Spontaneität und Kreativität der Spieler herausgefordert. Im Alltag aber breiteten sich neben dem traditionellen Schlager Beat, Rock'n'Roll und

---

13 Ebd., S. 16 f.

Rhythm and Blues aus, die auf den neuen Singles kommerziell produziert, wie eine Ware vertrieben und massenweise konsumiert wurden. Dies machte eine Revision der alten Stoffpläne erforderlich, die dann um 1970 einsetzte und zum Kern der Curriculumreform wurde.

Eigentlich erst jetzt vollzog die Musikpädagogik ihre Abkehr von der Nachkriegspädagogik. Denn angesichts der zunehmenden Bedeutung der elektroakustischen Massenmedien und einer neu entstehenden Pop- und Schlagerkultur wurden Fragen der Ziel- und Inhaltsbestimmung für das Überleben des Faches in der Schule unausweichlich. Die Jugendsoziologie begann, den Pluralismus kultureller Erscheinungen verschiedenen »Teilkulturen« zuzuordnen, die ein ganz neues Rezeptionsverhalten erkennen ließen. Wenn damals die neuen konsensfähigen Erziehungsziele Selbstbestimmung, Emanzipation und Mündigkeit hießen und Veränderungsbereitschaft und Kritikfähigkeit, Kreativität und Problemlösungsverhalten höher eingeschätzt wurden als angepaßtes Faktenwissen, mußte sich natürlich auch die Musikerziehung fragen, wie sie auf diesen gesamtkulturellen und bildungspolitischen Wandel inhaltlich und konzeptionell reagieren sollte. Musikunterricht konnte sich nun nicht mehr auf eine heile musische Insel zurückziehen, wo das Volkslied seine lebensspendende Kraft verströmte und biedere Spielmusiken gepflegt wurden, die nirgends sonst als in der Schule ihren Sitz hatten. Klar wurde, daß mit fröhlichem Volksliedsingen und frischem Musizieren kein Schüler mehr zu erreichen war, der die Unterhaltungsmagazine im Rundfunk hörte und die neuesten Beatles-Platten kaufte. Die tiefgreifende Wirkung der überwiegend medial verbreiteten Schlager und Popmusik, die damals noch »Beat-Musik« hieß, hatte einen grundsätzlichen Wandel in der Einstellung gegenüber Musik und in den Musikpräferenzen mit sich gebracht.

So stellte der »Verband Deutscher Schulmusikerzieher« seine zweite Bundestagung 1969 unter das (unverkennbar von Robinsohn beeinflußte) Thema »Lehrplankritik als Voraussetzung zur Lehrplanreform«. Die 8. Bundesschulmusikwoche in Saarbrücken (1970) war dann ganz den »Bildungszielen und Bildungsinhalten des Faches Musik« gewidmet. Egon Kraus (*1912), der nach dem Krieg noch vehement die Ideologie der musischen Bildung verfochten hatte, schwenkte nun auf die neue Linie der Robinsohnschen Lehrplanrevision ein und führte die Schulmusik aus ihrer (und seiner) musischen Vergangenheit:

»Musik und Musikerziehung dienen weder der Schaffung ›musischer Inseln‹ noch der Entlastung vom Druck des Alltags.
Ihr Ziel ist nicht Weltverbesserung und Menschenformung, sondern Beitrag zu einem besseren Welt- und Selbstverständnis, Erziehung zur Mündigkeit. Der Musikunterricht hat

keine Ausgleichsfunktion gegenüber den sogenannten wissenschaftlichen Fächern; er dient in gleicher Weise dazu, geistige Erfahrungen zu sammeln, ein richtiges Bewußtsein herzustellen.
Erziehung zur Erfahrung, zur Mündigkeit, zur Phantasie, zur Kreativität sind identisch.
Erziehung kann heute nicht mehr auf fixierte Leitbilder hin ausgerichtet werden:
Der Musikunterricht hat – wie alle anderen Fächer – zum Verhalten in der Welt auszustatten und nicht ein vorgegebenes Weltbild zu vermitteln.
Die Zusammenfassung der künstlerischen Fächer unter dem Begriff ›musische Erziehung‹ oder ›technisch-musische Fächer‹ ist abzulehnen.«[14]

Und er zählte auf, was nun als überholt zu verwerfen sei:

»Die Vorrangigkeit des eigenen Tuns gegenüber der Reflexion.
Der Vorrang der irrationalen Kräfte.
Die Überbetonung der Emotion, des Erlebens, der Affinitäten [sic! gemeint war wohl Affekte].
Die Prädisposition einer Altersstufe für bestimmte Systeme, Epochen und Stile (der biogenetische Weg).
Die Überbetonung des ›entwicklungsgemäßen‹ Weges.
[...]
Das falsch verstandene Prinzip ›Vom Leichten zum Schweren‹, das zu einer Verkürzung der Musik [...] geführt hat.
Die bisherige Monopolstellung der Schulbehörden (Kultusministerien) bei der Neubestimmung von Bildungszielen und Bildungsinhalten.«[15]

Daraus folgerte er für die Erstellung neuer Richtlinien:

»Die neue Curriculumentwicklung kann nur im Zusammenwirken von Theorie und Praxis in einer interdisziplinären Zusammenarbeit von Fachwissenschaftlern, Soziologen, Psychologen und Pädagogen erfolgreich sein. [...]
Als Lehrpläne sollten nicht mehr undifferenzierte Themenkataloge angeboten werden, sondern präzise Lehrziele und begrenzte Themenkomplexe, die sich in Medien und methodischer Modellplanung konkretisieren.«[16]

Zum Kristallisationspunkt der Curriculumentwicklung wurden die Bestimmung der Ziele und die Evaluation des Unterrichts. Aus der amerikanischen Curriculumforschung wurde die Taxonomie der Lernziele, d.h. ihre Rangfolge nach dem Qualifikationsniveau (Kenntnis/Wissen, Verständnis, Anwendung, Bewertung), übernommen und nach verschiedenen Klassifikationsbereichen (kognitiv, affektiv und psychomotorisch) geordnet. Die Taxonomien von Bloom, Krathwohl und Masia[17] erhielten nun Hochkonjunk-

---

14 In: *Bildungsziele und Bildungsinhalte des Faches Musik. Vorträge der 8. Bundesschulmusikwoche*, Mainz 1970, S. 34.

15 Ebd. S. 35.

16 Ebd. S. 35 f.

17 B. S. Bloom (ed.): *A Taxonomy of Educational Objevtives*, Handbook I, The Cognitive Domain, New York 1956 (dt. *Taxonomie von Lernzielen im kognitiven Bereich*, Weinheim 1972);

tur, und Robert Magers Bestimmung von Zielen als beobachtbares Endverhalten[18] wurde zum leitenden Modell in der Lehrerausbildung. Doch der Glaube, aus Zielbestimmungen objektive Inhaltsentscheidungen ableiten zu können, erwies sich als trügerisch.

Einen umfassenden Beitrag zur Entwicklung einer eigenen Theorie der Ziele des Musiklernens hatte 1978 Sigrid Abel-Struth[19] vorgelegt. Und im gleichen Maß, wie die Literatur zur Lernzielbestimmung anwuchs, nahm die Diskussion der Inhalte selbst, deren Revision gerade die Curriculumreform in Gang setzen sollte, wieder ab. Die Inhalte verkamen im Gefolge einer einseitigen curricularen Lernzielfixierung mehr und mehr zu beliebig austauschbaren Objekten der Operationalisierung und Evaluierung dieser Ziele. Und weil der kognitive Bereich am ehesten einer objektiven Meßbarkeit zugänglich ist, verlagerten sich die Vermittlungsstrategien deutlich zugunsten des Kognitiven. Auf die Möglichkeit einer solchen Fehlentwicklung hatte bereits Robinsohn mit Bezug auf die integrale Curriculum-entwicklung in den USA hingewiesen. »Diese hat jedoch ihre Mängel, verführt sie doch leicht dazu, die Operationalisierbarkeit und damit Meßbarkeit von Lernresultaten zum Maßstab für Bildungsziele zu machen, deren *Adäquatheit* in einer Erziehungssituation jedoch *vor* der Wahl der anzuwendenden Mittel und auch unabhängig von der Bestimmung ihrer Kontrollierbarkeit auf Grund kritischer Analyse und rational diskutierter Erfahrung zu überprüfen ist.«[20] Auch die Begründungsproblematik musikbezogener Lernziele wurde kritisch befragt. Bernd Wietusch[21] hat dabei darauf hingewiesen, daß alle Zielentscheidungen weniger wissenschaftstheoretisch legitimiert seien als vielmehr auf Wertsetzungen beruhen, die Sollensaussagen machen und nicht aus einer Situationsanalyse abgeleitet werden können.

Die Idee einer curricularen Bildungsreform war ursprünglich auf das gesamte Bedingungsgefüge unterrichtlicher Entscheidungen gerichtet, indem

---

D. Krathwohl, B. S. Bloom, B. Masia: *A Taxonomy of Educational Objectives*, Handbook II, The Affective Domain, New York 1964 (dt. *Taxonomie von Lernzielen im affektiven Bereich*, Weinheim 1975).

18 Magers Buch *Preparing Instructional Objectives* war bereits 1962 in Belmont CA erschienen; die dt. Übersetzung *Lernziele und Unterricht* (Weinheim 1965) erlebte dann mit der Curriculumreform einen immensen Auflagenboom (1978 150. Tausend).

19 S. Abel-Struth: *Ziele des Musik-Lernens*. Teil I: Beitrag zur Entwicklung ihrer Theorie, Mainz 1978; Teil II: Dokumentation, Mainz 1979 (Musikpädagogik. Forschung und Lehre, Bde. 12, 13).

20 Robinsohn, a.a.O., S. 11.

21 B. Wietusch: *Zur Begründungsproblematik musikdidaktischer Lernziele*, in: MuB 1976, S. 500-504.

sie wissenschaftliche Instrumente zur Identifizierung der Bildungsziele und Bildungsinhalte, ihrer Organisation im Lehrplan, ihrer Durchführung und Evaluation (Erfolgskontrolle) bereitstellen wollte. Doch die einseitige Fixierung auf die Lernzielbestimmung hat sich als Sackgasse erwiesen.

2. Wissenschaftsorientierte Schulmusik

Ein wesentliches Merkmal der neuen Curricula lag in ihrer tendenziell offenen Anlage. Im Unterschied zu den verbindlichen Vorgaben der bisherigen Stoffpläne sollten Curricula nur Kriterien für Inhaltsentscheidungen und Modelle zur Lernorganisation gemäß den je wechselnden Situationen und Lernbedingungen bereitstellen. Curricula waren also tendenziell auf permanente Revision hin angelegt. Eine Grundbedingung blieb jedoch, daß die Zielangaben operationalisierbar und die Ergebnisse empirisch überprüfbar waren. Der Empirismus der an den Naturwissenschaften orientierten Erziehungswissenschaft führte damit auch in der Musikpädagogik zu einem Szientismus, der allen objektiven, meßbaren Verfahren der Analyse und Leistungsmessung Vorrang gegenüber dem bloß sinnlichen Erleben einräumte und einen »Verlust der Inhalte« mit sich brachte. »Die Definition von Lernzielen am Verhalten, das nicht zugleich an präzises Wissen oder Fertigkeiten gebunden ist, leidet immer unter der Gefahr, daß die Gegenstände in ihrem Daseinsrecht eingeschränkt werden oder gänzlich aus dem Blickfeld verschwinden.«[22] Für die Theoriebildung in der Fachdidaktik bedeutete dies die Gefahr, daß Aspekte des Verfahrens die Oberhand über die Begegnung mit den Gegenständen selber gewannen.

Auch wenn sich die Curriculumtheorie, die sich zunächst auf die theoretische Fachdiskussion auswirkte, nicht unmittelbar in der Unterrichtspraxis abbildete – auch hier gilt das Gesetz des *cultural lag* –, so kam es doch auch im Musikunterricht zu extremen Verbiegungen. Das Pendel begann, von der »musischen Bildung« ins Gegenteil formaler Wissenschaftspropädeutik umzuschlagen. So beherrschten einerseits aus der Kommunikations- und Informationstheorie entlehnte Modelle der Informationsübertragung und -verarbeitung die Erneuerung eines Musikunterrichts, in dem es nun um elemen-

---

22 H. de la Motte-Haber: *Bemerkungen über die Wendung zum Szientismus in der Musikpädagogik*, in: A. Antholz/W. Gundlach (Hrsg.): *Musikpädagogik heute*, Düsseldorf 1975, S. 123.

tare akustische Signale und die Codierung und Decodierung einfacher Parameterveränderungen ging. Andererseits traten praktisches Singen und Musizieren vollständig in den Hintergrund zugunsten (falsch oder einseitig verstandener) »wissenschaftlicher« Analyse, die im Extrem nur auf einer statistischen Feststellung von Merkmalen des Notentextes (Augenanalyse) beruhte. Jetzt besann man sich auf Adornos Diktum, wonach nirgends geschrieben stehe, »daß Singen not sei«[23], daß vielmehr das Ziel wahrer Pädagogik darin bestehe, »die Sprache der Musik und bedeutende Werke verstehen [zu] lernen« und »das Geistige wahrzunehmen, das den Gehalt eines jeden Kunstwerks ausmacht«.[24]

Vor solchem Hintergrund forderte Hans Heinrich Eggebrecht (*1919) 1971 anläßlich der Jahrestagung der Gesellschaft für Musikforschung in Hannover eine »wissenschaftsorientierte Schulmusik«. Seine prägnant formulierten Thesen lagen genau auf der Linie der wissenschaftsbetonten Curriculumdiskussion. Sein Fazit lautete:

»Musik in der Schule wird auf der Basis von Analyse und Interpretation zu dem, was sie nur in der Verkennung nicht ist:
— zu einer Herausforderung des Intellekts (wie Mathematik),
— einer Schrift, die man lesen lernt,
— einer Sprache, die man zu lernen und zu verstehen hat wie Deutsch und Latein,
— einem Objekt begrifflichen Erkennens und kritischer Stellungnahme wie Brecht oder Goethe,
— einem Medium des Verstehens der Gegenwart, die – höchst exemplarisch – in Musik sich abspielt und spiegelt.

Mit solchen wissenschaftsbezogenen, auf Wissenschaft angewiesenen Zielvorstellungen der Schulmusik [...] ist zugleich die Musikwissenschaft als Hochschuldisziplin umschreibbar; Schulmusik und Musikwissenschaft bilden ein Ganzes [...] Sie treffen und verbinden sich in den gleichen, auf Wissenschaft basierenden Aufgaben.«[25]

---

23 *Kritik des Musikanten* (1956), in: *Dissonanzen*, Göttingen ³1963, S. 75.

24 *Zur Musikpädagogik* (1957), ³1963, S. 102.

25 H. H. Eggebrecht: *Wissenschaftsorientierte Schulmusik* (Eröffnungsstatement der Round-table-Diskussion Schulmusik und Musikwissenschaft am 15.10.1971), in: MuB 1972, H. 1, S. 30. Allerdings relativierte er diese Position später wieder, als er die Anfälligkeit solcher Wissenschaftsorientierung für Mißverständnisse vordergründiger Wissenschaftspropädeutik erkannte. »Wenn ich jetzt [...] über die Befreiung der Musik von der Wissenschaft spreche, so scheine ich mir damit selbst zu widersprechen, nämlich dem Konzept einer wissenschaftsorientierten Schulmusik, wie ich es vor etwa acht Jahren zu skizzieren versuchte. Indessen wird von dem damaligen Ansatz nichts zurückzunehmen sein. Vielmehr geht es darum, zu bedenken, was das für ein Begriff von Wissenschaft ist, von dem die heutige Schulmusik, indem sie wissenschaftsorientiert sein möchte, sich leiten läßt. Und da wird sich herausstellen, daß es sich – gefördert oder gezwungen nicht zuletzt seitens ministerieller Vorschriften – um einen fragwürdigen Begriff von Wissenschaft handelt, einen, den es nur

Lars Ulrich Abraham sekundierte ihm mit der Sorge, die Revision des Curriculums, die sich tatsächlich oft auf einen bloßen Austausch alter gegen aktuelle Inhalte (Beat statt Beethoven; Rock statt Barock) beschränkte, könne zum Hemmnis der eigentlich anstehenden Reform werden. Und die sollte in die Grundstrukturen des Lehrens und Lernens selber eingreifen. Dies bedeute »nicht Lernen von der Forschung, sondern forschendes Lernen, nicht Meisterlehre, sondern partnerschaftliche Arbeit, nicht Bewältigung eines vorgegebenen Plans, sondern Eroberung einer vorgefundenen Sache; eine Reform, die nicht an Finanzfragen scheitern kann, denn sie kostet nichts«.[26]

So kam es insbesondere in der gymnasialen Oberstufe einerseits zu einer starken (Über-)Betonung struktureller Analyse. Und andererseits fand im Zuge der Anlehnung an die Kommunikationstheorie eine triviale Ausweitung des Musikunterrichts (insbesondere in der Sekundarstufe I) auf elementare Kommunikationsprozesse und Schallexperimente statt. Gegen solche Tendenzen waren die Ansprüche einer wissenschaftsorientierten Schulmusik ebenso gerichtet wie gegen die Vernebelung des Sachanspruchs in der musischen Bildung.

3. Die Schul- und Bildungsreform

Die lerntheoretischen und curricularen Umgestaltungsprozesse muß man aber im Zusammenhang mit der allgemeinen Schul- und Bildungsreform sehen, deren Teil sie waren. Das Bemühen um eine innere und äußere Reform des Schulwesens setzte schon bald nach dem Krieg ein und erfuhr in der Bildungsreform der siebziger Jahre einen vorläufigen Abschluß. Bereits 1951 hatten Vertreter der höheren Schulen, der Schulverwaltung sowie namhafte Pädagogen über die Neugestaltung der gymnasialen Lehrpläne beraten (*Tübinger Beschlüsse*). Zwei Jahre später (1953) wurde mit dem »Deutschen Ausschuß für das Erziehungs- und Bildungswesen« ein Gremium unabhängi-

---

in Anführungszeichen gibt, in Wahrheit einen Pseudobegriff von Wissenschaft, einen Antibegriff sogar, der dazu angetan ist, wissenschaftliches Denken nicht zu fördern, sondern im Ansatz zu ersticken.« (H. H. Eggebrecht: *Über die Befreiung der Musik von der Wissenschaft*, in: MuB 1980, H. 2, S. 96-101)

26 L. U. Abraham: *Revision des Curriculum als Reformhemmnis?* (Korreferat der Round-table-Diskussion 1971), in: MuB 1972, H. 1, S. 32.

ger Persönlichkeiten aus dem Gebiet der Pädagogik gebildet, das das Erziehungswesen durch gutachterliche Beratung fördern sollte.[27] 1959 hatte dieser Ausschuß einen »Rahmenplan zur Umgestaltung und Vereinheitlichung des allgemeinbildenden öffentlichen Schulwesens« vorgelegt. Auf dieser Grundlage einigten sich 1960 die Kultusminister auf eine Rahmenvereinbarung über die Neuordnung der gymnasialem Oberstufe (*Saarbrücker Abkommen*), der 1961 die Stuttgarter Empfehlungen zur didaktischen und methodischen Gestaltung der Oberstufe folgte. Damit ist das Herzstück der Bildungsreform angesprochen, die gewissermaßen von oben (gymnasiale Oberstufe) nach unten erfolgte.

Begabungsforschung und Lernpsychologie hatten im Zusammenwirken mit einem gewandelten Bildungsbegriff und offenen gesellschaftlichen Formen das Bild schulischen Lernens verändert. Die Herstellung von Chancengleichheit und individuelle Begabungsförderung rangierten nun höher als die standesgebundene Bildungsauslese. 1969 hatte die Bildungskommission des »Deutschen Bildungsrates«[28], der 1965 den »Deutschen Ausschuß« abgelöst hatte, einen Gutachtenband *Begabung und Lernen* herausgegeben[29], in dem die Ergebnisse empirischer Forschung zusammengetragen wurden. Der unumgänglich gewordenen Leistungsdifferenzierung bei gleichzeitiger Bewältigung der immer größer werdenden Stoffülle und Aufgabenvielfalt, der die Schule gerecht werden mußte, sollte eine differenzierte Oberstufe mit individuellen Schwerpunktbildungen und Wahlmöglichkeiten entsprechen. Als 1965 der »Deutsche Ausschuß« seine Tätigkeit beendete, hatte er die Vorbereitung der Oberstufenreform für die Kultusministerkonferenz (KMK) weitgehend abgeschlossen und den Versuch unternommen, das Bildungswesen als Ganzes zu gestalten. Denn schon Georg Picht hatte mit Blick auf Musik, aber das Ganze der Reform anzielend, davor gewarnt, daß »das einzelne ›Fach‹ in Zerfall [gerät], wenn es sich aus der Bewegung des Ganzen der Bildung löst«.[30] Der »Deutsche Bildungsrat« setzte die begonnene Arbeit fort und schloß 1969 seine Vorschläge »Zur Neugestaltung der Abschlüsse im Sekundarschulwesen« ab, die aber die Vorstellungen der Kultusminister-

27 Deutscher Ausschuß für das Erziehungs- und Bildungswesen. Empfehlungen und Gutachten 1953–1965. Gesamtausgabe, Stuttgart 1966.

28 Der »Deutsche Bildungsrat« war ein von Bund und Ländern eingesetztes, amtlich legitimiertes Beratungsgremium, das bis 1976 arbeitete.

29 H. Roth (Hrsg.): *Begabung und Lernen. Ergebnisse und Folgerungen neuer Forschungen*, Stuttgart 1969 (Deutscher Bildungsrat. Gutachten und Studien der Bildungskommission, Bd. 4).

30 G. Picht: *Die Stellung der Musik im Aufbau unserer Bildung*, in: *Neue Sammlung* 3/1963.

konferenz und der Westdeutschen Rektorenkonferenz (WRK) konzeptionell weit überstiegen. »Der Bildungsrat sah die gesamte Sekundarstufe II als eine ›differenzierte Einheit‹: berufsorientierte und studienbezogene Bildungsgänge sollten in einer übergeordneten Organisation, im Kolleg, zusammengefaßt werden; man unterschied vier Lernorte: Lernort Schule, Lernort Lehrwerkstatt, Lernort Betrieb, Lernort Studio.«[31] Daraufhin vereinbarten die Kultusminister 1972 ihre Organisationsform der neugestalteten Oberstufe in der Sekundarstufe II, die nun gekennzeichnet war

- durch die Auflösung des Systems von Jahrgangsklassen zugunsten von Fachkursen,
- durch die individuelle Profilbildung mit der Wahl von Grund- und Leistungskursen,
- durch eine zeitgemäße Ausweitung des Fächerangebots,
- durch die Gewährleistung einer allgemeinen Hochschulreife trotz vorhandener Spezialisierungsmöglichkeiten.

Neben der Oberstufe war es vornehmlich noch die »Orientierungsphase«, die im Rahmen der Schul- und Bildungsreform in die Diskussion gebracht wurde. Angesichts des traditionellen dreigliedrigen Schulsystems müssen sich die Eltern früh (im vierten Schuljahr) für den weiterführenden Bildungsweg ihrer Kinder entscheiden. Da dies hinsichtlich der damit verbundenen Bildungschancen als äußerst problematisch angesehen werden mußte, schlug 1959 der »Deutsche Ausschuß« eine Änderung der Schulstruktur vor, die zwar das dreigliedrige System beibehielt, aber die Grundschulzeit um zwei Jahre einer »Orientierungsphase« verlängern sollte. Daraus entstanden später die unterschiedlichen Formen der Orientierungs- oder Förderstufe, die aber meist nicht bei der Grundschule (Ausnahme Berlin), sondern bei den weiterführenden Schulen angesiedelt oder in einer eigenen Schulform realisiert wurde.

Im Rahmen der Überlegungen zu einer äußeren Strukturreform der Schule spielte das Gesamtschulmodell naturgemäß eine zentrale Rolle. Aber erst 1969 kam es zu einer Empfehlung des Bildungsrates zur Einrichtung von Schulversuchen mit Gesamtschulen, die dann mit unterschiedlicher Intensität von den einzelnen Ländern durchgeführt oder als alternatives Schulangebot eingerichtet wurden.

1970 verabschiedete dann der Bildungsrat seinen »Strukturplan für das Bildungswesen«, der die Grundlage für die KMK-Vereinbarung zur »Neuge-

---

31 H. v. Hentig: *Bilanz der Bildungsreform in der Bundesrepublik Deutschland,* in: *Neue Sammlung* 3/1990, S. 374.

staltung der gymnasialen Oberstufe in der Sekundarstufe II« (1972) bildete und zum Bildungsgesamtplan der Bund-Länder-Kommission 1973 führte. Mit den Empfehlungen des Bildungsrates von 1969 und dem Strukturplan von 1970 »erhielt hier die Bundesrepublik einen umfassenden, in sich geschlossenen, theoretisch ausgiebig begründeten und [...] durchdachten Reformplan«.[32] Dieser berücksichtigte sowohl die Struktur der Bildungseinrichtungen als auch die Lehrinhalte und bezog auch das soziale Gefüge des Lernens ein. Er entstand aus einem Grundkonsens, der über divergierende Ideologien hinauswies, und verstand Reform als offenen Prozeß, in dem Strukturveränderungen und Curriculum-Veränderungen in einem engen Wechselverhältnis stehen sollten. »In einem auf individuelle Förderung angelegten Bildungssystem wird nicht unverändert dasselbe wie bisher und auf dieselbe Weise wie bisher gelehrt werden können.«[33]

Nach den Vorstellungen des Bildungsrates sollte sich das gesamte Bildungswesen nun nach Schulstufen (Elementarbereich, Primarbereich, Orientierungsstufe[34], Sekundarstufe I mit einem ersten qualifizierenden Abschluß: Abitur I und Sekundarstufe II mit allgemeiner Hochschulreife: Abitur II) gliedern, ohne daß dadurch eine bestimmte Organisationsform der Schule (Ganztagsschule, Gesamtschule, Schulzentren, kooperative Systeme etc.) favorisiert wurde. Neben der strukturellen Weichenstellung machte der Strukturplan inhaltlich die Wissenschaftsorientierung zum Kernstück des Reformvorschlags: »Wissenschaftsorientierung der Bildung bedeutet, daß die Bildungsgegenstände, gleich ob sie dem Bereich der Natur, der Technik, der Sprache, der Politik, der Religion, der Kunst oder der Wissenschaft angehören, in ihrer Bedingtheit und Bestimmtheit durch die Wissenschaften erkannt und entsprechend vermittelt werden. [...] Die Wissenschaftsorientiertheit von Lerngegenstand und Lernmethode gilt für den Unterricht auf jeder Altersstufe.«[35]

Durch die Strukturreform mit ihrer Wissenschaftsorientierung wurde fortan auch das Fach Musik in der gymnasialen Oberstufe »abiturabel«, d. h., es wurde als ein gleichberechtigtes Leistungsfach wählbar. Doch blieb die Aufteilung der alten, auf Humboldt zurückgehenden Haupt- und Neben-

---

32 Ebd., S. 375.

33 Deutscher Bildungsrat: *Empfehlungen der Bildungskommission. Strukturplan für das Bildungswesen* (1970), Stuttgart 1973, S. 27.

34 Der Strukturplan läßt die Zuordnung der Orientierungsstufe (im Unterschied zur Förderstufe, die die Grundschule verlängerte) zum Primar- oder Sekundarbereich offen. Vgl. Abschnitt Orientierungsstufe, in: *Strukturplan*, a.a.O., S. 141-145.

35 *Strukturplan*, a.a.O., S. 33.

fächer mit dem Prinzip der Substituierbarkeit einzelner Fächer derselben Fächergruppe erhalten. D.h., im sprachlich-literarischen Bereich kann Englisch durch Französisch, im künstlerischen Musik durch Bildende Kunst etc. ersetzt werden. Die Chance einer wirklichen Neuvermessung der Fächerlandschaft, wie sie Theodor Wilhelm noch einmal 1982 in seinem Nachtrag zur *Theorie der Schule*[36] angeregt hat und die eine Zusammenfassung der auf Interpretation angewiesenen Künste (Musik, Literatur, Malerei, Architektur) bedeutet hätte, wurde aber vertan.

Angesichts der grundsätzlichen Beibehaltung des gegliederten Schulsystems mit seiner traditionellen Fächerstruktur kann man mit Recht kritisch fragen, ob es eine wirkliche Bildungsreform in der Bundesrepublik überhaupt gegeben habe. Hartmut von Hentig hat diese Frage eindeutig verneint[37], auch wenn er wesentliche Veränderungen im sozialen Gefüge, im Lernklima und der Unterrichtsmethodik feststellt. Doch auch »die Funktion der Schule hat sich gewandelt, sie ist ein Aufenthaltsort für Kinder geworden; sie muß ein Lebensort für sie werden, an dem man den ›Ernstfall‹ erlebt, ohne ihm zu erliegen«.[38] Vieles ist offener, repressionsfreier, auch lebensvoller, heller und menschlicher geworden. Aber eine wirkliche Bildungsreform – war sie in einer Gesellschaft des zunehmenden Wohlstands überhaupt gewollt, wäre sie konsequent umzusetzen gewesen? Über die weitreichenden strukturellen Vorstellungen des Strukturplans, der immerhin einen konzeptionellen Entwurf gewagt hat, war bildungspolitisch zwischen den Ländern kein Konsens herzustellen. Der »Deutsche Bildungsrat« wurde aufgelöst. »Sein Reformplan wurde keine pädagogische Realität«[39], die es verdient hätte, heute wirklich von *Bildungsreform* statt bloß von einer *Schulreform* zu sprechen.

4. Musikpädagogik als Wissenschaft

Die allgemeine Wissenschaftsorientierung der Bildungs- und Curriculumreform brachte auch dem Fach Musikpädagogik einen deutlichen wissenschaftstheoretischen Schub, in dessen Folge dann aus einer eher metho-

---

36 Th. Wilhelm: *Pflegefall Staatsschule* (Nachtrag zur Theorie der Schule), Stuttgart 1982.
37 H. v. Hentig in der Eingangsthese seiner *Bilanz der Bildungsreform*, a.a.O., S 366.
38 Ebd., S. 379.
39 Ebd., S. 376.

dischen Handwerkslehre eine wissenschaftliche Disziplin wurde. Damit differenzierte sich zugleich der Bereich der *Musikdidaktik* (Unterrichtslehre) aus der *Musikpädagogik* aus, die nun als die »wissenschaftliche Reflexionsstufe«[40] verstanden wurde, welche die theoretische Absicherung der Praxis des *Musikunterrichts* leisten sollte. Karl Heinrich Ehrenforth schlug daher vor: »Der Begriff *Musikpädagogik* wäre dann zu reservieren für den Versuch eines eigenständigen *Wissenschaftszweiges*, der mit empirischen Methoden und in Aufarbeitung der von den Nachbarwissenschaften bereitgestellten Hypothesen und Arbeitsergebnisse die Bedingungen, Erscheinungsformen und Optimierung musikalischer Lernprozesse (Musiklernen) intentionaler und nicht-intentionaler Art erforscht und zu Theorieansätzen verdichtet.«[41]

In den sechziger Jahren war Musikpädagogik, sofern sie sich nicht in Beiträgen zur reinen Unterrichtsmethodik erschöpfte, noch überwiegend in historischen Arbeiten damit beschäftigt, die Vergangenheit aufzuarbeiten. Fritz Seidenfaden[42] wandte sich der Analyse und Kritik musischer Erziehung zu (1962); Lars Ulrich Abraham und Helmut Segler[43] untersuchten die Ideologie des Singens anhand der Situation der Nachkriegszeit (1966), und Ulrich Günther[44] legte die erste umfassende Untersuchung zur Musikerziehung im Dritten Reich vor (1967). Die nun ins Spiel gebrachte Wissenschaftsorientierung bedeutete in ihrem Kern aber, »daß sich alles schulische Lernen vor den Gesetzen und Erkenntnissen der Wissenschaft ausweisen muß«.[45] Für die Musikerziehung ergab sich daraus die Notwendigkeit der Orientierung an neuen Fragestellungen und Forschungsmethoden der empirischen Sozialforschung, die vor allem in den Pädagogischen Hochschulen vorangetrieben wurde. So traten nun Aspekte der Unterrichtsforschung (Methodeneffizienz, Lehrerverhalten, Interaktionsforschung), der musikpsychologischen Grundlagenforschung zum Hören (Rezeptionsforschung), der musikalischen Begabungs- und Wahrnehmungsforschung, der Modellkonstruktion über musikalisches Lernen (Informationsverarbeitung, mentale Re-

40 Vgl. M. Alt: *Didaktik der Musik*, Düsseldorf 1968, S. 33.

41 K. H. Ehrenforth: *Das Verhältnis von Musikwissenschaft und Musikpädagogik*, in: H. W. Höhnen u. a. (Hrsg.): *Entwicklung neuer Ausbildungsgänge. Modellversuch*, Essen, Mainz und Regensburg 1977, S. 428.

42 F. Seidenfaden: *Die musische Erziehung in der Gegenwart und ihre geschichtlichen Quellen*, Ratingen (1962) ²1966.

43 H. Segler, L. U. Abraham: *Musik als Schulfach*, Braunschweig 1966.

44 U. Günther: *Die Schulmusikerziehung von der Kestenberg-Reform bis zum Ende des Dritten Reiches*, Neuwied 1967.

45 K. Klemm, H.-G. Rolff, K.-J. Tillmann: *Bildung für das Jahr 2000. Bilanz der Reform, Zukunft der Schule*, Reinbek 1985, S. 39.

präsentation), aber auch der statistischen Erhebungen zu Geschmacksbildung, Präferenzen, Einstellungsänderungen als zentrale Herausforderung ins Blickfeld musikpädagogischer Forschung. 1965 konstituierte Michael Alt den »Arbeitskreis Forschung in der Musikerziehung« (später »Arbeitskreis musikpädagogische Forschung« AMPF), der die neuen Forschungsaufgaben fördern und weiterführen sollte. Damit erfüllte sich eine Anregung, die Kestenberg mit dem Vorschlag zur Errichtung eines Musikpädagogischen Forschungsinstituts schon 1921 gegeben hatte[46] und worüber in der 1. Schulmusikwoche in Berlin 1921 berichtet worden war.[47] Anläßlich der ersten Tagung des neuen Arbeitskreises in der Pädagogischen Hochschule in Köln 1969 wurde ein Themenkatalog für Forschungsaufgaben vorgelegt, der in folgende Bereiche untergliedert war:

1. *Bildungstheorie* (Quellenhermeneutik; Der Bildungssinn des Musikfaches; Entwurf der pädagogischen Dimension der Musik)

2. *Didaktik* (Lehrplan; Methoden und Unterrichtsmodelle)

3. *Psychologie* (musikalische Rezeption; Motivationsforschung; Psychologie des Lernens; Tests; anthropologische Psychologie)

4. *Soziologie* (Musikgeschmack; Repräsentativuntersuchungen; Einfluß musikalischer Massenkommunikationsmittel)

5. *Vergleichende Musikerziehung* (Lehrpläne; Methoden des Musikunterrichts; Vergleichende psychologische und soziologische Forschung; Lehrerbildung)

6. *Heilpädagogik* (Heiltherapeutische Einwirkung mit Hilfe der Musik; Auswertung bisheriger Ansätze; Entwicklung neuer Lehrverfahren)

7. *Musikwissenschaft und Musikerziehung* (Entwicklung wissenschaftlicher Methoden der Struktur- und Funktionsanalyse; Schaffung einer didaktisch brauchbaren Terminologie; Volksliedforschung; Forschungsarbeiten zur Musikästhetik; Forschung auf dem Gebiet der vergleichenden Kunstbetrachtung und Werkinterpretation; Wertkriterien des musikalischen Kunstwerks)

8. *Programmiertes Lernen* (Vergleich lehrerbezogener und programmierter Unterweisung; Entwicklung und Anwendung von Musikprogrammmen)

---

46 In: *Musikerziehung und Musikpflege*, Leipzig 1921, S. 85 f.

47 Vgl. Karl Schaefer: *Demonstrationen und Versuche zur Lösung von Aufgaben eines künftigen Musikpädagogischen Forschungsinstituts*, in: *Musik und Schule, Vorträge der 1. Reichsschulmusikwoche in Berli*n, Leipzig 1922, S. 87 f.

9. *Bisherige musikpädagogische Forschung* (Kritische Auswertung bisheriger musikpädagogischer Forschung; Erarbeitung einer Geschichte der Musikerziehung; Bereitstellung einer Quellensammlung; Weiterführende Forschung auf dem Gebiet der Stimmbildung; Kritische Überprüfung der Anschauungsmaterialien)[48]

In dieser umfassenden Breite und Vielfalt der Themen ist musikpädagogische Forschung in der Bundesrepublik erst in Ansätzen verwirklicht. Vor allem sind es empirische Untersuchungen zu einzelnen Aspekten des Rezeptionsverhaltens, zur Hörtypologie, zur Geschmacksbildung, zur Lehrertypologie etc., denen sich die Forschung mit verschiedenen Forschungsansätzen zugewandt hat. Eine musikpädagogische Komparatistik hat sich dagegen bisher noch nicht etabliert. Demgegenüber gewinnen historisch-kritische Arbeiten zur Geschichte der Schulmusik wieder stärker an Gewicht.[49] Einen historischen Ansatz verfolgte bereits Sigrid Abel-Struth mit ihren *Materialien zur Entwicklung der Musikpädagogik als Wissenschaft* (Mainz 1970), mit denen sie die Schriftenreihe *Musikpädagogik. Forschung und Lehre* eröffnete. Mit ihrem *Grundriß der Musikpädagogik* (Mainz 1985) schuf sie eine erste umfassende historisch-kritische Systematik der Musikpädagogik.

In all diesen Ansätzen kommt das Bemühen zum Ausdruck, die unterrichtliche Praxis historisch zu reflektieren und empirisch zu konsolidieren. Dabei rückte die Musikpädagogik immer näher an die allgemeine Pädagogik und die Sozialwissenschaften heran, deren Forschungsmethoden und Verfahrensansätze sie aufgriff. Mit dieser Annäherung stellte sich dann aber die Frage, ob nun die Erziehungswissenschaft oder die Musikwissenschaft als die der Musikpädagogik zugehörige Bezugswissenschaft zu gelten habe.[50] Doch der Streit ist müßig. Die Subjektseite der Musikerziehung, also der Bereich, der es mit dem Lerner und dem Lernen zu tun hat, ist forschungsmethodisch an Sozialwissenschaften und Psychologie gebunden, während die Objektseite, also der Bereich der musikalischen Gegenstände am adäquatesten mit musikwissenschaftlichen Methoden erschlossen werden kann.

Um 1980 war dann in der allgemeinen Didaktik und so auch in der

---

48 Gekürzte Übersicht, vollständiger Themenkatalog in: *Forschung in der Musikerziehung* 1/1969, S. 34 f. (Beiheft der Zeitschrift MuB).

49 Vgl. die Sitzungsberichte der Wissenschaftlichen Sozietät Musikpädagogik, Mainz, seit 1986; die Monographien zu F. Jöde (Regensburg 1988) L. Kestenberg (Wolfenbüttel 1989), E. J. Müller (Wolfenbüttel 1989), E. Preußner (Wolfenbüttel 1992); die Arbeiten zur Musikerziehung in der Weimarer Republik von W. Martin (Mainz 1982) und H. Hammel (Stuttgart 1990).

50 Vgl. dazu K. H. Ehrenforth: *Das Verhältnis von Musikwissenschaft und Musikpädagogik*, a.a.O., S. 425-448.

Musikdidaktik eine »Alltagswende« festzustellen.[51] Man versuchte nun das tatsächliche Alltagsgeschehen im Unterricht in Erfahrung zu bringen. Obwohl die Curriculumreform gerade auch an der Alltagserfahrung der Schüler ansetzen wollte, führte dies doch zu sehr geschlossenen didaktischen Konzeptionen, die nicht immer dem Alltag der Schulwirklichkeit entsprachen. So setzte in den achtziger Jahren allmählich eine Erforschung der Alltagsbedingungen ein, weil man erkannte, daß neben den vielen schönen »Feiertagsdidaktiken« Lehrer eine praktikable Alltagsdidaktik brauchen, die sie sich notfalls aus Erfahrung und Routine selber zusammenbasteln. Wollte man also Didaktik nicht nur zu einer Angelegenheit der professionellen Didaktiker auf der »Chefetage« (Günther) machen, mußte man die Betroffenen – die Lehrer und Schüler – selber an der Forschung methodisch beteiligen.

---

51 Vgl. Dieter Geulen: *Ursachen und Risiken einer Alltagswende in der Pädagogik*, in: 17. Beiheft zur Zs.f.Päd. 1981, S. 71 ff.; H. J. Kaiser: *Zum Verhältnis von Alltagswelt und jugendlicher Musikkultur*, in: *Musikalische Teilkulturen* (Musikpädagogische Forschung Bd. 4), Laaber 1983, S. 35-55; W. Gruhn: *Musikunterricht und Alltag*, in: ZfMP 28/1984, S. 15-20.

Mit der Entwicklung neuer didaktischer Konzepte, die Schülerorientierung auch in der Überwindung der Kluft zwischen einer »Musik in der Schule« und der »Musik im Leben« zu verwirklichen suchten, zog ein frischer Wind in die Schulstuben ein. Deutliches Zeichen war die Hinwendung zur populären Alltagsmusik, die vom massenmedialen Erfolg der Beatles repräsentiert wurde. Das bunte Beatles Song Book wirbelt poppig Fotomontagen, Comics, Karikaturen durcheinander. In der abgebildeten Zeichnung sind Textanspielungen auf dreizehn Lieder der Beatles versteckt.

13. Kapitel

Der curriculare Aufbruch
Neue musikdidaktische Konzeptionen

1. Ein frischer Wind in der Musikerziehung

Ende der sechziger Jahre setzte allmählich eine Neuorientierung des Schulfachs Musik ein, die im Zusammenwirken mit der Curriculumreform schließlich das Fach und seine Stellung in der Schule tiefgreifend veränderte. Ausgelöst durch die allgemeine Reformdiskussion blies alsbald ein frischer Wind durch die musikpädagogische Landschaft und begrub manch liebgewordene und naiv weitergetragene Vorstellung von Musikunterricht unter den aufgewirbelten neuen Ideen der Curriculum-Revision. Schien zunächst auch nur klar zu sein, was Musikunterricht nach der Curriculumreform nicht mehr sein konnte oder wollte – ein Abbild des traditionellen musikwissenschaftlichen Systems; ein Instrument zur Bestätigung tradierten Rollenverhaltens, bei dem nur der Komponist und Interpret als kreativ, der Hörer aber als passiv galt; ein Ausleseverfahren für musikalisch besonders Begabte[1] –, so wurde doch die Herausforderung angenommen, »ein musikalisches [musikdidaktisches] Konzept zu entwerfen, das sich herleitet von einem neuen Verständnis der Funktionen, Aufgaben und Ziele von Musik und Erziehung in der Gesellschaft und Schule von heute und morgen«.[2]

Die nun einsetzende Entwicklung neuer Konzepte gab unterschiedliche Antworten auf die Frage, welches der Bildungsauftrag des Faches sei und was es unter den gegenwärtigen gesellschaftlichen und schulischen Bedingungen leisten könne. Hierbei spielte die Idee des Curriculums, das die obrigkeitsstaatlich verordneten Richtlinien verdrängte, eine entscheidende Rolle. Denn nun konnte und mußte man ohne den Legitimationsschutz einer ministeriellen Verordnung an die wissenschaftstheoretisch begründete Entwicklung neuer Unterrichtsmodelle herangehen. Die tendenzielle Offenheit solcher Entwicklungen brachte es mit sich, daß Trends und Moden in raschem Wechsel einander folgten und verschiedene didaktische Konzeptionen in

---

1 Vgl. den Negativ-Katalog für einen künftigen Musikunterricht bei Ulrich Günther: *Zur Neukonzeption des Musikunterrichts*, in: *Forschung in der Musikerziehung* 5-6/1971, S. 17.

2 Ebd., S. 18.

Konkurrenz zueinander traten. Hans Heinrich Eggebrecht forderte eine »wissenschaftsorientierte Schulmusik«[3]; Ulrich Günther orientierte den Musikunterricht – mit Blick auf die Bedürfnisse der Gesamtschule – an der »hörbaren Wirklichkeit« (Umweltschall) und an den Grundlagen der Kommunikationstheorie, die aus dem Musikunterricht »Auditive Kommunikation« machte[4]; Helmut Segler verstand ihn dagegen als sozialwissenschaftlichen Unterricht[5]; und Hartmut von Hentig proklamierte ein »Leben in der Aisthesis« (Ästhetische Erziehung)[6]; kurz: der Legitimationsdruck des Schulfachs Musik in einer sich verändernden Bildungslandschaft führte zu einer Vielfalt heterogener Konzepte, denen der Musikunterricht manche Anregungen verdankte, die aber auch in manche Sackgasse führten.

Im Gefolge eines sich immer mehr durchsetzenden dynamischen Begabungsbegriffs, wonach Begabung nicht als ererbtes Gut, sondern als dynamisch zu entwickelndes Potential verstanden wurde (Schüler sind nicht begabt oder unbegabt, sondern durch individuelle Förderung zu begaben), stand es zur Diskussion, ob individuelle Förderung eher in Neigungskursen im Wahlbereich oder im Pflichtunterricht für alle gewährleistet sei. Wenn man alle Schüler durch Musikunterricht erreichen wollte, mußte es darum gehen, ungleiche Bildungschancen (etwa infolge des sozialen Gefälles, des Stadt-Land-Gefälles) auszugleichen. Dazu schien die Gesamtschule eher in der Lage zu sein als die traditionelle Gliederung in Volksschule, Mittelschule und Gymnasium. Als die ideologische Polemik um die Gesamtschule Anfang der siebziger Jahre abzuflauen begann, galt diese als das bildungspolitisch fortschrittlichste Modell. An ihr orientierten sich daher die neuen Konzeptionen. Hier konnte man aber weder beim Singen und Musizieren von Volksliedern, die längst durch die medial vermittelte Musik (und nicht nur durch Adornos Diktum) verdrängt waren, noch beim Kunstwerk (kleine Werke großer Meister) ansetzen, zu dem der am leichtesten Zugang fand, der aufgrund seiner sozialen Voraussetzungen Instrumentalunterricht erhalten konnte. Vielmehr galt es nun, Wege zu finden, mit dem Musikunterricht dort einzugreifen, wo alle bereits Erfahrungen mitbrachten: bei der funktionalen Verwendung von Musik im Alltag (z. B. in der Werbung und im Kino, im Konzert und in der Kneipe), und das zu schulen, was nun im Zeitalter der aufkommenden Medien im Zentrum des Umgangs mit Musik stand: das Hören von Musik.

---

3 H. H. Eggebrecht: *Wissenschaftsorientierte Schulmusik*, in: MuB 1/1972, S. 29-31.

4 U. Günther: *Zur Neukonzeption des Musikunterrichts*, a.a.O., S. 12-22.

5 H. Segler: *Musik und Musikunterricht in der Gesamtschule*, Weinheim 1972.

6 H. v. Hentig: *Systemzwang und Selbstbestimmung. II Allgemeine Lernziele der neuen Schule.*

Hierzu hatte Dankmar Venus 1969 eine grundlegende systematische Methodik entwickelt.[7] Den Bereich des Musikhörens (künftig als Verhaltensweise der *Rezeption* bezeichnet) führte er dabei als eigenständigen Unterrichtsinhalt in die schulmusikalische Arbeit ein, der nun gleichberechtigt neben den übrigen Verhaltensweisen der *Produktion* (Komponieren, Improvisieren) und *Reproduktion* (Singen und Musizieren), der *Transposition* (Übertragung in ein anderes Medium: z. B. Bewegung, Sprache, Bild) und *Reflexion* (Sprechen über Musik) stehen sollte, weil eine Vorrangstellung des vokalen Bereichs nicht mehr den Erfordernissen der Zeit entsprach. »Es läßt sich heute [...] weder von der Umweltsituation noch von rein fachlichen oder von psychologischen Aspekten her eine weitere Mittelpunktstellung der vokalen Reproduktion rechtfertigen. Seitdem an die Stelle einer überwiegend gesangsbezogenen Umwelt ein pluralistisches Angebot verschiedenartigster Musik getreten ist, muß der Musikunterricht mit einer Vielzahl von Inhalten und Methoden reagieren. [...] Wenngleich der Anteil jeder der fünf Verhaltensweisen in den einzelnen Altersstufen gewiß variiert werden muß, so sollte man doch mit Nachdruck betonen, daß Komponieren, Improvisieren, künstlerisches Singen und Instrumentalspiel, Musikhören, Umsetzungsversuche und Gespräche über Musik prinzipiell als *grundständige* Unterrichtsinhalte aufzufassen sind, die alle vom ersten Schuljahr an beachtet werden müssen und die jeweils eigene didaktische Entscheidungen und methodische Ausprägungen erforderlich machen.«[8]

In die gleiche Richtung wies Heinz Antholz mit dem seinem Entwurf einer neuen Musikdidaktik für die Volksschule.[9] »Unterricht in Musik« wollte er in absichtsvoller Umkehrung der gängigen Formel von »Musik im Unterricht« verstanden wissen, weil sich dort allzu leicht die Vorstellung von Musik als funktionalem Beiwerk des Schullebens nach musischer Maxime einstelle, während hier ein »Fachunterricht in Musik« etabliert werden sollte. Musikunterricht, dessen Bildungsziel in der »Introduktion in Musikkultur« bestehen sollte, gliederte Antholz nach vier Unterrichtsfeldern, die alle die Aufgabe erfüllen, »Musik hören zu lehren«, und in denen Hören daher der verbindende und verbindliche Unterrichtsinhalt ist:

1. Instruktion (werkendes Hören)
2. Rezeption (Werkhören)

---

6. *Das Leben in der Aisthesis,* Stuttgart 1969, S. 93-95.

7 D. Venus: *Unterweisung im Musikhören,* Wuppertal 1969.

8 Ebd., S. 21 f.

9 H. Antholz: *Unterricht in Musik* (1970), Düsseldorf ²1972.

3. Reproduktion (hörendes Nachgestalten)
4. Information (Hörorientierung).[10]

Auch Ulrich Günther ging von vier Grundverhaltensweisen (Produktion, Reproduktion, Rezeption, Reflexion) aus, die alle auf dem Hören basieren.[11] Damit wurde Hören zu einer zentralen Kategorie des Musikunterrichts erhoben.

Im Musikunterricht waren es zunächst neue Lehrbücher, die mit der Curriculum-Revision Ernst machten und neue Wege einschlugen. Dabei entsprach es der Richtung der allgemeinen Schulreform, daß auch hier zunächst neue Konzepte für den Sekundarbereich entwickelt wurden. So arbeitete seit 1967 eine Gruppe von Musikpädagogen an der Entwicklung einer neuen Unterrichtskonzeption, die sich 1970 als »Arbeitsgemeinschaft Curriculum Musik« konstituierte.[12] Dabei ging sie von der Absicht aus,

> »1. klar zu unterscheiden zwischen einem Musikunterricht als integrierendem Bestandteil der allgemeinbildenden Schule und einer Fachausbildung in Musik [...];
> 2. die Ziele und Aufgaben des Musikunterrichts in der allgemeinbildenden Schule neu zu bestimmen;
> und auf Grund dieser Daten
> 3. dafür eine Konzeption zu entwickeln, die den Ansprüchen der modernen Erziehungswissenschaft genügt.«[13]

Die Autoren versuchten dabei, sich vom Typus des geschlossenen Lehrbuchs zu entfernen und ein offenes Curriculumprojekt zu erarbeiten. Die so entstandenen Schulbuchkonzepte veränderten nachhaltig die Alltagspraxis des Musikunterrichts und gaben wichtige innovative Impulse für die Neugestaltung der Lehrpläne.[14] Die neuen Schulbücher präsentierten sich dabei in der Regel als Arbeitsbücher, die Materialien für einen offenen Prozeß enthielten, aber gelegentlich auch zu einem vorstrukturierenden Lehrgang tendierten. In scheinbarem Widerspruch zur curricularen Offenheit steht die Tatsache, daß die Schulbücher der ersten curricularen Generation meist eine streng in sich geschlossene, einheitliche *didaktische* Konzeption verkörperten. Die curricular geforderte Offenheit spiegelte sich dagegen eher in *methodisch*

---

10 Ebd., S. 128.

11 U. Günther: *Zur Neukonzeption des Musikunterrichts*, a.a.O., S. 15.

12 Dieser Gruppe gehörten zunächst Peter Fuchs und Willi Gundlach an, die 1967 das Grundschulwerk *Unser Liederbuch* neu herausgegeben hatten. Zusammen mit Rudolf Frisius, Ulrich Günther und Gottfried Küntzel bereiteten sie dann das Curriculum-Projekt *Sequenzen* vor, das 1972 erschien.

13 *Sequenzen Musik Sekundarstufe I*, Lehrerband, Einleitung, Stuttgart 1972, S. 0.7.

14 Erst in den achtziger Jahren kehrte sich das Verhältnis wieder um, als die nunmehr konsolidierten Lehrpläne den inhaltlichen Orientierungsrahmen für neue Schulbücher bildeten.

offenen Verfahren. Lieder waren, sofern sie in den ersten Jahren nach der Curriculumreform überhaupt noch vorkamen – die Fülle neuer Themen, mit denen sich Musikunterricht nun befaßte, war faszinierend, aber auch erdrückend –, meist in die verschiedenen Kapitel integriert; der Typus des reinen Liederbuchs verschwand zunächst vollständig. Dagegen erschienen die neuen Unterrichtswerke häufig im Medienverbund, d.h., sie boten zum Schülerbuch Arbeitsblätter, Tonträger, gelegentlich Arbeitstransparente, Dia-Serien und ein didaktisch orientierendes Lehrerhandbuch.

2. Die favorisierten Unterrichtsprinzipien

Musikdidaktik, die im Gefolge der Wissenschaftsorientierung insgesamt näher an die allgemeine Didaktik heranrückte, übernahm von dieser die neuen, handlungsleitenden Unterrichtsprinzipien und bezog sie in ihre fachdidaktischen Ansätze ein. Dabei spielte die Betonung des Aspekts der

Schülerorientierung

eine entscheidende Rolle.[15] »Schülerorientierung ist als didaktischer Begriff schillernd, eigentlich nichtssagend. Unterricht orientiert sich immer am Schüler [...]. Sinn bekommt der Begriff erst, wenn man ihn für ein didaktisches Denken verwendet, das sich von anderen programmatischen Orientierungen des Unterrichts abgrenzt.«[16] Solche Abgrenzung wurde nötig gegenüber einer einseitigen Lernzielbestimmung des Unterrichts (R. Mager), die den Schüler als Objekt im Lernprozeß behandelte und ihn auf festgelegte Ziele (= Verhaltensweisen) zurichtete. Dagegen wandte sich ein didaktisches Denken, das die Schüler mit ihren biographischen und sozialen Prägungen, ihren individuellen Erfahrungen und Interessen, ihren Einstellungen und Bedürfnissen, die sie immer schon in den Unterricht mitbringen, ernst nimmt

---

15 Vgl. A. C. Wagner u.a.: *Schülerzentrierter Unterricht* (1976), München ²1982; Wolfgang Schulz: *Unterrichtsplanung*, München ³1981; Lothar Klingberg: *Überlegungen zur Dialektik von Lehrer- und Schülertätigkeit im Unterricht der sozialistischen Schule*, Potsdam 1987 (Potsdamer Forschungen der PH Karl Liebknecht, H. 74), überarb. Fassung Berlin 1990.

16 U. Günther/Th. Ott/F. Ritzel: *Musikunterricht 5–11*, Weinheim 1983, S. 30.

und sie zum Subjekt ihres eigenen Lernprozesses macht. Dies kann dadurch geschehen, daß ihr Alltagswissen zum Ausgangspunkt der Planung gemacht wird und so unmittelbar im Unterricht thematisiert werden kann. Das bedeutet, daß die Unterrichtsziele des Lehrers in Handlungsziele der Schüler übersetzt werden. In einem solchen Konzept von Unterricht spielen Fragen der Motivation und des Interesses eine entscheidende Rolle, aber nicht als eine Unterrichtsphase, in der durch ein künstliches Unterrichtsarrangement Motivation erzeugt wird, sondern als konstituierender Faktor der Unterrichtsplanung. »Schülerorientierte Didaktik betont das Recht des Schülers auf interessengeleitetes, selbstverantwortetes Lernen gegenüber unnötiger Fremdbestimmung durch Lehrer, operationalisierte Lernziele oder zu eng definierte Sachlogik.«[17]

Was aber in der didaktischen Theorie als plausibler Grundsatz erscheint, verkam in der Praxis leicht dazu, Inhaltsentscheidungen allein von den Wünschen und vermeintlichen Bedürfnissen der Schüler abhängig zu machen. Die einseitige Aufnahme von populärer und funktionaler Musik wie die Vernachlässigung der Avantgarde und überhaupt der Kunstmusik konnte leicht auf Schülerpräferenzen verweisen. Doch der Rückzug auf ein Laisser-faire-Verhalten stellt ein eklatantes Mißverständnis von Schülerorientierung dar, die den Schüler zwar als einen wichtigen, aber nicht den einzigen Faktor in den Prozeß didaktischer Entscheidungen einführte. Schülerorientierter oder -zentrierter Unterricht stellt somit auch kein eigenständiges didaktisches Modell dar, weil er »keine wissenschaftstheoretisch abgrenzbare Position« bildet, sondern eher »eine kritische Rückfrage an die anderen ist«.[18] In schülerorientierter Didaktik realisieren sich vielmehr allgemeine Prinzipien, die auch mit offenem Unterricht, erfahrungserschließendem Unterricht oder

Handlungsorientierung

umschrieben werden. Nach der alten Lernschule mit dem rein rezeptiven Aufnehmen des Lernstoffs hatte bereits die Reformpädagogik mit der »Erziehung vom Kinde aus« eine Abkehr gebracht. Das »schaffende Kind« spielte dann in der Jugendmusik Jödes eine zentrale Rolle. Nun aber wird das Tun nicht einer Erziehungsideologie (seinerzeit der Musischen Erziehung) unter-

---

17 Ebd., S. 41.

18 Werner Jank/Hilbert Meyer: *Didaktische Modelle. Grundlegung und Kritik*, Oldenburg 1990, S. 480.

stellt, sondern lernpsychologisch aus der Handlungsforschung entwickelt. Im Anschluß an die Entwicklungspsychologie Jean Piagets hat Hans Aebli auf der Grundlage der Handlungsforschung gezeigt, daß das Denken aus dem Tun hervorgeht. Praktisches Handeln ist zielgerichtet und auf die Stiftung von Beziehungen zwischen den Elementen bezogen.[19] Im Handeln vollzieht der Mensch einen Plan und erwirbt so Handlungswissen, das er in Handlungsschemata speichert. »Die Handlungsschemata des Kleinkindes dienen dazu, *die Welt zu erfahren.* Im einfachsten Fall erkennt es Situationen wieder, weil die gleichen Verhaltensschemata auf sie anwendbar sind, und in der Folge überträgt das Kind seine Handlungsschemata auf neue Gegenstände.«[20] Durch solche Erfahrungen gewinnt das Kind innere Vorstellungen, die im Akt des Erkennens (der Kognition) aktiviert werden. Diesen Vorgang der Vorstellungsbildung nennen wir auch Lernen. Für das Lernen ist somit das Handeln konstitutiv. Nur was man handelnd erfahren hat, kann zur Vorstellung werden, die Grundlage für Erkennen und Verstehen ist.

Dieser lerntheoretische Ansatz wurde dann von Hermann Rauhe und Wilfried Ribke auf die Musikdidaktik übertragen[21] und richtete sich ausdrücklich gegen die einseitig kognitive Dimension des Lernens, die die Lernzielorientierung deutlich bevorzugt hatte. »Lerninhalt ist also weniger das Musikwerk als ›Gegenstand‹, sondern mehr der lebendige, handelnde, gleichermaßen kognitive, affektive und psycho-motorische Umgang mit ihm. Nicht ›Werkbetrachtung‹, sondern ›Werknachvollzug‹, nicht ›Werkanalyse‹, sondern ›Werkerfahrung‹ – so könnte verkürzt die Devise handlungsorientierten Musikunterrichts lauten.«[22] Das Grundschulbuch *Musikunterricht*[23] und *Banjo*[24] für die Sekundarstufe I sind diesem Ansatz dann gefolgt und haben handelndes Lernen durch entsprechende Materialien und Aufgaben in der Unterrichtspraxis zu fördern versucht. »Im Schülerband wird der Versuch unternommen, die Lerninhalte so zu präsentieren, daß sie für Schüler und für Lehrer vielfältigen Aufforderungscharakter besitzen, d.h. zum Fragen,

19 Vgl. dazu die grundlegenden Ausführungen H. Aeblis: *Denken: das Ordnen des Tuns,* 2 Bde., Stuttgart 1980/1981.

20 Aebli, a.a.O., Bd. 1, 1980, S. 48 f.

21 H. Rauhe/H.-P. Reinecke/W. Ribke: *Hören und Verstehen. Theorie und Praxis handlungsorientierten Musikunterrichts,* München 1975.

22 Ebd., S. 197.

23 *Musikunterricht. Grundschule 1.-4. Schuljahr,* hg. von W. Fischer, E. Hansen u. a., Mainz 1976, Lehrerband mit der didaktischen Grundlegung, Mainz 1977.

24 »Banjo« Musik 7–10, von D. Clauß, M. Geck u.a., didaktisches Konzept von M. Geck, Stuttgart 1979.

Nachdenken, In-Beziehung-Setzen, Raten, Ausprobieren, Zuordnen, Ergänzen usw., kurz: zum entdeckenden Lernen anregen.«[25]

Handelndes Lernen, das auf die Erkenntnisse der Handlungsforschung verweist und lerntheoretisch begründet ist, besetzt so eine für die Wissenschaftsorientiertheit charakteristische Position, die in die Struktur des Lernens eingreift und nicht nur eine äußere Aktivität hervorruft. Jank/Meyer haben sieben Merkmale für handlungsorientierten Unterricht bestimmt, die alle auf eine Öffnung und Erweiterung bisheriger Unterrichtsvorstellungen hinauslaufen. Danach kennzeichnet handlungsorientierten Unterricht

– *Ganzheitlichkeit,*
– *Schüleraktivität,* die auf Selbsttätigkeit beruht und zur Selbständigkeit führen soll,
– Erstellung von *Handlungsprodukten,*
– Ausgang von *subjektiven Schülerinteressen,*
– *Beteiligung der Schüler an Planung, Durchführung und Auswertung* des Unterrichtsablaufs,
– *Öffnung des Lernorts* Schule zu einem differenzierten Lernorte-Netz innerhalb und außerhalb von Schule,
– *Ausgleich von Kopf- und Handarbeit.*[26]

Schließlich spielte vor allem im Musikunterricht der Gedanke der

Kreativitätserziehung

eine wesentliche Rolle, die auf die amerikanische Intelligenz- und Kreativitätsforschung der fünfziger Jahre zurückgeht. »Kreativität ist die Verdeutschung von *creativity.* Man hat sie deren Übersetzung vorgezogen, weil die Assoziationen des ›Schöpferischen‹ über einen verschwommenen Kult des Genialen zu nichts Faßbarem hinausreichen – außer zu Gott und zur Küche: Schöpfen aus dem Nichts und Schöpfen aus dem Topf. [...] Man wollte dagegen etwas, was man zum Objekt exakter, womöglich empirischer Untersuchungen machen kann. Und da kamen dann die ersten Nachrichten von der creativity, die die Amerikaner gleichsam im Abfall des programmierten Lernens entdeckt hatten und nun zu dessen notwendigem Gegenstück ausbau-

25 W. Fischer u. a. im Vorwort zum Lehrerband von *Musikunterricht. Grundschule,* Mainz 1977, S. 1.

26 Nach W. Jank/H. Meyer: *Didaktische Modelle,* a.a.O., S. 417 ff.

ten.«[27] Die neuen Kreativitätskonzepte wurden sogleich von der Musikpädagogik aufgegriffen, weil Musik als künstlerisches Fach wie kaum ein anderes zur Kreativitätserziehung prädestiniert schien, obwohl diese gar nicht speziell auf Kunst, sondern allgemein auf Intelligenzleistungen (mit Merkmalen wie Problemsensitivität, Ideenfluß, Flexibilität, Originalität etc.) bezogen war. Kreatives Verhalten wurde als wesentliche Voraussetzung zum Problemlösen erkannt und avancierte damit zu einem entscheidenden Verhaltensziel.

Musikalische Kreativitätserziehung fand in den neuen Formen der Klang- und Materialexperimente avantgardistischer Musik, die den traditionellen Werkbegriff zerbrochen hatte und statt der verpönten »Opusmusik« Modelle freier Improvisation, kollektiver Komposition und offener Konzeptkomposition favorisierte, ein reiches Betätigungsfeld.[28] So entwickelte sich unter dem Schlagwort der Kreativität eine Flut von Improvisationsmodellen mit einer Fülle neuartiger Materialien[29], die Praktiken des Experimentierens und Musizierens dem bloß rezeptiven Lernen an die Seite stellten, dabei aber keineswegs immer dem Anspruch von Kreativitätserziehung im eigentlichen Sinne gerecht wurden. Dennoch hat gerade die Betonung des Kreativen zu einer Öffnung gegenüber der Neuen Musik geführt, weil sich – vermeintlich oder tatsächlich – mit den neuen Mitteln der Kunst solche Ansätze am augen- und ohrenfälligsten verwirklichen ließen.[30] Befruchtend waren hier insbesondere die Impulse, die von den englischen Musikpädagogen John Paynter und Peter Aston ausgingen, die auf dem Wege eigener kompositorischer Projekte im Klassenunterricht die Schüler an das innere Wesen von Musik heranführten und so Musik als künstlerische Äußerung und nicht bloß als methodischen Lernstoff erfahrbar machten. »Kinder, die so experimentiert haben, finden gewiß leichter seinen Zugang zu den Arbeiten zeitgenössischer Künstler.«[31] »Denn das Wahrnehmungsvermögen wächst mit dem Ausdrucksvermögen.«[32]

---

27 H. v. Hentig: *Ästhetische Erziehung im politischen Zeitalter* (1967), in: *Spielraum und Ernstfall*, Stuttgart 1969, ebenso in: *Ergötzen, Belehren, Befreien. Schriften zur ästhetischen Erziehung*, München 1985, S. 75 f.

28 Vgl. Nils Hansen: *Kreativität im Musikunterricht*, Wien 1975.

29 Vgl. *rote reihe*, UE: Wien; *workshop Reihe*, Schott: Mainz.

30 Vgl. dazu die einschlägige Darstellung von Gertrud Meyer-Denkmann: *Struktur und Praxis neuer Musik im Unterricht. Experiment und Methode*, Wien 1972.

31 J. Paynter/P. Aston: *Klang und Ausdruck. Modelle einer schöpferischen Schulmusikpraxis*, Wien 1972, S. 19 (Original: *Sound and Silence*, Cambridge University Press 1970).

32 Ebd., S. 16.

So verstand sich eine kreativitätsfördernde Musikerziehung zunehmend als Gegensteuerung gegenüber der Vorrangstellung wissenschaftsorientierter Verfahren, die durch die Curriculumreform in den Vordergrund gerückt waren. Dadurch enstand aber wieder eine Polarisierung zwischen wissenschaftlichen und schöpferischen Verfahren, die nicht als aufeinander angewiesene, sondern als polare Tätigkeiten verstanden wurden. Das Argument: »Die moderne Erziehung wird nicht mehr einseitig das funktionelle Denken zu fördern haben – man wird es zunehmend den Maschinen überlassen –, sondern das Einüben des Schöpferischen als ihre eigentliche Aufgabe betrachten. Die Künste müßten den Wissenschaften zu der Einsicht verhelfen, daß nicht mehr so sehr die Resultate [...] vermittelt werden sollten, vielmehr die schöpferischen Prozesse, die zu ihrer Auffindung führten«[33] – dieses Argument, das Kreativität gegen Denken ausspielt, ist aber zweischneidig; dient es doch bis heute zur problematischen Rechtfertigung der Künste gegenüber den Computern und damit zugleich auch der Rechtfertigung der Computer in der Erziehung angesichts der kompensatorischen Funktion der Künste.[34] Entscheidend für der Boom der Kreativitätserziehung in der Musikpädagogik war es aber, daß hier mit den Möglichkeiten des musikalischen Experiments und instrumentaler Klangerprobung, der grafischen Notation und offenen Formkonzeption handelndes Lernen und Problemlösungsverhalten voraussetzungslos erprobt werden konnten, die eine Alternative zur rezeptiven Begegnung mit überlieferten Werken und musikalischen Phänomenen anboten.

3. Die fachdidaktischen Konzepte

Entzauberung der Kunst: Ein sozialwissenschaftlicher Ansatz

Für den Unterricht in der Sekundarstufe II legte 1971 ein Autorenteam (ein Musikpädagoge, ein Musikwissenschaftler, ein Musiklehrer, ein Schulfunkredakteur, ein Komponist und Musiktheoretiker, ein Sozialwissenschaftler und

---

33 H.-A. Heindrichs: *Kunst in einer wissenschaftlichen Welt?* in: *Forschung in der Musikerziehung* 2/1969, S. 51.

34 Dies entspricht genau der Argumentation Klaus Haefners, wenn er 1982 für eine Symbiose von Mensch und Computer plädiert, wobei dem Computer das Kognitiv-Rationale und dem Menschen das Kreativ-Sinnliche zugewisen wird. (K. Haefner: *Die neue Bildungskrise*, Basel 1982, S. 202)

ein Schulpädagoge[35]) ein neues Schulbuch mit dem programmatischen Titel *Musik aktuell* vor, das nicht nur eine völlig neue Lehrbuchkonzeption darstellte, sondern zugleich eine neue didaktische Konzeption[36] von Musikunterricht vertrat.

Diese ist eindeutig einem sozialwissenschaftlichen Verständnis von Musikunterricht verpflichtet. Musik wird danach als »soziale Tatsache« verstanden, d. h., nicht mehr einzelne musikalische Phänomene und Werke sind Gegenstand von Unterricht, sondern deren Einbettung in einen gesellschaftlichen Kontext. »Die Zielsetzung des Musikunterrichts in einer demokratischen Gesamtschule kann notwendig nur sein, über Musik als soziale Tatsache zu informieren (auch über die in der Gesellschaft vorfindbaren wertenden Stellungnahmen), über sie aufzuklären.«[37] Das Schulbuch enthält also nicht mehr nur musikalische Sachinformationen, sondern orientiert sich an den ökonomischen Bedingungen der Musikproduktion und des Musikkonsums, an den sozialen Bedingungen des musikalischen Verhaltens und den gesellschaftlichen Wirkungen der Musik. Die These dieser didaktischen Konzeption besagt daher, daß »heute jeder Musikunterricht zur Wirkungslosigkeit verurteilt [ist], der diesen gesellschaftlichen Wandel nicht berücksichtigt. Es geht also darum, praktische und stoffliche Konsequenzen zu ziehen. Die sozialen, psychischen, ökonomischen und politischen Dimensionen des Kulturphänomens Musik dürfen nicht weiterhin aus dem Musikunterricht ausgeklammert bleiben. Sie müssen die bisher allein übliche historische Betrachtungsweise ergänzen.«[38] Dies geschieht mit der ausdrücklichen Absicht, über die gesellschaftlichen Bedingungen von Musik aufzuklären, darüber Wissen zu vermitteln und dadurch zugleich Ideologie-Verdacht zu erregen.[39] Im Mittelpunkt der Vorhaben und Aufgaben dieses Schulbuchs stehen daher das Bewußtmachen der sozialen Bedingtheit von Musik und die kritische Reflexion ihrer vielfältigen Funktionen und Erscheinungsweisen im All-

---

35 Vgl. *Musik aktuell*, Vorwort, Kassel 1971, S. 9.

36 Mit »Konzeption« bezeichne ich hier eine grundlegende Vorstellung über die Bildungsfunktion und den Bildungsauftrag des Faches, aufgrund deren dann alle didaktischen Entscheidungen über Inhalte und Verfahren legitimiert werden. Eine Konzeption beruht somit auf einer geschlossenen Theorie des Faches, entspricht jedoch nicht einem didaktischen Modell (wie etwa der bildungstheoretischen Didaktik) und ist auch nicht mit einem allgemeinen Unterrichtsprinzip (wie dem entdeckenden oder handelnden Lernen) gleichzusetzen.

37 L. Rössner: *Sozialwissenschaftliche Grundlagen*, in: H. Segler (Hrsg.): *Musik und Musikunterricht in der Gesamtschule*, Weinheim 1972, S. 27 f.

38 *Musik aktuell*, Vorwort, Kassel 1971, S. 10.

39 Siehe L. Rössner, a.a.O., S. 47.

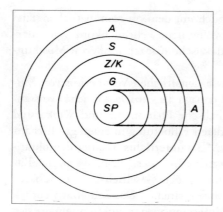 

Akustische (A), soziale (S), zivilisatorisch-kulturelle (Z/K), geschichtliche (G) und spirituelle (SP) Aspekte in konzentrischen Kreisen mit abnehmender Gruppenrelevanz.

tag. »Das einmal durchschaute Kunsterleben wird von anderer Qualität sein als die ausschließlich individualitätsbezogene Verinnerlichung reiner Kunst.« Musikunterricht soll so als Instrument einer »Bewußtseinserhellung« (Alfred Weber) zur »Entzauberung der Welt« (Max Weber) beitragen und »ein Gegengewicht zur ästhetischen Verklärung der Welt« bilden.[40]

Unter soziologischem Aspekt wird hier Musikunterricht nicht mehr als geschlossener Lehrgang verstanden, sondern als offenes System, in dem immer nur einzelne Aspekte der Musik erscheinen und daher prinzipiell mit allem Lernbaren jederzeit begonnen werden kann. Diese Aspekte, die von der rein akustischen Erscheinung über die geschichtliche Überlieferung bis zum »spirituellen« Bedeutungsgehalt eines Werks reichen, sind nach Art konzentrischer Kreise so ineinander integriert, daß die inneren jeweils in dem nächsten äußeren aufgehoben sind.

Pädagogisch ist dies insofern von Bedeutung, als die Autoren davon ausgehen, daß die Anzahl der Betroffenen auf dem Weg vom akustischen Schallereignis zum geistigen Verstehen von Kunst schichtenspezifisch abnimmt.

Damit liegt diesem Konzept ein Kulturbegriff zugrunde, der durch eine abnehmende Gruppenrelevanz in bezug auf die kulturelle Bedeutung von Musik gekennzeichnet ist.[41] Für das methodische Vorgehen bedeutet dies, daß »Lernen an Musik von jedem Aspekt aus ansetzen kann« und laby-

---

40 *Musik aktuell,* Vorwort S. 11.

41 Vgl. H. Segler: *Musik und Musikunterricht in der Gesamtschule,* in: ders. (Hrsg.): *Musik und Musikunterricht in der Gesamtschule,* Weinheim 1972, S. 111 ff.

rinthisch die verschiedenen Aspekte mit beliebigem Anfang und Ende durch-
läuft.[42]

Dem entspricht das Schulbuch mit einer unkonventionellen Gliederung.
Es ist nicht mehr chronologisch nach Epochen oder systematisch nach Gattungen aufgebaut, sondern folgt dem *Prinzip der psychischen Nähe*. Dies bedeutet, daß es mit der musikalischen Erfahrung beginnt, von der man annehmen kann, daß sie den Schülern am vertrautesten ist: mit der medial
vermittelten Musik »Aus dem Lautsprecher« (1. Kapitel), um von dort in das
weitere Umfeld bis zum Konzertsaal (6. Kapitel) und ins Studio (8. Kapitel)
zu gelangen. Mit (vorwiegend soziologischem) Daten- und Faktenmaterial
wird zu Arbeitsprojekten und Vorhaben angeregt, die Lehrer und Schüler gemeinsam forschend durchführen sollen. So versuchen die Autoren die Forderung Robinsohns nach »Autonomie als Bildungsziel« einzulösen, bei der die
Kriterien zur Auswahl und Aneignung der Bildungsgehalte »durch rationale
und kritische Einstellung zu sozialen Formen und Symbolen charakterisiert
ist«.[43]

Der starke Aufklärungsimpuls und der Zug zu fachlicher Vernüchterung
veranlaßten Hartmut von Hentig, als er 1985 ältere Aufsätze neu zusammen-
stellte, vermutlich dazu, einen Text über ästhetische Erziehung mit »Die Entzauberung der Ästhetik« zu überschreiben.[44] Aufklärung und Entzauberung
taten nach dem ideologischen Nebel der Musischen Erziehung ebenso not
wie fachliche Nüchternheit. Doch erhoben sich bei so einseitig so-
zialwissenschaftlich statt künstlerisch ausgerichtetem Unterricht erhebliche
Zweifel, ob ein solcher Ansatz über die ganze Schulzeit tragen könne und die
Eliminierung künstlerischer Erfahrung selber pädagogisch zu vertreten sei.
Denn das Schulbuch *Musik aktuell* wollte nicht mehr Kunsterziehung im
alten Sinn betreiben, sondern zur Aufklärung über die Machbarkeit von
Kunst in einer demokratischen Gesellschaft führen.

Schule des Hörens: Auditive Wahrnehmungserziehung

Von einem anderen Musikbegriff ging das Curriculum-Projekt *Sequenzen*
aus, das von einer Arbeitsgruppe um Ulrich Günther entwickelt wurde und

---

42 Ebd., S. 117.

43 Saul B. Robinsohn: *Bildungsreform als Revision des Curriculum*, Neuwied (1967), [4]1973,
S. 17.

44 H. v. Hentig: *Ergötzen, Belehren, Begreifen*, München 1985, S. 65.

1972 erschien. Wenn Musikunterricht in der allgemeinbildenden Schule nicht der Fachausbildung, sondern der Vermittlung einer allgemeinen Bildung dienen soll, tritt notwendig das rein Fachliche zugunsten allgemeiner Erscheinungen der akustischen Seite von Musik zurück. Musik wird daher nicht mehr als eine Kunstform, sondern als »ein geordneter und immer aufs neue zu ordnender Ausschnitt aus der hörbaren Wirklichkeit«[45] definiert. »Hörbare Wirklichkeit beinhaltet mehr als nur musikalische Kunstwerke. [...] Hörbare Wirklichkeit meint alles Hörbare, das geordnet ist oder sich ordnen läßt.«[46] Musikunterricht wird so zu einem Fach, dessen Gegenstandsbereich in erster Linie das Schallphänomen ist, das durch hörende Wahrnehmung vermittelt wird und in kommunikativen Situationen als Bedeutungsträger fungiert. Daraus ergeben sich für eine neue Unterrichtskonzeption folgende Maximen:

> »1. Es geht um Musik schlechthin, also nicht um traditionelle Systeme der Musikwissenschaft [...], sondern um eine neue, umfassende und zugleich fundamentale Definition von Musik.
> 2. Es geht nicht um Musik allein [...], sondern um das, was unsere gegenwärtige Gesellschaft als Musik versteht, produziert und konsumiert; es geht ferner um die Wirkungen, die Musik in verschiedenen Gesellschaftsgruppen auslöst.
> 3. Aus der gegenwärtigen gesellschaftlichen Funktion der Musik ergibt sich der Auftrag an die Musikpädagogik, einen Musikunterricht zu konzipieren, der den gesellschaftlichen und bildungspolitischen Aufgaben der Gegenwart im Blick auf die Zukunft gerecht wird – wobei zu berücksichtigen ist, daß die Organisation der allgemeinbildenden Schulen (Volksschule, Realschule, Gymnasium) durch andere Schulformen (z. B. integrierte Gesamtschule) abgelöst werden wird.
> 4. Musik gehört zum menschlichen Bereich der Wahrnehmung und der Kommunikation. Musikunterricht wird damit zu einem Teil der Wahrnehmungserziehung. Es geht darum, Kommunikation durch Hören bewußt zu machen, zu beurteilen und zu üben.
> 5. Die Aufstellung eines Lehrplans, der den genannten Bedingungen Rechnung tragen soll, ist nicht möglich ohne Unterrichtsforschung.«[47]

Die hier angesprochene soziale Dimension des Musikunterrichts blieb jedoch nur latent wirksam, soweit die Konzeption eine andere Schulform, die der integrierten Gesamtschule, anstrebte. Fachlich wurde Musikunterricht als Erziehung zur Kommunikation im nichtsprachlichen Bereich verstanden. Musikerziehung wurde damit umformuliert in *ästhetische Wahrnehmungserziehung* und *auditive Kommunikation,* der es

— um die elementaren Grundlagen der *hörbaren Wirklichkeit,*

---

45 U. Günther: *Zur Neukonzeption des Musikunterrichts,* a.a.O., S. 15.

46 Ebd., S. 18.

47 *Sequenzen Musik Sekundarstufe I.* Lehrerband, Einleitung, Stuttgart 1972, S. 0.9/0.10.

- um die *Teilhabe* an und *Veränderung* dieser Wirklichkeit und
- um die Befähigung *aller* Schüler dazu

ging. Ins Zentrum musikerzieherischer Arbeit rückte nun die Schulung des Hörens, die Wahrnehmung elementarer Parameterbeziehungen. Ausschnitte aus alter und neuer Musik, Umweltschall und Alltagsmusik boten hierzu das Übungsmaterial, um elementare Erscheinungen wie Lautstärke und Tonhöhe, Klangdichte und Verlaufsform, Kontrast und Wiederholung, Gleichheit und Veränderung zu bestimmen. Das einzelne Werk, das hierzu herangezogen wurde, interessierte aber nur in seinen akustischen Dimensionen. Die Konzeption der auditiven Wahrnehmungserziehung breitete zwar ein weites Spektrum neuer Arbeitsmöglichkeiten aus, entindividualisierte aber musikalische Werke, indem sie Musik auf ihre materialen Bedingungen zurückführte, und begünstigte so, was Adorno die »Entkunstung der Kunst« genannt hatte. Wenn auch beide Konzeptionen, der sozialwissenschaftliche Ansatz wie die auditive Kommunikation, letztlich als tragende musikdidaktische Konzeptionen gescheitert sind, haben sie dennoch mit ihren innovativen Impulsen ein Stück Fachgeschichte geschrieben.

Ästhetische Wahrnehmungserziehung, auditive Kommunikation, Sensibilisierung der Wahrnehmung – all dies sind Schlagworte, die für die Situation der curricularen Wende kennzeichnend waren. Nach der absoluten Dominanz Musischer Bildung der fünfziger und sechziger Jahre rückte nun das Hören, und zwar die ästhetische wie die kommunikative Funktion des Hörens, ins Zentrum musikpädagogischen Denkens. Musikunterricht als Hörerziehung suchte daher auch eine andere Konzeption der ersten curricularen Schulbuch-Generation zu verwirklichen: das Arbeitsbuch für den Musikunterricht in der Sekundarstufe I *Resonanzen* (1973).[48] Obwohl es auditive Wahrnehmungserziehung in den Gesamtrahmen der ästhetischen Erziehung einzufügen versuchte, folgte es doch eher einem »formalästhetischen Zerrbild« (Venus), indem es in methodisch straffer Schrittfolge Höraufgaben formulierte, die zum überwiegenden Teil zum kognitiven Erkennen und Benennen struktureller Merkmale führten.[49]

---

48 Der 1979 erschienene Band für die Primarstufe (hg. von M. Neuhäuser, A. Reusch, H. Weber) hat diese einseitige Konzeption bereits wieder verlassen und sich einem konzeptionellen Pluralismus geöffnet.

49 Im Kapitel »Werkbetrachtung« (Bd.1, S. 232-266) werden insgesamt 58 Höraufgaben gestellt, von denen 85% rein kognitive Fähigkeiten des Erkennens, Benennens, Ordnens, Vergleichens erfordern, 13% zu affektiv-assoziativem Verhalten auffordern und 2% dem psychomotorischen Bereich zuzuordnen sind.

Wahrnehmungserziehung, wie sie im Konzept der auditiven Kommunikation entwickelt wurde, verweist auf die Grundbedeutung von »aisthesis« als Wahrnehmung, die nun im größeren Rahmen der »ästhetischen Erziehung« betrachtet werden soll. Ausgangs- und Bezugspunkt bildeten Hartmut von Hentigs (*1925) »Lernziele im ästhetischen Bereich«, die er im Auftrag des Deutschen Bildungsrats formuliert hatte.[50] Dabei knüpfte er ideengeschichtlich an Schillers Vorstellungen *Über die ästhetische Erziehung des Menschen* (1793/94) an.

Hentig distanziert sich von einem Kunstbegriff, der nur die Summe anerkannter Kunstwerke meint. Kunst versteht er vielmehr als »die Exploration des Möglichen«, als dynamischen Wirkungs- und Funktionsbegriff. Kunst dokumentiert sich demnach nicht in den Urteilen, die die Geschichte über Werke gesprochen hat und die dann als unveräußerliches Bildungsgut wie in einem »musée imaginaire« aufbewahrt werden, sondern Kunst ereignet sich in dem Versuch des Menschen, »sich aus den im strengen Sinn des Wortes ›herrschenden‹ Zuständen freizuspielen – durch Entdeckung von Möglichkeit«. Ästhetische Erziehung bedeutet dabei eine systematische Ausbildung in der Wahrnehmung, und zwar in den Wahrnehmungsmöglichkeiten, im Wahrnehmungsgenuß und in der Wahrnehmungskritik. Daraus leitet von Hentig folgende allgemeine Erziehungsziele ab:

> »Der Schüler soll an möglichst verschiedenen Gegenständen auf möglichst verschiedenen Gebieten [...] die Erfahrung von der freien Gestaltbarkeit sowohl der Wahrnehmung wie der Wiedergabe seiner Umwelt machen.
> [...]
> Der Schüler muß erfahren, wie der sinnliche Genuß kultiviert und dadurch erhöht wird. Er muß lernen, die Kunst von ihren Wirkungen her aufzunehmen, nicht von ihrem historischen Wert oder ihren historischen Absichten.
> Seine Ausbildung an den verschiedenen Gegenständen [...] sollte, so wie sie auch immer wissenschaftlich und politisch sein soll, auch immer ästhetisch sein – das heißt: seine sinnliche Wahrnehmung üben, verselbständigen und steigern.
> [...]
> Kunst als ein Medium gesellschaftlicher Kommunikation und Beeinflussung und zugleich individueller Selbstbestätigung bedarf nicht nur der praktischen Betätigung, sondern der theoretischen Analyse und Reflexion. Die Erfahrung von der eigenen Anfälligkeit für Schönheit muß ermutigt und geschützt werden. So könnte eine Ich-Stärkung durch Sensibilisierung geschehen – zwei Vorgänge, von denen man gemeinhin glaubt, daß sie sich ausschließen.«[51]

---

50 *Gutachten und Studien der Bildungskommission,* Bd.12, Stuttgart 1969.

51 In: O. Schwencke (Hrsg.): *Ästhetische Erziehung und Kommunikation,* Frankfurt 1972, S. 112 f.

Die eigentliche Aufgabe einer Kunstpädagogik in der Schule[52] sieht er darin, ästhetische Erziehung und nicht musische Bildung zu sein. »Ästhetische Erziehung will ausdrücken, daß die Bemühung nicht auf Kunstwerke, auf die musischen Gegenstände oder musische Qualitäten im herkömmlichen Sinn aus ist oder gar auf sie beschränkt bleibt. [...] ›Ästhetische Erziehung‹ heißt Ausrüstung und Übung des Menschen in der aisthesis – in der Wahrnehmung. Sie will etwas ganz Elementares und Allgemeines.«[53] Aufgabe schulischen Unterrichts sei es daher, die möglichen und nötigen Ausweitungen der Wahrnehmung zu fördern.

Der wörtlich genommene Begriff einer ästhetischen Erziehung, die als grundlegende Wahrnehmungserziehung von der Fixierung an das tradierte Kunstwerk abrückte, wurde zunächst in der Kunsterziehung wirksam, wo Diethart Kerbs eine kritische Ästhetik der Wahrnehmung formulierte, die sich nun überwiegend den außerkünstlerischen Objekten der Umwelt zuwandte. Bezugsdisziplin sollten nicht mehr die Kunst und Kunstwissenschaft, sondern die kritische Ästhetik (Adorno), Einsichten in Ökonomie, Sozialforschung und Politikwissenschaft sein.[54] »Wesentlich ist dabei, daß der Unterricht nicht von den Spitzenleistungen der Kunst ausgeht, sondern von den Erscheinungsformen der Unterhaltungsindustrie, der Pop-Kultur und der Warenästhetik, die den Schülern vertraut sind und über die sie in ihrer jeweiligen sozialen Schicht tagtäglich miteinander kommunizieren können.«[55] Unmißverständlich stand in diesem Zusammenhang die Forderung, daß »nicht mehr 80% Kunst und 20% andere ästhetische Objekte, sondern von nun an 80% Film, Fernsehen, Comic strips, Plakatwerbung usw. und nur noch 20% Kunst«[56] Gegenstand des Kunstunterrichts zu sein hätten.

Die gleiche Wende weg von den Kunstwerken, die in der Ästhetik der Objektkunst und Environments dieser Jahre selber angelegt war, hatte auch der Deutschunterricht durch die Beschäftigung mit der Sprache der Werbung, der kommunikativen Funktion der Umgangssprache und der Vernachlässigung formaler Systeme (der Literaturgattungen, der Rechtschreibung etc.) vollzogen. Das gleiche ereignete sich im Musikunterricht. Die Domi-

---

52 Grundsätzlich ist zu beachten, daß v. Hentig, wenn er von Ästhetischer Erziehung spricht, in erster Linie an die Kunsterziehung, nicht an Musikerziehung denkt.

53 H. v. Hentig: *Ästhetische Erziehung im politischen Zeitalter* (1967), in: *Spielraum und Ernstfall*, Stuttgart 1969, S. 357 f.

54 Vgl. D. Kerbs: *Zum Begriff der ästhetischen Erziehung*, in: MuB 1972, S. 514-520; ders.: *Thesen zur ästhetischen Erziehung*, in: O. Schwencke, a.a.O., S. 72-76.

55 D. Kerbs: *Zum Begriff der ästhetischen Erziehung*, a.a.O., S. 516.

56 Ebd., S. 515.

nanz medial vermittelter Musik sowie die Übermacht der Popmusik im Alltag machten eine Einbeziehung dieser Kulturphänomene unausweichlich.
Auditive Wahrnehmungserziehung wandte sich darüber hinaus dem Umweltschall als kommunikativem Phänomen zu, den es differenziert wahrzunehmen und präzise zu beschreiben galt. Über solch vordergründige Anwendung ästhetischer Erziehung als Wahrnehmungserziehung ging von Hentigs
Konzeption aber hinaus. Denn bei aller Kritik am gängigen Kunstbegriff behielt er doch »die Wirkungen des Schönen« immer im Blick. »[...] wir treiben
Kunst, um in diesem Akt zu verstehen, was das Schöne ist, das da über uns
herrscht: eine Wahrheit über uns selbst.« Doch müsse die Erziehung »noch
lernen, wie man *an* der Kunst erzieht und nicht *für* die Kunst«.[57] Sein
Mißtrauen galt vielmehr dem Versuch der Schule, »das Irrationale, das sie
vorne mit der Wissenschaft austreibt, hintenherum auf dem Umweg über
den Kunstunterricht wieder in die gedeutete Welt hereinzuholen«.[58]

Wahrnehmung mit allen Sinnen: Polyästhetische Erziehung

Dem Namen nach mit ästhetischer Erziehung verwandt, erwuchs polyästhetische Erziehung aber gerade aus der Kritik an einer funktionalen
Warenästhetik und versuchte, sich dem »Musikzwang« und »Kulturterror«
(Roscher) der funktionalen Gebrauchsmusik zu widersetzen. Bildungsideolo-
gisch zielt polyästhetische Erziehung, wie sie Wolfgang Roscher (*1927) vertritt, einerseits auf eine Symbiose der sinnlichen Wahrnehmungsformen und
andererseits auf eine Kultursynthese der Einzelkünste. Die Bezeichnung »po-
lyästhetisch« verweist dabei nicht bloß auf ein quantitatives »Viel«, sondern
auf ein qualitatives »Mehr« der Erscheinungsweisen und Wirkungsformen
von Kunst. Da sich die Künste gerade in ihren Wechselbezügen gegenseitig
erhellen und nicht nur das abgespaltene Organ »Ohr« hört oder das »Auge«
sieht, sondern immer der ganze Mensch mit allen Sinnen aufnimmt, müsse
Musikpädagogik eine integrative Funktion leisten, nämlich

- eine *mediale Integration* (gesamtkünstlerische Aufgabenstellung),
- eine *anthropologische Integration* (wertungskritische Fragestellung),
- eine *historische Integration* (zeitgeschichtliche Problematisierung),
- eine *geographische Integration* (kulturvergleichende Fragestellung) und

---

57 H. v. Hentig: *Die Kunst als Ernstfall. Die Wirkungen des Schönen* (1966), in: *Spielraum und
    Ernstfall*, Stuttgart 1969, S. 351.
58 H. v. Hentig: *Ästhetische Erziehung im politischen Zeitalter*, a.a.O., S. 367.

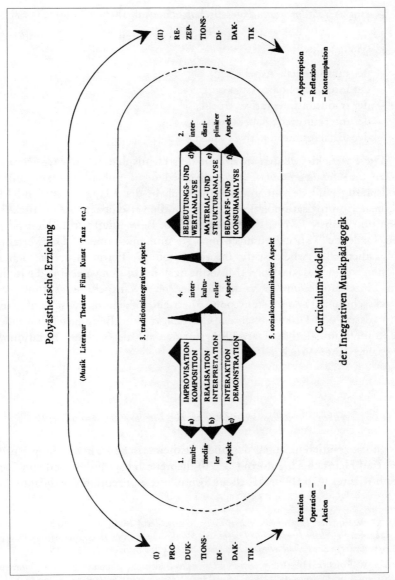

Das Curriculum-Modell der integrativen polyästhetischen Musikpädagogik besteht aus den beiden Hemisphären der Produktions- und Reproduktionsdidaktik und gliedert sich in fünf Aspekte, denen sechs Übfelder, Lehr- und Lernbereiche zugeordnet werden.

– eine *soziale Integration* (gesellschaftliche Aufgabenstellung).

Daraus ergeben sich dann die fünf curricularen Aspekte der polyästhetischen Erziehung:

– der multimediale Aspekt,
– der interdisziplinäre Aspekt,
– der traditionsintegrative Aspekt,
– der interkulturelle Aspekt und
– der sozialkommunikative Aspekt.[59]

Diese Aspekte werden in den beiden Hemisphären der *Produktionsdidaktik* und der *Rezeptionsdidaktik* verschiedenen Lernbereichen zugeordnet. Vollständig wird der integrative Anspruch in der Klangszenen- und Musiktheaterimprovisation eingelöst, wo sich die verschiedenen Ausdrucksformen und Künste (Wort, Klang, Licht, Bild, Bewegung) verbinden und die verschiedenen Wahrnehmungsformen zusammenkommen.[60] Das Verfahren polyästhetischer Arbeit ist die Improvisation; die Form, in der sie sich am ehesten ereignet, ist das Spiel (Musiktheater); ihr Bildungsziel eine die isolierten Einzelkünste integrierende künstlerische Wahrnehmungs- und Ausdrucksschulung. Damit steht polyästhetische Erziehung jenseits aller Reformansätze und Diskussionen der Curriculum- und Bildungsreform, indem sie in ihren integrativen Darstellungsformen auf die Bauhaus-Tradition der zwanziger Jahre zurückgreift.[61]

Verstehen und Auslegen: Didaktische Interpretation von Musik

Einen ganz anderen Strang der bildungstheoretischen Entwicklung hat die von Karl Heinrich Ehrenforth (*1929) theoretisch begründete und von Christoph Richter (*1931) praktisch ausformulierte Konzeption der didaktischen

---

59 Vgl. W. Roscher: *Polyästhetische Erziehung. Klänge, Texte, Bilder, Szenen*, Köln 1976; ders.: *Bildungstheoretische Perspektiven Integrativer Musikpädagogik*, in: *Integrative Musikpädagogik. Neue Beiträge zur Polyästhetischen Erziehung Bd. 1*, Wilhelmshaven 1983, S. 15 f.

60 Vgl. W. Roscher (Hrsg.): *Erfahren und Darstellen* (Hochschuldokumentationen Mozarteum Salzburg, Bd. 1), Innsbruck 1984; ders. (Hrsg.): *Musiktheater im Unterricht* (Hochschuldokumentationen Mozarteum Salzburg, Bd. 2), Innsbruck 1989.

61 Die Entwicklung des Konzepts einer polyästhetischen Erziehung entstand im Zusammenhang mit der Entwicklung eines integrativen Studiengangs »Kulturpädagogik« an der Universität Hildesheim, wo Roscher mit den letzten Vertretern des Bauhauses zusammenarbeitete.

Interpretation wiederaufgenommen. Gleichzeitig mit der Umorientierung zur auditiven Kommunikation und ästhetischen Erziehung knüpfen diese Autoren wieder an dem Punkt an, an dem der Anstoß Michael Alts durch die Curriculumreform unterbrochen worden war. Es ist der Gedanke der Interpretation, der nun erneut in eine im engeren Sinne didaktische Dimension gestellt wird. Das bedeutet hier aber nicht mehr, daß eine »praktikable Auslegungslehre« gesucht wird, wie sie noch Michael Alt vorschwebte, sondern daß den besonderen Bedingungen der Verstehensmöglichkeiten und Erwartungen der Schüler durch die Erschließung entsprechender Verstehenswege Rechnung getragen wird.

Die philosophische Grundlage für die neue Verstehens- und Auslegungslehre bildet die durch Dilthey begründete Hermeneutik und deren Weiterführung durch Hans Georg Gadamer (*1900). Sie wird nun dadurch didaktischen Zwecken nutzbar gemacht, daß ihre Grundfrage nach Erleben und Verstehen auf den Verstehensprozeß zwischen Schüler und Musik angewendet wird.[62] Dabei schließt die Theorie der didaktischen Interpretation durchaus an Michael Alts Forderung an, die Bedeutung musikalischer Werke durch den rational nachvollziehbaren Prozeß der Interpretation dem Schüler methodisch zu erschließen. Dieser Ansatz war durch Theodor Wilhelm angeregt, der den Kunstunterricht damit von der emotionalen Einseitigkeit einer »irrationalen Erlebnispädagogik« befreien wollte. Didaktische Interpretation hat diese Kritik aber nicht übernommen, sondern gerade auf einen Ausgleich zwischen den objektiven Bedingungen der Musik und den subjektiven Erlebnisweisen der Schüler gesetzt.[63]

Für Ehrenforth bildet didaktische Interpretation das Modell einer am *Laien* orientierten Vermittlung durch *sprachliche* Auslegung.[64] Es geht also um *Interpretation*, die auf Erkenntnis und Erschließung des Sinns von musi-

---

62 K. H. Ehrenforth: *Verstehen und Auslegen. Die hermeneutischen Grundlagen einer Lehre von der didaktischen Interpretation von Musik*, Frankfurt 1971 (Schriftenreihe zur Musikpädagogik).

63 »Wilhelm und Alt reflektieren das Problem nur nach der einen Seite hin: die subjektivistisch-irrationale Verstehenstradition seit Dilthey zu überwinden. Sie verkennen, daß ihr Konzept eine objektivistisch-rationale Schlagseite hat, die das ›ideographische‹ Proprium des je einzelnen Werkes zu schleifen droht.« Mit diesem Hinweis hat K. H. Ehrenforth (*Wahr-Nehmung und Methode*, in: *Methoden des Musikunterrichts*, Mainz 1982, S. 265) sein Verständnis der didaktischen Interpretation gegenüber Alt und Wilhelm abzugrenzen versucht.

64 Vgl. K. H. Ehrenforth: *Verstehen und Auslegen*, a.a.O., S. 5, und ders.: *Zur Neugewichtung der historischen und anthropologischen Perspektiven der Musikerziehung*, in: H. Chr. Schmidt (Hrsg.): *Geschichte der Musikpädagogik* (Handbuch der Musikpädagogik, Bd. 1), Kassel 1986, S. 293.

kalischen Werken zielt, und diese Interpretation ist *didaktisch*, sofern sie nach den besonderen Bedingungen für die Vermittlung an Schüler (Laien) fragt. Dazu müssen die rezeptionspsychologischen und soziokulturellen Bedingungen der Schüler mit den werkanalytischen und wirkungsgeschichtlichen Aspekten des Erkenntnisgegenstandes in Beziehung gesetzt werden.

Begrifflich rückte Ehrenforth didaktische Interpretation in die Nachbarschaft zu Wolfgang Klafkis Didaktischer Analyse, die dieser als Kern der Unterrichtsvorbereitung im Sinne der von ihm postulierten »kategorialen Bildung« (1958) verstand. Ehrenforth verbindet nun Klafkis didaktische Kategorien der Auswahl und Bildungsqualität der Lehrgegenstände mit der erkenntnistheoretischen Erörterung über die Voraussetzungen, Bedingungen und Strukturen des Verstehens. Das Prinzip des Verstehens, dem zufolge Person (= Verstehenssubjekt) und Sache (= Verstehensobjekt) ihre jeweiligen »Horizonte« einbringen, überträgt Ehrenforth dann auf den pädagogischen Vermittlungsprozeß. Dabei rückt der Gadamersche Gedanke des dialogischen Verstehens ins Zentrum, wonach das Verstehenssubjekt zum Mitspieler im Verstehensprozeß wird, so daß Verstehen durch das zirkuläre Angewiesensein von Erfahrungssubjekt und Wahrnehmungsobjekt zustande kommt. Für den Unterricht kommt es also darauf an, Werk und Hörer in ein »Gespräch« zu bringen, in dessen Verlauf sich beide Verstehenshorizonte einander annähern. Der Prozeß der »Horizontverschmelzung« (Gadamer) führt dann zum Verstehen. Damit es aber zu diesem Prozeß der Annäherung der verschiedenen Erfahrungshorizonte überhaupt kommen kann, müssen »Treffpunkte« (Richter) gefunden werden, von denen aus ein »Gespräch« zwischen Person und Sache beginnen kann.

Die Eigenständigkeit und Besonderheit der didaktischen Interpretation sieht Ehrenforth darin, »daß sie weder das Musik- bzw. Werkverständnis [d. h. ein bestimmtes, pädagogisch vorformuliertes Werkverständnis] voraussetzen noch den Sachanspruch des zu interpretierenden Werkes rücksichtslos zur Geltung bringen kann, sondern daß sie den Hörer voll im Auge behält und ihn dort ›abholt‹, wo er nach Hörerwartung und Rezeptionsvermögen vermutet werden muß«.[65]

Damit ist für Ehrenforth didaktische Interpretation mehr als nur eine Methode unter anderen; vielmehr sieht er in der philosophischen Hermeneutik eine allgemeine Grundlage für die individuellen Verstehenszugänge, deren spezifische Anforderungen bei der Vermittlung an Laien dann das Didaktische der didaktischen Interpretation ausmachen. In dem Bemühen um eine pädagogisch begründete und erkenntnistheoretisch abgesicherte, zielgrup-

---

65 K. H. Ehrenforth: *Verstehen und Auslegen*, a.a.O., S. 5.

penbezogene Auslegung von musikalischen Werken (Texten) liegt der Kern der didaktischen Interpretation.

Ehrenforths theoretischen Ansatz hat dann 1976 Christoph Richter[66] auf die konkrete Unterrichtspraxis übertragen und dabei den Geltungsbereich didaktischer Interpretation allmählich immer mehr ausgeweitet. Dabei leitete ihn die Kritik an einer zu starr curriculumtheoretisch orientierten Didaktik, die die Ziele an den Anfang stellt und die Sachen zu beliebigen Demonstrationsobjekten verkürzt. So rückte er erneut die Sache – und das ist das individuelle, einmalige Kunstwerk – ins Zentrum und befragte sie nach den ihr innewohnenden eigenen Vermittlungsqualitäten. Es sollte nicht immer nur danach gefragt werden, welches Beispiel »ein Fall von ...« (z. B. einer Sonate, einer Variation, eines Rondo etc.) ist, ein Werk oder Satz sollte also nicht nur zum Lernen eines allgemeinen Form-Typus dienen, sondern es sollte vielmehr danach gesucht werden, worin ein Werk zum »exemplum« werden kann, d. h. was ein Werk dem Menschen von sich aus, ohne pädagogisch verkürzende Zubereitung vermitteln kann, und zwar

> » – von sich selbst als einmaliger, unverwechselbarer (künstlerischer) Erscheinung, die in dieser Einmaligkeit gegen die Musterhaftigkeit aller bestehenden Prägungen sich [...] durchsetzen muß,
> – vom Wesen der Musik, also von ihrer ›Musterhaftigkeit‹ in dem positiven Sinne einer beispielhaften Erscheinung,
> – von der (Um)Welt, die in die Musik eingegangen ist, in ihr als Welt-›Anschauung‹ (im wörtlichen Sinne) enthalten ist und sie zu einem Teil bestimmt.«[67]

Daraus entwickelte er dann ein neunstufiges Planungsmodell für den Musikunterricht, das von der eigenen Vor-Erfahrung ausgeht und zur Formulierung von Unterrichtsthemen, Methoden und Zielen hinführt.

In einem Aufsatz aus dem Jahr 1983[68] hat Richter dann die Horizontstruktur des Verstehens im Sinne Husserls und Gadamers stärker betont und darauf hingewiesen, daß in jedem Verstehensprozeß das Verstehenssubjekt seine biographische Erfahrung, sein Vorwissen, seine Interessen, Haltungen, Einstellungen schon mitbringt. Die Vorgabe eines bestimmten pädagogischen Ziels oder eines Beobachtungsaspekts würde demgegenüber die volle Wirklichkeit des Werkes verkürzen und viele pädagogisch nicht unmittelbar verwertbare Erlebnisweisen ausblenden. Daher erweiterte er 1982 den Begriff der didaktischen Interpretation zur allgemeinen »Seinsweise des Musikverste-

---

66 Chr. Richter: *Theorie und Praxis der didaktischen Interpretation von Musik*, Frankfurt 1976.

67 Ebd., S. 14.

68 Chr. Richter: *Hermeneutische Grundlagen der didaktischen Interpretation von Musik* (Teil 1), in: MuB 11/1983, S. 22-26.

hens und des Musikumgangs«[69] und rechnete nun alle Umgangs- und Aktionsweisen im Musikunterricht zur didaktischen Interpretation:

1. didaktische Interpretation durch *Hören,*
2. didaktische Interpretation durch *Analysieren und Deuten,*
3. didaktische Interpretation durch *philologische Arbeit,*
4. didaktische Interpretation durch *Musizieren,*
5. didaktische Interpretation durch *Bewegung,*
6. didaktische Interpretation durch *Materialgestaltung.*[70]

Schließlich hat die stärkere Betonung der körperlich-sinnlichen Erfahrung zu einer weiteren Ergänzung des hermeneutischen Verstehensbegriffs geführt. »Verstehen und Erfahrung vollziehen sich in den gegenseitigen Beziehungen zwischen Körper (Leib), Seele und Geist. Der Begriff ›Verkörperung‹ bezeichnet diese Beziehung; die Vorstellung von ›Verkörperung‹ veranschaulicht sie.«[71] Die anthropologische Kategorie der »Verkörperung« von Musik als Haltung (der Mensch verkörpert sich *in* oder *durch* Musik) und als Gestaltung (der Mensch verkörpert eine Musik, er realisiert sie, macht sie hör- und sichtbar) erweitert den philosophischen Verstehensbegriff. Die Möglichkeit, daß er ihn zugleich verändert und möglicherweise aus dem Konzept der didaktischen Interpretation verdrängt, muß gesehen werden. Von der philosophischen Vorstellung, daß Verstehen eine *im Werk* vermittelte Intention aufdecke, entfernt sich die Vorstellung, daß der Interpret *sich* im Werk und durch das Werk verkörpere.

So notwendig der Aspekt der Vergegenwärtigung von Kunst im Rezipienten erscheint und so anregend in dieser Hinsicht Richters Ergänzung ist, so muß man doch feststellen, daß didaktische Interpretation, die von Gadamers Verstehensbegriff der »Horizontverschmelzung« ausging und daher den Anteil der subjektiv geprägten, biographischen Erfahrung zum Selbst- und Weltverstehen betonte, die Kritik an Gadamer nicht mehr oder noch nicht vollzogen hat. Hans Robert Jauß hat gerade den distanznehmenden Akt der »Horizontabhebung« im ästhetischen Verstehen hervorgehoben.[72] Ebenso hat Frithjof Rodi[73] einen hermeneutischen Ansatz weitergeführt, der von der Musikpädagogik noch gar nicht aufgegriffen worden ist.

---

69 Chr. Richter: *Hören als Aufgabe und Ziel der didaktischen Interpretation,* in: W. Schmidt-Brunner (Hrsg.): *Methoden des Musikunterrichts,* Mainz 1982, S. 252.

70 Ebd., S. 252.

71 Chr. Richter: *Überlegungen zum anthropologischen Begriff der Verkörperung,* in: *Anthropologie der Musik und der Musikerziehung* (Musik im Diskurs, Bd.4), Regensburg 1987, S. 92.

72 H. R. Jauß: *Ästhetische Erfahrung und literarische Hermeneutik,* Frankfurt 1982, S. 83.

Zwei Momente machen die Konzeption der didaktischen Interpretation bemerkenswert. Zum einen ist es der Versuch, den auf Halm und Kestenberg zurückgehenden Gedanken künstlerischer Fachautonomie im Musikunterricht neben oder gegen alle modischen Konzeptionen zu bewahren; zum anderen ist es das Verdienst, den Eigenanspruch laienorientierter Auslegung im pädagogischen Umgang mit musikalischen Werken erkannt und didaktisch aufgegriffen zu haben. Daß didaktische Interpretation in den 20 Jahren seit ihrer ersten Formulierung durch Ehrenforth (1971) bis in die Gegenwart lebendig geblieben ist und sich weiterentwickeln konnte, beweist zugleich, daß es sich nicht um ein starres Interpretationsschema, sondern um eine lebendige Form der Auseinandersetzung und um einen schülergerechten Verstehenszugang zu Musik handelt, der bei Laien unter anderen Prämissen und Bedingungen steht als bei professionellen Musikern.

Erfahrungserschließende Musikerziehung

Als »erfahrungserschließend« hat Rudolf Nykrin ein theoretisches musikpädagogisches Modell bezeichnet[74], das sich aber nicht vollständig mit dem didaktischen Modell des »erfahrungsbezogenen Unterrichts« Ingo Schellers deckt.[75] Vielmehr orientiert sich sein Konzept an den Prinzipien der Handlungsorientierung und Schülerzentrierung. Nykrin verbindet darin den lernpsychologischen Erfahrungsbegriff der »progressive education« John Deweys und den subjektorientierten der didaktischen Interpretation Richters mit dem Konzept handelnden Lernens. Gelernt wird dann am sinnvollsten, wenn etwas aus eigener Erfahrung und Einsicht gewonnen und im han-

---

73 F. Rodi hat sowohl den semiotischen Zeichenbegriff als auch den Begriff der Pragmatik erweitert. Verstehen vollzieht sich danach immer als ein Prozeß der »Verständigung über Verstandenes« in einer dialektischen Spannung zwischen »Proximität« und »Alienität«. Vgl. *Die Rolle der Pädagogik im Prozeß der »Verständigung über Verstandenes«*, in: *Vierteljahresschrift für Wissenschaftliche Pädagogik* 4 (1985), S. 444-458; und *Das Nahebringen von Überlieferung. Über die kulturellen Lebensbezüge der »Vertrautheit« und »Fremdheit«*, in: *Philosophisch-Theologische Grenzfragen. Festschrift für R. Schaeffler*, Essen 1986, S. 219-231.

74 R. Nykrin: *Erfahrungserschließende Musikerziehung. Konzept – Argumente – Bilder*, Regensburg 1978 (Perspektiven zur Musikpädagogik und Musikwissenschaft, Bd. 4)

75 I. Scheller: *Erfahrungsbezogener Unterricht*, Königstein 1981. Beide Konzepte stimmen in der Betonung der Stärkung von Ich-Anteilen am Unterrichtsgeschehen überein, unterscheiden sich aber darin, daß Scheller ein Phasenschema ausgearbeitet und systematisch entwickelt hat (Aneignung – Verarbeitung – Veröffentlichung), das auf Lernplanung und Unterrichtsdurchführung strukturierend einwirkt.

delnden Vollzug erprobt wurde. So stellt er vier Merkmale auf, die Lern-situationen im erfahrungserschließenden Musikunterricht auszeichnen:

- »Anwesenheit von Lernsituationselementen, worin Schüler ihre lebensgeschichtliche Erfahrung eintragen und ausdrücken können
- Anwesenheit von Lernsituationselementen, die Legitimation und Verständigung zum Anliegen machen
- Anwesenheit von Lernsituationselementen, die auf Kompensation und Aufklärung von Erfahrungseinschränkungen [...] gerichtet sind
- Anwesenheit von Lernsituationselementen, die Handlungsvollzüge ermöglichen«[76]

Die Aktualität des Populären: Rock- und Popdidaktik

Im Unterschied zu der Vielzahl spezieller Didaktiken zu einzelnen Inhaltsbereichen oder Lernfeldern (Didaktik des Liedes, der Neuen Musik, der Oper, der Improvisation etc.) kann die Orientierung modernen Musikunterrichts an aktueller Pop- und Rockmusik am ehesten den Anspruch erheben, die Funktion einer eigenständigen didaktischen Konzeption zu erfüllen, die das gesamte Verständnis von Musikunterricht leitet.

Bereits Ende der fünfziger Jahre, also noch mitten in der Blüte Musischer Bildung, tauchten die ersten Fragen auf, wie die Musikpädagogik sich zu der »modernen« populären Musik, dem Schlager, aber auch dem Jazz verhalten sollte. Schon früh wurde man gewahr, daß die Jugend sich in einer eigenen Jugendkultur einnistete, deren Sprache die Erwachsenen nicht mehr verstanden. Die Massensuggestion, die von den Beatles ausging, wurde zunächst gesellschaftspsychologisch als »sprachlose Opposition« gedeutet.[77] Hermann Rauhe war einer der ersten, der bereits zu Beginn der sechziger Jahre das Phänomen der jugendlichen Teilkultur zu einem pädagogischen Thema machte, indem er Jazz und Schlager unter jugendsoziologischen und pädagogischen Aspekten untersuchte.[78]

Inzwischen lassen es die objektive Bedeutung der Pop- und Rockmusik im Alltag der Jugendlichen und die subjektiven Interessen sowohl der Schüler als auch einer jüngeren Lehrergeneration (man kann nicht über

---

76 R. Nykrin, a.a.O., S. 180 f.

77 D. Baacke: *Beat – die sprachlose Opposition*, München 1968.

78 H. Rauhe: *Musikerziehung durch Jazz*, Wolfenbüttel 1962; ders.: *Zur pädagogischen Relevanz der Theorie der jugendlichen Teilkultur*, in: *Didaktik der Musik*, hg. von W. Krützfeldt; Hamburg 1970; ders.: *Popularität in der Musik*, Karlsruhe 1974; ders. zus. mit R. Flender: *Popmusik. Aspekte ihrer Geschichte, Funktionen, Wirkung und Ästhetik*, Darmstadt 1989.

Schülerorientierung reden und die tatsächlichen Interessen übergehen) nicht mehr zu, diese Musik aus dem Unterricht auszuklammern, und zwar weder aus Gründen einer bestimmten Werteorientierung noch wegen ihres quantitativen Anteils in der Freizeit, sondern weil sie einen nicht unwesentlichen Teil des Musiklebens ausmacht. Über die Notwendigkeit, auf Pop- und Rockmusik im Unterricht einzugehen, besteht Konsens. Die Frage ist aber, wie die Musikerziehung die didaktische Aufgabe lösen kann, eine Musik zu vermitteln, die in ganz besonderer Weise von den Jugendlichen besetzt und mit Erwartungen verbunden ist, die traditionellem schulischem Lernen entgegenzustehen scheinen. »Damit stellt sich die Frage, ob es nicht einer ganz anderen Zielsetzung und anderer Unterrichtsmethoden bedürfe, um die durch die populäre Musik ausgelöste bzw. bedingte Spannung zwischen dem musikbezogenen Verhalten der Jugendlichen in ihrer Freizeit einerseits und dem Selbstverständnis des schulischen Musikunterrichts und seiner Praxis andererseits zu verringern.«[79]

Seit den siebziger Jahren hat sich der Musikunterricht zunehmend dieser Herausforderung gestellt, obwohl die Schwierigkeiten offenkundig sind: Schüler wollen weder »ihre« Musik zum Lerngegenstand machen noch damit zu »guter« Musik verführt werden (über Beat zu Beethoven); Lehrer können nicht dem jeweils neuesten Modegeschmack hinterherlaufen oder sind durch ihre Ausbildung auf diese Tätigkeit nicht vorbereitet. Daher konstatiert Franz Niermann: »Die beiden Welten: Rockmusik und schulischer Unterricht sind nicht durch Vermittlungsversuche zusammenzuführen.«[80] Vielmehr müssen eigene Spielräume und Handlungsformen zur Verwirklichung eines angemessenen schulmusikalischen Umgangs mit Rockmusik gefunden werden.

Die Lösungsversuche zur Integration von Pop- und Rockmusik in den Musikunterricht sind daher sehr unterschiedlich ausgefallen. Zunächst ging man in den siebziger Jahren daran, das musikbezogene Verhalten Jugendlicher zu erheben und unterrichtlich zu thematisieren.[81] Gleichzeitig versuchte man Analysemethoden zu finden, die der Eigenart der Komposition und ihrer nicht vollständig schriftlich fixierten Aufführungspraxis gerecht werden konnten.[82] Modellartige Analysen und Interpretationen sollten hier dem

---

79 U. Günther/Th. Ott/F. Ritzel: *Musikunterricht 5–11*, Weinheim 1983, S. 22.

80 F. Niermann: *Rockmusik und Unterricht. Eigene Wege für den Alltag mit Musik*, Stuttgart 1987, S. 6.

81 Vgl. dazu D. Wiechell: *Musikalisches Verhalten Jugendlicher*, Frankfurt 1977 (Schriftenreihe zur Musikpädagogik).

82 Vgl. D. Wiechell: *Didaktik und Methodik der Popmusik*, Frankfurt 1975 (Schriftenreihe zur Musikpädagogik).

Lehrer Material als Unterrichtshilfe in die Hand geben.[83] Doch stellte sich schnell heraus, daß die an der Kunstmusik entwickelten Verfahren der harmonischen und formalen Analyse das Wesen der Rockmusik verfehlten. Auch der Rückzug auf die Geschichte der Rockmusik als Unterrichtsgegenstand[84] konnte keine befriedigende Lösung sein.

Erst mit dem Eindringen der Handlungsorientierung änderte sich der methodische Umgang. Um Lernprozesse »erfolgversprechend zu gestalten und um gleichzeitig den affektiven und psychomotorischen Momenten der Rockmusik nahe zu kommen, sollte dem aktiven, handelnden Umgang mit Rockmusik im Unterricht eine besondere Gewichtung zukommen«.[85] So hat sich die didaktische Erschließung von Pop- und Rockmusik im Unterricht heute als Praxis von Spielmodellen in unterrichtspraktischen Arrangements etabliert[86], für das Rundfunkanstalten und Verlage aktuelle Materialien bereithalten. Die Diskussion der Bildungsziele und der Bildungsmächtigkeit der Inhalte darf aber auch in der handlungsorientierten Ausrichtung des Lernens, wenn es noch um Lernen gehen soll, nicht fehlen.

* * *

Überblickt man die Vielfalt der hier angesprochenen musikdidaktischen Konzeptionen, muß man sich vergegenwärtigen, daß sie nicht chronologisch aufeinander folgten, sondern ein Neben- und Gegeneinander von Positionen und Haltungen ausdrücken, die nie chemisch rein im Unterricht verwirklicht wurden und nur selten in einem geschlossenen Schulbuchkonzept aufgingen, sondern die sich in der Praxis durchmischten, abwechselten und ergänzten. So sind die nachcurricularen Jahre durch einen Pluralismus von didaktischen Positionen und Konzeptionen gekennzeichnet, der den Lehrern die Orientierung schwermachte, ihnen aber eine große didaktische Entscheidungsfreiheit und Verantwortung übertrug, nicht in blinder Aktualitätssucht modischen Trends zu folgen, sondern die curricularen Entscheidungen im Rahmen der vorgegebenen Richtlinien nach rationalen und möglichst objektiven Kriterien zu treffen. Dies ist ein Erbe der Curriculumreform.

---

83 Vgl. D. Wiechell: *Pop-Musik. Analysen und Interpretationen*, Köln 1974.

84 Vgl. W. Hahn/Th. Klein/H. Rauhe: *Popmusik im Unterricht*, Wiesbaden 1973 (mit Schallplattenkassette »Popmusik international«).

85 V. Schütz: *Thesen zur Didaktik der Rockmusik*, in: G. Kleinen/W. Klüppelholz/W. D. Lugert (Hrsg.): *Rockmusik. Musikunterricht Sekundarstufen*, Düsseldorf 1985, S. 15.

86 Siehe Niermann, a.a.O.

14. KAPITEL

Musikpädagogik im Zeichen eines postmodernen Pragmatismus
Rückgang der Wissenschaftsorientierung – Wende zur Musikpraxis

Die Phase neuer konzeptioneller Entwürfe für die Musikerziehung nach der Curriculumreform ging rasch zu Ende. Hatte man sich von den Verhaltenswissenschaften und der empirischen Unterrichtsforschung zunächst konzeptionelle Lösungen der immer deutlicher hervortretenden Schwierigkeiten der Legitimation der Künste in einer wissenschaftlichen Schule erhofft, so wich bald die Euphorie, aus wissenschaftlich legitimierten Lernzielen konkrete Aussagen oder gar Vorhersagen über Unterricht ableiten zu können, einer sachlichen Ernüchterung. Aber die Fragen an die Musikerziehung blieben: wie sie Jugendliche erreichen und ihnen eine sinnvolle Perspektive für den Umgang mit Musik und Zugang zu einer ihnen bisher unbekannten Musik eröffnen kann angesichts eines kulturellen Pluralismus im Alltag und medialer Musikerfahrungen, die den potentiellen Pluralismus in einen realen Monismus verkehren, in dem jeder seine Stil-Nische sucht.

So setzte schon früh eine Phase der Curriculum-Kritik ein, die heute in der allmählichen Rücknahme der Oberstufenreform und der Revision der curricularen Lehrpläne schulpolitisch wirksam geworden ist. In einem vor dem Plenum der 11. Bundesschulmusikwoche in Düsseldorf 1976 gehaltenen Grundsatzreferat ging Christoph Richter von der These aus, daß die notwendige Wechselwirkung zwischen allgemeinen Erziehungsvorstellungen und dem Sachanspruch der einzelnen Fächer erheblich gestört sei.[1]

»Innerhalb einer Schulkonzeption, in der alle Ziele, Qualifikationen, Fächer und Inhalte sich vor allgemeinen Verhaltenszielen legitimieren müssen, ist auch das Fach Musik gezwungen, sich in diesen Ziel- und Legitimationsrahmen einzupassen. Dabei erliegt die Musikpädagogik jedoch gelegentlich der Gefahr, mit den großen, aber abstrakten Menschheitszielen heutiger Erziehung fremdzugehen. Diese Gefahr ist z.B. gegeben, wenn musikalische oder allgemein-auditive Erscheinungen im Dienste einer von der Dingwelt isolierten Verhaltens- oder Kommunikationslehre beliebig und austauschbar eingesetzt werden,

---

1 Chr. Richter: *Musik in der Schule von heute und morgen*, in: *Schule ohne Musik?* Vorträge der 11. Bundesschulmusikwoche, Mainz 1976, S. 37.

wenn Musik zum Spielzeug eines gleichsam freischwebenden Verhaltenstrainings für Kreativität, Sensibilität o. a. degradiert wird [...]«[2]

So plädierte er für die Orientierung der Musikerziehung am Interesse des einzelnen Schülers und die Orientierung der Schüler an der Sache Musik.[3] Karl Heinrich Ehrenforth beklagte das gestörte Gleichgewicht von Rationalität und Emotionalität in der Schule und suchte schulische Musikerziehung für das außerschulische Musikleben zu öffnen. Und Heinz Antholz mahnte (1976) für die Musikerziehung die

– »Revision der Curriculumrevision«,
– »Reklamation der Erziehung«,
– »Rehabilitation der Emotion«,
– »Restitution der Kunst als Kunst« sowie die
– »Rehabilitation des Müßiggangs« [der Muße, schole] an.[4]

So wurden im Chor der Kritik Stimmen laut, die die Funktion und Aufgabe schulischer Musikerziehung im Licht allgemeiner Schulkritik neu definieren wollten. Schlagworte von der »Entschulung der Schulmusik« (Ehrenforth) und einer Humanisierung des Lernens bzw. einer »humanen Schule« (v. Hentig, Ehrenforth, Richter) wurden bereitwillig von der musikpädagogischen Diskussion aufgegriffen.

Insgesamt war sich die Schulpädagogik ihrer Krisensituation durchaus bewußt. Dies erklärt die starke Rückwendung zu Ideen der Reformpädagogik: zu den Ideen der Selbsttätigkeit, des entdeckenden, handelnden Lernens, zur ganzheitlichen Sicht des Menschen. Gerade in einer Zeit, in der Schulzimmer immer häufiger Laboratorien glichen, in denen an didaktisch zubereiteten Präparaten möglichst effizient gelernt werden sollte, blieb die Totalität und Komplexität des Lebens und Erlebens der Gegenstände, das Lernen mit allen Sinnen ausgeblendet. Doch da, wo Lernen sich mehr im Kopf als mit dem Körper vollzieht (entsinnlichtes, körperloses Lernen [H.Rumpf[5]]), wo Wissen hauptsächlich mit Speicherung und Verarbeitung von Information gleichgesetzt wird und Leistung sich nach dem Verhältnis von input und output bemißt, könnten gerade die Künste wieder eine besondere Funktion erfüllen. Die Gefahr jedoch, daß die Frustration über die Wissenschaftswende wieder in neomusisches Tun münden könnte, hatte Heinz Antholz schon mit Blick auf die in den siebziger Jahren modisch gewordenen Klangexperimente

---

2 Ebd., S. 40.

3 Ebd., S. 43.

4 H. Antholz: *Revision der Reformen?* in: *Schule ohne Musik?* a.a.O., S. 24 ff.

5 H. Rumpf: *Die übergangene Sinnlichkeit. Drei Kapitel über die Schule,* München 1981.

und Schallaktionen in der Pointe gefaßt, daß sich der »Trallalismus« der Singbewegung in einen »Schallalismus« auditiver Kommunikationsspiele zu verkehren drohe.[6]

Unübersehbar machte sich in den achtziger Jahren eine allgemeine Skepsis gegenüber rein wissenschaftlichem Erkennen, bloß materialer Bildung, rationaler Beherrschung der Welt breit. Eltern, Lehrer, Kultusbehörden erwarteten vom Musikunterricht wieder viel eher emotionalen Ausgleich, gemeinsames Singen und Musizieren und die Aufführung großer Werke als die Beschäftigung mit Theorie (aber was verstand man darunter?) und Analyse, Wissen oder die Anhäufung von Stoff und Wissen. Wie in Wissenschaft, Politik und im alltäglichem Leben war auch in der Musikerziehung das Bewußtsein einer Wende vorhanden, die Karl Heinrich Ehrenforth so charakterisiert hat:

> »Wir leben in einer Phase der Wende. Neue Paradigmen der Welterklärung und Weltdeutung werden die alten ablösen. [...] Das wissenschaftliche Weltbild beginnt seine Strahlkraft einzubüßen. Die Künste haben sich von Erwartungen einer ästhetisch bestimmten Welterneuerung, welche der religiösen folgt, längst verabschiedet. [...] Die Dominanz logischer Denkschulung, wie sie seit Descartes auch in die allgemeinbildende Schule Eingang gefunden hat, ist nicht aufrecht zu erhalten.«[7]

Und an anderer Stelle heißt es:

> »Schule hat weitgehend noch nicht begriffen, daß das Ganze menschlicher Kultur in paradigmatischer, aber alle Ebenen dieser Kultur gleichwertig berücksichtigender Lehrplanung zu ihrem Auftrag gehört. Diese Einsicht muß vor allem berücksichtigen, daß die Kultur des Verstehens und Sublimierens nicht sich erfüllt in quantitativem Zugewinn von Wissen, sondern in der wieder und wieder zu gewinnenden Person- und Welterfahrung des Menschen, die durch bloßes Wissen nie eingeholt werden kann.«[8]

Nicht zu überhören waren hier kulturkritische Töne. Einen Ausweg suchte man in verstärkter Betonung praktischer, erlebnishafter Erfahrung von Musik. In dieser Situation, in der Singen und Musizieren wieder in den Vordergrund traten, besann man sich auch wieder der fast vergessenen Methode der Handzeichen (Tonika-Do)[9]. Die neu in den Blick geratene Möglichkeit des Klassenmusizierens lenkt die Aufmerksamkeit auf portable Keyboards, die – wie einst die Blockflöte – Einzug in den Musiksaal hielten. Pädagogisch legitimiert wurde deren Verwendung durch den lerntheoreti-

---

6 H. Antholz in: *Das Ende vom Lied?* in: MuB 1973, S. 440.

7 K. H. Ehrenforth: *Blick für das Ganze. Von der Verantwortung schulischer Musikerziehung für die Zukunft unserer (Musik)Kultur,* in: MuB 1981, S. 155.

8 K. H. Ehrenforth: *Entschulung der Schulmusik,* in: MuB 1981, S. 78.

9 Vgl. *Musik um uns 5/6,* 2. Aufl., Stuttgart 1984, S. 122.

schen Ansatz der Handlungsorientierung, der den Praxisbezug der Musikerziehung insgesamt kennzeichnet. Und insoweit, wie die Pädagogik der kognitionspsychologischen Maxime folgt, daß das Denken aus dem Tun erwächst, daß wir uns nur denkend vorstellen können, was wir zuvor handelnd erfahren haben, ist handelnder Umgang gegen den Vorwurf neomusischer Werkelei gefeit. Denn der lernpsychologische Vorgang des Handelns schließt immer kognitive Elemente (Handlungsabsicht, Handlungsplan) ein und unterscheidet sich so vom emotionalen Mitgenommensein durch Gruppenaktivitäten.

Ein untrügliches Zeichen für die neue Favorisierung praktischen Musizierens war das Aufleben von Veranstaltungen, in denen sich schulische Musikerziehung der Öffentlichkeit präsentiert. Veranstaltungen wie »Schulen musizieren« und »Begegnungen der Schulmusik« betonten wieder den gemeinschaftsfördernden Aspekt der Musikerziehung. In der neuen Hinwendung zum Singen, zum Lied und zum instrumentalen Gruppenmusizieren (Gemeinschaftserlebnis!) deutete sich zugleich aber auch eine neokonservative Wende mit der Tendenz zum unreflektierten Aktivismus an. Was in den achtziger Jahren in Architektur, Literatur und Philosophie (Lyotard[10]) unter dem Namen der Postmoderne zutage trat, nämlich die Abkehr vom »Projekt der Moderne« (Habermas), hat in gewisser Weise auch in Musik und Musikpädagogik stattgefunden.

Wenn wir heute von Postmoderne als einer künstlerischen Haltung (weniger als von einem Stil) sprechen, meinen wir damit, daß der emphatische Anspruch der Moderne (Avantgarde) auf radikale Veränderung, auf Fortschritt, auf die Überführung wissenschaftlicher und künstlerischer Errungenschaften in die Lebenspraxis zurückgetreten oder zugunsten eines Rückgriffs auf das traditionell Bewährte aufgegeben ist. Neu ist nicht mehr eo ipso moderner und wahrer als das Vorangegangene, das durch das Moderne überwunden und aufgehoben ist. Auch die Musikpädagogik hat den Fortschrittsimpuls und innovativen Schwung aus der Zeit der Curriculumreform verloren und wendet sich wieder bewährten Handlungsmustern der Vergangenheit zu. Daß wir scheinbar unbefangen wieder von »musischen« Fächern und dem Wert des Musischen in Schule und Erziehung sprechen, mag dafür als ein Indiz gelten. Die allenthalben zu beobachtende Favorisierung praktischen Tuns gegenüber theoretischer Durchdringung habe ich als *postmodernen Pragmatismus* bezeichnet.[11] Denn offenkundig ist die

---

10 Jean-François Lyotard: *La condition postmoderne*, Paris 1979; dt. *Das postmoderne Wissen*, Bremen 1982.

11 W. Gruhn: *Musikpädagogik zwischen Moderne und Postmoderne, Saalfeldner Musiktage 1991*, Salzburg 1992, S. 39-56.

Phase neuer konzeptioneller Entwürfe für die Musikerziehung nach der Curriculumreform einer pragmatischen Konsolidierung des Bewährten gewichen. Der avantgardistische Impuls völlig neuer, miteinander konkurrierender Konzepte scheint verflogen. Nicht mehr der Streit um auditive Wahrnehmungserziehung oder ästhetische Erziehung, um sachautonome oder gesellschaftlich funktionale Ziele, um empirisch überprüfbare Einstellungen und Präferenzen beherrscht die musikdidaktische Diskussion, sondern pragmatische Aspekte des Tuns und Erlebens, der Körperlichkeit und Sinnlichkeit in der musikalischen Erfahrung, ihr Beitrag zur ganzheitlichen Erziehung des Menschen, um Begabungsförderung und Elitebildung.

Die Musikpädagogik sitzt heute aber nicht zwischen den Stühlen von Moderne und Postmoderne, sondern hat sich längst behaglich in den weichen Pfühlen postmoderner Pragmatik eingerichtet. Dabei ist weniger der Eklektizismus methodologischer Orientierungen ausschlaggebend (hie Pop-Didaktik, dort Tonika-Do-Auferstehung; hie Werkanalyse, dort meditatives Erleben oder therapeutisches Behandeln), sondern das Zurückdrängen einer Orientierung an Wissenschaft als Haltung, an Erziehung als Kunst.

Die Frage, die sich der Musikpädagogik in ihrem Verhältnis zu Moderne oder Postmoderne heute stellt, besteht aber nicht darin, wie sie sich auf die gegenwärtigen künstlerischen Entwicklungen einläßt. Musikpädagogik als Disziplin ist selber unmittelbar eingebunden in die geistige Auseinandersetzung mit dem »Projekt der Moderne«. Die postmoderne Gegenwart hat uns eine »Neue Unübersichtlichkeit«[12] beschert, in der wir uns schon eingerichtet haben. Drei Perspektiven wären darin zur Orientierung auszumachen.

1. Der Disput um Moderne und Postmoderne polarisiert Aufklärung und Sinnlichkeit, Erkenntnis und Genuß, massenkulturellen Funktionalismus und künstlerisch-expressive Werkautonomie. Zu fragen ist, ob dies denn so sein müsse. Hat uns nicht die kognitive Psychologie gelehrt, daß Denken aus dem Handeln erwächst, daß Wahrnehmen und Erkennen nur über die Sinne erfolgt, daß Rationalismus und Phantasie, Aufklärung und Sinnlichkeit keine Widersprüche zu sein brauchen? Daß die Gefahr des Eskapismus sowohl in der Hingabe an die betäubenden Unterhaltungsmechanismen als auch im elitären Spezialistentum des Computerfreaks wie Avantgarde-Anhängers besteht, ist kaum zu bestreiten. Ob man daraus – wie Peter Glotz[13] es tut – die Folgerung ziehen soll, nicht die Kulturindustrie zu verdammen,

---

12 J. Habermas, *Kleine Politische Schriften V*, Frankfurt 1985.

13 P. Glotz: *Über die Vertreibung der Langeweile oder Aufklärung und Massenkultur*, in: J. Rüsen u. a. (Hrsg.): *Die Zukunft der Aufklärung*, Frankfurt 1988, S. 215-220.

weil sie durch Zerstreuung und Entspannung den Menschen für den nächsten Arbeitstag fit macht, sondern das Know-how der Unterhaltungsindustrie zu nutzen, um dem Eskapismus in die eine oder andere Nische wirkungsvoller begegnen zu können und so doch noch etwas vom Anspruch der Aufklärung auch im postmodernen Pluralismus zu retten, ist zumindest ein stimulierender Gedanke, den Hans Robert Jauß aufgegriffen und weiterverfolgt hat.[14] Denn er möchte gerade das kritische Potential ästhetischer Bildung nutzen. Obwohl er im Ansatz die Kritik an der neokonservativen Antimoderne teilt, grenzt er davon doch die Ansätze der Postmoderne ab, die »mit der provokativen Rechtfertigung des ästhetischen Genießens« und der »grandiosen Verschmelzung von Hoch- und Massenkultur«[15] einsetzt. Indem er die Postmoderne nicht länger »als Mythologem einer neokonservativen Gegenaufklärung« überlassen möchte, stellt er sie in den Horizontwandel der ästhetischen Erfahrung. »Habermas' Zweifel, ob solidaritätsstiftende Kraft künftig überhaupt noch am Arbeitsplatz selber regenerierbar sei, macht die Frage akut, ob dann nicht der Spielraum jenseits beruflicher Arbeit, die ständig wachsende Freizeit, die Utopie einer Kultur der Kommunikation realisierbar machen könnte.«[16] So fordert er von ästhetischer Erziehung mehr als Museumsverwaltung des kulturellen Erbes, »mehr als eine ästhetische Kompensation der Modernisierungsschäden«[17], also mehr als bloß eine ästhetische Entsorgung des Schallmülls, sondern setzt »auf die verschüttete Kraft und das kritische Potential ästhetischer Bildung«[18], die der Reiz- und Informationsüberflutung unserer Medienwelt mit der Stärkung einer ästhetischen Identität durch ästhetische Erziehung begegnen will, »weil das empirische Interesse am Schönen ein tieferes Bedürfnis befriedigen kann: das Bedürfnis, sein Gefühl mit anderen zu teilen«.[19]

2. »Welche Diagnose der Gegenwart auch immer gestellt wird, unumstritten ist eines ihrer Symptome: Ästhetisierung.« Mit dieser Feststellung beginnt Gert Mattenklott seine Untersuchung der Frage, ob es noch eine erzieherische Dimension der Kunst nach der Moderne geben könne.[20] Aber

---

14 H. R. Jauß: *Das kritische Potential ästhetischer Bildung*, in: J. Rüsen u. a. (Hrsg.), a.a.O., S. 221-232.

15 Ebd., S. 224.

16 Ebd., S. 228.

17 Ebd., S. 228.

18 Ebd., S. 230.

19 Ebd., S. 232.

20 G. Mattenklott: *Gibt es eine erzieherische Dimension der Kunst nach der Moderne?*, in: Dieter

nicht auf das kritische Potential ästhetischer Bildung rekurriert er, sondern er setzt auf eine neue Verbindung von Mythos und Logos. Gegen die Logik des analytischen Verstandes wahren die Mythen etwas von dem Einverständnis und der Einsicht in die Grundlagen des Lebens und sind darin den Kunstwerken verwandt. Mag seine Lösung in einer Mytho-Logik[21] auch problematisch sein, so ist die Situationsbeschreibung, von der er ausgeht, doch treffend. »Kunstpädagogik [...] erhält ihre entscheidend neuen Dimensionen durch ein verändertes Verhältnis der technisch avancierten Gesellschaften der Gegenwart zum Ästhetischen.«[22] Der heutige Ausstellungs- und Museumsboom ist ihm Indiz für die Tendenz, die Sphären von Kunst und Leben aufzuheben und Kunst als Unterhaltung und Bildung (als entertainment) in den Alltag einzuholen. Je durchlässiger aber diese Grenze wird, d. h. je selbstverständlicher und alltäglicher die Entgrenzung und Vermischung beider Sphären wird, desto problematischer wird Pädagogik, wenn sie nicht zur Pädagogisierung der Kunst führen will. Denn wo »das Ästhetische derart fundamental sich dem Leben verbindet, [...] kann seine Aufgabe unmöglich mehr als Bildung zum Leben begriffen werden. Hält die Sphäre des Ästhetischen doch keinen Ort jenseits des Lebens besetzt, von dem aus sie anleitend und einstimmend, disziplinierend und tröstend für das Leben bereitmachen könnte. Dieser Ort ist verloren, damit aber auch die Autorität jeder mit Kunst verbundenen Pädagogik.«[23] Solche Übertragung des Autonomieanspruchs von Kunst an den Mythos, solche Ästhetisierung des Alltags und der Lebensformen, die einer erzieherischen Dimension den Boden entzieht, spiegelt eine zutiefst postmoderne Haltung: die des »cross the border – close the gap« (Leslie Fiedler).

Aus dem Wunsch heraus, der Kunst eine dienende Funktion im Leben zu sichern und die Kluft zwischen einer immer weiter spezialisierten Ästhetik des l'art pour l'art und den Bedürfnissen und Möglichkeiten des Alltags zu schließen, ist in diesem Jahrhundert schon zweimal (in den zwanziger Jahren um Hindemith und Brecht/Weill und in den siebziger Jahren der curricularen Umwertung) die Idee einer »pädagogischen Musik« verfolgt worden.[24] Die Rückgewinnung der pädagogischen Dimension durch eine Pädagogisierung von Kunst durch Unterricht, die der Kunst ihren Sitz im Leben

Lenzen (Hrsg.): *Kunst und Pädagogik. Erziehungswissenschaft auf dem Weg zur Ästhetik?*, Darmstadt 1991, S. 120-134.

21 Ebd., S. 134.

22 Ebd., S. 121.

23 Ebd., S. 122.

24 Vgl. Helga de la Motte-Haber: *Pädagogisierung der Musik*, in: D. Lenzen, a.a.O., S. 60-68.

(zurück)geben möchte, wäre dann als postmoderne Antwort auf die autonome Abspaltung der Kunst vom Leben zu verstehen. Daher sei hier die These gewagt, daß pädagogische Musik in dem Maße, wie sie anstelle autonomer Ziele didaktische verfolgt, ein ästhetisches Konzept vertritt, das dem der Postmoderne entspricht. Die pädagogisch relevante Frage lautet daher, ob die Auseinandersetzung mit Neuer Musik dazu führen soll, eine Verständigungsbrücke über die Kluft zwischen Kunst und Leben zu bauen (historische Avantgardebewegungen), oder ob man das Gefälle einfach einebnen soll (Postmoderne).

Was Jauß als kritisches Potential der Postmoderne retten möchte, liefert Mattenklott an die Irrationalität des Mythos aus. Dagegen möchte ich – zur Rettung des Anspruchs der Moderne – eine dritte Perspektive andeuten.

3. Musikpädagogik, die sich den Ansprüchen von Sinnlichkeit *und* Aufklärung verpflichtet fühlt und sich postmoderner Beliebigkeit enthält, bleibt modern, solange sie einem wissenschaftlichen Erkenntnisstreben folgt (»anything« geht eben nicht!). Auch Musikerziehung müßte sich viel stärker einer intensiven musikpädagogischen Grundlagenforschung zuwenden; dies aber nicht so sehr zum Zweck einer praktikablen Handlungsanleitung, sondern als Basis für unser Wissen von den Voraussetzungen musikalisch-sinnlicher Wahrnehmung und deren Verarbeitung. Erst wenn wir wissen, welche konnektionistischen Netze bei der Wahrnehmung von Musik aktiviert werden, wie Strukturen und Klänge mental repräsentiert werden, wie Differenzierungen und Diskriminierungen bei musikalisch nicht vorgebildeten Menschen vorgenommen werden, läßt sich etwas über die Wirksamkeit ästhetischer Erziehung sagen. Denn solange wir nicht wissen, wie die ästhetischen Projektionen zustande kommen und welche Wirkungen welche Projektionen haben, können wir schwerlich ästhetische Kommunikation erwarten. Wir verhalten uns wie der Kleine Prinz, der seinen eigenen kleinen Planeten zum Kosmos aller möglichen Wahrnehmungen macht, weil er sich nichts anderes vorstellen kann.

Die Frage nach dem Standort der Musikpädagogik zwischen Moderne und Postmoderne ist also keine der Inhalte oder Methoden und sollte auch nicht als eine mögliche Bewertungsskala für Aktualität mißverstanden werden, sondern führt zu einer Positionsbestimmung zwischen dem Anspruch der Moderne nach Aufklärung und dem der Tradition nach Bewahrung und Sicherung des Bewährten, zwischen Wahrnehmung und Erkenntnis, Genuß und Kritik, Sinnlichkeit und Rationalität.

Auf der Suche nach einem neuen Selbstverständnis der Musikerziehung in der allgemeinbildenden Schule hat der VDS 1988 ein Memorandum[25] erarbeitet, das – 65 Jahre nach Kestenbergs Denkschrift – wieder einen Programmentwurf für die Zukunft vorlegt, der den gesamten Bereich musikalischer Erziehung vom Kindergarten bis zur Lehrerbildung umfaßt.

»Tiefgreifende Veränderungen in den Industrieländern erfordern neue Perspektiven und Konzepte der Bildung. Es genügt nicht mehr, den vielfältigen Herausforderungen unserer Gegenwart durch eine nur äußere Reform des Schulsystems zu begegnen. Es gilt vielmehr, die dringend erforderliche innere Reform durchzusetzen, die den Erziehungsauftrag der Schule wieder ernst zu nehmen bereit ist. [...]

Daraus folgt, daß das Leitbild der Wissenschaftsorientierung für die schulische Bildung nicht mehr genügt, weil Wissenschaft selbst in die Probleme verstrickt ist, die gelöst werden müssen. Im Vordergrund sollte heute vielmehr die Erziehung zur *Verantwortung* stehen. [...]

Neue Medien und Informationstechniken sind aus unserer Welt nicht mehr wegzudenken. Dennoch wächst die Einsicht, daß sie die Fähigkeit zu zwischenmenschlichen Kontakten gefährden.

Die Schule kann dazu beitragen, dieser Gefahr vorzubeugen, indem sie sich wieder entschiedener als *Lebensraum* versteht, in welchem gegenseitiges Angewiesensein und menschliche *Solidarität* erfahren werden können.

Das Verhältnis von erwerbsbetonter und verfügbarer Zeit wird sich stark verändern. Die Schule wird daher in Zukunft nicht nur die Grundlagen für Beruf und Studium schaffen, sondern mit gleicher Entschiedenheit auch Angebote zu sinnerfüllender Lebensgestaltung machen müssen.« (S. 7 f.)

Damit werden die Leitziele der Bildungsreform: Emanzipation und Mündigkeit, Kritikfähigkeit und Veränderungsbereitschaft nun umformuliert in: Erziehung zu Verantwortung und menschlicher Solidarität. Die kulturpolitische Dimension der Erziehung kann so den Künsten in der Schule eine gewichtige Rolle zuweisen, indem sie beiträgt zur Stärkung der *personalen Identität*, der *sozialen Identität* und der *historisch-kulturellen Identität* (S. 8). Auf dieser Grundlage soll das Fach Musik von dem Legitimationszwang gegenüber den wissenschaftlichen Fächern befreit werden – allerdings auf Kosten einer möglichen Preisgabe oder zumindest Einschränkung seiner immanent musikalisch-künstlerischen Ansprüche.

So steht Musikunterricht heute gleichzeitig im Zeichen pop- und rockmusikdidaktischer Orientierung wie werkanalytischer oder spielpraktischer Aneignung. Daß sich das gegliederte Schulsystem auch in der inhaltlichen Strukturierung des Musikunterrichts spiegelt, ist kaum noch zu übersehen. Wer nach den sozialen Bedingungen und tatsächlichen Gegebenheiten der Musikerfahrung Jugendlicher fragt, wer von ihren Interessen und Bedürf-

---

25 Verband Deutscher Schulmusikerzieher: *Memorandum zur Lage der Musikerziehung in Kindergarten, allgemein- und berufsbildender Schule und Lehrerbildung*, Mainz 1988.

nissen ausgehen will, wird an der Pop- und Rockkultur ebensowenig vorbei-
gehen können wie an den radikalen Veränderungen des Musikmachens, die
die Computertechnologie sowohl im kommerziellen rockmusikalischen als
auch im privaten laienmusikalischen Bereich hervorgebracht hat. MIDI-
Technik und Sequenzer-Programme haben eine völlig neue Musikkultur
eröffnet, von der man sich fragen mag, ob man sie wollen soll, die zu ignorieren aber pädagogisch unverantwortlich wäre.

Der Pragmatismus der achtziger Jahre hat einen Boom des Machens vom
home recording bis zum Jugend-Musiziert-Training ausgelöst. Als postmoderner ist er durch eine ungeheure Pluralität gekennzeichnet, die in Beliebigkeit umzuschlagen droht. Im Musikunterricht »geht« heute alles – um den
postmodernen Slogan des »anything goes« aufzugreifen – : Computerkompo-
nieren und Blockflötenspiel, historischer Tanz und Jazzgymnastik, Musical
und Kinderoper, Big Band und Consortium mittelalterlicher Instrumente,
Avantgarde-Improvisation und Volkslied, Rock und Mozart. Daß Musikerziehung diese Breite und Vielfalt erworben hat, ist nicht zu beklagen; aber
daß diese Vielfalt der Möglichkeiten auch zu einer Vielfalt der tatsächlichen
Erfahrungen für den einzelnen Schüler wird (und nicht isolierte Inseln
schafft, auf denen der Hauptschüler Rock-sounds mit Computern erzeugt
und der Gymnasiast Mozart durchnehmen und Ligeti analysieren soll), ist
eine neue Herausforderung an die Musikpädagogik der Gegenwart.

15. Kapitel

Musikerziehung im Diskurs der achtziger Jahre
Sechs Argumentationsmuster

Mit der Feststellung postmoderner Tendenzen in der Musikpädagogik, die sich von dem Innovationsschwung der Curriculumreform verabschiedet hat und wieder zu traditionellen Konzepten zurückgekehrt ist, sind wir bei den Fragen der unmittelbaren Gegenwart angelangt. Den historischen Diskurs verlassen wir damit und wenden uns aktuellen Problemen und Herausforderungen zu, denen sich Musikerziehung heute stellen muß. Wenn wir im folgenden sechs plakativ formulierte Argumentationsmuster aufgreifen, um sie vor dem Hintergrund der dargestellten historischen Entwicklung zu erörtern, so fragen wir damit zugleich nach dem Selbstverständnis des Faches Musik in der Schule, seinen Aufgaben und Möglichkeiten. Es geht dabei um den Versuch, den Bildungsauftrag und die Bildungsmöglichkeiten des Schulfachs Musik aus den Erfahrungen der erlebten Gegenwart heraus neu zu befragen und vor dem Hintergrund der Geschichte kritisch zu beleuchten.

»Schule macht dumm!«
Musikerziehung im Kontext der Wissenschaftsorientierung

Wir leben – niemand wird es bestreiten – in einer von den Wissenschaften beherrschten, durch die Erfolge der modernen Wissenschaft geprägten, veränderten Welt. Überzeugend wirkt allemal das Argument, was man vorbringe, sei wissenschaftlich erwiesen. Und der Vorwurf wiegt schwer, man verfahre oder sei unwissenschaftlich. Gleichzeitig macht sich aber auch eine Wissenschaftsskepsis, ja Wissenschaftsverdrossenheit und zuweilen gar Wissenschaftsfeindlichkeit breit; »Verwissenschaftlichung« ist zum Schimpfwort geworden. »Skepsis gegenüber der Wissenschaft, bis vor wenigen Jahren noch Zeichen eines bemitleidenswerten Outsidertums, hat mittlerweile freilich an Boden gewonnen, und in bestimmten Kreisen mag das Bekenntnis zur Wissenschaftsskepsis bereits Voraussetzung für gesellschaftliche Anerkennung sein.«[1] Solche Skepsis rührt zum einen daher, daß man die Ohnmacht wissenschaftlicher Erkenntnis gegenüber wirtschaftlichen oder politischen Interessen feststellt (man weiß um die Folgen falscher Umweltpolitik, medialer Früherziehung etc., aber die politischen Entscheidungen bleiben davon unbeeinflußt), zum anderen daher, daß man wissenschaftlich ebenso gut die eigene Position wie deren Gegenteil untermauern kann, je nach den verschiedenen Ausgangsprämissen und Erkenntnisinteressen (so z. B. beim wissenschaftlichen Nachweis für und gegen die Gefährlichkeit nuklearer Anlagen). So kommt es nach Jahren amtlich propagierter Wissenschaftsorientierung angesichts der Erfahrungen mit der Wissenschaftsschule zu Zweifeln; es stellen sich Bedenklichkeiten, Mißtrauen und schließlich die Befürchtung ein, *Schule mache dumm*, weil sie den Kopf mit Wissen, dessen Nutzen zweifelhaft sei, vollstopfe und am wirklichen Leben vorbeigehe. Doch mit was für einem Verständnis von Wissenschaft haben wir es hier eigentlich zu tun?

Ich möchte den Einleitungssatz daher ein wenig modifizieren: Wir leben in einer von Technologien beherrschten Welt, die das Ergebnis wissenschaftlicher Forschung und wirtschaftlicher Fortschritts- und Wachstumsideologie ist. Wissenschaft begegnet uns heute in Form ihrer Produkte, die wir nicht mehr verstehen. Wissen und Erkennen sind zur Information verkommen. Aber die Fülle der verfügbaren Information wiegt uns in Sicherheit, entbindet uns von der Anstrengung eigenen Denkens und Prüfens, weil es ja irgendwo auf alles bereits wissenschaftliche Antworten gibt. Die Informationsflut steigt uns allmählich über den Kopf. Der aber bleibt leer, torkelt und gaukelt auf den Informationswellen. Wir sind total informiert, aber wissen nichts. Schule, die Bildung und Wissen mit Informationsspeicherung und -verarbeitung gleichsetzte, machte in der Tat dumm.

Versteht man Wissenschaft aber als Haltung des Fragens nach dem Wie und Warum und Wozu, also als Haltung des Nachdenkens und Prüfens, des Forschens und Suchens, dann stehen die Chancen für eine Verwissenschaftlichung der Schule eher schlecht. Denn die enzyklopädische Stofffülle mancher Lehrpläne läßt ein nachdenkliches Erkunden der Sache Musik ja gar nicht mehr zu. Wissenschaft wird heute gerne einseitig verstanden als empirische (Natur-)Wissenschaft im Sinne der anglo-amerikanischen *sciences*, denen die *humanities* gegenüberstehen. Solch positivistisch verengtes Wissenschaftsverständnis, das als Wirklichkeit die Fakten-Außenwelt nimmt, fand allzu leicht Eingang in die gymnasiale Oberstufe. Im Musikunterricht wurden Analysemethoden favorisiert, die einzelne Daten (Tonhöhen, Dauern, Formteile etc.) zähl- und meßbar machten, fanden empirische Methoden der Sozialforschung (Statistik, Polaritätsprofil u. ä.) Anwendung, die vor den Um-

---

1 J. Anderegg: *Wissenschaft und Kunst*, in: *Schulische Musikerziehung und Musikkultur* (Kongreßbericht der 14. Bundesschulmusikwoche Berlin 1982), Mainz 1983, S. 180.

gang mit den Sachen den Umgang mit dem Umgang stellten. Praktische Musikerfahrung trat zurück gegenüber historischen, soziologischen, ideologiekritischen und formalanalytischen Fragestellungen.

Wissenschaftsorientierung in der Schule verkam so zur Stoff- und Methodenorientierung. Wissenschaftliche Leistung wurde mit kognitiver, intellektueller Informationsspeicherung gleichgesetzt. Die Selektionsfunktion der Schule kann damit ausgezeichnet funktionieren, wenn das curricular anvisierte Leistungsniveau quantitativ bestimmt, gemessen und verglichen wird. Dies hat zwei »Nebeneffekte« hervorgerufen, die wir heute als Folge falsch verstandener Wissenschaftsorientierung beklagen:

1. die »Verdummung des Denkens durch Stoff« (Eggebrecht[2]) und
2. die »Entsinnlichung« der Wirklichkeitserfahrung (Rumpf[3]).

zu 1.

Wo Musik, die man hören, erleben, machen kann, auf die man psychisch und physisch reagiert, als vitaler Ausdruck und artifizielle Äußerung zum Lernstoff wird, reduziert sie sich auf isolierte Elemente und Fakten, die man aufsagen und abfragen kann (»Der Punkt hinter einer Note verländert diese um die Hälfte ihres Wertes«, »Der erste Satz der *Symphonie fantastique* gliedert sich in drei Abschnitte…«). Kenntnisse werden dabei nicht mehr aus eigener Erfahrung gewonnen, sondern aus Lehrbüchern übernommen. So kann es dazu kommen, daß alle informiert sind, aber nichts wirklich erfaßt und erfahren haben. Dieses Problem hat der Pädagoge Martin Wagenschein schon früh erkannt.

> »Der moderne Mensch hat also oft gerade das verlernt, was die Naturwissenschaft ihn hätte lehren können: einer Sache gewahr werden, beobachten. Bedenklicher noch: statt zu wissen, was er sehen könnte, wenn er gelernt hätte hinzusehen, hat er leere Sätze bereit. [...] Er hat es durch sogenanntes Lernen verlernt.«[4]

So wird der Warnruf »Schule macht dumm!« verständlich. Unter dem Druck von Lehrplanforderungen und Zentralabitur werden oft nur Oberflächlichkeit, Kurzzeitspeicherung von Fakten und schnelles Vergessen erreicht, was Eggebrecht »Verdummung des Denkens durch Stoff« genannt hat. Die Kritik an einer zu einseitig verstandenen Wissenschaftspropädeutik mündete daher in die Forderung einer »humanen Schule« bzw. der »Entschulung der Schulmusik« (Ehrenforth). Gesellschaftspolitisch verschaffte sich die

---

2 H. H. Eggebrecht: *Über die Befreiung der Musik von der Wissenschaft*, in: MuB 1980, S. 98.

3 Vgl. H. Rumpf: *Die übergangene Sinnlichkeit*, München 1981; ders.: *Die künstliche Schule und das wirkliche Lernen*, München 1986.

4 M. Wagenschein: *Verstehen lehren*, Weinheim 1968, S. 42 f.

Enttäuschung über die Schulreform in der Maxime »Macht die Schule zu!« Luft, die – weniger plakativ formuliert – auf die »Entschulung« des Bildungssystems und schließlich der Gesellschaft (Ivan Illich[5]) hinzielt. So formierte sich schließlich eine ausgesprochene »Antipädagogik«[6], die damit auf die Herausforderungen von Wissenschaftsorientierung und kybernetischer Lehrplanung antwortete.

zu 2.

Im Anschluß an Wagenschein hat Horst Rumpf immer wieder auf die Tatsache der Körperlosigkeit und Entsinnlichung schulischen Lernens aufmerksam gemacht. Wir haben uns im Prozeß der Zivilisation (Elias) daran gewöhnt, allein die Fakten-Außenwelt als reale Realität anzuerkennen, von der wir unsere subjektive Betroffenheit und Befindlichkeit mühelos getrennt halten.[7] Wie Unterricht heute aus der Perspektive des Arbeitsplatzes eines Schülers erlebt wird, macht Rumpf schlaglichtartig an einer Notiz über seinen zwölfjährigen Sohn deutlich:

> »Zum Frühstück kommt er mit einem Heft in der Hand, um für den Musiktest in der 2. Stunde noch einmal das folgende zu memorieren: ›Das Metrum besteht aus gleich langen und gleich lauten Schlägen. Der Takt besteht aus verschiedenen Schlägen, die aber verschieden betont werden. Der Rhythmus besteht aus verschieden langen Schlägen, die die Betonungen des Taktes haben. Die Melodie besteht aus verschieden hohen Tönen, die die Länge und die Betonungen vom Rhythmus haben.‹ Er läßt sich abhören, sagt sich heikle Stellen immer wieder vor – wie es einst vielleicht mit Katechismussätzen ging.«[8]

Gelernt werden hier nur Sätze, Aussagen, und zwar nicht nur für das Fach Musik, sondern auch noch für die anderen Fächer dieses Schulvormittags. Sind sie durch sinnliche Erfahrungen gestützt? Sätze brauchen wir nicht mehr auswendig zu lernen, wenn wir verstanden haben, was sie bedeuten. Lernen wir in der Schule Sätze oder Bedeutungen?

Wie konnte es aber zu dieser Verkehrung von Wissenschaft in Wissensstoff kommen? Eine mögliche Antwort hat der Literaturwissenschaftler Johannes Anderegg gegeben.

> »Das Ansehen, welches die Wissenschaft genießt, die Bedeutung, die ihr von der modernen Gesellschaft eingeräumt wird, die verbreitete Meinung, es lasse sich im wissenschaftlichen

---

5 I. Illich: *Entschulung der Gesellschaft. Entwurf eines demokratischen Bildungssystems* (1972), Reinbek 1973.

6 Vgl.: E. v. Braunmühl: *Antipädagogik. Studien zur Abschaffung der Erziehung*, Weinheim (Reihe Pädagogik Beltz); ders.: *Zur Vernunft kommen. Eine Anti-Psychopädagogik*, Weinheim (Reihe Pädagogik Beltz); J. Oelkers, Th. Lehmann: *Antipädagogik. Herausforderung und Kritik*, Weinheim (Reihe Pädagogik Beltz).

7 Vgl. A. Gehlen (1956), in: H. Rumpf: *Die übergangene Sinnlichkeit*, a.a.O., S. 24.

8 H. Rumpf: *Schulen der Körperlosigkeit*, in: *Neue Sammlung* 5/1980, S. 457.

Zugriff die Wirklichkeit schlechthin, so wie sie sei, erschließen – all dies legt die Vermutung nahe, daß Wissenschaft in erstaunlichem Maße eine Rolle übernommen hat, welche früher der Kirche zugestanden wurde. Von der Wissenschaft und von ihrer Rationalität erhofft man sich das, was vordem die Kirche zu geben bereit war, nämlich: Sicherheit.«[9]

Man kann die bis in die Gegenwart hineinreichende Wirkung dieses Säkularisierungsprozesses verfolgen. Im Mittelalter stand der Mensch im Zentrum einer hingenommenen, gottgefügten Ordnung mit schicksalhaften Grenzen und Schranken, die zu überwinden unmöglich war (Gedanke der ordo bei den Kirchenvätern). Die Neuzeit brachte mit ihren epochalen Entdeckungen (Kopernikus, Darwin, Freud) grenzenlose Vorstöße nach außen (in das All) wie nach innen (Tiefenpsychologie, Psychoanalyse). Der Mensch wurde aus der Sicherheit einer gefügten ordo, in die Ungewißheit eines unermeßlichen Kosmos geworfen, den er seinem Geist und mit seinem Geist zugänglich machte. Heute beginnen wir die Grenzen dieses grenzenlosen Vorstoßes wissenschaftlicher Forschung zu spüren. Weil wir an die Grenze dessen stoßen, was wir zwar tun könnten, aber aus ethischen Gründen nicht mehr tun dürfen, beginnen wir, der Wissenschaft zu mißtrauen und an ihren Sicherheiten angesichts immer größerer Risiken zu zweifeln.

1971 formulierte Hans Heinrich Eggebrecht ganz im Sinne der Curriculumreform seinen Entwurf einer »wissenschaftsorientierten Schulmusik«.[10] Wenige Jahre später attackierte er den Pseudobegriff von Wissenschaft wieder und kritisierte »die inhumane Pervertierung begrifflichen Erkennens von Musik zu ihrer lernensmäßigen Verstofflichung«.[11] Unter der Überschrift »Über die Befreiung der Musik von der Wissenschaft« forderte er nun – ebenso plakativ und mißverständlich wie schon beim ersten Mal – die »Freisetzung des ästhetischen Menschen, seiner ästhetischen Anlage und Intelligenz, gegenüber der Umklammerung durch Wissenschaft, der Erstickung seitens der begrifflichen Intelligenz«.[12]

Was bedeutet dies nun konkret für den Musikunterricht?

Der Hinweis darauf, daß empirische Forschung und objektive Erklärung der Wirklichkeit notwendig subjektives Beteiligtsein als »Störvariable« ausblende, wäre zu einseitig, um daraus zu folgern, Schule von der Orientierung am Prinzip Wissenschaft mit all seinen Nachteilen (Intellektualisierung, Verkopfung, Entsinnlichung) möglichst freizuhalten und sie – im Musik-

---

9 J. Anderegg, a.a.O., S. 181.

10 In: MuB 1972, S. 29-31; vgl. Kap. 12.2.

11 H. H. Eggebrecht: *Über die Befreiung der Musik von der Wissenschaft*, in: MuB 1980, S. 100.

12 Ebd. S. 97.

unterricht – durch subjektives Erleben und biographische Erfahrung von Kunst zu ersetzen. So richtig und wichtig dies auch ist, gilt dagegen auch das folgende zu bedenken:

1. Wissenschaftliche Forschung als Grundlage für den Lehrberuf (Handwerkszeug) ist notwendig, um

a) den Prozeß des Lernens auf Kenntnisse und Wissen über die Entwicklung des Denkens, den Aufbau musikalischer Repräsentationen, die Formen musikalischer Begabung, über Methoden und Unterrichtsverfahren, über musikdidaktische Konzepte und deren Ideologien, über Geschichte und Geschichtlichkeit des Verstehens zu stützen und

b) einen sachlich fundierten Umgang mit den Fakten und Zusammenhängen aus Musikgeschichte, Musiktheorie, Philosophie und Ästhetik sicherzustellen.

2. Wissenschaftliches Fragen und Forschen als Haltung des Unterrichts ist insbesondere dann unerläßlich, wenn es um Erkennen und Verstehen von Werken, Stilen, Prinzipien geht.

Nur wenn Musikunterricht beides tut, also künstlerische Erfahrungen und Erlebnisse ermöglicht und dabei wissenschaftlich geleitetes Fragen, Suchen, Forschen, Erkunden in Gang setzt, tut er das pädagogisch Rechte. Denn während Wissenschaft Sicherheit (Absicherung, Klarheit) zu geben sucht, die wir im Leben auch brauchen, bringt das Kunstwerk als Kunstwerk »Unruhe in unsere Sinngefüge und Bewegung in unsere Ordnungen«.[13] Musikunterricht müßte im reflektierenden Umgang mit seinen Gegenständen wissenschaftlich exakt bleiben, d.h. von dem ausgehen, was Wissenschaft (und zwar sowohl die über Musik wie die über das Lernen) heute an Wissen und Erkenntnis bereitstellt, und dürfte dabei doch das Subjekt, die Person des Schülers, seine wirkliche Lebenserfahrung nicht ausblenden, also das »Lerner-Ich« nicht vom »Lebens-Ich« (Rumpf) abspalten. Denn in dem Maße, wie man erkennt, daß das, was man in der Schule lernt, auch im Leben vorkommt und taugt, in dem Maße, wie man spürt, daß das, was in der Schule behandelt wird, einen auch persönlich angeht[14], werden Erkennen

---

13 J. Anderegg, a.a.O., S. 187.

14 H. Rumpf hat daher vor der »Vergleichgültigung der Lehrinhalte« gewarnt und ein Lernen mit »persönlichen Haftbarkeiten« gefordert. In: *Lerner oder Menschen*, in: *Schüler. Friedrich Jahresheft* 1984, S. 33.

und Erleben miteinander verbunden. Wissenschaft als Haltung macht nicht dumm, sondern offen, neugierig, fragend, zweifelnd, aber auch erkennend, sehend, vorsichtig, bedacht. Wissenschaft instrumentell als Informationsmenge mißverstanden führt erst zu der bekannten Erscheinung des Umschlags von totaler Information in vollständige Desinformation. Wir werden aus Erfahrung klug; doch bloß technologische Verfügbarkeit von Wissen macht dumm. Musikerziehung erhält in diesem Kontext eine neue Dimension und ihre besondere erzieherische Qualität im Rahmen schulischer Bildung.

»*Wozu braucht die Gesellschaft Musik?*«
Musikerziehung in Konkurrenz mit Medien und Freizeit

1972 verfaßte Georg Picht (1913–1980) ein vielbeachtetes Gutachten für den Deutschen Musikrat, in dem er Argumente für die Bedeutung der Musik in der Zukunftsplanung der Städte sammelte. Er stellte seinen Text unter die Frage: »Wozu braucht die Gesellschaft Musik?« Brisant war diese Frage damals, weil immer lauter Überlegungen angestellt wurden, ob sich denn die Kommunen so hoch subventionierte Institutionen wie Theater, Sinfonieorchester u. ä. Kultureinrichtungen leisten dürften, die doch nur von einer kleinen Schicht privilegierter Bildungsbürger genutzt würden. Verstärkt wurden solche Gedanken durch die damals radikale Kritik gesellschaftlicher Kräfte wie der außerparlamentarischen Opposition und der Avantgarde selber am gesamten Kulturbetrieb. So forderte Pierre Boulez (natürlich bevor er in Bayreuth den *Ring* dirigierte), man solle »die Opernhäuser in die Luft sprengen«, weil sie nur kulinarischen Genuß böten und sich bourgeoisen Ideologien ohne gesellschaftliche Relevanz verdankten. In einer gesellschaftlichen Situation, die vom Streben nach gleichen Bildungschancen für alle und der Forderung nach Gleichheit kultureller Teilhabe bestimmt war, mußte auf den Begriff des Artifiziellen, des Elitären ein Makel fallen: der des Autoritären und der Ungleichheit, die Privilegien schafft und Herrschaft verstärkt. Angesichts einer pluralistischen Gesellschaft mit ihrer Massenkultur wurde die Frage nach der Berechtigung von Kunst immer drängender. Darf man sich aber in bezug auf Kultur am gesellschaftlichen Bedarf orientieren? Der Verband Deutscher Musikschulen ebenso wie eine populäre Sendereihe im ZDF warben mit der Parole »Jeder braucht Musik«; der Verband Deutscher Schulmusikerzieher startete eine Plakataktion unter der Überschrift »Schulen brauchen Musik«. Brauchen wir wirklich Musik zum Leben oder gar Überleben?

Warum und wozu braucht die Gesellschaft eigentlich Musik? Von der Antwort auf diese Fragen ließe sich die Legitimation musikalischer Erziehung in der allgemeinbildenden Schule als Pflicht- oder Wahlfach überzeugender (und vielleicht politisch wirksamer) vertreten.

Ich möchte eine Antwort von drei verschiedenen Ansätzen aus versuchen und die Frage

1. in einen ökologischen,
2. in einen anthropologischen und
3. in einen bildungstheoretischen
   Argumentationszusammenhang stellen.

zu 1.

In dem eingangs zitierten Text *Wozu braucht die Gesellschaft Musik?* stellt Picht einen unmittelbaren Zusammenhang zwischen den biologischen und den geistig-kulturellen Bedürfnissen des Menschen her. Die ökologische Umweltkrise signalisiere eine tiefer liegende Störung im Gesamthaushalt biologischer Subsysteme und wirke sich notwendig auch auf die Grundbefindlichkeit des Menschen, sein Denken, Fühlen und Streben und auf seine gesellschaftlichen Verhaltensweisen aus. Zur Bewältigung der Gegenwartsprobleme sei es daher notwendig, das Wechselspiel biologischer, sinnlicher, affektiver und rationaler, vernunftgesteuerter Verhaltensweisen in ein richtiges Gleichgewicht zu bringen (Balance zwischen ratio und emotio, wissenschaftlichem Erkennen und sinnlichem Erfahren). Die Einsicht in den Zusammenhang der Musik mit der Natur des Menschen ist einer der zentralen Punkte in Pichts Überlegung. Er geht dabei von folgenden Voraussetzungen aus:

— von der Notwendigkeit, die falsche, typisch europäische (christliche) Vorstellung eines Gegensatzes zwischen Vernunft und Sinnlichkeit zu überdenken. Es gelte vielmehr, diese falsche Polarität, die zur Abspaltung der Intellektualität von den Affekten und damit zum Mißbrauch der Rationalität geführt habe, zu überwinden[15];
— von der These, daß eine Störung des Klangraumes, in dem sich der Mensch befindet, sich auf das gesamte Kräftespiel seiner Tätigkeiten auswirkt;
— von der daraus resultierende Erkenntnis, daß das Bedürfnis nach akustisch-musikalischer Betäubung (Musik als Droge) eine Kompensation dieser Störung darstellt.

---

15 Vgl. die These Rumpfs von der Entsinnlichung des Lernens.

Was kann daraus für die Musikerziehung und ihre Stellung in der Schule gewonnen werden? Vielleicht ganz allgemein

1. ein Umdenken, welches Sinnlichkeit und Vernunft, Musizieren und Reflektieren, Mitgenommensein und Distanz nicht mehr als sich ausschließende Gegensätze begreift, sondern als dialektische Pole ein und desselben Vorgangs; ein Umdenken also, das sich löst von der Zuweisung bestimmter Fächer (wie z.B. Mathematik) an die Rationalität und anderer (wie z.B. Musik) an das Emotionale. Was wir brauchen, ist ein über die Erziehungswissenschaft und Fachdidaktik hinausreichendes, anthropologisch begründetes Erziehungskonzept, in das erziehungswissenschaftliche Theorien und didaktische Strategien eingebettet sind.

2. Weil die gesellschaftliche Funktion der Musik heute vorrangig unter dem Aspekt der Freizeitgestaltung, ja Freizeitbewältigung gesehen wird, weil aber die Massenproduktion von Musik den einzelnen seiner persönlichen Freiheit (Selbstbestimmung) weitgehend beraubt, indem die Freizeitindustrie ihn vermarktet und in eine anonyme Masse integriert, hat die Musikpädagogik die paradoxe Aufgabe, durch Sensibilisierung und Bewußtheit gegen die betäubende Funktion von Musik zu immunisieren.

3. *Eine* wirksame Gegenwehr gegen die entpersonalisierenden Mächte der Musikdroge sieht Picht in der »Entwicklung der Fähigkeit zu kritischem Hören und [in der] Freisetzung des Vermögens, selbst Musik zu machen«.[16]

zu *2.*

Pichts Kritik an der falschen Polarisierung von Sinnlichkeit und Vernunft im abendländischen Denken findet eine Bestätigung durch Erkenntnisse der Neurophysiologie, die eine anthropologische Begründung für die Notwendigkeit musikalisch-künstlerischer Erziehung liefert.

1981 erhielten die Mediziner David Hubel, Roger Sperry und Torsten Wiesel den Nobelpreis für Physiologie und Medizin in Anerkennung ihrer hirnphysiologischen Forschungen aus den fünfziger und sechziger Jahren. Unser Großhirn besteht aus zwei Hälften (Hemisphären), die mit einem Nervenbalken (corpus callosum) kreuzweise verbunden sind. Beide Hälften erfüllen unterschiedliche Aufgaben und sind auf eine bestimmte Art der Informationsverarbeitung spezialisiert. Die linke Hemisphäre ist im wesentlichen zuständig für digitale, analytische Prozesse, begriffliches Denken, das Sprechen, Schreiben, Rechnen; in der rechten Hemispäre sind dagegen eher ganzheitliche Prozesse der Gestaltwahrnehmung, der räumlichen, nichtverbalen Vorstellung und des Sprachverstehens lokalisiert. Während nun die

---

16 G. Picht: *Wozu braucht die Gesellschaft Musik,* in: NMZ 6/1972, S. 5.

Schulung rational begrifflicher Fähigkeiten vornehmlich die linke Seite anspricht, finden – sehr vereinfacht ausgedrückt – die Wahrnehmung künstlerischer Gestalten und die Verarbeitung gefühlshafter Eindrücke mehr in der rechten Hemisphäre statt. Man könnte auch sagen, daß die rechte Hemisphäre die analytische Wahrnehmung der linken Hemisphäre mit affektiven Befindlichkeiten ausstattet und daß das rechts lokalisierbare Ausdrucksverstehen sogar das ursprünglichere und primäre ist. Erst das komplementäre Zusammenwirken beider Hälften ermöglicht aber die volle Leistungsfähigkeit des Gehirns.

> »Wenn dem aber so ist, daß beide Hemispären der Großhirnrinde die eingehenden Informationen verschiedenartig, jedoch komplementär verarbeiten, [...] dann erweist sich aber die Einteilung in Ratio und Emotio, wie sie umgangssprachlich gängig ist, als nicht mehr adäquat, denn die digitalisierende und verbalisierende Leistung der linken Gehirnhälfte würde man heute ernsthaft kaum noch über die der rechten setzen.«[17]

Eine falsch verstandene Dominanz der linken Hemisphäre führte zu der Überbewertung der Rationalität in der Ausbildung. Schulische Erziehung müßte demgegenüber in allen Fächern gerade von der Gleichwertigkeit beider Hirnfunktionen ausgehen.

Und noch ein weiterer Gesichtspunkt sei in diesem Zusammenhang wenigstens erwähnt. In der amerikanischen entwicklungspsychologisch orientierten Lerntheorie (E. E. Gordon) gibt es die begründete Annahme, daß alle Menschen mit einem absoluten Tonhöhen- und Tempogefühl (absolut pitch/tempo center) auf die Welt kommen, das aber verlorengeht, wenn es nicht gepflegt und gefördert wird (developmental musical aptitude), weil im Laufe der Evolution der Mensch zum Überleben nicht mehr in besonderer Weise auf sein Gehör angewiesen ist, das weiter reicht als das Auge. Zudem ist das Ohr das ontogenetisch und phylogenetisch älteste Sinnesorgan, das schon pränatal arbeitet und postmortal am längsten funktionsfähig bleibt. Hieraus ergibt sich die ethische Verpflichtung, vorhandene Anlagen weitmöglichst auszubilden. Die genauere Unterscheidungsfähigkeit von Zeit- und Tonhöhenverhältnissen ist zwar noch nicht mit sinnlich-musikalischem Erleben oder gar Verstehen gleichzusetzen, doch bildet es eine wichtige Voraussetzung für die erkennende, sinnliche Wahrnehmung ästhetisch intendierter Gestalten.

zu *3.*

Von ganz anderen, funktional-ökonomischen Prämissen geht Klaus Haefner in seinem Szenario einer »neuen Bildungskrise«[18] aus, die er 1982 im

---

17 H.-P. Reinecke, in: Rauhe, Reinecke, Ribke: *Hören und Verstehen*, München 1975, S. 73.

Hinblick auf den künftigen Bedarf an Bildung in einer Informationsgesellschaft voraussagte. Wir erleben die rasante Entwicklung und Ausbreitung neuer Technologien (Mikrocomputer, Datenbanken, vernetzte Informationssysteme), die Berufswelt, Schule und Alltag verändern. Angesichts der unvorstellbaren Geschwindigkeit der Informationsverarbeitung in diesen Systemen wird der Mensch, der in komplexen Prozessen zwar leistungsfähiger ist, aber langsamer, von Stimmungen abhängig, ermüdend, nicht wartungsfrei (Krankheiten) und nur in gewerkschaftlich geregelten Arbeitszeiten einsetzbar, allmählich aus immer mehr Arbeitsprozessen verdrängt. Was soll der einzelne dann noch lernen, fragt Haefner, wenn die Informationstechnik weite Bereiche der Informationsverarbeitung übernimmt? Seine Antwort ist ebenso simpel wie verführerisch. Die Nutzung des Computers kann den Menschen von mechanischen Routinearbeiten entlasten. Die künftige Gesellschaft sieht er daher als eine »Homuter Gesellschaft« (1982) oder »human computerisierte Gesellschaft« (1984), in der Mensch und Computer eine Symbiose eingehen werden. Die gewonnene freie Zeit erlaubt es dann, wieder mehr sinnlicher Mensch zu sein. Schule und Erziehung erhalten daher die Aufgabe, den jungen Menschen gerade in den Bereichen zu qualifizieren, die »jenseits der Leistung der Informationstechnik« liegen. Unter »jenseits« versteht er »die Gesamtheit aller der menschlichen Möglichkeiten«.[19] Diese findet er im kreativen Bereich, dem er daher eine neue Bedeutung zumißt. Hier kann der Mensch seine emotionalen Bedürfnisse stillen, um die geistige Verelendung infolge seiner Verdrängung durch die Maschine zu vergessen. Konkret empfiehlt er daher,

> »die Arbeitsteilung zwischen Mensch und Maschine so zu organisieren, daß das Mechanisch-Rationale von der Maschine und das Irrational-Kreativ-Sinnliche vom Menschen getan wird«.[20]

Für die Schule solle das heißen, statt Mathematik und Latein, die logisches Denken schulen, lieber Kunst und Musik zu lehren, um den emotional-affektiven Bereich zu stärken. Vereinfacht zusammengefaßt meint er, man solle die Leistung der linken Hemisphäre ruhig dem Computer überlassen (»an die Stelle des menschlichen Gehirns tritt das integriert operierende Computersystem«[21]) und statt dessen die rechte entwickeln und fördern.

---

18 K. Haefner: *Die neue Bildungskrise. Herausforderung der Informationstechnik an Bildung und Ausbildung*, Basel 1982; vgl. auch ders.: *Mensch und Computer im Jahre 2000*, Basel 1984; K. Haefner. E. Eichmann, C. Hinze: *Denkzeuge. Was leistet der Computer? Was muß der Mensch selber tun?* Basel 1987.

19 K. Haefner: *Mensch und Computer im Jahre 2000*, Basel 1984, S. 245.

20 K. Haefner: *Die neue Bildungskrise*, Basel 1982, S. 202.

Das klingt für die Musikerziehung natürlich ungemein verlockend und verführerisch. Endlich erhält das Fach die ihm gebührende Anerkennung und steht im Rang sogar noch vor den wissenschaftlichen Fächern! Die humboldtsche Bildungsidee, die sich an den Sprachen orientierte, wie die darauf folgende Vorrangstellung der modernen Naturwissenschaften (Realien) zur Berufsqualifizierung werden nun verabschiedet von einer neuen Orientierung an den Freizeitfächern Kunst und Sport.

Die offenkundige Problematik der Argumentation von Haefner ist aber nicht zu übersehen, wenn man seine Zielvorstellung für die einzelnen Schulstufen untersucht. Da stehen dann das Künstlerisch-Kreative und das Technisch-Praktische im Zentrum der S I (Realschule), während die S II (Gymnasium) der wissenschaftlichen Elitebildung mit besonderer Betonung des Kognitiv-Rationalen dient. Der Musikerziehung käme also nur eine eher sozialtherapeutische Kompensationsfunktion zu, die nicht anthropologisch, sondern ganz offen ökonomisch begründet wird. Derjenige, dessen Arbeit nicht mehr gebraucht wird, soll dies durch Kunst und Kreativität kompensieren. Die wenigen, die die Technologien beherrschen und weiterentwickeln sollen, brauchen keine Kunst. Musikerziehung diente so wieder nur (wie schon einmal in der Musischen Bildung) der Verschleierung gesellschaftlicher Zustände; ästhetische Erziehung verkäme zum sozialtherapeutischen Anästhetikum. Es ginge dann nicht um musikalische Erfahrung, künstlerischen Ausdruck und ästhetisches Verstehen, sondern um reine Beschäftigungstherapie. Es erscheint geradezu gefährlich, wie Haefner hier wieder ratio und emotio gegeneinander ausspielt, wie er gegen alle Erkenntnisse der Psychologie das Künstlerische und Kreative mit dem Irrationalen gleichsetzt und aus der populär gewordenen Hirnforschung rechte und linke Hemisphäre voneinander isoliert in seine Argumentation einführt.

Dennoch machen Haefners Arbeiten eines sehr deutlich: Die Musikpädagogik muß sich dem Problem der immer größer werden Freizeit stellen und eine Antwort auf die technologische Herausforderung finden, die auch instrumentales Musizieren mit Hilfe von Computern, Sound Samplern und Sequenzern so einfach und ohne manuelle Fertigkeiten möglich macht. Angesichts schwindender Primärerfahrung hätte schulische Musikerziehung gerade hier anzusetzen, indem sie das erfahrbar macht, was die Medien nicht können: sinnliches Erleben von Klang, eigenes Gestalten und Formen, konzentriertes Lauschen, intensives Eindringen in künstlerische Strukturen und ästhetische Intentionen komponierter Werke. Schule hätte also vielleicht gerade die Aufgabe, eine Gegenwelt zu installieren – nicht jedoch als heile

---

21 K. Haefner: *Mensch und Computer im Jahre 2000*, a.a.O., S. 245.

Welt, sondern als Korrektiv und als einen Ort komplementärer (nicht kompensatorischer) Erfahrung. Die bloße Ausgleichfunktion, die dem Affektiven zugewiesen wird, muß die hypnotische Wirkung, Betäubung und Verdrängung mit den Mitteln der Musik, muß die Abhängigkeit von der massenhaft produzierten Kultur noch verstärken. Gerade wachsende Freizeit und leicht zugängliche und schnell handhabbare Technologien verlangen nach einem Umgang mit Musik, der freie Zeit nicht aus-, sondern erfüllt. Erfüllung aber erfahren wir erst, wenn sinnliches Erleben und rationales Erkennen zusammenwirken.

»Musik – das ist doch nur etwas für Begabte!«
Musikerziehung und die Debatte um (Hoch-)Begabungsförderung und Musikalitätsforschung

In einer dpa-Meldung der FAZ vom 23. 1. 1988 wurde verbreitet: »[...] die musische Erziehung unterstütze nicht nur die Persönlichkeitsentwicklung, sondern fördere zudem die Entwicklung von Kreativität und Intelligenz und könne für die Forschung ein Potential an Talenten erschließen. Von einer Ausweitung des Musikunterrichts an den Schulen könnten daher auch die Naturwissenschaften profitieren.«

Worum geht es hier? Da wird ein vermuteter oder möglicher Zusammenhang zwischen »musischer Erziehung« (sic!) und Intelligenz dazu benutzt, für eine (fachpolitisch wünschenswerte) Ausweitung des allgemeinen Musikunterrichts zu plädieren. Der Köder in unserer von High-Tech bestimmten Bildungslandschaft lautet: Musikunterricht könne ein Potential an Talenten auch für die Naturwissenschaften erschließen. (Aber es gibt in der Musikalitätsforschung keine einzige empirische Untersuchung, die eine signifikante Korrelation zwischen musikalischer Begabung und naturwissenschaftlicher Intelligenz belegt.) Verfolgt der Ruf nach mehr musikalischer (warum »musischer«?) Erziehung hier nur taktisch ein bildungspolitisches Ziel? Sind dazu alle Mittel recht? Musikalische – oder vielleicht sollten wir besser sagen: ästhetische – Erziehung für alle ist aus vielen und sehr verschiedenen Gründen höchst wünschenswert und vielleicht sogar biologisch notwendig (vgl. Picht), aber doch nicht, um »für die Forschung ein Potential an Talenten [zu] erschließen«!

Und doch ist unverkennbar, daß nach einer Phase, in der Chancengleichheit beim Zugang zu höherer Bildung und Ausgleich zwischen den traditionellen Bildungsschichten auf der Tagesordnung stand und Gesamtschulen der Ausschöpfung von »Bildungsreserven« dienen sollten, wir heute wieder ungeniert und ohne den Vorwurf elitären Denkens über (Hoch-)Begabungsförderung sprechen können. Im Herbst 1990 hat eine Expertenkonferenz die Gründung eines »Bundesinstituts für musikalische (künstlerische) Begabungsforschung und Begabungsförderung« empfohlen und dies so begründet:

> »Die Förderung Hochbegabter ist eine konsequente Ausformung des Grundsatzes der Chancengerechtigkeit, die jedem jungen Menschen ohne Rücksicht auf Herkunft oder wirtschaftliche Lage das Recht auf eine seiner Begabung und seinen Fähigkeiten entsprechende Erziehung zuerkennt.«[22]

Im Zuge der europäischen Einigung wird heute über die Verkürzung der gymnasialen Schulzeit nachgedacht. Als Schulversuche getarnt, werden Eliteschulen eingerichtet (die nicht so heißen, sondern »Schulen mit besonderem Profil«), die besonders Begabten das Abitur in acht Schuljahren ermöglichen sollen. Dagegen ist so lange auch nichts einzuwenden, wie die gleichen Bedingungen (kleine Gruppen, heruntergesetzter Klassenteiler, spezielle Lehrpläne) auch für leistungsschwache und daher besonders förderungsbedürftige Kinder gelten. Das Argument der Chancen*gleichheit* kann aber nur in das der Chancen*gerechtigkeit* umformuliert werden, wenn man allen Begabungsformen gerecht wird.

Andererseits ist es durchaus legitim, nach Möglichkeiten zu suchen, daß hochbegabte Instrumentalschüler auch neben ihrem Instrumentalunterricht eine allgemeine Schulbildung bis zum Abitur erlangen können. In diesem Zusammenhang erhält das Modell »Spezialschulen für Musik«, das aus der Zeit der DDR herübergerettet werden konnte, seine besondere Anziehung. Weil es in den alten Bundesländern bisher noch keinen Ort gibt, wo musikalisch (instrumental) hochbegabte Kinder eine allgemeine Schulbildung erwerben können, ohne in Konflikt mit der notwendigen täglichen Übezeit, der Vorbereitung für und der Teilnahme an Wettbewerben etc. zu geraten, werden Musikgymnasien nach dem Modell der Spezialschulen in allen Bundesländern erwogen, um den notwendigen Freiraum zur gezielten Förderung von einzelnen Spitzenbegabungen zu schaffen.[23]

Begabungsförderung ist also wieder ein Thema geworden; Chancengleichheit und Breitenbildung scheinen in den Hintergrund gedrängt zu werden. Musikerzieher sollten dabei aber sehr nüchtern bleiben und sich weder

22 *Petitum der Internationalen Konferenz über musikalische (Hoch)Begabungsforschung und förderung*, in: Musik und Unterricht 8/1991, S. 68.

23 In diesem Sinne ist das »Institut für Begabungsforschung und Begabtenförderung in der Musik (IBFF)« an der Universität Paderborn tätig.

vom egoistischen Ehrgeiz der Produktion von Wettbewerbs-Siegern betören noch von süßen Verlockungen einer Intelligenzsteigerung durch Musik umgarnen lassen; weder in die pauschale Schelte über Elite und Hochbegabung einstimmen noch allein auf den »normalen« Schüler pochen. Vielmehr sollten wir uns klarwerden darüber, was denn eigentlich musikalische Begabung sei und wozu sie diene.

Dynamischer und statischer Begabungsbegriff

Das Eingeständnis, man sei nicht musikalisch, dient oft nur als Entschuldigung für kulturelles Desinteresse zugunsten sportlicher und touristischer Freizeitaktivitäten. In Wahrheit ist dies eine Schutzbehauptung. Und es ist interessant zu beobachten, daß die Feststellung, jemand sei unmusikalisch, im Unterschied zur Behauptung, jemand sei nicht intelligent, sozial in keiner Weise diskriminierend wirkt, im Gegenteil, man kokettiert sogar damit, für nicht musikalisch zu gelten. Die in einigen Ländern bis in die jüngste Vergangenheit gültige Regelung, daß die Note im Fach Musik nicht versetzungsrelevant sein dürfe, wird immer noch mit einem statischen, ausschließlich an Erbfaktoren geknüpften Begabungsbegriff begründet (in diesem Sinne beantwortete der bayerische Kultusminister Hans Maier eine Anfrage im Bayerischen Landtag am 12.12.1984). Was man von Politikern nicht erwarten kann, muß man aber von Musikpädagogen fordern: daß sie über Erkenntnisse der Begabungsforschung Bescheid wissen.

Begabung müssen wir uns als einen dynamischen Prozeß vorstellen, an dem Erbanlagen und Umwelteinflüsse gleichermaßen beteiligt sind. Zunächst gilt es, zwischen musikalischer Leistung, die jemand auf seinem Instrument infolge guten Unterrichts oder intensiven Übens zeigt, und Begabung als einer angelegten Entwicklungsmöglichkeit zu unterscheiden. Wenn man sagt, daß musikalische Anlagen angeboren seien, so bedeutet das nicht mehr, als daß eine musikalische Entwicklungsfähigkeit vorliegt, deren Grad durch eine obere Leistungsgrenze festgelegt ist. Umwelteinflüsse können den Grad der Begabung, mit dem ein Kind geboren wurde, nicht anheben; aber günstige Umwelteinflüsse sind unverzichtbare Voraussetzung dafür, daß der Grad der musikalischen Begabung, der mit der Geburt gegeben ist, erhalten bleibt und weiterentwickelt werden kann. Fehlen informelle musikalische Einflüsse in der frühesten Kindheit (nicht: formelle Unterweisung!), wächst das Kleinkind also in einer musikalisch und akustisch toten Umgebung auf, dann verkümmert die Entwicklungsfähigkeit und verschwindet schließlich. Denn die neuronale Verschaltung im Gehirn wird erst in den ersten Lebensmonaten voll ausgebildet und hängt also wesentlich von dem Erfahrungsfeld des aufwachsenden Kindes ab. Hier liegt also in der frühesten Kindheit eine große humane Verantwortung bei den Eltern. Da Begabung als dynamische Entwicklungsfähigkeit zu beschreiben ist, liegt sie also nicht ein für allemal fest. Vielmehr kann man feststellen, daß sich entsprechend der Qualität der frühkindlichen musikalischen Eindrücke und Einflüsse der Grad der musikalischen Begabung bis etwa zum 9. Lebensjahr verändert (»developmental music aptitude«), während sich nach dem 9. Lebensjahr der Grad der Begabung allmählich stabilisiert (»stabilized music aptitude«).[24]

In einer 1970 durchgeführten Befragung[25] wurden die Fähigkeiten ermittelt, die nach allgemeinem Konsens als Merkmale musikalischer Begabung für am wichtigsten gehalten werden. Es sind dies:

1. Rhythmusgefühl besitzen,
2. feinste Tonhöhenunterschiede erkennen,
3. ein gutes Melodiegedächtnis besitzen,
4. sich beim Musizieren einer Gruppe anpassen können und
5. Musikwerke künstlerisch überzeugend interpretieren können.

Klaus Ernst Behne[26] bringt die Entwicklung dieser musikalischen Anlagen in Verbindung mit der neurophysiologischen Hemisphärenforschung und teilt in diesem Zusammenhang die wiederholte Beobachtung mit, »wonach Musiker bei musikalischen Höraufgaben die linke Hemisphäre stärker benutzen und deshalb vermutlich analytischer hören« (S. 757). Seine Vermutung ist daher, »daß – ähnlich wie beim Erwerb des absoluten Gehörs (Sergeant[27], 1969) – frühe musikalische Lernprozesse die individuelle Lateralisation [Funktionszuordnung und Aktivierung bestimmter Hirnbereiche] nachhaltig beeinflussen, möglicherweise in dem Sinne, daß musikalisch Vorgebildete die beiden Hirnhälften weniger einseitig und deshalb effizienter nutzen lernen« (S. 758).

---

24 Vgl. E. E. Gordon: *Musikalische Begabung*, Mainz 1986 (Musikpädagogik. Forschung und Lehre, Bd. 25).

25 A. Kormann: *Der Zusammenhang zwischen Intelligenz und Musikalität unter entwicklungs- und kreativitätspsychologischem Aspekt*, Diss. phil. Salzburg 1972.

26 K. E. Behne: *Begabtenförderung – Forschungsförderung – Kulturförderung*, in: MuB 11/1985. Vgl. dazu auch: Deutscher Musikrat (Hrsg.): *Musikalische Begabung finden und fördern*. Materialien und Dokumente, Regensburg 1986.

27 D. C. Sergeant: *Experimental Investigation of Absolute Pitch*, in: *Journal of Research in Music Education*, 17, 1969, S. 135-143.

Pädagogische und bildungspolitische Konsequenzen

Was bedeutet dies nun für uns als Musikerzieher? Zunächst einmal, daß es einfach nicht stimmt und mit humaner Ethik nicht zu vereinbaren ist, musikalische Fähigkeiten nur bestimmten, vermeintlich besonders Begabten zuzuerkennen und diese dann besonders zu fördern. Vielmehr muß wegen der angedeuteten Konsequenzen jedes Kind gemäß seiner individuellen Anlagen und Möglichkeiten unabhängig vom Grad seiner Begabung bestmöglich gefördert werden. Dies gilt dann ebenso für die mit einer niedrigen Begabung als Ausgangslage wie für die mit einer erkennbaren Spitzenbegabung. Wenn man darüber hinaus heute begründeten Anlaß hat, bestimmte Transfer-Effekte intensiver Musikerziehung im Persönlichkeits-, Leistungs- und Lernbereich festzustellen, dann müssen die Absichten von Landesregierungen, wieder einmal die Stundentafeln für das Fach Musik zu kürzen und den musikalischen Bildungsauftrag an die außerschulische Musikerziehung abzutreten »zum (bildungs)politischen Skandalon werden. Welcher Politiker, der die umfassende Persönlichkeitsentwicklung junger Menschen zu verantworten hat, kann es sich leisten, die polyvalenten Wirkkräfte der Musik(erziehung) nicht allen Kindern und gerade und vor allem jenen aus unteren Sozialschichten zukommen zu lassen.«[28]

Eine besondere Begabung ist ein Privileg, das zu fördern und zu unterstützen ist, und kein sozialer Makel. Der berechtigte Anspruch auf Hochbegabungsförderung darf aber weder zu Lasten der Breitenbildung gehen, noch darf elitäres Bewußtsein zu Sonderrechten führen. Denn »auch Begabung ist sozialpflichtig«[29], d. h., der einzelne muß lernen, daß seine Begabung, wo immer sie liegt und wie immer sie beschaffen ist, nicht bloß Privileg, sondern auch soziale Verpflichtung ist, sie also in ein soziales Gemeinwesen als Leistungsangebot für die nachfolgende und gleichaltrige Generation einzubringen ist.

Wenn dies konsensfähig ist und gewährleistet bleibt, daß auch die Breitenbildung im selben Umfang gefördert wird, dann ist gegen Hochbegabungsförderung nichts einzuwenden. Was man aber auf der anderen Seite damit erkauft, wenn Kinder, die in ein Musikinternat geschickt werden, bereits in jungen Jahren um einer effizienteren instrumentalen Ausbildung willen aus der Familienbindung herausgelöst werden, muß man im Einzelfall pädagogisch und psychologisch entscheiden. Dabei sollte die Begabungsfin-

---

28 H.-G. Bastian: *Mehr Musik in den Schulen*, in: *Musikforum. Referate und Informationen des Deutschen Musikrates* 1992, H. 77, S. 32

29 H.-R. Laurien: *Musikalische Begabung finden und fördern*, in: MuB 11/1985, S. 760.

dung mit dem Ziel, technische oder intellektuelle Höchstleistungen zu züchten, nicht eo ipso einen Vorrang gegenüber sozialer, persönlichkeitsstabilisierender Bildung beanspruchen dürfen. Verfolgt man die Debatte um die Förderung der Spitzenbegabung in Sport, Musik und Technik, so ist unverkennbar, daß ein sportives Leistungs- und Wettbewerbsdenken deutlich im Vordergrund steht. Dies steht aber nicht unbedingt im Einklang mit dem, was die Begabungsforschung meint, wenn sie das individuelle Entwicklungspotential beschreibt. Die Diskussion um eine Alternative: Hochbegabungsförderung oder Breitenbildung (die wohl auch keiner ernsthaft führt) wäre pädagogisch wie gesellschaftlich fatal. Der These Behnes: »Musikalitätsforschung darf sich in der Regel nicht als Hochbegabtenforschung verstehen«, weil dies »ethisch fragwürdig und politisch nicht vertretbar wäre«[30], ist in vollem Umfang zuzustimmen.

Und schließlich zeigt die Begabungsforschung noch etwas, nämlich daß eine gezielte musikalische Unterweisung durch fachkompetent ausgebildete Musikpädagogen, die erst im Gymnasium einsetzt, viel zu spät ist; denn da ist die Chance der entwicklungsfähigen musikalischen Begabung bereits vertan. Was not tut, ist eine gute musikalische Erziehung in der Grundschule und eine günstige informelle Umwelt im Kindergarten (musikalische Früherziehung, eine problematische Bezeichnung, weil es hier mehr auf informelle Einflüsse als auf formelle Unterweisung ankommt). Was not tut, sind die besten musikalischen Lehrer (nicht die besten Pianisten etc.) in den ersten Schuljahren. Eine Schulpolitik, die den fachkompetent ausgebildeten Musiklehrer in der Grundschule durch eine Mimimalinformation im »Musisch-Ästhetischen Gegenstandsbereich« (MÄG) ersetzt, verhindert so eine rechtzeitig einsetzende allgemeine musikalische Bildung in der Schule. Überregionale Aktivitäten wie die »Begegnungen der Schulmusik« können das Versäumte nicht mehr einholen.

»Musik – das ist doch nur etwas für Begabte«? Nein, den Zugang zu und den Umgang mit Musik sollten wir allen ermöglichen. Denn die Frage, wer musikalisch begabt ist und wieweit einer seine Begabung auch wirklich nutzen kann, müssen letztlich wir Musikerzieher mit unserem Unterricht beantworten. Das ist eine pädagogische Bürde und Chance.

---

30 K. E. Behne: *Sieben Thesen zur Musikalitätsforschung*, in: *Üben und Musizieren* 3/1991, S. 16.

»Macht die Schule auf!«
Gesellschaftliche Erwartungen an offene Systeme

»Lieber Alfred, Dich erfinde ich ja nicht. Dich gibt's. [...] Du bist der Bürgermeister des ale-mannischen Städtchens im Bayerischen. Du bist der Unabhängige, der Parteilose, der Listige, der die Fraktionen ausbalanciert. Ihr habt, Alfred, dabei die Jahre über eine Menge fauler Kompromisse geschlossen. Mein Gott, habt Ihr die Landschaft verbaut, Straßen verbreitert, Trassen durch die Wälder geschlagen, den Stadtrand ausufern lassen! [...] Aber ich will nicht mit Dir rechten, Alfred, sondern Dir eine große Koalition vorschlagen [...]: Mach aus Deinen Schulen Nachbarschaftsschulen! Scher' Dich einen Dreck darum, was das Kultusministerium darüber denkt. [...] Du mußt die Ideen entwickeln. Du bist die Avantgarde der Provinz. Ich schlage Dir vor, aus Schulen Nachbarschaftsschulen zu machen. Was heißt das? Daß Schulen mehr mit dem Leben ringsum zu tun bekommen. Dafür bist Du doch auch. Du hast doch 'zig-mal gesagt, daß Du das meiste, was im Leben wichtig sei, sowieso neben und nach der Schule gelernt hättest. [...] Schüler und Lehrer können produktiver sein. [...] Schottet Euch nicht ab, laßt sie ran an Eure kleinen Probleme! So eine Schule gibt Sinn, ist Teil der Stadtentwicklung, klinkt sich nicht aus.«

Mit diesem fiktiven Brief eröffnet Jürgen Zimmer sein Buch *Macht die Schule auf, laßt das Leben rein.*[31] Was hier im salopp-lässigen Alltagsjargon skizziert wird, entstammt einer breit um sich greifenden Schulkritik, reagiert auf die Schulentwicklung (und Fehlentwicklung) der vergangenen 20 Jahre und greift als Lösungsvorschlag Ideen der englischen *Community School* auf. Der sich hier artikulierende Verdruß über die Schule, wie sie ist, aber nicht zu sein brauchte, bezieht sich darauf, daß Schule und Leben zu weit auseinanderdriften (aber: waren sie je beieinander?), daß wirkliches Lernen, d. h. Lernen mit einer »persönlichen Haftbarkeit« für die Wichtigkeit und Triftigkeit des Gelernten (Rumpf), und künstliche Präparierung des Lernens in der Schule einander widerstreben.[32] Je stärker das Lernen didaktisch in den Griff genommen und curriculare Prozesse verrechtlicht wurden, desto lauter wurde über die »Entschulung« (Ivan Illich) nachgedacht und »Schule als Erfahrungsraum« (v. Hentig) reklamiert. In ihr wachsen die Erwartungen gerade an die praktischen und künstlerischen Fächer. Von der Musikerziehung erhoffen sich die Eltern lockernd-befreiende Alternativen zur rationalen Beanspruchung in den wissenschaftlichen Fächern. Sie erwarten, daß wieder mehr gesungen und musiziert wird und dafür weniger theoretisiert und gelernt.

Karl Heinrich Ehrenforth hat versucht, den Gründen für die Krise der Schule nachzugehen und daraus Konzepte für die Zukunft zu entwickeln. Er

---

31 J. Zimmer, E. Niggemeyer: *Macht die Schule auf, laßt das Leben rein! Von der Schule zur Nachbarschaftsschule*, Weinheim 1986.

32 Vgl. H. Rumpf: *Die künstliche Schule und das wirkliche Lernen*, München 1986.

377

Die Öffnung der Schule in das kulturelle Leben der Gemeinde führt zu einer Verbindung von schulischer und außerschulischer Musik, von Leben im Alltag und Lernen in der Schule.

stellte seine Analyse unter das Motto »Entschulung der Schulmusik«.[33] Für ihn liegen die Wurzeln in einer verkürzten Anthropologie der Erziehung. »Die Schule in den westlichen Industrienationen ist tief geprägt vom [aufgeklärten, positivistischen, naturwissenschaftlichen] Denken der Neuzeit. Wenn nicht alles trügt, dann ist das Ende der Neuzeit abzusehen.«[34] Eine tragfähige Anthropologie der Schule müßte »das Ganze menschlicher Kultur« in den Blick nehmen.[35] So setzen mit Beginn der achtziger Jahre in der

---

33 K. H. Ehrenforth: *Entschulung der Schulmusik*, in: MuB 1981, S. 76 ff.

34 Ebd., S. 77; vgl. dazu auch den gegenwärtigen Diskurs um die Postmoderne.

35 Ebd., S. 78.

Musikpädagogik Überlegungen und Bestrebungen ein, schulische Musikerziehung und außerschulische Musikkultur (so auch das Generalthema der 14. Bundesschulmusikwoche 1982 in Berlin) als untrennbare Glieder einer umfassenden Musikkultur zu begreifen. Die Empfehlung der Kultusministerkonferenz *Kultur und Schule* (1985) hat diese Argumentation aufgegriffen und den Künsten, insbesondere der Schulmusik, eine zentrale Rolle für die kulturelle Identifikation der Städte und Kommunen zugewiesen. Musik hätte dann – recht verstanden – nicht der Verschönerung des Schullebens zu dienen, sondern könnte mit Konzerten und Projekten in die Kulturarbeit außerhalb der Schule, in das Leben der Gemeinde hineinwirken und Impulse der außerschulischen Musikkultur (Vorträge, Ausstellungen, Ensembles etc.) in die schulische Arbeit einbeziehen. Dies brächte dann auch neue Überlegungen zum Berufsbild des Musiklehrers mit sich, dessen Tätigkeitsfeld auf den schulischen *und* außerschulischen Bereich aufgeteilt und ausgeweitet werden könnte (z. B. durch die rechtliche und inhaltliche Koppelung von Tätigkeiten in Schule, Musikschule, Volkshochschule, Redaktion, Laienchorwesen etc. wie umgekehrt durch die Einbindung von Personen aus dem außerschulischen Bereich in die schulische Musikerziehung – ein nicht unumstrittener und nicht unproblematischer Vorschlag). Schließlich würde dies die Rolle der Schule selber verändern. Denn:

>»Wer nicht nur ein Unterrichtsfach Musik, sondern eine breitere schulische Musikerziehung anstrebt, muß sich für eine freiere Schule entscheiden. [...] Schule muß ein Ort der Kultur werden. Berufsvorbereitung und Freizeitgestaltung sind erzieherisch gleichrangig. [...] Schule kann und muß sich öffnen für die benachbarten Lebensräume in der kirchlichen und weltlichen Gemeinde, in Familie und Verein.«[36]

In diesem Zusammenhang spricht Ehrenforth dann von »pädagogischer Ökologie«[37], die Schule als Lebensraum, Musikunterricht als kulturelles Biotop umgestaltet, die der Schüler dann nicht mehr nach dem Klingelzeichen wie eine Wiederaufarbeitungsanlage ausgebrannter Lernstoffe und Wissensdeponie fluchtartig verläßt.

Und im gleichen Denkmodell befindet sich Christoph Richter, wenn er die kulturelle Bedeutung der »musikalischen Provinz« hervorhebt und für deren Pflege plädiert.

>»Von seinem gebräuchlichen doppelten Wortsinne ist Provinz hier jedoch nicht als provinzielle Enge, Beschränktheit und als minderes Niveau gemeint, sondern seine positive

---

36 K. H. Ehrenforth zur Eröffnung der 14. Bundesschulmusikwoche Berlin 1982, in: *Schulische Musikerziehung und Musikkultur*, Kongreßbericht der 14. BSMW, Mainz 1983, S. 12 f.

37 Ebd., S. 13.

Begriffsseite: Provinz als ein selbständiger, überschaubarer, ›ganzer‹ Lebensbezirk, ein Lebenszusammenhang, den alle Zugehörigen kennen, an dem sie teilhaben können und der ihre Lebenswelt prägt. Provinz als selbständigen und überschaubaren Lebensbezirk gibt es in Kleinstädten und in ländlichen Bereichen ebenso wie in Großstädten. Der Begriff bezeichnet eine personale und soziale Lebensform der überschaubaren, aber gleichwohl vielfältig differenzierten Gruppe und steht für eine Lebenshaltung, die Verläßlichkeit, Vertrautheit, Intensität des Lebens, Zugehörigkeit zu einer Gemeinschaft und Tradition, Sicherheit und Identität (personale, kulturelle und soziale Identität) anbietet.
Musikalische Provinz meint jenen kulturellen Lebenszusammenhang, der zwischen Großstadtisolierung, Kulturjetset, internationalem Kulturtourismus, vorgetäuschter Medienubiquität, Kunstzirkus und freilich auch künstlerischen Höchstleistungen und -erlebnissen und – auf der anderen Seite – der kulturellen Einöde, Versteppung und qualitativen Kümmerlichkeit mancher ländlicher und städtischer Bezirke eine seelisch-geistig-soziale Heimat anbietet.«[38]

Die »musikalische Provinz«, die Richter meint, wäre durch den »Artenreichtum« der musikalischen Aktivitäten und Veranstaltungen ausgezeichnet und verlangte eine Öffnung schulischer Musikerziehung zu sozialer Verantwortung (»Begabung ist sozialpflichtig«, hatte die Berliner Kultursenatorin Hanna-Renate Laurien gefordert). Als Organisationsmodell für eine solche Erziehung könnte die englische *Community Education* dienen. Jürgen Zimmer erläutert sie seinem Freund Alfred in dem oben zitierten Brief.

»Kleine Anfrage des Stadtrats Göpfert, was eine Nachbarschaftsschule überhaupt sei. Du antwortest ungefähr so: *Erstens:* Sie integriert Schul- und Erwachsenenbildung, in ihr arbeiten Schule und Volkshochschule nicht nur räumlich, sondern vor allem inhaltlich zusammen. Sie ist vormittags fast eine Regelschule, bietet aber am Nachmittag und Abend altersbezogene wie übergreifende Angebote an. [...]
Zweitens: Sie stellt ihre Resourcen – Werk- und Fachräume, Sportanlagen ... – auch ihrer neuen Klientel zur Verfügung [...]
Dittens: Sie ist nicht nur ein Ort, um etwas zu lernen, sie ist auch Kultur- und Freizeiteinrichtung. [...]
Viertens: In ihr soll man sich wohlfühlen und gern aufhalten. Das ist nicht nur eine Frage ihrer Konzeption, sondern auch ihrer Innenarchitektur und Einrichtung.
Fünftens: Sie ist Basis für Selbsthilfe. [...]
Sechstens: Sie ersetzt den Bildungskanon nicht, nutzt aber seine Freiräume, ergänzt und interpretiert ihn – und dies alles mit dem Ziel, ihr lokales Profil zu stärken [...]
Siebtens: Sie vernetzt sich dabei mit der Stadt, sucht Lernorte außerhalb, bildet Satelliten, arbeitet in Projekten mit Behörden, Betrieben, städtischen Einrichtungen und Gruppen zusammen [...]
Achtens: Sie arbeitet der Segregation entgegen, der Spaltung in alt und jung, deutsch und ausländisch, behindert und nichtbehindert, Innenwelt und Außenwelt.
Neuntens: Ihre Lehrer sind nicht nur Lehrer, sondern auch Gemeindeentwickler. In ihr ar-

---

38 Chr. Richter: *Musikerziehung und Freizeitkultur. Neue Aufgaben für die Musiklehrerausbildung,* in: H. G. Bastian (Hrsg.): *Schulmusiklehrer und Laienmusik,* Essen 1988, S. 48 (*Gegenwartsfragen der Musikpädagogik.* Schriftenreihe der Bundesfachgruppe Musikpädagogik, Bd. 2).

beiten zudem Lehrer, die gar keine Lehrer sind [...] [z. B. Eltern; Bürger von nebenan, die etwas besonderes können; Künstler etc.].

Zehntens: Eine Nachbarschaftsschule ist Teil der Philosophie von *Community Education* [...]. Diese Schule integriert – nicht: addiert – unter einem Dach, was Pädagogen und Bildungsverwalter sonst trennen: die Schule und Volkshochschule, den Kindergarten, das Freizeitheim; in ihr treffen sich Sozial- und Schulpädagogik, Erwachsenenbildung, Schul-, Sozial- und Kulturpolitik.«[39]

Utopie? Schwärmerei? – Ich meine, es ist eine inspirierende Idee, die keiner Verwaltungsvorschrift widerspricht und unmittelbar in die Tat umgesetzt werden könnte. Es ist eine ernst zu nehmende Diskussionsgrundlage – eine typisch deutsche vielleicht, die Luftschlösser integraler kultureller Erziehung baut, ohne sich zuerst Gedanken zu machen, wie das Mobiliar musikalischen Lernens denn beschaffen sei; *wie* eigentlich musikalische Fertigkeiten und Fähigkeiten erworben werden, *wann* und *welche*, damit kulturelles Leben sich entfalten kann; die sich für das Allgemeine (das Gesamt musikalischer Kultur) begeistert und darüber ein wenig das Besondere (die Struktur musikalischen Lernens) vergißt. Letzteres glückt mit Sicherheit besser, wenn es in ein blühendes kulturelles Leben eingebettet ist. Musikpädagogik muß daher über beides nachdenken. Der Ruf »Macht die Schule auf!« formuliert den Wunsch, dafür die bildungs- und kulturpolitischen Rahmenbedingungen zu schaffen.

»Man kann technologische Innovationen doch nicht den Medienkonzernen überlassen!« Musikerziehung angesichts neuer Computertechnologien

Schülerorientierung und Handlungsorientierung sind längst pädagogische Allgemeinplätze geworden. Jede Lehrerin und jeder Lehrer – was immer sie darunter verstehen – wird für sich beanspruchen, schülerorientiert zu unterrichten, und den Vorteil handlungsorientierten Lernens betonen. Aber schon bei der Frage, ob das Keyboard die Blockflöte als Instrument zum Klassenmusizieren ersetzen soll oder ob das Orff-Instrumentarium oder das Steckbund-Monochord zum gemeinsamen Musizieren besser geeignet seien, prallen die Meinungen aufeinander. Und dabei geht es nicht mehr nur um lernpsychologische Aspekte erfahrungsbezogenen, handlungsorientierten Musikunterrichts, sondern um ästhetische Positionen und künstlerische

---

39 J. Zimmer, E. Niggemeyer, a.a.O., S. 11 f.

Wertentscheidungen. Und das ist auch gut so. Denn die Entscheidung, eines dieser Instrumentarien einzusetzen, kann nicht eindimensional und grundsätzlich getroffen werden, sondern hängt von den pädagogischen Absichten, den musikalischen Vorhaben, den motivationalen Voraussetzungen und situativen Bedingungen der jeweiligen Schülergruppe ab.

Vollends kontrovers ist die Meinung über die Verwendung des Computers im Musikunterricht. Nachdem Computer im täglichen Leben am Arbeitsplatz, als Bausteine auch in den handelsüblichen elektronischen Musikinstrumenten und zunehmend auch in der kommerziellen Unterhaltungsmusikproduktion gar nicht mehr wegzudenken sind, nachdem sich ferner ein neuer Markt laienmusikalischer Aktivitäten durch den Einsatz von Sequenzer-Programmen für Computer in Verbindung mit Keyboard-Instrumenten aufgetan hat und damit auch immer mehr Musik-Lernprogramme für computerunterstützten Unterricht (CUU) entstanden sind, können Musikpädagogen die Medientechnologie nicht mehr ignorieren. Aber dabei prallen Medien-Euphorie und Computer-Phobie hart aufeinander. Der Ruf, sich nun endlich als Musikerzieher selber um die Lernprogramme zu kümmern und deren Entwicklung nicht allein den wirtschaftlich orientierten Medienkonzernen zu überlassen, ist wohl berechtigt, kann aber nicht eine grundsätzliche Auseinandersetzung mit der Problematik des Computereinsatzes beim und zum Musiklernen ersetzen. Doch Ignoranz oder Phobie sind in keinem Fall akzeptable Ratgeber. Information und kritische Auseinandersetzung tun hier not.

Die Idee des Lernprogramms und die Medien des Lernens

Die Nutzung neuer Medien zur Unterstützung des Lernens – und das heißt heute: der Einsatz des Computers im Unterricht – hat weiter zurückreichende Wurzeln. Zur Intensivierung des Lehrens wurden wohl schon immer Medien eingesetzt. Waren dies im Musikunterricht bis ins beginnende 20. Jahrhundert im wesentlichen Geige und vielleicht das Harmonium, Wandtafel und Gesangbuch, so sind im Zuge der technischen Entwicklung immer neue Medien hinzugetreten: Liederbücher und Musikkunden, Schautafeln und Schallplattenreihen, Ton-Bild-Serien und Lehrfilme, klingende Notentafel und Overhead-Projektor, Tonbandgerät und Synthesizer – und nun also auch der Computer. Und wie an die Stelle früherer Bild- oder Melodietafeln, die im Unterricht entrollt wurden und ein vorgefertigtes Schaubild, einen Liedsatz o. ä. zeigten, Overhead-Folien und Videos getreten sind, so setzen computerunterstützte Lernprogramme die Idee des programmierten Unterrichts im multimedialen Verbund fort. Dieser beruht im wesentlichen auf der lerntheoretischen Vorstellung, daß neue Verhaltensweisen in Reiz-Reaktions-Verbindungen erworben werden (Behaviorismus). Lerngegenstände werden dabei als Summe operationalisierbarer Verhaltensweisen angesehen. Das Lehrprogramm vermittelt auf der Grundlage allgemeiner, logischer Gesetzmäßigkeiten (Algorithmen) den Stoff dann in einer Abfolge (Sequenzierung) kleinster Einheiten. Und was in den sechziger Jahren Buchprogramme zusammen mit Bild- und Tonträgern leisten sollten, haben heute in immer perfekterer Simulation Computer-Systeme übernommen, die nicht nur Informationen durch Text, Bild und Musikbeispiel darbieten und Aufgaben stellen, sondern die bereits in begrenztem Umfang einen Dialog mit dem Benutzer zulassen, auf Anfragen antworten, zusätzliche Hilfen anbieten und unmittelbare Rückmeldung über den Leistungsfortschritt geben.

Haben wir es also nur mit einer technischen Weiterentwicklung längst vorhandener Strategien zu tun? Dies trifft tatsächlich in gewissem Umfang zu. Allerdings scheinen lernpsychologische Überlegungen darauf hinzuweisen, daß die vom Computer vorgegebene Algorithmisierung einerseits zusammen mit der totalen Simulation andererseits einen qualitativen Sprung in bezug auf die Medien des Lernens bedeutet.

Hinsichtlich der Funktion, die Computer im Unterrichtsprozeß erfüllen, unterscheidet Robert Taylor[40] deren Verwendung danach, ob sie lediglich als Werkzeug (tool) zur Verrichtung organisatorischer Aufgaben wie zur Verwaltung von Daten dienen, ob sie als tatsächliches Lernmittel (tutor) fungieren oder ob man lernt, sie selber zu programmieren, um sie für ganz spezifische Aufgaben einsetzen zu können (hierfür prägt Taylor in Analogie zur Wortbildung »trainee« den Begriff »tutee«). Beim computerunterstützten Unterricht (computer assisted instruction, CAI) erfüllt der Computer aber hauptsächlich die Rolle eines »tutor«. Die häufigsten Programmtypen betreffen dabei das Üben bereits erworbener Fähigkeiten und Fertigkeiten (drill and practice programs, z. B. aus dem Bereich der Gehörbildung: Intervall- und Akkordbestimmung, Melodiediktat u. ä.; aus dem Bereich der elementaren Musiklehre, der Instrumentenkunde etc.). Daneben gibt es tutorielle Programme (tutorial programs), in denen auf der Grundlage bestimmter Vorkenntnisse neue Inhalte erworben werden können (z. B. Klang und Notation transponierender Instrumente, Generalbaßlehre u. ä.). Schließlich gibt es den Typus der Programme, in denen eine Problemlösung an einem hypothetischen Fall simuliert wird, der in der Praxis nur mit erheblichem techni-

---

40 R. Taylor (ed.): *The Computer in the School: Tutor, Tool, Tutee*, Teachers College Press, New York 1980.

schen oder zeitlichen Aufwand zu realisieren wäre (simulation, z. B. raum-
akustische Bedingungen einer bestimmten Instrumentenaufstellung; Wirkung im Raum wandernder Klänge; Kalkulation einer Opernproduktion mit
Gastsängern an einer kleinstädtischen Bühne u. ä.).

Funktion:	Programmtyp:
1. tool	
2. tutor	2.1 drill and practice
	2.2 tutorial
	2.3 simulation
3. tutee	

Über die Lehr-, Lern- und Übungsprogramme hinaus gibt es Programme
(Sequenzer-Programme), die den Computer mit Hilfe von Zusatzgeräten
und einem Keyboard zu einem vielseitigen Musikinstrument und zu einem
Kompositionsgenerator machen.

Im deutschsprachigen Raum sind heute mehrere Gehörbildungspro-
gramme in der Anwendung.[41] Dabei handelt es sich sowohl um reine drill-
and-practice-Programme zur Gehörschulung als auch um tutorielle, zum
Selbststudium anleitende Programme. An der University of Michigan (Ann
Arbor, USA) sind inzwischen auch Programmbausteine in einer leicht hand-
habbaren Autorensprache entwickelt worden, die es dem Lehrer erlauben,
einzelne Übungsaufgaben und -sequenzen individuell für einzelne Schüler
selber zusammenzustellen. Darüber hinaus gibt es zahlreiche unterrichtspraktische Veröffentlichungen zum Einsatz von Computern im Musikunterricht.[42]

Die häufigsten Argumente, die von Befürwortern computerunterstützten
Lernens angeführt werden, verweisen auf

– den hohen Motivationseffekt durch Spaß am Umgang mit Computern
(high motivation);
– die unmittelbare Rückmeldung (Kontrolle) und Verstärkung (rein-
forcement);

---

41 »Aura«, »Das Ohr«, »Audite«, »Audimax« und »Computerkolleg Musik«. Vgl. dazu die ausführliche Beschreibung von B. Riede in der NMZ 2/1991, S. 56-60.

42 Vgl. B. Enders, W. Gruhn: *Computerprogramme*, in: R. Weyer (Hrsg.): *Medienhandbuch für
Musikpädagogen*, Regensburg 1989; Walter A. Neubeck: *Computer im Musikunterricht. Ein
Arbeitsbuch für Schüler und Lehrer*, Regensburg 1990 (Treffpunkt Wahlfach Musik); ders.:
Computereinsatz im Musikunterricht, Stuttgart 1990; Helmut Schaffrath: *Computerreader*,
Stuttgart 1991.

- die Individualisierung des Lernens in bezug auf Lernstoff, Lerntempo, Schwierigkeitsgrad;
- den Trainingseffekt in bezug auf elementare Grundlagen (basic skills), die Voraussetzung für das praktische Musizieren sind und dieses somit fördern;
- die hohe Effektivität professioneller Übungsprogramme (well designed educational software products);
- die wachsende Bedeutung der Fähigkeit, mit Computern umgehen zu können (computer literacy), um für die künftige Lebenswelt und Berufswirklichkeit ausgerüstet zu sein.

Auf einen prägnanten Nenner hat dies das amerikanische *Music Educators Journal* gebracht: »Computers are easy and fun. You can use them to make music teaching more effective and your life more efficient and enjoyable.«[43]

Computerlernen und Lernpsychologie

Tutorielle Lernprogramme stellen zweifellos eine konsequente Weiterentwicklung der Unterrichtsmedien mit einem immer höheren und komplexeren technischen Standard dar. Das flüchtig mit der Hand entworfene Bild auf der Wandtafel kann ersetzt werden durch perfekte Overhead-Projektion, die statische Information auf einer Folie kann dem interaktiven Modus eines Computerprogramms weichen. Dabei darf man aber nicht übersehen, daß die Wahl der Medien nicht nur die Präsentation des Inhalts betrifft, sondern auch darauf Einfluß nimmt, wie und als was sich die Sache, die das Medium vermittelt, dem Bewußtsein des Lernenden darstellt, um dann im Gedächtnis als Wissen gespeichert zu werden. So ist zunächst nach dem angemessenen Ort zu fragen, den Computer im musikalischen Lernprozeß einnehmen können. Hier geht es in erster Linie um den Erwerb von Wissen und intellektuellen Fertigkeiten.

Computer sind Rechner, die mit Symbolen operieren, die grundsätzlich für alles stehen können. Mit Hilfe von Programmen, die Prozeßregeln enthalten, lassen sich auch bestimmte Aspekte der Intelligenz simulieren. Für die Verwendung des Computers zur Unterstützung des Lehrens und Lernens wäre daher zu fragen, ob die menschliche Informationsverarbeitung ebenfalls nur formalen Regeln folgt. Für diese Annahme gibt es aber keinen hinrei-

---

43 J. L. Franklin: *What's a computer doing in my music room?*, in: *Music Educators Journal*, January 1983, S. 29.

chenden Grund. Vielmehr scheint das Gehirn bei der Erzeugung von Intelligenz holistisch vorzugehen und speichert Alltagswissen in komplexen neuronalen Netzen.[44] Die Wissensrepräsentation im Computer beruht jedoch auf der Speicherung algorithmischer Daten in einem eng definierten Bereich. Dem Computer und computerunterstütztem Lernen sind daher nur solche Bereiche zugänglich, die sich als Datenfolge eines regelgeleiteten Vorgangs quantifizieren und digitalisieren lassen. Sinnliches Erleben, körperliche Welterfahrung, Wirklichkeitsaneignung und erst recht jede Art von ästhetischer Wertung komplexer Gestalten müssen von vornherein ausgenommen bleiben.

Neuere kognitive Theorien zur Repräsentation von Wissen im Gedächtnis (cognitive science) gehen davon aus, daß Wissen in speziellen Netzwerkstrukturen (»frames«, Minsky[45]) als Abfolge einzelner Handlungselemente (»scripts«, Schank/Abelson[46]; Schank[47]) gespeichert wird. Eine solche Handlungskonstellation (wie z.B. Besuch eines Konzerts, Erteilen einer Klavierstunde) bezieht sich auf einen individuell geprägten »subjektiven Erfahrungsbereich«[48], der die Totalität einer erlebnishaften, situativ getönten Erfahrung umschließt, die als Einheit gespeichert und als ebendiese Totalität wieder in der Erinnerung reaktiviert werden kann. Marvin Minsky[49] hat diese Einheiten »mental states« und das Gedächtnis insgesamt als »society of mind« mit zahllosen »subsocieties« beschrieben. Das in diesen Einheiten gespeicherte Wissen besteht aber weitgehend unverknüpft nebeneinander:

> »Jede Unterabteilung (subsociety of mind) muß noch ihre eigene interne Erkenntnisweise und Darstellungsform behalten. [...] Ich bezweifle, daß irgendein Teil des Bewußtseins wirklich einen tieferen Einblick in irgendeinen anderen Teil hat. [...] Jede Erkenntnistheorie muß letztendlich die Instanzen (agencies) erklären, die Modelle von anderen bilden: jeder Teil des Bewußtseins sieht nur einen ganz kleinen Teil dessen, was sich in anderen abspielt. [...] das meiste Wissen bleibt mehr oder weniger dort, wo es entstanden ist, und da funktioniert es auch.«[50]

---

44 Vgl. H. L. Dreyfus: *Die Grenzen Künstlicher Intelligenz*, Basel 1985, S. 12.

45 M. Minsky: *A Framework for Representing Knowledge*, in: P. H. Winston (ed.): *The Psychology of Computer Vision*, McGraw-Hill Comp., New York 1975, S. 211-277.

46 R. C. Schank/R. P. Abelson.: *Scripts, Plans, Goals, and Understanding. An Inquiry into Human Knowledge Structure*, Erlbaum, Hillsdale 1977.

47 R. C. Schank: *Reading and Understanding*. Hillsdale, New York 1982.

48 H. Bauersfeld: *Die Andersartigkeit der Computererfahrung*, in: *Bildschirm, Faszination oder Information*. Friedrich Jahresheft III (1985), S. 100-107.

49 M. Minsky: *K-Lines: A Theory of Memory*, in: *Cognitive Science* 4/1980, S. 117-133.

50 Ebd., S. 129 f.

Wenn menschliches Wissen und Denken und das dadurch gesteuerte Handeln so organisiert ist, müßte sich Lernen als Überformung, Ausdifferenzierung und Verknüpfung bereits bestehender Erfahrungsbereiche vollziehen oder neue Erfahrungsbereiche erschließen.[51]

Im Zuge der Erforschung Künstlicher Intelligenz (KI) experimentierten Wissenschaftler mit künstlich begrenzten Mikrowelten (»microworlds«, Papert[52]). Diese im Computer simulierbaren Erfahrungsbereiche sind aber in so hohem Maße schematisiert und auf elementare Strukturen reduziert, daß sie weit von der komplexen Wirklichkeitserfahrung entfernt bleiben. In einer Studie aus dem Jahre 1970 bezeichnete Papert die computererzeugten »microworlds« als

> »ein Märchenland, in dem die Dinge so vereinfacht sind, daß fast jede Aussage über sie buchstäblich falsch wäre, wollte man sie auf die wirkliche Welt anwenden«.[53]

Das im Computer repräsentierte und durch ihn vermittelte Wissen ist also durch eine extreme Abgehobenheit von allen übrigen Alltagserfahrungen ausgezeichnet.[54] Von hier aus ergeben sich grundsätzliche Fragen und Bedenken, ob generell Wissen als Summe subjektiver Erfahrungsbereiche, die durch sinnliches Erleben handelnd erworben wurden, computerunterstützt vermittelt werden kann oder soll. In der Anwendung von drill-and-practice-Programmen zur Übung und Vertiefung setzt der computerunterstützte Unterricht sinnliche Erfahrung bereits voraus.

Als Lernmedium reiht sich der Computer bruchlos in eine Entwicklungstendenz ein, die durch Ökonomisierung, Rationalisierung (im Sinne von »Lernbeschleunigung«; Rumpf) und Perfektionisierung gekennzeichnet ist. Unabhängig von der Tatsache, daß sich künstlerische Erfahrungen nicht als Algorithmen formulieren und Körperlichkeit der musikalischen Darstellung nicht digital simulieren lassen, ist zu fragen, ob schulisches Lernen angesichts medientechnologischer Simulation nicht vielmehr eine »Gegenwelt« (Eurich[55]) etablieren müßte, statt einer »digitalen Ästhetik« (van den

51 Vgl. Bauersfeld, a.a.O., S. 36 f.

52 S. Papert: *Mindstorms. Children, Computers, and Powerful Ideas,* Harvester Press, Brighton 1980 (dt. Basel 1982).

53 Zit. in: Dreyfus, Hubert L. und Stuart E.: *Putting Computers in Their Proper Place,* in: D. Sloan (ed.): *The Computer in Education,* Teachers College, Columbia University, New York 1984, S. 51.

54 H. Bauersfeld: *Die Andersartigkeit der Computererfahrung,* 1985, S. 37 f.

55 C. Eurich: *Faszination oder Information. Thesen zur Information,* in: *Bildschirm. Faszination oder Information.* Friedrich Jahresheft III (1985), S. 34-37.

Boom[56]) zu folgen, und zwar eine Gegenwelt, die sich nicht kompensatorisch ausgleichend verhält, sondern vielmehr komplementär zur Medienwelt primäre Erfahrungen durch »originale Begegnung« (Roth) stützt und fördert. Dem Einsatz von Computerprogrammen in der Musikerziehung käme dann eine lediglich begleitende und im Fall des lückenschließenden Angebots ergänzende Funktion zu. Und in dieser liegt ihre partielle Nützlichkeit. Die Frage aber, ob sie insgesamt einen Fortschritt auf dem Weg sinnvollen Lernens bedeuten, bleibt ebenso bestehen wie der Zweifel des Mannes, der auf einen Baum geklettert war und sich fragte, ob er einen wirklichen Fortschritt auf dem Weg zum Mond gemacht habe.

»Wo man singt...«
Musikerziehung im Kreislauf der Ideologien

Betrachtet man die verschiedenen Wendungen, die die Diskussion um die Musikerziehung in der Schule im Laufe dieses Jahrhunderts genommen hat, ist man versucht, vom Kreislauf der Ideologien zu sprechen. Argumente und Denkfiguren tauchen auf, werden verworfen und wieder aufgegriffen. Dieser Wechsel und Wandel wäre als die Ideengeschichte des Faches zu beschreiben. Diese ist gekennzeichnet durch den Nachdruck, mit dem einmal die ganzheitlich emotionale Erlebnisweise hervorgehoben und ein anderes Mal eher die wissenschaftlich-rationale Durchdringung der Musik gefordert wurde. Sie ist charakterisiert durch die wechselnde Betonung des medialen (Erziehung *durch* Musik) oder autonomen Charakters der Musik (Erziehung *zur* Musik) in der Erziehung.

Wenn heute wieder Singen und Musizieren stärker favorisiert werden, so ist dies als Reaktion auf den überwiegend reflexiv-analytischen Umgang im Zuge der Wissenschaftsorientierung zu verstehen. Man würde es sich aber zu leicht machen, wollte man die gegenwärtige Diskussion mit dem Hinweis »Alles schon einmal dagewesen« abtun. Eine Rückbesinnung auf Denkfiguren und Elemente der Vergangenheit, ein Abrücken vom emphatischen Elan der Moderne in Wissenschaft und Kunst ist allenthalben in Kunst, Literatur, Philosophie und Architektur zu beobachten. Die Frage, ob Ansätze »postmodernen« Denkens auch in die Musikpädagogik Eingang gefunden haben, erscheint daher nicht abwegig.

Die Abkehr vom Ethos der Aufklärung, das die gesamte Neuzeit be-

---

56 H. van den Boom: *Digitale Ästhetik. Zu einer Bildungstheorie des Computers*, Stuttgart 1987.

herrscht, markiert die Krise der Schule und hat auch Versuche zur Neuorientierung der Musikpädagogik beeinflußt. Wenn aber heute wieder Ideen
ganzheitlicher Bildung und emotionaler Ausgeglichenheit, Gemeinschafts-
bewußtsein und der heilpädagogisch-therapeutische Wert einer musischen
Musikerziehung akzentuiert werden[57], so ist das nicht nur ein Aufguß alter
(neomusischer) Ideologien, sondern Spiegelung eines Zeitgeistes, der eine
Antwort auf die technologischen Umwälzungen in der heutigen Gesellschaft
sucht. Denn wir leben heute im deutlichen Bewußtsein einer Wende.

Sowie sich das cartesianische Modell des Menschen als einer Maschine
aufzulösen begann, wandte sich der Blick erneut dem »Sinn der Sinne«
(Erwin Straus) und der Sinnlichkeit körperlicher Erfahrung zu.[58] Damit gelangen wir automatisch in die Nähe musischer, reformpädagogischer Ansätze, die in einer ähnlichen Situation nach der industriellen Revolution und
ihren Entfremdungstendenzen entstanden sind. Und heute ist es die Herausforderung einer »zweiten« industriellen Revolution, des Einbruchs neuer
Technologien, die der Mechanisierung und Mediatisierung des Denkens die
ästhetische Erfahrung der Körpersinne entgegenstellt. Dabei tauchen die
gleichen Ängste auf wie ehedem: Berührungsängste, Existenzängste. Die gleiche Skepsis, die man bis zum Beginn der sechziger Jahre den »technischen
Mittlern« Schallplatte und Tonband entgegenbrachte (erst die 7. BSMW
1968 stand unter dem Thema »Der Einfluß der technischen Mittler auf die
Musikerziehung unserer Zeit«), gilt heute dem Einzug der Computer-Tech-
nologien. Die Polemik, der einst die Blockflöte ausgesetzt war, gilt heute dem
Keyboard. Dabei folgt der Einsatz beider Instrumentarien demselben Bestreben: praktisches Musizieren im Klassenverband ohne erhebliche technische
Vorkenntnisse zu ermöglichen. Diesem didaktischen Ziel wurden und werden ästhetische Bedenken untergeordnet.

Es scheint also, daß manche gegenwärtigen Tendenzen der Musikerziehung in der Schule so neu gar nicht sind. Es liegt ohnehin nahe, wie in der
Kunst so auch in der Pädagogik eine zyklische Wiederkehr bestimmter Ideen
anzunehmen. Die gegenwärtigen Bestrebungen in Richtung auf eine Öffnung der schulischen Musikerziehung in die außerschulische Kultur, die Tendenz musischer Gegensteuerung gegen die Dominanz rationaler Welterklä-
rung, die neuentdeckte Körperlichkeit des Lernens und der Verweis auf die
therapeutische Dimension des Musizierens in einer weitgehend fremdbe-

---

57 Vgl. den Ergänzungsplan zum Bildungsgesamtplan »Musisch-kulturelle Bildung« (1977)
   sowie die Stellungnahme des VDS, in: MuB 1978, S. 47 ff.
58 Vgl. H. Rumpf: *Die übergangene Sinnlichkeit*, München 1981; D. Kamper/Ch.Wulf: *Das
   Schwinden der Sinne*, Frankfurt 1984.

stimmten Arbeitswelt läuft dabei wieder Gefahr, im Dienst außermusikalischer Zwecke die Sache, um die es geht: das Verstehen von Musik und musikalischen Werken, zu vernachlässigen.

Dagegen ist auf den kulturanthropologischen Begründungsversuch hinzuweisen, den Karl Heinrich Ehrenforth in jüngster Zeit in Fortführung seines philosophisch-hermeneutischen Ansatzes vorgelegt hat. Teilt er auch die Kulturskepsis des frühen 20. Jahrhunderts (Balanceverlust der Neuzeit), so weist er der Musikerziehung erstmals ihren anthropologischen Ort im Gesamt der Erziehung zu: musikalisches Verstehen als Paradigma für die Unteilbarkeit des Verstehens von Welt.[59]

Daß Paradigmenwechsel im Bereich der Naturwissenschaften neue Modelle der Weltdeutung und Wirklichkeitsbewältigung notwendig gemacht haben, ist unbestritten. Ob die kulturanthropologische Begründung der Musikerziehung einen musikpädagogischen Paradigmenwechsel einläutet, scheint mir nicht sicher zu sein, weil die Denkfigur der zirkelhaft auf Erleben und Erfahren verweisenden Verstehensstruktur historisch in der geisteswissenschaftlichen Hermeneutik Diltheys verwurzelt ist. Eine neue Orientierung pädagogischen Denkens, die es rechtfertigte, von einem Paradigmenwechsel zu sprechen, könnte im Aufgreifen der pädagogischen Anstöße Martin Wagenscheins liegen, der den genetischen Prozeß[60] im Gewinnen von Erfahrung und Wissen beschrieben und damit auf die besonderen Bedingungen des Lernens aufmerksam gemacht hat, die neuere Forschungen zum Aufbau mentaler Repräsentationen bestätigen.[61] Aber vieles spricht eher für einen spiraligen Kreislauf der Ideologien, d.h. für ihre Wiederholung auf anderer Ebene.

Muß man also mit Bert Brecht betrübt feststellen, daß Reformen nur »ein Gefummel im Oberbau [sind], wobei sich im Unterbau nichts ändert«? Die Fachgeschichte seit Mitte der fünfziger Jahre hat gezeigt, daß sich das Um- und Ausräumen in den Chefetagen der Musikerziehung auch im Parterre bemerkbar gemacht hat und wie sich die Bewegungen und Erschütterungen unterm Dach bis ins Souterrain fortgepflanzt haben. Daß die Musikerzie-

---

59 Vgl. K. H. Ehrenforth: *Zur Neugewichtung der historischen und anthropologischen Perspektiven der Musikerziehung*, in: H. Chr. Schmidt (Hrsg.): *Geschichte der Musikpädagogik*, Kassel 1986, S. 293 (Handbuch der Musikpädagogik, Bd. 1).

60 M.Wagenschein: *Verstehen lehren*, Weinheim (1968) ⁹1991.

61 Vgl. dazu insbesondere die kognitionspsychologischen Untersuchungen zur musikalischen Wahrnehmung von J. Bamberger: *The Mind behind the Musical Ear*, Harvard MA 1991; dazu auch W. Gruhn: *Strukturen der musikalischen Wahrnehmung*, in: MiSch 1993, H. 2, S. 75-80, 89; ders.: *Maps and Paths of Musical Perception*, in: *Jahrbuch der Musikpsychologie*, Hamburg 1993.

hung heute aus den engen Mauern der Schule hinausdrängt in die Öffentlichkeit, daß sie sich wieder musizierend und konzertierend vor- und darstellt, daß sie vor der ornamentalen Funktion bei Fest und Feier nicht mehr zurückschreckt, ist eine Bewegung, die auf eine vorangegangene Bewegung reagiert. Aber weil man wieder singt, lassen wir uns noch längst nicht ruhig nieder, damit nicht der Kreislauf von neuem beginne. Was die Musikerziehung – wie alle Pädagogik – braucht, ist die Stetigkeit der Bemühung um eine psychologisch und sachlogisch angemessene Vermittlung zwischen Person und Sache, aber auch die produktive Unruhe des Denkens. Denn die Welt ist nicht schon heil, nur weil man wieder singt.

AMZ   *Allgemeine deutsche Musik-Zeitung* (ab 9.1882: *Allgemeine Musik-Zeitung*). Wochenschrift für die Reform des Musiklebens der Gegenwart, Leipzig 1.1874–70.1943

AmZ   *Leipziger Allgemeine Musikalische Zeitung*, hg. von Fr. Chrysander, Leipzig 1.1866–17.1882

BSMW *Bundesschulmusikwoche* (Kongreßberichte, s. Lit.Verz.)

DME   *Der Musikerzieher* (Forts. der *Deutschen Tonkünstler-Zeitung*), Mainz 35.1938/39–39.1942/43

Euterpe Ein musikalisches Monatsblatt für Deutschlands Volksschullehrer, hg. von Ernst Hentschel, Erfurt 1.1841–9.1849; Leipzig 10.1850–15.1855; 16.1857–43.1884

Eutonia eine hauptsächlich pädagogische Musik-Zeitschrift für Alle, welche die Musik in Schulen zu lehren und in Kirchen zu leiten haben..., hg. von Joh. Gottfr. Hientzsch, Breslau 1829–1834; Berlin 1835–1837;
Index Eutonia 1829–1833, 1835, 1837, Répertoire International de la Presse Musicale, UMI Ann Arbor MI, 1990

FSG   Freie Schulgemeinde

GBl   *Gesangspädagogische Blätter.* Organ der Kunstgesangs-Kommission des Musikpädagogischen Verbandes, Berlin 1.1906/07–4.1910

HfS   *Halbmonatsschrift für Schulmusikpflege*, Essen 1921 ff. (s. *Monatsschrift für Schulgesang* = MfS)

INMME Institut für Neue Musik und Musikerziehung, Darmstadt

JB   Jugendbewegung

JM   *Junge Musik.* Zeitschrift für Musikpflege in der Jugend (seit 1953: Zs für Musikerziehung und Musikpflege), hg. von F. Jöde, Mainz 1950–1952; hg. von Twittenhoff, Wolters, Mainz/Wolfenbüttel 1953–1957

JMB   Jugendmusikbewegung

KL   *Der Klavier-Lehrer.* Musikpädagogische Zeitschrift, seit 1899 hg. von A. Morsch, 1911 zus. mit *Gesangspädagogischen Blättern* = GBl

Der Kreis. Arbeits- und Mitteilungsblatt für Singkreise, hg. von F. Reusch, seit 1930/31 von F. Jöde und H. Spitta, Wolfenbüttel 1922–1933 (= Beilage zu *Die Musikantengilde* = MG)

Die Laute. Monatsschrift zur Pflege des deutschen Liedes und guter Hausmusik, hg. von R. Moeller, seit 1918/19 von F. Jöde, Wolfenbüttel 1917/18–1921/22 (Forts. *Die Musikantengilde* = MG)

ME   *Die Musikerziehung*, Zentralorgan für alle Fragen der Schulmusik, hg. von W. Kühn, Dortmund 1.1924–3.1926; Verband akademisch gebildeter Musiklehrer, Lahr 4.1927–10.1933

MFL   *Musikpädagogik. Forschung und Lehre.* Schriftenreihe hg. von Sigrid Abel-Struth, Mainz 1970 ff.

MfS   *Monatsschrift für Schulgesang.* Zeitschrift zur Hebung und Pflege des Schulgesanges, hg. von F. Wiedermann, E. Paul, Essen 1.1906/07–1926/27 (seit 1921: Halbmonatsschrift für Schulmusikpflege = HfS; s. auch *Zeitschrift für Schulmusik* = ZfSM)

MG   *Die Musikantengilde*. Blätter der Erneuerung aus dem Geiste der Jugend, hg. von F. Jöde, seit 1926 von F. Reusch, Wolfenbüttel 1922–1930 (Beilagen: *Musik im Anfang; Der Kreis*)

MGG   *Die Musik in Geschichte und Gegenwart*, hg. von Fr. Blume, 17 Bde, Kassel 1949–1986

MiL   *Musik im Leben*. Eine Zeitschrift der Volkserneuerung (5. Jg. Eine musikpolitische Gesamtschau), hg. von Ed. Jos. Müller, Köln 1.1925–5.1929

MiSch   *Musik in der Schule*. Zeitschrift für Theorie und Praxis des Musikunterrichts, (Ost-) Berlin 1.1949/50–

MiU   *Musik im Unterricht* (Allgemeine und Schulmusik-Ausgabe), hg. von E. Laaff u.a., Mainz 1949–1968 (Forts. *Musik und Bildung* = MuB)

MPf   *Die Musikpflege*. Monatsschrift für Musikerziehung, Musikorganisation und Chorgesangwesen, hg. von E. Preußner, Leipzig 1.1930/31–9.1943/44

MpR   *Musikpädagogische Reformen*. Beilage der Zeitschrift *Der Klavier-Lehrer*, hg. von A. Morsch, Berlin 34.1911–54.1931

MPZ   Schriften und Dokumente der Zentralstelle für musikpädagogische Dokumentation, J. W. Goethe-Universität Frankfurt/Main

MuB   *Musik und Bildung. Zeitschrift für Theorie und Praxis der Musikerziehung*, Mainz 1.1969–

MUDOK   Musikpädagogische Dokumentationszentrale an der J. W. Goethe-Universität Frankfurt/Main

MuG   *Musik und Gesellschaft*, hg. von F. Föde und H. Boettcher, Wolfenbüttel und Mainz 1930 (Forts. der *Musikantengilde* = MG)

Die Musik. Illustrierte Halbmonatsschrift, Berlin und Leipzig 1.1901/02–14.1914/15; 15.1922/23–35.1942/43

Die Musikergilde. Ein Jahrbuch der neudeutschen Künstlergilden, hg. von K. Gofferje, 1921–1923, seit 1923 Jg. der *Musikantengilde*

MuV   *Musik und Volk*, 1.1933/34 hg. vom Reichsbund Volkstum und Heimat, H. Just u.a.; 2.1934/35 (hg. vom Kulturamt der Reichsjugendführung, W. Stumme) –4.1936/37, dann verschmolzen mit *Deutsche Musikkultur*. Organ des Reichs-Erziehungsministeriums

NMZ   *Neue Musikzeitung*, Regensburg 1969 ff. (hervorgegangen aus: *Musikalische Jugend*, Regensburg 1952–1968
Repr. der Bde. 1 u. 2 Breslau 1829, hg. von R. Schmitt-Thomas, Frankfurt 1987 (MPZ Quellen-Schriften, Bd. 6)
Repr. 1. Jg. 1841, hg. von R. Schmitt-Thomas, Frankfurt 1989 (MPZ Quellenschriften, Bd. 15)

ÖMZ   *Österreichische Musikzeitschrift*, hg. von E. Lafite, Wien

RiemannL   *Riemann Musiklexikon*, 12. Auflage hg. von W. Gurlitt, Mainz 1959 und 1961; Sachteil hg. von H. H. Eggebrecht, Mainz 1967; Ergänzungsbände hg. von C. Dahlhaus, Mainz 1972 und 1975

REM   Reichsministerium/Reichsminister für Erziehung, Wissenschaft und Volksbildung

RSMW   *Reichsschulmusikwoche* (Berichtsbände, s. Lit.Verz.)

VME   *Völkische Musikerziehung.* Monatsschrift für das gesamte deutsche Musikerziehungs-wesen, i. A. des Reichs- und Preuß. Ministers für Erziehung und Volksbildung und NS-Lehrerbund, hg. von E. Bieder, Braunschweig 1.1934/35–1940; Leipzig 1940–1943; (1944 vereinigt mit *Der Musikerzieher* zur *Zeitschrift für Völkische Musikerzie-hung* =ZfVME)

WV   Deutscher Wandervogel

ZBl   Zentralblatt für die gesamt Unterrichtsverwaltung in Preußen, hg. vom Ministerium der geistlichen Unterrichts- und Medizinal-Angelegenheiten, Berlin 1872–1929

ZfMP   *Zeitschrift für Musikpädagogik*, Regensburg 1976, H.1–1989, H. 52

ZfSM   *Zeitschrift für Schulmusik*, hg. von F. Jöde, H. Martens, R. Münnich u.a., Wolfen-büttel und Berlin 1.1928–7.1934 (Forts. der *Monatsschrift für Schulgesang* = MfS)

ZfVME   *Zeitschrift für Völkische Musikerziehung*, hg. i. A. des Reicherziehungsministeriums in Verb. mit der Fachschaft Musikerziehung in der Reichsmusikkammer und der Reichs-waltung des NS-Lehrerbundes von E. Bieder, Leipzig 1944

Abraham, Lars Ulrich: *Erich Dofleins Briefe an Th.W. Adorno als musikpädagogische Zeitdokumente*, in: L. U. Abraham (Hrsg.): *Erich Doflein, Festschrift zum 70. Geburtstag*, Mainz 1972, S. 108-120.

Abraham, Lars Ulrich: *Bildungsziele und Bildungserträge musikpädagogischer Reformen*, in: W. Gruhn (Hrsg.): *Musikalische Bildung und Kultur*, Regensburg 1987, S. 106–126.

Abs, Theodosius: *Darstellung meiner Anwendung der Pestalozzischen Bildungsmethode*, Halberstadt 1811.

Adorno, Theodor W.: *Thesen gegen die »musikpädagogische Musik«* (1954), in: JM 1954, S. 111 ff.; auch in: Heise, Hopf, Segler (Hrsg.): *Quellentexte zur Musikpädagogik*, Regensburg 1973, S. 277-276.

Adorno, Thodor W.: *Kritik des Musikanten* (1956), in: *Dissonanzen*, Göttingen (1956) ³1963, S. 62-101.

Adorno, Theodor W.: *Zur Musikpädagogik* (1957), in: *Dissonanzen*, Göttingen ³1963, S. 102–119.

Ahrens, Heinrich: *Die deutsche Wandervogelbewegung von den Anfängen bis zum ersten Weltkrieg*, Hamburg 1939.

Albisetti, James C.: *Secondary School Reform in Imperial Germany*, Princeton Univ. Press, Princeton NJ 1983.

Alexander, Thomas/Parker, Beryl: *The New Education in the German Republic*, John Day Comp., New York 1929.

Alt, Michael: *Didaktik der Musik. Orientierung am Kunstwerk*, Düsseldorf 1968.

Andreesen, Alfred: *Die deutsche Aufgabe und die Landerziehungsheime*, Veckenstedt a. H. 1924.

Andreesen, Alfred: *Hermann Lietz. Der Schöpfer der Landerziehungsheime*, München 1934.

Antholz, Heinz: *Unterricht in Musik* (1970), Düsseldorf ²1972.

Antholz, Heinz: *Musikpädagogik heute. Zur Erkenntnis ihrer Geschichte und Geschichtlichkeit ihrer Erkenntnis*, in: Antholz/Gundlach (Hrsg.): *Musikpädagogik heute*, Düsseldorf 1975, S. 22–40.

Antholz, Heinz: *Zur Musikerziehung im sog. Dritten Reich. Erinnerungen, Erfahrungen und Erkenntnisse eines Betroffenen*, Augsburg (i. Vorb.) (Forum Musikpädagogik, Bd. 8).

Ast, Max: *Zur Lehrplanfrage des Gesangunterrichts an Volksschulen*, in: Kongreßbericht 3. Musikpädagogischer Kongreß Berlin 1906, S. 185-191 (MPZ Dokument 45).

Aubigny von Engelbrunner, Nina de: *Briefe an Natalie über den Gesang als Beförderung der häuslichen Glückseligkeit und des geselligen Vergnügens. Ein Handbuch für Freunde des Gesanges*, Leipzig 1803. Repr. hg. von R. Schmitt-Thomas, Frankfurt 1982 (MPZ Quellen-Schriften, Bd. 1).

Barth, Richard: *Die Jugend im Konzert und in der Oper*, in: *Kunsterziehung. Ergebnisse und Anregungen des 3. Kunsterziehungstages in Hamburg 1905*, Leipzig 1906, S. 95-106.

Batel, Günther: *Musikerziehung und Musikpflege. Leo Kestenberg. Pianist – Klavierpädagoge – Kulturorganisator – Reformer des Musikerziehungswesens*, Wolfenbüttel 1989 (Bedeutende Musikpädagogen, Bd. 1).

Baumgart, Franzjörg: *Zwischen Reform und Reaktion. Preußische Schulpolitik 1806–1859*, Darmstadt 1990.

Berg, Christa: *Reformpädagogik im Zwielicht*, in: Neue Sammlung 32, 1992, H. 3, S. 459-472.

Bimberg, Siegfried: *Methodisch-didaktische Grundlagen der Musikerziehung*, Leipzig 1973 (Handbuch der Musikerziehung, Bd. 3).

Binkowski, Bernhard: *Zur Geschichte des Verbands deutscher Schulmusikerzieher. Die siebziger Jahre*, in: MuB 4/5 1989, S. 210–213.

Blankertz, Herwig: *Die Geschichte der Pädagogik. Von der Aufklärung bis zur Gegenwart*, Wetzlar 1982.

Blüher, Hans: *Wandervogel. Geschichte einer Jugendbewegung*, 2 Bde. (1911), Prien ⁵1920.

Bölling, Rainer: *Sozialgeschichte der deutschen Lehrer*, Göttingen 1983.

Bojanowski, Arnulf/Günther, Ulrich: *Musikunterricht in der Sekundarstufe II*, Königstein 1979.

Borris, Siegfried: *Entgegnung auf Adornos »Thesen gegen die musikpädagogische Musik« in Darmstadt, 12. Juni 1954*, in: JM 1954, S. 188-189.

Boyd, William/Wyatt, Rawson: *The Story of the New Education*, London 1965

Braun, Gerhard: *Die Schulmusikerziehung in Preußen von den Falkschen Bestimmungen bis zur Kestenberg-Reform*, Kassel 1957.

Brenner, Hans: *Musik als Waffe? Theorie und Praxis der politischen Musikverwendung, dargestellt am Beispiel der Steiermark 1938–1945*, Graz 1992.

Buchholz, Friedrich/Buchwald, Gerhard: *Die Brandenburgischen Lehrerseminare und die ihnen angegliederten Präparandenanstalten*, Berlin 1961.

Copalle, Siegfried/Ahrens, Heinrich: *Chronik der deutschen Jugendbewegung*. Bd.1: *Die Wandervogelbünde von der Gründung bis zum 1.Weltkrieg*, Bad Godesberg 1854.

Craig, Gordon A.: *Geschichte Europas 1815–1980*, München 1989.

Curwen, John Spencer: *School Music Abroad 1882–1901*, London 1901; dt. *Schulmusik im Ausland*, hg. von W. Heise, Frankfurt 1989 (MPZ Quellen-Schriften, Bd. 13).

Curwen, John: *Standard Course of Lessons and Exercises in the Tonic Sol-fa Method of Teaching Music*, London ⁵1880.

Die deutsche Jugendbewegung. Quellenschriften, hg. im Auftrag des Gemeinschaftswerks Archiv und Dokumentation der Jugendbewegung von Werner Kindt, 3 Bde.
1. *Grundschriften der deutschen Jugendbewegung*, Köln 1963.
2. *Wandervogel und Freudeutsche Jugend 1896–1919*, Köln 1968.
3. *Die bündische Zeit 1920–1933*, Köln 1974.

Die deutsche Jugendmusikbewegung in Dokumenten ihrer Zeit von den Anfängen bis 1933, hg. vom Archiv der JMB e.V. Hamburg von W. Scholz und W. Jonas-Corrieri, Wolfenbüttel 1980.

Die Freie Schulgemeinde, Jena 1.1910/11 ff.

Die Reichsschulkonferenz 1920. Ihre Vorgeschichte und Vorbereitung und ihre Verhandlungen. Amtlicher Bericht, Leipzig 1921.

Die Reichsschulkonferenz in ihren Ergebnissen, hg. vom Zentralinstitut für Erziehung und Unterricht Berlin, Leipzig [1920].

Diesterweg, Adolph: *Rheinische Blätter für Erziehung und Unterricht, mit besonderer Berücksichtigung des Volksschulwesens*, Schwelm 1827 ff.

Diesterweg, Adolph: *Wegweiser zur Bildung für deutsche Lehrer*, Essen 1835, ²1838, ⁶1890.

Diesterweg. Wissen im Aufbruch. Katalog zur Ausstellung zum 200. Geburtstag, Weinheim 1990.

Dithmar, Reinhard (Hrsg.): *Schule und Unterricht im Dritten Reich*, Neuwied 1989.

Dümling, Albrecht/Girth, Peter (Hrsg.): *Entartete Musik. Zur Düsseldorfer Ausstellung von 1938. Eine kommentierte Rekonstruktion.* Ausstellungskatalog, 1988.

Eckart-Bäcker, Ursula: *Die Schütz-Renaissance aus dem Geist der musikalischen Jugendbewegung. Ein Beitrag zur Geschichte der Singbewegung*, in: K.-H. Reinfandt (Hrsg.): *Die Jugendmusik. Impulse und Wirkungen*, Wolfenbüttel 1987, S. 92–101.

Eckart-Bäcker, Ursula: *Der Musiklehrer »ein wirklicher Führer«. Eine Studie zu Heinrich Martens*, in: H. Gembris, R.-D. Kraemer, G. Maas: *Musikpädagogische Forschungsberichte 1992*, Augsburg 1993, S. 78-90 (Forum Musikpädagogik, Bd. 2).

Edition Archiv der deutschen Jugendbewegung
Bd. 1: W. Mogge: *Bilder aus dem Wandervogel-Leben*, Köln 1986.
Bd. 2: M. v. Hellfeldt: *Bündische Jugend und Hitlerjugend 1930–1939*, Köln 1986.
Bd. 3: J. Götz v. Olenhusen: *Jugendreich, Gottes Reich, Deutsches Reich*, Köln 1986.

Ehrenforth, Karl Heinrich: *Zur Neugewichtung der historischen und anthropologischen Perspektiven der Musikerziehung*, in: H. Chr. Schmidt (Hrsg.): *Geschichte der Musikpädagogik* (Handbuch der Musikpädagogik, Bd. 1), Kassel 1986, S. 267–296.

Ehrenforth, Karl Heinrich: *Musik will leben und gelebt werden. Anmerkungen zur Musikanschauung Fritz Jödes*, in: K.-H. Reinfandt (Hrsg.): *Die Jugendmusik. Impulse und Wirkungen*, Wolfenbüttel 1987, S. 12-21.

Eichenauer, Richard: *Musik und Rasse*, München (1932) ²1937.

Eickhoff, Thomas: *Annäherungsversuche. F. Jöde und die Jugendmusikbewegung nach 1945 im Spannungsfeld von Industrie und Musikpädagogik*, in: H. Gembris, R.-D. Kraemer, G. Maas (Hrsg.): *Musikpädagogische Forschungsberichte 1992*, Augsburg 1993, S. 107-126.

Erbe und Gegenwart deutscher Musikerziehung. Beiträge zweier Kolloquien zur Geschichte der deutschen Schulmusik und der Musikerziehung in der DDR, hg. vom Verband deutscher Komponisten, Weimar 1989.

Esser, Ben: *Musik und Musikpflege in den Pädagogischen Akademien Preußens*, in: Schulmusik und Chorgesang. Vorträge der 8. RSMW Hannover, Leipzig 1930, S. 112-122.

Faatz, Roland: *Musikerleben im Denken Richard Wickes*, in: *Erbe und Gegenwart deutscher Musikerziehung*, Weimar 1989, S. 51-58.

Felix, Werner: *Ernst Julius Hentschel. Leben und Werk. Seine Bedeutung für die Musikerziehung in unserer deutschen demokratischen Schule*, Diss. phil. Berlin (Ost) 1965 (mschr.).

Fichte, Johann Gottlieb: *Reden an die deutsche Nation*, Berlin 1808, in: Auswahl seiner Schriften in 6 Bänden, Bd. 5, Leipzig 1910, S. 365-610.

Fichtner, O.: *Reform des Schulgesang-Unterrichts. Für alle Schulbehörden, Lehrer und Freunde des deutschen Volksgesanges*, Leipzig o. J. [1893].

Fischer, Hans (Hrsg.): *Handbuch der Musikerziehung*, Berlin 1954.

Fischer, Konrad: *Adolf Diesterweg*, Langensalza 1911 (Greßlers Klassiker der Pädagogik, Bd. 19).

Flitner, Wilhelm/Kudritzki, Gerhard: *Die deutsche Reformpädagogik*, 2 Bde., Düsseldorf, München (1961–1962) ³1982.

Flitner, Wilhelm: *Die Pädagogische Bewegung. Gesammelte Schriften Bd. 4*, Paderborn 1987.

Geheeb, Paul: *Briefe*, hg. von Walter Schäfer, Stuttgart 1970.

Geheeb, Paul: *Die Odenwaldschule im Lichte der Erziehungsaufgaben der Gegenwart*, in: *Erziehung zur Humanität. Paul Geheeb zum 90.Geburtstag*, Heidelberg 1960.

Gieseler, Walter: *Curriculum-Revision und Musikunterricht*, in: H. Chr. Schmidt (Hrsg.): *Geschichte der Musikpädagogik* (Handbuch der Musikpädagogik, Bd. 1), Kassel 1986, S. 215-266.

Glover, Sarah Ann: *Scheme for Rendering Psalmody Congregational, comprising a Key to the Sol-Fa Notation of Music and Directions for Instructing a School*, Norwich 1835; übertr. und mit zus. Materialien versehen von W. Heise, Osnabrück 1988.

Göbelbecker, L. F.: *Unterrichtspraxis im Sinne naturgemäßer Reformbestrebungen für das Gesamtgebiet des 1. Schuljahres und ihre theoretische Begründung vom Standpunkt der Kinderpsychologie*, 2 Teile, Wiesbaden 1904.

Göring, Hugo: *Die neue deutsche Schule. Ein Weg zur Verwirklichung vaterländischer Erziehung*, Leipzig ²1890.

Goethe, Johann Wolfgang: *Briefwechsel zwischen Goethe und Zelter in den Jahren 1799 bis 1832*, München 1991 (Sämtl.Werke, Münchner Ausgabe hg. von K. Richter, Bd. 20.1).

Götsch, Georg: *Musische Bildung*, 3 Bde., Wolfenbüttel 1949–1956.

Gruhn, Wilfried: *Lowell Mason's Briefe einer musikalischen Reise. Eine Studie zum Chor- und Schulgesang im 19. Jahrhundert*, in: R.-D. Kraemer (Hrsg.): *Musikpädagogik. Unterricht Forschung Ausbildung*, Mainz 1991, S. 319-333.

Gruhn, Wilfried: *Musikpädagogik zwischen Moderne und Postmoderne, Saalfeldner Musiktage 1991*, Salzburg 1992, S. 39-56.

Günther, Ulrich: *Die Schulmusikerziehung von der Kestenberg-Reform bis zum Ende des Dritten Reiches*, Neuwied 1967, 2. überarb. Aufl. Augsburg 1992.

Günther, Ulrich: *Musikerziehung im Dritten Reich – Ursachen und Folgen*, in: in: H. Chr. Schmidt (Hrsg.): *Geschichte der Musikpädagogik* (Handbuch der Musikpädagogik, Bd. 1), Kassel 1986, S. 85-173.

Günther, Ulrich: *Die Musik in der Oldenburgischen Lehrerbildung 1884–1945*, in: MuB 1987, H. 5, S. 378-384; 393 f.; H. 6, S. 466-476, 489.

Günther, Ulrich: *Jugendmusikbewegung und reformpädagogische Bewegung*, in: K.-H. Reinfandt (Hrsg.): *Die Jugendmusik. Impulse und Wirkungen*, Wolfenbüttel 1987, S. 160-184.

Günther, Ulrich: *Erlebte Musik im Dritten Reich*, in: R. Dithmar (Hrsg.): *Schule und Unterricht im Dritten Reich*, Neuwied 1989, S. 101-115.

Günther, Ulrich: *Opportunisten? Zur Biographie führender Musikpädagogen in Zeiten politischer Umbrüche*, in: H. J. Kaiser (Hrsg.): *Musikalische Erfahrung*, Essen 1992, S. 267-285 (Musikpädagogische Forschung, Bd. 13).

Haacke, Walter: *Wie ich zur Jugendmusikbewegung kam*, in: ZfMP 1987, H. 42, S. 32-37.

Haase, Otto: *Musisches Leben*, Hannover 1951.

Haefner, Klaus: *Die neue Bildungskrise. Herausforderung der Informationstechnik an Bildung und Ausbildung*, Basel 1982.

Halm, August: *Von Form und Sinn der Musik*. Ges. Aufsätze, mit einem einführenden Essay hg. von S. Schmalzriedt, Wiesbaden 1978.

Hammel, Heide: *Die Schulmusik in der Weimarer Republik. Politische und gesellschaftliche Aspekte der Reformdiskussion in den 20er Jahren*, Stuttgart 1990.

Hammel, Heide: *Eberhard Preußner*, in: H. Gembris, R.-D. Kraemer, G. Maas (Hrsg.): *Musikpädagogische Forschungsberichte 1992*, Augsburg 1993, S. 353-361 (Forum Musikpädagogik, Bd. 2).

Hammel, Heide: *Zur Aktualität Eberhard Preußners*, in: H. J. Kaiser (Hrsg.): *Musikalische Erfahrung*, Essen 1992, S. 286-294 (Musikpädagogische Forschung, Bd. 13).

Hammel, Heide: *Eberhard Preußner. Anwalt der Musikerziehung und Menschenbildung*, Wolfenbüttel i. Dr. (Bedeutende Musikpädagogen, Bd. 3).

Handbuch der Musikerziehung, hg. von Siegmund-Schultze u. a., 3 Bde., Leipzig 1968-1974.

Heise, Walter: *Musikunterricht im 19. Jahrhundert. Ideen und Realitäten*, in: H. Chr. Schmidt (Hrsg.): *Geschichte der Musikpädagogik* (Handbuch der Musikpädagogik, Bd. 1), Kassel 1986, S. 31-84.

Helms, Siegmund: *Musikpädagogik zwischen den Weltkriegen. Edmund Joseph Müller*, Wolfenbüttel 1988 (Bedeutende Musikpädagogen, Bd. 2).

Hentig, Hartmut v.: *Die Krise des Abiturs und eine Alternative*, Stuttgart 1980.

Hentig, Hartmut v.: *Bilanz der Bildungsreform in der Bundesrepublik Deutschland*, in: *Neue Sammlung* 30, 1990, H. 3, S. 366-384.

Hentschel, Ernst J.: *Die Logiersche Methode beim musikalischen Unterrichte*, in: *Der Volksschullehrer*, hg. von W. Harnisch, Halle 1824, S. 72-98 (MPZ Dokument 27a).

Hentschel, Ernst J.: *Kurzer Leitfaden bei dem Gesangunterricht in Volksschulen*, Halle 1825.

Hentschel, Ernst J.: *Der Unterricht im Singen*, in: A. Diesterweg: *Wegweiser zur Bildung für deutsche Lehrer*, Essen ²1838, S. 407-478.

Hentschel, Ernst J.: *Der Choralgesang als Unterrichtsgegenstand der Volksschule*, in: *Euterpe* 1, 1841, S. 17-27.

Hentschel, Ernst J.: *Der Gesangunterricht und das formale Princip*, in: *Euterpe* 1, 1841, S. 3-10.

Herbart, Johann Friedrich: *Pädagogische Schriften*, Langensalza 1903 (Bibl. Pädagogischer Klassiker).

Herdan-Zuckmayer, Alice: *Genies sind im Lehrplan nicht vorgesehen*, Frankfurt 1979.

Herrlitz, Hans-Georg/Hopf, Wulf/Titze, Hartmut: *Deutsche Schulgeschichte von 1800 bis zur Gegenwart. Eine Einführung*, Königstein 1981.

Hientzsch, Johann Gottfried: *Über den Musik-Unterricht, besonders im Gesange, auf Gymnasien und Universitäten...*, Breslau 1827 (MPZ Dokument 6).

Hientzsch, Johann Gottfried: *Der Gesang-Unterricht in Schulen*, in: *Eutonia* 1, 1829, Bd. 1, S. 42-49; 205-222; Bd. 2, S. 210-231; 2, 1830, Bd. 3, S. 229-243.

Hientzsch, Johann Gottfried: *Methodische Anleitung zu einem möglichst natur- und kunstgemäßen Unterrichte im Singen*, Breslau 1836.

Hilker, Franz (Hrsg.): *Deutsche Schulversuche*, Berlin 1924.

Höckner, Hilmar: *Die Musik der deutschen Jugendmusikbewegung*, Wolfenbüttel 1927.

Hodek, Johannes: *Musikalisch-pädagogische Bewegung zwischen Demokratie und Faschismus*, Weinheim 1977.

Hoffmann-Fölkersamb, Hermann: *Aus der Frühzeit des Wandervogels*, in: Ziemer/Wolf.

Hohmann, Christian Heinrich: *Praktischer Lehrgang für den Gesang-Unterricht in Volksschulen* (1838), Nördlingen ⁵1853.

Holborn, Hajo: *Deutsche Geschichte in der Neuzeit,*
    Bd. 2: *Reform und Restauration 1790–1871,* München.
    Bd. 3: *Das Zeitalter des Imperialismus 1871–1945,* München 1971.

Holtmeyer, Gert: *F. Jödes musikpädagogische Intentionen und die Kestenberg-Reform,* in: H. Krützfeldt-Junker (Hrsg.): *Fritz Jöde - ein Beitrag zur Geschichte der Musikpädagogik des 20. Jahrhunderts,* Regensburg 1988, S. 86-93.

Holtmeyer, Gert: *Schulmusik und Musiklehrer an der höheren Schule. Ein Beitrag zur Geschichte der Musikpädagogen in Preußen,* Diss. phil. Köln 1975.

Hopf, Helmuth: *Zur Geschichte des Musikunterrichts,* in: S. Helms, H. Hopf, E. Valentin (Hrsg.): *Handbuch der Schulmusik,* Regensburg ³1985, S. 9-37.

Hörmann, Stefan/Nolte, Eckhard: *Wie es damals war: Lied und Singen in der Elementarschule des 19. Jahrhunderts,* in: *Identität in der Vielfalt, Kongreßbericht der 19. BSMW Augsburg 1992,* Mainz 1993, S. 123-137.

Hullah, John: *Report of John Hullah on Musical Instruction in Elementary Schools on the Continent* (1879), übers. von W. Heise (MPZ Spezial-Dokument 33); Auszug in: H. Kretzschmar: *Ein englisches Aktenstück über den deutschen Schulgesang* (1881), in: *Ges. Aufsätze über Musik and Anderes aus den »Grenzboten«,* Leipzig 1910; ebenso in: *Quellentexte zur Musikpädagogik,* Regensburg 1973, S. 123-136.

Humboldt, Wilhelm v.: *Schriften zur Anthropologie und Geschichte,* Werke in fünf Bänden, hg. von A. Flitner und K. Girl, Bd. 1, Darmstadt 1960.
    – *Ideen zu einem Versuch, die Gränzen der Wirksamkeit des Staats zu bestimmen* (1792).
    – *Theorie der Bildung des Menschen.*

Humboldt, Wilhelm v.: *Schriften zur Politik und zum Bildungswesen,* Werke in fünf Bänden, hg. von A. Flitner und K. Girl, Bd. 4, Darmstadt 1964.
    – *Über geistliche Musik* (1809).
    – *Der Königsberger und der Litauische Schulplan.*

Hundoegger, Agnes: *Leitfaden der Tonika-Do-Lehre,* Hannover 1897, ¹⁰1967.

Hunziker, R.: *Hans Georg Nägeli,* Zürich 1938.

Ille, Gerhard/Köhler, Günter (Hrsg.): *Der Wandervogel. Es begann in Steglitz,* Berlin 1987 (Beiträge zur Geschichte der deutschen Jugendbewegung).

Jahrbuch des Archivs der Deutschen Jugendbewegung, Burg Ludwigstein, Bd. 1, 1969 ff.

Jahrbuch der Freien Schulgemeinde Wickersdorf, 1. Jb. 1906–1908, Jena 1909; 2. Jb. 1909/10, Jena 1910; 3. Jb. 1910/11, Jena 1911; 4. Jb. 1911/12, Jena 1912.

Jahrbuch der Staatlichen Akademie für Kirchen- und Schulmusik, hg. von H. Halbig, Kassel 1, 1927/28–4, 1930/31; Berlin 5,1932 ff.

Jahresberichte der Freien Schulgemeinde Wickersdorf, Jena 1.1908 ff.

Jakob, A.: *Mitteilungen aus dem Leben Ernst Hentschels. Biographische, pädagogische und musikalische Aphorismen aus dem Briefwechsel desselben mit einem Jugendfreund,* Leipzig 1882.

Jöde, Fritz (Hrsg.): *Musikalische Jugendkultur,* Hamburg 1918.

Jöde, Fritz: *Musik und Erziehung,* Wolfenbüttel (1919) ²1924.

Jöde, Fritz: *Vom Wandel der Musik im Schulaufbau,* in: *Schulmusik und Chorgesang,* Vorträge der 8. RSMW Hannover, Leipzig 1930, S. 60-74.

Jung, Michael: *Liederbücher im Nationalsozialismus,* 2 Bde., Diss. phil. Frankfurt/Main 1989.

Kafurke, Renate: *Überlegungen zur Schulmusikerziehung um 1900 in Mecklenburg*, in: *Erbe und Gegenwart deutscher Musikerziehung*, Weimar 1989, S. 23-29.

Kehr, Carl: *Die Praxis der Volksschule. Ein Wegweiser...*, Gotha 1868.

Kelbetz, Ludwig: *Zur Neugestaltung der Deutschen Hochschulern für Musik*, Wolfenbüttel 1941 (Schriften zur Musikerziehung, hg. von W. Stumme, Bd. 9).

Kerschbaumer, Gert: *Faszination Drittes Reich*, Salzburg o. J. [1988].

Kestenberg, Leo: *Musikerziehung und Musikpflege*, Leipzig 1921, Repr. Frankfurt/Main 1990 (MPZ Quellen-Schriften, Bd. 14).

Kestenberg, Leo: *Denkschrift über die gesamte Musikpflege in Schule und Volk*, in: L. Kestenberg (Hrsg.): *Schulmusikunterricht in Preußen. Amtliche Bestimmungen für höhere Schulen Mittelschulen und Volksschulen*, Berlin 1927.

Kestenberg, Leo: *Bewegte Zeiten*, Wolfenbüttel 1961.

Kindt, Werner (Hrsg.): *Die Deutsche Jugendbewegung 1920–1933*. Quellenschriften, hg. im Auftrag des Gemeinschaftswerks Archiv und Dokumentation der Jugendbewegung, 3 Bde., Düsseldorf 1963–1974.

Kinkel, Johanna: *Acht Briefe an eine Freundin über Clavier-Unterricht*, Stuttgart und Tübingen 1852 (MPZ Dokument 7).

Klemm, Klaus/Rolff, Hans-Günter/ Tillmann, Klaus-Jürgen: *Bildung für das Jahr 2000. Bilanz der Reform, Zukunft der Schule*, Reinbek 1985.

Knab, Hans: *B. Ch. L. Natorp. Ein Beitrag zur Geschichte der deutschen Schulmusik*, Kassel 1933.

Koch, J. F. W.: *Gesanglehre. Ein Hülfsmittel für Elementarschullehrer, durch eine einfachere Bezeichnungsart und Lehrmethode ... einen reinen mehrstimmigen Volksgesang zu bilden*, Magdeburg 1814.

Kolland, Dorothea: *Die Jugendmusikbewegung.* »Gemeinschaftsmusik« – *Theorie und Praxis*, Stuttgart 1979.

Kongreßbericht 3. Musikpädagogischer Kongreß Berlin 1906.

Koselleck, Reinhart: *Bildungsbürgertum im 19. Jahrhundert*, Stuttgart 1990.

Kramer, Wilhelm (Hrsg.): *Praxis des Musikunterrichts in historischen Beispielen. Von den Elementen des Gesanges zur elementaren Musikerziehung*, Regensburg 1981.

Kramer, Wilhelm: *Form und Funktion von Unterrichtsdarstellungen F. Jödes am Beispiel der »Lebensbilder aus der Schule« in »Musik und Erziehung«* (1919), in: H. Krützfeldt-Junker (Hrsg.): *Fritz Jöde – ein Beitrag zur Geschichte der Musikpädagogik des 20. Jahrhunderts*, Regensburg 1988, S. 46-61.

Kramer, Wilhelm: *Formen und Funktionen exemplarischer Darstellung von Musikunterricht im 19. und 20. Jahrhundert*, Wolfenbüttel 1990.

Kretzschmar, Hermann: *Musikalische Zeitfragen*, Leipzig 1903.

Krieck, Ernst: *Musische Erziehung*, Wolfenbüttel 1928.

Krieck, Ernst: *Nationalsozialistische Erziehung*, Berlin 1935, in: *Die Verwaltungsakademie. Ein Handbuch für den Beamten im nationalsozialistischen Staat*, Bd. I, Gruppe 1, Beitrag 8.

Krueger, Bernhard: *Der konservative Stiehl und der liberale Diesterweg, Trennendes und Gemeinsames in der Auseinandersetzung um die Regulative*, in: *Adolph Diesterweg. Wissen im Aufbruch. Katalog zur Ausstellung zum 200. Geburtstag*, Weinheim 1990, S. 362-369.

Krützfeldt-Junker, Hildegard (Hrsg.): *Fritz Jöde – ein Beitrag zur Geschichte der Musikpädagogik des 20. Jahrhunderts, Bericht über das Fritz-Jöde-Symposion Hamburg 1988*, Regensburg 1988 (Musik im Diskurs, Bd. 5).

Kübler, G. F.: *Anleitung zum Gesang-Unterrichte in Schulen, nebst einem Anhange von 55 zwei- und dreistimmigen Gesängen*, Stuttgart 1826.

Kühn, Walter: *Die Musikerziehung*, Lahr 1926.

Kühn, Walter: *Geschichte der Musikerziehung*, in: E. Bücken (Hrsg.): *Handbuch der Musikerziehung*, Potsdam 1931, S. 5-68.

Kühn, Walter: *Führung zur Musik. Voraussetzungen und Grundlagen einer einheitlichen völkischen Musikerziehung*, Lahr 1939.

Kühne, Rudolf: *Wandlungen in der Musikerziehung seit der Jahrhundertwende*, Diss. phil. Leipzig 1947 (maschr.).

Kunsterziehung. Ergebnisse und Anregungen des [1.] Kunsterziehungstages in Dresden 1901, Leipzig 1902.

Kunsterziehung. Ergebnisse und Anregungen des 2. Kunsterziehungstages in Weimar 1903, Leipzig 1904.

Kunsterziehung. Ergebnisse und Anregungen des 3. Kunsterziehungstages in Hamburg 1905, Leipzig 1906.

Kupffer, Heinrich: *Gustav Wyneken. Leben und Werk*, Stuttgart 1970.

Kurth, Ernst: *Die Schulmusik und ihre Reform*, in: *Schweizerische Musikzeitung* LXX, 1930, S. 341-351.

[Langbehn, Julius]: *Rembrandt als Erzieher*, Leipzig 1890.

Laqueur, Walter L.: *Die Deutsche Jugendbewegung*, Köln 1962.

Lätsch, G.: *Welches ist der Zweck des Gesangunterrichts in Volksschulen?* in: *Eutonia* Bd. 4, 1830, S. 137-141.

Lemmermann, Heinz: *F. Jödes Schulzeit. Zum Stand der Musikpädagogik um die Jahrhundertwende*, in: H. Krützfeldt-Junker (Hrsg.): *Fritz Jöde – ein Beitrag zur Geschichte der Musikpädagogik des 20. Jahrhunderts*, Regensburg 1988, S. 9-34.

Lemmermann, Heinz: *Kriegserziehung im Kaiserreich. Studien zur politischen Funktion von Schule und Schulmusik 1890–1918*, 2 Bde., Lilienthal 1984.

Lewin, Heinrich: *Geschichte der Entwicklung der preußischen Volksschule...nebst den wichtigsten Schulordnungen, Schul-Gesetzen, Erlassen und Verfügungen*, Leipzig 1910.

Liedtke, Max: Johann *Heinrich Pestalozzi mit Selbstzeugnissen und Bilddokumenten*, Reinbek (1968), 1989.

Lietz, Hermann: *Emlohstobba*, 1897, in: *Ausgewählte Pädagogische Schriften*, Paderborn 1970.

Lietz, Hermann: *Schulreform durch Neugründung. Ausgewählte pädagogische Schriften*, hg. von R. Lassahn, Paderborn 1970.

Lietz, Hermann: *Zur Einführung in die Bestrebungen der deutschen Land-Erziehungsheime*, in: *Leben und Arbeit* 1, 1913, S. 1-13.

Lietz, Hermann: *Deutsche Landerziehungsheime*, Leipzig 1917.

Löbmann, Hugo: *Die »Gesangbildungslehre« nach Pestalozzischen Grundsätzen von Michael Traugott Pfeiffer und Hans Georg Nägeli in ihrem Zusammenhange mit der Ästhetik, der Geschichte der Pädagogik und der Musik*, Leipzig 1908.

Löbmann, Hugo: *Volkslied und musikalische Volkserziehung*, Leipzig 1916.

Maas, Georg: *Zwischen Gegenwartsbewältigung und Zukunftsgestaltung. Musikpädagogik im Spiegel der Bundesschulmusikwochen 1955–1988*, in: MuB 4/5 1989, S. 215-220.

[Maier]: *Versuch einer elementarischen Gesanglehre für Volksschulen*, Rottweil 1810.

Martin, Wolfgang: *Studien zur Musikpädagogik der Weimarer Republik*, Mainz 1982 (MFL, Bd. 19).

Marx, Adolph Bernhard: *Die Organisation des Musikwesens im Preußischen Staate. Eine Denkschrift*, Berlin und Breslau 1848.

Meyer, Folkert: *Schule der Untertanen. Lehrer und Politik in Preußen 1848–1900*, Hamburg 1976.

Meyer, Michael: *The Politics of Music in the Third Reich*, Frankfurt/Main 1991 (American University Series IX, vol. 49).

Morsch, Anna: *Musikpädagogischer Kongreß*, in: KL 26, 1903, S. 161-164; Sektion für den musikalischen Lehrberuf S. 193-197; 273-275; Abteilung für den Schulgesang-Unterricht an Elementar- und Volksschulen S. 214 f.

Morsch, Anna: *II. Musikpädagogischer Kongreß*, in: KL 27, 1904, *Schlußwort vor den Verhandlungen*, S. 293–295; Bericht über die Sitzungen S. 318-322; 345-349.

Morsch, Anna: *Dritter Musikpädagogischer Kongreß*, in: KL 29, 1906, Bericht über die Sitzungen S. 146-148; 161-164; 171-180.

Moser, Hans Joachim: *Geschichte der Schulmusik*, in: E. Valentin (Hrsg.): *Handbuch der Schulmusik*, Regensburg 1962.

Müller, Edmund Joseph: *Der Gesangunterricht an höheren Knabenschulen. Erwägungen und Vorschläge*, Leipzig 1919.

Müller, Edmund Joseph: *Methodik und Methoden des Musikunterrichts*, nach dem Manuskript hg. von S. Helms, Frankfurt 1989 (MPZ Quellenschriften Bd. 10).

Müller, Edmund Joseph: *Theoretisch-praktisches Lehrbuch der Musikpädagogik. Psychologie, Erziehungs- und allgemeine Unterrichtslehre angewandt auf den Musikunterricht (1917)*, nach dem Manuskript hg. von S. Helms, Frankfurt 1989 (MPZ Quellenschriften Bd. 10).

Münnich, Richard: *Jale. Ein Beitrag zur Tonsilbenfrage und zur Schulmusikpropädeutik*, Lahr 1930.

Münnich, Richard: *Sinn und Schicksal der Reform von 1925*, in: ZfSM 5, 1932, H. 12.

Münnich, Richard. *Festschrift zum 70. Geburtstag*, Weimar 1947 (Mskr.).

Münnich, Richard. *Festschrift zum 80. Geburtstag*, Leipzig 1957.

Musik in Volk, Schule und Kirche. Vorträge der 5. RSMW in Darmstadt 1926, hg. vom Zentralinstitut für Erziehung und Unterricht Berlin, Leipzig 1924.

Musik und Schule. Vorträge der 1. RSMW in Berlin, hg. vom Zentralinstitut für Erziehung und Unterricht Berlin, Leipzig o. J. [1921].

Musikpädagogische Gegenwartsfragen. Vorträge der 6. RSMW in Dresden 1927, hg. vom Zentralinstitut für Erziehung und Unterricht Berlin, Leipzig 1928.

Nägeli, Hans Georg: *Die Pestalozzische Gesangbildungslehre nach Pfeiffers Erfindung kunstwissenschaftlich dargestellt im Namen Pestalozzis, Pfeiffers und ihrer Freunde*, Zürich 1809. Repr. hg. von R. Schmitt-Thomas, Frankfurt 1986 (MPZ Quellen-Schriften, Bd. 5.1).

Nägeli, Hans Georg: *Vorlesungen über Musik mit Berücksichtigung der Dilettanten*, Stuttgart 1826. Repr. hg. von M. Staehelin, Darmstadt 1983.

Natorp, Bernhard Christoph Ludwig: *Anleitung zur Unterweisung im Singen für Lehrer in Volksschulen. Erster und zweiter Cursus*, Essen 1813 und 1820. Repr. hg. von R. Schmitt-Thomas, Frankfurt 1989 (MPZ Quellen-Schriften, Bd. 16.1 und 16.2).

Natorp, Bernhard Christoph Ludwig: *Briefwechsel einiger Schullehrer und Schulfreunde*, Duisburg und Essen, 1. Bändchen 1811, 2. Bändchen 1813, 3. Bändchen 1816.

Natorp, Bernhard Christoph Ludwig: *Lehrbüchlein der Singekunst. Für die Jugend in Volksschulen*. 1. Cursus Essen 1816, 2. Cursus Essen 1820.

Natorp, Paul: *B. Ch. L. Natorp. Ein Beitrag zur Geschichte der Einführung pestalozzischer Grundsätze in der Volksschule Preußens*, Berlin 1895.

Natorp, Paul: *J. H. Pestalozzi. I. Teil: Pestalozzis Leben und Wirken*, Langensalza 1910.

Neumann, K. H.: *Über die jetzt eingeleitete Verbesserung des Elementarunterrichts in der Preußischen Monarchie*, Potsdam 1811.

Niermann, Franz: *Rockmusik und Unterricht. Eigene Wege für den Alltag mit Musik*, Stuttgart 1987.

Niethammer, A.: *Ernst Kriecks Bildungstheorie*, Diss. phil. Tübingen 1960.

Nipperdey, Thomas: *Deutsche Geschichte 1800–1866. Bürgerwelt und starker Staat*, München (1983) [5]1991.

Nipperdey, Thomas: *Deutsche Geschichte 1866–1918. 1. Arbeitswelt und Bürgergeist*, München (1990) [2]1991.

Nohl, Hermann: *Die pädagogische Bewegung in Deutschland und ihre Theorie*, Frankfurt/Main (1935) [9]1982.

Nolte, Eckhard: *Lehrpläne und Richtlinien für den schulischen Musikunterricht in Deutschland vom Beginn des 19. Jahrhunderts bis in die Gegenwart*. Eine Dokumentation, Mainz 1975 (MFL Bd. 3).

Nolte, Eckhard: *Die neuen Curricula, Lehrpläne und Richtlinien für den Musikunterricht an den allgemeinbildenden Schulen in der Bundesrepublik Deutschland und West-Berlin*, Teil II: Sek. I, 3 Bde., Mainz 1991 (MFL, Bd. 17.1-3).

Nolte, Eckhard: *Sozialgeschichtliche Aspekte des Gesangunterrichts in der preußischen Elementarschule des 19. Jahrhunderts*, in: H. J. Kaiser (Hrsg.): *Sozialgeschichtliche Aspekte einer wissenschaftlichen Disziplin*. Sitzungsbericht 1989 der Wissenschaftlichen Sozietät Musikpädagogik, Mainz 1993, S. 10-31 (MFL, Beiheft 5).

Nykrin, Rudolf: *Erfahrungserschließende Musikerziehung. Konzepte – Argumente – Bilder*, Regensburg 1978.

Ott, Thomas: *Probleme der Musiklehrerausbildung damals und heute*, in: H. Chr. Schmidt (Hrsg.): *Geschichte der Musikpädagogik* (Handbuch der Musikpädagogik, Bd. 1), Kassel 1986, S. 461-501.

Paul, Heinz Otto: *Musikerziehung und Musikunterricht in Geschichte und Gegenwart*, Saarbrücken 1973.

Paulsen, Friedrich: *Geschichte des gelehrten Unterrichts auf den deutschen Schulen und Universitäten vom Ausgang des Mittelalters bis zur Gegenwart*, Bd. 2: Der gelehrte Unterricht im Zeichen des Neuhumanismus 1740–1892, Berlin [3]1921.

Pestalozzi Sämtliche Werke, kritische Ausgabe in 18 Bde., Berlin 1927–1976
  – *Die Abendstunde eines Einsiedlers* (1780).
  – *Lienhard und Gertrud* (1781).
  – *Pestalozzis Brief an einen Freund über seinen Aufenthalt in Stans* (1799).
  – *Wie Gertrud ihre Kinder lehrt* (1801).

Pestalozzi: *Mutter und Kind. Eine Abhandlung in Briefen über die Erziehung kleiner Kinder,* hg. von H. Lohner und W. Schohaus, Zürich 1924.

Petrat, Gerhardt: *Schulunterricht. Seine Sozialgeschichte in Deutschland 1750–1850,* München 1979.

Pezold, Hans: *J. G. Hientzsch. Sein Wirken für die Musik,* Diss. phil. Leipzig 1957.

Pfeffer, Martin: *Hermann Kretzschmar und die Musikpädagogik zwischen 1890 und 1915,* Mainz 1992 (MFL Bd. 29).

Pfeiffer, Michael Traugott/Nägeli, Hans Georg: *Gesangbildungslehre nach Pestalozzischen Grundsätzen pädagogisch begründet von M. T. Pfeiffer, methodisch bearbeitet von H. G. Nägeli,* Zürich 1810. Repr. hg. von R. Schmitt-Thomas, Frankfurt 1986 (MPZ Quellen-Schriften Bd. 5.1 und 5.2).

Picht, Georg: *Die deutsche Bildungskatastrophe. Analyse und Dokumentation,* Olten und Freiburg 1964.

Preußner, Eberhard: *Allgemeine Pädagogik und Musikpädagogik, Leipzig* 1929 (Musikpädagogische Bibliothek, hg. von L. Kestenberg, H. 2).

Prince, John T.: *Methods of Instruction and Organization in the Schools of Germany,* Lee & Shepard, Boston 1892.

Quellentexte zur Musikpädagogik, hg. von W. Heise, H. Hopf, H. Segler, Regensburg 1973.

Rainbow, Bernarr: *The Land without Music. Musical Education in England 1800–1860 and its Continantal Antecedents,* London 1967.

Rainbow, Bernarr: *The Land with Music: Reality and Myth in Music Education,* dt. von W. Heise in: ZfMP 1987, H. 2, S. 26-31.

Rainbow, Bernarr: *Music in Educational Thought and Practice. A Survey from 800 BC,* Boethius Press, Aberystwyth 1989.

Rainbow, Bernarr: *John Curwen. Eine kritische Kurzbiographie* (1980), übertr. von W. Heise, Köln 1992 (MPZ Quellen-Schriften, Bd. 22).

Ramann, Lina: *Die Musik als Gegenstand des Unterrichts und der Erziehung. Vorträge zur Begründung einer allgemein-musikalischen Pädagogik für Künstler, Pädagogen und Musikfreunde,* Leipzig 1868. Repr. hg. von E. Rieger, Frankfurt 1986 (MPZ Quellen-Schriften, Bd. 8).

Reddie, Cecil: *Abbotsholme 1889–1899,* London 1900.

Rehberg, Karl: *Geschichte der Musikerziehung,* in: H. Fischer (Hrsg.): *Handbuch der Musikerziehung,* Berlin 1954, S. 27-66.

Rehberg, Karl: *Von Zelter bis Kestenberg* (1972), (MPZ Dokument 23).

Rehberg, Karl: *Bildung und Ausbildung der Schulmusiker an der Staatlichen Akademie für Kirchen- und Schulmusik* (MPZ Dokument 38).

Reinfandt, Karl-Heinz (Hrsg.): *Die Jugendmusikbewegung. Impulse und Wirkungen,* Wolfenbüttel 1987.

Reinfandt, Karl-Heinz: *F. Jödes Wirken während der Zeit des Dritten Reichs*, in: H. Krützfeldt-Junker (Hrsg.): *Fritz Jöde – ein Beitrag zur Geschichte der Musikpädagogik des 20. Jahrhunderts*, Regensburg 1988, S. 102-114.

Reinfandt, Karl-Heinz: *Zur Didaktik des Singens in Gesanglehren des 19. Jahrhunderts*, in: R.-D. Kraemer (Hrsg.): *Musikpädagogik. Unterricht Forschung Ausbildung*, Mainz 1991, S. 334-341.

Reusch, Fritz: *Musik und Musikerziehung im Dienste der Volksgemeinschaft*, Berlin 1938.

Reuter, Fritz: *Musikpädagogik in Grundzügen*, Leipzig 1926.

Reuter, Fritz: *Grundlagen der Musikerziehung*, Leipzig 1962.

Richter, Christoph: *Theorie und Praxis der didaktischen Interpretation von Musik*, Frankfurt 1976 (Schriftenreihe zur Musikpädagogik).

Riemer, Otto: *Einführung in die Geschichte der Musikerziehung*, Wilhelmshaven 1970.

Rißmann, Robert: *Geschichte des deutschen Lehrervereins*, Leipzig 1908.

Ritter, Max: *Methodik des Gesangunterrichts. Für Lehrerbildungsanstalten und die Hand des Lehrers*, Leipzig 1916.

Ritzel, Fred/Stroh, Wolfgang Martin (Hrsg.): *Musikpädagogische Konzeptionen und Schulalltag. Versuch einer kritischen Bilanz der 70er Jahre*, Wilhelmshaven 1984.

Robinsohn, Saul B.: *Bildungsreform als Revision des Curriculum*, Neuwied (1967) [4]1973.

Röhrs, Hermann: *Die Reformpädagogik: Ursprung und Verlauf in Europa*, Hannover 1980.

Röhrs, Hermann (Hrsg.): *Die Schulen der Reformpädagogik heute*, Düsseldorf 1986.

Rolle, Georg: *Die Reform auf dem Gebiete des Schulgesanges für die Knabenschulen*, in: Kongreßbericht 3. Musikpädagogischer Kongreß, Berlin 1906, S. 156-172 (MPZ Dokument 45).

Rolle, Georg: *Didaktik und Methodik des Schulgesangunterrichts*, München 1913.

Rutschky, Katharina: *Deutsche Schul-Chronik. Lernen und Erziehen in vier Jahrhunderten*, München 1991.

Salomon, Moritz: *Über des Herrn Ober-Consistorialrats Natorp Anweisung zur Unterweisung im Singen*, Quedlinburg und Leipzig 1819.

Saß, Herbert: *Der Verband Deutscher Schulmusikerzieher. Zu seiner Geschichte und Wirksamkeit nach der Gründung 1949–1971*, in: MuB 4/5 1989, S. 204-207.

Schattner, Hermann Josef: *Pestalozzi und die Schulmusik*, in: MiU 52, 1961, H. 6, S. 189-192.

Schattner, Hermann Josef: *Volksbildung durch Musikerziehung. Leben und Wirken Hans Georg Nägelis*, Diss. phil. Saarbrücken 1960.

Scheibe, Wolfgang: *Die Reformpädagogische Bewegung 1900–1932. Eine einführende Darstellung*, Weinheim 1969.

Scheuerl, Hans (Hrsg.): *Klassiker der Pädagogik*, 2. Bd.: Von Karl Marx bis Jean Piaget, München [2]1991.

Schiffler, Horst/Winkler, Rolf: *Tausend Jahre Schule. Eine Kulturgeschichte des Lernens in Bildern*, Stuttgart und Zürich 1985.

Schiller, Friedrich: *Briefwechsel. Schillers Briefe 1803–1805*, Weimar 1984 (Schillers Werke, Nationalausgabe hg. von A. Gellhaus, Bd. 22).

Schipke, Max: *Der deutsche Schulgesang von Johann Adam Hiller bis zu den Falkschen Bestimmungen (1775–1875)*, Berlin 1913.

Schmidt, Hans-Christian (Hrsg.): *Geschichte der Musikpädagogik* (Handbuch der Musikpädagogik, Bd. 1), Kassel 1986.

Schmidt, Harro: *Musikerziehung und Musikwissenschaft im 19. Jahrhundert. Studie zu Lehrplanmaterialien des 19. Jahrhunderts,* Hamburg 1979 (Schriftenreihe zur Musik 16).

Schöne, Heinrich: *Schulgesang und Erziehung. Ein offenes Wort an alle Erzieher, Eltern, Musiklehrer und Gesangvereine,* Leipzig 1899.

Schoppe, Gustav (Hrsg.): *Die Schulgesangfrage auf dem IV. Musikpädagogischen Kongreß 1908 zu Berlin,* Gütersloh 1909.

Schröder, Cornelia (Hrsg.): *Carl Friedrich Zelter und die Akademie. Dokumente und Briefe zur Entstehung der Musik-Sektion in der Preußischen Akademie der Künste,* Berlin 1959.

Schulmusik und Chorgesang. Vorträge der VIII. RSMW in Hannover 1929, hg. vom Zentralinstitut für Erziehung und Unterricht Berlin, Leipzig 1930.

Schulmusikalische Zeitdokumente. Vorträge der 7. RSMW in München 1928, hg. vom Zentralinstitut für Erziehung und Unterricht Berlin, Leipzig 1929.

Schulz, Karl: *Leitfaden bey der Gesanglehre nach der Elementarmethode. Mit besonderer Rücksicht auf Landschulen,* Leipzig 1816.

Schünemann, Georg: *Geschichte der deutschen Schulmusik,* Leipzig (1928) ²1931, Repr. Köln 1968.

Schünemann, Georg: *C. F. Zelter, der Begründer der Preußischen Musikpflege,* in: ZfSM 5,1932, S. 21-25.

Schütz, Volker: *Rockmusik eine Herausforderung für Schüler und Lehrer,* Oldenburg 1982.

Segler, Helmut/Abraham, Lars Ulrich: *Musik als Schulfach,* Braunschweig 1966.

Segler, Helmut (Hrsg.): *Musik und Musikunterricht in der Gesamtschule,* Weinheim 1972.

Seidelmann, Karl: *Wyneken und Geheeb: Historische Prominenz aus der Frühzeit der Landerziehungsheime,* in: Jb. des Archivs der Deutschen Jugendbewegung, Bd. 3, Burg Ludwigstein 1971, S. 75-83.

Seidenfaden, Fritz: *Die musische Erziehung in der Gegenwart und ihre geschichtlichen Quellen und Voraussetzungen,* Ratingen 1966.

Shirley, Dennis: *Paul Geheeb's Leadership of the Odenwaldschule, 1910–1930.* Qualification Paper, Harvard Graduate School of Education, Cambridge MA 1987 (maschr.).

Siegmund-Schultze, Walter (Hrsg.): *Handbuch der Musikerziehung,* 3 Teile, Leipzig 1974, 1968, 1973.

Sowa, Georg: *Anfänge institutioneller Musikerziehung in Deutschland 1800–1843,* Regensburg 1973 (Studien zur Musikgeschichte des 19. Jahrhunderts, Bd. 33).

Stäblein, Bruno: *Die Ausbildung der bayerischen Schulmusiker,* in: ME 5, 1928, S. 312-317.

Stallbaum, Gottfried: *Inauguralrede über den innern Zusammenhang musikalischer Bildung der Jugend mit dem Gesammtzweck des Gymnasiums,* Leipzig 1842 (MPZ Dokument 9).

Stephani, Reinhart: *Die deutsche musikalische Jugendbewegung,* Diss. phil. Marburg 1952 (maschr.).

Stiehler, Arthur Oswald: *Das Lied als Gefühlsausdruck zunächst im Volksgesange,* Altenburg 1890.

Stumme, Wolfgang: *Musik im Volk. Gegenwartsfragen der deutschen Musik,* Berlin 1939, ²1944.

Sturm, Karl Friedrich: *Von der pädagogischen Reformbewegung zur völkischen und politischen Erziehung,* Osterwieck 1933.

Stürmer, Michael: *Das ruhelose Reich. Deutschland 1866–1918*, Berlin 1983 (*Die Deutschen und ihre Nation*, Bd. 3).

Sydow, Kurt: »*Musische Erziehung zwischen Kult und Kunst*«. *Zu dem Buch gleichen Titels von Theodor Warner*, in: JM 1954, S. 190-192.

Trautner, Günter: *Die Musikerziehung bei Fritz Jöde. Quellen und Grundlagen*, Wolfenbüttel 1968.

Twittenhoff, Wilhelm: *Stellungnahme zu den »Thesen gegen die musikpädagogische Musik« von Theodor W. Adorno*: in: JM 1954, S. 185-188.

Uffrecht, Ulrich: *Die Freie Schul- und Werkgemeinschaft Letzlingen*, in: *Neue Sammlung 32*, 1992, H. 4, S. 549-570.

Vorträge der Bundesschulmusikwochen
1–12, Mainz 1956–1979; Kongreßberichte der Bundesschulmusikwochen 13, Mainz 1981–

Vorträge der RSMW, hg. vom Zentralinstitut für Erziehung und Unterricht Berlin, Leipzig 1921–1930
1. *Musik und Schule*, Leipzig 1921.
2.-4. nicht erschienen.
5. *Musik in Volk, Schule und Kirche*, Leipzig 1924.
6. *Musikpädagogische Gegenwartsfragen*, Leipzig 1928.
7. *Schulmusikalische Zeitdokumente*, Leipzig 1929.
8. *Schulmusik und Chorgesang*, Leipzig 1930.

Wagener, Cora Ann: *Der Einfluß Pestalozzis auf die Gesangbildungslehren seiner Zeit, dargestellt am Beispiel der Gesangschulen Pfeiffer/Nägelis, Natorps und Hentschels*, Wiss. Hausarbeit, Musikhochschule Freiburg 1993 (maschr.).

Wagenschein, Martin: *Erinnerungen für morgen*, Weinheim (1983) [2]1989.

Walder, Johann Jakob: *Anleitung zur Singekunst*, Zürich 1819 (MPZ Dokument 8).

Waldmann, Guido (Hrsg.): *Musik und Rasse*, Berlin 1939 (Musikalische Volksforschung, Bd. 3).

Warner, Theodor: *Musische Bildung – ein Gespenst?* in: ZfMP 1978, H. 5, S. 31-36.

Warner, Theodor: *Musische Erziehung zwischen Kult und Kunst*, Berlin 1954.

Weniger, Erich: *Die Jugendbewegung und ihre kulturelle Auswirkung*, in: Erasmus (Hrsg.): *Geist der Gegenwart*, Stuttgart 1928.

Werfel, Franz: *Realismus und Innerlichkeit* (Rede vom 6.5.1931 im Kulturbund Wien), Berlin 1932.

Wicke, Richard: *Musikalische Erziehung und Arbeitsschule*, Leipzig 1912.

Widmann, Benedikt: *Die Methode des Schul- und Chorgesang-Unterrichts in ihrer geschichtlichen Entwicklung*, Leipzig 1878.

Wietusch, Bernd: *Die Zielbestimmung der Musikpädagogik bei Th.W. Adorno*, Regensburg 1981.

Wilhelm, Theodor: *Theorie der Schule* (1967), Stuttgart [2]1969.

Wilhelm, Theodor: *Pflegefall Staatsschule. Nachtrag zur Theorie der Schule*, Stuttgart 1982.

Wyneken, Gustav: *Der Gedankenkreis der Freien Schulgemeinde*, Leipzig 1913.

Wyneken, Gustav: *Schule und Jugendkultur*, Jena 1913.

Wyneken, Gustav: *Wandervogel und Freie Schulgemeinde*, in: W. Kindt (Hrsg.:) *Grundschriften der Deutschen Jugendbewegung*, Düsseldorf 1963, S. 84-90 (Dokumente der Jugendbewegung, Bd. 1).

Wyneken, Gustav: *Was ist Jugendkultur?* in: W. Kindt (Hrsg.): *Grundschriften der Deutschen Jugendbewegung,* Düsseldorf 1963, S. 116-128 (Dokumente der Jugendbewegung Bd. 1).

Wyneken, Gustav: *Wickersdorf,* Lauenburg 1922.

Zeller, Carl August: *Das Ziel der Elementarschule, durch überzeugende und erhebende Thatsachen beleuchtet,* Königsberg 1809.

Zeller, Carl August: *Elemente der Musik,* in: *Beiträge zur Beförderung der Preußischen Nationalerziehung,* 4. Heft, Königsberg 1810.

Zeller, Carl August: *Kleine Gesanglehre für Volksschulen,* Stuttgart 1839.

Zelter, Carl Friedrich: *Briefwechsel zwischen Goethe und Zelter,* hg. von M. Hecker, 2. Bd. 1819–1827, Frankfurt 1987.

Ziemer, Gerhard/Wolf, Hans: *Wandervogel und Freideutsche Jugend,* Bad Godesberg 1961.

ABBILDUNGSNACHWEISE

Titelbild   aus: H. Schiffler/R. Winkeler, *Tausend Jahre Schule*, Stuttgart 1985, S. 108.

Frontispiz aus: B. Rainbow, *Music in Educational Thought and Practice*, Aberystwyth 1989, S. 258.

S. 18   aus: H. Schiffler/R. Winkeler, *Tausend Jahre Schule*, Stuttgart 1985, S. 121.

S. 35   aus: M. Hecker (Hrsg.), *Briefwechsel zwischen Goethe und Zelter 1799–1832*, Frankfurt a. M. 1987, S. 4.

S. 48   aus: Reprint der *Gesangbildungslehre* v. Pfeiffer/Nägeli, Frankfurt a.M. 1986 (MPZ Quellen-Schriften 5).

S. 56   aus: Ausstellungskatalog *Adolph Diesterweg. Wissen in Aufbruch*, Weinheim 1990, S. 133.

S. 70   aus: Reprint der Zeitschrift *Eutonia* 1, 1829, Frankfurt a. M. 1987 (MPZ Quellen-Schriften, Bd. 6).

S. 74   aus: Reprint der *Anleitung zur Unterweisung im Singen*, Frankfurt a. M. 1989 (MPZ Quellen-Schriften Bd. 16).

S. 93   aus: *The New Grove*, Bd. 11, London 1980, S. 132.

S. 96   Gedächtniskarte »Zur Erinnerung an die Gründung des Freundeskreises der Hochschule für Musik ›Felix Mendelssohn Bartholdy‹« Leipzig, 1991.

S. 99   aus: Reprint der Gesangbildungslehre von Pfeiffer/Nägeli, Frankfurt a. M. 1986 (MPZ Quellen-Schriften, Bd. 5).

S. 104   aus: Reprint der Zeitschrift *Euterpe* 1, 1841, Frankfurt a. M. 1989 (MPZ Quellen-Schriften, Bd. 15).

S. 108   aus: Ausstellungskatalog *Adolph Diesterweg. Wissen in Aufbruch*, Weinheim 1990, S. 381.

S. 114   aus: Reprint der Zeitschrift *Euterpe* 1, 1841, Frankfurt a. M. 1989 (MPZ Quellen-Schriften, Bd. 15).

S. 137   aus: F. Baumgart, *Zwischen Reform und Reaktion*, Darmstadt 1990, S. 208.

S. 150   aus: H. Schiffler/R. Winkeler, *Tausend Jahre Schule*, Stuttgart 1985, S. 126.

S. 154   aus: B. Rainbow, *Music in Educational Thought and Practice*, Aberystwyth 1989, S. 208.

S. 155   aus: B. Rainbow, *Music in Educational Thought and Practice*, Aberystwyth 1989, S. 147.

S. 156   aus: H. Chr. Schmidt (Hrsg.), *Geschichte der Musikpädagogik*, Kassel 1986, S. 59.

S. 157   National Portrait Gallery, London. Reg. No. 1348.

S. 158   aus: B. Rainbow, *Music in Educational Thought and Practice*, Aberystwyth 1989, S. 194.

S. 159   aus: *The New Grove*, Bd. 19, London 1980, S. 64.

S. 166/167 aus: *Die Deutsche Jugendmusikbewegung*, Wolfenbüttel 1980, S. 11, 20, 47.

S. 170   aus: Ziemer/Wolf: *Wandervogel und Freideutsche Jugend*, Bad Godesberg 1961, nach S. 132.

S. 172/173 aus: Ziemer/Wolf: *Wandervogel und Freideutsche Jugend*, Bad Godesberg 1961, S. 443-445.

S. 184 aus: H. Scheuerl (Hrsg.), *Klassiker der Pädagogik II*, München 1991, S. 159.

S. 186 Schiller-Nationalmuseum. Deutsches Literaturarchiv, Marbach.

S. 196 aus: H. Lemmermann, *Kriegserziehung im Kaiserreich*, Bd. 2 Dokumentation, Lilienthal 1984, S. 782.

S. 200 aus: *Riemann Musiklexikon*, Sachteil, Mainz 1967, S. 972.

S. 236 aus: G. Batel, *Leo Kestenberg, Musikerziehung und Musikpflege*, Wolfenbüttel und Zürich 1989, S. 2.

S. 270 aus: *Musik und Volk* 2, 1935, H. 6, S. 241.

S. 272 aus: *Musik und Volk* 2, 1935, H. 6, nach S. 218

S. 275 aus: *Völkische Musikerziehung* 5, 1939, H. 3.

S. 300 aus: Martin Geck (Hrsg.): *Reihe Curriculum Musik*, H. 3, Stuttgart 1973, Umschlag.

S. 320 aus: *Musik und Bildung* 2, 1970, S. 143.

S. 332 aus: H. Segler, *Musik und Musikunterricht in der Gesamtschule*, Weinheim 1972, S. 117, 118.

S. 339 aus: W. Roscher, *Integrative Musikpädagogik*, Teil I, Wilhelmshaven 1983, S. 19.

S. 378 aus: J. Zimmer/E. Niggemeyer, *Macht die Schule auf, laßt das Leben rein*, Weinheim 1986, S. 70, 75.

Kursive Seitenangaben beziehen sich auf Fußnoten

415

SACHREGISTER

Kursive Seitenangaben beziehen sich auf Kapitelüberschriften